NomosAnwalt

Dr. Gudrun Doering-Striening [Hrsg.]
Rechtsanwältin,
Fachanwältin für Sozialrecht und Familienrecht

Opferrechte

Handbuch für den Opferanwalt

Oliver Allesch, Rechtsanwalt, Essen | **Claudia Böwering-Möllenkamp**, Fachärztin für Psychiatrie, Psychotherapie, Sozialmedizin, Düsseldorf | **Claudia Burgsmüller**, Rechtsanwältin, Wiesbaden | **Prof. Dr. Harry Dettenborn**, Fachpsychologe der Rechtspsychologie, Berlin| **Dr. Gudrun Doering-Striening**, Rechtsanwältin, Essen | **Sandra Lavinia Ebert**, Rechtsanwältin, Reutlingen | **Juliane Hilbricht**, Rechtsanwältin, Solingen | **Imke Schwerdtfeger**, Rechtsanwältin, Essen | **Michaela Spandau**, Rechtsanwältin, Stuttgart

Nomos

Deutscher Anwaltverein
Arbeitsgemeinschaft
Sozialrecht

Die Deutsche Nationalbibliothek verzeichnet diese Publikation in der Deutschen Nationalbibliografie; detaillierte bibliografische Daten sind im Internet über http://dnb.d-nb.de abrufbar.

ISBN 978-3-8329-7077-2

1. Auflage 2013

Vorwort

Die Fokussierung auf die strafrechtlichen Folgen eines traumatischen Geschehens greift in der Rechtsberatung zu kurz. Sie ignoriert die komplexen sozialen und psychischen Folgen, die ausgelöst werden können, wenn Menschen zu Opfern von Straftaten werden. Das Strafverfahren bleibt im Leben eines Opfers zumeist eine singuläre Erfahrung, die Folgenbeseitigung dauert nicht selten jahre- oder sogar lebenslang. Folgenbeseitigung findet oft auf der Ebene des Sozialrechts statt. Es verwundert daher nicht, dass die Arbeitsgemeinschaft Sozialrecht im Deutschen Anwaltverein e.V. sich des Problems angenommen und ihm mit diesem Buch Rechnung getragen hat. Es ist aus den Vorträgen zum Ersten Opferrechtetag des Deutschen Anwaltverein e.V. hervorgegangen.

Es stellt Opferrechte und -pflichten über Rechtsgebiets- und Fachgrenzen hinweg dar. Es will Anstoß geben, weitere Schnittstellen zu entdecken und zum Schutz der Opfer einzusetzen. Denn: Je länger wir uns im Rahmen dieses Buches mit den Folgen des Opferwerdens beschäftigt haben, desto mehr Schnittstellen zu anderen Rechtsgebieten wurden offenbar. „Man sieht nur, was man kennt", das war auch für die Herausgeberin nach 25 Jahren Opferanwaltstätigkeit im Straf-, Sozial- und Familienrecht eine erstaunliche Erfahrung. Das folgende Schaubild verdeutlicht die Schnittstellen:

Zivilrechtlicher/arbeitsrechtlicher Kontext

- Schadensersatz u. Schmerzensgeld
- Leistungen aus privaten Versicherungen
- Unterlassungsansprüche, auch gegen Presseberichterstattung
- Gewaltschutzgesetz („Stalking")
- familienrechtliche/betreuungsrechtliche Folgen nach Straftaten (Wohnungszuweisung, Versagung von Ansprüchen etc.)
- erbrechtliche Folgen nach Straftaten (z.B. Erbunwürdigkeit)
- Beschwerdeverfahren nach dem AGG
- Was kann im arbeitsrechtlichen /beamtenrechtlichen Kontext gegen Schädiger bewirkt werden?
- Opferschützende Vollstreckungsregeln/Insolvenzverfahren
- etc. ...

Sozialrecht

- Opferentschädigung
- Unfallversicherung SGB VII; z.B. auch nach Beamtenversorgungsgesetz
- Rentenversicherung
  - Erwerbsminderungsrente
  - Hinterbliebenenrente
- Kranken-/Pflegeversicherung, insb. auch Psychotherapie nach den Psychotherapierichtlinien
- Arbeitslosenversicherung
- Sozialhilfe
- Reha-Leistungen
- etc. ... (z.B. Blindengeld)

Strafrecht/ Strafverfahren

- Begleitung und Wahrnehmung sämtl. Beteiligungsrechte und -pflichten des Opferzeugen als
  → Zeugenbeistand
  → Verletztenbeistand
  → Nebenklagevertreter
  → Vertretung im Sicherungsverfahren
  → Vertretung im Adhäsionsverfahren
- Überwachung und Durchsetzung von Schutznormen für Geschädigte z.B.
  → Zeugnisverweigerungsrecht
  → Ausschluss der Öffentlichkeit/des Täters
  → Videovernehmung
  → Befangenheitsanträge gegen Richter und Sachverständige
  → Frage-, Beanstandungs- und Beweisantragsrechte etc.
- Rückgewinnungshilfe
- Täter-Opfer-Ausgleich

Sonstiges

- Entschädigungsleistungen
  → aus Sonderregeln (z.B. Bundesamt für Justiz)
  → Vereinbarungen aus Mediation
  → Weißer Ring, Stiftungen etc. ...
- europarechtliche Schutznormen
- persönliche Rechte: „Die Würde des Menschen ist unantastbar"
  → hören und gehört zu werden
  → verstehen und verstanden zu werden
  → umfassende Informationen zu erhalten
  → beraten und vermittelt zu werden im Rahmen von Netzwerken und fachübergreifender Zusammenarbeit mit Ärzten, Traumatherapeuten, Selbsthilfegruppen, etc.

Die Folgenbeseitigung nach Straftaten ist eine komplexe, rechtsgebiets- und fachübergreifende Aufgabe. Sie erfordert die „Lotsen"-tätigkeit von darauf spezialisierten Opferanwälten, besser: Anwälten und Anwältinnen für Opferrechte. Deren Aufgabe ist es – sinngemäß nach Jan Philipp Reemtsma –,[1] dafür zu sorgen, dass die nach dem akuten traumatisierenden Ereignis gemachten Erfahrungen dessen Effekte nicht verstärken. Das Trauma muss in der Biografie singulär bleiben und darf möglichst nicht als Teil einer Sequenz erlebt werden, die das künftige Leben bestimmt.

Dieses Opferrechtebuch versteht sich als erstes „Kursbuch" und möchte den Anstoß zur Diskussion und Entwicklung eines eigenständigen, an dieser Aufgabe orientierten Rechtsgebietes geben. Vor diesem Hintergrund haben wir uns entschieden, den Beiträgen des Ersten Opferrechtetages ihre z.T. persönliche, z.T. berufsspezifische Sicht zu lassen. Das wird voraussichtlich zu Reibung und Kontroversen in der Diskussion führen; denn wer seine Tätigkeit als Strafverteidiger oder Anwalt für Opferrechte nicht nur als Job begreift, muss Standpunkte zu dem beziehen, was er tut und wen er vertritt. Täter und Opfer stehen aber nicht auf dem gleichen Standpunkt. Die sich daraus ergebenden Konflikte sind denknotwendig und unvermeidbar und wir müssen sie mithilfe und im Zusammenwirken aller Professionen, die in diesem Buch zu Worte kommen, austragen und aushalten.

Dr. Gudrun Doering-Striening
Essen, im November 2012

1 Reemtsma, Das Recht des Opfers auf die Bestrafung des Täters – als Problem; Kongress "Trauma und Kreative Lösungen", 5.–7.3.1998, Köln

Inhaltsübersicht

Autorenverzeichnis

Rechtsanwalt *Oliver Allesch*, Fachanwalt für Familienrecht, Essen

Claudia Böwering-Möllenkamp, Fachärztin für Psychiatrie, Psychotherapie, Sozialmedizin, Düsseldorf

Rechtsanwältin *Claudia Burgsmüller*, Wiesbaden

Prof. Dr. Harry Dettenborn, Fachpsychologe der Rechtspsychologie, Klinischer Psychologe, Geschäftsführer Institut Gericht & Familie, Berlin

Rechtsanwältin *Dr. Gudrun Doering-Striening*, Fachanwältin für Sozialrecht und Familienrecht, Essen

Rechtsanwältin *Sandra Lavinia Ebert*, Reutlingen

Rechtsanwältin *Juliane Hilbricht*, Fachanwältin für Familienrecht und Sozialrecht, Solingen

Rechtsanwältin *Imke Schwerdtfeger*, Fachanwältin für Familienrecht, Mediatorin (BAFM), Essen

Rechtsanwältin *Michaela Spandau*, Stuttgart

Inhaltsverzeichnis

§ 1 Verletztenrechte und Nebenklage

Literatur: *Barton, Stephan,* Nebenklagevertretung im Strafverfahren, empirische Fakten und praktische Konsequenzen, StraFo 2011, S. 161–168; *Burgsmüller, Claudia,* Der Subjektive Faktor – ein Beitrag zur drohenden Abschaffung der Nebenklage, STREIT 1/1983, S. 8–12; *Burgsmüller, Claudia,* Das BGH-Urteil zu den Glaubhaftigkeitsgutachten – eine späte Folge der sog. Wormser Strafverfahren vor dem Landgericht Mainz?, Praxis der Rechtspsychologie, 10. Jahrgang, Sonderheft 1, 2000, S. 48–59; *Burgsmüller, Claudia,* „Vom Umgang der Strafjustiz mit der Aussagepsychologie bei sexuellem Missbrauch von Kindern seit der Grundsatzentscheidung des 1. Strafsenats des BGH vom 30.7.1999, DGgKV e. V. Jahrgang 12, Heft 2 aus 2009 (Themenheft Glaubhaftigkeitsbegutachtung), S. 42 ff; *Fischer, Gottfried*; *Riedesser, Peter*; Lehrbuch der Psychotraumatologie, 1998, S. 115 ff; *von Galen, Margarete,* Die Strafverteidigertage und die Opfergesetzgebung, in: Strafverteidigervereinigungen (Hrsg.), ...kein Grund zu feiern, 30 Jahre Strafverteidigertag, 2007, S. 325–335; *Hassemer, Wilfried,* Einführung in die Grundlagen des Strafrechts, 2. Aufl. 1990; *Kluck, Dr. Marie-Luise,* Verdacht auf sexuellen Mißbrauch und familiengerichtliches Verfahren – Probleme der Entstehung und der Prüfung, FPR 1995, S. 56–59; *v. Knoblauch zu Hatzbach, Petra,* Videovernehmung von Kindern Erste Erfahrungen deutscher Gerichtspsychologinnen, ZRP 2000, Heft 7, S. 276 ff; *König, Cornelia/Fegert, Jörg M.,* Qualitative und quantitative Inhaltsanalyse der Glaubhaftigkeitsbegutachtung unter besonderer Berücksichtigung entwicklungspsychologischer und psychopathologischer Aspekte: Ein evaluativer Vergleich vor und nach dem BGH Urteil, 2005; *Lossen, Jutta,* Das Strafverfahren, in: Claudia Marquardt/Jutta Lossen (Hrsg.), Sexuell missbrauchte Kinder in Gerichtsverfahren, 1999, S. 204–268; *Nelles, Ursula/Oberlies, Dagmar* (Hrsg.), Reform der Nebenklage und anderer Verletztenrechte. 1998, S. 11–12; *Nelles, Ursula,* Persönlichkeitsrechte und Pflichten kindlicher Zeugen im Strafprozess, in: Erichsen/Kollhosser/Welp (Hrsg.), Recht der Persönlichkeit, 1996, S. 211–234; *Niemz, Susanne,* Urteilsabsprachen und Opferinteressen – in Verfahren mit Nebenklagebeteiligung, Mainzer Schriften zur Situation von Kriminalitätsopfern, Weißer Ring e. V. Mainz (Hrsg.), 2011; *Pfister, Wolfgang,* Die Prüfung der Glaubhaftigkeit einer Aussage im Spiegel höchstrichterlicher Rechtsprechung, in: Deckers/Köhnken (Hrsg.), Die Erhebung von Zeugenaussagen im Strafprozess, 2007; *Platt, Sabine,* Der Umgang der Justiz mit kindlichen und jugendlichen Opferzeugen aus der Sicht der Nebenklage, in: Weißer Ring e. V. (Hrsg.): Kinder und Jugendliche als Opfer von Sexual- und Gewaltdelikten – wer nimmt ihre Interessen wahr? – Dokumentation des 18. Mainzer Opferforums 2007, S. 95–102; *Plaum, Ernst,* Probleme der psychologischen Begutachtung von Kindern als Opfer, in: Wege zur Wahrheit und Weiterleben – nach dem Trauma, DGgKV, Heft 2, 2008, S. 102–121; *Reemtsma, Jan Philipp,* Das Recht des Opfers auf die Bestrafung des Täters – als Problem, 1999; *Scheumer, Maike,* Videovernehmung kindlicher Zeugen: zur Praxis des Zeugenschutzgesetzes Göttinger Studien zu den Kriminalwissenschaften, 2007; *Schöch, Heinz,* Videovernehmung im Strafverfahren, in: Weißer Ring (Hrsg.), Mainzer Schriften Band 30, Schutz von Opferzeugen im Strafverfahren, Dokumentationen des 13. Mainzer Opferforums des Weißen Rings 2001; *Schroth, Klaus,* Die Rechte des Opfers im Strafprozess, 2. Aufl. 2011; *Volbert, Renate,* Welche Verbesserungen können durch Videovernehmungen für Opferzeugen erreicht werden?, in: Barton, Stephan (Hrsg.), Verfahrensgerechtigkeit und Zeugenbeweis, 2002, S. 149 ff.; *Volbert, Renate/Lau, Steffen:* Aussagetüchtigkeit, in: Vollbert, Renate/Steller, Max (Hrsg.), Handbuch der Rechtspsychologie, 2008, S. 289–299; *Volbert, Renate/Pieters, Volker:* Zur Situation kindlicher Zeugen. Empirische Befunde zu Belastungsursachen und zu Reformmaßnahmen, 1993; *Weiner, Bernhard/Ferber, Sabine* (Hrsg.), Handbuch des Adhäsionsverfahrens, 2008.

I. Rechtspolitische Entwicklung

1 Der deutsche Gesetzgeber hat – nach anfänglichem Widerstreben – spätestens seit Erlass des Opferschutzgesetzes von 1986 die Rolle der Verletzten und deren Beteiligung am Strafverfahren neu geordnet und hat in der Folgezeit die Verletztenrechte in einzelnen Punkten gestärkt.[1] Dabei reicht ein weiter Spannungsbogen vom Entwurf für ein Strafverfahrensänderungsgesetz von 1983,[2] der die Nebenklage vollständig abschaffen wollte, bis zum Gesetzentwurf der Bundesregierung für ein **Gesetz zur Stärkung der Rechte von Opfern sexuellen Missbrauchs** (StORMG) aus dem Jahre 2011.

2 Nachdem **im Jahre 2010** vor allem erwachsene Männer ihre psychischen Beschädigungen durch Lehrer, Priester, Pfarrer u.a. in Institutionen, insbesondere Schulen sowohl der katholischen Kirche, des Jesuiten Orden, des Deutschen Orden und nicht zuletzt der Reformpädagogik (Odenwaldschule), öffentlich gemacht hatten, erfuhr das Thema **sexueller Missbrauch von Schutzbefohlenen**, dh von Abhängigen in unterschiedlichen Institutionen eine bis dato nicht vorgekommene öffentliche Aufmerksamkeit, insbesondere der Medien. Im Zusammenhang mit den Beratungen des Runden Tisches „Sexueller Kindesmissbrauch in Abhängigkeits- und Machtverhältnissen in privaten und öffentlichen Einrichtungen und im familiären Bereich“ der Bundesregierung, wurde ab April 2010 deutlich, dass die gesetzlichen Instrumentarien unbrauchbar sind für Personen, die

1 Eine umfassende und differenzierte Darstellung der Opferschutzgesetze und ihrer wesentlichen Inhalte seit 1976 (OEG) findet sich bei Schroth, S. 1–16.

2 Burgsmüller, STREIT 1/1983, 8–12.

den sexuellen Missbrauch im Kindes- und Jugendalter erlebt haben und Jahre bis Jahrzehnte nicht ihr Schweigen darüber haben brechen können.[3] Die in der Vergangenheit – nicht zuletzt durch das Zweite Opferrechtsreformgesetz, das am 2.10.2010 in Kraft trat – erweiterten Möglichkeiten, Opfer und Zeugen zu schützen, erwiesen sich nunmehr als völlig unzureichend. Wurde noch im 2. ORRG die Schutzaltersgrenze für Opfer und Zeugen in Strafprozessordnung und Gerichtverfassungsgesetz von 16 auf 18 Jahre angehoben, um internationalen Schutzabkommen für Kinder nachzukommen, so erwies sich dies im Blick auf Betroffene von sexuellem Missbrauch, die über 40 und 50 Jahre alt sind, jetzt als von der gesellschaftlichen Realität überholt. Von daher wird im Entwurf zum StORMG die Bestellung eines Verletztenbeistands und eines Nebenklagevertreters für schon volljährige Missbrauchsopfer erleichtert – ebenso die Möglichkeit des Ausschlusses der Öffentlichkeit in der Hauptverhandlung – sowie die Informationsrechte von Verletzten erweitert.

Die entscheidende Forderung aller älteren Missbrauchsopfer nach **Aufhebung der strafrechtlichen Verjährungsfrist bei sexuellem Missbrauch von Kindern und sexuellem Missbrauch von Schutzbefohlenen** wird nicht erfüllt. Hier hatten sich zuletzt nicht nur die Autorin und die Präsidentin des OLG Frankfurt am Main a. D. Brigitte Tilmann in ihrem „Abschlussbericht über die bisherigen Mitteilungen über sexuelle Ausbeutung von Schülern und Schülerinnen an der Odenwaldschule im Zeitraum 1960 bis 2010“ dafür ausgesprochen, die strafrechtliche Verjährungsfrist für Straftaten nach §§ 174, 176, 176 a StGB aufzuheben. 3

Ihre **Begründung** lautet wie folgt: 4

„Das von allen Betroffenen geäußerte hohe Bedürfnis nach Aufklärung kann nicht von *Privatpersonen* geleistet werden, sondern hierzu bedarf es der Ressourcen und Kompetenzen von Strafverfolgungsbehörden. Die prägnanten und konkreten Erinnerungen, die wir erhalten haben, sind der beste Beleg dafür, dass das wichtigste Argument gegen eine Verlängerung der strafrechtlichen Verjährungsfrist entkräftet werden kann: Wenn Strafjuristinnen und Strafjuristen meinen, entsprechende Strafverfahren seien nicht mehr durchführbar, da die Erinnerungsfähigkeit der Zeuginnen und Zeugen erheblich eingeschränkt sei, objektive Beweismittel nicht mehr vorhanden seien, dann sprechen hiergegen die in einer Art und Weise bei den Opfern präsenten Erinnerungsbilder, die sich noch 30 Jahre nach der Tat ungewollt und ungesteuert wieder einstellen.

Ein gesellschaftliches Bedürfnis auf Seiten der von sexuellem Missbrauch Betroffenen nicht nur nach Anerkennung der an ihnen verübten Straftaten, sondern auch nach klarer staatlicher Verantwortungszuweisung an die Täter und Täterinnen zu dem Zeitpunkt, an dem das Erlebte mittelbar geworden ist, spricht zumindest für eine Verlängerung der Verjährungsfrist. Im Zuge der gesellschaftlichen Aufbruchsstimmung seit Anfang dieses Jahres haben sich auch an der Odenwaldschule Betroffene gemeldet, die in den 60er Jahren sexuell missbraucht wurden. Auch sie haben teilweise dieses Bedürfnis nach Anerkennung und Verantwortungszuweisung durch die Strafjustiz ausgesprochen. Vor diesem Hintergrund ist auch das Gegenargument, alle Straftaten – außer Mord – müssten gleich behandelt werden, zu widerlegen. Bei keinem anderen Deliktsbereich wie dem, der Kindheitstraumata hervorruft, gibt es vergleichbar schwierige und zeitverzögerte Verarbeitungs- und Mitteilungsmöglichkeiten auf Seiten der Tatopfer. Diese Besonderheit rechtfertigt die unterschiedliche Behandlung durch den Gesetzgeber auch hinsichtlich der strafrechtlichen Verjährung.“[4]

3 Zugänglich unter www.rundertisch-kindesmissbrauch.de/downloads.

4 Alle Zwischenberichte, der vorläufige Abschlussbericht vom 17.12.2010 sowie die Aktualisierung von März 2012 sind zugänglich über: www.odenwaldschule.de unter dem Menüpunkt „Verantwortung“.

5 Im Gesetzentwurf der Bundesregierung zu besagtem StORMG wird diesem berechtigten Anliegen der Betroffenen, für die die sexuelle Ausbeutung erst nach vielen Jahrzehnten mitteilbar geworden ist, noch nicht Rechnung getragen. Wohl aber wird die **Verjährungsfrist** für die zivilrechtlichen Schadenersatzansprüche wegen sexuellem Missbrauch und der vorsätzlichen Verletzung anderer höchstpersönlicher Rechtsgüter auf 30 Jahre verlängert. Hier hat sich die Erkenntnis durchgesetzt, dass die meisten Geschädigten oft nicht in der Lage sind, innerhalb der dreijährigen Regelverjährung, die zumeist mit Ende des Jahres beginnt, in dem die Verletzung stattfindet, ihre Ansprüche geltend zu machen. Auch die vor einigen Jahren eingeführte Hemmungsregelung im § 208 BGB, die die Verjährung bis zur Vollendung des 21. Lebensjahres der Geschädigten hinausschob, änderte an der kurzen Frist im Hinblick auf die verzögerte Verarbeitungs- und Mitteilungsmöglichkeit bei den Verletzten nur wenig.

6 Positiv an dem vorgelegten Gesetzentwurf ist vor allem die erleichterte Möglichkeit, einen **Anwalt für Opferrechte auch für volljährig gewordene Missbrauchsopfer** zu bestellen (§ 397 a StPO-E), nach dem eine neue Nummer 4 eingefügt wird und die Schutzaltersgrenze von 18 Jahren für Verletzte einer rechtswidrigen Tat nach den §§ 174 bis 182 und 252 StGB auf den Zeitpunkt der Tat bezogen wird. Bisher ist die Möglichkeit, einen kostenlosen anwaltlichen Beistand im Ermittlungs- und Strafverfahren (§§ 406 g, 397 a Abs. 1 Nr. 4 StPO) zu haben, an weitere enge Voraussetzungen geknüpft. Der Verletzte, der das 18. Lebensjahr schon vollendet hat, hat nur unter der Voraussetzung, dass die Tat ein Verbrechen ist oder er seine Interessen selbst nicht ausreichend wahrnehmen kann, einen Anspruch auf Beiordnung eines Rechtsanwalts.

7 Auch hier haben die Erfahrungen, die im Rahmen des Runden Tisches ab dem Jahr 2010 erhoben wurden,[5] gezeigt, dass auch bei Vergehen, bei denen die Verletzten im Zeitpunkt des Ermittlungs- oder Strafverfahrens schon erwachsen sind, ein hochgradiges Bedürfnis, sich anwaltlichen Beistands zu bedienen, besteht. „Kinder und Jugendliche, die in Macht- oder Abhängigkeitsverhältnissen Opfer sexuellen Missbrauchs" geworden sind, leiden häufig unter psychischen Folgen, die sie davon abhalten, sich frühzeitig einem Dritten zu offenbaren bzw Anzeige zu erstatten, und die ein Ermittlungs- und Strafverfahren auch noch Jahre später zu einer besonderen Belastung machen. [6]

8 Schließlich sieht der Gesetzentwurf des StORMG solche Regelungen vor, mit denen **Mehrfachvernehmungen besser vermieden** werden können. Hier endet ein roter Faden, der seit Beginn der Opferschutzgesetzgebung in den Bild-Ton-Aufzeichnungen die entscheidende Entlastung für Opferzeuginnen und Opferzeugen sieht und seither versucht, deren Zulässigkeit sowie die Zulässigkeit der vernehmungsersetzenden Vorführung einer früheren richterlichen Vernehmung zu erweitern. Die Schutzaltersgrenze soll auf 18 Jahre heraufgesetzt werden und das Gericht hat bei seiner Entscheidung auch die schutzwürdigen Interessen des Zeugen zu berücksichtigen. Diese Änderung soll unterstreichen, dass bei der Entscheidung über eine vernehmungsersetzende Vorführung der Bild-Ton-Aufzeichnung in der Hauptverhandlung die besondere Schutzbedürftigkeit von zur Tatzeit minderjährigen Zeugen berücksichtigt werden soll. Da diese Vorschrift den Opferzeugen keinen Anspruch darauf gibt, in einer Hauptverhandlung vor einer weiteren Vernehmung „verschont" zu werden, wird die Rechtsprechung auch zukünftig der Aufklärungspflicht und dem Verteidigungsinteresse des Angeklagten den Vorrang geben.

9 Es soll hier nicht der Eindruck erweckt werden, dass diese Art der Opferschutzgesetzgebung, die darauf abzielt, das Opfer aus der Hauptverhandlung fernzuhalten, rechtspolitisch anstrebenswert ist. Auch aus Sicht einer im hohen Grade parteilichen Interessen-

5 www.rundertisch-kindesmissbrauch.de/downloads.
6 StORMG S. 17 zu Nr. 7 (§ 397 a StPO-E).

vertreterin von Opfern ist dieses Konzept von Opferschutz weder sinnvoll noch rechtsstaatlich vertretbar.

II. Opfer als Rechtssubjekte im Strafprozess

1. Theoretische Aspekte zur Rolle von Opfern im Strafprozess

Schon auf dem Strafverteidigertag in Mainz 2002 habe ich ein „Plädoyer für die Emanzipation des Opfers bei Wahrung der verfahrensrechtlichen Stellung des Angeklagten"[7] gehalten und paternalistische Schutzvorstellungen, die fundamentale Rechte der Angeklagten/des Strafrechtssystems zu beschneiden geeignet sind – wie zB der Verzicht auf unmittelbare Zeugenvernehmung in der Hauptverhandlung –, auch aus Sicht der Nebenklage, abgelehnt. Nur ein grundsätzliches Bekenntnis zu einer formalisierten Wahrheitsfindung und -suche nach den Regeln der Strafprozessordnung bildet die Basis für eine Verfahrensrolle der Verletzten, die **Handlungskompetenz und Subjektstatus für das Opfer** beinhaltet.[8] 10

An anderer Stelle in diesem Buch wird verdeutlicht werden, dass es beim Opferschutz nicht darum geht, den am Strafverfahren Beteiligten die sinnliche Erfahrung von Leid und Tränen der Opfer zu ersparen, sondern darum, den Strafprozess so zu gestalten, dass das **Belastungserleben** insbesondere von Kindern auf ein Minimum auch in der Hauptverhandlung beschränkt wird. Dazu gehört es auch, alle Verfahrensbeteiligten zu befähigen, Opfern, auch wenn es nur vermeintliche Opfer sind, mit Respekt und Empathie zu begegnen. 11

Das von der Autorin und anderen Nebenklagevertretern seit Beginn der 80er Jahre entwickelte Selbstverständnis und die rechtspolitische und -theoretische Konstruktion der Nebenklagevertretung **vor allem in Sexualstrafsachen** gehen von Mandantinnen und zunehmend mehr auch von Mandanten aus, die Ohnmacht und Ausgeliefertsein erfahren haben. Die Psychotraumatologie formuliert präziser: „Eine traumatische Belastungserfahrung wird als ein vitales Diskrepanzerlebnis zwischen bedrohlichen Situationsfaktoren und den individuellen Bewältigungsmöglichkeiten eines Individuums beschrieben, das mit Gefühlen von Hilflosigkeit und schutzloser Preisgabe einhergeht und so eine dauerhafte Erschütterung vom Selbst- und Weltverständnis bewirken kann."[9] 12

Im Strafprozess, in dem diese Straftaten thematisiert werden, verbietet es sich nach diesem Erleben oder auch nur den Berichten davon, Opferzeuginnen und Opferzeugen auf reine Beweismittel und damit auf Objekte zu reduzieren. Sie haben ein Recht auf Information über alle Verfahrensabläufe, auf alle auch der Verteidigung und den anderen Verfahrensbeteiligten zugänglichen Informationen und die Vermittlung von Durchschaubarkeit. Darüber hinaus auf eine Beteiligung am Strafprozess, die sie als **eigenständige Prozesssubjekte** anerkennt und ihnen Handlungskompetenz verleiht. Dass die hier einschlägigen Verfahrensrechte der Strafprozessordnung nur mithilfe von Rechtsanwälten wahrgenommen werden können, und nicht von Angehörigen psychosozialer Berufe, erscheint selbstverständlich. 13

Der nachfolgenden Darstellung der wichtigsten Rechte der Nebenklage in ihrer Bedeutung für Opferzeugen liegt das Verständnis zugrunde, Mandanten zu informieren, ihnen Verfahrensabläufe durchschaubar zu machen und mit ihnen den Grad der aktiven Teilnahme, zB an der Hauptverhandlung zu erarbeiten. Aktivierung ist dabei ein Beratungsziel, doch bestimmt die jeweilige Zeugin nach ihren aktuellen Bedürfnissen und Möglichkeiten deren Intensität. Dieses Konzept verfolgt gerade nicht das Ziel, Personen 14

7 von Galen, 2007, S. 325, 332.
8 von Galen, 2007, S. 325, 332.
9 Fischer/Riedesser, 1998, S. 115 ff.

nach gravierenden Verletzungen ihrer höchstpersönlichen Rechte zu beschützen und sie in ihrem Opferstatus festzuschreiben. Hingegen sind auch prozessuale Beteiligungsrechte erforderlich, um sie als Verletzte am kommunikativen Prozess der Wahrheitsfindung in ihrer Handlungskompetenz zu stärken. Die Verfasserinnen eines 1998 veröffentlichten Entwurfs zur Reform der Nebenklage und anderer Verletztenrechte[10] formulieren dies so: „Der vorgelegte Entwurf geht von der Überzeugung aus, dass es gelingen muss, den Strafprozess nicht als obrigkeitliche Inszenierung, sondern als **kommunikativen Akt** zu konstruieren, in dem verschiedene Beteiligte mit durchaus unterschiedlichen Interessen agieren: Beschuldigter und Verteidigung, Staatsanwaltschaft und Gericht, Verletzte und Nebenklagevertretung. Kommunikativer Akt meint dabei, dass die Interaktion und Kommunikation zwischen den Beteiligten von klaren staatlichen Regeln gesteuert wird. Nur, wenn es gelingt, dass die **an der Rekonstruktion der Wahrheit beteiligten Personen** in ihrer Subjektivität ernst genommen werden und gleichberechtigte Chancen haben, ihre Sicht der Dinge in den Prozess einzubringen, kann mit dem Strafprozess Rechtsfrieden gestiftet werden."

15 Der dargestellte Ansatz, der die **Subjektstellung der nebenklageberechtigten Opferzeugen** stärken will, wendet sich klar gegen ihre Funktionalisierung für den staatlichen Strafanspruch. Schon sehr früh wurde bei der parteilichen Interessenvertretung der Verletzten deutlich: die von Strafverteidigern beschworene Interessengleichheit mit der Staatsanwaltschaft gab und gibt es nur in seltenen Fällen. Interessenwidersprüche treten sofort auf, wenn Kritik an den Vernehmungsmethoden von Polizei und Staatsanwaltschaft erfolgt, wenn die Zeugin nicht kooperationsbereit ist, wenn sie vom Zeugnisverweigerungsrecht Gebrauch macht oder wenn sie sich justiziellen Erledigungswünschen nicht anpasst. Die Rolle der Nebenklagevertretung, die sich kritisch mit allen Verfahrensbeteiligten auseinandersetzt, liegt vornehmlich darin, **Wächterin der Persönlichkeitsrechte von Zeugen** gegenüber den Strafverfolgungsorganen und der Verteidigung zu sein. Die von der Nebenklage nach ihrem gesetzlichen Auftrag verfolgten Zwecke, eine Verurteilung des Angeklagten wegen der nebenklageberechtigenden angeklagten Delikte zu erreichen, ist in Deckung zu bringen mit den Interessen der Verletzten. Für sie ist die Anerkennung des Verbrechens als Unrecht das Entscheidende, in Abgrenzung zu einem widerfahrenen Unglück. Das traumatisierte Opfer eines Verbrechens bedarf der Resozialisierung, denn es hat ein Recht auf die Wiedererlangung einer sicheren Orientierung im Leben, nachdem es die diesbezügliche Orientierung durch das Trauma verloren hat. Dabei geht es nicht um persönliche Rache, weshalb die verhängte staatliche Strafe auch nicht als „geläutertes Institut der Rache ausgelobt" werden kann.[11] Im Gegenteil: Für das Opfer eines Verbrechens ist die Bestrafung des Täters keine Wiedergutmachung, sondern die Abwendung weiteren Schadens. Das Recht des Opfers auf Bestrafung des Täters erwächst aus der Pflicht des Staates, den sozialen Schaden, den ein Verbrechen angerichtet hat, zu begrenzen. Der Schaden des Opfers besteht in der, in den psychischen Folgen erlebten, Orientierungslosigkeit aufgrund plötzlich erfahrener Rechtlosigkeit. Die Pflicht zur Re-Etablierung von Recht erwächst aus der diesbezüglichen Schadensbegrenzungspflicht des Staates.[12] Diese Theorie wendet sich gegen die Entstehung staatlichen Strafrechts auf der Grundlage einer (rechtlichen) Neutralisierung des Opfers.[13] Reemtsma überlegt, dass nach Foucault formuliert, die Macht des Strafrechts auf der Entmachtung des Opfers beruht.[14]

10 Nelles/Oberlies (Hrsg.), 1998, S. 11–12.
11 Reemtsma, 1999, S. 26.
12 Reemtsma, 1999, S. 27.
13 Hassemer, 1990, S. 69 f.
14 Reemtsma, 1999, S. 10.

In dem kommunikativen Prozess des Strafprozesses geht es in erster Linie um das Ziel, eine **Verantwortungsübernahme des Angeklagten** zu erreichen; falls diese nicht gelingt, um Verantwortungszuweisung durch ein Urteil. Mit diesem Urteil erfolgt dann keine Wiedergutmachung der erlittenen psychischen und physischen Beschädigungen, allenfalls eine kurze Erholungspause, ein Aufatmen tritt ein. Wiedergutmachung findet tatsächlich nur in dem von Reemtsma formulierten Sinn statt: Wiedererlangung von sozialer Sicherheit nach Desorientierung und Gefühlen der Hilflosigkeit und des Ausgeliefertseins.[15] Mehr ist vom Strafprozess im günstigsten Fall nicht zu erwarten. Es ist Aufgabe der Strafjustiz, die angemessene Sanktion zu wählen. Die Anträge der Nebenklagevertretung sind nur Anregungen an das Gericht, da ihr nur eine eingeschränkte Rechtsmittelbefugnis zusteht (§ 400 StPO). Viele Verletzte haben auch schon bei ihrer Motivation zur Strafanzeige formuliert, dass es ihnen um Spezialprävention geht: Verhinderung weiterer gleich gelagerter Delikte gegenüber weiteren bekannten oder unbekannten Opfern. Dieses legitime Anliegen delegiert das Opfer an die Strafjustiz – an alle Verfahrensbeteiligten. 16

2. Konzept einer professionellen Nebenklagevertretung

Die noch darzustellenden, hier zunächst nur theoretisch konzipierten **Beratungs- und Kontrolltätigkeiten des Anwalts für Opferrechte** können nur bei einem hohen Kenntnis- und auch einem bestimmten Erfahrungsstand verwirklicht werden. Schon die Beratung von traumatisierten Frauen, Männern und Kindern erfordert neben einer Bereitschaft, sich auch schwierigen Mandanten zu stellen, Spezialkenntnisse. Hier kurz das von mir entworfene **Anforderungsprofil** und die **Qualitätsstandards**, die ein Nebenklagevertreter erfüllen sollte, der mit traumatisierten Verbrechensopfern arbeitet: 17

- Kenntnisse der Psychotraumatologie/psychologisches und medizinisches Basiswissen,
- Kenntnisse der Aussagepsychologie, dies impliziert auch,
- Kenntnisse über korrekte Fragetechniken,
- Kenntnisse eines Fachanwalts für Strafrecht,
- Kenntnisse eines Fachanwalts für Sozialrecht,
- Erfahrungen in den jeweiligen Bereichen
- sowie bei hoher Belastung, zB in Umfangsverfahren, sporadische Supervision.

Das derzeit in der Strafprozessordnung zur Verfügung gestellte **Instrumentarium** reicht nicht aus, um den zuvor dargestellten Ansprüchen an die Subjektstellung des Opfers im Strafprozess bzw. an seiner gleichberechtigten Teilhabe am Prozess der Rekonstruktion der prozessualen Wahrheit gerecht zu werden. Eine Änderung der üblichen Darstellung der Nebenklagevertretung nach der empirischen Untersuchung von Barton[16] wird sich nicht nur erreichen lassen, wenn sich Opferanwälte weiter professionalisieren. Eine Gesetzesänderung, die die Wirksamkeit der Nebenklage davon abhängig macht, dass sie nur bei anwaltlicher Erklärung vorliegt, würde zu der entscheidenden Aufwertung dieses Rechtsinstituts führen. 18

Um als Verfahrensbeteiligte in allen Situationen des Strafverfahrens ernst genommen zu werden, bedarf es der **umfassenden Rechtsmittelbefugnis und der Beteiligung bei allen Verfahrenseinstellungen** aus Opportunitätsgesichtspunkten (§§ 153, 153 a, 153 b, 154, 154 a StPO). Die Beteiligung der Nebenklage ist auf das gesamte Verfahren auszudehnen. Sie ist auch im Zuge der Informalisierung der Verfahren und einer Zunahme von 19

15 Reemtsma, 1999, S. 27.
16 Barton, StraFo 2011, 161–168.

Verfahrensabsprachen auf eine Mitwirkung an allen das Verfahren beendenden Entscheidungen zu erstrecken. Entscheidungen über den Kopf der Verletzten hinweg werden als Freisprüche empfunden. Retraumatisierungen erfolgen, wenn ein Verfahrenskomplex, der eine Verletzte betrifft, im Hinblick auf weitere Verletzte desselben Angeklagten gemäß § 154 StPO eingestellt wird. Ein öffentliches Interesse an der Strafverfolgung besteht, solange sich die anwaltlich vertretene Verletzte oder der Verletzte weigert, einer Einstellung zuzustimmen. Der Rechtsfrieden muss weiterhin als gestört angesehen werden. Andererseits beseitigt ihre Zustimmung aber auch das öffentliche Interesse.

20 Auch bei der **Verständigung zwischen Gericht und Verfahrensbeteiligten** (§ 257 c StPO) ist der Nebenklage nicht nur rechtliches Gehör zu gewähren, sondern ist ein Zustimmungserfordernis aufzunehmen, ähnlich, wie dies die Verfahrensordnung des internationalen Gerichtshofs in Den Haag vorsieht.[17] Rechtsmittel der Nebenklage sollten auch dann zulässig sein, wenn sie sich nur auf eine Änderung des Rechtsfolgenausspruchs richten. Schließlich ist klarzustellen, dass die Revision der Nebenklage sich auch auf die Verletzung ihrer Beteiligungsrechte berufen kann. Die Rekonstruktion der prozessualen Wahrheit als Ergebnis eines nach rechtlichen Regeln verlaufenden, kommunikativen Prozesses ist gestört, wenn die Mitwirkung der Nebenklage zu Unrecht behindert wurde.[18]

III. Anwaltliche Beratung zu Strafanzeigen nach körperlichen oder sexuellen Gewalterfahrungen

1. Zugang zur anwaltlichen Beratung

21 Opfer von Straftaten, insbesondere von solchen gegen höchstpersönliche Rechtsgüter wie zB die sexuelle Selbstbestimmung, entscheiden zu unterschiedlichen Zeitpunkten eines Strafverfahrens, sich anwaltliche Unterstützung zu suchen. Der gewählte Zeitpunkt hängt vorrangig davon ab, ob die Verletzten rechtzeitig und umfassend, zB bei ihrer ersten polizeilichen Vernehmung, über die Möglichkeit kostenlosen anwaltlichen Beistand hinzuzuziehen, informiert wurden. Auch wenn **die Informationsverpflichtungen der Ermittlungsbehörden** in den vergangenen Jahren stetig erweitert wurden und heute umfassende Merkblätter an die Opfer ausgehändigt werden, ist damit noch nicht sicher gestellt, dass ein als Zeuge vernommenes Opfer vom jeweiligen Ermittlungsbeamten auf die möglichst frühzeitige Einschaltung eines Rechtsanwalts hingewiesen wird. Dies hängt letztlich vom Rollenverständnis der ermittelnden Beamten und deren Kooperationserfahrungen ab. Nicht selten teilen Mandanten mit, Polizeibeamte hätten darauf hingewiesen, dass der anwaltliche Beistand erst nötig sei, wenn es zu einer Hauptverhandlung komme. Besteht jedoch eine gute Kooperationsbeziehung zwischen spezialisierten Rechtsanwälten, unterschiedlichen Fachberatungsstellen und Fachdezernaten der Kriminalpolizei, ist dies der beste Garant dafür, dass Opfer spätestens nach ihrer ersten Vernehmung dringend empfohlen wird, einen anwaltlichen Beistands zu beauftragen.

22 Für den anwaltlichen Berater, der den Anspruch verfolgt, die Interessen seiner Mandanten so wirkungsvoll und erfolgreich wie möglich zu vertreten, ist die **frühestmögliche Einschaltung** von grundlegender Bedeutung.

23 Mit der allgemein gestiegenen Bedeutung des Ermittlungsverfahrens für das Strafverfahren eröffnen sich **Gestaltungsspielräume** nicht nur für die Verteidigung, sondern auch für die Vertretung der Opfer von Straftaten, vor allem im Vorfeld einer Hauptverhandlung. Die aus Sicht der Autorin ideale, aber auch umfassendste Beratungsmöglichkeit ist dann gegeben, wenn sich das Opfer einer Straftat schon frühzeitig über die Frage, **ob**

17 Vgl auch Niemz, 2011, S. 210 ff.
18 Vgl Nelles/Oberlies, 1998, S. 29 f.

Strafanzeige erstattet werden soll oder nicht, anwaltlich beraten lässt. In der Kooperation mit Fachberatungsstellen, wie zB den Beratungsstellen gegen sexuelle Gewalt, Wildwasser, Zartbitter, innocence in danger e.V., der Wiesbadener Hilfe oder anderen Opferberatungsstellen gelingt es, die Frage der Anzeigeerstattung aus dem psychosozialen Unterstützungsangebot der Beratungsstelle auszugliedern und an spezialisierte Rechtsanwälte zu delegieren.

2. Beweissicherung

Rechtsanwälten kommt eine hohe Verantwortung zu, da die Mandanten von ihnen nicht selten eine **sichere Prognose** für den Verlauf des gesamten Strafverfahrens und seinen Ausgang wünschen. Die meisten Fälle, in denen sich Mandanten über die Erstattung einer Strafanzeige anwaltlich informieren lassen wollen, betreffen Straftaten, die schon längere Zeit zurückliegen und bei denen sich die Frage nach einer umgehenden Beweissicherung durch polizeiliche Maßnahmen (Beschlagnahme von PCs) und körperlichen Untersuchungen nicht vordringlich stellt. Es ist aber diese Frage nach der **Beweissicherung**, die zunächst von einem anwaltlichen Berater zu klären ist. Gibt es dann, wenn eine entsprechende Beweissicherung von Nöten ist, gewichtige Gründe gegen die sofortige Strafanzeigeerstattung auf Seiten des Mandanten, so ist die Beweissicherung durch geeignete Fachärzte, gerichtsmedizinische Ambulanzen an Universitätskliniken oder ähnlichen geeigneten Stellen zu empfehlen und mit der notwendigen Beschleunigung (sofortige Terminvereinbarung durch den Anwalt) vorzunehmen. Im Bereich des **Verdachts auf sexuellen Missbrauch** von kleineren Kindern, die sich über die Tathandlungen noch nicht oder nicht umfassend äußern können, ist die gerichtsmedizinische Untersuchung sofort zu veranlassen. Dies gilt auch bei Beratung von jungen Frauen, die den Verdacht haben, dass man ihnen sog. KO-Tropfen beigebracht hat, deren Nachweis in Blut und/oder Urin nur wenige Stunden nach dem Tatzeitpunkt gelingt. Das Unterlassen einer entsprechenden Beratung wäre kunstfehlerhaft. 24

3. Anzeigemotivation

Insbesondere bei Mandanten, bei denen der Tatzeitpunkt länger zurückliegt, ist zunächst die Anzeigemotivation zu klären. Dies ist nicht nur vor dem Hintergrund einer späteren Beweiswürdigung der Erstangaben eines Opfers von Bedeutung, wenn der Entstehungsprozess der Aussage rekonstruiert werden muss. Diese **Klärung der Motivation** führt oft auch dazu, dass sich die Beratung auf andere Rechtsgebiete erstreckt – dann nämlich, wenn vorrangig der eigene Schutz oder der Schutz eines Angehörigen bzw eines Kindes gewünscht wird. Falsche Vorstellungen über das Recht der Untersuchungshaft müssen an dieser Stelle zurecht gerückt werden und den Mandanten die Voraussetzungen für die Anordnungen von Untersuchungshaft nahe gebracht werden. Nur selten wird eine klare Prognose darüber abgegeben werden können, dass mit einer umgehenden Anordnung von Untersuchungshaft gerechnet werden kann. Stattdessen ist dann über Gewaltschutzanordnungen nach dem Gewaltschutzgesetz, Maßnahme nach §§ 1666, 1666 a BGB zum Schutz eines Kindes und andere zivilrechtliche Möglichkeiten zu beraten. Spezifischer Kenntnisse und Erfahrung bedarf es, wenn anwaltlich über die Strafanzeigeerstattung beim Verdacht auf sexuellen Missbrauch eines Kindes beraten werden soll. Hierzu werden gesonderte Ausführungen in dem Kapitel über die Vertretung von Kindern und Jugendlichen gemacht werden. 25

4. Planung der Erstvernehmung

Nach der Klärung der Anzeigemotivation ergeben sich für den anwaltlichen Berater genügend Ansatzpunkte, um dem Mandanten den **Gang und das mögliche Ergebnis eines** 26

Strafverfahrens durchschaubar zu machen. Den medial geprägten Gerichtsshowkenntnissen der Mandanten ist zunächst entgegenzuwirken. Die eigene Rolle des anwaltlichen Beraters mit seinen Unterstützungsmöglichkeiten und der möglichen Reduzierung von Belastungserleben, aber auch die Vorteile und positiven Erlebensmöglichkeiten in einem Strafprozess sind zu skizzieren. Unter den Unterstützungsmöglichkeiten sind an vorderster Stelle die Teilnahme des Rechtsanwalts an polizeilichen und richterlichen Vernehmungen sowie die Akteneinsicht zu nennen.

27 Bei der Planung einer Strafanzeige fällt dem anwaltlichen Berater auch die Aufgabe zu, das Setting einer Erstvernehmung durch Polizei oder Gericht – soweit es denn Zuständigkeitsregelungen möglich machen – zu planen. Als **Formen der anwaltlichen Anzeigeerstattung** ergeben sich die telefonische Benachrichtigung eines Fachkommissariats und Vereinbarung eines Vernehmungstermins mit dem Mandanten oder auch die schriftliche Strafanzeige. Während die erste Variante dann zu wählen ist, wenn die Anzeigeerstattung unaufschiebbar erscheint und die Aussagemotivation des Zeugen hoch ist, empfiehlt sich die schriftliche Strafanzeige bei Tatorten in anderen Bundesländern oder weniger massiven Tatvorwürfen.

Ziel der anwaltlichen Beratung ist nicht nur, die seelische Belastung für die Mandantin oder den Mandanten möglichst niedrig zu halten, denn diese Tätigkeit wäre durchaus auch durch eine sozialpädagogische Begleitung zur Zeugenvernehmung zu erreichen. **Ziel** ist es, durch – soweit möglich – Auswahl der kompetentesten Vernehmungsperson bzw durch die Kontrolle der jeweiligen Vernehmungstechnik zu einer **qualitativ hochwertigen Erstaussage des Zeugen** zu gelangen, die auch kritischer Beweiswürdigung durch Staatsanwaltschaft, Gericht und Verteidigung standhalten wird. Dabei ist dem Wunsch eines Mandanten nach Auswahl eines Ermittlungsbeamten nach dem Geschlecht nachzukommen. Nicht selten aber trifft ein Mandant eine andere Entscheidung nach anwaltlicher Beratung über die Kompetenz und Empathiefähigkeit der zur Verfügung stehenden Ermittlungsbeamten. Grundlage jeder Entscheidung eines Mandanten für die Strafanzeigeerstattung ist dessen Bereitschaft, umfassend über das Erlebte gegenüber einer fremden Vernehmungsperson Auskunft zu geben; hier ist der Mandant über seine Rechte und Pflichten als Zeuge zu belehren. Schwierige Problemfälle, wie die Auskunft über selbstbelastende, möglicherweise strafrechtlich relevante Handlungen sind im Vorfeld zu erörtern. Dies gilt beispielsweise für einen Drogenabusus, ohne den der Entstehungskontext einer mitzuteilenden Straftat nicht verstanden werden kann.

Zusammen mit dem potenziellen Zeugen ist abzuwägen zwischen dem Wunsch nach Verurteilung eines Beschuldigten und der eigenen Belastung. Das Gebrauchmachen vom **Auskunftsverweigerungsrecht** gem. § 55 StPO, über das die anwaltliche Beratung zu erfolgen hat, führt nicht selten dazu, dass das geschilderte Tatgeschehen nicht nachvollziehbar ist und sich Zweifel an der Glaubhaftigkeit der Angaben des Zeugen zugunsten des Beschuldigten auswirken. Ein Mandant ist auch darüber zu informieren, dass sich der strafprozessuale Grundsatz „in dubio pro reo“ (im Zweifel für den Angeklagten) auch schon im Ermittlungsverfahren auswirkt und es daher nach reiflicher Beratung und Abwägung angezeigt sein kann, Selbstbelastendes in vollem Umfang mitzuteilen und die eigene Strafverfolgung zu riskieren, wenn auf der anderen Seite schwerwiegendere Delikte gegen ein höchstpersönliches Rechtsgut zur Anzeige gebracht werden sollen.

28 In der Beratung ist der Mandant nicht nur darauf aufmerksam zu machen, dass er jederzeit das Recht hat – insbesondere bei polizeilichen Vernehmungen –, diese **Vernehmung abzubrechen** oder auch nur kürzere Unterbrechungen über den Rechtsanwalt zu beantragen. Er muss selbstverständlich auch über seine Pflicht zur vollständigen Aussa-

ge vorab informiert werden und die oben schon geschilderten Problemfelder müssen mit ihm zumindest dem Grunde nach besprochen werden.

Da spätestens in einer Hauptverhandlung über den gesamten Entstehungsprozess der Aussage einer Mandantin Beweis erhoben werden muss, empfiehlt es sich nicht, eine umfassende Aussage des Opfers während der anwaltlichen Beratung zu erheben. Sollte es in Ausnahmefällen doch dazu kommen, dass ein Mandant von sich aus – unter großem Mitteilungsdruck stehend – wichtige Bestandteile des Erlebten berichtet, so ist dies zeitgleich und vorzugsweise auf **Tonband** zu dokumentieren. Rede- und/oder schreibgewandten Zeugen ist zu empfehlen, ihre Erlebnisse zu verschriften und an den Anwalt zu senden. Dieses Schreiben oder diese E-Mail kann dann in eine Hauptverhandlung als Urkundenbeweis eingeführt werden. 29

Es versteht sich von selbst, dass der Rechtsanwalt bei seiner Befragung des Mandanten eine korrekte **Fragetechnik** beachten muss. Die offene Befragung, die nur danach fragt, was wo, wann und wie genau passiert sei, ist unabdingbar. Da vorrangiges Interesse bei der anwaltlichen Beratung eines Opfers eine qualitativ hochwertige, verwertbare Erstaussage des Mandanten ist, ist bei Vernehmungen nicht nur auf die Einhaltung von Ladungsfristen für Anwesenheitsberechtigte (Verteidigung und Beschuldigte) bzw deren korrekten Ausschluss von der Teilnahme an der Vernehmung gem. § 168 c StPO zu achten, sondern insbesondere darauf, dass verbotene Vernehmungsmethoden gem. § 136 a StPO unterbleiben. Diese Vorschrift findet über § 69 Abs. 3 StPO auch Anwendung auf alle Vernehmungen von Zeugen. Eine Vernehmung, bei der eine aus Sicht der Aussagepsychologie hoch problematische Fragetechnik angewandt wird, die zB bei Kindern mit einseitigen Vorgaben in den eigenen Fragen operiert, ist umgehend abzubrechen, da die spätere Aussage nicht verwertbar sein wird. Heimliche Tonbandaufnahmen sind auch bei der Vernehmung von Zeugen grundsätzlich unzulässig. Da die Vernehmung nicht öffentlich iSd § 201 StGB ist, darf sie nicht ohne Einwilligung des Zeugen aufgenommen werden, auch wenn dieser weiß, dass seine Äußerungen in einer Niederschrift festgehalten werden.[19] 30

Da die Vorschrift des § 136 a StPO auch für die Exploration eines Zeugen durch einen aussagepsychologischen Sachverständigen gilt, war folgende Aussage einer Jugendlichen unverwertbar: Die Sachverständige hatte der nicht aussagebereiten Jugendlichen erklärt, sie könne den Raum erst dann wieder verlassen, wenn sie ihr die fraglichen Vorfälle, die sie schon der Polizei geschildert hätte, noch einmal berichtet habe. 31

Man mag diskutieren, ob die Vernehmung eines fünfjährigen Kindes unter Zuhilfenahme der anatomischen Puppen durch die Staatsanwaltschaft eine **verbotene Vernehmungsmethode** darstellt und damit unverwertbar ist.[20] Sicher aber ist der Beweiswert einer so erlangten Aussage bei einem kleinen Kind so deutlich eingeschränkt, dass dies der Nichtverwertbarkeit – zumindest aus aussagepsychologischer Sicht – gleichkommt. Das vorgenannte Beispiel entstammt dem Vorgehen der Staatsanwaltschaft Mainz in den sog. Wormser Prozessen, die Anfang der 90er Jahre vor dem Landgericht Mainz stattfanden.[21] Gegenüber einer mit hohem Ermittlungseifer und Ermittlungsdruck agierenden Staatsanwaltschaft hätten zum frühestmöglichen Zeitpunkt eingeschaltete kompetente Rechtsanwälte der Kinder derartige Kunstfehler der Staatsanwälte rechtzeitig beanstanden und verhindern können. 32

Frühzeitig gehört es auch zur Tätigkeit des anwaltlichen Verletztenbeistands im Vorverfahren, die eigenen Mandanten vor **Falschbeschuldigungen** zu bewahren, sobald sich dafür Verdachtsmomente auftun, und ihnen aus dieser Situation offensiv herauszuhel- 33

19 Meyer-Goßner/Schmitt, § 136 a StPO Rn 18.
20 Burgsmüller, Das BGH-Urteil zu den Glaubhaftigkeitsgutachten, 2000, S. 49.
21 Burgsmüller, Das BGH-Urteil zu den Glaubhaftigkeitsgutachten, 2000, S. 49.

fen. So zB durch ein frühes Geständnis und die Abwendung weiteren Schadens für sie selbst und den Beschuldigten.

34 Bei der Beratung über das Für und Wider einer Anzeigeerstattung sind die Mandanten auch darüber zu informieren, dass sie sich nicht nur der Belastung einer möglichst einmaligen Vernehmung aussetzen müssen, sondern unter Umständen auch einer **aussagepsychologischen Begutachtung**. Um diese Frage beurteilen zu können, bedarf der anwaltliche Berater zunächst einer detaillierten Kenntnis der Rechtsprechung zu der Frage, wann Gerichte sich nicht mehr auf die eigene Sachkunde bei der Beweiswürdigung von Zeugenaussagen verlassen dürfen, sondern Sachverständigenrat – zB von Aussagepsychologen und/oder Psychiatern – hinzuziehen müssen.

35 Hinsichtlich der Einzelheiten sei auf das Kapitel über die Glaubhaftigkeitsbegutachtung verwiesen. Kurz gefasst soll hier nur darauf hingewiesen werden, dass bei psychiatrischen Auffälligkeiten (zB Diagnose einer histrionischen Persönlichkeitsstörung oder einer diagnostizierten Borderlinestörung) eine Begutachtung erforderlich sein kann. Von daher ist im Beratungsprozess auch darauf hinzuweisen, dass eine solche Begutachtung auf den Mandanten zukommen kann.

36 Weiter sind die erforderlichen Grunddaten, die für die Beurteilung der Begutachtungsfrage erforderlich sind, schon im frühen Stadium der Beratung zu erheben. In vielen Fällen, in denen die Autorin schwer beeinträchtigte Männer und Frauen berät, ist zunächst eine wechselseitige **Entbindung von der anwaltlichen bzw ärztlichen und therapeutischen Schweigepflicht** erforderlich, um die Befunde und Bewertungen bzw Diagnosen aus der Lebens- und Krankheitsgeschichte der Mandanten zu klären.

37 Erfahrungsgemäß stellen Mandanten nach einem sie traumatisierenden Erlebnis wenige Fragen an den Rechtsanwalt, da ihnen die Strafjustiz insgesamt völlig fremd ist. Umso wichtiger ist es, dass sich der anwaltliche Berater als **Vermittler zur Strafjustiz** und potenzieller Kontrolleur derselben darstellt und vorrangig in seiner Rolle überzeugt, kompetent die Intimsphäre und die Persönlichkeitsrechte eines Zeugen schützen zu können.

38 Die einzige Frage, die eine Mandantin als potenzielle Zeugin bewegt und die regelmäßig gestellt wird, ist die Frage, ob eine **Konfrontation mit dem Beschuldigten** bzw späteren Angeklagten erforderlich ist. Hier sollten dann alle möglichen Schutzmaßnahmen im herkömmlichen Sinn (§§ 247, 247 a StPO) kurz erörtert werden. Eine erwachsene, psychisch gesunde Zeugin sollte nicht im Unklaren darüber gelassen werden, dass das Gesetz von ihr eine Aussage in Anwesenheit des Angeklagten erwartet, wozu der Anwalt im Zuge der Beratung motivieren und befähigen möchte.

39 Die anwaltliche Erstberatung über die Frage, ob eine Strafanzeigeerstattung sinnvoll ist oder nicht, wird nur in seltenen Fällen mit einer klaren Entscheidung des Mandanten beendet sein. Er ist mit einer Fülle von bisher unbekannten Informationen konfrontiert worden, die er in Ruhe und ggf in Rücksprache mit einem psychosozialen Berater, einem Therapeuten oder nahestehenden Unterstützungspersonen wird erörtern wollen und müssen, ehe er sich für das Pro oder das Contra Strafanzeige entscheidet. Eine **Bedenkzeit** ist dem Mandanten von daher auf jeden Fall einzuräumen. Eine Bedenkzeit, deren Dauer der jeweilige Mandant selbst bestimmt und für den nur einige Wochen zur Orientierung angegeben werden sollten.

IV. Das Recht auf Akteneinsicht für nebenklageberechtigte Verletzte

40 Dem anwaltlichen Beistand eines Opfers, das zur Nebenklage berechtigt ist (§ 395 StPO), steht schon im Ermittlungsverfahren über § 406 e Abs. 1 S. 1 StPO ein Akteneinsichtsrecht zu, für das kein berechtigtes Interesse dargelegt werden muss (§ 406 e Abs. 1 S. 2 StPO). Hier sind allenfalls zur Nebenklageberechtigung nach § 395

Abs. 3 StPO bei bestimmten Straftaten wie den Beleidigungs- und Raubdelikten Ausführungen zu den „besonderen Gründen“ für den Nebenklageanschluss, insbesondere „den schweren Folgen der Tat“ zu machen.[22]

Ohne eine vollständige Akteneinsicht nicht nur in die Ermittlungsakte, sondern auch in Beweismittelordner, beigezogene Akten und weitere Aktenbestandteile ist keine kunstgerechte Bearbeitung des Mandats möglich. Diese für Fachanwälte für Strafrecht **selbstverständliche Arbeitsweise** ist nach der schon zitierten Untersuchung von Barton[23] nur bei der Hälfte der untersuchten Nebenklagevertretungen vorzufinden. Regelmäßig auftauchende Fragen von Mandanten nach den Vorbelastungen eines Beschuldigten, nach dem Inhalt von Aussagen ihnen nahestehender Personen, nach Untersuchungsergebnissen können nicht beantwortet werden, dh es kann keine Durchschaubarkeit und Nachvollziehbarkeit vermittelt werden. 41

Eine sachgerechte Beweiswürdigung von Zeugenaussagen, insbesondere der Aussage der Mandanten, ist unmöglich, wenn aus der Akte ausschließlich die Vernehmungsprotokolle des eigenen Mandanten kopiert wurden. Nur mit einer eigenständigen Beweiswürdigung auf der Grundlage einer umfassenden Akteneinsicht kann ein Mandant zB darauf vorbereitet werden, dass das Verfahren nach § 170 Abs. 2 StPO eingestellt werden wird; dieselbe Einstellungsentscheidung kann nur mit umfassender Aktenkenntnis bewertet und eine möglich Beschwerde begründet werden. Nicht zuletzt in der Hauptverhandlung wird sich ergeben, dass die ***vollständige* Akteneinsicht** unverzichtbar ist: Vorhalte von Verteidigern und anderen Verfahrensbeteiligten an den eigenen Mandanten können nur anhand der eigenen Aktenkenntnis überprüft und erfolgreich gerügt werden. 42

Erneute Akteneinsichtsgesuche sind in regelmäßigen Abständen an Staatsanwaltschaft und Gericht zu richten; auf jeden Fall, wenn ein Rechtsmittel zu begründen ist oder Termine für die Hauptverhandlung anberaumt worden sind. Zur Vorbereitung auf die Hauptverhandlung ist die erneute Akteneinsicht unabdingbar, auch wenn „nur“ eine aktuelle Auskunft aus dem Bundeszentralregister für den Angeklagten von Bedeutung sein sollte. Sehr oft findet aber auch bei Vorbereitung der Verteidigung auf die Hauptverhandlung erneuter Sachvortrag statt. 43

V. Rechte auf Anwesenheit des Nebenklägers, insbesondere in der Hauptverhandlung

Nebenkläger haben unbestritten ein Anwesenheitsrecht in der Hauptverhandlung, sowie bei deren vorweggenommenen Teilen, wie kommissarischen Vernehmungen nach § 223 und Augenscheinseinnahmen nach § 225 StPO.[24] Trotz dieses eindeutigen Rechts zur Anwesenheit hat eine empirische Untersuchung von Barton 2011 ergeben, dass wider Erwarten die Nebenkläger relativ selten umfassend an der Hauptverhandlung teilnehmen; fast 20 % seien nie anwesend, 62,6 % fehlten beispielsweise bei der **Vernehmung des Angeklagten.**[25] Interpretiert wird dies von den Untersuchern damit, dass „dem Verletzten ein Zusammentreffen mit dem Beschuldigten erspart wird“. In anderen Fällen gehe es jedoch um Fragen der Glaubhaftigkeit der Zeugenaussage. Wie sich aus Interviews mit Nebenklageanwälten ergeben hätte, äußerten Vorsitzende nicht selten mehr oder weniger deutlich die Erwartung, der Nebenkläger möge bei der Vernehmung des Angeklagten nicht anwesend sein. Dazu passe es, dass es auch Nebenklageanwälte 44

22 Meyer-Goßner/Schmitt, § 395 StPO Rn 10.
23 Barton, StraFo 2011, 163–164.
24 Meyer-Goßner/Schmitt, § 397 StPO Rn 2.
25 Barton, StraFo 2011, 161.

gebe, die aus strategischen Beweiskalkülen ihre Mandanten von sich aus veranlassten, während der Angeklagtenvernehmung nicht im Gerichtsaal zu sein.[26]

45 Wer jemals als professioneller, kompetenter Nebenklageanwalt einem erfahrenen Vorsitzenden eines Schöffengerichts in einem ländlichen Gebiet darlegen musste, weshalb der Nebenkläger von Beginn der Hauptverhandlung an teilnehmen wird, weiß, wie wohltuend es ist, hier lapidar darauf zu verweisen, dass der Mandant von seinem Anwesenheitsrecht Gebrauch mache.

46 In Wirklichkeit ist die Empfehlung, die nach Akteneinsicht und Planung einer Prozessstrategie in persönlichen Beratungsgesprächen mit dem Mandanten erarbeitet wird, eine höchst komplexe, individuelle Angelegenheit. Ausgangspunkt der diesbezüglichen Beratungstätigkeit einer Nebenklagevertretung ist auch hier wieder das zuvor schon dargestellte **Konzept der aktiven Teilnahme des Opfers am Strafprozess.**

47 Das von der Autorin und anderen Nebenklagevertretern seit Beginn der 80er Jahre entwickelte Selbstverständnis und die rechtspolitische und -theoretische **Konstruktion der Nebenklagevertretung** zB in Sexualstrafsachen gehen von Mandanten aus, die Ohnmacht und Ausgeliefertsein erfahren haben.[27] Im Strafprozess, in dem diese Straftaten thematisiert werden, verbietet es sich nach diesem Erleben oder auch nur den Berichten davon, Opferzeugen auf reine Beweismittel und damit auf Objekte zu reduzieren. Sie haben ein Recht auf Information über alle Verfahrensabläufe, auf alle auch der Verteidigung und anderen Verfahrensbeteiligten zugänglichen Informationen und auf die Vermittlung von Durchschaubarkeit. Darüber hinaus auf eine Beteiligung am Strafprozess, die sie als eigenständige Prozesssubjekte anerkennt und ihnen Handlungskompetenz verleiht. Mandanten sollen informiert werden, ihnen sollen Verfahrensabläufe durchschaubar gemacht werden und mit ihnen ist der Grad ihrer aktiven Teilnahme zB an der Hauptverhandlung zur erarbeiten.

48 **Aktivierung** ist dabei ein Beratungsziel, doch bestimmt der Zeuge nach seinen aktuellen Bedürfnissen und Möglichkeiten deren Intensität. Dieses Konzept verfolgt gerade nicht das Ziel, Personen nach gravierenden Verletzungen ihrer höchstpersönlichen Rechte zu beschützen und sie in ihrem Opferstatus festzuschreiben. Hingegen sind auch prozessuale Beteiligungsrechte erforderlich, um sie als Verletzte am kommunikativen Prozess der Wahrheitsfindung in ihrer Handlungskompetenz zu stärken.

49 Ungeachtet aller Vorbehalte von anderen Verfahrensbeteiligten sollte jeder **über 14 Jahre alte Verletzte** ermutigt werden, von seinem Anwesenheitsrecht in der Hauptverhandlung von Anfang an Gebrauch zu machen. Die absurde Situation, dass der Verletzte im Zeugenzimmer wartet, während der Angeklagte ein Geständnis ablegt, kann so verhindert werden. Nur so können Zeugen nach einem Ohnmachtserlebnis während der Tat die Rollenverkehrung im Gerichtssaal wahrnehmen und im Falle einer offensiven Nebenklagevertretung an der **Entmystifizierung der Angeklagten** teilhaben. Hier tun sich über das Fragerecht der Nebenklage Möglichkeiten auf, zB Lügen des Angeklagten aufzudecken.

50 Das Argument, die Aussage des Zeugen verliere im Rahmen der Beweiswürdigung an Wert, wenn er die Angaben des Angeklagten mit anhöre,[28] wiegt im Regelfall gegenüber den unbestreitbar positiven Effekten weniger schwer. Dem Nebenkläger gelingt es in seiner zunächst zuhörenden Rolle, sich an die Verhandlungsatmosphäre und an die Fragestile der einzelnen Verfahrensbeteiligten zu gewöhnen und bei der eigenen Vernehmung sicherer und orientierter auftreten zu können.

26 Barton, StraFo 2011, 161, 162.
27 Platt, 2008, S. 97.
28 Meyer-Goßner/Schmitt, § 406 e StPO Rn 6 a.

Für Kollegen gibt es hier nur wenige Empfehlungen für die Beratungspraxis, denn im Vordergrund müssen jeweils die individuellen Überlegungen stehen, die sich an den Kompetenzen und der **Belastbarkeit des Mandanten** orientieren. 51

Von einer Regel, nach der der anwaltliche Berater allen **unter 14 Jahre alten Zeugen** empfehlen sollte, nicht von ihrem Anwesenheitsrecht Gebrauch zu machen, gibt es im konkreten Einzelfall Ausnahmen. So erinnert die Autorin den Fall eines zwölfjährigen Jungen, der von einem guten Freund der Familie als Kind mehrfach sexuell missbraucht wurde. Schon vor der Hauptverhandlung hatte dessen Verteidiger ein umfassendes Geständnis und eine Entschuldigung des Angeklagten gegenüber dem nunmehr zwölfjährigen Nebenkläger angekündigt. In diesem Fall war klar, dass es sich bei dem Angeklagten um einen Mann handelte, der zu einer klaren Verantwortungsübernahme gegenüber dem Opfer nach mehrjähriger Therapie gelangt war. Das Kind hat dann im Beisein seiner Nebenklagevertreterin und auf seinen ausdrücklichen Wunsch ohne Beisein seiner Eltern die Erklärungen des Angeklagten entgegengenommen. Eine sicherlich idealtypische Situation, in der es absurd gewesen wäre, dem Kind diese Genugtuung und Befriedungsmöglichkeit mit dem Angeklagten vorzuenthalten. 52

Bei all den Zeugen, bei denen **Zweifel an der Aussagetüchtigkeit** bestehen, bei denen die eigene Einschätzung des Nebenklagevertreters oder gar schon im Vorfeld sachverständige Einschätzungen des Nebenklägers eine Suggestibilität zugeschrieben haben, kann die Empfehlung nur lauten, nicht vom Anwesenheitsrecht zu Beginn der Hauptverhandlung und während einer Vernehmung des Angeklagten zur Sache Gebrauch zu machen. 53

Eine Gratwanderung zwischen dem Bedürfnis eines Nebenklägers nach größtmöglicher Teilnahme am Prozess und prozesstaktischen Erwägungen findet statt, wenn die von der höchstrichterlichen Rechtsprechung mit besonders hohen Beweisanforderungen ausgestattete **Situation „Aussage gegen Aussage“** vorliegt. Es wäre vereinfachend, hier auf den Willen des Mandanten zu rekurrieren, denn der Wert der anwaltlichen Dienstleistung besteht gerade darin, im Beratungsgespräch deutlich zu machen, welche Vorteile und welche Nachteile – dh mögliche Auswirkungen auf die Beweiswürdigung – das Gebrauchmachen vom Anwesenheitsrecht hat. Entscheidend ist, nachdem der anwaltliche Beistand die entsprechende Abwägung vorgenommen hat, letztendlich der Wille des Mandanten, dem jedoch zuvor die Konsequenzen seiner Entscheidung deutlich gemacht wurden. 54

Anwaltlichen Nebenklagevertretern kommt hier eine hohe Verantwortung zu, die ihnen – wie Beispiele aus der jüngsten Vergangenheit demonstrieren – auch von den Gerichten zugewiesen werden. So tadelte eine Vorsitzende einer großen Strafkammer in Frankfurt am Main eine Nebenklagevertreterin, die es offenbar unterstützt hatte, dass ihre 27-jährige Mandantin an allen Hauptverhandlungstagen vom Anwesenheitsrecht Gebrauch machte, obwohl sich schon ziemlich früh abzeichnete, dass sie ihrer **eigenen „Demontage“** durch die Verteidigung beiwohnen würde. Es kann hier nicht beurteilt werden, ob diese Nebenklägerin zu einer aktiven Teilnahme an der Hauptverhandlung gepuscht wurde, die ihre Belastbarkeitsgrenzen überstieg, oder ob hier andere Verfahrensbeteiligte, wie das Gericht, die Verantwortung für das sichtbare Belastungserleben der Nebenklägerin auf deren anwaltliche Vertreterin abschieben wollten. 55

VI. Anwaltliche Beratung über Glaubhaftigkeitsbegutachtungen

1. Notwendigkeit einer Begutachtung

Die Entscheidung von Staatsanwaltschaft und Gericht, Sachverständige mit der Begutachtung von Aussagetüchtigkeit und Realitätsgehalt der Aussagen eines Opferzeugen zu beauftragen, bedarf der kritischen Einschätzung durch den anwaltlichen Beistand dieses 56

Zeugen. Im Rahmen der Beratung erwartet der Opferzeuge eine klare Empfehlung, ob er seine Einwilligung zur Glaubhaftigkeitsbegutachtung geben sollte oder nicht. Grundlage für das **Einwilligungserfordernis** ist § 81 c StPO, der die von Zeugen zu duldenden Untersuchungen abschließend regelt. Da die Glaubhaftigkeitsbegutachtung dort nicht genannt ist, ist jede Untersuchung auf Vernehmungsfähigkeit, Aussagetüchtigkeit und „Glaubwürdigkeit" ohne Einwilligung des Betroffenen unzulässig. [29] Für die Einwilligung wird nach § 81 c Abs. 3 StPO darauf abgestellt, ob die zB minderjährigen Zeugen selbst eine Vorstellung von ihrem Zustimmungsrecht haben oder ob an ihrer Stelle ihr gesetzlicher Vertreter die Entscheidung treffen muss.[30]

57 Aufgabe des anwaltlichen Beistandes ist es nicht nur, die Einschätzungen der Strafverfolgungsbehörde oder des Gerichts darüber, ob eine Begutachtung notwendig ist, kritisch zu würdigen. Der Verletztenbeistand bzw der Nebenklagevertreter hat mit dem Beweismittel eines Glaubhaftigkeitsgutachtens aktiv zu arbeiten: Es obliegt der anwaltlichen Vertretung eines Opferzeugen, zum frühestmöglichen Zeitpunkt zu beantragen, dass die Glaubhaftigkeitsbegutachtung vorgenommen werden soll, wenn diese im Lichte der **Rechtsprechung des Bundesgerichtshofs** unumgänglich erscheint.[31] So ist auf die Begutachtung hinzuwirken, wenn kein frühzeitiges Geständnis des Beschuldigten in Sicht ist und dem Anwalt Informationen über psychopathologisch bedingte Beeinträchtigungen der Aussagetüchtigkeit seines Mandanten zweifelsfrei vorliegen. Dies kann nicht immer auf der Grundlage der im Rahmen der gegenseitigen Schweigepflichtentbindung erlangten Kenntnisse über die vorhandenen Diagnosen und Befundberichte erfolgen, sondern bedarf sachverständiger Beratung. Im Kontakt mit behandelnden Ärzten und Therapeuten ist dabei immer wieder festzustellen, dass diese nach eigenen Bewertungskriterien vorgehen und mit dem Instrumentarium der Glaubhaftigkeitsbegutachtung begrifflich nicht vertraut sind.

„Aussagetüchtigkeit bezieht sich auf die Fähigkeiten einer Person, einen spezifischen Sachverhalt zuverlässig wahrzunehmen, diesen in der zwischen dem Geschehen und der Befragung liegenden Zeit im Gedächtnis zu bewahren, das Ereignis angemessen abzurufen, die Geschehnisse in einer Befragungssituation verbal wiederzugeben und Erlebtes von anders generierten Vorstellungen zu unterscheiden."[32]

58 *Wolfgang Pfister* resümiert in einer Darstellung zur Frage, wann Sachverständige bei der Prüfung der Glaubhaftigkeit einer Aussage hinzugezogen werden müssen, dass sich aus den Entscheidungen des Bundesgerichtshof keine Leitsätze bilden ließen, aus denen heraus stets abzulesen ist, in welchem Fall ein Sachverständiger hinzuzuziehen ist.[33] Dabei wird die Beurteilung der Glaubwürdigkeit eines Zeugen als **„ureigenste" Aufgabe der Tatrichter** angesehen, es sei denn, Besonderheiten wie die Eigenart und besondere Gestaltung des Falles fordern eine besondere Sachkunde der Richter. Inzwischen wird die Anwendung der aussagepsychologischen Methode bei der Beweiswürdigung auch Juristen zugestanden.[34]

59 Selbst bei **kindlichen Zeugen** darf sich ein Gericht die eigene Sachkunde zutrauen, wenn die Sachverhaltsgestaltung einfach ist, das Kind keine Entwicklungsstörungen aufweist und der Entstehungsprozess der Aussage dieses Kindes lückenlos nachgezeichnet werden kann und unproblematisch ist. Ein fünfjähriges Kind, das über einen einmaligen se-

29 BGH v. 29.6.1989, 4Str 201/89, BGHSt 36, 217, 219 mwN.
30 Meyer-Goßner/Schmitt, § 81 c StPO Rn 26.
31 Vgl Pfister, 2007, S. 42-60.
32 Greuel et al., 1998, zitiert nach Volbert/Lau, 2008, S. 289.
33 Pfister, 2007, S. 46 f.
34 Pfister, 2007, S. 52.

xuellen Übergriff durch einen Nachbarn zeitnah der Mutter berichtet, muss nicht begutachtet werden.

Auf der anderen Seite gibt es **Besonderheiten**, nach denen auch erfahrene, in Jugendschutzkammern tätige Richter aussagepsychologischen Sachverstand hinzuziehen müssen: in einer familienrechtlichen, hoch streitigen Scheidungsangelegenheit teilt ein Kind der Mutter erstmalig von sexuellen Missbrauch durch den Vater mit. Diese Besonderheit kann sowohl aus Verteidigungsgesichtspunkten wie aus Sicht des anwaltlichen Verletztenbeistand zur Begutachtung führen. Während die Verteidigung mit massiver Beeinflussung des Kindes durch die Mutter argumentieren wird, kann im Rahmen einer Begutachtung dieser Verdacht auch ausgeräumt werden. Es kann der vom Kind gewählte Mitteilungszeitpunkt darauf hindeuten, dass das Kind zunächst auf die sichere räumliche Trennung vom missbrauchenden Vater gewartet hatte.[35] 60

Nicht nur bei Zweifeln an der Aussagetüchtigkeit eines kleinen Kindes (unter 6 Jahren), sondern auch in anderen Konstellationen, verlangt die höchstrichterliche Rechtsprechung, einen Sachverständigen hinzuzuziehen. Der Grundsatz lautet: „Die Hinzuziehung eines Sachverständigen ist dann geboten, wenn Besonderheiten vorliegen, die **Zweifel an der Sachkunde des Gerichts** hinsichtlich der Beurteilung der Aussagetüchtigkeit des Zeugen und der Glaubhaftigkeit seiner Aussage aufkommen lassen können (ständige Rechtsprechung)."[36] 61

„Als Besonderheit ist ferner angesehen worden, die Kombination folgender Umstände: Ein Zeitablauf von einem Jahr zwischen der letzten Tat und der Anzeige, die suggestive Befragung der noch sehr jungen Kinder durch Mutter, Onkel und Tante, sowie die Verwendung der Belastung im Sorgerechtsstreit der Mutter mit dem Angeklagten.[37] Gleiches ist entschieden worden in einem Fall, bei dem die Tochter erstmals mit 12 Jahren von Missbrauch durch den Vater im Alter von 4 bzw 6 Jahren berichtet hatte und somit nicht nur die aktuelle Glaubwürdigkeit, sondern auch die Wahrnehmungsfähigkeit, das Erinnerungsvermögen und die Zuverlässigkeit im Tatzeitraum zu beurteilen waren; zudem hatte es keinerlei Anzeichen im familiären Umfeld, in der Schule oder im Freundeskreis gegeben, die für das Tatgeschehen hätten sprechen können."[38]

2. Mitwirkung bei der Auswahl von Sachverständigen

Ist die Entscheidung getroffen, dass eine Begutachtung zu erfolgen hat, muss vom beratenden Rechtsanwalt aktiv an der Auswahl der von Staatsanwaltschaft und/oder Gericht zu bestellenden Gutachter mitgewirkt werden. Der anwaltlichen Beratung fällt hier eine hohe Verantwortung für Mandanten zu, sind doch die Intimsphäre und alle Persönlichkeitsrechte einer Person betroffen, die sich in eine Einzelexploration begibt. Auch handelt es sich bei den Untersuchungen zur Person und Sache um nicht wiederholbare Verfahrensschritte. Dies gilt vor allem für kindliche Zeugen. Da die Strafprozessordnung keine Ermächtigungsgrundlage enthält, mithilfe derer die Mitwirkung von Zeugen an psychologischen und/oder psychiatrischen Untersuchungen erzwungen werden kann, ist – wie oben dargestellt – die Mitwirkung erst nach Belehrung über die Freiwilligkeit zulässig. Die **Zustimmung** zur Begutachtung kann unter Hinweis auf die mangelnde Qualifikation oder auf mögliche Voreingenommenheiten des Gutachters verweigert werden.[39] Dabei ist deutlich zu machen, dass die Zustimmung nicht generell ver- 62

35 Kluck, 1995, S. 59.
36 Vgl Pfister, 2007, S. 46.
37 BGH v. 22.6.2000, 5 StR 209/00, NStZ 2011, 105.
38 Pfister, 2007, S. 46 unter Verweis auf BGH v. 30.7.2003, 2 StR 246/03, StV 2004, 241.
39 Vgl grundsätzlich zur Ablehnung von Sachverständigen Meyer-Goßner, § 74 StPO Rn 1 ff.

sagt wird, sondern nur die **Begutachtung durch einen bestimmten Sachverständigen** verweigert wird – wie ein Beispiel verdeutlicht:

63 Eine gesetzliche Vertreterin eines minderjährigen Opfers einer Sexualstraftat hatte im Ermittlungsverfahren die Zustimmung zur Begutachtung ihrer Tochter durch einen bekannten professoralen Sachverständigen der Aussagepsychologie verweigert. Das Landgericht lehnte daraufhin die Eröffnung des Hauptverfahrens ab. Die dagegen gerichtete sofortige Beschwerde der Nebenklägerin hat das Kammergericht Berlin für begründet angesehen.[40] Zwar sei kein Mitspracherecht bei der Wahl des Sachverständigen vom Gesetz vorgesehen, so dass grundsätzlich keine Veranlassung bestehe, den von der Vertreterin der Nebenklägerin benannten Sachverständigen zu beauftragen. „Jedoch ist das Gericht in Erfüllung der ihm obliegenden Aufklärungspflicht und unter Beachtung der Schwere der dem Angeschuldigten zur Last gelegten Straftaten gehalten, alle Möglichkeiten zur Erforschung der Wahrheit auszuschöpfen. Die im pflichtgemäßen Ermessen liegende Auswahl eines Sachverständigen hat daher wesentliche Belange der zu untersuchenden Person dann zu berücksichtigen, wenn andernfalls der Untersuchungszweck gefährdet oder gar vereitelt würde. Während das Gesetz mit der nach § 74 Abs. 2 StPO bestehenden Möglichkeit, einen ausgewählten Sachverständigen abzulehnen, dem Prozessbeteiligten ein Recht zur Wahrnehmung eigener Interessen einräumt, gebietet es die gerichtliche Fürsorge, einer Verletzung schutzwürdiger Interessen auch dann zu begegnen, wenn diese keine Ablehnung rechtfertigen.“[41]

64 Dem anwaltlichen Geschick es ist überlassen, vor Bestellung der Sachverständigen deren Auswahl „mitzusteuern“. Die Verteidigung hat ein in den RiStBV verankertes Recht, zur Auswahl eines Sachverständigen Stellung zu nehmen (Nr. 70 Abs. 1 RiStBV). Gerade weil es sich hierbei um kein wirkliches Beteiligungsrecht handelt (das sowohl für die Verteidigung als auch für die Nebenklage der Kodifizierung bedürfte), ist es aus Gründen der Fairness und der Waffengleichheit im Strafverfahren als Recht auf rechtliches Gehör auch dem Zeugenbeistand bzw der Nebenklagevertretung vor Auswahl der Sachverständigen einzuräumen.

65 In der vorzitierten Entscheidung des Kammergerichts Berlin wurde darauf hingewiesen, dass die Bestellung und Anhörung eines bestimmten Sachverständigen nicht bei dessen Beauftragung durch Staatsanwaltschaft oder Gericht erzwungen werden kann. Die Anhörung eines bestimmten Sachverständigen kann nur durch **Selbstladung und Beweisantrag** nach den §§ 240, 245 StPO erreicht werden, denn auch Nebenkläger haben im Rahmen ihrer Beteiligungsbefugnisse das Recht der unmittelbaren Ladung (§ 220 StPO).[42]

66 Bleibt für den anwaltlichen Verletztenbeistand im Ermittlungsverfahren darauf hinzuweisen, dass er auch während der laufenden Untersuchung seiner Mandanten durch Sachverständige diese zu beraten hat und dafür zu sorgen hat, dass Sachverständige ihre Beweisanregungen über § 80 StPO bei Staatsanwaltschaft oder beim beauftragenden Gericht anbringen, wenn sie die Befragung weiterer Zeugen zur Vorbereitung ihres Gutachtens für erforderlich halten. **Direkte informatorische Befragungen** von Zeugen oder anderen Beweispersonen durch Sachverständige werden nur noch für zulässig erachtet, wenn sie nur der Klärung dienen, ob die Person überhaupt etwas Beweiserhebliches bekunden kann.[43]

67 Im Zusammenhang mit einer erfolgenden Glaubhaftigkeitsbegutachtung kommen dem anwaltlichen Beistand weitere Aufgaben zu: Es ist vor Beginn der Untersuchung zu

40 KG Berlin v. 20.5.1996, 3 Ws 110–111/96, StV 1997, 65, 66.
41 KG Berlin v. 20.5.1996, 3 Ws 110–111/96, StV 1997, 65, 66.
42 Meyer-Goßner, § 397 StPO Rn 5
43 Bötticher u.a. NStZ 2006, 537, 539, zitiert nach Pfister, 2007, S. 53.

überprüfen, ob von Staatsanwaltschaft oder Gericht der Zeuge über ein möglicherweise bestehendes **Zeugnisverweigerungsrecht** und das daraus folgende **Untersuchungsverweigerungsrecht** (§ 52 Abs. 1, § 81 c Abs. 3 StPO) belehrt worden ist. *Pfister* weist daraufhin, wie hoch die Fehlerquelle in der Praxis hier ist und wie oft fälschlicherweise angenommen wird, der Sachverständige selbst könne eine solche Belehrung vornehmen. Tatsächlich aber kommt dem Sachverständigen nur die Verpflichtung zu, gegenüber der Staatsanwaltschaft oder dem Gericht als Auftraggeber daraufhin zu wirken, dass die erforderliche Belehrung nachgeholt wird.[44]

VII. Exkurs: Drei Reaktionsformen von Strafgerichten auf die moderne Aussagepsychologie

Seit dem Ende der 90er Jahre sind in der Strafjustiz nach Erfahrung der Autorin mindestens drei unterschiedliche Haltungen und Umgangsweisen zu bzw mit der modernen Aussagepsychologie auszumachen: 68

1. Ein Richter, der hohe fachliche Kompetenz mit Vorurteilsfreiheit auf der einen Seite und Wissen bzw Offenheit für Wissensaneignung auf der anderen Seite in seiner Person vereint, ist offen für Interdisziplinarität, begreift den Strafprozess als Ort der Kommunikation, verfügt nicht nur über erlernte Fragetechniken bei der Befragung von Zeugen, sondern begegnet ihnen auch mit Empathie. Ein derart mit Autorität ausgestatteter Vorsitzender bildet sich spätestens seit dem BGH-Urteil von 1999[45] regelmäßig auch zum Thema Aussagepsychologie fort, um sich mit dieser kritisch auseinandersetzen zu können und die zu Rate gezogenen Sachverständigen leiten zu können. Hier korreliert hohe Kompetenz mit einem starken Bewusstsein von der eigenständigen Aufgabe des Gerichts zur Beweiswürdigung. Anzutreffen sind diese Richter etwa in den als Jugendschutzkammern tätigen großen Strafkammern der Landgerichte.
2. Weiter sind Gerichte auszumachen, die die Beweiswürdigungsaufgabe auf aussagepsychologische Sachverständige delegieren, die dabei zunächst dem von ihnen ausgewählten Sachverständigen folgen und das Hauptverfahren eröffnen, nach Vorlage einer methodenkritischen Stellungnahme eines anderen Gutachters, die regelmäßig durch die Verteidigung erfolgt, jedoch nur selten die eigene Auseinandersetzung mit den beiden Gutachten suchen, sondern auf weitere Gutachter zurückgreifen, denen sie dann in der Regel folgen. Dies geschieht nicht zuletzt, weil Aufträge an weitere Gutachter regelmäßig an die professoralen Sachverständigen und herrschenden Vertreter der Aussagepsychologie in der Bundesrepublik Deutschland erteilt werden. Staatsanwaltschaften und Gerichte orientieren sich nach einer empirischen Untersuchung von *König*[46] in ihren Entscheidungen an Sachverständigengutachten; sie stellt eine Übernahmehäufigkeit von 89 % fest.
3. So wie es unter erfahrenen und hochkompetenten Strafverteidigern die brüske Abwehr gibt, mit Kinderschändern wolle man nichts zu tun haben, ist diese Haltung als typische Abwehrhaltung auch bei einigen Richtern anzutreffen. Die Haltung spiegelt zumindest ein völliges Desinteresse am Deliktbereich Sexualstraftaten wider. Die Akten, die sexuellen Kindesmissbrauch betreffen, werden nicht bevorzugt behandelt, obwohl bei kindlichen Aussagen ständig Beweismittelverlust droht, die Sachverständigen werden weder geleitet noch kritisch befragt. Ein Angeklagter kann

44 BGH v. 4.12.1996, 2 Str 430/96, NStZ 1997, 349.
45 BGHSt 45, 164.
46 König/Fegert, Qualitative und quantitative Inhaltsanalyse der Glaubhaftigkeitsbegutachtung unter besonderer Berücksichtigung entwicklungspsychologischer und psychopathologischer Aspekte: Ein evaluativer Vergleich vor und nach dem BGH-Urteil, 2005.

sich bei diesem Typus von Richter seines Freispruchs sicher sein. Richter dieser Fasson lehnen zwar intuitiv die Aussagepsychologie ab, weil die Konkurrenz mit der eigenen Beweiswürdigungsaufgabe nicht erwünscht ist, sie halten die Auseinandersetzung mit ihr aber auch nicht für notwendig und sprechen im Bereich sexueller Gewaltdelikte bzw bei sexuellem Missbrauch schon bei jeder kleineren Abweichung vom eigenen vorurteilsbelasteten Vorstellungsbild frei.

Selbstverständlich sind diese Charakterisierungen zur Verdeutlichung überzeichnet und treten nie in der hier dargestellten Reinform auf.

69 Beispielhaft sollen hier aus der Entwicklung der letzten zehn Jahre nur **zwei Urteile** hervorgehoben werden, die zwei Pole eines möglichen Umgangs mit der Aussagepsychologie charakterisieren.

70 Da ist zunächst das Urteil des Landgericht Mainz vom 29.7.1997:[47] Die fünfte Strafkammer des LG Mainz setzt sich nach den sogenannten **Wormser Missbrauchsverfahren** vor zwei anderen Kammern desselben Gerichts mit der eigenen Rolle und der der aussagepsychologischen Sachverständigen auseinander und resümiert: „Die an anerkannten strafprozessualen Grundsätzen ausgerichtete eigene richterliche Überzeugungsbildung kann nie durch ein Sachverständigengutachten ersetzt werden. Die Beurteilung auch von kindlichen Zeugenaussagen gehört zum Kernbereich richterlicher Tätigkeit."[48]

71 Das Urteil enthält **grundsätzliche Überlegungen zur richterlichen Überzeugungsbildung** als einem vielschichtigen Prozess, der niemals ausschließlich auf einem rationalen Boden erfolge, in dem es zumindest ein Feedback-System zwischen Intuition und Rationalität gebe. Auch bei den problematischen Fällen „Aussage gegen Aussage" gelte nicht der Grundsatz, die Glaubwürdigkeit einer Aussage müsse positiv belegt werden. Es genüge nicht, wenn Zweifel an der Glaubwürdigkeit bestehen, freizusprechen, wie es die Verfechter der modernen Aussagepsychologie fordern, sondern, wenn ein Richter aufgrund der Hauptverhandlung (§ 261 StPO) von der Schuld eines Angeklagten überzeugt sei, sei er verpflichtet, den Angeklagten zu verurteilen bzw in der Beratung eines Kollegialgerichts für eine Verurteilung zu stimmen. Es sei dann unerheblich, dass theoretisch immer die Möglichkeit einer „falschen Überzeugung" bestehen könne. Ein Richter dürfe einen Angeklagten, von dessen Schuld er überzeugt sei, nicht nur deshalb freisprechen, weil er Bedenken im Hinblick auf die Abfassung eines revisionssicheren Urteils habe. Auch wendet sich das Gericht gegen die von einigen Aussagepsychologen vertretene These, nur die von Psychologen selbst erhobene Aussage könnte Grundlage einer Realkennzeichenanalyse – natürlich auch nur durch einen Aussagepsychologen – sein. In der Folge setzt sich das Urteil mit der gesamten zur Verfügung stehenden Literatur zur Suggestionsproblematik bei der Entstehung kindlicher Aussagen (in dem Fall eines neunjährigen Mädchens, der Tochter des Angeklagten) auseinander und nimmt eine eigene Beweiswürdigung unter Berücksichtigung der Entstehung und Entwicklungsgeschichte der Aussage vor.

72 Das Urteil resümiert:

„Die Beweisaufnahme hat eindeutig ergeben, dass die den Angeklagten belastenden Angaben des Kindes ..., auf die noch einzugehen sein wird, nicht unter Bedingungen entstanden sind, bei denen ernsthaft die Möglichkeit in Betracht gezogen werden müsste, dem Kind sei etwas suggeriert worden. Es gab keine ‚Aufdeckungsarbeit' (s. dazu Steller 1995 S. 60, Endres/Scholz 1994, S. 472), deren potentielle Gefahren derzeit diskutiert werden. Entgegen den anders lautenden Anknüpfungsspekulationen des Sachverständi-

47 LG Mainz v. 21.7.1997, 302 Js 25354/94 – 5KLs, STREIT 1999, 23.

48 LG Mainz aaO.

gen Prof. Dr. Sch., an denen dieser auch unbeirrbar festhielt, wenn ihm gesagt wurde, dass sie mit den vorliegenden Beweisergebnissen aus der Hauptverhandlung nicht in Einklang zu bringen sind, gab es weder eine ‚Erwartungshaltung' mit einer daraus resultierenden Aufdeckungsdynamik bei den Personen im Umfeld des Kindes, noch wurde … jemals ein ‚Negativimage' von ihrem Vater vermittelt. Es gibt auch keine Anhaltspunkte dafür, dass... aufgrund des familiären Hintergrunds ‚psychisch destabilisiert' und deshalb besonders anfällig für suggestive Beeinflussung war. Schließlich war die Vermutung des Sachverständigen, … habe – wahrscheinlich unbewusst – den Missbrauchsverdacht im Rahmen der familiengerichtlichen Auseinandersetzung ‚instrumentalisiert', nachdem sie von ‚professionellen Helfern' in ihrem dann zur Gewissheit gewordenen Verdacht bestätigt worden sei, an den Haaren herbeigezogen."[49]

Das zitierte Urteil traf auf den erwartbaren Zorn der Vertreter moderner Aussagepsychologie. Der Bundesgerichtshof lässt es jedoch auch heute noch zu, dass sich ein Gericht – wie die Richter in der ersten Gruppe meiner Charakterisierungen – dergestalt **zur eigenen Beweiswürdigungsaufgabe bekennt**, dass es sich eigenständig mit der herrschenden Aussagepsychologie – mit oder ohne die Hilfe von Sachverständigen – auseinandersetzt, eine eigene Beweiswürdigung der auch für die Suggestionsproblematik erheblichen Beweise und Indizien vornimmt und zur Verurteilung auch in Fällen des sexuellen Missbrauchs an kleineren Kindern (unter sechs Jahren) gelangt. Selbstverständlich wird man den Richtern abverlangen müssen, dass sie sich jeweils mit dem neuesten Stand der Forschung sowohl zur Aussagepsychologie als auch der Kritik an ihr auseinandersetzen. Nimmt man die Kritik an der Begrenztheit der Aussagepsychologie ernst, muss dem Gericht auch der Weg zur Einbeziehung weiterer Erkenntnisse – wie der von Kinder- und Jugendpsychiatern, Psychotraumatologen etc. – eröffnet sein. Es ist Aufgabe eines anwaltlichen Zeugenbeistands im Vorverfahren bzw einer anwaltlichen Nebenklagevertretung in der Hauptverhandlung, das Tatgericht mit Beweisanträgen dazu zu bringen, die Beweisaufnahme insoweit auszudehnen: Therapeuten eines Kindes, jugendpsychiatrische Sachverständige, Entwicklungspsychologen sind dann zu hören, wenn man nicht allein auf die Aussagepsychologie als Wissenschaft setzt. 73

Demgegenüber führten zwei Urteile der damaligen ersten großen Strafkammer als Jugendschutzkammer des **Landgerichts Wiesbaden** – eines vom 8.5.2000 – dazu, dass Nebenklagevertreterinnen wie Claudia Burgsmüller und Sabine Platt öffentlich die These vertraten, dass der sexuelle Missbrauch an Kindern unter sechs Jahren in der Strafjustiz – jedenfalls der in Hessen – nicht mehr justiziabel sei. 74

In einem Fall ging es um ein 3 1/2-jähriges Mädchen, das nach Überzeugung seiner Mutter, diverser Unterstützungspersonen und Richtern der ersten Instanz, vom Tagespflegevater sexuell missbraucht wurde. Eine erfahrene und hochkompetente aussagepsychologische Sachverständige war ebenfalls zu dem Ergebnis gelangt, dass die Angaben des Kindes gegenüber der Mutter erlebnisfundiert waren. Diese Sachverständige war und ist die einzige der Verfasserin bekannte forensisch tätige Diplom-Psychologin, der kleinere Kinder zur Exploration anvertraut werden konnten. Ihr gelang es nämlich, einen Rapport zu den Kindern herzustellen. Aufgrund der nachfolgenden Auseinandersetzungen in den beiden genannten Strafverfahren wurde diese Sachverständige nicht mehr von der Staatsanwaltschaft mit der aussagepsychologischen Begutachtung von Kindern beauftragt. Auf einen Beweisantrag der Verteidigung hin wurde der Inhaber eines Lehrstuhls für Rechtspsychologie als weiterer Sachverständiger gehört. Er kritisierte das Gutachten der Sachverständigen vor dem Hintergrund der vom Bundesgerichtshof 75

49 LG Mainz, aaO, 23, 34.

aufgestellten Anforderungen und meinte, es litte unter so gravierenden Mängeln, dass es nicht verwertbar sei.

76 Im Kern ging es um die Problematik eines Schweigegebots, das dem Mädchen vom Tagespflegevater auferlegt worden war. Entgegen der Auffassung der Sachverständigen hielt es der weitere Sachverständige für unmöglich, dass eine Dreijährige über einen längeren Zeitraum von mehreren Monaten schweigen könne; darüber hinaus sei die Suggestionshypothese nicht widerlegt, da die Gesprächsnotizen, die die Kindesmutter angefertigt hatte, nicht den Anforderungen, die der BGH in seinem Urteil vom 30.7.1999 zur Aussagegenese aufgestellt hat, entsprächen. Hierzu ist zu bemerken, dass es sich nicht um übliche handschriftliche Gedankenfetzen, die im Nachhinein erstellt wurden, handelte, sondern um eine Dokumentation durch die Kindesmutter, die zum großen Teil wörtliche Gespräche mit ihrer Tochter aufgezeichnet hatte – eine Kindesmutter, die es als Krankenschwester aus dem OP-Bereich gewohnt war, eigene Emotionen zurückzustellen und sachlich sowie sorgfältig zu dokumentieren.

77 Das Gericht gelangte vor diesem Hintergrund wie folgt zum Freispruch: „Auch wenn sich die Beteiligten – hier die Mutter und die Sachverständige – ernsthaft bemühten, das Kind nicht suggestiv zu beeinflussen, dies aber letztlich nicht ausgeschlossen werden konnte und teilweise sogar erfolgt ist, kann diese Lücke in der Beweisführung nicht dadurch geschlossen werden, dass sich dieser Mangel zum Nachteil des Angeklagten auswirkt. Gerade für solche Fälle, wo zwar ein erheblicher Verdacht besteht, die Beweisführung aber nicht mit der erforderlichen Sicherheit gelungen ist, musste für den Angeklagten der Grundsatz gelten: „in dubio pro reo.“[50]

78 Das Gericht hatte sich nicht nur ohne eigenständige Auseinandersetzung dem zweiten Sachverständigen angeschlossen, obwohl dieser über weniger Erkenntnisgrundlagen als die erste Sachverständige verfügte. Letztere hatte nämlich eine Exploration mit dem Mädchen durchgeführt und Angaben des Kindes zu sexuellen Tathandlungen des Angeklagten erhalten. Das Gericht hatte sich auch seiner eigenen Aufgabe zur eigenständigen Überzeugungsbildung begeben und hatte den Entscheidungsspielraum, den selbst der Sachverständige offengelassen hatte, nicht genutzt. Dieser machte nämlich sehr wohl klar, dass die Frage nach dem Vorliegen von Suggestion vom Gericht zu entscheiden sei. Einer Kapitulation gleichkommend wurde freigesprochen. Noch in den schriftlichen Urteilsgründen verwahrte sich die Kammer gegen den Vorwurf der Nebenklagevertreterin, die im Plädoyer von einer Kapitulation des Rechtsstaats bei Verfahren wegen sexuellen Missbrauchs an kleineren Kindern gesprochen hatte. Das Oberlandesgericht Frankfurt am Main bestätigte in der Revision dieses Urteil ebenso wie ein ähnliches derselben Strafkammer.

79 Diese beiden Urteile führten in Hessen dazu, dass Berater, psychologische Fachleute, Kinderärzte, erstinstanzliche Richter, aussagepsychologische Sachverständige sowie involvierte Staatsanwälte mit Resignation reagierten, es fortan nicht mehr für möglich hielten, Straftaten des sexuellen Missbrauchs an unter 6-Jährigen anzuzeigen bzw anzuklagen oder als Richter zu erstinstanzlichen Verurteilungen zu gelangen.[51] Es blieb nur, derartige Entwicklungen öffentlich anzuprangern.

VIII. Zeugnisverweigerungsrechte für Zeugen

80 Zeugen, denen ein Zeugnisverweigerungsrecht nach § 52 StPO aus persönlichen Gründen zusteht, haben **in jeder Lage des Verfahrens** die Möglichkeit, davon Gebrauch zu machen. Strafverfahren, die sich oft über mehrere Instanzen erstrecken, belasten insbe-

50 LG Wiesbaden v. 8.5.2000, 1 Ns - 10 Js 2533.6/98 jug., S. 86 UA.
51 Vgl zum Anzeigeverhalten Plaum, 2008, S. 108 ff.

sondere traumatisierte Zeugen, die das dringende Bedürfnis haben, mit diesem Teil ihres Lebens endgültig abzuschließen, oft über Gebühr. Ihnen bleibt es unbenommen, zB in der Berufungsinstanz oder nach Aufhebung des Urteils in der Revision und Zurückverweisung an eine andere Kammer des Landgerichts, das Zeugnis zu verweigern. Die Vernehmung des Zeugen würde dann unzulässig im Sinne der §§ 244 Abs. 3 S. 1, 245 Abs. 2 S. 2 StPO.

In der anwaltlichen Beratung ist ein Zeuge darauf hinzuweisen, dass er generell dem 81
Gericht die Beweiswürdigung dadurch erschwert, dass es sich keinen unmittelbaren Eindruck von ihm als Person bilden kann. In Fallkonstellationen, in denen die Aussage der Hauptbelastungszeugen nicht durch starke objektive Beweismittel unterstützt wird, wird dies regelmäßig **zum Freispruch des Angeklagten führen.** Zeugen sind auf diese manchmal nahezu zwangsläufige Folge ihrer Zeugnisverweigerung vorab hinzuweisen.

Opferzeugen, die schon einen zermürbenden, lang andauernden Verfahrensablauf hin- 82
ter sich gebracht haben, werden in den meisten Fällen nicht wegen einer gewandelten Einstellung gegenüber dem Angeklagten das Zeugnis verweigern, sondern diese Entscheidung treffen, weil sie in einem neuen Lebensabschnitt andere Prioritäten getroffen haben.

Um gegenüber anderen Verfahrensbeteiligten die eigene Einstellung zum Verfahren 83
deutlich zu machen, ist die Fortführung der Nebenklage, die weiter auf Verurteilung wegen der nebenklagefähigen angeklagten Straftat abzielt, angemessen. Nach einer qualifizierten Belehrung des zeugnisverweigerungsberechtigten Zeugen kann dieser auch über seinen anwaltlichen Beistand erklären, dass er vom Zeugnisverweigerungsrecht nach § 52 StPO Gebrauch macht, er aber mit der **Verwertung seiner vor der Polizei gemachten Angaben** einverstanden ist.

Eine derartige Erklärung ist grundsätzlich möglich.[52] Es handelt sich dabei um einen 84
Verzicht des Zeugen auf das ansonsten mit seiner Aussageverweigerung verbundene Verwertungsverbot gem. § 252 StPO. Erklärt sich also ein anwaltlich vertretener Opferzeuge nach Belehrung, dass seine früheren Aussagen nicht verwertet werden können, in dieser Kenntnis mit der Verwertung einverstanden, besteht gegen die Verwertung seiner Angaben auch gegenüber polizeilichen Vernehmungsbeamten kein Zweifel.

Ein solches, die anwaltliche Erklärung in der Hauptverhandlung vorbereitendes Schrei- 85
ben an die Mandantin, die nicht mehr bereit ist, sich den Strapazen einer Hauptverhandlung zu unterziehen, könnte wie folgt lauten:

Sehr geehrte Frau ...,

Sie können auch mir gegenüber erklären, dass Sie vom Zeugnisverweigerungsrecht Gebrauch machen wollen. Ich werde dann für Sie in der Hauptverhandlung diese Erklärung abgeben. Dazu muss ich Sie aber noch einmal darauf hinweisen, dass es mit hoher Wahrscheinlichkeit zu einem Freispruch des Angeklagten kommen wird, wenn sich das Gericht keinen persönlichen, unmittelbaren Eindruck von Ihnen als Zeugin, mithin von Ihrer gesamten Person, verschaffen kann.

Wir haben diese Frage bereits in mehreren Beratungsgesprächen diskutiert. Ich muss Sie auch darüber belehren, dass Ihre bisherigen Angaben, die Sie in mehrstündigen Vernehmungen gegenüber der Kriminalpolizei gemacht haben, nicht verwertbar sind; d. h., das Landgericht kann darauf keine Verurteilung des Angeklagten stützen. Dies gilt in der Regel so, wenn Sie vom Zeugnisverweigerungsrecht Gebrauch machen.

Etwas anderes ist es aber, wenn Sie mir gegenüber erklären, dass Sie damit einverstanden sind, dass das Gericht Ihre polizeilichen Vernehmungsaussagen verliest bzw über die Kriminalbeamten als Zeugen in die Hauptverhandlung einführt und später auch in einem Urteil gegen den Angeklagten verwertet.

52 BGHSt 45, 203, 205 ff; StV 2007, 401, 402 mwN.

Mir gegenüber hatten Sie erklärt, dass Sie damit einverstanden sind, dass die polizeilichen Angaben verwertet werden und dass Sie auch weiterhin wünschen, dass der Angeklagte wegen der an Ihnen begangenen Straftaten verurteilt wird. Wenn dies weiter der Fall ist, dann schreiben Sie mir doch noch einmal kurz, dass ich gegenüber dem Landgericht die Erklärung abgeben soll, dass sie von Ihrem Zeugnisverweigerungsrecht Gebrauch machen wollen; dass Sie wissen, dass eigentlich Ihre polizeilichen Angaben nicht verwertbar sind; dass Sie aber trotzdem wollen, dass der Angeklagte aufgrund Ihrer Angaben, die Sie gegenüber der Polizei gemacht haben, verurteilt wird. Ihr Schreiben an mich muss Ihr ausdrückliches Einverständnis mit der Verwertung Ihrer bei der Polizei gemachten Aussagen enthalten.

Ich hoffe, dass sich die Situation durch diese Möglichkeit für Sie entspannt. Bitte schreiben Sie mir umgehend. Ich werde dann im nächsten Hauptverhandlungstermin das Ganze für Sie vortragen.

IX. Ausschluss der Öffentlichkeit

86 In allen Hauptverhandlungen, in denen Delikte gegen höchstpersönliche Rechtsgüter wie das sexuelle Selbstbestimmungsrecht, das Leben, die Freiheit etc. verhandelt werden, besorgen Opferzeugen die Anwesenheit von Öffentlichkeit und insbesondere der Presse.

87 Der grundsätzlich hohe Wert von öffentlichen Hauptverhandlungen, gerade auch im Bereich des Sexualstrafrechts, sollte in einer Beratung angesprochen werden; zeitgleich aber der Antrag auf Ausschluss der Öffentlichkeit **für die Dauer der Vernehmung des Opferzeugen** vorbereitet werden. § 171 b Abs. 1 und 2 GVG eröffnet diesen Weg heute relativ revisionssicher, für den Fall, dass ein Antrag des Zeugen auf Öffentlichkeitsausschluss vorliegt. Als **Begründung** reicht es oft aus, dass Delikte aus dem familiären Kontext nach der Anklageschrift zu schildern sind, dass das Intimleben des Zeugen im Mittelpunkt dieser Angaben stehen wird, mithin, das schutzwürdige Interessen des Tatopfers bei öffentlicher Erörterung verletzt würden. Dabei wird die Erörterung von Tatsachen aus der Intimsphäre, welche die Interessen des Zeugen betreffen, die Sexualsphäre des Zeugen, sein Gesundheitszustand und Dinge aus dem engeren privaten Bereich für schutzwürdig empfunden. Die Interessen eines Zeugen, der vor oder außerhalb der Hauptverhandlung zum Inhalt seiner Angaben gegenüber den Medien Stellung genommen hat, sind möglicherweise weniger schutzwürdig als die anderer Zeugen, die sich mit Mitteilungen an Dritte und insbesondere an die Presse zurückgehalten haben.

88 Auch der **Angeklagte** als Verfahrensbeteiligter kann den Antrag auf Ausschluss der Öffentlichkeit zum Schutz seiner Persönlichkeitsrechte beantragen. Kommt es dem Nebenkläger auf der anderen Seite auf ein Öffentlichmachen seiner Vorwürfe gegen den Angeklagten an, zB um andere Tatopfer zur Mitteilung an die Strafverfolgungsbehörden zu motivieren, kann er dem Antrag widersprechen. Diese unterschiedliche Interessenlage ist vom Gericht bei einer Abwägung dahin gehend zu berücksichtigen, ob das öffentliche Interesse an der öffentlichen Erörterung der Umstände überwiegt. Auf jeden Fall ist der Ausschluss auch dann zulässig, wenn nur einzelne antragsberechtigte Verfahrensbeteiligte widersprechen.[53]

89 Das Gesetz hat auch an die Konstellation gedacht, in der zB ein Angeklagter den Ausschluss der Öffentlichkeit beantragt für die Dauer der Vernehmung des Zeugen, der Zeuge selbst aber widerspricht. Über diesen Widerspruch kann sich das Gericht bei seiner Entscheidung nicht hinwegsetzen (§ 171 b Abs. 1 S. 2 GVG).

90 Daneben ist die Möglichkeit des Öffentlichkeitsausschlusses nach § 172 StPO, zB für alle Personen unter 18 Jahren, die als Zeugen vernommen werden, möglich. Der anwaltli-

53 Fries/Hilger, NStZ 1987, 208, 335; Meyer-Goßner, § 172 GVG Rn 6.

che Beistand hat bei der Besprechung mit dem Opferzeugen auch zu erörtern, ob er die **Anwesenheit von wichtigen Unterstützungspersonen**, wie zB einem sozialpädagogischen Prozessbegleiter, wünscht. Dann ist ein Antrag nach § 175 Abs. 2 GVG zu stellen, wonach einzelnen Personen der Zutritt zur nichtöffentlichen Verhandlung (hier: während der Vernehmung des Zeugen) gestattet werden kann.

X. Entfernung des Angeklagten aus der Hauptverhandlung

Auch wenn es das vorrangige Ziel der anwaltlichen Beratung ist, Zeugen – gleich wel- 91
chen Alters – in Kooperation mit Therapeuten und/oder sozialpädagogischen Prozessbegleitern dazu zu bewegen, in Anwesenheit des Angeklagten auszusagen, gibt es eine Vielzahl von Konstellationen, in denen dies für schwer beeinträchtigte oder geschädigte Zeugen von vornherein unvorstellbar ist. Anfängliche Ängste der Zeugen können in der Vorbereitung auf eine Hauptverhandlung überwunden werden, wenn auf die hohe Bedeutung des Anwesenheitsrechts des Angeklagten während der Vernehmung hingewiesen wird. Bei der revisionsrechtlichen Überprüfung des Urteils kann der zwingende Aufhebungsgrund nach § 338 Nr. 5 StPO vorliegen und zur Zurückverweisung an eine andere Strafkammer des Landgerichts führen. Oft reicht es schon aus, dem Zeugen zu vermitteln, dass die Ablehnung einer Entfernung des Angeklagten aus dem Sitzungssaal nicht mit mangelndem Respekt des Gerichts vor dem dringenden Wunsch des Zeugen, ohne körperliche Anwesenheit des Angeklagten vernommen zu werden, zu tun hat, sondern allein mit dem Bestreben, ein **revisionssicheres Urteil** zu fällen.

Auch können Anträge zur Veränderung der **Sitzordnung** dazu beitragen, die Aussage 92
des Zeugen in Anwesenheit des Angeklagten zu ermöglichen: zu vermeiden ist eine direkte Blickachse zwischen Zeuge und Angeklagtem; der Zeuge muss von seiner Sitzposition her in der Lage sein, sich voll auf den ihn befragenden Vorsitzenden zu konzentrieren. Wenn Bitten und Anregungen auf Veränderung der Sitzordnung nicht zu einem insoweit befriedigenden Ergebnis führen, ist ein Antrag auf Veränderung der Sitzordnung mit entsprechender Begründung erforderlich. Auf die Antragsbegründung kann zu einem späteren Zeitpunkt, wenn es dem Zeugen nicht gelingen sollte, in Anwesenheit des Angeklagten auszusagen, zurückgegriffen werden.

In vielen Fällen ist es auch ausreichend, dem verunsicherten Zeugen zuzusichern, dass 93
die anwaltliche Vertretung sofort den Antrag auf Entfernung des Angeklagten aus der Hauptverhandlung stellen wird, wenn deutlich wird, dass es dem Zeugen nicht gelingt, in Anwesenheit des Angeklagten konzentriert und umfassend über das Erlebte auszusagen. Mit dem Mandanten sind dann klare Absprachen zu treffen, zu welchem Zeitpunkt der Antrag gestellt werden muss, damit er die Kontrolle über den Ablauf ihrer Vernehmung behält und durch ein **Zeichen** – nicht notwendig ein verbales Zeichen – seinem Anwalt vermittelt, dass er die körperliche Anwesenheit des Angeklagten nicht erträgt.

Hilfreich ist auch hier die Mitteilung an den Zeugen, dass es allen Zeugen zu Beginn 94
ihrer Vernehmung schwer fällt, sich auf ihr fremdes Gegenüber einzustellen und mit der Schilderung des Tatgeschehens in einem freien Bericht zu beginnen. An dieser Stelle kommt es nun auf das Geschick des Beraters an, Zeugen zu vermitteln, dass die Abgabe eines freien Berichts über das Erlebte nicht eine gesetzlich vorgeschriebene oder gar von der Aussagepsychologie geforderte Notwendigkeit ist, sondern vielmehr eine **Möglichkeit**, ohne Unterbrechungen durch den Vorsitzenden zunächst im Zusammenhang aus eigener Sicht, unter Entwicklung eines eigenständig erarbeiteten roten Fadens über das Erlebte zu berichten. Dass dieser rote Faden nicht von dem Berater vorzugeben ist, sondern von dem Zeugen selbst in Vorbereitung auf seine Aussage entwickelt werden sollte, ist selbstverständlich.

95 § 247 StPO stellt **drei Möglichkeiten** für die Entfernung des Angeklagten für die Dauer der Vernehmung der Zeugen aus dem Sitzungszimmer zur Verfügung:

96 Nach der ersten Alternative in Satz 1 der Vorschrift muss in einem Antrag dargetan werden, dass der Zeuge bei seiner Vernehmung in Gegenwart des Angeklagten **nicht die Wahrheit sagen** wird. Hier geht die höchstrichterliche Rechtsprechung davon aus, dass die Entfernung der Angeklagten zulässig ist, wenn der Zeuge angekündigt hat, dass er in Gegenwart des Angeklagten von seinem Zeugnisverweigerungsrecht Gebrauch machen werde.

97 Das Muster für einen entsprechenden Antrag sieht vor, dass die Begründung für den Ausschlussantrag nach § 247 S. 1 StPO wegen Wahrheitsgefährdung kumulativ auf einen **weiteren Ausschlussgrund** derselben Vorschrift gestützt wird. Dies ist rechtlich nicht erforderlich, gibt dem Gericht aber eine breitere Entscheidungsgrundlage.

98 Satz 2 sieht alternativ vor, dass der Ausschluss dann möglich ist, wenn bei der Vernehmung eines Zeugen unter 18 Jahren in Gegenwart des Angeklagten „**ein erheblicher Nachteil für das Wohl des Zeugen** zu befürchten ist" (§ 247 S. 2 Alt. 1 StPO). In dem entsprechenden Antrag ist durch konkrete Umstände darzutun, dass die Befürchtung besteht, dass das körperliche und/oder seelische Wohl des Kindes nachhaltig – noch über die Vernehmung hinaus – beeinträchtigt sein wird. Zur Begründung können zunächst Reaktionen und Äußerungen der Kinder oder Jugendlichen im Antrag mitgeteilt werden, die diese gegenüber ihren anwaltlichen Vertretern geäußert haben. Weiter kann der Antrag untermauert werden durch therapeutische und/oder ärztliche Stellungnahmen, die die erhebliche Beeinträchtigung zB für das seelische Kindeswohl darlegen.

99 Daneben kann auch auf die empirischen psychologischen Erkenntnisse über das **Belastungserleben von Kindern und Jugendlichen** in Hauptverhandlungen, die insbesondere durch *Volbert* erhoben und veröffentlicht wurden, hingewiesen werden. Danach stellt die körperliche Anwesenheit des Angeklagten, der in den meisten Fällen aus dem näheren Umfeld des Kindes stammt und in diesem regelmäßig einen hohen Loyalitätskonflikt auslöst, die entscheidende Belastung im Strafprozess dar.[54] Es verbietet sich, Kinder und Jugendliche einer solchen psychischen Zerreißprobe auszusetzen. Informierte und sachkundige Jugendschutzkammern beschließen regelmäßig die Entfernung der Angeklagten aus den vorgenannten Erwägungen.

100 Wird von einem Amtsgericht (Jugendschöffengericht) der Ausschlussantrag ausnahmsweise abgelehnt, stellt sich für die anwaltliche Nebenklagevertretung die Frage, ob die Vernehmung abgebrochen werden muss oder ob das Risiko einer Schädigung des eigenen Mandanten in Kauf genommen wird.

101 Noch schwieriger gestaltet sich der Antrag, für die Dauer der **Vernehmung eines erwachsenen Zeugen** den Angeklagten aus dem Sitzungszimmer entfernen zu lassen. Vor Anträgen, die die psychischen Beschädigungen des Nebenklägers breit darlegen, sei gewarnt. Sollten hier erstmalig Tatsachen über den psychischen Gesundheitszustand des Zeugen mitgeteilt werden, die bisher nicht Aktenbestandteil waren, so ist zu beachten, dass diese Mitteilungen die **Aussagetüchtigkeit** des jeweiligen Zeugen betreffen können. Derartige Informationen können letztlich Anlass für Verteidigung und/oder Gericht sein, eine Begutachtung durch einen psychologischen und aussagepsychologischen, wenn nicht gar psychiatrischen Sachverständigen in Auftrag zu geben.

102 Der Antrag für einen psychisch schwer geschädigten Zeugen, der nach Einschätzung eines Therapeuten oder eines Arztes nicht in der Lage ist, in Anwesenheit des Angeklagten auszusagen, ohne dabei eine Retraumatisierung zu erleben, ist sorgfältig durch die Einholung entsprechender **ärztlicher Stellungnahmen** vorzubereiten. Ärztliche und the-

54 Volbert/Pieters 1993, S. 48.

rapeutische Stellungnahmen sind kritisch daraufhin zu überprüfen, ob sie ausschließlich Wünsche und Befürchtungen der Zeugen wiedergeben, die nicht geeignet sind, den Ausschließungsgrund von § 247 S. 2 Alt. 2 StPO zu begründen. Stattdessen ist „die dringende Gefahr eines schwerwiegenden Nachteils für die Gesundheit" des Zeugen darzulegen. Als schwerwiegende Beeinträchtigung wird zB die Dekompensation (Nervenzusammenbruch während der Vernehmung) angesehen. Es ist auch Aufgabe der anwaltlichen Beratung, in Kooperation mit Therapeuten und Ärzten realistisch einzuschätzen, ob sich ein Zeuge mit seinem Wunsch, in Anwesenheit des Angeklagten auszusagen, nicht überschätzt. Vor- und Nachteile müssen in einem Abwägungsprozess mit dem Zeugen selbst vor Stellung des Antrags erörtert werden.

Ist es der Nebenklagevertretung gelungen, den Gerichtsbeschluss über die Entfernung 103
des Angeklagten aus dem Sitzungszimmer durchzusetzen, hat sie fortan die Aufgabe, darauf zu achten, dass dem Gericht keine Verfahrensfehler unterlaufen, die zur Aufhebung eines späteren Urteils führen könnten.

XI. Vertretung von Kindern und Jugendlichen im Strafverfahren

Bei Mandatsübernahme ist zunächst zu klären, ob der Rechtsanwalt die Eltern und ge- 104
setzlichen Vertreter eines Kindes beraten und vertreten soll oder das Kind selbst. Immer dann, wenn die anzuzeigenden Straftaten einen familiären Hintergrund haben, kann ein potenzieller **Interessenkonflikt** zwischen den Interessen des Kindes und denen seiner gesetzlichen Vertreter nicht ausgeschlossen werden. Von daher gilt es, von Mandatsbeginn an klarzustellen, wer vertreten wird. Ein häufig anzutreffender Fehler von Kollegen ist der, die Vertretung der Eltern anzuzeigen, wenn tatsächlich die Vertretung des Kindes, das Opfer einer Straftat geworden ist, gemeint ist.

Mehr noch als bei erwachsenen Opfern von Straftaten gegen höchstpersönliche Rechts- 105
güter stellt sich bei Mädchen und Jungen unterhalb der Volljährigkeitsgrenze in der anwaltlichen Beratung die Frage, ob, und wenn ja, zu welchem Zeitpunkt **Strafanzeige** erstattet werden sollte. Viele Sorgeberechtigte folgen heute nicht mehr dem ersten Impuls, sich an die Polizei zu wenden, sondern suchen vorab anwaltliche Beratung auf, vordringlich mit dem Ziel, den Schutz ihrer Kinder zu erreichen. Dass das staatliche Strafverfahren nur in den seltensten Fällen geeignet ist, den Schutz von Kindern sicherzustellen, ist bittere Erfahrung von vielen Betroffenen. Es dient der Durchführung des staatlichen Strafanspruchs, während die Familiengerichte für Schutzanordnungen etc. nach §§ 1666, 1666 a BGB zuständig sind.

Eine Strafanzeige zum falschen Zeitpunkt, die mit hoher Sicherheit zur Einstellung des 106
Verfahrens oder gar zum Freispruch eines Beschuldigten führt, belastet Kinder und Jugendliche zusätzlich, beschert ihnen ein weiteres Ohnmachtserlebnis. Auf der anderen Seite bedarf es sofortiger Einschaltung der Polizei, wenn Beweise (zB durch die Gerichtsmedizin nach Kindesmisshandlung) schnellstmöglich zu sichern sind.

Die **Empfehlungen** der Kollegin *Lossen*, die diese 1999 in einem Handbuch veröffent- 107
licht hat, sind weiterhin gültig:[55]

„Die **sofortige Strafanzeige ist zu empfehlen**, wenn

- das Kind einen bestimmten Täter benannt und bestimmte sexuelle Übergriffe berichtet hat (eine detaillierte Schilderung ist zu diesem Zeitpunkt nicht erforderlich),
- das Kind aussagebereit ist, und wenn

55 Lossen, 1999, S. 205.

- der Täter mit dem Kind noch zusammenlebt, die Voraussetzungen für eine sofortige Verhaftung vorliegen oder das Kind sofort nach der Anzeige rechtlich abgesichert bei einer schutzbereiten Person untergebracht werden kann oder
- wenn objektive unbestreitbare Beweismittel vorliegen, die eine Zeugenaussage des Kindes entbehrlich machen (zB Schwangerschaft eines 12-jährigen Mädchens; Pornovideos, auf denen Täter und Opfer identifizierbar sind; Spermaspuren bei Kindern. Beachte: Verletzungen im Genitalbereich sind nur in Verbindung mit einer Aussage des Kindes über die Herkunft der Verletzung und die Benennung des Täters beweiskräftig!) und der Schutz des Kindes gewährleistet ist.

In allen anderen Fällen sollte die Strafanzeige zurückgestellt werden, bis ein sicherer Aufenthalt des Kindes gewährleistet ist und das Kind bereit ist, die Belastungen eines Strafverfahrens durchzustehen."

108 Eine Strafanzeige ist weiter dann zu empfehlen, wenn **mehrere Kinder** betroffen zu sein scheinen und der Ermittlungsaufwand für eine mögliche Beweissicherung die Ressourcen einer anwaltlichen Beratung und Vertretung übersteigt.

109 Auf eine Besonderheit hat die Autorin in einem gesonderten Beitrag hingewiesen, in dem sie sich mit der Rolle der modernen Aussagepsychologie bei der Begutachtung von Kindern und Jugendlichen auseinandergesetzt hat.[56]

110 Nicht nur bei Zweifeln an der Aussagetüchtigkeit eines kleinen Kindes (unter sechs Jahren), sondern auch in anderen Konstellationen verlangt die höchstrichterliche Rechtsprechung, einen **Sachverständigen** hinzuzuziehen. Der Grundsatz lautet: „Die Hinzuziehung eines Sachverständigen ist dann geboten, wenn Besonderheiten vorliegen, die Zweifel an der Sachkunde des Gerichts hinsichtlich der Beurteilung der Aussagetüchtigkeit des Zeugen und der Glaubhaftigkeit seiner Aussage aufkommen lassen können (ständige Rechtsprechung)."[57]

111 In der anwaltlichen Tätigkeit ist es in den vergangenen zehn Jahren zu einer **grundlegenden Veränderung** gekommen, nachdem nicht nur die Aussagepsychologie in der Strafjustiz implementiert wurde, sondern der Bundesgerichtshof den Fokus auch zu Recht auf die **Entstehung und die Entwicklung von kindlichen Aussagen** gerichtet hat. Es trifft sicherlich zu, dass diesen Punkten zB im Hinblick auf die sogenannte Suggestionsproblematik früher zu wenig Bedeutung zugemessen wurde. Dies hat sich inzwischen durchgängig verändert und ist spätestens bei Eröffnung der Hauptverfahren im Zwischenverfahren durch das jeweilige Gericht zu einer zentralen Fragestellung geworden. Hierbei ist zu betonen, dass es Aufgabe der Strafverfolgungsbehörden (Polizei und Staatsanwaltschaft) war und ist, die in diesem Bereich bedeutsamen Anknüpfungstatsachen zu ermitteln. Zeugen, die Mitteilungen der Geschädigten entgegengenommen haben, sind zum frühestmöglichen Zeitpunkt von der Kriminalpolizei zu vernehmen. Noch immer sind die Ermittlungen zu diesen Punkten oft nur vordergründig und lückenhaft. Jugendschutzkammern beim Landgericht, die selbst über die erforderliche Sachkunde verfügen, legen spätestens seit dem Urteil des BGH vom 30.7.1999[58] zu den wissenschaftlichen Standards aussagepsychologischer Gutachten hohen Wert auf diesen Teil der Beweisaufnahme – und zwar schon vor Eröffnung des Hauptverfahrens. Nach Erfahrung der Verfasserin ist der Bereich der sexuellen Gewaltdelikte und sexuellen Missbrauchsdelikte einer der wenigen Bereiche, in denen Gerichte im Zwischenverfahren ihrer Funktion, Anklagen der Staatsanwaltschaft auf ihre Stimmigkeit und Durchsetzbarkeit hin zu überprüfen, nachkommen.

56 Burgsmüller, 2009, S. 42–51.

57 Pfister, 2007, S. 46

58 BGH v. 30.7.1999, 1 StR 618/98, BGHSt 45, 164.

Für die Empfehlung im frühestmöglichen Stadium, am besten noch vor Strafanzeigeerstattung, anwaltlichen Rat einzuholen, sprechen die folgenden Überlegungen. In der durch das berufliche Zeugnisverweigerungsrecht geschützten anwaltlichen Beratung besteht für emotional verstörte Eltern oder andere Unterstützer eines Kindes die Möglichkeit, die Angaben des Kindes ihnen gegenüber und deren Entstehungsprozess zu reflektieren. In diesem Rahmen können sie dann eine fachliche zumindest vorläufige Prognose über den „Erfolg" einer Strafanzeigeerstattung erhalten. 112

Der damit einhergehende Beratungsprozess ist rundum zeitaufwändig: Nicht nur müssen die Angaben eines Kindes und deren mögliche Dokumentation thematisiert werden, sondern darüber hinaus mögliche Verdachtsmomente und Konflikte vor Verdachtsentstehung sowie schließlich die unterschiedlichen Mitteilungspersonen erfasst werden, die vom Kind andeutungsweise oder bruchstückhaft etwas erfahren haben. Ergibt sich dann nach vorsichtiger, vorläufiger Bewertung die Möglichkeit einer Strafanzeigeerstattung, konzentriert sich die nachfolgende Beratung auf das Kind. Der Rechtsanwalt wird von ihm nicht etwa den Sachverhalt erfragen, sondern seine Funktion und seine Möglichkeiten der Unterstützung erklären. Soweit altersgerecht, wird er das Kind abschließend fragen, ob es sich vorstellen könne, über bestimmte, möglichst neutral zu bezeichnende Vorgänge gegenüber einer Kriminalbeamtin oder einem Kriminalbeamten zu berichten. Die **fallneutrale Aufklärung** zumindest darüber, was seine Aufgabe als Zeuge und was Rolle der Kriminalpolizei ist, gehört zur Standardaufklärung ab ca. fünf Jahre alten Kindern. Ärztliche und kinderpsychologische Befunde müssen über den Berater erhoben werden, ehe denn die Strafjustiz eingeschaltet wird – es sei denn, dass eine Anzeigeerstattung drängt. Letzteres ist hingegen nur bei Spontanmitteilungen eines Kindes über sexuellen Missbrauch durch Fremde oder Nachbarn bzw in Konstellationen, bei denen der Missbrauch noch bis kurz vor der Mitteilung angedauert hat. Es bleibt am Rande zu betonen, dass Schutzmaßnahmen für ein Kind vor weiteren Übergriffen weniger bei der Strafjustiz zu suchen sind, als in zivilrechtlichen bzw familienrechtlichen Gewaltschutzanordnungen in Form von Kontaktverboten und Verboten, eine bestimmte Wohnung oder ein Haus zu betreten oder zu nutzen. 113

Mit dem Wissen um die Anforderungen der Rechtsprechung an Beweiserhebung und Beweiswürdigung im Fall von sexuellem Missbrauch eines Kindes hat die anwaltliche Beratung zu prognostizieren, ob eine **aussagepsychologische Begutachtung** stattfinden muss oder nicht. Unterstützungspersonen und später auch das Kind selbst sind über diese zusätzliche Belastung, die einer Erstvernehmung des Kindes folgt, zu informieren. Spätestens wenn die Staatsanwaltschaft schon vor Anklageerhebung oder das Gericht (meistens Jugendschöffengerichte) noch im Zwischenverfahren die Besonderheiten des Falles sehen und hinsichtlich möglicher Zweifel an ihrer Sachkunde sicher gehen wollen, stellt sich die vordringliche Frage für den Berater: Ist es ethisch-juristisch vertretbar, das Kind einer Untersuchung durch einen Vertreter der herrschenden Aussagepsychologie auszusetzen? In dieser Frage ist zunächst mit den gesetzlichen Vertretern der Kinder zu arbeiten: Da ein Zeuge ohne seine Einwilligung nicht auf seinen psychischen Zustand und seine Glaubwürdigkeit untersucht werden darf (§ 81 c StPO), gilt es, das **Verweigerungsrecht** mit den gesetzlichen Vertretern zu besprechen und ihnen die möglichen rechtlichen Folgen einer Untersuchungsverweigerung deutlich zu machen. Hierzu gehören die Einstellung des Verfahrens durch die Staatsanwaltschaft oder eine Nichteröffnung des Hauptverfahrens durch das mit der Sache befasste Gericht. Um diese Prognose erstellen zu können, bedarf es nicht nur einer umfassenden Kenntnis der oben im Groben dargestellten Rechtsprechung des Bundesgerichtshofs zur Notwendigkeit aussagepsychologischer Begutachtung bei Besonderheiten, sondern auch einer klaren Einschätzung der Sachkunde des jeweiligen befassten Staatsanwalts oder Richters. Über das Zustimmungserfordernis zur Exploration kann die Auswahl von Sachverständigen gesteu- 114 ert werden bzw deren Beauftragung ganz verweigert werden. Bei der Auswahl helfen fundierte Kenntnisse der Aussagepsychologie und der jeweiligen Richter.

115 Gelangt der Rechtsanwalt im Beratungsprozess zu einer **negativen Prognose**, wird keine Strafanzeigeerstattung empfohlen. Aufgabe des anwaltlichen Zeugenbeistands ist es, bei einer derartigen negativen Prognose – im Zweifel für das Kindeswohl – nicht nur von der Strafanzeige abzusehen, sondern alles Notwendige für die **Dokumentation** der kindlichen Angaben, der Aussageentstehung, der Aussageentwicklung, ärztlicher und psychologischer, kinder- und jugendpsychiatrischer Befunde zu tun. Zu einem späteren Zeitpunkt, in dem das Kind aussagetüchtig ist und selbst den Wunsch nach Strafverfolgung äußert, bietet dies die Basis für eine dann – im Rahmen der Verjährung – immer noch mögliche Strafverfolgung. Diese Methode hat sich bewährt und ist auf jeden Fall einer Einstellung des Verfahrens durch die Staatsanwaltschaft in einem einfachen Fall vorzuziehen. Anders gelagert ist die Konstellation natürlich, wenn es um mehrere betroffene Kinder geht und die Ermittlungen umfangreich und teuer sind. Hier kommt im Übrigen kompetenten, auch klinisch und/oder therapeutisch tätigen Aussagepsychologen eine wichtige Rolle bei der Beweissicherung zu. In einer fachgerechten Exploration – unter Zurückstellung jeder Art von Aufdeckungswunsch der jeweiligen gesetzlichen Vertreter – werden sie die aktuellen Angaben des Kindes unter Verwendung von Tonband und Videoaufzeichnung in privatem Auftrag sichern.

116 Ansonsten gilt der schlichte Grundsatz für die Beratungs- und Vertretungstätigkeit von Kindern und Jugendlichen, dass Kinder mit demselben Respekt zu begegnen ist wie erwachsenen Mandanten. Ihnen sind die einzelnen **Abläufe des Strafverfahrens** – altersgerecht – genauso durchschaubar zu machen wie Erwachsenen. Es wäre grob kunstfehlerhaft, Kinder bei einer Simultanübertragung ihrer Vernehmung aus einem anderen Raum im Gerichtsgebäude in den Hauptverhandlungssaal über die dort anwesenden Personen zu täuschen. Es widerspricht dem allgemeinen Persönlichkeitsrecht eines Kindes, wenn man es über die seine Vernehmung mithörenden und mitsehenden Angeklagten nicht oder nicht richtig informiert. Dieses Wissen, dass zB der nahe Angehörige, der die Vernehmung mitverfolgt und der das Kind misshandelt hat, im Hauptverhandlungssaal anwesend ist, stellt eine erhebliche seelische Belastung des kindlichen Zeugen dar. Nach allen verfügbaren empirischen Untersuchungen über das Belastungserleben von Kindern in Hauptverhandlungen steht die Zumutung, in Anwesenheit des Angeklagten auszusagen, an vorderster Stelle der Belastungen.[59] Von Anträgen auf Ausschluss der Angeklagten ist konsequent Gebrauch zu machen (§ 247 StPO). Daneben stellt die **Videosimultanvernehmung** (§ 247 a StPO), bei der das Kind zusammen mit dem Vorsitzenden in einem anderen Raum untergebracht wird, in dem ihm die Atmosphäre eines Vieraugengesprächs vorgegaukelt wird, die schlechtere Variante dar. Kinder – egal welchen Alters – vergessen nicht die Anwesenheit der jeweiligen Angeklagten, während sie im anderen Zimmer aussagen, sondern sie stellen sich stattdessen in ihrem Aussageverhalten, wie von der Autorin mehrfach beobachtet, auf diese Situation ein. Sie sind gestresst, versuchen Belastungen durch Kaspereien zu vermeiden oder verstummen gar.

117 Zu einer **kritischen Einschätzung des Videoeinsatzes** in Hauptverhandlungen gelangt auch *von Knoblauch zu Hatzbach*,[60] die forensische Gutachterinnen nach ihren Erfahrungen mit Videovernehmung in Vorverfahren und Hauptverhandlungen befragt hatte. Da für Kinder eine Situationskontrolle wichtig sei, sei die Videosimultanvernehmung den bisherigen Vernehmungsmethoden nicht überlegen. Wichtiger sei es, Kinder besser auf die Vernehmung vorzubereiten und ihnen die Vernehmungssituation so transparent wie möglich zu machen.

59 Volbert/Pieters, 1993.

60 v. Knoblauch zu Hatzbach, 2000, S. 276 ff, vgl auch Volbert, 2002, S. 149 ff, und Scheumer, 2007.

118 Während sich die vorstehende Kritik gegen den Einsatz der Videotechnik während einer Hauptverhandlung richtet, ist andererseits die **Aufzeichnung von Vernehmungen im Ermittlungsverfahren** (oder späteren richterlichen/kommissarischen Vernehmungen) zu begrüßen, wenn Kinder und Jugendliche selbst und ihre gesetzlichen Vertreter der Aufzeichnung zugestimmt haben. Die Konservierung der Erstvernehmung erfolgt in der Hoffnung, auf spätere Nachvernehmungen oder Explorationen verzichten zu können. Sie erfüllt sich jedoch nur in den Fällen, in denen Angeklagte selbst und/oder ihre Verteidigung derart von der Vernehmung beeindruckt sind, dass es zu geständigen Einlassungen kommt.

119 Auch Kinder und Jugendliche sollten nicht im Unklaren darüber gelassen werden, dass sich das Gericht in einer Hauptverhandlung einen persönlichen Eindruck von ihnen machen will, um die Glaubhaftigkeit ihrer Angaben zu überprüfen. Nur in den Fällen eines Geständnisses kann die Videoaufzeichnung zur Ergänzung der geständigen Einlassung des Angeklagten dienen und auf die Vernehmung der Zeugen verzichtet werden.

120 Die Aufzeichnung der Videovernehmung soll nach § 58 Abs. 1 S. 2 Nr. 1 StPO dann erfolgen, „wenn sie über den Erkenntniswert der ohnehin anzufertigenden Niederschrift hinaus geht.“[61]

121 Zu beachten ist in diesem Kontext, dass Zeugen nach § 58 a Abs. 2 StPO ein **Widerspruchsrecht gegen die Herausgabe von Kopien** der Aufzeichnungen, zum Beispiel an die Verteidigung, haben.

122 Der Einsatz der Videotechnik macht die **Fort- und Weiterbildung von Richtern** insbesondere in der Fragetechnik und im Umgang mit kindlichen Zeugen nicht entbehrlich. Wirksamer Kinderschutz im Strafverfahren ist zu erreichen, wenn eine gut vorbereitete Erstvernehmung von einem qualifizierten Ermittlungsrichter durchgeführt und auf Video aufgezeichnet wurde und später in der Hauptverhandlung – bei nicht geständigen Angeklagten – das noch nicht 14 Jahre alte Kind als Zeuge von seinen gesetzlichen Vertretern gesperrt wird. *Nelles* hat schon 1996 eindrucksvoll ausgeführt, dass noch nicht schuldfähige Kinder (unter 14-Jährige, denen die strafrechtliche Verantwortungsreife fehlt) nicht mit den Ordnungsmitteln der Strafprozessordnung (Ordnungsgeld und Ordnungshaft) in ihre Zeugenrolle gezwungen werden können. Sie dürfen von der Strafjustiz gebeten werden, ihr Wissen und ihre Wahrnehmungen dem Gericht bzw den Strafverfolgungsbehörden mitzuteilen; zwingen kann man sie jedoch nicht.[62]

XII. Beiordnungs- und Vergütungsfragen

123 Rechtsanwälte, die im Strafverfahren für Verletzte bestimmter Straftaten tätig sind, erhalten dafür dieselben Gebühren **wie Strafverteidiger**.

124 Im Zuge der Opferrechtsreformgesetze der vergangenen Jahre wurden die gesetzlichen Voraussetzungen, unter denen nebenklageberechtigten Verletzten und Nebenklägern Rechtsanwälte beigeordnet werden können, umfangreich erweitert. So gibt es bei bestimmten schwerwiegenden Delikten nach § 397 a Abs. 1 StPO die Möglichkeit, ohne Prüfung der persönlichen und wirtschaftlichen Verhältnisse der Verletzten einen anwaltlichen Beistand beigeordnet zu erhalten. Dies trifft vornehmlich zu für versuchte Tötungsdelikte (397 a Abs. 1 Nr. 2 StPO) und Verbrechen wie schwerer sexueller Missbrauch, Vergewaltigung und Menschenhandel zum Zwecke sexueller Ausbeutung. Der Gesetzgeber macht ansonsten die **Möglichkeit der Beiordnung** von weiteren **Voraussetzungen** abhängig:

61 Schöch, 2001, S. 10, 12.
62 Nelles, 1996, S. 211-234.

125 Nach § 397 a Abs. 1 Nr. 3 StPO wird bei **Raub und schwerem Raub,** §§ 249, 250 StGB, zusätzlich die Darlegung gefordert, dass dieses Verbrechen bei den Verletzten zu schweren körperlichen oder seelischen Schäden geführt hat oder voraussichtlich führen wird. Diese einschränkende Voraussetzung hat zu Kritik an dieser Änderung durch das 2. Opferrechtsreformgesetz geführt, da sie den Verletzten auferlegt, in einem sehr frühen Stadium des Verfahrens die eigenen körperlichen und seelischen Beschädigungen darzutun. Insbesondere wenn es um seelische Verletzungen geht, ist das Ausmaß derselben zu Beginn eines Ermittlungsverfahrens oft noch gar nicht in seiner Tragweite absehbar. Die Verteidigung könnte zu Recht Widersprüche zwischen solchen Erstangaben der Verletzten und späteren Angaben bzw Berichten von Therapeuten und Ärzten rügen.

126 Unter Nr. 4 der Vorschrift (§ 397 a Abs. 1 StPO) werden dann einige Verbrechen und Vergehen benannt, die wie die Sexualstraftaten und die Misshandlung von Schutzbefohlenen, allen Verletzten unter 18 Jahren das Recht auf einen anwaltlichen Beistand einräumen.[63]

127 Was nicht zuletzt von Gerichten übersehen wird, ist eine **alternative Möglichkeit,** bei den in Nr. 4 genannten Vergehen und Verbrechen beigeordnet zu werden. Dies ist dann der Fall, wenn der Nebenkläger unfähig ist, seine Interessen selbst ausreichend wahrzunehmen. Hier argumentiert die Autorin regelmäßig damit, dass die Regelung über die Beiordnungsmöglichkeiten einen Wertungswiderspruch enthält: Die Rechte, die gem. § 397 StPO dem Nebenkläger eingeräumt werden, können – wie vor allem das Akteneinsichts- und das Beweisantragsrecht – nur von Rechtsanwälten wahrgenommen werden, so dass schon diese Begründung ausreichen könnte. Zusätzlich ist auf Besonderheiten in der Person des Nebenklägers hinzuweisen, der zB als Migrant mit dem deutschen Rechtssystem nicht vertraut ist, die deutsche Sprache nicht ausreichend versteht und/oder psychisch durch das Geschehen belastet ist. Kurzum können alle persönlichen Einschränkungen, die auch beim Angeklagten zur Beiordnung eines Pflichtverteidigers nach § 140 Abs. 2 StPO führen, benannt werden, um die Unfähigkeit zur eigenen Interessenwahrnehmung darzutun.[64]

128 Auch unter den Voraussetzungen von § 397 a Abs. 2 StPO ist darzulegen, dass der Nebenkläger seine Interessen nicht ausreichend wahrnehmen kann oder ihm dies nicht zuzumuten ist. Diese Regelung gilt in all den Fällen, in denen keine Beiordnung nach Abs. 1 der Vorschrift in Betracht kommt. Zusätzlich zur Unfähigkeit der eigenen Interessenwahrnehmung oder der Unzumutbarkeit muss die Kostenarmut des Nebenklägers durch Vorlage der **Erklärung über die persönlichen und wirtschaftlichen Verhältnisse** glaubhaft gemacht werden. Hinsichtlich dieser Voraussetzung wird auf die Vorschriften der ZPO (§§ 117 Abs. 2, Abs. 4 ZPO, 118 Abs. 2 ZPO) hingewiesen.

129 Zu beachten ist hier, dass die Bewilligung von Prozesskostenhilfe für den Nebenkläger **in jedem Rechtszug erneut** beantragt werden muss und nach längerem Zeitablauf eine aktualisierte Erklärung über die persönlichen und wirtschaftlichen Verhältnisse samt Belegen vorgelegt werden muss.

130 Hinsichtlich der Auswahl der beizuordnenden Rechtsanwälte verweist § 397 a Abs. 3 auf § 142 Abs. 1 StPO, womit auch die zu dieser Vorschrift entwickelte Rechtsprechung gilt. Auch der Nebenkläger hat einen Anspruch darauf, dass ihm **der Rechtsanwalt seines Vertrauens** beigeordnet wird, auch wenn sich dessen Kanzleisitz in größerer Entfernung vom zuständigen Gerichtsort befindet. Da Tatorte und Wohnorte von Verletzten sehr oft voneinander abweichen, ist die Beiordnung auswärtiger Nebenklagevertreter üblich.

63 Vgl hierzu die geplante Erweiterung im StORMG.
64 Vgl auch Schroth, S. 197 f.

Insbesondere die zusätzlichen Voraussetzungen der einzelnen Beiordnungstatbestände sind sorgfältig darzulegen und individuell zu begründen, da die Entscheidung über die Prozesskostenhilfebewilligung unanfechtbar ist (§ 397 a Abs. 3 StPO). 131

Selbst dann, wenn ein Rechtsanwalt im Vorverfahren als Verletztenbeistand schon gem. § 406 g Abs. 3 StPO beigeordnet worden ist und dem nebenklagebefugten Verletzten Prozesskostenhilfe bewilligt worden ist, ist **nach wirksamem Anschluss als Nebenkläger eine erneute Entscheidung** des Gerichts über die Beiordnung als Nebenklagevertreter erforderlich.[65] Beiordnungsbeschlüsse entfalten ihre Wirkung erst ab Zugang des dem Antrag stattgebenden Beschlusses. Die in der Praxis ständig vorkommende **verspätete Bescheidung** der Anträge – vor allem im Vorverfahren – hat jedoch keinen Nachteil für den Antragsteller: die Entscheidung wirkt dann auf den Zeitpunkt der Antragsstellung zurück, wenn der Antrag nicht rechtzeitig beschieden worden ist, der Antragsteller aber mit dem Antrag bereits alles für die Bestellung des Beistands und/oder die Bewilligung von Prozesskostenhilfe getan hat.[66] Der Zugang des Antrags bei Gericht ist allerdings vom Antragsteller nachzuweisen; es empfiehlt sich daher, sich regelmäßig über den Zugang, zumindest im Rahmen der Akteneinsicht, Klarheit zu verschaffen. Alle im Anhang vorgestellten Musterschriftsätze enthalten Beiordnungsanträge zum frühestmöglichen Zeitpunkt nach Mandatsübernahme. 132

Demgegenüber kann die Entscheidung über die Bestellung als Beistand nach § 397 a Abs. 1 StPO mit der Beschwerde nach den allgemeinen Grundsätzen angefochten werden.[67] 133

Die Beiordnung nach Abs. 1 wirkt grundsätzlich für das gesamte Verfahren und erstreckt sich – anders als bei der Pflichtverteidigung – auch auf die Vertretung in der Hauptverhandlung vor dem Revisionsgericht.[68] 134

Für die Geltendmachung von **Schadensersatz- und Schmerzensgeldansprüchen** im Adhäsionsverfahren muss daneben gesondert Prozesskostenhilfe gem. § 404 Abs. 5 StPO beantragt werden.[69] Der beigeordnete Rechtsanwalt beantragt die Erstattung seiner Gebühren aus der Justizkasse (§ 53 Abs. 2 RVG mit Vorb. 4 VV-RVG). Der Nebenklagevertreter erhält hier dieselben Gebühren wie ein Pflichtverteidiger, mit der Maßgabe, dass er gegenüber dem eigenen Mandanten keine Vergütungsansprüche hat (§ 53 Abs. 3 S. 1 RVG). Stattdessen kann er nach Rechtskraft eines Urteils und entsprechender Kosten- und Auslagenentscheidung, mit der die notwendigen Auslagen der Nebenklage dem Verurteilen auferlegt werden, die entstandenen Wahlanwaltsgebühren **gegenüber dem Verurteilten** festsetzen lassen. In diesem Fall ist (vgl. 11. Muster, Rn 150) der aus der Justizkasse erstattete Betrag in Abzug zu bringen. 135

Bleibt zu erwähnen, dass zB in Umfangsverfahren auch die Geltendmachung einer **Pauschvergütung** gem. § 51 RVG beim zuständigen Oberlandesgericht möglich und empfehlenswert ist. Dies empfiehlt sich insbesondere in den Fällen, in denen eine Durchsetzung des Kostenfestsetzungsbeschlusses gegen den Verurteilten nicht aussichtsreich ist und die gesetzlichen Gebühren wegen der besonderen Schwierigkeit und des besonderen Umfangs des Verfahrens unzumutbar gering sind.

65 Meyer-Goßner, § 397 a StPO Rn 15.
66 BVerfG v. 11.10.1996, 2 BvR 1776/95, NStZ-RR 1997, 69.
67 Meyer-Goßner, § 397 a StPO Rn 19.
68 BGH v. 30.5.2000, 4 Str 24/00, NStZ 2000, 552.
69 Vgl hierzu und zum Adhäsionsverfahren ausführlich Weiner/Ferber (Hrsg.), Handbuch des Adhäsionsverfahrens, 2008.

Anhang: Materialien und Muster

I. Checkliste für den Nebenklageanwalt: Überblick über die Rechte des Verletztenbeistands und der Nebenklage

136 In den vorangegangenen Abschnitten wurden die Besonderheiten in der anwaltlichen Beratungsarbeit mit traumatisierten Mandanten dargestellt. Insoweit musste eine Schwerpunktsetzung erfolgen. Für die alltägliche Arbeit bei der Vertretung von Verletzten und Nebenklägern hat sich die nachstehende Checkliste bewährt, die einen Überblick über die Rechte des Verletztenbeistands und der Nebenklage gibt.[70]

137 **Ermittlungsverfahren:**

- Anwesenheitsrecht des Verletztenbeistands bei Vernehmung des von ihm vertretenen Kindes durch Polizei, Staatsanwaltschaft oder Gericht: § 406 f Abs. 2 StPO

  Einschränkung: Gefährdung des Untersuchungszwecks, Entscheidung der die Vernehmung leitenden Person unanfechtbar
- Anwesenheitsrecht bei der richterlichen Vernehmung des Beschuldigten: § 406 g Abs. 2 StPO

  Einschränkung: Gefährdung des Untersuchungszwecks
- Anwesenheitsrecht im Haftverkündungstermin, sofern dabei eine Vernehmung stattfindet, was regelmäßig der Fall ist: § 406 g Abs. 2 S. 3 StPO
- Anwesenheitsrecht bei der Vernehmung des Beschuldigten in der mündlichen Haftprüfung: § 406 g Abs. 2 S. 3 StPO
- Anwesenheitsrecht bei richterlichen Vernehmungen von Zeugen: § 406 g Abs. 2 S. 3 StPO
- Anwesenheitsrecht bei der Einnahme des richterlichen Augenscheins (Ortsbesichtigung usw.): §§ 406 g Abs. 2 S. 3, 168 d StPO
- Recht auf vorherige Terminsbenachrichtigung: §§ 406 g Abs. 2 S. 2, 168 c Abs. 5, 168 d Abs. 1 S. 2 StPO
- Recht auf Akteneinsicht einschließlich Besichtigung amtlich verwahrter Beweisstücke: § 406 e StPO

  Einschränkung: Erhebliche Verfahrensverzögerungen (§ 406 e Abs. 2)

  Keine Einschränkung: nach Abschluss der Ermittlungen in den in § 395 genannten Fällen
- Recht auf Bekanntgabe einer Einstellung des Verfahrens nach: §§ 170 Abs. 2, 171 StPO
- Beschwerderecht und Klageerzwingungsverfahren: § 172 StPO
- Recht auf kostenlose anwaltliche Vertretung: §§ 406 g Abs. 3, 397 a StPO
- Recht auf Zustellung der Anklageschrift: § 201 Abs. 1 StPO

138 **Verfahren außerhalb der Hauptverhandlung:**

- Anklageerhebung vor dem Amtsgericht anstatt vor dem Landgericht (§ 24 Abs. 1 Ziff. 3 GVG): nicht anfechtbar, jedoch Möglichkeit der Stellungnahme vor Eröffnung des Hauptverfahrens

70 Zu allen nicht behandelten rechtlichen Problemen im Zusammenhang mit den Rechten von Opfern im Strafprozess wird – auch zur Vertiefung – die hervorragende Darstellung von Schroth, Die Rechte des Opfers im Strafprozess, 2. Aufl. 2011 empfohlen.

- Bei Ablehnung der Eröffnung des Hauptverfahrens: sofortige Beschwerde: § 400 Abs. 2 StPO
- Recht auf Bekanntgabe des die Eröffnung ablehnenden Beschlusses: §§ 397 Abs. 1 S. 3 u. 4 StPO
- Recht auf Bekanntgabe der Eröffnung vor einem niedrigeren Gericht: § 35 a StPO
- Ablehnung des Erlasses eines Strafbefehls: sofortige Beschwerde: §§ 408 Abs. 2, 400 Abs. 2 S. 1, 210 Abs. 2 StPO
- Recht auf Bekanntgabe der Ablehnung: § 35 a StPO
- Einstellung gem. §§ 153, 153 a, StPO: Anhörungsrecht: § 397 Abs. 1 StPO
- Recht auf Bekanntgabe der Einstellung: § 35 Abs. 2 StPO
- Einstellung gem. §§ 206 a, 206 b StPO: sofortige Beschwerde: § 400 Abs. 2 StPO
- Recht auf Bekanntgabe der Einstellung: § 35 a StPO
- Durch die Einstellung von Nebenklagedelikten gem. § 154 a StPO wird das Recht, sich als Nebenkläger anzuschließen, nicht berührt. Mit Zulassung der Nebenklage entfällt die Beschränkungswirkung, soweit sie die Nebenklage betrifft: §§ 395 Abs. 5, 154 a StPO
- Ab Nebenklagezulassung Einstellung von Nebenklagedelikten gem. § 154 a StPO nur noch mit Zustimmung der Nebenklage: § 395 Abs. 5 StPO
- Anwesenheitsrecht bei kommissarischer Vernehmung des Beschuldigten und Recht auf vorherige Terminsbenachrichtigung: §§ 397 Abs. 1, 385 Abs. 1 S. 1, 233 Abs. 2 u. 3 StPO
- Anwesenheitsrecht bei kommissarischer Vernehmung von Zeugen und Sachverständigen und Recht auf vorherige Terminsbenachrichtigung: §§ 397 Abs. 1, 285 Abs. 1 S. 1, 223, 224 StPO
- Anwesenheitsrecht bei der Einnahme richterlichen Augenscheins durch beauftragten oder ersuchten Richter und Recht auf vorherige Terminsbenachrichtigung: §§ 397 Abs. 1, 385 Abs. 1 S. 1, 225, 224 StPO
- Anwesenheitsrecht bei der Vernehmung des Beschuldigten in der mündlichen Haftprüfung: §§ 406 g Abs. 2 S. 3, 126 Abs. 2, 118 a Abs. 3, 168 c StPO
- Recht auf Bekanntgabe von sonstigen Entscheidungen des Gerichts: §§ 397 Abs. 1 S. 2, 385 Abs. 1, S. 2, 35 StPO
- Recht auf Akteneinsicht einschließlich Besichtigung amtlich verwahrter Beweisstücke: §§ 397 Abs. 1 S. 2 StPO
- Ladung des Nebenklägers: §§ 397 Abs. 1 S. 2
- Recht auf Ladung des Nebenklägers unter Einhaltung einer Ladungsfrist von einer Woche: § 397 Abs. 1 S. 2
- Recht auf Mitteilung der geladenen Zeugen und Sachverständigen mit Namen und Anschrift: § 222 StPO
- Zustellungen an Nebenklageanwalt: §§ 397 Abs. 1 S. 3 u. 4 StPO
- Recht auf Zustellung des schriftlichen Urteils bei Freispruch: §§ 400 Abs. 1, 35, 35 a StPO
- Recht auf Zusendung des schriftlichen Urteils bei Verurteilung: nur auf Antrag: §§ 397 Abs. 1 S. 2, 385 Abs. 1 S. 2, 35 StPO
- Rechtsmittelrecht bei Freispruch: § 400 Abs. 1 StPO

- Recht auf Beteiligung am Rechtsmittelverfahren: Besteht auch, wenn kein Recht zur Einlegung eines Rechtsmittels gegeben ist!
- Kostenbeschwerde bei Verurteilung und Einstellung gem. §§ 153, 153 a, 154 ff StPO: sofortige Beschwerde: §§ 472, 464 Abs. 3 S. 1, 1. Halbsatz
- Recht der Berufung gegen ein Einstellungsurteil nach § 260 Abs. 3 StPO: Meyer-Goßner, § 400 StPO Rn 9
- Recht auf kostenlose anwaltliche Vertretung: § 397 a StPO

139 **Hauptverhandlung:**

- Anwesenheitsrecht des Nebenklägers während der gesamten Hauptverhandlung: § 397 Abs. 1 S. 1 StPO
- Anwesenheitsrecht des Nebenklageanwalts: § 397 Abs. 2 S. 2 StPO
- Antragsrecht auf Ausschluss der Öffentlichkeit: § 171 b, 172 Nr. 1 a und Nr. 4 GVG
- Widerspruchsrecht gegen Ausschluss der Öffentlichkeit: § 171 b Abs. 1 S. 2 GVG
- Antragsrecht zur Ausschließung des Angeklagten während Zeugenvernehmung: § 247 StPO
- Fragerecht bzgl des Angeklagten, der Zeugen und der Sachverständigen: §§ 397 Abs. 1 S. 3, 240 StPO
- Recht zur Beanstandung von Fragen (nicht beschränkt auf Fragen an den eigenen Mandanten!): §§ 397 Abs. 1 S. 3, 242 StPO
- Beweisantragsrecht: §§ 397 Abs. 1 S. 3, 244 Abs. 3–6 StPO
- Stellungnahme zu Beweisanträgen und sonstigen Anträgen der Verteidigung und der Staatsanwaltschaft: §§ 397 Abs. 1 S. 4
- Recht auf Stellung präsenter Beweismittel: §§ 397 Abs. 1 S. 4
- Erklärungsrecht nach jeder einzelnen Beweiserhebung: §§ 397 Abs. 1 S. 3, 257 StPO
- Anträge zum Verfahrensablauf (zur Sitzordnung, zu Unterbrechungen usw.): §§ 397 Abs. 1 S. 2
- Beanstandungsrecht gegenüber Anordnungen des Vorsitzenden: §§ 397 Abs. 1 S. 3, 238 Abs. 2 StPO
- Befangenheitsanträge gegen Richter: §§ 397 Abs. 1 S. 3, 24, 31 StPO
- Befangenheitsanträge gegen Sachverständige: §§ 397 Abs. 1 S. 3, 74 StPO
- Befangenheitsanträge gegen Staatsanwalt: Meyer-Goßner, Vor § 22 StPO Rn 3: umstritten
- Beteiligung an einer Verständigung iSd § 257 c: §§ 397 Abs. 1 S. 4
- Recht auf rechtliches Gehör, jedoch keine Zustimmung des Nebenklägers erforderlich: Meyer-Goßner, Ergänzungsheft zur 52. Aufl., § 257 c StPO Rn 24; §§ 397 Abs. 1 S. 4
- Einstellung von Nebenklagedelikten gem. § 154 a Abs. 2 StPO nur mit Zustimmung der Nebenklage!: § 395 Abs. 5 StPO
- Recht auf Bekanntgabe von Entscheidungen: §§ 397 Abs. 1 S. 4
- Recht, ein Plädoyer zu halten und auf das Plädoyer des Verteidigers zu erwidern: §§ 397 Abs. 1 S. 3, 258 StPO

II. Mustertexte für den Nebenklagevertreter

1. Muster: Strafprozessvollmacht

Strafprozessvollmacht 140

Rechtsanwältin ...
wird hiermit in Sachen ...
Vorgangs-Nr./Aktenzeichen: ...
wegen Verletztenbeistand und Nebenklage
Vollmacht zur Vertretung, insbesondere auch in meiner Abwesenheit, in allen Instanzen erteilt.

Die Bevollmächtigte soll ausdrücklich ermächtigt sein:

- In allen Instanzen als meine Vertreterin zu handeln und aufzutreten;
- sich durch eine oder einen anderen – auch im Sinne des § 139 StPO – vertreten zu lassen;
- Strafantrag, Antrag auf gerichtliche Entscheidung nach § 172 Abs. 2 StPO, Privat-, Neben- oder Widerklage (Antrag) zu stellen bzw zu erheben und die jeweiligen Anträge zurückzunehmen,
- mich im Adhäsionsverfahren zu vertreten und entsprechende Anträge zu stellen und zurückzunehmen,
- mit mir als Zeugenbeistand bzw Verletztenbeistand aufzutreten,
- Rechtsmittel einzulegen und zurückzunehmen sowie auf solche zu verzichten, Zustellungen, Ladungen und sonstige Mitteilungen aller Art namentlich auch solche von Urteilen und Beschlüssen, mit rechtlicher Wirkung in Empfang zu nehmen,
- Anträge auf Wiedereinsetzung in den vorigen Stand, Wiederaufnahme des Verfahrens, Kostenfestsetzung und andere Anträge zu stellen und zurückzunehmen,
- Gelder, Wertsachen, Urkunden und Sicherheiten, insbesondere von Kautionen, Entschädigung und der von der Justizkasse oder anderen Stellen zu erstattenden Kosten und notwendigen Auslagen in Empfang zu nehmen und Quittungen zu erteilen; Kostenerstattungsansprüche gegen die Staatskasse werden abgetreten,
- für mich Auskunftsansprüche zB nach § 406 d StPO geltend zu machen,
- Akteneinsicht zu nehmen.

... (Datum und Unterschrift)

2. Muster: Schreiben an Mandantin zur Vorbereitung einer Strafanzeige

Sehr geehrte Frau ..., 141

in der Erstberatung haben wir besprochen, dass ich Ihnen einige Fragen stelle, anhand derer Sie Ihre Erlebnisse mit Ihrem Stiefvater in Form eines Erfahrungsberichts aufzeichnen und mir zusenden. Dies alles soll der Vorbereitung einer von mir dann zu fertigenden Strafanzeige sein.

Bitte beschreiben Sie zunächst, wann Sie geboren sind und in welchen Zeiträumen Sie mit den Eltern, insbesondere dem Stiefvater, zusammengelebt haben. Wenn Sie sich noch daran erinnern, nennen Sie bitte auch die unterschiedlichen Wohnorte bzw Häuser und Wohnungen.

Neben diesen objektivierbaren Daten bitte ich Sie zu schildern, wie sich Ihre Beziehung zu Ihrem Stiefvater als kleines Kind und später als Jugendliche entwickelt hat.

Vielleicht erleichtert Ihnen dies den Einstieg.

Weiter bitte ich Sie zu schildern, welches Ihre erste Erinnerung an eine sexuelle Grenzüberschreitung oder schon eine sexuelle Missbrauchshandlung durch den Stiefvater ist. Bitte schildern Sie dann, als würden Sie einer guten Freundin vom sexuellen Missbrauch durch den Stiefvater berichten, wie es weiterging. Es ist auch völlig in Ordnung, wenn Sie ungeordnet erzählen. Bitte teilen Sie nur mit, was Ihnen beim Schreiben des Berichts in Erinnerung ist.

Genaue Daten sind nicht von Bedeutung, wohl aber Erinnerungsbrücken, wenn Sie solche haben, damit man zumindest von Ihrem Lebensjahr her oder vom Ort der Begebenheit ermitteln könnte, was wann und wo passiert ist.

Die sexuellen Übergriffe bitte ich Sie, so genau wie möglich zu schildern. Auch wenn diese später gleichförmig abgelaufen sein sollten, bitte ich Sie all die Übergriffe konkret zu schildern, die sich voneinander in irgendeinem Punkt unterscheiden. Für alles gilt die Frage, was ist wann und wo unter welchen Umständen genau passiert!

Wichtig ist es, alle Erinnerungslücken klar zu benennen und nicht zu versuchen, diese mit Rekonstruktionen oder Wahrscheinlichkeiten zu füllen.

Wenn Sie noch Kraft haben, wäre es schön, wenn Sie auch den Prozess der Entstehung Ihrer Aussage noch mitteilen. Das heißt ganz einfach, wem haben Sie wann was berichtet?

Ich erwarte Ihre Antwort. Lassen Sie sich Zeit damit und hören Sie auf, wenn Sie merken, dass es zu belastend für Sie ist.

Mit freundlichen Grüßen
(Rechtsanwältin)

3. Muster: Schreiben an Therapeuten

142 Sehr geehrte Frau ...,

in der Anlage übergebe ich eine Schweigepflichtentbindungserklärung, die uns gegenseitig von der jeweiligen Schweigepflicht entbindet. Meine Mandantin, Frau..., wird von mir in einem strafrechtlichen Ermittlungsverfahren vertreten. Zur Vorbereitung einer Strafanzeige benötige ich differenzierte Angaben darüber, welches die objektiven Rahmendaten der Therapie von Frau... sind; weiter bitte ich um Mitteilung, welche Art von Therapie von Ihnen durchgeführt wurde und was die Mandantin zu welchem Zeitpunkt über mögliche sexuelle Übergriffe durch Ihren Vater oder eine andere Person berichtet hat. Bitte teilen Sie auch mit, wie Sie mit welchen therapeutischen Techniken derartige Berichte aufgenommen haben und in der weiteren Therapie darauf eingegangen sind.

Bitte beachten Sie, dass diese Mitteilungen zunächst nur meiner Vorabinformation dienen und ein endgültiger Text, der offiziell Eingang in das Verfahren nimmt, vorab mit Ihrer Klientin und meiner Mandantin abgestimmt werden wird. Selbstverständlich dürfen dabei keine Inhalte verfälscht oder die Mitteilung von wichtigen Informationen unterdrückt werden; wohl aber kommt die Entscheidung in Betracht, dass keine Entbindung von der therapeutischen Schweigepflicht erteilt wird.

Ich würde mich freuen, bald Ihren Bericht vorliegen zu haben.

Ihnen entstehende Unkosten für diese Tätigkeit werden von der Mandantin ersetzt werden.

Mit freundlichen Grüßen
(Rechtsanwältin)

4. Muster: Erklärung über die Entbindung von der Schweigepflicht

143 **Erklärung über die Entbindung von der Schweigepflicht**

Hiermit entbinde ich, ...(Vorname und Name des Mandanten) meinen Therapeuten Herrn ... und meine Psychiaterin Frau ... gegenüber Frau Rechtsanwältin ...von der therapeutischen und/oder ärztlichen Schweigepflicht.

Umgekehrt entbinde ich Frau Rechtsanwältin ... gegenüber Herrn ... und Frau ... von ihrer anwaltlichen Schweigepflicht.

... (Datum und Unterschrift)

5. Muster: Strafanzeige mit Beiordnung gem. § 397 a Abs. 1 StPO

An 144

Polizeipräsidium oder Staatsanwaltschaft

Sehr geehrte Damen und Herren,

hiermit zeige ich an, dass mich der Verletzte, Herr ... (Name, Geburtsdatum, Wohnanschrift bzw, falls Mitteilung nicht gewünscht wird: zu laden über die Unterzeichnende) mit der Vertretung seiner Interessen beauftragt hat. Die mich legitimierende Vollmacht füge ich in der Anlage bei.

Namens und in Vollmacht des Mandanten wird **Strafanzeige** wegen aller in Betracht kommenden Straftaten, insbesondere wegen sexuellen Missbrauchs von Schutzbefohlenen und sexuellen Missbrauchs von Kindern, §§ 174, 176, 176 a StGB erstattet. Rein vorsorglich wird Strafantrag gestellt.

Die Strafanzeige richtet sich gegen: ... (Name, Anschrift, falls bekannt)

Strafanzeige wird in Wiesbaden gestellt, weil die an meinem Mandanten begangenen Straftaten schwerpunktmäßig am Tatort: 65183 Wiesbaden stattfanden.

Der Beschuldigte war der Stiefvater meines Mandanten.

Um einer Erstvernehmung des Zeugen und Verletzten durch eine Beamtin oder einen Beamten eines Fachkommissariats nicht vorzugreifen, wurden von dem Mandanten nur die für eine Strafanzeigeerstattung erforderlichen Rahmendaten erfragt.

Am... suchte mich der Mandant zu einer anwaltlichen Erstberatung auf. Er teilte mir in dem Beratungsgespräch mit, dass er in der Kindheit von seinem Stiefvater, dem zweiten Ehemann seiner Mutter, Herrn ..., sexuell missbraucht wurde. Der sexuelle Missbrauch durch den Stiefvater hat von ca. 1993 bis 2002 stattgefunden.

Alternativ:

Um einer Vernehmung des Verletzten durch eine Kriminalbeamtin oder einen Kriminalbeamten Ihres Fachkommissariats nicht vorzugreifen, habe ich keine Befragung des Mandanten zu den sexuellen Missbrauchshandlungen durch den Beschuldigten vorgenommen. Die folgenden Zusammenfassungen beruhen auf einer E-Mail des Zeugen, die dieser vor wenigen Tagen an die Unterzeichnende gerichtet hat. Hier war der Mandant gebeten worden zu erzählen, was ihm mit dem Beschuldigten passiert ist.

Ich darf Sie bitten, die notwendigen Ermittlungen einzuleiten und insbesondere meinen Mandanten durch Beamte Ihres Fachkommissariats vernehmen zu lassen. Mein Mandant wünscht ausdrücklich, dass ich bei seiner Vernehmung anwesend bin. Insoweit bitte ich, einen Vernehmungstermin auch mit der Kanzlei der Unterzeichnenden abzustimmen.

Alternativ:

Es wird angeregt, den Zeugen von einer Beamtin Ihres Fachkommissariats vernehmen zu lassen. Da Herr ... eine Begleitung durch die Unterzeichnende wünscht, bitte ich um Vereinbarung eines Vernehmungstermins für den Mandanten über meine Kanzlei. Herr... bittet außerdem darum, dass die Vernehmung durch eine Frau als Vernehmungsperson durchgeführt wird.

Ich vertrete den Mandanten zunächst als **Zeugen- und Verletztenbeistand** und beantrage namens und in Vollmacht des Mandanten, die Unterzeichnende gem. §§ 406 g Abs. 3, 397 a Abs. 1 Nr. 1 u. 4 iVm § 395 Abs. 1 Nr. 1 StPO als anwaltlichen Beistand dem Verletzten bereits für das Ermittlungsverfahren zu bestellen.

Dabei gehe ich davon aus, dass Gegenstand der Ermittlungen auch ein Verbrechen (§ 176 a StGB) ist, so dass es keiner weiteren Begründung des Beiordnungsantrags bedarf. Sollte diese Annahme nicht zutreffend sein, wird um einen entsprechenden Hinweis gebeten.

Weiter beantrage ich **Akteneinsicht** in die Ermittlungsakte, beigezogene Akten, Beweismittelordner, angelegte Sonderbände etc. und bitte um Zusendung an meine Kanzleianschrift. Die Akten bzw die Aktenbestandteile werden unverzüglich nach Einsichtnahme zurückgesandt werden.

Gleichzeitig wird bereits zum jetzigen Zeitpunkt namens und in Vollmacht des Verletzten erklärt, dass sich Herr... einer öffentlich erhobenen Klage als **Nebenkläger** anschließt.

Gegenüber dem für die Eröffnung des Hauptverfahrens zuständigen Gericht wird schon jetzt beantragt, die Zulassung der Nebenklage durch Beschluss festzustellen. Für diesen Fall wird weiter beantragt, die Unterzeichnende dem Nebenkläger gem. § 397 a Abs. 1 Nr. 1 u. 4 StPO als Beistand zu bestellen.

Abschließend bitte ich darum, mich über den Gang des Ermittlungsverfahrens auf dem Laufenden zu halten und insbesondere Ermittlungshandlungen, die meinen Mandanten betreffen, vorab mit mir abzustimmen.

Mit freundlichen Grüßen
(Rechtsanwältin)

6. Muster: Meldeschriftsatz mit Beiordnung gem. § 397 ab Abs. 2 StPO als Zeuginnen- und Verletztenbeistand/Nebenklage

145 An das Polizeipräsidium

Ermittlungsverfahren ./. ..., zum Nachteil von ...
VNr.: ...

Sehr geehrte Damen und Herren,

hiermit zeige ich an, dass mich Frau ... mit der Wahrnehmung ihrer Interessen im laufenden Ermittlungsverfahren beauftragt hat; eine auf mich lautende Vollmacht füge ich bei.

Ich vertrete die Mandantin zunächst als **Zeuginnen- und Verletztenbeistand** und beantrage namens und in Vollmacht der Mandantin, dieser Prozesskostenhilfe zu bewilligen und ihr die Unterzeichnende gem. §§ 406 g Abs. 3, 397 a Abs. 2, 395 Abs. 1 Nr. 1 StPO iVm § 223 StGB als anwaltlichen Beistand der Verletzten bereits für das Ermittlungsverfahren zu bestellen.

Zum einen enthalten schon die gesetzlichen Regelungen über die Stellung des Opfers im Strafprozess einen Wertungswiderspruch, da sie in § 397 Abs. 1 S. 3 StPO Rechte einräumen, die wie das Beweisantragsrecht und das Akteneinsichtsrecht regelmäßig der Sachkunde von Anwälten bedürfen. Da Frau ... juristische Laiin ist, bedarf sie der anwaltlichen Unterstützung bei der Ausübung dieser Rechte.

Hinzu kommt, dass meiner Mandantin durch die von ihr geschilderten Straftaten immer noch sehr belastet ist. Eine ärztliche/therapeutische Bescheinigung der meine Mandantin behandelnden Therapeutin wird in der Anlage beigefügt.

Weiter ist die Konfrontation mit dem Angeklagten, den die Verletzte seit der ihm vorgeworfenen Tat nicht mehr gesehen hat, hoch angstbesetzt. Von daher ist aus diesseitiger Sicht ausreichend dargetan, dass Frau ... ihre Interessen selbst nicht ausreichend wahrnehmen kann. Vor dem geschilderten Hintergrund ist Ihr dies auch nicht zuzumuten.

Weiter beantrage ich **Akteneinsicht** in die Ermittlungsakte, beigezogene Akten, Beweismittelordner, angelegte Sonderbände etc. und bitte um Zusendung an meine Kanzleianschrift. Die Akten bzw die Aktenbestandteile werden unverzüglich nach Einsichtnahme zurückgesandt werden.

Für den Fall der Anklageerhebung beantrage ich, mir die Anklageschrift zu übersenden (§ 201 Abs. 1 S. 2 StPO).

Gleichzeitig wird bereits zum jetzigen Zeitpunkt namens und in Vollmacht der Verletzten erklärt, dass sich Frau ... einer öffentlich erhobenen Klage als **Nebenklägerin** anschließt. Gegenüber dem für die Eröffnung des Hauptverfahrens zuständigen Gericht wird schon jetzt beantragt, die Zulassung der Nebenklage durch Beschluss festzustellen. Für diesen Fall wird weiter beantragt, der Verletzten Prozesskostenhilfe zu bewilligen, falls dies noch nicht erfolgt sein sollte und ihr die Unterzeichnende als Beistand der Nebenklägerin gem. § 397 a Abs. 2 StPO zu bestellen.

Abschließend bitte ich darum, mich über den Gang des Ermittlungsverfahrens auf dem Laufenden zu halten und insbesondere Ermittlungshandlungen, die meine Mandantin betreffen, vorab mit mir abzustimmen.

Mit freundlichen Grüßen
(Rechtsanwältin)

7. Muster: Öffentlichkeitsausschluss

Landgericht Wiesbaden 146
– 1. Große Strafkammer als Jugendschutzkammer –
Postfach 3449
65024 Wiesbaden

In der Strafsache ./. x
Aktenzeichen: ...
beantrage ich namens und in Vollmacht der am ... geborenen, mithin immer noch erst neun Jahre alten Nebenklägerin J., für die Dauer von deren Vernehmung in der Hauptverhandlung am ... die Öffentlichkeit gem. §§ 172 Nr. 4, 171 b Abs. 1 und 2 GVG auszuschließen.

Die neunjährige Zeugin hat sowohl gegenüber der Sachverständigen ... als auch gegenüber ihrer Rechtsanwältin und ihren Eltern sowie schließlich am ... beim Kennenlernen der Vorsitzenden erklärt, dass sie nicht aussagen kann, wenn Zuschauer im Sitzungssaal anwesend sind. Da die Zeugin über Dinge berichten soll, die ihre Intimsphäre betreffen und für sie hochgradig schambesetzt sind, sieht das Gesetz den Ausschluss der Öffentlichkeit vor.

Da der Zeugin gegenüber dem Großvater ein Zeugnisverweigerungsrecht (§ 52 StPO) zusteht und auch die Eltern als gesetzliche Vertreter nicht damit einverstanden sind, dass ihre Tochter in öffentlicher Hauptverhandlung aussagt, ist dem Antrag stattzugeben.

Selbst wenn man noch zu einer Ermessensabwägung käme, wäre auch für diesen Fall kein überwiegendes öffentliches Interesse an der Erörterung der sexuellen Missbrauchshandlungen des Angeklagten an seiner neunjährigen Enkelin ersichtlich.
... (Rechtsanwältin)

8. Muster: Antrag auf Entfernung des Angeklagten bei bestehendem Zeugnisverweigerungsrecht

Landgericht Wiesbaden 147
– 1. Große Strafkammer als Jugendschutzkammer –
Postfach 3449
65024 Wiesbaden

In der Strafsache ./. x
Aktenzeichen: ...
wird namens und in Vollmacht der Nebenklägerin J. beantragt, gem. § 247 S. 1 und 2 StPO anzuordnen, dass sich der Angeklagte während der Vernehmung der Zeugin aus dem Sitzungssaal entfernt.

Begründung

Für die Zeugin selbst wird hier erklärt, dass sie nicht bereit ist, Angaben zu den sie betreffenden sexuellen Missbrauchshandlungen durch den Angeklagten zu machen, solange dieser im Sitzungssaal anwesend ist. Auch für die Eltern wird hier erklärt, dass diese nicht mit einer Vernehmung ihrer Tochter J. einverstanden sind, solange der Angeklagte im Gerichtssaal anwesend ist.

J. hat gegenüber der Unterzeichnenden in einer ersten Besprechung vor zwei Wochen, gegenüber der Sachverständigen ... sowie am ... auch gegenüber der Vorsitzenden bei deren Kennenlernen im Gerichtsgebäude unmissverständlich zum Ausdruck gebracht, dass sie den angeklagten Großvater nicht sehen will. Für sie wird noch einmal ausdrücklich erklärt, dass sie keine Angaben machen wird, solange er im Sitzungssaal anwesend ist. Auch für die gesetzlichen Vertreter wird hier noch einmal erklärt, dass sie einer Vernehmung ihrer Tochter nicht zustimmen, falls der Angeklagte nicht aus dem Sitzungssaal entfernt wird. Auch ansonsten sollte es zu keinem Zusammentreffen mit ihm kommen.

Die neunjährige Zeugin wird über sie belastende, hoch schambesetzte Vorgänge zu berichten haben, die sie bisher kognitiv nicht hat verarbeiten können. Darüber hinaus steht sie in einem erheblichen innerfamiliären Loyalitätskonflikt, so dass die Grenzen ihrer psychischen Belastbarkeit schon erreicht sind. In Anwesenheit des Angeklagten wird die Zeugin erklärtermaßen keine Angaben machen, so dass schon aus Gründen der Wahrheitsfindung der Ausschluss geboten ist.

Weiter wäre die körperliche Anwesenheit des Angeklagten und die Konfrontation des Kindes mit ihm eine die psychischen Grenzen von J. überschreitende Belastung, die ihr als Zeugin nicht abverlangt werden darf.

... (Rechtsanwältin)

9. Muster: Schriftsatz nach erstinstanzlichem LG-Urteil

148 Landgericht Wiesbaden
Postfach 34 49
65024 Wiesbaden

In der Strafsache ./. x

Aktenzeichen: ...

wird nach Ablauf der Rechtsmittelfrist um Mitteilung gebeten, ob Angeklagter und/oder Staatsanwaltschaft Rechtsmittel gegen das Urteil eingelegt haben.

Weiter bitte ich um Zusendung von zwei Abschriften des schriftlichen Urteils, sobald dieses mit den Gründen versehen zur Geschäftsstelle gelangt ist. Eine ist für die Unterzeichnende, die weitere für die Nebenklägerin/den Nebenkläger bestimmt.

Ich bitte auch um Zusendung einer Abschrift des Bewährungsbeschlusses.

Weiter beantrage ich, der Nebenklägerin/dem Nebenkläger eine vollstreckbare Ausfertigung des in der Hauptverhandlung am ... protokollierten Vergleichs zu erteilen.

Schließlich wird beantragt, die frühere Nebenklägerin gem. § 406 d Abs. 2 StPO zu Händen der Unterzeichnenden darüber zu informieren, ob und wann der Verurteilte aus der Haft entlassen wird bzw wann mit seiner Entlassung aus der Haft zu rechnen ist. Um rechtliches Gehör zB vor 2/3-Entscheidung wird gebeten.

Die Darlegung eines berechtigten Interesses an dieser Auskunft ist gem. § 406 d Abs. 2 S. 2 StPO entbehrlich, da die Voraussetzungen des § 395 a Abs. 1 Nr. 1 a StPO gegeben sind.

... (Rechtsanwältin)

10. Muster: Kostenfestsetzungsbeschluss des beigeordneten anwaltlichen Beistands gegenüber der Justizkasse

149 **In der Strafsache ./. x**

Aktenzeichen: ...

hier: Nebenklägerin Y

wurde ich der Zeugin und Nebenklägerin Y mit Beschluss der Kammer vom 24.11.2009 gem. § 397 a Abs. 1 StPO als Beistand beigeordnet.

Nachstehend übergebe ich die Berechnung der insoweit entstandenen Rechtsanwältinnenvergütung für die Vertretung der Nebenklägerin und beantrage deren Festsetzung und Anweisung.

Der Hauptverhandlungstermin am 8.2.2010 wurde durch Frau Rechtsanwältin S aus Frankfurt am Main in Untervollmacht und mit Genehmigung des Gerichts im Rahmen meiner Beiordnung wahrgenommen. Der Gebührenausgleich mit Frau Kollegin S findet durch die Unterzeichnende statt.

Grundgebühr Strafsachen gem. Nr. 4100 VV RVG	132,00 €
Verfahrensgebühr (1. Rechtszug Strafkammer) gem. Nr. 4112 VV RVG	124,00 €
Terminsgebühr (1. Rechtszug Strafkammer) gem. Nr. 4114 VV RVG (3 HV-Termine)	648,00 €
Terminsgebühr (mehr als 5 Std. bis 8 Std.) am 27.1.2010 (09:05 Uhr – 15:35 Uhr) gem. Nr. 4116 VV RVG	108,00 €
Auslagenpauschale gem. Nr. 7002 VV RVG	20,00 €
Dokumentenpauschale (650 Kopien) gem. Nr. 7000 VV RVG	
50 Kopien à 50 Cent	
600 Kopien à 15 Cent	115,00 €
Akteneinsichtspauschale	12,00 €
Fahrtkosten (eigenes KFZ) vom 27.1.2010 (84 km); Wi – Frankfurt – Wi 2 x 42 km x 0,30 € gem. Nr. 7003 VV RVG	25,20 €
Fahrtkosten (eigenes KFZ) vom 17.2.2010 (84 km); Wi – Frankfurt – Wi 2 x 42 km x 0,30 € gem. Nr. 7003 VV RVG	25,20 €
Abwesenheitsgeld vom 27.1.2010 (8,35 Stunden); (07:55 Uhr – 16:30 Uhr) gem. Nr. 7005 VV RVG	60,00 €
Abwesenheitsgeld vom 17.2.2010 (5,40 Stunden); (07:50 Uhr – 13:30 Uhr) gem. Nr. 7005 VV RVG	35,00 €
sonstige Auslagen vom 27.1.2010; Parkgebühren gem. Nr. 7006 VV RVG	10,50 €
sonstige Auslagen vom 17.2.2010; Parkgebühren gem. Nr. 7006 VV RVG	7,50 €
Nettobetrag	1.322,40 €
19 % Umsatzsteuer gem. Nr. 7008 VV RVG	251,26 €
Gesamtbetrag	**1.573,66 €**

Es wird anwaltlich versichert, dass keinerlei anrechenbare Vorschüsse oder sonstige Zahlungen (§ 58 Abs. 3 RVG) an die Unterzeichnende geleistet wurden.

Aus der Staatskasse habe ich ebenfalls keine Vorschüsse erhalten.

Spätere Zahlungen von Dritten, der Nebenklägerin oder der Verurteilten, die für die Pflicht zur Rückzahlung der Gebühren an die Staatskasse von Bedeutung sind, werde ich der Staatskasse anzeigen.

... (Rechtsanwältin)

11. Muster: Kostenfestsetzungsantrag gegen den Verurteilten

In der Strafsache ./. x 150

Aktenzeichen: ...

hier: Nebenklägerin Y

wird gem. § 464 b StPO namens und in Vollmacht der Nebenklägerin beantragt, die nachfolgend berechneten Gebühren der Unterzeichnenden für die Vertretung der Nebenklägerin Y im Verfahren gegen die Verurteilte wie folgt festzusetzen:

Grundgebühr Strafsachen gem. Nr. 4100 VV RVG	300,00 €
Verfahrensgebühr (1. Rechtszug Strafkammer) gem. Nr. 4112 VV RVG	270,00 €
Terminsgebühr; HV am 27.1.2010, 8.2.2010, 17.2.2010 (1. Rechtszug Strafkammer) gem. Nr. 4114 VV RVG	1.410,00 €
Auslagenpauschale gem. Nr. 7002 VV RVG	20,00 €
Dokumentenpauschale (650 Ablichtungen) gem. Nr. 7000 VV RVG	115,00 €
Aktenversendungspauschale	12,00 €
Fahrtkosten (eigenes KFZ) vom 27.1.2010 (84 km); Wi – Frankfurt – Wi 2 x 42 km x 0,30 € gem. Nr. 7003 VV RVG	25,20 €
Fahrtkosten (eigenes KFZ) vom 17.2.2010 (84 km); Wi – Frankfurt – Wi 2 x 42 km x 0,30 € gem. Nr. 7003 VV RVG	25,20 €
Abwesenheitsgeld vom 27.1.2010 (8,35 Stunden); (07:55 Uhr – 16:30 Uhr) gem. Nr. 7005 VV RVG	60,00 €
Abwesenheitsgeld vom 17.2.2010 (5,40 Stunden); (07:50 Uhr – 13:30 Uhr) gem. Nr. 7005 VV RVG	35,00 €
sonstige Auslagen vom 27.1.2010; Parkgebühren gem. Nr. 7006 VV RVG	10,50 €
sonstige Auslagen vom 17.2.2010; Parkgebühren gem. Nr. 7006 VV RVG	7,50 €
Nettobetrag	2.290,40 €
19 % Umsatzsteuer gem. Nr. 7008 VV RVG	435,18 €
Gesamtbetrag	2.725,58 €
abzgl. Zahlung von Landesjustizkasse vom 13.4.2010	– 1.573,66 €
Summe	**1.151,92** €

Es wird beantragt,

der Nebenklägerin zu Händen der Unterzeichnenden eine vollstreckbare Ausfertigung des Kostenfestsetzungsbeschlusses zu erteilen und auszusprechen, dass der festgesetzte Betrag gem. § 464 b S. 2 StPO mit 5 % über dem Basiszinssatz von der Anbringung des Festsetzungsantrags an zu verzinsen ist.

Begründung:

Die Höchstgebühren wurden aus nachfolgenden Gründen für angemessen für die Tätigkeit der unterzeichnenden Nebenklagevertreterin bestimmt:

Es handelte sich um ein für die Verletzte und Nebenklägerin existentielles Verfahren, in dem unter anderem die Grundlage für die Geltendmachung von Schadensersatz- und Schmerzensgeldansprüchen gelegt werden sollte. Auch in psychischer Hinsicht stand die hohe Belastung der Nebenklägerin bei allen Besprechungen und Beratungen im Vordergrund. Die Angst vor dem Bruch des Voodoo-Schwurs, Ängste um Folgen für die eigene Person und die Familie in Nigeria führten zu einer aufwändigen Beratungs- und Motivierungsarbeit, die dazu diente, die Aussagebereitschaft der Zeugin in Teilen erst herzustellen und aufrecht zu erhalten.

Dieser Vorgang war nicht nur wegen der Inanspruchnahme eines Sprachmittlers (Herrn U) vom zeitlichen Aufwand her um ein Vielfaches erhöht gegenüber normalen Mandaten bei der Vertretung von Opfern; eine Fülle von Rückfragen musste erfolgen. Die Besprechungen waren von daher mehrstündig. Daneben musste auch kontinuierlich Kontakt zu der die Nebenklägerin betreuenden Institution, FiM e.V. in Frankfurt am Main, telefonisch und brieflich gehalten werden. Dieser besondere Aufwand, der für Angeklagte, die in Haft sind, über die Erhöhung der jeweiligen Gebühr abgegolten wird, findet bei den Gebührentatbeständen für die Nebenklägerin keine Entsprechung. Diesem Aufwand muss von daher bei der Höhe der in Ansatz gebrachten Gebühren Rechnung getragen werden. Diese Kontakte mussten auch zwischen den Hauptverhandlungsterminen gehalten werden, so dass im Zeitraum der Hauptverhandlung die Unterzeichnende fast ausschließlich mit der Angelegenheit beschäftigt war.

Im Übrigen hat das OLG Karlsruhe bei einer Entscheidung über die Gewährung einer Pauschvergütung in einem vergleichbaren Fall entschieden, dass Höchstgebühren zuzüglich des Haftzuschlags an die Nebenklagevertretung zu erstatten sind. Es wurde insbesondere berücksichtigt, dass die Nebenklägerin sich in einem Zeugenschutzprogramm befunden hat, weshalb die Kontaktaufnahme mit einem Aufwand verbunden war, der mindestens so hoch war wie bei einem in Haft befindlichen Mandanten (OLG Karlsruhe, Beschluss vom 19.4.2010, 3 AR 11/10).

... (Rechtsanwältin)

§ 2 Das Adhäsionsverfahren und „Blitzlichter" aus dem Schmerzensgeldrecht

Literatur: *Bahnson*, Das Adhäsionsverfahren nach dem Opferrechtsreformgesetz 2004, 2008; *Barton/Flotho*, Opferanwälte im Strafverfahren, 2010; *Feigen*, Adhäsionsverfahren in Wirtschaftsstrafsachen, 2012; Beck´scher Online-Kommentar StPO, Stand 1.6.2012; *Burhoff*, Handbuch für die strafrechtliche Hauptverhandlung, 6. Aufl. 2010; *Granderath*, Opferschutz – Totes Recht, NStZ 1984, 400; *Hacks/Ring/Böhm*, Schmerzensgeldbeträge 2011, 29. Aufl.; *Herbst/Plüür*, Skript „Das Adhäsionsverfahren", Stand: 1.6.2012, abrufbar unter http://www.berlin.de/sen/justiz/gerichte/kg/formularserver/geschaedigte.html; Justizministerium des Landes Nordrhein-Westfalen, Opferschutzbericht der Landesregierung, abrufbar unter http://www.justiz.nrw.de/BS/opferschutz/allgemeine_informationen/index.php; *Löwe-Rosenberg* (Hrsg.), StPO – Strafprozessordnung und GVG, 26. Aufl. 2010; *Meyer-Goßner* (Hrsg.), Strafprozessordnung mit GVG und Nebengesetzen, 55. Aufl. 2011; *Rössner*, Dem Adhäsionsverfahren eine Chance, ZRP 1998, 162; *Scheungrab*, Abrechnung des Adhäsionsverfahrens, RVG professionell 2012, 138–140; *Thomas/Putzo* (Hrsg.), ZPO – Zivilprozessordnung, 33. Aufl. 2012.

I. Allgemeines

1. Sinn und Zweck des Adhäsionsverfahrens

Das Adhäsionsverfahren gibt dem Verletzten/der Verletzten[1] oder seinem Erben auch ohne Anwalt die Möglichkeit, im Strafverfahren die aus einer Straftat erwachsenen **vermögensrechtlichen Ansprüche gegen den Täter** geltend zu machen, **ohne** ein weiteres **zivilrechtliches Verfahren** einzuleiten. Das Verfahren fußt auf einem engen Zusammenhang zwischen Strafe und Wiedergutmachung. 1

Ein Geschädigter kann die **Sicherung und Durchsetzung** seiner Ansprüche bereits während des Ermittlungsverfahrens betreiben. Dazu bietet das Strafprozessrecht mit § 111 b Abs. 5 StPO – wenn auch nicht speziell auf das Adhäsionsverfahren ausgerichtet oder an dieses gebunden – die Maßnahmen der sog. **Rückgewinnungshilfe** an.[2] 2

2. Die Entscheidung für das Adhäsionsverfahren

a) Nachteile des Adhäsionsverfahrens

Obwohl es dem allgemeinen Rechtsempfinden entspricht, dass der Verletzte im Strafverfahren entschädigt wird, wird in der **Rechtspraxis** das Adhäsionsverfahren nur sehr **zurückhaltend** angewendet.[3] Dafür gibt es verschiedene Gründe. Oft sind die Verletzten nicht hinreichend über diese Möglichkeit informiert oder es wird befürchtet, sich den Unmut des Gerichts zuzuziehen. 3

Bei manchen Fallkonstellationen, zB bei einem zu erwartenden Geständnis, bietet es sich an, mit dem Verteidiger vor der Hauptverhandlung ein Gespräch über mögliche Schadenswiedergutmachung zu führen. Oft kann eine **Einigung** erzielt werden, die dann nur noch protokolliert werden muss. Es empfiehlt sich, das Gericht anzurufen und den Antrag anzukündigen, bevor man den Adhäsionsantrag stellt. Dadurch vermeidet man, dass das Gericht von dem Antrag „überrascht" wird und gleichzeitig kann man einem „nicht so begeisterten Richter" die Motive für den Antrag kurz darlegen.

Der Verletzte sollte darauf hingewiesen werden, dass ein Adhäsionsverfahren auch der Verteidigung nützlich sein kann. Wenn sich der Angeklagte hierauf einlässt, wirkt sich die Zahlung eines Geldbetrages **strafmildernd** aus, § 46 Abs. 2 StGB. Die Schadenswiedergutmachung könnte dann entscheidend für die Frage sein, ob der Angeklagte noch Bewährung bekommt. 4

- Wesentlich ist allerdings die Befürchtung, dass materielle Forderungen eventuelle Vorbehalte gegenüber den Verletzten auslösen oder dass das strafrechtliche Verfahren verkompliziert und dadurch verlängert wird.
- Insbesondere bei **Sexualdelikten** sollte eine sorgfältige Abwägung erfolgen. Zuerst muss geklärt werden, ob der Verletzte überhaupt ein Schmerzensgeld für die „erlittene Sexualstraftat" erwartet. Manche Verletzten empfinden die Geltendmachung von Schmerzensgeld als „bezahlt werden" für die erzwungene Sexualstraftat.

  Beachte: Es besteht die Möglichkeit, dass vor allem bei Sexualdelikten durch das Stellen des Adhäsionsantrages die Glaubhaftigkeit und das Motiv einer Zeugenaussage in Frage gestellt werden könnte (möglicher Vorwurf des Eigeninteresses des Verletzten).

---

1 Soweit weiter im Text männliche Begriffe verwendet werden, gelten diese entsprechend auch für weibliche Personen.
2 Vgl hierzu nachfolgend XI. Exkurs: Rückgewinnungshilfe, Rn 104 ff.
3 Löwe-Rosenberg/Hilger, Vor § 403 StPO Rn 8; vgl hierzu insbesondere Barton/Flotho, 150 ff.

- Oft wird von der Geltendmachung von Schmerzensgeld oder Schadensersatz abgesehen, weil der Angeklagte **vermögenslos** ist und die Zwangsvollstreckung wenig erfolgsversprechend erscheint.

  Praxishinweis: In diesem Zusammenhang ist zB auf die Landestiftungen Opferschutz in Baden-Württemberg, Neckarstraße 145, 70190 Stuttgart und in Schleswig-Holstein, Zum Brook 4, 24143 Kiel hinzuweisen. Bei Zahlungsunfähigkeit des Angeklagten kann der Verletzte seinen **Titel** gegen den Angeklagten an die Landesstiftung **abtreten** und erhält im Gegenzug eine Teilzahlung, dessen Höhe von der Landesstiftung festgesetzt wird.

b) Vorteile des Adhäsionsverfahrens

5 Demgegenüber gibt es aber eine Reihe von Vorteilen, die das Verfahren für den Verletzten „attraktiv" machen:

- Dem Verletzten wird ein zusätzliches zivilrechtliches Verfahren erspart (**Prozessökonomie**). Nach Abschluss des Strafverfahrens kann aus Sicht des Opfers zumindest ein Teilabschluss erfolgen.

  \- Bei **drohender Verjährung** des Anspruchs ist zu beachten, dass der Adhäsionsantrag erst mit Eingang beim Gericht seine verjährungsunterbrechende Wirkung entfaltet (§ 404 Abs. 2 StPO iVm § 204 Abs. 1 Nr. 1 BGB). Wenn der Antrag im Ermittlungsverfahren bei der Staatsanwaltschaft gestellt wird, führt dies nicht zur Hemmung der Verjährung (§ 204 BGB).
- Erfahrungsgemäß hat der Angeklagte im Strafverfahren eine erhöhte Bereitschaft, **Schadenswiedergutmachung** zu leisten, da sich diese strafmildernd auswirkt.
- Der Verletzte entgeht der Gefahr voneinander abweichender Entscheidungen durch verschiedene Gerichte.
- Ein Kosten- oder Auslagenvorschuss, so wie er im Zivilverfahren nach §§ 379, 402 ZPO zu leisten ist, entfällt. Im Falle einer positiven Entscheidung durch das Gericht fallen im Vergleich zum Zivilverfahren **geringere Gerichtsgebühren** an.
- Es besteht **kein Anwaltszwang** nach § 78 ZPO, da im Adhäsionsverfahren die Streitwertgrenze des Zivilverfahrens nicht gilt, § 403 StPO.
- Im Adhäsionsverfahren sind die **Anforderungen an die Antragsschrift geringer** als im Zivilverfahren (§ 404 Abs. 1 S. 2 StPO). Denn der Adhäsionskläger soll zwar die Beweismittel angeben, muss es aber nicht, weil im Adhäsionsverfahren der Amtsermittlungsgrundsatz nach § 244 Abs. 2 StPO gilt. Die Form und der Antrag der Antragsschrift müssen aber den zivilrechtlichen Voraussetzungen, welche § 253 Abs. 2 Nr. 2 ZPO an eine Klageschrift stellt, entsprechen.
- Im Strafverfahren herrscht **Amtsermittlungsgrundsatz** statt Parteimaxime (§ 404 Abs. 5 StPO statt § 114 ZPO, § 406 Abs. 2 StPO statt § 313 b Abs. 1 ZPO).
- Im Adhäsionsverfahren sind die **Beweismöglichkeiten** für den Adhäsionskläger **besser** als im Zivilverfahren, vor allem, wenn keine weiteren Zeugen zur Verfügung stehen und der Beschuldigte/Angeklagte schweigt. Der Adhäsionskläger ist „Zeuge in eigener Sache", dh selbst ein „Beweismittel".[4] Im Verfahren vor dem Zivilgericht muss dagegen der Kläger seinen Anspruch durch andere Beweismittel als sich selbst beweisen. Die Beweisführungslast wiegt also wesentlich schwerer.
- Es ergeht **keine klageabweisende Entscheidung**. Gibt das Gericht einem Antrag nicht statt, muss es von einer Entscheidung absehen. Der Adhäsionskläger hat dann

4 Opferschutzbericht der Landesregierung Nordrhein-Westfalen, 60.

die Möglichkeit, seinen Anspruch beim Zivilgericht erneut geltend zu machen (§ 406 Abs. 3 S. 3 StPO).

- Eine Widerklage nach § 33 ZPO[5] ist nicht möglich.

Oft wird das Adhäsionsverfahren mit bestimmten Delikten wie dem sexuellen Missbrauch, sexueller Nötigung, Körperverletzung und ähnlichen Delikten in Verbindung gebracht. Bei **Vermögensdelikten** wird es eher weniger in den Blick genommen, obwohl gerade bei diesen Delikten der Schaden konkret zu beziffern ist.[6] 6

In der anwaltlichen Beratung erlebt man ab und zu, dass die Verletzten kein zusätzliches Zivilverfahren wollen, weil der Schaden eher gering ist oder weil sie davon ausgehen, dass beim Angeklagten nicht erfolgreich vollstreckt werden kann (Pfändungsfreigrenzen). Durch das Adhäsionsverfahren erlangt der Adhäsionskläger einen vollstreckbaren Titel und kann gleichzeitig im Strafverfahren auf das Gericht hinwirken, dass dem Angeklagten als Bewährungsauflage die Schadenswiedergutmachung auferlegt wird. Dadurch hat man ein „weiteres Druckmittel" gegen den Angeklagten, dass er den Schaden/Schmerzensgeld tatsächlich bezahlt.

Beachte: Die Bewährungsauflage an sich ist kein vollstreckbarer Titel! 7

Die Entscheidung zwischen Adhäsionsverfahren und Zivilverfahren ist auch nicht immer eine Entscheidung zwischen „entweder" und „oder". Es kann schon aus Gründen der Gesetzesstruktur zu beiden Verfahren neben- beziehungsweise nacheinander kommen. Sofern ein Strafgericht nämlich besondere Schwierigkeiten in der Bemessung eines Schmerzensgeldes sieht, kann es zB ein Grundurteil erlassen und dem Zivilgericht die Ermittlung des Schmerzensgeldanspruches der Höhe nach überlassen.[7] Ein Adhäsionsverfahren kann gegenüber einem Zivilverfahren auch nicht immer nur kostengünstiger, sondern durchaus unter gewissen Konstellationen kostenträchtiger verlaufen, zB dann, wenn das Strafurteil mit der Entscheidung über den Entschädigungsanspruch vom Angeklagten bzw von der Staatsanwaltschaft angefochten und aufgehoben wird.[8] 8

Es ist daher zu Recht von der Rechtsprechung als unzulässig angesehen worden, einen Berechtigten im Rahmen eines PKH-Verfahrens grundsätzlich auf das Adhäsionsverfahren zu verweisen und ihm Prozesskostenhilfe wegen Mutwilligkeit zu verweigern.[9] 9

II. Zulässigkeit des Adhäsionsverfahrens

Mit dem Adhäsionsverfahren kann ein 10

- aus der Straftat erwachsener vermögensrechtlicher Anspruch,
- der zur Zuständigkeit der ordentlichen Gerichte gehört
- und noch nicht anderweitig gerichtlich anhängig gemacht ist,
- ohne Rücksicht auf den Streitwert
- durch den Verletzten oder seinen Erben
- gegen den Beschuldigten

geltend gemacht werden.

5 Bahnson, 116 mwN.
6 Vgl hierzu zB den „juristischen Coup im Falkprozess", bei dem die geschädigte Energis PLC 763 Millionen EUR vom Angeklagten im Wege des Adhäsionsverfahrens forderte – Feigen, Adhäsionsverfahren in Wirtschaftsstrafsachen, 2012, 1 ff.
7 Meyer-Goßner, § 406 stop Rn 13.
8 OLG Rostock v. 10.6.2010, 5 W 35/10.
9 OLG Rostock v. 10.6.2010, 5 W 35/10

1. Antragsberechtigung

11 Antragsberechtigt ist der prozessfähige (§ 52 ZPO) oder gesetzlich vertretene Verletzte oder sein Erbe (§ 403 StPO.)[10] **Verletzter** ist jeder, der behauptet, aus der Straftat des Beschuldigten einen vermögensrechtlichen Anspruch unmittelbar erworben zu haben.[11]

12 Das Bundesverfassungsgericht hat sich für eine einheitliche Auslegung des Verletztenbegriffes nach §§ 406 d ff StPO und § 403 StPO ausgesprochen.[12] Nach der weiten Begrifflichkeit des § 403 StPO soll Verletzter auch der sein, der durch eine Straftat **nur mittelbar geschädigt** ist, so etwa auch der Anspruchsberechtigte aus §§ 844, 845 BGB. Das Antragsrecht besteht unabhängig davon, ob der Verletzte einen Strafantrag gestellt hat.[13]

13 Auch eine **Mehrheit von Erben** kann adhäsionsklageberechtigt sein. Bei einer Mehrheit von Erben kann jeder Miterbe den Antrag stellen, aber nur Leistung an alle fordern (§ 2039 S. 1 BGB).[14] Der Erbe hat seine Erbenstellung in der Regel durch einen Erbschein nachzuweisen.[15]

14 **Beachte:** Der fehlende Nachweis kann das Verfahren verzögern und damit nach § 406 Abs. 5 StPO den Anspruch zur Erledigung im Strafverfahren ungeeignet machen.

15 Nach § 403 StPO kann lediglich der Verletzte oder sein Erbe Antragsteller sein, so dass andere Rechtsnachfolger wie zB Versicherungsunternehmen, Sozialleistungsträger, Pfändungsgläubiger oder sonstige Abtretungsnehmer nicht antragsberechtigt sind.[16] Ob **Insolvenz- oder Zwangsverwalter** ein Antragsrecht haben, ist streitig. Da der Insolvenzverwalter die Befugnisse des Gemeinschuldners ausübt und das Verfahren für den Verletzten führt, vertritt eine Mindermeinung zu Recht die Ansicht, dass der Insolvenzverwalter ebenso wie der Zwangsverwalter und der **Testamentsvollstrecker** antragsbefugt sind.[17]

2. Antragsgegner

16 Antragsgegner ist der **Beschuldigte.** Dieser muss **verhandlungsfähig** sein, jedoch nicht prozessfähig. Hier kommt es alleine auf die verfahrensrechtliche Stellung an, nicht aber auf eine mögliche zivilrechtliche Mithaftung. Aus diesem Grund kann eine Haftpflichtversicherung des Beschuldigten niemals Antragsgegner sein.

17 **Beachte:** Bei einem Anerkenntnis oder einem Vergleich muss die Geschäftsfähigkeit oder eine gesetzliche Vertretung vorliegen.[18]

18 Ein **Adhäsionsverfahren gegen Jugendliche** ist nach § 81 JGG unzulässig.[19] Nach dem 2. Justizmodernisierungsgesetz ist seit 2007 das Adhäsionsverfahren **gegen Heranwachsende** zulässig und zwar auch dann, wenn auf den Heranwachsenden das Jugendstrafrecht Anwendung findet (vgl § 81 iVm § 109 Abs. 2 JGG).[20]

19 Es ist nicht abschließend geklärt, wie zu verfahren ist, wenn die Anklage Straftaten beinhaltet, die der Angeklagte **sowohl als Jugendlicher als auch Heranwachsender** begangen hat.[21] Einerseits wird vertreten, dass in diesen Fällen ein Adhäsionsverfahren ausge-

---

10 Meyer-Goßner„ § 403 StPO Rn 6.
11 Löwe-Rosenberg/Hilger, § 403 StPO Rn 1.
12 BVerfG v. 4.12.2008, 2 BvR 1043/08, ZIP 2009, 1270
13 Meyer-Goßner, § 403 StPO Rn 2.
14 Löwe-Rosenberg/Hilger, § 403 StPO Rn 2.
15 BGH v. 5.11.2009, 3 StR 428/09, NStZ 2010, 714; BGH v. 14.4.2010, 2 StR 137/10.
16 Löwe-Rosenberg/Hilger, § 403 StPO Rn 3.
17 Löwe-Rosenberg/Hilger, § 403 StPO Rn 4.
18 Meyer-Goßner, § 403 StPO Rn 9.
19 BGH v. 13.7.2005, 1 StR 226/05, StV 2008, 120; BGH v. 30.5.2012, 2 StR 98/12.
20 BGBl. I, 3416 ff.
21 Vgl dazu Herbst/Plüür, 14.

schlossen sein soll, weil die Spaltung eines einheitlichen Verfahrens in Taten, die der Angeklagten als Jugendlicher und als Heranwachsender begangen habe, kaum möglich sei. Gegen diese Argumentation spricht, dass der Gesetzgeber den Anwendungsbereich der Nebenklage mittlerweile auch auf Jugendliche erweitert hat, § 80 Abs. 3 JGG. Ferner müssen sich Jugendliche und Heranwachsende nach Abschluss des Strafverfahrens der Geltendmachung von Ansprüchen im Zivilverfahren stellen, wenn sie die notwendige Einsichtsfähigkeit gemäß § 828 Abs. 3 BGB haben.[22]

3. Antragsgegenstand

Gemäß § 403 StPO kann der Verletzte oder sein Erbe gegen den Beschuldigten einen 20
aus der Straftat erwachsenen **vermögensrechtlichen Anspruch im Strafverfahren** geltend machen, wenn dieser zur **Zuständigkeit** der ordentlichen Gerichte gehört und noch nicht anderweitig gerichtlich anhängig – bzw richtigerweise wegen der Sperrwirkung des § 261 Abs. 3 StPO – rechtshängig gemacht worden ist.

Ein vermögensrechtlicher Anspruch ist dann gegeben, wenn er sich aus Vermögensrech- 21
ten ableitet oder wenn er auf Vermögenswerte[23] gerichtet ist, wie zB die Zahlung von Schadensersatz. Vermögensrechtlicher Anspruch im Sinne des Gesetzes ist auch der Anspruch auf Ersatz immaterieller Schäden wie Schmerzensgeld.[24] Gegenstand des Adhäsionsverfahrens können **auch Bereicherungsansprüche und** dingliche **Herausgabe- oder Unterlassungsansprüche**[25] sein. Selbst wenn es ausschließlich um die Verletzung der Ehre geht, kann ein Klageanspruch vermögensrechtlichen Charakter haben.[26]

Hinweis: Auf die Regeln des Adhäsionsverfahrens verweist § 8 Abs. 3 StPO des Gesetzes über die Vereinfachung des Wirtschaftsstrafrechts (Wirtschaftsstrafgesetz 1954).[27] Auf Antrag des Geschädigten kann die Rückerstattung des Mehrerlöses an ihn angeordnet werden, wenn sein Rückforderungsanspruch – zB aus einer strafbaren Mietpreisüberhöhung – gegen den Täter begründet erscheint.[28]

Der Anspruch muss nicht auf einer vorsätzlichen Straftat beruhen. Auch durch **fahrläs- 22
sig begangene Straftaten sind Schäden adhäsionsklagefähig**; sie können allerdings nicht das Vollstreckungsprivileg des § 850 f Abs. 2 ZPO für sich beanspruchen.

Der geltend zu machende Anspruch muss in die **Gerichtsbarkeit der ordentlichen Ge- 23
richte** fallen, so dass zB Ansprüche, die vor dem Arbeitsgericht nach § 2 ArbGG einzuklagen sind, nicht mit dem Adhäsionsverfahren geltend gemacht werden können.[29] Daraus folgt, dass Ansprüche aus unerlaubten Handlungen, soweit diese mit dem Arbeitsverhältnis im Zusammenhang stehen, nicht eingeklagt werden können. Gleiches gilt für offene Lohnforderungen (zB bei Menschenhandel oder Zuhälterei). Wenn das Gericht irrtümlich über einen solchen Anspruch entscheidet, so bleibt die Entscheidung allerdings wirksam.[30]

22 Herbst/Plüür, 15 f.
23 Löwe-Rosenberg/Hilger, § 403 StPO Rn 10.
24 Löwe-Rosenberg/Hilger, § 403 StPO Rn 10.
25 BGH v. 16.12.1980, VI ZR 308/79, NJW 1981, 2062; Granderath, Opferschutz – Totes Recht, NStZ 1984, 400; aA Rössner, Dem Adhäsionsverfahren eine Chance, ZRP 1998, 162.
26 Vgl zB zum Unterlassungsstreit im „ Anne-Frank“-Prozess NJW 1981, 2062.
27 Wirtschaftsstrafgesetz 1954 in der Fassung der Bekanntmachung vom 3. Juni 1975 (BGBl. I, 1313), zuletzt durch Artikel 55 des Gesetzes vom 8. Dezember 2010 (BGBl. I, 1864) geändert.
28 BGH v. 25.11.1981, VIII ZR 318/80, NJW 1982, 1048.
29 BGH v. 23.5.1952, 2 StR 20/52, BGHSt 3, 210, 212.
30 Meyer-Goßner, § 403 StPO Rn 11.

24 **Beachte:** Wenn Ansprüche nach § 71 Abs. 2 GVG einer ausschließlichen Zuständigkeit wie zB der des Landgerichts unterliegen, dann können diese Ansprüche nicht vor dem Amtsgericht geltend gemacht werden.[31]

25 Ein Adhäsionsantrag kann im Strafverfahren, dh **auch im Privatklageverfahren,** gestellt werden. Ein Antrag im **Strafbefehlsverfahren** ist dagegen **unwirksam.** Er wird aber dann wirksam, wenn gegen den Strafbefehl Einspruch eingelegt und die Sache verhandelt wird oder wenn der Strafrichter Bedenken gegen den Erlass eines Strafbefehls hat und eine mündliche Verhandlung nach § 408 Abs. 3 StPO anberaumt.

4. Antragstellung

26 Das Verfahren wird durch einen **Antrag** (§ 404 StPO) eingeleitet. Wird der Antrag lediglich angekündigt, so stellt dies noch keine wirksame Antragstellung dar.[32] Wird ein als Entwurf bezeichneter Adhäsionsantrag, der dem Antrag des Nebenklägervertreters auf Prozesskostenhilfe für den Adhäsionsantrag beigefügt war, allen Verfahrensbeteiligten zugestellt und behandeln alle Verfahrensbeteiligten den Antrag daraufhin in der Hauptverhandlung als gestellt, so ist darin eine unbedingte und wirksame Antragsstellung zu sehen. Eine weitere förmliche Erklärung ist in diesem Falle nicht notwendig.[33]

27 Ein Adhäsionsantrag kann bereits **mit Beginn des Ermittlungsverfahrens** gestellt werden. Nach § 406 h S. 1 Ziff. 3 StPO müssen Polizei und Staatsanwaltschaft den Verletzten frühzeitig, regelmäßig schriftlich und soweit möglich in einer für ihn verständlichen Sprache darauf hinweisen, dass er einen aus der Straftat erwachsenen vermögensrechtlichen Anspruch im Strafverfahren geltend machen kann.

28 **Beachte:** Ziffer 173 S. 3 RiStBV liefert den Hinweis an den Anwalt zur Vermeidung von Haftungsfällen mit: „Auch wird er darauf hinzuweisen sein, dass es sich in der Regel empfiehlt, den Antrag **möglichst frühzeitig** zu stellen, so dass er seinen Anspruch **noch im Zivilrechtsweg verfolgen** kann.“

29 Der Antrag kann schriftlich oder mündlich zur Niederschrift der Urkundsbeamten, in der Hauptverhandlung auch mündlich **bis zum Beginn der Schlussvorträge** gestellt werden.

30 Wird ein **Adhäsionsantrag außerhalb der Hauptverhandlung** gestellt, so muss er dem Beschuldigten zwingend förmlich **zugestellt** werden (§ 404 StPO). Wird der außerhalb der Hauptverhandlung angebrachte Adhäsionsantrag entgegen § 404 Abs. 1 S. 3 StPO nicht förmlich zugestellt, so fehlt es an einer wirksamen „Klage“-erhebung im Rahmen des Adhäsionsverfahrens, was der Richter von Amts wegen zu prüfen hat.[34] Der Antrag ist – soweit jetzt noch zulässig – zu wiederholen. Durch die nochmalige Antragstellung in der Hauptverhandlung kann also keine Heilung eintreten, wenn die Anträge erst nach dem Schlussvortrag der Staatsanwaltschaft gestellt werden.[35] Auch die bloße Erörterung eines dazugehörigen Prozesskostenhilfeantrags in der Hauptverhandlung stellt allein keinen wirksamen Adhäsionsantrag dar und kann den Mangel eines nicht wirksam zugestellten Adhäsionsantrages nicht heilen.[36]

31 Nach dem ausdrücklichen Wortlaut des § 404 Abs. 2 StPO hat bereits die (wirksame) Antragstellung dieselben Wirkungen wie die Erhebung einer zivilrechtlichen Klage. Sie treten aber erst **mit dem Eingang bei Gericht** ein.

---

31 Löwe-Rosenberg/Hilger, § 403 StPO Rn 16.
32 BGH v. 14.11.1989, 5 StR522/89, NStZ 1990, 230.
33 BGH v. 18.11.2011, 1 StR 475/11.
34 BGH v. 9.7. 2004, 2 StR 37/04, StV 2008, 127.
35 BGH v. 7.12.2006, 4 StR 505/06
36 BGH v. 11.10.2007, 3 StR 426/07, StV 2008, 127.

Adhäsionsantrag 32

vor Eingang des Antrags bei Gericht:	**ab** Eingang des Antrags bei Gericht:
Antrag hat keine verjährungshemmende Wirkung, solange nicht wirksam an den Beschuldigten zugestellt (§ 404 Abs. 2 S. 2 StPO)	Antrag hat dieselben Wirkungen wie eine in gleicher Sache rechtshängig gemachte Klage vor dem Zivilgericht (§§ 404 Abs. 2 S. 1 StPO, 204 Abs. 1 Nr. 1 BGB)

Beachte: Es gehört zu den Pflichten des Anwalts, die verjährungsunterbrechende Wir- 33
kung des Antrages zu überwachen. Wenn außerhalb der Hauptverhandlung gestellte Anträge in Akten „schlummern“, kann schnell die Verjährungsfrist abgelaufen sein.

Die Entscheidung im Adhäsionsverfahren muss später **vollstreckbar** sein. Das bedeutet 34
zum einen, dass der Antrag nach zivilrechtlichen Grundsätzen die Angaben enthalten muss, die nach § 253 ZPO erforderlich sind und nach 313 Abs. 1 Nr. 1 ZPO später im Urteil enthalten sein müssen. Dies beinhaltet den Namen, die Adresse und gegebenenfalls den gesetzlichen Vertreter des Adhäsionsklägers.

Praxishinweis: Vor allem beim Stalking oder im Bereich der organisierten Kriminalität haben die Verletzten Angst vor Repressalien und somit ein großes Interesse, ihre **Anschrift geheim zu halten.** In diesen Fällen kann von der Angabe der Adresse des Adhäsionsklägers abgesehen werden und dafür kann die Adresse der zuständigen Polizeidirektion angegeben werden. Wichtig ist aber, dass der Adhäsionskläger so bezeichnet wird, dass seine Identität zweifelsfrei feststeht,[37] zB durch die Angabe des Geburtsdatums und des Geburtsortes.

Der Antrag muss zum anderen den **Gegenstand** und den **Grund des Anspruchs** genau 35
bezeichnen und er soll die **notwendigen Beweismittel** enthalten. Die Beweisaufnahme folgt strafprozessualen Regeln. Wegen der im Adhäsionsverfahren deshalb geltenden Aufklärungspflicht aus § 244 Abs. 2 StPO ist ein Mangel bei der Angabe von Beweismitteln aber nicht schädlich.

Der Adhäsionskläger muss den **Antrag eindeutig formulieren**, da ansonsten eine not- 36
wendige und inhaltlich eindeutige Festlegung, welche vollstreckbare Entscheidung begehrt wird, nicht erreicht werden kann. Für die Herausgabe eines Gegenstandes muss nach zivilprozessualen Kriterien eine so präzise Beschreibung erfolgen, dass der Gerichtsvollzieher den Gegenstand ohne Verwechselung vollstrecken kann. Bei Geldansprüchen ist also ein bestimmter Antrag – und im Hinblick auf den auch im Adhäsionsverfahren geltenden § 308 ZPO –, bei Nebenforderungen der Zinsbeginn und die geltend gemachte Zinshöhe anzugeben. Die **Verzinsung** ist ausdrücklich zu beantragen;[38] ansonsten entfällt ein Anspruch auf die Verzinsung.

Eine exakte Bezifferung der Ansprüche kann unterbleiben, wenn die Bezifferung unzu- 37
mutbar oder unmöglich ist. Eine Bezifferung des Antrags ist zB entbehrlich, wenn sich der Betrag erst nach durchgeführter Beweisaufnahme, also etwa nach Anhörung eines Sachverständigen bestimmen lässt.[39] In diesem Fall kann die Höhe von Schmerzensgeld oder des Schadenersatzes in das Ermessen des Gerichts gestellt[40] werden.

37 Thomas/Putzo-Seiler, § 750 ZPO Rn 3.
38 BGHR § 404 Abs. 1 StPO Antragstellung 2.
39 OLG Stuttgart v. 5.4.1978, 3 Ss (8)1043/77, NJW 1978, 2209.
40 OLG Stuttgart v. 5.4.1978, 3 Ss (8)1043/77, NJW 1978, 2209.

Ein unbezifferter Schmerzensgeldanspruch empfiehlt sich, wenn das Kostenrisiko für den Verletzten minimiert werden soll (zB fehlende Rechtsschutzversicherung/Prozesskostenhilfe) oder dieser erst durch die Einholung eines Sachverständigengutachtens festgestellt werden kann. Aus der Antragsbegründung selbst soll sich allerdings die ungefähre Höhe des geforderten Betrages ergeben. Es empfiehlt sich die einschlägige Rechtsprechung zu zitieren, um dem Richter bei der Entscheidung über das angemessene Schmerzensgeld eine Entscheidungshilfe zu geben. In diesem Zusammenhang ist auf die Entscheidung des Bundesgerichtshofs vom 6.7.1955, GSZ 1/55, hinzuweisen. Bei der Bemessung des Schmerzensgeldes sind **alle in Betracht kommenden Umstände** des Falles zu berücksichtigen (Grad des Verschuldens, die wirtschaftlichen Verhältnisse beider Teile, Höhe und Maß der Lebensbeeinträchtigung usw.).

38 Anstelle eines Leistungsantrags kann der Antragsteller auch einen **Feststellungsantrag** stellen, wenn der Schaden im Adhäsionsverfahren nicht oder noch nicht vollständig bezifferbar ist und wegen ansonsten drohender Verjährung ein berechtigtes Interesse an der Feststellung der Ersatzpflicht besteht.[41]

39 Das Gericht kann gemäß § 406 Abs. 1 S. 2 StPO ein Grundurteil erlassen und die Entscheidung zur Höhe des Anspruchs den Zivilgerichten überlassen, § 406 Abs. 3 S. 4 StPO.

Praxishinweis: Zur Vorbereitung der späteren Zwangsvollstreckung kann es sinnvoll sein, im Einzelfall feststellen zu lassen, dass es sich um eine Forderung aus einer vorsätzlich begangenen unerlaubten Handlung handelt. Wird die **Zwangsvollstreckung** wegen einer Forderung aus einer vorsätzlich begangenen unerlaubten Handlung betrieben, so kann das Vollstreckungsgericht auf Antrag des Gläubigers den pfändbaren Teil des Arbeitseinkommens des Schuldners ohne Rücksicht auf die in § 850 c ZPO vorgesehenen Beschränkungen bestimmen;[42] dem Schuldner ist dann nur so viel zu belassen, wie er für seinen notwendigen Unterhalt (§ 850 f Abs. 2 S. 2 ZPO) und zur Erfüllung seiner laufenden gesetzlichen Unterhaltspflichten benötigt. Der Pfändungsfreibetrag kann deshalb sogar im Einzelfall auf Null herabgesetzt werden. Das sind jedenfalls die Regelsätze nach § 28 SGB XII. Eine Pfändung kleiner Teilbeträge hieraus kommt grundsätzlich nicht in Betracht.[43] Eine Ausnahme kann aber dann gelten, wenn der Schädiger in Haft sitzt. Für einen Verurteilten in der Haft ist kein Sozialhilfebedarf zu berücksichtigen, weil er in einer JVA untergebracht ist und dort freie Kost und Logis erhält. Das gilt auf jeden Fall dann, wenn er seinen persönlichen Bedarf aus Arbeitsentgelt (§ 43 Strafvollzugsgesetz) decken kann und er auch ansonsten keine berücksichtigungsfähigen Unterhaltspflichten hat. Dann muss ihm kein pfändbarer Betrag verbleiben.[44]

5. Zeitpunkt der Antragstellung

40 Der Adhäsionsantrag kann **frühestens** mit der Stellung der Strafanzeige und muss **spätestens** vor dem **Schlussvortrag** gestellt werden (§ 404 Abs. 2 StPO). Wenn Hilfsbeweisanträge in den Schlussvorträgen einen Wiedereintritt in die Beweisaufnahme erforderlich machen, kann der Antrag auch dann noch gestellt werden.

41 Der Zeitpunkt der Antragstellung sollte strategisch überlegt sein. Häufiger findet sich in der Fachliteratur die Einschätzung, dass der Antrag frühzeitig gestellt werden sollte.[45] Dies bietet sich vor allem dann an, wenn der Angeklagte geständig ist oder mit einem Geständnis oder mit einem „Deal" zu rechnen ist.

41 BGH v. 11.7.1989, VI ZR 234/88, VersR 1989, 1055.
42 Hierzu siehe Antrag Nr. 4 im Anhang.
43 BGH v. 25.11.2010, VII ZB 111/09, NJW-RR 2011, 706 = MDR 2011, 127 = FamRZ 2011, 208.
44 LG Essen v. 19.7.1993, 11 T 374/93 und v. 29.7.1993, 11 T 376/93; AG Essen v. 4.7.1994, 31 M 3211/91.
45 Burhoff, Rn 74 a.

Es gibt aber Fallkonstellationen, bei welchen die Antragstellung zum Ende der Beweisaufnahme erfolgen sollte. Bei Sexualdelikten bestreitet der Täter die Tat oft. Die Aussagen der Verletzten und des Angeklagten stehen sich gegenüber. Dann kann es ratsam sein, den Antrag erst nach der Zeugenvernehmung des Geschädigten zu stellen, bzw gegen Ende der Beweisaufnahme oder nach Erhalt eines für den Verletzten positiven Glaubhaftigkeitsgutachtens. Gerade bei Sexualdelikten kommt es vor, dass die **Glaubhaftigkeitsgutachten** die Aussage der Verletzten nicht mit der notwendigen diagnostischen Sicherheit als erlebnisbasiert klassifizieren können und der Angeklagte dann freigesprochen wird. Ein zu früh gestellter Adhäsionsantrag birgt die Gefahr, dass der Verletzte mit zusätzlichen Kosten belastet wird, weil das Gericht seine Kostenentscheidung nach § 472 a StPO zu treffen hat. 42

Der Adhäsionsantrag kann auch noch in der **Berufungsinstanz** gestellt werden. 43

6. Der Adhäsionsantrag im Zwischenverfahren

Die Stellung des Adhäsionsantrages im Zwischenverfahren hindert das Gericht nicht, das Verfahren nach §§ 153, 153 a StPO einzustellen. Falls das Verfahren endgültig eingestellt wird, wird der Adhäsionsantrag unzulässig, weil sich dann keine Entscheidung gemäß § 403 StPO im Strafverfahren mehr ergeben kann. 44

III. Die Rechte des Adhäsionsklägers

Der Adhäsionskläger hat im Vergleich zum **Nebenkläger** weniger prozessuale Rechte. Aus diesem Grund sollte geprüft werden, ob ein Nebenklagedelikt vorliegt und ob gegebenfalls die Nebenklage und die Adhäsionsklage zusammen kombiniert werden können. Dadurch hat der Adhäsionskläger mehr prozessuale Rechte und kann besser Einfluss auf das Strafverfahren nehmen. 45

Der Adhäsionskläger hat zwar ein **Anwesenheitsrecht** (§ 404 Abs. 3 S. 2 StPO), aber keine Anwesenheitspflicht. 46

Ferner hat der Adhäsionskläger ein **Anhörungsrecht in der Hauptverhandlung.** Er kann sich in der Hauptverhandlung durch einen Rechtsanwalt vertreten lassen. Der Vorsitzende bestimmt unter Beachtung von §§ 243, 257 StPO, wann dieses Recht ausgeübt werden kann. 47

Der Adhäsionskläger kann **Beweisanträge** sowie Fragen an den Angeklagten, die Zeugen oder Sachverständige (§ 240 StPO) stellen, das Beanstandungsrecht nach § 238 Abs. 2 StPO ausüben und präsente Beweismittel laden. Darüber hinaus hat er das Recht, einen Schlussvortrag zu halten. Diese Rechte beziehen sich auf das Strafverfahren und können insoweit ausgeübt werden, als es dem Adhäsionsantrag dienlich ist.[46] 48

Nach der Rechtsprechung des Bundesverfassungsgerichts[47] ist der Antragsteller im Adhäsionsverfahren ein Rechtsuchender im Sinne der verfassungsgerichtlichen Rechtsprechung, dem die **Ablehnung des gesetzlichen Richters** offen steht, wenn dieser nicht die Gewähr der Unparteilichkeit bietet. Zwar hat der Gesetzgeber ein solches Recht – anders als in § 24 Abs. 3 und § 397 Abs. 1 S. 3 StPO – nicht ausdrücklich normiert. Das Bundesverfassungsgericht geht aber davon aus, dass der Gesetzgeber das Stellen eines Befangenheitsantrags nicht generell ausschließen wollte (vgl BT-Drucks. 15/1976, 15), sondern dass es sich vielmehr um eine planwidrige Regelungslücke handele. 49

Dem Adhäsionskläger stehen zusätzlich die Verletztenrechte der §§ 406 d ff StPO zu. Das Recht auf Akteneinsicht nach § 406 e StPO gehört zu den wichtigsten Rechten. 50

46 Löwe-Rosenberg/Hilger, § 404 StPO Rn 15.
47 BVerfG v. 27.12.2006, 2 BvR 958/06, NJW 2007, 1670.

IV. Prozesskostenhilfe

51 Gemäß § 404 Abs. 5 StPO kann dem Adhäsionskläger Prozesskostenhilfe nach denselben Vorschriften wie in zivilrechtlichen Streitigkeiten bewilligt werden. Dies bedeutet, dass hierfür die **Darlegung der wirtschaftlichen Verhältnisse** notwendig ist.[48]

52 Die Prozesskostenhilfe ist zu versagen, wenn der Antragsteller rechtschutzversichert ist und die Rechtschutzversicherung für das Adhäsionsverfahren **Deckungszusage** erteilt hat.

53 **Beachte:** Allein, dass der Antragsteller nicht über ein eigenes Einkommen verfügt, führt nicht automatisch dazu, dass Prozesskostenhilfe zu bewilligen ist. Denn je nach wirtschaftlicher Lage sind die unterhaltspflichtigen Eltern oder der unterhaltspflichtige Ehegatte verpflichtet, den nötigen Vorschuss aufzubringen, § 1360 a Abs. 4 BGB. Die Eltern schulden in entsprechender Anwendung des § 1360 a Abs. 4 BGB auch ihren volljährigen Kindern einen Prozesskostenvorschuss für die Kosten eines Rechtsstreits in persönlichen Angelegenheiten, wenn die Kinder wegen der Fortdauer ihrer Ausbildung noch keine eigene Lebensstellung erreicht haben.[49]

54 Wird dem Nebenkläger ein Rechtsanwalt als Beistand beigeordnet, erstreckt sich diese **Beiordnung** nicht auf das Adhäsionsverfahren. Um gegenüber der Staatskasse das Adhäsionsverfahren abrechnen zu können, muss der Nebenklagevertreter im Rahmen der Prozesskostenhilfe beigeordnet worden sein.

Praxishinweis: Die Prozesskostenhilfe wird einkommensabhängig gewährt. Sollte der Verletzte aufgrund seiner wirtschaftlichen Verhältnisse keine Prozesskostenhilfe erhalten, kann beim Weißen Ring e.V. Weberstraße 16, 55130 Mainz, ein Antrag auf Übernahme der Rechtsanwaltskosten und Gerichtskosten gestellt werden. Für die Antragstellung beim Weißen Ring ist ein ablehnender PKH-Beschluss notwendige Voraussetzung.

55 Da die Bewilligung der Prozesskostenhilfe nach denselben Vorschriften wie in bürgerlichen Rechtsstreitigkeiten erfolgt (§ 404 Abs. 5 S. 1 StPO), gilt auch § 114 Abs. 1 ZPO. Die beabsichtigte Rechtsverfolgung muss also auch **hinreichende Aussicht auf Erfolg** bieten und darf **nicht mutwillig** erscheinen. Mutwilligkeit im Sinne von § 114 ZPO liegt vor, wenn eine verständige, nicht hilfsbedürftige Partei ihre Rechte nicht in gleicher Weise verfolgen würde. Mutwilligkeit kann weder mit der eröffneten Möglichkeit der Verfolgung der Schadensersatzansprüche im Wege eines Zivilverfahrens, noch mit der Vermögenslosigkeit des Beschuldigten, noch mit den darin begründeten zweifelhaften Vollstreckungsaussichten begründet werden.

56 Die Bewilligung von **Prozesskostenhilfe** wirkt immer **nur für die jeweilige Instanz** (§ 404 Abs. 5 S. 1 StPO iVm § 119 Abs. 1 S. 1 ZPO), so dass in jedem Instanzenzug neu zu beantragen und neu zu entscheiden ist.[50]

57 Die Entscheidung über die Prozesskostenhilfe unterliegt **keiner Anfechtung,** Gleiches gilt auch für die Aufhebung der Bewilligung von Prozesskostenhilfe. Von der Verweisung auf die ZPO sind die Bestimmungen des § 127 Abs. 2, 3 ZPO über Rechtsmittel nicht umfasst. Denn insoweit enthält § 404 Abs. 5 S. 3 Hs 2 StPO für das Strafverfahren eine abschließende Sonderregelung, nach welcher die in Prozesskostenhilfesachen ergehenden Entscheidungen nicht anfechtbar sind.[51]

---

48 BGH v. 10.8.2007, 2 StR 204/07, StV 2008, 235.
49 BGH v. 23.3.2005, XII ZB 13/05, NJW 2005, 1722 = MDR 2005, 929 = FamRZ 2005, 883.
50 BGH v. 13.10.2010, 5 StR 179/10, ASR 2011, 98.
51 OLG Stuttgart v. 13.4.2007, 4 Ws 119/07, NStZ-RR 2007, 254 mwN; OLG Düsseldorf JurBüro 1990, 908; KG Berlin v. 26.10.2010, 4 Ws 146/07.

Beachte: Wenn Prozesskostenhilfe in der Hauptverhandlung beantragt wird und der Adhäsionsantrag nur als Entwurf dem Gericht zugegangen ist, dann muss der Antrag nach der Entscheidung über die Prozesskostenhilfe nochmals in der Hauptverhandlung gestellt werden, damit eine ordnungsgemäße Zustellung vorliegt. Der Rechtsanwalt muss darauf hinwirken, dass eine Entscheidung über den Prozesskostenhilfeantrag erfolgt. 58

Prozesskostenhilfe kann **ausnahmsweise** auch einmal **rückwirkend** bewilligt werden, wenn der Antrag nicht rechtzeitig beschieden worden ist und der Antragsteller mit seinem Antrag bereits alles für die Bewilligung der Prozesskostenhilfe Erforderliche getan hat.[52] 59

V. Antragsrücknahme

Der Antrag kann **ohne die Zustimmung des Angeklagten** bis zum Beginn der Urteilsverkündung zurückgenommen werden (§ 404 Abs. 4 StPO). Die Antragsrücknahme kann auch in der Berufungsinstanz, nicht aber vor dem Revisionsgericht erklärt werden. Die Rücknahme des Antrags entfaltet **keine Sperrwirkung**, was bedeutet, dass der Antrag im selben Strafverfahren sowie in dem Zivilverfahren nochmals gestellt werden kann. 60

VI. Verfahrensgrundsätze

Im Adhäsionsverfahren werden zwar materiellrechtlich zivilrechtliche Ansprüche geltend gemacht. Formellrechtlich werden diese aber im Strafverfahren durchgesetzt, so dass die strafprozessualen Verfahrensregeln – auch zur Beweisaufnahme – gelten, es sei denn, dass auf die ZPO verwiesen wird. Das bedeutet, dass anders als im Zivilverfahren **nicht der Beibringungsgrundsatz** gilt, sondern **Amtsermittlung** (§ 244 Abs. 2 StPO). 61

Aus diesem Grund ist der Adhäsionskläger im Adhäsionsverfahren **Zeuge** und wird **nicht zur Partei.** Auch der Beschuldigte/Angeklagte macht sich durch seine Einlassung freiwillig zum Beweismittel. Schweigt er, so hat dies keinen Beweiswert. Teilweises Schweigen bildet einen negativen Bestandteil seiner Aussage, die in ihrer Gesamtheit der freien richterlichen Beweiswürdigung (§ 261 StPO) unterliegt.[53] 62

Im Strafprozess gilt, dass niemand verpflichtet ist, sich selbst zu belasten, bzw anzuklagen. Dieser Grundsatz ist ein grundrechtsgleiches Recht mit Verfassungsrang (nemo tenetur se ipsum accusare). Ob daraus auch ein Recht zur Lüge des Angeklagten resultiert, ist umstritten; der Streit bleibt aber letztlich im Strafprozess folgenlos. Im Zivilverfahren gelten § 138 Abs. 2 und 3 ZPO, wonach sich der Beklagte über vom Gegner behauptete Tatsachen **vollständig und wahrheitsgemäß erklären muss** und Tatsachen, die er nicht ausdrücklich bestreitet, als zugestanden angesehen werden. 63

Praxishinweis: Die unterschiedlichen Verfahrensgrundsätze können den Gleichlauf der zivilrechtlichen und strafrechtlichen Verteidigungsstrategie des Beschuldigten „aus dem Takt bringen". Aus §§ 136 Abs. 1 S. 2, 243 Abs. 5 S. 1 StPO ist abzuleiten, dass die Wahrheitspflicht der ZPO im Adhäsionsverfahren nicht gelten kann.[54] Wenn der Geschädigte noch vor Beginn des Strafverfahrens eine Schadensersatz- oder Schmerzensgeldklage beim Zivilgericht rechtshängig macht, kann der Angeklagte so in eine „Zwickmühle" gebracht werden. Will der Angeklagte nämlich im späteren Strafverfahren gestehen, dass er die Tat begangen hat, kann er schon aufgrund seiner Wahrheitspflicht den Anspruch im Zivilverfahren nicht aktiv bestreiten. Eine spätere Verfolgung

52 BGH v. 13.10.2010, 5 StR 179/10, ASR 2011, 98; vgl auch BVerfG v. 11.10.1996, 2 BvR 1777/95, NStZ-RR 1997, 69; BGH v. 17.1.1984, IV a ZR 78/83, NJW 1985, 921; Meyer-Goßner, § 397 a StPO Rn 15.
53 BGH v. 3.5.2000, 1 StR 125/00, NStZ 2000, 494.
54 Feigen, 168 ff mwN.

wegen des Verstoßes gegen § 138 ZPO wäre das Risiko. Ein Recht auf Aussetzung des Verfahrens nach § 149 ZPO besteht nach überwiegender Ansicht nicht.[55] Hat der Angeklagte die Tat begangen und will er dies im Strafprozess aktiv oder passiv bestreiten, dann wird er erst recht schweigen, um sich nicht der Verfolgung wegen § 138 ZPO auszusetzen, was ein Versäumnisurteil nach sich zöge. Strafprozessual kommt hinzu, dass § 287 Abs. 1 ZPO anwendbar ist, so dass das Gericht für den Fall, dass unter den Beteiligten streitig ist, ob ein Schaden entstanden ist und wenn ja, in welcher Höhe, das Gericht nach seiner freien Überzeugung entscheiden kann. Schweigt der Angeklagte, kann er die Schadensschätzung nicht durch eigenen Sachvortrag und eigene Beweisanträge zu seinen Gunsten beeinflussen.[56]

VII. Entscheidungsmöglichkeiten des Gerichts

64 Das Gericht kann mit dem Antrag wie folgt verfahren:

- Stattgabe durch „streitiges“ Urteil (ganz oder teilweise oder auch nur dem Grunde nach – § 406 Abs. 1 S. 1 u. 2 StPO)
- Anerkenntnisurteil (ganz oder teilweise – § 406 Abs. 2 StPO)
- Absehen von einer Entscheidung (§ 406 Abs. 1 S. 4 StPO)

1. Stattgebendes Urteil

65 Gemäß § 406 StPO gibt das Gericht dem Antrag in dem **Urteil** statt, in dem der Angeklagte wegen einer Straftat schuldig gesprochen oder gegen ihn eine Maßregel der Besserung und Sicherung angeordnet wurde.

2. Grund- und Teilurteil

66 Im anderen Fall entscheidet das Gericht durch „streitiges Urteil“. Die Entscheidung kann sich auf den **Grund** (Grundurteil § 304 ZPO) oder einen **Teil** (Teilurteil § 301 ZPO) des geltend gemachten Anspruchs beschränken; § 318 ZPO gilt entsprechend, so dass **Bindungswirkung** eintritt. Beim Grundurteil gehören zum Anspruchsgrund alle anspruchsbegründenden Tatsachen, Einreden sowie bestrittene Tatsachen.

67 **Beachte:** Auch im Adhäsionsverfahren gelten die **zivilprozessualen Grundsätze,** so dass ein Grundurteil unzulässig ist, wenn die Sache entscheidungsreif ist. Daher sollte ein Grundurteil nur ausnahmsweise erfolgen, wenn die Sache besondere Schwierigkeiten aufweist.[57]

68 Hierbei sei auf die Entscheidung des Bundesgerichtshofs vom 21.8.2002[58] sowie auf den Beschluss des OLG Karlsruhe vom 26.5.2011[59] zur **Bindungswirkung für die Zivilgerichte** hingewiesen: „Die Berücksichtigung eines **Mitverschuldens** gemäß § 254 BGB durch das Zivilgericht ist regelmäßig gemäß § 406 Abs. 3 S. 1 StPO, § 318 ZPO nicht mehr zulässig, wenn das Strafgericht im rechtskräftig abgeschlossenen Adhäsionsverfahren die Haftung dem Grunde nach bejaht hat und auf die Frage eines mitwirkenden Verschuldens überhaupt nicht eingegangen ist.“

---

55 Wird aber von einer stärker werdenden Auffassung zumindest für Taten bejaht, die das wirtschaftlich hinnehmbare Maß an Risiko für den Beschuldigten überschreiten; vgl Feigen, 170 ff mwN.

56 Feigen, 168 f.

57 Löwe-Rosenberg/Hilger, § 406 StPO Rn 9; BGHSt 47, 378 m. Anm. Groß JR 2003, 258.

58 BGH v. 21.8.2002, 5 StR 291/02, NJW 2002, 3560 = NStZ 2003, 46 = StV 2004, 60.

59 OLG Karlsruhe v. 26.5.2011, 7 W 8/11.

3. Anerkenntnisurteil

69 Nach § 406 Abs. 2 StPO ist ein **Anerkenntnis** – entgegen der früheren herrschenden Meinung – möglich. Voraussetzung für ein Anerkenntnis ist, dass sich ein vermögensrechtlicher Anspruch aus der prozessualen Tat, welche Gegenstand des Verfahrens ist, ableiten lässt.[60]

70 Strittig und bisher noch nicht höchstrichterlich entschieden ist, ob das Gericht an ein abgegebenes Anerkenntnis gebunden ist, wenn es im Übrigen an einer strafrechtlichen Verurteilung fehlt. Das Amtsgericht Tiergarten hat sich in seiner Entscheidung vom 23. März 2011 für ein sog. „isoliertes Anerkenntnisurteil" ausgesprochen.[61] Begründet wird diese Ansicht damit, dass § 406 Abs. 2 StPO lex specialis zu § 406 Abs. I S. 1 und 3 StPO sei.

71 Gegen diese Ansicht spricht, dass § 406 Abs. 2 StPO so auszulegen ist, dass ein Anerkenntnis nur dann ergehen darf, wenn es nicht an § 406 Abs. 1 S. 1 und S. 3 StPO scheitert. Diese Argumentation entspricht dem in § 406 a Abs. 3 StPO festgelegten Grundsatz, dass eine stattgebende Entscheidung im Adhäsionsverfahren aufzuheben ist, wenn der Angeklagte unter Aufhebung der Verurteilung wegen der Straftat, auf welche die Entscheidung über den Antrag gestützt worden ist, weder schuldig gesprochen noch gegen ihn eine Maßregel der Besserung und Sicherung angeordnet wird.[62]

4. Absehen von einer Entscheidung

a) Bei Unzulässigkeit oder Unbegründetheit

72 Gemäß § 406 Abs. 1 S. 3 StPO sieht das Gericht von einer Entscheidung ab, wenn der Antrag **unzulässig ist** oder soweit er **unbegründet erscheint.**

aa) Verfahrenseinstellung

73 Der Adhäsionsantrag kann eine Verfahrenseinstellung nicht verhindern. Sobald ein Verfahren **endgültig eingestellt** ist, wird der Antrag unzulässig, weil keine Entscheidung im Strafverfahren mehr möglich ist. In diesem Fall muss das Gericht eine Entscheidung darüber treffen, dass von einer Entscheidung abgesehen wird, § 406 Abs. 1 S. 3 StPO. Die Kostenentscheidung ist nach § 472 a Abs. 2 S. 2 StPO zu treffen.

74 **Beachte:** Wenn das Verfahren nach § 154 SPO **teilweise eingestellt** wird, kann dies zur Folge haben, dass im Adhäsionsverfahren nicht mehr der gesamte Anspruch geltend gemacht werden kann.

75 Wird ein Verfahren nach § 153 a StPO nur **vorläufig eingestellt**, sieht das Gericht vom Adhäsionsverfahren erst dann ab, wenn eine endgültige Einstellung erfolgt. Wird das Verfahren wieder aufgenommen, entfaltet der Adhäsionsantrag wieder seine Wirkung.

bb) Strafbefehlsverfahren

76 Im Strafbefehlsverfahren ist der Antrag ebenfalls **unzulässig.** Er kann allerdings Wirksamkeit erlangen, wenn der Angeschuldigte Einspruch einlegt oder der Strafrichter wegen des Adhäsionsantrages Bedenken gegen eine Entscheidung ohne Hauptverhandlung hat und nach § 408 Abs. 3 StPO eine Hauptverhandlung anberaumt. Wird der Einspruch gegen den Strafbefehl lediglich auf die Rechtsfolgen beschränkt, führt dies nicht dazu, dass über den Adhäsionsantrag nicht mehr entschieden werden kann. Denn auch eine Beschränkung auf die Rechtsfolgen führt nicht zu einer Beendigung des Strafverfahrens.

---

60 Löwe-Rosenberg/Hilger, § 406 StPO Rn 29.
61 AG Tiergarten v. 23.3.2011, (281 Ds) 34 Js 5355/10 (222/10), NStZ-RR 2010, 383 mwN.
62 Löwe-Rosenberg/Hilger, § 406 StPO Rn 33.

cc) Sicherungsverfahren

77 Das Adhäsionsverfahren im Sicherungsverfahren ist nicht möglich.[63]

dd) Erledigungserklärung

78 Das Adhäsionsverfahren kann durch übereinstimmende Erledigungserklärung der „Parteien" beendet werden. Der Adhäsionsantrag wird damit unbegründet und das Gericht muss von einer Entscheidung absehen.[64]

ee) Rechtsmittelinstanz

79 Wird in der **Rechtsmittelinstanz** die Rechtsfehlerhaftigkeit des Adhäsionsausspruchs festgestellt, so soll in dieser Instanz regelmäßig von einer Entscheidung über die Entschädigung des Verletzten ganz abgesehen werden,[65] es sei denn, im Rahmen der Zubilligung eines Schmerzensgeldes erstreckt sich der Rechtsfehler lediglich auf dessen Bemessung, weshalb die Entscheidung zumindest dem Grunde nach aufrechterhalten bleiben kann,[66] oder nach Zurückverweisung der Sache ist über den strafrechtlichen und den zivilrechtlichen Teil der Sache insgesamt einheitlich neu zu entscheiden.[67]

80 Die **Unbegründetheit** kann sich u.a. daraus ergeben, dass der Angeklagte zwar verurteilt wird, nicht aber wegen der Straftat, aus welcher sich der Adhäsionsanspruch ergibt.

b) Fehlende Eignung zur Erledigung im Strafverfahren

81 Nach § 406 Abs. 1 S. 4, 5 StPO kann das Gericht im Übrigen von einer Entscheidung nur absehen, wenn sich der Antrag auch unter Berücksichtigung der berechtigten Belange des Antragstellers **zur Erledigung im Strafverfahren nicht eignet.** Der Antrag ist insbesondere dann zur Erledigung im Strafverfahren nicht geeignet, wenn seine weitere Prüfung, ob eine Entscheidung nur über den Grund oder einen Teil des Anspruchs in Betracht kommt, das Verfahren erheblich verzögern würde. Dem Gericht obliegt hier ein Ermessen, wobei der Gesetzgeber davon ausgegangen ist, dass der Fall der „Nichteignung" als Ausnahme zu sehen ist.[68] In Wirtschaftsstrafsachen wird das Adhäsionsverfahren wegen des „mitunter existenzgefährdenden Haftungsrisikos für den Verteidiger", wegen der fehlenden Möglichkeit gemäß § 66 ff ZPO einem Dritten den Streit zu verkünden, wegen der Verkürzung des Rechtsmittelweges und wegen des Spannungsverhältnisses zwischen dem strafprozessualen Nemo-tenetur-Grundsatz und der zivilrechtlichen Erklärungs- und Wahrheitspflicht „gänzlich abgelehnt."[69] Das Gericht muss in jedem Fall durch eine Abwägung den Interessen des Verletzten, des Angeklagten sowie dem Interesse des Staates an einer effektiven Strafverfolgung[70] Rechnung tragen.

82 Soweit der Antragsteller den Anspruch auf **Zuerkennung eines Schmerzensgeldes** (§ 253 Abs. 2 BGB) geltend macht, ist das Absehen von einer Entscheidung nur nach § 406 Abs. 1 S. 3 StPO (Unzulässigkeit des Verfahrens oder Unbegründetheit des Anspruchs) zulässig. Die **Prüfung einer Eignung** zur Erledigung im Strafverfahren ist in Schmerzensgeldsachen **unzulässig.**

63 Beck'scher Online Kommentar StPO/Temminger, § 413 Rn 3.
64 Bahnson, 115 f mwN.
65 BGH v. 12.4.1983, 5 Str 169/83 und v. 27.3.1987, 2 StR 106/87, NStZ 1988, 237; v. 3.6.1988, 2StR 244/98, NStZ 1988, 471; v. 30.10.1992, 3 StR 478/92, NStZ 1993, 145; v. 7.7.2010, 2 StR 100/10, NStZ-RR 2010, 344.
66 BGH v. 14.10.1998, 2 StR 436/98, BGHSt 44, 202, 204.
67 BGH v. 23.2.2012, 4 StR 602/11.
68 Löwe-Rosenberg/Hilger, § 406 StPO Rn 21.
69 Feigen, 201 ff.
70 OLG Hamburg v. 29.7.2005, 1 Ws 92/05, NStZ-RR 2006, 347.

Im Fall, dass das Gericht einen Antrag für **unbegründet** erachtet, darf das angerufene Gericht den Antrag nicht zurückweisen. Insoweit ist vielmehr anzusprechen, dass von einer Entscheidung abzusehen ist.[71] 83

c) Hinweispflichten des Gerichts

Wenn das Gericht von einer Entscheidung gemäß § 406 Abs. 5 S. 1 StPO absehen will, dann muss es die Verfahrensbeteiligten frühzeitig darauf hinweisen. 84

Die Gründe, weshalb das Gericht von einer Entscheidung absehen will, sollten auf ihre Richtigkeit überprüft werden. Das Gericht sollte darauf hingewiesen werden, dass das Adhäsionsverfahren der gesetzlich vorgeschriebene Normalfall ist.

VIII. Der Vergleich im Adhäsionsverfahren[72]

Mit der Einführung des § 405 StPO können die Beteiligten im Adhäsionsverfahren einen **Vergleich** schließen. Der Inhalt muss sich auf die Straftat iSd § 264 StPO beziehen. Etwaige Beschränkungen gemäß §§ 154, 154 a StPO stehen dem Abschluss eines Vergleichs nicht entgegen.[73] Der Vergleich kann unabhängig von einer etwaigen strafrechtlichen Verurteilung geschlossen werden. 85

Gemäß § 405 Abs. 1 S. 2 StPO soll das Gericht auf übereinstimmenden Antrag den in S. 1 Genannten einen Vergleichsvorschlag unterbreiten. 86

In dem Vergleich können neben vermögensrechtlichen Ansprüchen auch **andere** Ansprüche, wie zB die Abgabe einer Ehrenerklärung mitverglichen werden.[74] Darüber hinaus kann der Vergleich Abgeltungs- und Ratenzahlungsklauseln sowie Widerrufsmöglichkeiten enthalten. Mit dem Abschluss eines Vergleichs endet die Rechtshängigkeit des Adhäsionsanspruchs, so dass eine Rücknahme des Antrags nicht zu erfolgen hat. 87

Einwände gegen die Rechtswirksamkeit des Vergleichs können gemäß § 405 Abs. 2 StPO vor dem Zivilgericht geltend gemacht werden. Wenn sich die Einwände lediglich auf eine fehlerhafte oder unrichtige Protokollierung beziehen, können diese im Rahmen der Protokollberichtigung nach § 271 StPO berichtigt werden. 88

Die Vollstreckung richtet sich nach den Vorschriften, die für die Vollstreckung und Prozessvergleiche in bürgerlichen Rechtsstreitigkeiten gelten, § 406 b StPO. Nach § 794 Abs. 1 Nr. 1 ZPO ist der Vergleich **Vollstreckungstitel.** 89

IX. Rechtsmittel

Der Adhäsionskläger kann gemäß § 406 a StPO mit der **sofortigen Beschwerde** den Beschluss, mit dem nach § 406 Abs. 5 S. 2 StPO von einer Entscheidung über seinen Adhäsionsantrag abgesehen wurde, angreifen. 90

Die sofortige Beschwerde ist **binnen einer Woche** einzulegen. Eine weitere Zulässigkeitsvoraussetzung ist, dass der Antrag vor Beginn der mündlichen Verhandlung (vgl § 243 Abs. 1. StGB) gestellt wurde und noch keine den Rechtszug abschließende Entscheidung ergangen ist. 91

Beachte: Die Beschwerde ist auch dann unzulässig, wenn der Adhäsionsantrag kurz nach Beginn der Hauptverhandlung gestellt wird, auch dann wenn die Hauptverhandlung mehrere Wochen oder Monate dauert.[75] 92

71 BGH v. 27.1.2005, 1 StR 549/04.
72 Vgl hierzu ausführlich Bahnson, 79 ff mwN.
73 Mayer-Goßner, § 405 StPO Rn 3.
74 Löwe-Rosenberg/Hilger, § 405 StPO Rn 5.
75 Löwe-Rosenberg/Hilger, § 406 a StPO Rn 1.

93 Im Übrigen steht dem Adhäsionskläger kein Rechtmittel gegen die Absehensentscheidung zu. Wenn das Gericht dem Antrag stattgibt, ist der Adhäsionskläger nicht beschwert. Soweit das Gericht von einer Entscheidung absieht, kann der Anspruch im Strafverfahren zB weiter in der Berufungsinstanz oder vor dem Zivilgericht geltend gemacht werden.[76] Die **Absehensentscheidung** erwächst **nicht in Rechtskraft.**[77]

94 Wenn das Gericht dem Adhäsionsantrag stattgibt, hat **der Angeklagte** die Möglichkeit nach § 406 a Abs. 2 StPO die Entscheidung auch ohne den strafrechtlichen Teil des Urteils mit dem sonst zulässigen Rechtsmittel anzufechten. In diesem Falle kann über das Rechtsmittel durch Beschluss in nichtöffentlicher Sitzung entschieden werden. Ist das zulässige Rechtsmittel die Berufung, findet auf Antrag des Angeklagten oder des Adhäsionsklägers eine mündliche Anhörung der Beteiligten statt.

X. Gebühren und Kosten

1. Kostenentscheidung

95 Die Kostenentscheidung richtet sich nach § 472 a StPO. **Obsiegt der Adhäsionskläger vollumfänglich,** hat der Angeklagte auch die dadurch entstandenen besonderen Kosten und die notwendigen Auslagen des Verletzten zu tragen.

96 Wird dagegen dem Antrag des Adhäsionsklägers **nur zum Teil entsprochen** (Grundurteil, Teilurteil oder Verzicht des Gerichts auf eine Entscheidung), richtet sich die Kostenentscheidung nach § 472 a II StPO. Die gerichtliche Kostenentscheidung ist nicht anfechtbar (§§ 406 a Abs. 2. iVm 464 Abs. 3 S. 1 StPO).[78]

2. Rechtsanwaltskosten

a) Gebührentatbestände

97 Die Gebührentatbestände im Adhäsionsverfahren richten sich erstinstanzlich nach der **Verfahrensgebühr** Nr. 4143 VV RVG und zweitinstanzlich nach Nr. 4144 VV RVG. Mit diesen Gebühren sind somit sämtliche Tätigkeiten des Rechtsanwalts ab Auftragserteilung abgegolten.

98 **Beachte:** Im Adhäsionsverfahren kann neben der Verfahrensgebühr auch die **Einigungsgebühr** nach Nr. 1000 ff VV RVG und **die Erhöhungsgebühr** nach Nr. 1008 VV RVG entstehen, wenn der Anwalt an einer Einigung zwischen dem Angeklagten und dem Adhäsionskläger mitwirkt.

99 Für die Tätigkeit des Rechtsanwalts außerhalb des „erstinstanzlichen Verfahrens“ fällt eine **Geschäftsgebühr** nach Nr. 2300 VV RVG an. Anders als im Zivilverfahren ist die Anrechnung der Geschäftsgebühr Nr. 2300 VV RVG auf die mit dem Betreiben des Adhäsionsverfahrens verdiente Gebühr nach Nr. 4143 VV RVG nicht vorgesehen.

Praxishinweis: Für das Entstehen der Gebühr nach Nr. 4143 VV RVG genügt es, wenn ein vermögensrechtlicher Anspruch im Strafverfahren miterledigt wird. Das Entstehen der Gebühr nach Nr. 4243 VV RVG ist nicht von einem förmlichen Antrag nach § 406 Abs. 1 StPO abhängig.[79]

b) Anrechnung

100 Wenn dem Adhäsionsverfahren noch ein weiteres zivilrechtliches Verfahren folgt, dann muss auf die Verfahrensgebühr im Zivilverfahren nach Abs. 2 der Nr. 4143 VV RVG

76 Löwe-Rosenberg/Hilger, § 406 a StPO Rn 3.
77 KG v. 7.3.2007, 4 Ws 22/07, NStZ-RR 2007, 280.
78 BGH v. 18.12.2007, 5 StR 578/07.
79 LG Braunschweig v. 8.3.2012, 5 Qs 39/12.

eine **Anrechnung der Verfahrensgebühr** des Adhäsionsverfahrens zu einem Drittel erfolgen. Der Rechtsanwalt ist nur unter folgenden Voraussetzungen verpflichtet, die Verfahrensgebühr anzurechnen:[80]

- Sowohl im Adhäsionsverfahren als auch im Zivilverfahren muss derselbe Rechtsanwalt tätig werden.
- Lediglich die Gebühren der ersten Instanz werden angerechnet und nicht die der zweiten Instanz.
- Eine Anrechnung erfolgt nur auf die Verfahrensgebühr und nicht auf die Terminsgebühr.
- Die Anrechnung erfolgt nur insoweit zu einem Drittel, wenn die Verfahren identisch sind.

c) Gegenüberstellung der Gebühren im Adhäsionsverfahren/Zivilverfahren

Für den Mandanten wird es bei seiner Entscheidung, ob er sich für ein Adhäsionsverfahren oder ein Zivilverfahren entscheidet, auch darauf ankommen, welche **Rechtsanwaltskosten** für die jeweilige Verfahrensart entstehen. Aus der nachfolgenden Gebührengegenüberstellung wird ersichtlich, dass das Adhäsionsverfahren in der Regel für den Mandanten kostengünstiger sein dürfte. 101

Haftungsfalle: Um sich später keiner Regressansprüche des Mandanten auszusetzen, muss der Anwalt über die anzufallenden Kosten für beide Verfahrensarten aufklären. 102

Adhäsionsverfahren (Streitwert 5.000 EUR)	
2,0 Verfahrensgebühr Nr. 4143 VV RVG	602,00 EUR
Post- und Telekommunikationsauslagenpauschale	20,00 EUR
Zwischensumme – netto –	622,00 EUR
19 % Umsatzsteuer	118,18 EUR
Gesamtkosten	**740,18 EUR**
Zivilverfahren (Streitwert 5.000 EUR)	
1,3 Verfahrensgebühr Nr. 3100 VV RVG	391,30 EUR
1,2 Terminsgebühr Nr. 3102 VV RVG	361,20 EUR
Post- und Telekommunikationsauslagenpauschale	20,00 EUR
Zwischensumme – netto –	772,30 EUR
19 % Umsatzsteuer	146,74 EUR
Gesamtkosten	**919,04 EUR**

Aber beachte: Soweit wegen desselben Gegenstands eine Geschäftsgebühr nach den Nummern 2300 bis 2303 entstanden ist, wird diese Gebühr zur Hälfte, jedoch höchstens mit einem Gebührensatz von 0,75, auf die Verfahrensgebühr des gerichtlichen Verfahrens angerechnet. 103

XI. Exkurs: Rückgewinnungshilfe (§§ 111 b Abs. 5, 111 i StPO)

Ein Geschädigter kann – unabhängig vom Adhäsionsverfahren – aber auch und gerade zur **Sicherung und Durchsetzung seiner Ansprüche** bereits während des Ermittlungsverfahrens aktiv tätig werden. Dazu bietet das Strafprozessrecht mit § 111 b Abs. 5 StPO die Maßnahmen der sog. **Rückgewinnungshilfe** an. Sie stellen eine **vorläufige Sicherung der Ansprüche des Geschädigten** dar. 104

80 Scheungrab, RVG professionell 2012, 138 f.

105 **Beachte:** Die Anwendung steht im pflichtgemäßen Ermessen der insoweit zuständigen Behörde.[81] Sie muss daher ggf aktiv angeregt werden, denn sie erfolgt nicht automatisch.

106 Die Maßnahmen der Rückgewinnungshilfe sind systematisch an die strafrechtlichen Regeln zur Gewinnabschöpfung durch Verfall und Einziehung (§§ 73 ff StGB) angebunden. Das macht sie schwer verständlich und handhabbar. Die **Sicherung des Verfalls** erfolgt strafprozessual grundsätzlich durch die §§ 111 b ff StPO. Gegenstände können durch **Beschlagnahme** nach § 111 c StPO sichergestellt werden, wenn Gründe für die Annahme vorhanden sind, dass die Voraussetzungen für ihren Verfall oder ihre Einziehung vorliegen. Sind Gründe für die Annahme vorhanden, dass die Voraussetzungen des Verfalls von Wertersatz oder der Einziehung von Wertersatz vorliegen, kann zu deren Sicherung nach § 111 d StPO der **dingliche Arrest** angeordnet werden.

107 Entscheidend für den Geschädigten ist, dass Beschlagnahme und dinglicher Arrest nach § 111 b Abs. 5 StPO entsprechend anzuwenden sind, wenn der Verfall nur deshalb nicht angeordnet wird, weil dem **Verletzten** aus der Tat **ein Anspruch erwachsen ist** (Rückgewinnungshilfe).

108 Diese Regelung versteht sich vor folgender gesetzlicher Zielsetzung und Ausgestaltung: „Der Gesetzgeber sieht in einem deliktischen Vermögenserwerb eine korrekturbedürftige Störung der Rechtsordnung, die die Strafgerichte im Wege der **Gewinnabschöpfung** beseitigen sollen. Er weist dem Verfallrecht der §§ 73 ff StGB die Aufgabe zu, einen rechtswidrigen Zustand durch ordnenden Zugriff von hoher Hand zu beenden." [82]

109 § 73 Abs. 1 StGB bestimmt deshalb:

> **Ist eine rechtswidrige Tat begangen worden und hat der Täter oder Teilnehmer für die Tat oder aus ihr etwas erlangt, so ordnet das Gericht dessen Verfall an. Dies gilt nicht, soweit dem Verletzten aus der Tat ein Anspruch erwachsen ist, dessen Erfüllung dem Täter oder Teilnehmer den Wert des aus der Tat Erlangten entziehen würde.**

110 Erlangt sind alle Vermögenswerte, die dem Täter oder Teilnehmer aufgrund der Tatbegehung in irgendeiner Phase des Tatablaufs[83] zufließen. **„Aus der Tat"** sind diejenigen Vermögenswerte erlangt, die dem Täter oder Teilnehmer unmittelbar aus der Verwirklichung des Tatbestandes selbst in irgendeiner Phase des Tatablaufs zugeflossen sind, insbesondere also die Beute. Um Vorteile **„für die Tat"** handelt es sich demgegenüber, wenn die Vermögenswerte als Gegenleistung für sein rechtswidriges Tun gewährt werden, etwa wenn ein Lohn für die Tatbegehung gezahlt wird.[84]

111 Der Verfall ist nach § 73 Abs. 2 S. 2 StGB gegebenenfalls auch auf die **Surrogate** des Erlangten zu erstrecken. Soweit ein Zugriff auf das unmittelbar Erlangte nicht (mehr) möglich ist und von einem Verfall eines Ersatzgegenstandes gemäß § 73 Abs. 2 S. 2 StGB abgesehen wird, ist nach § 73 a S. 1 StGB der Verfall eines Geldbetrages anzuordnen, der dem Wert des Erlangten entspricht (**Wertersatzverfall**). Damit soll verhindert werden, dass erlangte Vermögensvorteile veräußert oder verbraucht werden, um so dem Verfall zu entgehen. Den Umfang und den Wert kann das Gericht schätzen, § 73 b StGB.

112 Nach § 73 d StGB ist auch ein **sog. erweiterter Verfall** zulässig. Bei der Anordnung des Verfalls nach § 73 StGB muss die Tat, für die oder aus der etwas erlangt worden ist, Gegenstand der Verurteilung sein.[85] Findet der erweiterte Verfall Anwendung, weil der

81 Vgl ausführlich Opferschutzbericht NRW 2012 – www. justiz.nrw.de.
82 BVerfG v. 14.1.2004, 2 BvR 564/95, NJW 2004, 2073.
83 Vgl BGH v. 19.11.1993, 2 StR 468/93, NStZ 1994, 124.
84 BGH v. 9.11.2010, 4 StR 447/10, NStZ 2011, 229.
85 Vgl BGH v. 20.4.2010, 4 StR 119/10, NStZ-RR 2010, 255.

Angeklagte wegen einer Tat verurteilt wird, für die das Gesetz auf die Vorschrift des § 73 d StGB verweist, erstreckt sich der Verfall auf Vermögensgegenstände des Angeklagten, die unmittelbar für oder aus rechtswidrigen Taten erlangt worden sind, ohne dass diese Taten im Einzelnen festgestellt werden müssen.[86] Der erweiterte Verfall kann schon dann angeordnet werden, wenn nur die Umstände die Annahme rechtfertigen – dazu genügt eine konkrete Wahrscheinlichkeit –, dass der Täter oder Teilnehmer die betreffenden Gegenstände aus einer oder für eine rechtswidrige Tat erlangt hat.

Gemäß § 73 Abs. 1 S. 2 StGB kann das Gericht weder den Verfall des aus einer Straftat Erlangten noch den Verfall von Wertersatz, der dem Wert des aus einer Straftat Erlangten entspricht, anordnen, soweit **dem Verletzten aus der Tat ein Anspruch erwachsen** ist, dessen Erfüllung dem Täter oder Teilnehmer den Wert des aus der Tat Erlangten entziehen würde. Damit soll die Erfüllung des Ausgleichsanspruches gewährleistet und zugleich sichergestellt werden, dass der Täter nicht zweimal zahlen muss.[87] Das „für die Tat" Erlangte unterliegt dem Verfall hingegen ohne Rücksicht auf Ansprüche Verletzter.[88] 113

Zu den **Ansprüchen** im Sinne von § 73 Abs. 1 S. 2 StGB, die **„aus der Tat erwachsen"** sind, gehören diejenigen Ansprüche, die erst aufgrund des der Straftat zugrunde liegenden Geschehens zur Entstehung gelangen, also insbesondere **Schadensersatz- und Herausgabeansprüche**, mit denen „durch die Straftat verlorene Vermögenswerte zurückzuholen" sind.[89] Dazu gehören auch Schmerzensgeldansprüche.[90] 114

Wurden die Ansprüche des Geschädigten durch Beschlagnahme oder dinglichen Arrest nach § 111 b Abs. 5 StPO gesichert, so können die Wirkungen dieser Maßnahmen im Opferinteresse längere Zeit aufrechterhalten bleiben. § 111 i Abs. 3 StPO bestimmt, dass Beschlagnahme und dinglicher Arrest unter den Voraussetzungen des § 111 i Abs. 2 StPO für die Dauer von drei Jahren aufrechterhalten werden. 115

§ 111 i Abs. 2 StPO bestimmt:

Hat das Gericht lediglich deshalb nicht auf Verfall erkannt, weil Ansprüche eines Verletzten im Sinne des § 73 Abs. 1 S. 2 des Strafgesetzbuchs entgegenstehen, kann es dies im Urteil feststellen. In diesem Fall hat es das Erlangte zu bezeichnen. Liegen insoweit die Voraussetzungen des § 73 a des Strafgesetzbuchs vor, stellt es im Urteil den Geldbetrag fest, der dem Wert des Erlangten entspricht. Soweit

1. der Verletzte bereits im Wege der Zwangsvollstreckung oder der Arrestvollziehung verfügt hat,
2. der Verletzte nachweislich aus Vermögen befriedigt wurde, das nicht beschlagnahmt oder im Wege der Arrestvollziehung gepfändet worden ist, oder
3. dem Verletzten die erlangte Sache nach § 111 k herausgegeben worden ist,

ist dies im Rahmen der nach den Sätzen 2 und 3 zu treffenden Feststellungen in Abzug zu bringen.

Soweit der Verletzte innerhalb der Frist nachweislich aus Vermögen befriedigt wird, das nicht beschlagnahmt oder im Wege der Arrestvollziehung gepfändet worden ist, hebt das Gericht die Beschlagnahme (§ 111 c) oder den dinglichen Arrest (§ 111 d) auf Antrag des Betroffenen auf. Die Anordnung nach § 111 i Abs. 3 StPO sowie der Eintritt der Rechtskraft sind dem durch die Tat Verletzten unverzüglich durch das Gericht mitzuteilen. Die Mitteilung ist zu verbinden mit dem Hinweis auf die in Abs. 5 genannten 116

86 BGH v. 23.5.2012, 4 StR 76/12, NStZ-RR 2012, 312.
87 BGH v. 11.5.2001, 3 StR 549/00, NJW 2001, 2560.
88 BGH v. 9.11.2010, 4 StR 447/10, NStZ 2011, 229.
89 BGH v. 28.11.2005, 4 StR 371/00.
90 Solche Ansprüche können sich zB auch aus dirigierender Zuhälterei gemäß § 823 Abs. 2 BGB iVm § 181 a Abs. 1 S. 2 StGB ergeben. Betroffene Prostituierte können Schmerzensgeld oder rechtswidrige Einbußen ihres jedenfalls auch aus den Prostitutionserlösen bestehenden Vermögens im Wege eines Schadensersatzanspruches geltend machen. Vgl. BGH v. 17.3.2004, 2 StR 474/03; BGH v. 2.7.2003, 5 StR 182/03.

Folgen und auf die Möglichkeit, Ansprüche im Wege der Zwangsvollstreckung oder Arrestvollziehung durchzusetzen. Die Mitteilung kann durch einmalige Bekanntmachung im Bundesanzeiger erfolgen, wenn eine Mitteilung gegenüber jedem einzelnen Verletzten mit unverhältnismäßigem Aufwand verbunden wäre oder wenn zu vermuten ist, dass noch unbekannten Verletzten aus der Tat Ansprüche erwachsen sind. Zusätzlich kann die Mitteilung auch in anderer geeigneter Weise veröffentlicht werden. Personendaten dürfen nur veröffentlicht werden, soweit ihre Angabe unerlässlich ist, um den Verletzten zur Durchsetzung ihrer Ansprüche den Zugriff auf die gesicherten Vermögenswerte zu ermöglichen.

117 Erst mit Ablauf der Frist erwirbt der Staat die Vermögenswerte entsprechend § 73 e Abs. 1 StGB und das Verwertungsrecht, soweit nicht

1. der Verletzte zwischenzeitlich wegen seiner Ansprüche im Wege der Zwangsvollstreckung oder der Arrestvollziehung verfügt hat,
2. der Verletzte nachweislich aus Vermögen befriedigt worden ist, das nicht beschlagnahmt oder im Wege der Arrestvollziehung gepfändet worden war,
3. zwischenzeitlich Sachen nach § 111 k an den Verletzten herausgegeben oder hinterlegt worden sind oder
4. Sachen nach § 111 k an den Verletzten herauszugeben gewesen wären und dieser die Herausgabe vor Ablauf der in Absatz 3 genannten Frist beantragt hat.

118 Damit wird **dem Geschädigten** letztlich ein **Vorsprung zur Sicherung seiner Rechte** eingeräumt, um die er sich aber nach der Rechtsprechung des Bundesverfassungsgerichtes aktiv – zB auch durch Nachfrage bei den Ermittlungsbehörden – selbst kümmern muss.[91]

XII. Vollstreckbarkeit

119 Nach § 406 Abs. 3 StPO steht die Entscheidung über den Antrag einem in einem bürgerlichen Rechtsstreit ergangenen Urteil gleich. Das Gericht muss dazu die Entscheidung für vorläufig vollstreckbar erklären. Die Regeln über die **vorläufige Vollstreckbarkeit** mit oder ohne Sicherheitsleistung, Abwendungsbefugnisse und Schutzanträge nach §§ 708–712 ZPO gelten entsprechend.

120 Die **Vollstreckung der Adhäsionsentscheidung** richtet sich nach den Vorschriften, die für die Vollstreckung von Urteilen und Prozessvergleichen in bürgerlichen Rechtsstreitigkeiten gelten (§ 406 b StPO). Es bedarf einer vollstreckbaren Ausfertigung des Titels. **Titel, Klausel, Zustellung** sind daher die üblichen und zwingenden Voraussetzungen. Die vollstreckbare Ausfertigung wird vom Urkundsbeamten des Strafgerichts erteilt (§§ 724 Abs. 2, 795 ZPO). Für die Klage auf Erteilung der Vollstreckungsklausel (§ 731 ZPO), die Vollstreckungsabwehrklage (§ 767 ZPO), die Klage gegen die Vollstreckungsklausel (§ 768 ZPO) und die Maßnahmen des Prozessgerichtes nach §§ 887–890 ZPO so wie die Abänderungsklage nach § 323 ZPO ist das Zivilgericht zuständig, in dessen Bezirk das Strafgericht des ersten Rechtszugs seinen Sitz hatte.

Praxishinweis: Es lohnt die Beschäftigung mit den Zwangsvollstreckungsregeln der ZPO. Dazu gehören das **Pfändungsprivileg** aus § 850 f Abs. 2 ZPO und die **Zusammenrechnungsregelung** des § 850 e ZPO.[92] Ein Schuldner, der mehrere Einkünfte bezieht, zB auch aus unterschiedlichen Einkunftsarten wie Arbeitseinkommen, Sozial- oder Naturalleistungen, wird ungerechtfertigt geschützt, wenn man die unterschiedlichen Einkünfte jeweils gesondert den Pfändungsfreigrenzen gemäß § 850 c ZPO unterwirft. Auf

---

91 BVerfG v. 11.5.2005, 2 BvR 245/05.
92 Vgl Antrag Nr. 5 im Anhang.

Antrag des Gläubigers kann daher eine **Zusammenrechnung aller Einkünfte des Schuldners** durch das Gericht nach § 850 e Nr. 2 ZPO angeordnet werden. Die Zusammenrechnung bewirkt, dass der Schuldner für seine gesamten Einkünfte nur einen einzigen Pfändungsfreibetrag nach § 850 c ZPO in Anspruch nehmen kann.

XIII. Der Schmerzensgeldanspruch

Unter Hinweis auf den Oetker-Prozess, in dem in den 1980er Jahren neben 21 Millio- 121
nen DM Lösegeldsumme auch Schmerzensgeld geltend gemacht wurde, wurde das Adhäsionsverfahren schon zu Zeiten, als es noch als „totes" Recht galt,[93] als besonders geeignet für **Schmerzensgeldansprüche** angesehen. Die Geltendmachung von Schmerzensgeldansprüchen im Adhäsionsverfahren hat zwischenzeitlich eine weitere Aufwertung und damit eine bevorzugte Behandlung erfahren. Nach § 406 Abs. 1 S. 6 StPO ist ein **Absehen vom Adhäsionsverfahren** nur dann zulässig, wenn der Antrag unzulässig ist oder soweit er unbegründet erscheint. Der Antrag auf Schmerzensgeld im Rahmen des Adhäsionsverfahrens kann zB dann unzulässig sein, wenn es im Rechtsmittelverfahren dazu kommt, dass lediglich der Anspruch über den Schmerzensgeldanspruch aufgehoben wird. Eine Zurückverweisung allein des Anschlussverfahrens kommt nicht in Betracht.[94]

Unterhalb der Schwelle von Unzulässigkeit und scheinbarer Unbegründetheit muss das 122
angerufene Gericht entscheiden. Diese bevorzugte Behandlung gegenüber anderen Ansprüchen versteht sich vor dem Hintergrund, dass der Gesetzgeber mit den stetigen Reformbemühungen der vergangenen Jahre die Durchführung des **Adhäsionsverfahrens** zum **Regelfall der Durchsetzung zivilrechtlicher Ansprüche** machen wollte.[95] Der Wertung des Gesetzgebers folgend wird deshalb im Rahmen dieses Opferrechtebuches darauf verzichtet, ein eigenes Kapitel über die Geltendmachung zivilrechtlicher Schadensersatz- oder Schmerzensgeldansprüche Betroffener aufzunehmen. Nachfolgend sollen lediglich Eckpunkte zum Anspruch auf Schmerzensgeld dargestellt werden.

Die vorsätzliche oder fahrlässige Verletzung besonderer Rechtsgüter wie Körper, Ge- 123
sundheit, Freiheit, sexuelles Selbstbestimmungsrecht, allgemeines Persönlichkeitsrecht, etc. geben dem Opfer nach §§ 823 ff BGB einen Anspruch auf **Ersatz seines Schadens.** Der Verlust an Lebensfreude durch Körperverletzung, Gesundheitsschädigung und Freiheitsberaubung, etc., ist ein **immaterieller Schaden.** Nach § 253 Abs. 2 BGB kann auch für einen Schaden, der kein Vermögensschaden ist, eine „billige" Entschädigung in Geld verlangt werden. Dieser Anspruch kann im Adhäsionsverfahren geltend gemacht werden. Da die Schmerzensgeldforderung auf Zahlung einer Geldsumme gerichtet ist, ist sie **grundsätzlich teilbar** und kann in abgrenzbaren Teilen geltend gemacht werden.

Es gilt der **Grundsatz der Einheitlichkeit** des Schmerzensgeldes. Die Höhe des dem Ge- 124
schädigten zustehenden Schmerzensgeldes ist aufgrund einer ganzheitlichen Betrachtung der den Schadensfall prägenden Umstände unter Einbeziehung der absehbaren künftigen Entwicklung des Schadensbildes zu bemessen.[96] Die mit der Verletzung verbundene Lebensbeeinträchtigung hat bei der Bemessung des Schmerzensgeldes im Verhältnis zu den anderen zu berücksichtigenden Umständen stets Priorität, weil die Heftigkeit und die Dauer der Schmerzen und Leiden ausschlaggebend sind für den angerichteten imma-

93 Granderath, Opferschutz – Totes Recht, NStZ 1984, 400.
94 BGH v. 15.4.1980, 5 StR 115/80; v. 12.4.1983, 5 StR 169/83; v. 27.3.1987, 2 StR 106/87; v. 14.12.2011, 5 StR 471/11.
95 BT-Drucks. 15/1976, 16; Protokoll der 71. Sitzung des Deutschen Bundestages v. 5.11.2003, 6082 A; Protokoll der 75. Sitzung des Deutschen Bundestages v. 13.11.2003, 6470 B; Protokoll der 94. Sitzung des Deutschen Bundestages v. 4.3.2004, 8401 B, 8403 C, 8406 B.
96 BGH v. 20.1.2004, VI ZR 70/03, VersR 2004, 1334.

teriellen Schaden. Ein Rangverhältnis der zu berücksichtigenden Umstände im Übrigen lässt nicht allgemein aufstellen, weil diese Umstände ihr Maß und Gewicht für die vorzunehmende Ausmessung der billigen Entschädigung erst durch ihr Zusammenwirken im Einzelfall erhalten.[97]

125 Mit einer **unbeschränkten Klage** werden nicht nur alle bereits eingetretenen, sondern auch alle erkennbaren und objektiv vorhersehbaren künftigen unfallbedingten Verletzungsfolgen abgegolten. Nicht erfasst werden solche Verletzungsfolgen, die im Zeitpunkt der letzten mündlichen Verhandlung noch nicht eingetreten waren und deren Eintritt **objektiv nicht vorhersehbar** war, dh mit denen nicht oder nicht ernstlich zu rechnen war. In einem solchen Fall kann der Geschädigte weitere Ansprüche geltend machen, wenn später Schäden auftreten, die vom Streit- und Entscheidungsgegenstand des vorausgegangenen Schmerzensgeldprozesses nicht erfasst sind und deren Geltendmachung daher dessen Rechtskraft nicht entgegensteht.[98]

1. Kapitalbetrag und Kapitalrente

126 Schmerzensgeld kann in Form eines **Kapitalbetrages** oder einer **Kapitalrente** zuerkannt werden. Es kann auch beides nebeneinander ausgeurteilt werden. Kapitalbetrag und -rente müssen dann aber aufeinander abgestimmt sein und in einem ausgewogenen Verhältnis zueinander stehen. In der Rechtsprechung ist anerkannt, dass bei einer Gesamtentschädigung aus Schmerzensgeldkapital und -rente der monatliche Rentenbetrag so bemessen sein muss, dass er – kapitalisiert – zusammen mit dem zuerkannten Kapitalbetrag einen Gesamtbetrag ergibt, der in seiner Größenordnung einem ausschließlich in Kapitalform zuerkannten Betrag zumindest annähernd entspricht.[99]

127 Die **Schmerzensgeldrente** setzt einen Antrag des Geschädigten voraus. Es ist nicht zulässig, dem Geschädigten eine Schmerzensgeldrente zu oktroyieren.[100]

128 Schmerzensgeldrenten werden bei schweren Dauerschäden zuerkannt, bei denen die Beeinträchtigung der Lebensführung sich dauerhaft fortsetzt.[101] Eine Erhöhung des dem Grunde nach angemessenen Gesamtbetrages findet nicht statt.

2. Die Höhe des Schmerzensgeldes

129 Die Höhe des Schmerzensgeldes wird maßgeblich von seiner Funktion bestimmt. Schmerzensgeld hat **Doppelfunktion.** Es soll den Ausgleich für Schäden nicht vermögensrechtlicher Art bilden und andererseits eine Genugtuung für das darstellen, was der Schädiger dem Geschädigten zugefügt hat.[102] Bei der Bemessung des Schmerzensgeldes steht dem Tatrichter grundsätzlich ein Ermessen zu, das sich aber an der Funktion des Schmerzensgeldanspruches zu orientieren hat.

a) Ausgleichs- und Genugtuungsfunktion

130 Argumente für die **Höhe des Schmerzensgeldes in Bezug auf die Ausgleichsfunktion** sind Umfang und Schwere der Beeinträchtigung (Größe, Heftigkeit und Dauer der Schmerzen). Da Schmerzen nicht objektiv messbar sind, müssen sie durch medizinische Anknüpfungstatsachen objektiviert werden. Dazu gehört die Anzahl der Verletzungen und ihre Behandlungen, die Anzahl und Dauer der Krankenhausaufenthalte, der Reha-

---

97 BGH v. 6.7.1955, GSZ 1/55, BGHZ 18, 149, 157 ff.
98 BGH v. 20.1.2004, VI ZR 70/03, VersR 2004, 1334.
99 BGH v. 8.6.1976, VI ZR 216/74, VersR 1976, 967; OLG Hamm v. 9.2.1989, 6 U 451/86, VersR 1990, 865; OLG München v. 24.7.1990, 5 U 5894/89, VersR 1992, 508; OLG Düsseldorf v. 22.5.1995, 1 U 28/94, VersR 1997, 65; OLG Hamm v. 12.9.2003, 9 U 50/99, jeweils mwN.
100 OLG Schleswig v. 9.1.1991, 9 U 40/89, NJW-RR 1992, 95.
101 BGH v. 15.3.1994, VI ZR 44/93, NJW 1994, 1592.
102 BGH v. 6.7.1955, GSZ 1/55, VersR 1955, 615.

bilitationsmaßnahmen, der Arbeitsunfähigkeitszeiten und der Verbleib eines evtl **Dauerschadens.**

Auch **psychische Ein- und Auswirkungen** sind zu berücksichtigen. Allerdings sind die primären psychischen Beeinträchtigungen wie Trauer, Depressionen, Antriebsschwäche, etc., denen keine unmittelbare Verletzungshandlung des Schädigers gegen den Betroffenen zu Grunde liegt und denen es deshalb an einer pathologisch nachweisbaren Ursache mangelt, nicht von der Entschädigung umfasst. Nur wenn sich eine tatsächliche **Gesundheitsverletzung** zB in der Form eines Schockschadens feststellen lässt, kommt Schmerzensgeld in Betracht.[103] 131

Zur Befriedung der **Ausgleichsfunktion** des Schmerzensgeldes kann auch gehören, dass ein **verzögertes Schadensregulierungsverhalten** zu einer Erhöhung des Schmerzensgeldanspruches führen kann. 132

Im Hinblick auf die **Genugtuungsfunktion** führt die Verurteilung des Angeklagten nicht zur Verminderung des Schmerzensgeldanspruchs. Wegen der Genugtuungsfunktion geht der Schmerzensgeldanspruch auch niemals auf Sozialversicherungsträger über. Im Rahmen der Genugtuungsfunktion sind maßgebliche Kriterien: 133

- Der Grad des Verschuldens.
- Die wirtschaftlichen Verhältnisse, insbesondere die Vermögensverhältnisse der Beteiligten.
- Das Mitverschulden des Geschädigten, das aber nur ein Faktor unter vielen ist.

Im Adhäsionsausspruch ist es regelmäßig erforderlich, die **persönlichen und wirtschaftlichen Verhältnisse des Angeklagten und des Adhäsionsklägers** zu erörtern.[104] Dazu sollte dann auch von Seiten des Adhäsionsklägers ausreichend Stoff in das Verfahren eingebracht werden, damit sich im Einzelfall eine ausreichende Begründung zumindest aus dem Gesamtzusammenhang der Urteilsgründe ergeben kann. Ohne die Feststellung der wirtschaftlichen Verhältnisse insbesondere des Angeklagten besteht die Gefahr in der Rechtsmittelinstanz zu scheitern, da sich nach der Rechtsprechung des BGH dann die Möglichkeit nicht ausschließen lässt, dass die Verpflichtung zur Zahlung des zuerkannten Betrages für den Angeklagten eine unbillige Härte bedeutet.[105] 134

Nach der Rechtsprechung des BGH kann auch zu berücksichtigen sein, ob das Schmerzensgeld von einer Versicherung bezahlt wird. Dann sind die Belange der Solidargemeinschaft der Versicherten einzubeziehen. Diese Schranke zur Begrenzung des Schmerzensgeldes ist bei Gewalt- und Sexualstraftaten aber nicht einschlägig. Für die Belange der Versichertengemeinschaft sind die Überlegungen zutreffend, nicht aber bei Verkehrsunfällen und anderen Haftpflichtschäden. Hier geht es um Straftaten und ein künstliches Niedrighalten des Schmerzensgeldes ist unangebracht. 135

Aus den genannten Kriterien ergibt sich die absolute Höhe des Schmerzensgeldanspruches alleine aber immer noch nicht. **Orientierungsrahmen** für den Tatrichter bilden die Urteile für vergleichbare Fälle,[106] so wie sie in den diversen **Schmerzensgeldtabellen** zusammen gestellt sind. 136

Für den Bereich der Sexualdelikte und anderer Straftaten sind zB eine Vielzahl von Entscheidungen in der ADAC-Schmerzensgeldtabelle zusammengetragen, anhand derer eine Grundorientierung durch Vergleichsfällen möglich ist. 137

103 Hacks/Ring/Böhm, Schmerzensgeldbeträge 2011, 29. Aufl., Bonn 2010, 11.
104 Vgl BGH v. 7.7.2010, 2 StR 100/10, NSTZ-RR 2010, 344.
105 BGH v. 23.2.2012, 4 StR 602/11.
106 BGH v. 18.11.1969, VI ZR 81/68,VersR 1970, 134; v. 19.12.1969, VI ZR 111/68, VersR 1970, 282; v. 8.6.1976, VI ZR 216/74, VersR 1976, 967.

b) Schmerzensgeldtabelle zu Vergewaltigung und sexuellem Missbrauch[107]

138

Schmerzensgeldbetrag	Verletzung	Aktenzeichen
1.500,00 EUR	Sexuelle Nötigung und vorsätzliche Körperverletzung an einer Frau.	AG Offenburg, 1.4.2008; 6 LS 14 Js 16344/07; Adhäsionsurteil
1.500,00 EUR + immat. Vorbehalt	Sexueller Missbrauch durch Griff an das Gesäß und die Hose eines 8-jährigen Mädchens durch den besten Freund der Familie. Eine psychotherapeutische Behandlung des Mädchens war notwendig.	LG Bonn, 4.3.2008; 3 O 334/06
1.550,00 EUR	Sexuelle Handlung durch Berührung der Scheide eines 7-jährigen Mädchens durch den Vater der Freundin.	AG Hamburg-Altona, 25.3.2003; 318 B C 156/02
3.000,00 EUR	Versuchte Vergewaltigung einer Frau, die aufgrund der psychischen Folgen über einen Zeitraum von 3 Monaten medikamentös behandelt werden musste. Trotz ärztlicher und therapeutischer Behandlung ist es der Geschädigten bis heute nicht möglich ein normales Leben zu führen. Außerhalb der Wohnung fühlt sie sich gänzlich verloren und befürchtet zum derzeitigen Stand, dass ihr Sicherheitsempfinden auch nicht wieder zurückkehren wird.	AG Offenburg; 8.3.2005; 6 LS 14 Js 13968/03, Adhäsionsurteil
4.000,00 EUR	Bösartige und entwürdigende Quälereien mehrerer Täter an einem Mann.	AG Rinteln, 22.9.2004; 2 C 174/04 (III)
4.000,00 EUR + immat. Vorbehalt	Angstzustände nach sexueller Nötigung eines 17-jährigen Mädchens.	LG München I, 18.1.2006; 23 O 17490/05
4.000,00 EUR	Vergewaltigung einer Frau nach vorangegangener stundenlanger Nötigung und Bedrohung durch den ehemaligen Lebensgefährten.	KG Berlin, 30.8.2004; 12 U 54/03
5.500,00 EUR	Vergewaltigung einer 25-jährigen Frau durch manuell-vaginale Tatbegehung über einen Zeitraum von einer halben bis einer Stunde in Tateinheit mit einer Körperverletzung.	LG Lübeck, 13.11.2000; 746 Js 19231/00
6.000,00 EUR	Sexueller Missbrauch eines 11-jährigen Mädchens in 7 Fällen durch den angeheirateten Onkel	OLG Hamm, 10.4.2000, 13 U 194/99, VersR 2002, 65

107 Entnommen aus: Hacks/Ring/Böhm, Schmerzensgeldbeträge 2011, 29. Aufl. 2011. Abdruck mit freundlicher Genehmigung des Deutschen Anwaltverlags, Bonn.

Schmerzensgeldbetrag	Verletzung	Aktenzeichen
	innerhalb von 2 Jahren, der psychische Schäden mit sich zog.	
7.000,00 EUR	Vergewaltigung und schwerer sexueller Missbrauch eines 9-jährigen Mädchens unter anderem durch Oralverkehr ohne Samenerguss und Manipulationen im Scheidenvorhof.	LG Ravensburg, 14.7.2003; 2 O 150/03, Versäumnisurteil
7.500,00 EUR	Vergewaltigung mit Zwang zum Oral- und Vaginalverkehr und mit Todesbedrohungen, die eine vorübergehende MdE von 30 % begründete.	LG Münster, 16.2.2000; 2 O 594/99 (PKH-Beschluss und anschließendes Versäumnisurteil)
7.500,00 EUR	Sexueller Missbrauch eines 13-jährigen Mädchens durch fünfmaligen Geschlechtsverkehr in einem Zeitraum von 2 Jahren durch den Stiefvater.	LG Stuttgart, 15.1.2001; 22 O 432/2000 (Gerichtlicher Vergleich)
7.500,00 EUR	Sexueller Missbrauch und Schwängerung der geistig und körperlich schwer behinderten Tochter.	OLG Hamm, 27.5.2008; 9 W 11/08, NJW-RR 2009, 959
8.000,00 EUR	Vergewaltigung einer Frau in 2 Fällen und versuchte Nötigung.	OLG Offenburg, 1. Strafkammer, 29.12.2005; 1 KLs 14 Js 4283/05, 1 AK 17/05, Adhäsionsurteil
9.000,00 EUR + immat. Vorbehalt	Sexuelle Missbrauchshandlungen im Laufe von 3 ½ Jahren und sexuelle Nötigung an einem 17-jährigen Mädchen durch den Stiefgroßvater.	LG Köln, 30.1.2006; 21 O 184/05
9.500,00 EUR + immat. Vorbehalt	Sexueller Missbrauch einer damals 7-jährigen Schülerin im Zeitraum von 2 Jahren in mindestens 6 Fällen. Das Mädchen war zum Urteilszeitpunkt 18 Jahre alt und befand sich noch immer in therapeutischer Behandlung.	LG Mainz, 21.1.2003; 2 O 454/02 (Versäumnisurteil)
10.000,00 EUR	Sexueller Missbrauch über mehrere Monate an einem Pflegekind (15-jähriger Junge), welches bereits vorher in seiner Sexualentwicklung tiefgreifend gestört war. Angesichts dieser Tatsache erscheint es besonders verwerflich, derlei Taten an einem Jugendlichen zu begehen, von dem man selbst weiß, dass er diesbezüglich bereits vorgeschädigt ist. Gerade bei psychischen Vorgängen lässt sich noch nicht abschätzen, inwieweit Schäden eingetragen und	LG Mainz, 22.2.2000; 1 O 269/99

Schmerzensgeldbetrag	Verletzung	Aktenzeichen
	noch Behandlungen erforderlich sein werden.	
12.500,00 EUR	Neunmaliger Oralverkehr bis zum Samenerguss über einen Zeitraum von einem Jahr der vom Vater von seiner 11-jährigen Tochter erzwungen wurde. In drei Fällen wurde das Mädchen zum Schlucken des Ejakulats gezwungen.	LG Dresden, 23.7.2001; 6 O 5658/00
12.500,00 EUR	Versuchte Vergewaltigung einer Frau mit Schürfungen und Prellungen. Aufgrund der Tat waren 20 Tage Krankenhausaufenthalt, sowie jahrelange psychiatrische Behandlung nötig.	LG Düsseldorf, 7.11.2001; 5 O 210/99
12.500,00 EUR + immat. Vorbehalt	Sexueller Missbrauch eines 9-jährigen Mädchens in vier Fällen. Das Mädchen wurde in der Entwicklung ihrer Persönlichkeit durch die Straftaten ganz erheblich beeinträchtigt. Besonders schwerwiegend ist unter anderem der Tatvorwurf des Oralverkehrs. Feststellungsantrag ist begründet, da nicht absehbar ist, inwieweit die Klägerin noch zukünftig therapiebedürftig sein wird.	LG Münster, 13.12.2000; 11 O 286/00
15.000,00 EUR + immat. Vorbehalt	Vergewaltigung einer jungen Frau mit Vaginal- und Oralverkehr. Die junge Frau schwebte während der Vergewaltigung über einen Zeitraum von rund 20 Minuten beständig in Todesangst, sie verlor die Jungfräulichkeit, erlitt körperliche Verletzungen, erheblicher Ekel vor dem verlangten Oralverkehr; Wissen um eine Hepatitis-Erkrankung des Täters, so dass sie ein halbes Jahr lang in Angst vor einer Ansteckung dieser unter Umständen tödlich verlaufenden Krankheit lebte.	LG Hechingen, 30.8.2004; 1 Kls 16 Js 7674/03, AK 12/04
15.000,00 EUR	Sexuelle Nötigung und Vergewaltigung mit versuchtem Oralverkehr und vollendeten Analverkehr bei einem Mann. Der Geschädigte befand sich noch 2 Jahre nach den Vorfällen in psychiatrischer Behandlung. Des Weiteren hat er noch immer anhaltende psychische Schäden.	OLG Bamberg, 4.4.2001; 8 U 141/00, NJW-RR 2001, 1316
15.000,00 EUR	Brutale Vergewaltigung einer Frau.	OLG Köln, 30.9.2002; 19 W 38/02, VersR 2003, 652

Schmerzensgeldbetrag	Verletzung	Aktenzeichen
17.500,00 EUR + immat. Vorbehalt	Mehrfache Vergewaltigung und sexueller Missbrauch an einer Schutzbefohlenen (15-jähriges Mädchen) innerhalb eines Zeitraums von knapp 5 Monaten. Seit der Tat leidet die Geschädigte unter Schuldgefühlen und erlebt ihre eigene Sexualität als gestört. Durch seine Taten hat der Täter der Geschädigten während der entscheidenden Phase der Pubertät die Möglichkeit genommen, unvorbelastet ihre eigene Sexualität zu entdecken und zu entwickeln.	LG Mainz, 1.3.2000; 9 O 475/98
20.000,00 EUR	Sexueller Missbrauch eines minderjährigen Jungen durch den Fußballtrainer sowie Entziehung über einen Zeitraum von 76 Tagen.	LG Darmstadt, 1.3.2006; 2 O 265/05
20.000,00 EUR	Mehrfacher sexueller Missbrauch eines 8-jährigen Mädchens in einem Zeitraum von 2 Jahren, wobei der Täter die Geschädigte an Brust und Scheide anfasste und sie mehrmals veranlasste, an seinen Penis zu manipulieren und ihn in den Mund zu nehmen.	LG Köln, 8.7.2004; 22 O 290/02
20.000,00 EUR + immat. Vorbehalt	Vergewaltigung und erzwungener Oralverkehr eines 16-jährigen Mädchens durch mehrere Täter nach vorheriger Fesselung, Knebelung und Verschleppung für einen Tag. Die Geschädigte befand sich nach der Tat 3 Wochen in der Klinik für Psychiatrie aufgrund akuter Suizidgefahr. Nach 2 Jahren nochmals für 10 Tage und anschließend für 23 Tage in der gleichen Klinik wegen Suizidgefahr.	LG Marburg (Versäumnisurteil) 10.10.2001; 2 O 168/01
20.000,00 EUR	Sexueller Missbrauch eines 8-jährigen Mädchens über einen Zeitraum von 8 Jahren durch den Stiefvater. Die sexuelle Entwicklung der Geschädigten ist durch die Missbräuche stark beeinträchtigt, da dieser sie in einer Weise missbraucht hat, die außerhalb des gewöhnlichen Rahmens liegt. Insbesondere die Vorfälle, bei denen anale Handlungen vorgenommen, in den Mund ejakuliert oder aber der Missbrauch mit Bruder und Schwester erzwungen wurden, haben die Klägerin in ih-	LG Oldenburg, 21.6.2001; 16 O 104/01 (Versäumnisurteil)

Schmerzensgeldbetrag	Verletzung	Aktenzeichen
	rer natürlichen sexuellen Entwicklung beeinträchtigt und ihr falsche Vorstellungen von der Sexualität vermittelt, die sie im normalen Umgang mit Männern hindern.	
20.000,00 EUR	Schwerer sexueller Missbrauch eines 7-jährigen Mädchens in 23 Fällen und sexueller Missbrauch in 69 Fällen durch den Vater über einen Zeitraum von 6 Jahren.	LG Wuppertal, 4. Strafkammer, 24.1.2003; 24 Kls 330, Js 1441/02-56/02 IV, Adhäsionsverfahren
25.000,00 EUR + immat. Vorbehalt	Sexueller Missbrauch an einem 10-jährigen Jungen in 7 Fällen innerhalb eines ¾ Jahres durch einen Heranwachsenden. Der Geschädigte leidet als Folge des sexuellen Missbrauchs unter posttraumatischen Belastungsstörungen. Seit diesen Vorfällen ist er äußerst depressiv, leidet unter Bindungs- und Beziehungsstörungen, hat ein gestörtes Selbsterleben bis hin zu deutlichen Strukturdefekten. Die emotionale Labilität, die depressiven Verstimmungen und Schuldgefühle beeinträchtigen ihn nicht nur in allen zwischenmenschlichen Beziehungen, sondern führen immer wieder zu Selbstmordgedanken. Er befindet sich auf unabsehbare Zeit in psychiatrischer Behandlung.	LG München I, 5.12.2008; 3 O 14604/08, Versäumnisurteil
25.000,00 EUR + immat. Vorbehalt	Vergewaltigung eines 15-jährigen Mädchens durch Bedrohung mit einem Messer, um ungeschützten Geschlechtsverkehr bis zum Samenerguss zu erdulden. Die Geschädigte unterzog sich einer mehr als einjährigen Behandlung durch eine Nervenärztin, trotz alledem liegen dauerhafte psychische Störungen sowie die Vermeidung intimer Kontakte mit Männern vor. Seit dem Vorfall ist die Geschädigte kontakt- und antriebslos. Ob und ggf in welchem Umfang in der Folgezeit sich der Zustand psychisch bessern und stabilisieren wird, ist nicht absehbar.	LG Potsdam, 4.4.2001; 2 O 470/99, bestätigt durch OLG Brandenburg 3.7.2002, 13 U 96/01
25.000,00 EUR	Vergewaltigung einer Frau in einem besonders schweren Fall	OLG Hamm, 29.12.2005; 6 W 52/05, Prozesskostenhilfebeschluss

Schmerzensgeldbetrag	Verletzung	Aktenzeichen
25.500,00 EUR	Sexueller Missbrauch eines 9-jährigen Mädchens in 3 Fällen, 2 Fälle schweren Missbrauchs und eine Vergewaltigung innerhalb von 5 Jahren – die Geschädigte wurde u.a. mit Gewalt von ihrem Großvater zum Oralverkehr und zum Geschlechtsverkehr gezwungen. Augrund der Tat haben die schulischen Leistungen der Geschädigten stark nachgelassen, sie schwänzte die Schule, war verhaltensauffällig, grenzte sich vermehrt von den Eltern ab, war öfter von zu Hause abgängig und hegte Suizidabsichten. Sie befand sich wiederholt in therapeutischen Behandlungen.	LG Memmingen, 12.6.2003; 2 O 1742/02
30.000,00 EUR + immat. Vorbehalt	Schwerer sexueller Missbrauch eines 11-jährigen Mädchens in 7 Fällen (Oralverkehr) sowie weiteren 4 Fällen des sexuellen Missbrauchs innerhalb von 1 ½ Jahren durch den besten Freund der Familie. Die Geschädigte erlitt schwere psychische Beeinträchtigungen aufgrund derer noch andauernde psychotherapeutische Behandlung notwendig ist. In Folge ihrer körperlichen und psychischen Beeinträchtigungen ließen ihre schulischen Leistungen stark nach. Sie litt unter Alpträumen und Angstzuständen. Daneben hat sie nahezu kein Empfinden mehr für Harn- oder Stuhldrang und leidet vor allem darunter, dass sie sich auch in der Schule unwillkürlich einnässt.	LG Bonn, 4.3.2008; 3 O 343/06
30.000,00 EUR	Vergewaltigung und sexuelle Missbräuche eines 13-jährigen Mädchens mit Bedrohung eines Jagdmessers durch den Stiefvater. Die Geschädigte leidet immer noch unter psychischer Belastung im Umgang mit Männern und erhält anhaltende psychologische Betreuungsversuche.	LG Düsseldorf, 18.9.2002; 5 O 181/02, Versäumnisurteil
30.000,00 EUR	Kindesentziehung von etwa einem Jahr und sexueller Missbrauch eines 9-jährigen Jungen mittels Masturbation beim Beklagten und Oralverkehr. Der Täter hat den Geschädigten etwa ein Jahr seinen sorgeberechtigten Eltern, denen er entlaufen war, vor-	LG Hamburg, 5.7.2000; 326 O 9/00, NJW 2001, 525

Schmerzensgeldbetrag	Verletzung	Aktenzeichen
	enthalten und ihm die Möglichkeit genommen, sich selbst im Rahmen seiner persönlichen Möglichkeiten weiterzuentwickeln; erheblicher seelischer Schaden durch sexuellen Missbrauch, erhebliche Behinderung der sexuellen Reife.	
30.000,00 EUR + immat. Vorbehalt	Missbrauch einer 17-jährigen Schülerin zum Oralverkehr von 4 Tätern und einmal Vergewaltigung durch ungeschützten Geschlechtsverkehr. Die Geschädigte war durch vorangegangenen Alkoholgenuss widerstandsunfähig. Sie erlitt Prellungen am ganzen Körper und Verletzungen im Genitalbereich sowie an Mund, Rachen und Lippen, die tagelang wund und geschwollen waren und darüber hinaus schwere posttraumatische Belastungsstörungen mit Panikattacken und Schlafstörungen, wodurch die schulische und berufliche Entwicklung schwer beeinträchtigt gewesen ist. Die Geschädigte ist heute noch psychisch in erheblichem Maße desorganisiert.	LG Mannheim, 15.10.2004; 9 O 178/04
35.000,00 EUR	Mehr als 100-malige Vergewaltigung einer Frau durch erzwungenem Oral- und Analverkehr unter Todesandrohung durch ihren Lebensgefährten.	LG Köln, 18.12.2007; 22 O 429/07
40.000,00 EUR + immat. Vorbehalt	Brutale Vergewaltigung einer 19-jährigen Frau durch 2 Täter unter äußerlich entwürdigenden Umständen. Die Geschädigte ist in ein Rapsfeld gestellt und dort nacheinander anal und vaginal vergewaltigt worden; sie wurde mehrfach in hochgradige Todesangst versetzt. Sie leidet noch immer unter andauernden psychischen Tatfolgen, massiven Ängsten, häufigen Weinkrämpfen, wiederholten Suizidgedanken und häufigen verschiedenen Erkrankungen. Die Tat hat das Leben der Geschädigten vollständig verändert.	LG Bielefeld, 14.9.2005; 8 O 310/05, NJW-RR 2006, 746
40.000,00 EUR	Vergewaltigung einer Ehefrau durch ihren Mann. Die Eheleute hatten in der Türkei nach islamischem Ritus geheiratet. Nach der Rückkehr nach Deutschland wur-	LG Hamburg, 26.3.2004; 327 O 97/03

Schmerzensgeldbetrag	Verletzung	Aktenzeichen
	de die Klägerin bis zu ihrer Trennung über einen Zeitraum von 10 Monaten wöchentlich mehrmals vergewaltigt, nachdem sie zuvor körperlich misshandelt wurde.	
40.000,00 EUR + immat. Vorbehalt	Erzwungener Geschlechtsverkehr eines 13-jährigen Mädchens in mindestens 15 Fällen durch den Vater. Die Geschädigte leidet unter einer anhaltenden schweren Traumatisierung mit Angst, Abkapselung und Schuldvorwürfen an sich selbst.	LG Ravensburg, 22.12.2009; 3 O 195/09
50.000,00 EUR + immat. Vorbehalt	Schwerste sexuelle Übergriffe an einem 11-jährigen Jungen mit Todesdrohungen und massiver sexueller Erniedrigungen verbunden mit erheblichen Verletzungen im Gesäßbereich, am Oberschenkel, an Armen und Beinen. Der Geschädigte ist bisher nicht in der Lage, über die Tat zu sprechen, es ist nicht absehbar, ob es ihm gelingen wird, das Geschehene zu verarbeiten.	LG Münster, 16.7.2008; 2 O 567/07
50.000,00 EUR und 75,00 EUR monatliche Rente	sechsmalige Vergewaltigung an einem 9-jährigen Jungen (dreimal Anal- und Oralverkehr) durch den Stiefvater. Unter der Androhung, falls er nicht schweige, ihn und seine Mutter nach Kenia zurückzuschicken. Der Geschädigte leidet unter häufig belastenden Alpträumen und Schlafstörungen.	LG Stuttgart, 16.4.2003; 27 O 113/03

Bei Heranziehung dieser zT älteren Entscheidungen ist zu beachten, dass man heute aufgrund des medizinischen Fortschritts und aufgrund der gestiegenen Bedeutung insbesondere der immateriellen Schadenswiedergutmachung wohl zu deutlich höheren Schmerzensgeldbeträgen kommen könnte. Dies ist jedenfalls einen Hinweis an das Gericht wert. Zugunsten eines aktuell zu entscheidenden Falles sind unbedingt der Zeitablauf[108] und auch die eingetretene Geldentwertung zu berücksichtigen, was oftmals vergessen wird wird und von den Herausgebern der Tabelle selbst empfohlen wird, da nicht immer aktuelle vergleichbare Fälle bekannt geworden sind.[109] 139

c) Das Mitverschulden

Hat bei der Entstehung des Schadens ein **Verschulden des Geschädigten** mitgewirkt, so hängt die Verpflichtung zum Ersatz sowie der Umfang des zu leistenden Ersatzes von den Umständen, insbesondere davon ab, inwieweit der Schaden vorwiegend von dem einen oder von dem anderen Teil verursacht worden ist (§ 254 BGB). Diese zivilrechtli- 140

108 OLG Köln v. 5.6.1992, 19 U 13/92, MDR 1992, 646.
109 Hacks/Ring/Böhm, 16.

che Regel hat auch der Strafrichter zu beachten. § 254 BGB gilt auch für Schmerzensgeldansprüche. Früher hat man den Anspruch quotal gekürzt.

141 Das Mitverschulden eines Adhäsionsklägers betrifft aber richtigerweise die **anspruchsbegründende Kausalität.** Eine Quotierung hat dabei grundsätzlich nicht zu erfolgen, weil der Aspekt eines etwaigen Mitverschuldens lediglich als ein Gesichtspunkt in die umfassende Billigkeitsabwägung einzubeziehen ist.[110]

142 Eine Ausnahme wird jedoch dann zugelassen, wenn durch **Grundurteil** entschieden wird. Insbesondere bei der Entscheidung über einen unbezifferten Feststellungsantrag durch Grundurteil darf die Festlegung des Mitverursachungsanteils nicht dem für das Betragsverfahren zuständigen Zivilgericht übertragen werden.[111] Dies gilt namentlich für den Schmerzensgeldanspruch, der in seiner Höhe ganz wesentlich durch die Vorgeschichte der Verletzungshandlung und die Persönlichkeitsstruktur der an der Auseinandersetzung beteiligten Personen beeinflusst wird. Die eingehende Untersuchung der Tat durch das Strafgericht, die nach § 244 Abs. 2 StPO auf alle für die Entscheidung bedeutsamen Beweismittel zu erstrecken ist, bietet dafür eine optimale Tatsachengrundlage. Eine Verteilung von Verschuldens- und Mitverschuldensanteilen kann deshalb am sinnvollsten hier wahrgenommen werden.[112]

143 Erlässt das Gericht lediglich ein Grundurteil, so muss dies in der Urteilsformel zum Ausdruck kommen.[113]

3. Der Übergang von Ansprüchen

144 Schäden aus Straftaten können auch durch Versicherungen und Sozialleistungsträger wieder „repariert" werden. Die vom Sozialleistungsträger zur Verfügung gestellte Heil- und Krankenbehandlung und deren Kosten sind dafür ein Beispiel. Ebenso gezahlte Rentenleistungen. Da der Geschädigte von einem Schaden nicht den Nutzen einer „Überversorgung" haben soll, gehen Schadensersatzansprüche für deckungsgleiche Schäden in der Regel auf den Sozialleistungsträger über. Der Geschädigte darf darüber nicht mehr verfügen.

145 Im **Opferentschädigungsrecht** gilt § 81 a BVG. Soweit dem Versorgungsberechtigten ein gesetzlicher Anspruch auf Ersatz des ihm durch die Schädigung verursachten Schadens gegen einen Dritten zusteht, geht dieser Anspruch im Umfang der durch das BVG begründeten Pflicht zur Gewährung von Leistungen auf den Bund über. Das gilt auch für Ansprüche nach dem BVG, die nicht auf einer Schädigung beruhen.

146 **Beachte:** Im Adhäsionsverfahren muss stets geprüft werden, ob der Verletzte überhaupt berechtigt ist, den Schadensersatzanspruch geltend zu machen. Werden zB Schadensersatzansprüche trotz des Anspruchsübergangs nach dem Opferentschädigungsgesetz geltend gemacht und ausgezahlt, dann kann dies zur Versagung von Opferentschädigungsleistungen nach § 2 OEG führen. Der Schmerzensgeldanspruch geht nicht nach § 81 a BVG über!

147 Der Übergang des Anspruchs kann nach § 81 a Abs. 1 S. 3 BVG aber nicht zum Nachteil des Berechtigten geltend gemacht werden. Im Einzelfall kann daher ausdrücklich darauf verzichtet werden, den Übergang geltend zu machen.

148 Bemerkenswert ist in diesem Zusammenhang ein Rundschreiben des BMGS vom 26.11.2002 zur **Überleitung von Schadensersatzansprüchen** in Fällen, in denen **Kinder**

110 BGH v. 21.4.1970, VI ZR 13/69, VersR 1970, 624 f.
111 BGH v. 13.5.1997, VI ZR 145/96, NJW 1997, 3176 f; v. 14.12.2011, 5 StR 471/11.
112 BGH v. 21.8.2002, 5 StR 291/02, NJW 2002, 3560 = NStZ 2003, 46 = StV 2004, 60.
113 BGH v. 15.6.2010, 4 StR 161/10.

Opfer einer Gewalttat geworden sind,[114] und in dem es um den umgekehrten Fall geht, dass die Versorgungsverwaltung ausdrücklich darauf verzichten soll, den übergegangenen Anspruch geltend zu machen:

„Im Rundschreiben vom 15.11.1999 – VI a 2 – 52039 – hatte ich ausgeführt, dass in Fällen, in denen Kinder Opfer einer Gewalttat geworden sind und der jeweilige Täter zur Familie gehört, auf das Erfordernis des Vorliegens eines Strafantrags verzichtet werden kann, wenn eine Aussage eines Kindes zu negativen Folgen für das Kind führen könnte. Das gilt insbesondere dann, wenn vermieden werden soll, dass der Täter davon erfährt, dass das Kind sich offenbart hat.

Problematisch ist in diesem Zusammenhang jedoch, dass die Versorgungsverwaltungen grundsätzlich verpflichtet sind, die nach § 81 a BVG iVm § 5 Abs. 1 OEG übergegangenen Schadensersatzansprüche – ggf auch gerichtlich – geltend zu machen. Weil in gerichtlichen Verfahren nicht auf die Aussage des Kindes verzichtet werden kann, wird der mit dem Verzicht auf die Strafanzeige bezweckte Schutz des Kindes oftmals zunichte gemacht.

In meinem Schreiben vom 15.1.2001 an das Ministerium für Frauen, Arbeit, Gesundheit, Soziales – VI a 2 – 52039 – hatte ich deshalb ausgeführt, dass in solchen Fällen besonders sorgfältig zu prüfen sei, ob die Voraussetzungen der VV Nr. 8 S. 3 zu § 81 a BVG vorliegen und daher von einer Klageerhebung oder der Erwirkung eines Mahnbescheides abgesehen werden kann, weil die gerichtliche Geltendmachung des Anspruchs keinen Erfolg verspricht. Mehrere Länder wie auch der Bundesrechnungshof in seinem Prüfbericht vom 21.11.2001 – VI 4 – 2000 -0619 – (.13) haben jedoch darauf hingewiesen, dass mit einer solchen Vorgehensweise ein genereller Schutz der betroffenen Kinder im beabsichtigten Sinne nicht zu erreichen sei.

In der Länderreferentenbesprechung vom 18./19.9.2003 bestand daher Einigkeit darin, dass eine Lösung gefunden werden muss, die den Schutz des Kindeswohls sicherstellt. Hierzu bietet sich ein Rückgriff auf den in § 81 a Abs. 1 S. 3 BVG zum Ausdruck kommenden Gedanken an, dass der Übergang des Schadensersatzanspruches nicht zum Nachteil des Berechtigten geltend gemacht werden soll. Zwar betrifft die Regelung ursprünglich einen rein fiskalischen Aspekt, nämlich die Sicherung des Quotenvorrechts des Berechtigten gegenüber dem Bund. Dieser Gedanke kann aber zumindest sinngemäß auch auf Fallgestaltungen angewandt werden, in denen dem Opfer Nachteile sonstiger Art drohen, insbesondere dann, wenn zu befürchten ist, dass dem kindlichen Opfer durch gerichtliche Befragung etc. schwere gesundheitliche Schädigungen durch eine Traumatisierung zugefügt werden könnten. Ich bitte daher, in diesen Fällen den in § 81 a Abs. 1 S. 3 BVG zum Ausdruck kommenden Grundgedanken heranzuziehen und auf die Geltendmachung übergegangener Schadensersatzansprüche zu verzichten."

Zu beachten ist, dass das Absehen von der Geltendmachung nichts daran ändert, dass 149
der Übergang von Gesetzes wegen stattgefunden hat. Der Adhäsionskläger dürfte also weiterhin mit seiner Forderung im Adhäsionsverfahren ausgeschlossen sein.

Beachte: Ansprüche können auch wegen der „Vorleistung" von Sozialhilfeträgern auf 150
diesen übergehen. § 33 SGB II ordnet den Anspruchsübergang in „Hartz–IV"-Fällen an, § 93 SGB XII in Sozialhilfefällen. Lediglich das Schmerzensgeld wird nach § 11 a Abs. 2 SGB II, § 83 Abs. 2 SGB XII nicht als Einkommen angerechnet und ist deshalb auch nicht vom „Sozialhilferegress" umfasst.

114 BMGS v. 26.11.2002, IV- c 2 -620939, BArBl 2003, 111.

4. Verjährung

151 Der Anspruch auf Schadensersatz und Schmerzensgeld unterliegt einer Verjährung von **drei Jahren** (§ 199 BGB). Die regelmäßige Verjährungsfrist beginnt, soweit nicht ein anderer Verjährungsbeginn bestimmt ist, mit dem Schluss des Jahres, in dem

- der Anspruch entstanden ist und
- der Gläubiger von den den Anspruch begründenden Umständen und der Person des Schuldners Kenntnis erlangt oder ohne grobe Fahrlässigkeit erlangen musste.

152 Schadensersatzansprüche, die auf der Verletzung des Lebens, des Körpers, der Gesundheit oder der Freiheit beruhen, verjähren ohne Rücksicht auf ihre Entstehung und die Kenntnis oder grob fahrlässige Unkenntnis **in 30 Jahren** von der Begehung der Handlung, der Pflichtverletzung oder dem sonstigen, den Schaden auslösenden Ereignis an.

153 Für Schadensersatzansprüche **Minderjähriger** kommt es darauf an, dass der **gesetzliche Vertreter** von dem Schaden und der Person des Ersatzpflichtigen Kenntnis erlangt hatte. Dabei reicht im Allgemeinen eine solche Kenntnis aus, die dem Geschädigten die Erhebung einer Schadensersatzklage, mindestens in Form der Feststellungsklage, erfolgversprechend, wenn auch nicht risikolos, ermöglicht. Kommt es zu einer Anklage gegen den Schädiger, kann statt der Zumutbarkeit einer Klagerhebung auch auf einen nach § 404 Abs. 2 StPO gleichstehenden Adhäsionsantrag abgestellt werden.[115] Begründete Zweifel an dem Schaden und der Person des Ersatzpflichtigen dürfen nicht mehr bestehen.[116]

154 Gesetzliche Vertreter, mittelbar geschädigte Dritte (§§ 844, 845 BGB) etc., denen eine persönliche Wahrnehmung der Schädigungsvorgänge fehlt, besitzen die verjährungsrechtliche Kenntnis von Schaden und Schädiger noch nicht, solange für sie die Bewertung der erhaltenen Tatsachenangaben offen ist und der Versuch einer Rechtsdurchsetzung auf dieser Grundlage außergewöhnlich hohen Feststellungsschwierigkeiten begegnet. Sind in einem solchen Fall die Aufklärungsmöglichkeiten – zB in der Gestalt der eingeholten Gerichtsgutachten – noch nicht ausgeschöpft, so hängt die verjährungserhebliche Kenntnis davon ab, dass sich die objektive tatsächliche Ungewissheit auf das Maß des gewöhnlichen Feststellungsrisikos verringert oder die maßgebende Kenntnisträgerin sich anderweitig von der Richtigkeit des Schädigungsverdachts überzeugt hat.[117]

155 **Ansprüche wegen Verletzung der sexuellen Selbstbestimmung** sind nach **§ 208 BGB** bis zur Vollendung des 21. Lebensjahres des Gläubigers **gehemmt.** Hemmung bedeutet, dass der Zeitraum, während dessen die Verjährung gehemmt wird, in die Verjährungsfrist nicht eingerechnet wird. Lebt der/ die Geschädigte von Ansprüchen gegen die sexuelle Selbstbestimmung bei Beginn der Verjährung mit dem Schädiger in häuslicher Gemeinschaft, so tritt bis zur Aufhebung der häuslichen Gemeinschaft ebenfalls Hemmung ein.

156 Die Verjährung kann auch nach **§ 206 BGB** gehemmt sein. Die Verjährung ist gehemmt, solange der Gläubiger innerhalb der letzten sechs Monate der Verjährungsfrist durch höhere Gewalt an der Rechtsverfolgung gehindert ist. „Höhere Gewalt" im Sinne des § 203 BGB (alte Fassung bis 31.12.2001), deren Unterfall der „Stillstand der Rechtspflege" sei – so die Rechtsprechung – kann nur angenommen werden, wenn der Anspruchsteller darlegt und gegebenenfalls beweist, dass es auch am geringsten Verschulden auf seiner Seite fehle.[118] Das hat die Rechtsprechung für einen schweren seeli-

115 BGH v. 23.9.2004, IX ZR 421/00, NJW-RR 2005, 69.
116 BGH v. 24.6.1999 IX ZR 363/97, NJW 1999, 2735 mwN.
117 BGH v. 23.9.2004, IX ZR 421/00, NJW-RR 2005, 69.
118 BSG v. 11.5.2000, B 13 RJ 85/98, NZS 2001, 98.

schen Schaden angenommen, der die gerichtliche Geltendmachung verhindert habe. Es sei anerkannt, – so das Gericht – dass ein Zustand schwerwiegender seelischer Belastung einen unabwendbaren Zufall iSd § 233 ZPO aF darstellen könne.[119] Höhere Gewalt iSd § 203 BGB sei aber unter denselben Voraussetzungen anzunehmen, wie der unabwendbare Zufall iSd § 233 ZPO aF Folglich könne die Klägerin sich bei einem Ausnahmezustand infolge psychischer Not- und Zwangslage darauf berufen, dass die Verjährung gehemmt sei, weil es ihr völlig unmöglich gewesen sei, sich sachgemäß für oder gegen die Durchsetzung ihrer Ansprüche zu entscheiden, bzw ihre Ansprüche zu verfolgen.[120]

XIV. Mustertexte im Adhäsions- und Vollstreckungsverfahren

1. Muster: Unbezifferter Schmerzensgeldantrag

An das Landgericht Stuttgart 157

In der Strafsache Az: ...
gegen
Herrn A, zurzeit in der JVA Stammheim

– Antragsgegner –

Verteidiger: Rechtsanwalt ...

wegen schweren Menschenhandels und Zuhälterei u.a.

stelle ich namens und in Vollmacht der Antragstellerin und Nebenklägerin, Frau B, zu laden über das Regierungspräsidium Stuttgart, Landespolizeidirektion ..., gegen den Angeklagten folgende Adhäsionsanträge:

1. Der Angeklagte A wird verurteilt, an die Antragstellerin für die Zeit von ... bis ... ein angemessenes Schmerzensgeld zuzüglich Zinsen in Höhe von 5 % Punkten über dem Basiszinssatz der Europäischen Zentralbank seit ... zu zahlen.
2. Es wird festgestellt, dass der Angeklagte verpflichtet ist, der Antragstellerin sämtliche materiellen und immateriellen Schäden, die ihr ab dem ... in der Zukunft aufgrund der Tat vom ... entstehen werden, zu ersetzen, soweit sie nicht auf Sozialversicherungsträger oder sonstige Dritte übergehen oder übergegangen sind.
3. Es wird festgestellt, dass die Forderungen auf einer vorsätzlichen Straftat beruhen.
4. Der Angeklagte trägt die Kosten des Adhäsionsverfahrens.
5. Die Entscheidung ist vorläufig vollstreckbar.
6. Der Antragstellerin ist für das Adhäsionsverfahren Prozesskostenhilfe unter Beiordnung der Unterzeichnerin zu bewilligen.

Vorläufiger Streitwert: 10.000,00 EUR

Begründung:

I.

1. Der Antrag der Antragstellerin gründet sich auf die Anklageschrift vom ... sowie auf die Angaben der Antragstellerin in der mündlichen Verhandlung am ...

   Beweis: Zeugnis der Antragstellerin vom ...

   Die Antragstellerin macht gegen den Angeklagten einen Anspruch auf Schmerzensgeld, wegen des gegen sie gerichteten Verbrechens des schweren Menschenhandels zum Zwecke der sexuellen Ausbeutung und der Zuhälterei im Zeitraum vom ... bis zum ... geltend. Folgender Sachverhalt liegt dem Antrag der Antragstellerin zugrunde:

   ...

119 BGH v. 23.1.1985, IV b ZB 55/84, VersR 1985, 393 mwN; v. 24.3.1994, X ZB 24/93, NJW-RR 1994, 957; v. 10.7.1984, VI ZB 10/84, VersR 1984, 988.
120 BGH v. 7.5.1997,VIII ZR 253/96, NJW 1997, 3164.

2. Der Antragstellerin steht ein Schmerzensgeldanspruch gemäß §§ 823 Abs. 1, 823 Abs. 2, 825 BGB zu. Durch das Verhalten des Angeklagten sind die Gesundheit und die Freiheit der Antragstellerin verletzt. Die §§ 181 a, 232 StGB sind Schutzgesetze, so dass auch durch die Verletzung dieser Vorschriften und entsprechender gerichtlicher Feststellungen ein Schadensersatzanspruch gegeben ist.

   ... (Hier ist anzuführen, dass durch § 232 StGB die sexuelle Selbstbestimmung geschützt ist, dh die Freiheit der Selbstbestimmung. Das wiederum bedeutet, dass jeder Eingriff in diese Selbstbestimmung als Eingriff in die Freiheit der Person zu werten ist und damit einen Schadensersatzanspruch gemäß § 823 BGB auslöst. Entsprechendes gilt für § 181 a StGB, bei dem nicht das Vermögen der unterdrückten Person geschützt ist – dies nur mittelbar –, sondern auch die Tatsache, dass sie als Objekt der Ausbeutung betrachtet wird und verhindert wird, dass sie sich aus eigener Kraft aus der Prostitution lösen kann und durch diese Unterdrückung die körperliche und seelische Verelendung herbeigeführt wird.)

   Die Antragstellerin hat nach § 253 Abs. 2 BGB auch einen Anspruch auf Schmerzensgeld. Durch den vom Angeklagten auf sie ausgeübten Zwang, im vorgegebenen Umfang der Prostitution nachzugehen, hat die Antragstellerin psychischen und physischen Schaden erlitten. Bis heute leidet sie an den Folgen der Tat: ...

   Beweis: Zeugnis der Antragstellerin in der mündlichen Verhandlung am ...
   Ärztliche Atteste
   Sachverständigengutachten

   Bei der Bemessung des Schmerzensgelds sind folgende Aspekte zu berücksichtigen:

   - Die Dauer des Tatgeschehens,
   - die herrschenden Arbeitsbedingungen,
   - die Tatfolgen,
   - die erlittenen Ängste auch nach der Tat,
   - die besondere Erniedrigung durch das praktizierte System,
   - die vorsätzliche Schädigung in besonders menschenverachtender Weise.

   Unter Berücksichtigung des langen Tatzeitraums, der Tatfolgen, insbesondere der psychischen Schädigungsfolgen, des Verschuldens des Angeklagten (Vorsatztat), der besonders erniedrigenden Umstände der Tat sowie im Vergleich zu einschlägigen Entscheidungen anderer Gerichte ist zumindest ein Schmerzensgeld in Höhe von 10.000,00 EUR angemessen:

   - Das OLG Köln hat in seinem Urteil vom 30.9.2002 (19 W 38/02, VersR 2003, 652) einer brutal vergewaltigten Frau ein Schmerzensgeld von 15.000,00 EUR zugesprochen. Nach der Indexanpassung würde sich ein heutiges Schmerzensgeld von ... EUR ergeben.
   - Der BGH v. 19.11.2009 (3 StR 87/09) hat in einem umfangreichen Straf- und Adhäsionsverfahren wegen Menschenhandels zur sexuellen Ausbeutung, Geiselnahme, Vergewaltigung und sexueller Nötigung; zwei Nebenklägerinnen ein Schmerzensgeld in Höhe von je 150.000,00 EUR zugesprochen. Nach der Indexanpassung würde sich ein heutiges Schmerzensgeld von ... EUR ergeben.

   Die Antragstellerin verkennt nicht, dass die Entscheidung auf einer viel gravierenderen Verletzung der damaligen Nebenklägerin beruht. Jedoch wurde ihr ein Schmerzensgeld von 150.000,00 EUR zugesprochen. Daher ist im Fall der Antragstellerin ein angemessenes Schmerzensgeld von mindestens 10.000,00 EUR entsprechend ins Verhältnis gesetzt worden.

3. Die im Adhäsionsverfahren geltend gemachten Ansprüche sind anderweitig nicht rechtshängig.
4. Es wird gebeten, die Zustellung des Adhäsionsantrages an den Angeklagten zu bewirken und die Zustellung hierher mitzuteilen.

II.

158 Die Antragstellerin ist nach ihren persönlichen und wirtschaftlichen Verhältnissen nicht in der Lage, die Kosten der Rechtsverfolgung ganz oder teilweise zu tragen. Dies ergibt sich aus der

anliegenden Erklärung über die persönlichen und wirtschaftlichen Verhältnisse nebst Anlagen. Die Beiordnung hat nach § 404 Abs. 5 StPO zu erfolgen. Sollte das Gericht weitere Angaben oder Belege für erforderlich halten, wird um einen entsprechenden Hinweis gebeten.

Die Rechtsverfolgung ist auch nicht mutwillig: Dies ergibt sich aus den obigen Ausführungen.

...

(Unterschrift Rechtsanwalt)

2. Muster: Schadensersatz im Adhäsionsverfahren

An das Landgericht Stuttgart 159

In der Strafsache Az: ...
gegen
Herrn A, zurzeit in der JVA Stammheim

– Antragsgegner –

Verteidiger: Rechtsanwalt ...
wegen schwerer Körperverletzung

stelle ich namens und in Vollmacht der Antragstellerin und Nebenklägerin, Frau B, wohnhaft ..., gegen den Angeklagten folgende Adhäsionsanträge:

1. Der Angeklagte A wird verurteilt, an die Antragstellerin ... EUR nebst Zinsen in Höhe von 5 % Punkten über dem Basiszinssatz der Europäischen Zentralbank seit ... zu bezahlen.
2. Es wird festgestellt, dass die Forderung aus einer vorsätzlichen Straftat resultiert (§ 850 f ZPO).
3. Der Angeklagte trägt die Kosten des Adhäsionsverfahrens.
4. Die Entscheidung ist vorläufig vollstreckbar.

Vorläufiger Streitwert: ... EUR

Begründung:

Die Antragstellerin macht gegen den Angeklagten Schadensersatzansprüche wegen einer von ihm begangenen schweren Körperverletzung geltend.

Der Antrag der Antragstellerin gründet sich auf die Anklageschrift vom ... sowie auf die Angaben der Antragstellerin in der mündlichen Verhandlung am ...

Beweis: Zeugnis der Antragstellerin vom ...
Zeugnis des Herrn G ..., wohnhaft ...
Inaugenscheinnahme der Lichtbilder der Strafakte des ..., Az ...

Die Antragstellerin hat folgenden materiellen Schaden erlitten:

... (Aufstellung der einzelnen Schadenspositionen und Belege)

Der Schadensersatzanspruch ist ebenso wie der nachfolgend geltend gemachte Schmerzensgeldanspruch nicht anderweitig rechtshängig. Der Schadensersatzanspruch ist geeignet, im Strafverfahren erledigt zu werden, ohne dass das Verfahren dadurch unangemessen verzögert wird. Die zur Verurteilung des Angeklagten erforderlichen Beweismittel stehen im Rahmen des Strafverfahrens zur Verfügung. Die Antragstellerin wurde umfangreich auch über die für den Schadensersatz relevanten Angaben befragt. Die Erledigung der Ansprüche im Adhäsionsverfahren ist auch aus Kostengründen und im Interesse der Beschleunigung geboten.

Der Antragstellerin steht außerdem ein angemessener Schmerzensgeldanspruch gemäß §§ 823 Abs. 1, 823 Abs. 2 BGB zu ....

(im Übrigen siehe 1. Muster, Rn 157, 3.–4.)

...

(Unterschrift Rechtsanwalt)

3. Muster: Beweisantrag für das Adhäsionsverfahren

160 An das Landgericht Essen
– Große Strafkammer –
Zweigertstraße 52
45130 Essen

In dem Berufungsverfahren
gegen Herrn A...
wegen sexueller Nötigung, Az: ...
hier: Adhäsionsverfahren
nehme ich Bezug auf die Adhäsionsanträge vom ..., mit denen die Antragstellerin, Frau C, von dem Angeklagten Schmerzensgeld verlangt.

Der Strafakte ist zu entnehmen, dass Herr Dr. med. ..., der Frau C wegen der Verletzungen behandelt hat, nicht als Zeuge zur Hauptverhandlung geladen ist. Von der Ladung wurde möglicherweise im Hinblick auf die Verlesbarkeit (§ 256 Abs. 1 S. 1 StPO) seines ärztlichen Attestes vom ... (As. ...) abgesehen. Die Verlesung des Attestes mag für die Schuldfeststellung und die Rechtsfolgenentscheidung im Strafurteil ausreichend sein; sie genügt jedoch nicht zur Bemessung des beantragten Schmerzensgeldes.

Beweisantrag:

Zum Beweis der Tatsachen,

- dass Frau C am ... durch die Tat eine posttraumatische Belastungsstörung erlitten hat,
- dass die Folgen für die Antragstellerin heute noch andauern,

beantrage ich die Einholung eines psychiatrischen Sachverständigengutachtens.

...

(Unterschrift Rechtsanwalt)

4. Muster: Zwangsvollstreckungsantrag auf Zusammenrechnung der Einkünfte gem. § 850 e ZPO

161 An das Amtsgericht
– Vollstreckungsgericht –

In der Zwangsvollstreckungssache X ./. Y, Az: ...
wird beantragt,
zur Berechnung des nach § 850 c ZPO pfändbaren Teils des Gesamteinkommens die Zusammenrechnung (§ 850 e Nr. 2 a ZPO) des Anspruchs auf Leistung gegenüber dem ... (= Drittschuldner Ziffer 1) mit dem Anspruch auf ... (zB Erwerbsminderungsrente) gegenüber der ... (zB Deutsche Rentenversicherung Rheinland = Drittschuldner Ziffer 2) anzuordnen und zu bestimmen, dass der unpfändbare Grundbetrag in erster Linie den laufenden öffentlichen Sozialleistungen – hier Erwerbsminderungsrente – zu entnehmen ist.

Begründung:

Der Schuldner verfügt über Einkommen aus mehreren Einkommensarten, nämlich

- Erwerbsminderungsrente,
- Einkünfte aus privater Unfallversicherung,
- Kapitalerträge.

Der unpfändbare Anteil ist aber aus dem Gesamteinkommen zu errechnen.

...

(Unterschrift Rechtsanwalt)

5. Muster: Antrag auf Herabsetzung des Pfändungsfreibetrages gem. § 850 f ZPO

An das Amtsgericht 162
– Vollstreckungsgericht –

Antrag auf Herabsetzung des pfändbaren Betrags nach § 850 f Abs. 2 ZPO

In der Zwangsvollstreckungssache X ./. Y, Az: ...

zeige ich an, dass ich den Gläubiger vertrete. Namens und in Vollmacht desselben werde ich beantragen,

den Pfändungs- und Überweisungsbeschluss des Amtsgerichts ... vom ... (Az: ...) dahin gehend zu ändern, dass der nach § 850 c ZPO pfändbare Betrag auf Null (alternativ: einen geminderten Betrag) herabgesetzt wird.

Begründung:

Der Schuldner wurde durch Urteil des Landgerichtes ... vom ... wegen gefährlicher Körperverletzung verurteilt.

Beweis: Urteil des LG ... vom ..., Az: ... in Kopie

Die in der Zwangsvollstreckung befindliche Forderung stammt folglich aus einer vorsätzlichen unerlaubten Handlung. Dies führt zur Reduzierung der Pfändungsfreigrenzen nach § 850 f Abs. 2 ZPO.

Der Schuldner bezieht aktuell eine Rente, in die vollstreckt wird.

Der Pfändungsbetrag ist auf Null herabzusetzen und dem Schuldner auch kein Minimumbetrag zu belassen, da sein Unterhalt gesichert ist und er Unterhaltspflichtige nicht zu versorgen hat.

Der Schuldner ist in der Justizvollzugsanstalt untergebracht und erhält dort Kost und Logis. Ein „Taschengeld" für den Erwerb von Zeitungen, Briefmarken, etc. kann sich der Schuldner durch Arbeit in der JVA erwerben. Nach diesseitiger Kenntnis ist ihm Arbeit zugewiesen, so dass er Arbeitsentgelt bezieht (§ 43 Strafvollzugsgesetz). Davon kann er seinen notwendigen Bedarf decken. Er benötigt keinen weiteren Schutz von Einkünften.

...

(Unterschrift Rechtsanwalt)

§ 3 Opferentschädigung

Literatur: *Bley*, Lexikon der Grundbegriffe des Sozialrechts, 1988; Bley/Kreikebohm/Marschner, Sozialrecht, 9. Aufl. 2007; *Eicher/Spellbrink*, SGB II. Grundsicherung für Arbeitssuchende. Kommentar, 2. Aufl. 2008; *Erlenkämper/Fichte*, Sozialrecht, 6. Aufl. 2008; Fuchs/Preis, Sozialversicherungsrecht, 2. Aufl. 2009; *Goltermann*, Die Gesellschaft der Überlebenden, 2. Auflage 2009; *Hauck/Noftz* (Hrsg.), Sozialgesetzbuch (SGB) I, Loseblatt, Stand: 6/2012; *Heinz*, Opferentschädigungsgesetz (OEG), 2007; *Jansen*, Sozialgerichtsgesetz. Kommentar zum SGG, 3. Aufl. 2009; *Kaiser/Schnitzler/Friederici* (Hrsg.), NomosKommentar BGB, Band 4: Familienrecht, 2. Aufl. 2010 (zit.: NK-BGB/Bearbeiter); *Kemper/Schreiber*(Hrsg.), Familienverfahrensrecht, Handkommentar, 2. Aufl. 2012 (zit.: HK-FamFG/Bearbeiter); *Knickrehm* (Hrsg.), Gesamtes soziales Entschädigungsrecht, Handkommentar, 2012; *Krasney/Udsching*, Handbuch des sozialgerichtlichen Verfahrens, 6. Aufl. 2011; *Kunz*, OEG –Opferentschädigungsgesetz. Kommentar, 5. Aufl. 2010; *Lüdtke*, Sozialgerichtsgesetz, Handkommentar, 4. Aufl. 2012; *Maercker*, Posttraumatische Belastungsstörungen, 3. Aufl. 2009; *von Maydell/Ruland/Becker* (Hrsg.): Sozialrechtshandbuch, 4. Aufl. 2008 (zitiert: SRH-Bearbeiter); *Strassfeld*, Kriterien für die Bildung des Gesamt-GdB, Die Versorgungsverwaltung 2001, 60 ff., nicht aktuell; *Münder* (Hrsg.), Sozialgesetzbuch II. Grundsicherung für Arbeitssuchende. Lehr- und Praxiskommentar, 4. Aufl. 2011; *Palandt* (Begr.), Bürgerliches Gesetzbuch, 71. Aufl. 2011 (zitiert: Palandt/Bearbeiter); *Rohr/Sträßer/Dahm* Bundesversorgungsgesetz. Kommentar, Loseblatt, Stand: 91. Lieferung 2010; *Richter/Doering-Striening* (Hrsg.), Grundlagen des Sozialrechts, 2009; *Zimmermann*, Das Hartz IV-Mandat. Anspruchsgrundlagen, Strategien, Gebühren, 2. Aufl. 2011.

I. Grundlagen für die Bearbeitung von Opferentschädigungsfällen

1. Juristisches „Handwerkszeug"

1 Opferentschädigungsfälle sind nur mit sozialrechtlichem „Handwerkszeug" zu lösen:

- **Gesetz über die Entschädigung der Opfer des Krieges (Opferentschädigungsgesetz – OEG)**
- **Gesetz über die Versorgung der Opfer des Krieges (Bundesversorgungsgesetz – BVG)**
- **Sozialgesetzbuch Allgemeiner Teil (SGB I) und alle besonderen Teile**
- **Gesetz über das Verwaltungsverfahren der Kriegsopferversorgung (KOV-VfG)**
- **Sozialgesetzbuch X (sozialrechtliches Verwaltungsverfahren)**
- **SGG (Sozialgerichtsgesetz)**

2 Dieses normative Handwerkszeug wird durch zahlreiche weitere Regelungen ergänzt, vor allem durch **Durchführungsverordnungen**, u.a.

- Die Verordnung über die Versorgung mit Hilfsmitteln und über Ersatzleistungen nach dem Bundesversorgungsgesetz (**Orthopädieverordnung**)
- Die Verordnung zur Durchführung des § 30 Abs. 3–6 des Bundesversorgungsgesetzes (**Berufsschadensausgleichsverordnung**)
- die Verordnung über die Durchführung des § 31 Abs. 5 BVG (**Schwerstbeschädigtenzulage**)
- die Verordnung über die Einkommensfeststellung nach dem Bundesversorgungsgesetz (**Ausgleichsrentenverordnung**)

3 Von Bedeutung sind auch die vom Bundesministerium für Arbeit und Soziales (BMAS) erlassenen **Verwaltungsvorschriften (VV) zum BVG**, weil sie nicht nur verbindliche Vorschriften für die Versorgungsbehörden sind, sondern auch, weil sie bei der Auslegung der Einzelvorschriften des sozialen Entschädigungsrechts wertvolle Hinweise geben.

4 Das Opferentschädigungsrecht verweist in seinen Rechtsfolgen auf das Bundesversorgungsgesetz, also das Grundlagengesetz der Kriegsopferversorgung. Im BVG hat auch die Kriegsopferfürsorge, eine bedarfsabhängige Sozialleistung, ihren Platz gefunden. Sie gilt auch für Opferentschädigungsfälle. Für die Kriegsopferfürsorge gelten ebenfalls ergänzende Regelungen, so zB die Richtlinien für die Bewilligung von besonderen Hilfen für Beschädigte zur Beschaffung von Kraftfahrzeugen im Rahmen der sozialen Rehabilitation der Kriegsopferfürsorge. Weitere Hilfsmittel sind **Rundschreiben des BMAS und Anhaltspunkte** zur Anwendung spezieller Einzelvorschriften, so zB:

- Anhaltspunkte zur Anwendung des § 25 c Abs. 3 BVG beim Einsatz und bei der Verwertung von Vermögen
- Verwaltungsvorschrift über die Gewährung von Erholungshilfen nach § 27 b BVG

- Verwaltungsvorschrift über die Festsetzung der Tagessätze in den frei gewählten Erholungshilfen
- Anhaltspunkte für die Sonderfürsorge in der Kriegsopferversorgung
- Empfehlungen für die Heranziehung Unterhaltspflichtiger in der Kriegsopferversorgung

  Hinweis: Es empfiehlt sich für den im sozialen Entschädigungsrecht Tätigen, sich in den Online-Verteiler des BMAS eintragen zu lassen.[1] Von dort erhält man die jeweils neuesten Materialien, insbesondere Runderlasse.

2. Medizinisches „Handwerkszeug"

In Opferentschädigungsfällen ist das medizinische „Handwerkszeug" von überragender Bedeutung. An erster Stelle steht 5

die **Versorgungsmedizinverordnung = VO zur Durchführung des § 1 Abs. 1 und 3, des § 30 Abs. 1 und des § 35 Abs. 1 BVG iVm den versorgungsmedizinischen Grundsätzen,**

die auf der Grundlage des aktuellen Stands der medizinischen Wissenschaft unter Anwendung der Grundsätze der evidenzbasierten Medizin durch den Ärztlichen Sachverständigenbeirat beim BMAS fortentwickelt werden. Dies geschieht durch Verordnungen zur Änderung der Versorgungsmedizinverordnung.

Unerlässlich sind zur Bearbeitung von Fällen mit psychischen Schädigungsfolgen: 6

- **DSM-IV** (Diagnostic and Statistical of Mental Disorders) **oder**
- **ICD-10** (International Statistical Classification of Diseases: and Related Health Problems) **Kapitel IV**[2]

Die Versorgungsmedizinverordnung ersetzt die bisherigen Anhaltspunkte für die ärztliche Gutachtertätigkeit im sozialen Entschädigungsrecht und nach dem Schwerbehindertenrecht (AHP) und stellt sie auf eine gesetzliche Grundlage. Deren Fehlen wurde bisher kritisiert. Die Anhaltspunkte gelten nach der Rechtsprechung – soweit sie nicht in den versorgungsmedizinischen Grundsätzen aufgegangen sind – im Einzelfall durchaus weiter, so zB die für psychische Schäden wichtige Ziffer 71 AHP.[3] 7

Die AHP sind heute noch eine wahre Fundgrube für die Vorgehensweise des Anwaltes in Opferentschädigungsfällen. So war in den AHP(**Teil A – Nr. 1–15** Grundsätze für die Durchführung von Begutachtungen im sozialen Entschädigungsrecht und nach dem SGB IX) bisher zB geregelt, **welche fachlichen Anforderungen an einen Gutachter** zu stellen sind und welches Tatsachenmaterial einer ärztlichen Begutachtung zu Grunde zu legen ist. 8

In Rn 8 der Anhaltspunkte fand sich eine ausführliche Darstellung der **Methode und des Umfangs einer Befunderhebung.** Exemplarisch sei auf die in der Praxis wichtige Befunderhebung bei geistigen und seelischen Störungen hingewiesen. Schon bei der **Erstbegutachtung** soll eine **spezielle psychiatrische,** im Kindesalter eine entsprechende **neuropädiatrische und/oder kinderpsychiatrische Untersuchung** erfolgen. Außer einer neurologischen und psychiatrischen Untersuchung, die oft über die allgemeine Vorgeschichte hinaus eine zeitaufwändige biografische Anamneseerhebung einschließen muss, ist nach den Anhaltspunkten häufig zusätzlich eine **leistungspsychologische Untersuchung** einschließlich Persönlichkeitsdiagnostik angezeigt. Die AHP regelten auch ausführlich, wie der Gutachter vorzugehen hat, nachdem er die Gesundheitsstörung festgestellt hat. Die 9

1 www.bmas.bund.de/BMAS/Navigation/Soziale-Sicherung/soziale-entschaedigung.html.
2 Eine Änderung durch DSM-V und ICD-11 steht voraussichtlich ab 2013, bzw. 2015 an; Vgl hierzu Köllner/Maercker, Das diagnostische Spektrum der Traumafolgestörungen, Trauma und Gewalt 2011, 236 ff.
3 Siehe Rn 234 ff; nachfolgend Böwering-Möllenkamp, Rn 91 ff.

Beurteilung muss mit der **Bezeichnung der Schädigungsfolgen** beginnen, die vollständig und dabei zuverlässige Grundlage für den Bescheid sein soll. Die funktionelle oder anatomische Veränderung, die Auswirkungen erkennen lässt, soll zum Ausdruck gebracht werden. Allgemeine Bezeichnungen wie „Zustand nach ...“, „Folge von ...“ sind nicht zu verwenden. Ebenso sind wertende Eigenschaften „gering“, „mäßig“, „belanglos“ und andere idR zu vermeiden, da sich das Ausmaß der Gesundheitsstörung aus der Höhe des **Grades der Schädigungsfolgen** (früher: Minderung der Erwerbstätigkeit – MdE) ergibt.

10 Gerade diese Hinweise aus den AHP sind nach wie vor für die Formulierung des Klageantrages im Rechtsstreit des sozialen Entschädigungsrechtes von Bedeutung und ergänzen das juristische Handwerkszeug, da sie nichts von ihrer Aktualität verloren haben. Sie sind insoweit sicherlich „state of the art“.[4]

3. Grundlagen des materiellen Sozialrechts

a) Das Sozialrechtsverhältnis

11 Wer prüfen will, ob Ansprüche nach dem Opferentschädigungsgesetz bestehen, muss sich mit dem Denken in der Kategorie des **Sozialrechtsverhältnisses** und seines Verfahrens und damit mit allgemeinen Sozialrechtsnormen und -prinzipien vertraut machen. Diese können hier nur kursorisch behandelt werden. Beim Sozialrechtsverhältnis[5] handelt es sich um ein öffentlich-rechtliches Schuldverhältnis,[6] mit

- **Primärpflichten** (im Wesentlichen auf bestehende Sozialleistungsansprüche gerichtet)
- **Sekundärpflichten** anstelle gestörter Primärpflichten oder neben (gestörten) Primärpflichten
- **Obliegenheiten.**[7]

12 Aus Sozialrechtsverhältnissen können Leistungspflichten auf der Seite des Leistungsträgers einerseits und Leistungsansprüche auf der Seite des Bürgers andererseits entstehen, denen wiederum sozialrechtliche oder allgemein geltende Gegennormen entgegenstehen können. Der Verstoß gegen sonstige Pflichten kann Leistungsverhältnisse erstmals begründen, auf Seiten des Bürgers aber Ansprüche ändern, hemmen oder nachträglich wegfallen lassen.

13 Das Sozialrechtsverhältnis zum anspruchsberechtigten Bürger wird von drei **Grundprinzipien** geprägt:

- dem **Gesetzesvorbehalt** des § 31 SGB I[8]
- dem **Individualisierungsgrundsatz** des § 33 SGB I
- dem **Verbot nachteiliger Verträge** in § 32 SGB I[9]

14 Rechte und Pflichten in den einzelnen Sozialleistungsbereichen dürfen also nur begründet, festgestellt, geändert oder aufgehoben werden, soweit ein Gesetz dies vorschreibt oder zulässt.

15 § 17 SGB I formuliert den wesentlichen **Pflichtenkanon des Leistungsträgers** in den Einweisungsvorschriften. Danach ist der Leistungsträger verpflichtet, darauf hinzuwirken, dass

4 Siehe Rn 235 ff.
5 Bley/Kreikebohm/Marschner, Rn 58.
6 Bley/Kreikebohm/Marschner, Rn 60; BSGE 46, 126.
7 Siehe Rn 26 f.
8 Siehe Rn 23.
9 SRH-Heinze, Kapitel 8 Rn 30.

- jeder Berechtigte die ihm zustehenden Sozialleistungen in zeitgemäßer Weise, umfassend und zügig erhält
- die zur Ausführung von Sozialleistungen erforderlichen sozialen Dienste und Einrichtungen rechtzeitig ausreichend zur Verfügung stehen
- der Zugang zu den Sozialleistungen möglichst einfach gestaltet wird, insbesondere durch allgemein verständliche Antragsvordrucke
- die Verwaltungs- und Dienstgebäude frei von Zugangs- und Kommunikationsbarrieren sind und Sozialleistungen in barrierefreien Räumen und Anlagen ausgeführt werden.

§ 86 SGB X ergänzt den allgemeinen Pflichtenkanon hinsichtlich der Pflichten der Leistungsträger untereinander dahin gehend, dass sie bei der Erfüllung der Aufgaben eng zusammenzuarbeiten müssen. Die wenig angewendete Vorschrift des § 43 SGB I – die **Pflicht zur vorläufigen Leistung** des zuerst angegangenen Leistungsträgers bei **Zuständigkeitsstreit** – ist im Kontext der Pflichten der Leistungsträger, die sozialen Rechte des Leistungssuchenden optimal zu verwirklichen, besonders hervorzuheben. 16

b) Der Sozialleistungsanspruch

Sofern das spezielle Gesetz nichts anderes ausdrücklich bestimmt, besteht nach § 38 SGBI ein **Rechtsanspruch** auf die Leistung. Steht die Leistung **im Ermessen**, besteht nach § 39 Abs. 1 S. 2 SGB I ein Anspruch auf fehlerfreie und pflichtgemäße Ausübung des Ermessens. 17

Ein **Anspruch auf Sozialleistungen entsteht** unabhängig davon, wann die Verwaltung tätig wird. Nach § 40 SGB I entstehen Ansprüche auf Sozialleistungen, sobald ihre im Gesetz oder aufgrund eines Gesetzes bestimmten Voraussetzungen vorliegen. Lediglich bei Ermessensleistungen ist der Zeitpunkt maßgebend, in dem die Entscheidung bekannt gegeben wird, es sei denn, dass in der Entscheidung ein anderer Zeitpunkt bestimmt ist. 18

Die vom Gesetz vorgesehenen Sozialleistungen müssen aber durch einen Verwaltungsakt konkretisiert und individualisiert werden. Darauf sind Sinn und Zweck des **Verwaltungsverfahrens** nach § 8 SGB X gerichtet. 19

Das Sozialleistungsverhältnis ist häufig ein **Dauerschuldverhältnis**. Das Dauerschuldverhältnis unterscheidet sich von dem auf eine einmalige Leistung gerichteten Schuldverhältnis dadurch, dass aus ihm während seiner Laufzeit **ständig neue Leistungs-, Neben- und Schutzpflichten** entstehen. Es wird durch seine zeitliche Dimension und ständige Pflichtenanspannung gekennzeichnet.[10] Diese besteht im Sozialleistungsverhältnis häufig aus **laufenden Leistungen**, die dem Grunde nach gleichartig sind und in zeitlicher Trennung und wiederkehrend erbracht werden.[11] Davon abzugrenzen ist das **Stamm- oder Quellrecht**, das mit dem Eintritt der letzten Anspruchsvoraussetzung entsteht. Die sich aus dem Stammrecht ergebenden Einzelansprüche sind bestimmungsgemäße „Rechtsfrüchte" iSv § 99 Abs. 2 BGB. Sie entstehen nach Maßgabe ihrer individuellen Anspruchsvoraussetzungen und bestehen solange fort, wie aus dem Stammrecht noch Einzel(zahlungs)ansprüche entstehen können.[12] 20

Diese Differenzierung ist für das Schicksal des entstandenen **Grundanspruchs** auf Sozialleistungen überaus bedeutsam. So kann der Anspruch auf die Sozialleistung im Sinne eines Stammanspruchs nicht abgetreten werden, Einzelansprüche aber schon.[13] Das 21

10 Palandt/Heinrichs, Einl. vor § 241 Rn 17.
11 BSGE 2, 137; 46, 52.
12 BSG v. 18.6.2003, B 4 RA 37/02R, NZS 2004, 372 mwN.
13 BSGE 48, 159 ff.

Stammrecht ist im Sozialrecht unverjährbar. Es verjähren nur die jeweiligen Einzelansprüche auf Auszahlung der Einzelleistungen. Die dargestellte Systematik wird in der Alltagspraxis nicht selten verkannt.

22 Mit der Entstehung des **Sozialrechtsanspruchs** wird nach § 41 SGB I vorbehaltlich von Sonderregelungen in den besonderen Büchern des SGB die Sozialleistung **fällig,**[14] so dass der Leistungsberechtigte sie beim Leistungsträger sofort geltend machen kann.[15]

c) Rechtshindernde, rechtsvernichtende, rechtshemmende „Gegen-"rechte

23 Im sozialrechtlichen Schuldverhältnis können **rechtshindernde, rechtsvernichtende** und **rechtshemmende** Tatsachen das Schicksal des Sozialleistungsanspruches beeinflussen. Das im Zivilrecht geltende System der **„Gegen"-normen** erfährt allerdings sozialrechtsspezifische Grenzen. Grundsätzlich gilt, dass ein sozialrechtlicher Leistungsanspruch nur dann endet, wenn das Entfallen gesetzlich geregelt ist (§ 31 SGB I).[16]

24 Zu den allgemeinen Grenzen kann gehören, dass ein Anspruch durchaus verjähren kann, dem aber der Einwand der unzulässigen Rechtsausübung entgegengehalten werden kann,[17] weil zB gegen Beratungspflichten verstoßen wurde. Hier konkretisiert sich der **sozialrechtliche Herstellungsanspruch;** allerdings ist dies nicht unstreitig.

Das Sozialrecht kennt im Regelfall keine Regelung, die § 254 BGB entspricht.

25 **Mit- oder Selbstverschulden** eines Antragstellers, also Defizitvermeidungspflichten finden sich nur eingeschränkt in Spezialregelungen. Ein Beispiel dafür ist **§ 2 Abs. 1 OEG = Versagung**[18] **= Anspruchsausschluss,** wenn der Geschädigte die Schädigung selbst verursacht hat oder wenn es aus sonstigen, insbesondere im eigenen Verhalten des Anspruchsstellers liegenden Gründen unbillig wäre, Entschädigung zu gewähren.

d) Nebenpflichten und Obliegenheiten des Sozialleistungsträgers

26 Sozialleistungsträger müssen eine Reihe von **Nebenpflichten** und **Obliegenheiten erfüllen,** die die Durchführung der Leistungsbeziehung sichern sollen. SGB I, SGB X und auch die Regelungen des sozialen Entschädigungsrechts haben diese „behördlichen Betreuungspflichten" und die Rechtsfolgen von Verstößen aber nicht abschließend geregelt. Durch die Rechtsprechung des Bundessozialgerichts zieht sich wie ein roter Faden die **Pflicht zur verständnisvollen Förderung der Belange des Antragstellers** und zur **Vermeidung von Schäden** des jeweils anderen.[19]

27 Bis heute hat die Rechtsprechung die Anforderungen an die Pflichtenstärke wegen des immer komplizierter werdenden Sozialleistungssystems kontinuierlich erhöht. Die verständnisvolle Förderung umfasst deshalb auch „die aufmerksame Prüfung durch den Sachbearbeiter, ob Anlass besteht, den Versicherten auch von Amts wegen auf Gestaltungsmöglichkeiten oder Nachteile hinzuweisen, die sich mit seinem Anliegen verbinden; denn schon gezielte Fragen setzen Sachkunde voraus, über die der Versicherte oft nicht verfügt."[20]

e) Folgen von Pflichtverletzungen

28 Sozialleistungsansprüche nicht zu erfüllen, ist ein **Verstoß gegen eine Hauptleistungspflicht,** deren genaue Handlungsmaximen in § 17 SGB I konkretisiert sind.

---

14 BSGE 34, 1; 38, 225; 42, 220.
15 BSGE 56, 4.
16 BSGE 71, 294.
17 BSG v. 29.7.2003, B 12 AL 1/02R; BSG v. 12.12.2007, B 12 AL 1/06R, BSGE 99, 271.
18 BSGE 52, 283; Bley/Kreikebohm/Marschner, Rn 957.
19 BSGE 34, 127.
20 BSG v. 12.12.2007, B 12 Pl 1/06R, BSGE 99, 71.

Das Sachleistungsprinzip zB setzt ein funktionierendes System der Leistungserbringung voraus (= Sicherstellungsauftrag).[21] Eine Leistungsstörung tritt ein, wenn eine Sachleistung wegen eines Systemversagens nicht oder nicht zeitgerecht erbracht wird oder erbracht werden kann. Das kann zB der Fall sein, wenn ein zugelassener Leistungserbringer nicht zur Verfügung steht. 29

Das Sozialgesetzbuch kennt **kein** eigenes ausgefeiltes **Leistungsstörungssystem.**[22] Für die **Pflichtverletzung im Sozialleistungsverhältnis** hat die Rechtsprechung den **sozialrechtlichen Herstellungsanspruch** entwickelt, ein verschuldensunabhängiger Anspruch um eine Lücke im Schadensersatzrecht zu schließen.[23] Neben der Verletzung behördlicher Beratungs-, Auskunfts- und Betreuungspflichten im Sozialrechtsverhältnis findet er allgemein Anwendung bei zurechenbarem Fehlverhalten eines Leistungsträgers, dh bei Verletzung der aus dem Sozialleistungsverhältnis erwachsenden behördlichen Nebenpflichten.[24] So kann zB auch die Verzögerung eines Verwaltungsverfahrens einen Herstellungsanspruch auslösen.[25] 30

Neben der Zuerkennung des sozialrechtlichen Herstellungsanspruchs versucht das Bundessozialgericht Leistungsstörungen im sozialrechtlichen Schuldverhältnis auch dadurch aufzuarbeiten, dass es die **Rechtsfigur der unzulässigen Rechtsausübung** einsetzt. So hat das Bundessozialgericht Verstöße gegen Beratungspflichten, die zu einer verspäteten Geltendmachung von Ansprüchen geführt haben, nicht nur durch Herstellungsansprüche „geahndet", sondern aus den Prinzipien des allgemeinen Schuldrechts abgeleitet, dass der Erhebung der Verjährungseinrede der Einwand unzulässiger Rechtsausübung entgegenstehen kann.[26] 31

f) Leistungspflichten des Bürgers im Sozialleistungsverhältnis

Hauptleistungspflichten des Bürgers im sozialrechtlichen Schuldverhältnis existieren nur in den Sozialleistungsbereichen, die dem Versicherungsprinzip folgen. In allen Sozialleistungsverhältnissen gibt es aber grundsätzlich **auch (Neben-)Pflichten bzw Obliegenheiten** des Sozialleistungsbegehrenden. „Die Sozialverwaltung ist weder Alleingestalter des Sozialrechtsverhältnisses noch reine Feststellungsinstanz",[27] so kann man es prägnant auf den Punkt bringen. Die **Mitwirkungspflichten** sind höchstpersönliche Pflichten, die allein in der Person des Berechtigten bestehen. Die Mitwirkungspflichten oder -lasten sind darauf gerichtet, dass ein Verhalten des Leistungssuchenden verlangt wird, das 32

- darauf abzielt, den Leistungsfall dem Grunde oder dem Umfang nach zu vermeiden oder zu verhindern (Defizitvermeidungs-/-verminderungspflichten)
- die Feststellung und Erfüllung der Leistungspflicht erleichtern soll (Aufklärungsförderungspflichten).

Mit diesen Pflichten korrespondiert aber kein im Verwaltungszwangsverfahren oder gerichtlich durchsetzbarer – mit Schadensersatzpflichten bewehrter – Erfüllungsanspruch des Leistungsträgers. Sie sind also keine originären Rechtspflichten, sondern **Obliegenheiten.**[28]In kausalen Leistungssystemen – also auch dem sozialen Entschädigungsrecht – 33

21 BSG SozR 2200 § 184; BSGE 53, 149.
22 Fuchs/Preis, § 7 Rn 87.
23 BSG SozR 2100 § 27 Nr. 2; SozR 1200 § 14 Nr. 20; SozR 4100 § 105 Nr. 2; SozR 4100 § 125 Nr. 3; SozR 1200 § 14 Nr. 28; SozR-3 1200 § 14 Nr. 9; SozR-3 4100 § 37 Nr. 1.
24 BSG SozR 2100 § 27 Nr. 2.
25 BSG SozR 3-2600 § 115 Nr. 1; SozR 2200 § 124 d. Nr. 9; SozR 2200 § 1241 a Nr. 9; BSG v. 31.1.2008, B 13 R 17/07R.
26 BSG v. 12.12.2007, B 12 Al 1/06R.
27 Meyer, Behördliche Betreuungspflichten im Sozialverwaltungsrecht, SGb 1985, 59.
28 Bley, S. 55.

kann ein Verstoß des Bürgers gegen Defizitvermeidungspflichten den Leistungsanspruch gar nicht erst entstehen lassen oder ihn vernichten. Diese Regelungen sind selten. § 2 **Abs. 1 OEG** stellt eine solche ausdrückliche Regelung dar.

34 Ein Pendant zur Ermittlungspflicht des Leistungsträgers nach § 20 SGB X sind die **Mitwirkungspflichten** des Anspruchsteller.[29] Sie verpflichten denjenigen, der auf Antrag oder von Amts wegen Sozialleistungen erhalten soll oder bereits erhält, grundsätzlich alle Handlungen vorzunehmen oder zu dulden, die für die Feststellung des Anspruchs erheblich und notwendig sind. Dazu gehört (§§ 60–62 SGB I), alle Tatsachen anzugehen, die für die Leistung erheblich sind, und auf Verlangen des zuständigen Leistungsträgers der erforderlichen Auskunft durch Dritte zuzustimmen.

35 Zu den notwendigen Mitwirkungshandlungen des Leistungsbegehrenden oder -beziehenden gehört es ferner, **Sachverhaltsaufklärungshilfe** zu leisten durch

- Bezeichnung von Beweismitteln und Vorlage von Beweisurkunden bzw Zustimmung zu ihrer Vorlage
- persönliches Erscheinen auf Verlangen des Sozialleistungsträgers zur mündlichen Erörterung des Antrags oder zur Vornahme anderer für die Entscheidung über die Leistung notwendiger Maßnahmen.
- die unverzügliche Mitteilungspflicht des Bürgers, wenn sich Änderungen in den Verhältnissen ergeben haben, die für die Leistung erheblich sind oder über die im Zusammenhang mit der Leistung Erklärungen abgegeben worden sind. (§ 45 Abs. 3 SGB X ist die Komplementärvorschrift im sog. negativen Sozialleistungsverhältnis.)

36 Die Ausgestaltung des **Mitwirkungsgrundsatzes** greift aber bezogen auf die Grundrechte der Art. 1 und 2 GG im Sozialrecht noch wesentlich tiefer. Der Sozialleistungssuchende hat auf Verlangen des zuständigen Leistungsträgers

- sich ärztlichen und psychologischen Untersuchungsmaßnahmen zu unterziehen, soweit diese für die Entscheidung über die Leistung erforderlich sind (§ 62 SGB I).
- sich einer Heilbehandlung zu unterziehen, wenn er wegen Krankheit oder Behinderung Sozialleistungen beantragt oder erhält, wenn zu erwarten ist, dass sie eine Besserung seines Gesundheitszustandes herbeiführen oder eine Verschlechterung verhindern (§ 63 SGB I).
- an Leistungen zur Teilhabe am Arbeitsleben teilzunehmen, wenn er wegen Minderung der Erwerbsfähigkeit oder Arbeitslosigkeit Sozialleistungen beantragt oder erhält und wenn bei angemessener Berücksichtigung seiner beruflichen Neigung und seiner Leistungsfähigkeit zu erwarten ist, dass sie seine Erwerbs- oder Vermittlungsfähigkeit auf Dauer fördern oder erhalten werden (§ 64 SGB I).

g) Grenzen der Mitwirkungspflicht

37 Die Mitwirkungspflichten haben verfassungsrechtlich bedingte Grenzen. Sie bestehen nicht, soweit

- ihre Erfüllung nicht in einem angemessenen Verhältnis zu der in Anspruch genommenen Sozialleistung oder ihrer Erstattung steht.
- ihre Erfüllung dem Betroffenen aus wichtigem Grund nicht zugemutet werden kann.
- der Leistungsträger sich durch einen geringeren Aufwand als der Antragsteller oder der Leistungsberechtigte die erforderlichen Kenntnisse selbst beschaffen kann.

29 Hauck/Noftz (Hrsg.), E100, Rn 9 f.

Behandlungen und Untersuchungen, 38

- bei denen im Einzelfall ein Schaden für Leben oder Gesundheit nicht mit hoher Wahrscheinlichkeit ausgeschlossen werden kann,
- die mit erheblichen Schmerzen verbunden sind,
- die einen erheblichen Eingriff in die körperliche Unversehrtheit bedeuten,

können abgelehnt werden. Nur dann, wenn solche Gründe greifen, kann der Bürger den Folgen seiner Weigerung, im Sozialleistungsverhältnis mitzuwirken, entgehen.

h) Pflichtenverstoß des Bürgers und seine Rechtsfolgen

Soweit das Gesetz die **Rechtsfolgen eines Pflichtenverstoßes** nicht wie in § 2 Abs. 2 OEG in einem Spezialgesetz regelt, sind die Regelungen im SGB I zu finden. Nach § 66 Abs. 1 SGB I kann der Sozialleistungsträger ohne weitere Ermittlungen die **Sozialleistungen** ganz oder teilweise **versagen**, falls der Versicherte seinen Mitwirkungspflichten nicht nachkommt und hierdurch nach §§ 60–62, 65 SGB I die Aufklärung des Sachverhaltes erheblich erschwert. Wer Untersuchungen, Heilbehandlungen oder Leistungen zur Teilhabe am Arbeitsleben verweigert bei einem Leistungsbegehren wegen 39

- Pflegebedürftigkeit,
- Arbeitsunfähigkeit,
- Gefährdung oder Minderung der Erwerbsfähigkeit oder
- Arbeitslosigkeit

und bei dem wegen seiner Verweigerung

- unter Würdigung aller Umstände
- mit Wahrscheinlichkeit anzunehmen ist,
- dass deshalb
- die Fähigkeit zur selbstständigen Lebensführung oder
- die Arbeits-, Erwerbs- oder Vermittlungsfähigkeit beeinträchtigt oder nicht verbessert wird,

der riskiert, dass der Leistungsträger von seinem Recht Gebrauch macht, die Leistung bis zur Nachholung der Mitwirkung ganz oder teilweise zu versagen oder zu entziehen.

Die Versagung von Leistungen ist abzugrenzen vom **Anspruchsausschluss**, der die Anspruchsentstehung hindert oder zum Anspruchsuntergang führt und von Amts wegen zu beachten ist.[30]**Versagung einer Leistung** bedeutet rechtstechnisch dagegen Verweigerung der Erfüllung eines bestehenden Sozialleistungsanspruchs durch Verwaltungsakt des Leistungsträgers. Sie lässt die Existenz des Anspruchs unberührt und betrifft bei wiederkehrenden Leistungen nicht das Stammrecht, sondern nur die aus ihm erwachsenden Einzelansprüche.[31] In Konsequenz dieser Differenzierung trifft die Versagung den Bürger nicht automatisch. Sie verlangt vom Leistungsträger als Beteiligtem im Sozialleistungsverhältnis, der alles daran setzen muss, die sozialen Rechte des Bürgers zu konkretisieren und zu erfüllen, dass er den Leistungsberechtigten immer auf die Folgen seiner Verweigerungshaltung hinweisen und ihm zur Erfüllung seiner Mitwirkungspflicht eine angemessene, sozusagen letzte Nachfrist setzen muss. 40

Anders als die Ablehnung einer Leistung wegen des Fehlens einer Anspruchsvoraussetzung ist die **Versagung** nach § 66 Abs. 1 S. 1 SGB I ausdrücklich **bis zur Nachholung der Mitwirkung begrenzt.** Weil der Leistungsträger die versagte Leistung nach nachgeholter 41

30 Bley, S. 68.
31 Bley, S. 69.

Mitwirkung nachträglich erbringen kann (§ 67 SGB I), ist sie für die Zeit bis zur Nachholung **vorläufiger Natur.**[32] Die Entziehung einer Sozialleistung wegen fehlender Mitwirkung ist als gestaltender Verwaltungsakt mit Dauerwirkung zu verstehen. Die entzogenen Leistungsansprüche bis zur Erfüllung der Mitwirkungspflicht werden allerdings **vernichtet.**[33]

4. Soziales Entschädigungsrecht

42 Zum „Handwerkszeug" bei der Bearbeitung von Opferentschädigungsfällen gehört Grundlagenwissen über die Einbettung des Opferentschädigungsrechts in das sozialrechtliche Leistungssystem. Das Opferentschädigungsgesetz gehört rechtssystematisch zur Sozialversorgung, dem sog. **sozialen Entschädigungsrecht.** Es handelt sich um ein kausal ausgerichtetes Sozialleistungssystem, dessen Rechtsfolgen aus dem Bundesversorgungsgesetz entnommen werden. Die **Kriegsopferfürsorge** ist dagegen systematisch aus der Idee einer gehobenen Fürsorge hervorgegangen. Im Opferentschädigungsgesetz spiegelt sich der Aufopferungsgedanke. Opferentschädigung soll Entschädigung in den Fällen sein, in denen der Staat trotz bestehenden Gewaltmonopols seiner Aufgabe nicht gerecht geworden ist, seine Bürger vor gewaltsamen Angriffen zu schützen.[34]

43 Die soziale Entschädigung ist im Wesentlichen begrenzt auf **Gesundheitsschäden.** Sie ist ein soziales Recht im Sinne des SGB I. Nach § 5 S. 1 SGB I hat derjenige, der

- einen Gesundheitsschaden erleidet,
- für dessen Folgen
- die staatliche Gemeinschaft einsteht,
- in Abgeltung eines besonderen Opfers oder aus anderen Gründen
- nach **versorgungsrechtlichen Grundsätzen**

ein Recht auf

- die notwendigen Maßnahmen zur Erhaltung, zur Besserung und zur Wiederherstellung der Gesundheit und der Leistungsfähigkeit
- und ein Recht auf angemessene wirtschaftliche Versorgung.

44 Das Recht auf angemessene wirtschaftliche Versorgung haben nach § 5 S. 2 SGB I auch die **Hinterbliebenen** eines Beschädigten.

45 Gegenstand der im SGB I normierten sozialen Rechte sind nach § 11 SGB I allgemein die dort vorgesehenen

- Dienstleistungen
- Sachleistungen und
- Geldleistungen

= (Sozialleistungen).

46 Die Art der geschuldeten Leistung ist in den einzelnen Gesetzen als solche vorgesehen. Eine Ersetzungsbefugnis, zB von der **Sachleistung** in eine Geldleistung im Wege der **Kostenerstattung,** besteht ohne ausdrückliche Regelung nicht, weil im Sozialrechtsverhältnis das Kostenerstattungsprinzip dem Sachleistungsprinzip gegenüber weder gleichartig noch gleichwertig ist.[35]

47 **Kostenerstattung für selbstbeschaffte Leistungen** ist nur ausnahmsweise zulässig. Sie ist ein gesetzlich geregelter Geldleistungsanspruch, der seine Kontur aus der Tatsache er-

32 BSG v. 25.10.1988, 7 RAr 70/87, MDR 1989, 291.
33 BSG SozR 3-1200 § 66, Nr. 7.
34 BSG v. 24.7.2002, SGb 2002, 616.
35 BSG SozR 2200 § 184 Nr. 4, 10 f.

hält, dass das geltende Sachleistungsprinzip ein funktionierendes System der Leistungserbringung voraussetzt (= Sicherstellungsauftrag)[36] und versagt hat. Im sozialen Entschädigungsrecht gibt es solche „Störfallregeln“ **für selbstbeschaffte Leistungen** in § 18 Abs. 3 und Abs. 4 BVG.[37] Nach § 18 Abs. 3 BVG kann der Geschädigte Kostenerstattung für seine notwendige Behandlung im angemessenen Umfang verlangen, wenn er die Behandlung **vor** der Anerkennung des Versorgungsfalles selbst durchgeführt hat. Der Kostenerstattungsanspruch setzt voraus, dass ein entsprechender Sachleistungsanspruch bestanden hat. Die Behandlung muss also notwendig gewesen sein. Eine Beschränkung auf zugelassene Behandler oder spezifische Voraussetzungen (zB Erfüllen der Psychotherapierichtlinien) fordert das Gesetz ausdrücklich nicht.

Nach § 18 Abs. 4 BVG sind die Kosten einer selbst durchgeführten Heilbehandlung **nach** Anerkennung in angemessenem Umfang zu erstatten, wenn unvermeidbare Umstände die Inanspruchnahme der Krankenkasse oder der Verwaltungsbehörde unmöglich gemacht haben. Das ist zB der Fall, wenn ein zugelassener Therapeut nicht ad hoc zur Verfügung stand. 48

In § 24 SGB I werden die für das Recht der **sozialen Entschädigung** allgemein möglichen **Leistungsansprüche** beschrieben. Bei Gesundheitsschäden können grundsätzlich in Anspruch genommen werden: 49

- Heil- und Krankenbehandlung sowie andere Leistungen zur Erhaltung, Besserung und Wiederherstellung der Leistungsfähigkeit einschließlich wirtschaftlicher Hilfen,
- besondere Hilfen im Einzelfall einschließlich Berufsförderung,
- Renten wegen Minderung der Erwerbsfähigkeit,
- Renten an Hinterbliebene, Bestattungs- und Sterbegeld,
- Kapitalabfindung, insbesondere zur Wohnraumbeschaffung.

Diese Leistungen werden durch §§ 9 ff **Bundesversorgungsgesetz (BVG)** konkretisiert.

Mit der Rechtsfolgenverweisung auf das BVG wurde die Opferentschädigung fest eingegrenzt. Versuchen, Tatbestand und Leistungsumfang auszudehnen, ist das Bundessozialgericht entgegengetreten. Sinn und Zweck des OEG gebieten danach eine Ausdehnung der staatlichen Leistungen auf den Ausgleich wirtschaftlicher Folgen jedweder Art nicht.[38] 50

Die Versorgungsleistungen des OEG – mit Ausnahme der Kriegsopferfürsorgeleistungen – werden nach § 12 SGB I in der **Zuständigkeit** der dort genannten Leistungsträger erbracht. Zuständig sind nach § 2 KOV-VfG die Versorgungsämter,[39] soweit im Gesetz nichts anderes geregelt ist. 51

Hinweis: Bei der Durchführung der Versorgung im sozialen Entschädigungsrecht wirken die Träger der **gesetzlichen Krankenversicherung** zT mit (§ 24 Abs. 2 S. 2 SGB I, § 18 c Abs. 1 S. 3 BVG, §§ 93, 89 Abs. 3 und 5 SGB X). Deshalb muss beachtet werden, dass nach§ 18 c Abs. 2 S. 2 BVG über den Widerspruch gegen Verwaltungsakte, die im Rahmen der Leistungserbringung von Krankenkassen erlassen werden, die für die Verwaltungsbehörde zuständige **Widerspruchsbehörde** entscheidet und nicht die Krankenkasse.

Im Bundesversorgungsgesetz sind außerdem die Regelungen der sog. **Kriegsopferfürsorge**[40] enthalten. Die Kriegsopferfürsorge ist Teil des sozialen Entschädigungsrechts. Sie 52

36 BSGE 53, 149.
37 Vgl hierzu Knickrehm/Vogl, § 18 Rn 8 ff.
38 BSG v. 18.10.1985, 9 RVg 7/93, NJW 1994, 1620.
39 Wegen der fortschreitenden Auflösung der Versorgungsämter vgl zur Zuständigkeit www.versorgungsaemter.de.
40 Vgl hierzu Knickrehm/Grube, Vor § 25 BVG.

ist in den §§ 25 bis 27 j BVG geregelt und dient der Ergänzung der übrigen Leistungen des Bundesversorgungsgesetzes durch besondere Hilfen im Einzelfall. Deshalb ist Voraussetzung für die Leistungsgewährung die Anerkennung eines Versorgungsanspruchs durch den Träger der Kriegsopferversorgung. Die Kriegsopferfürsorge hat die Aufgabe, sich der Beschädigten und ihrer Familienangehörigen sowie der Hinterbliebenen lebenslang anzunehmen und die Folgen der Schädigung oder des Verlustes des Ehegatten, Elternteils, Kindes oder Enkelkindes angemessen auszugleichen oder zu mildern.

53 Die **Zuständigkeit** für die Kriegsopferfürsorge ergibt sich aus § 24 SGB I. Der anspruchsberechtigte Personenkreis umfasst

- Beschädigte, die Grundrente nach § 31 BVG beziehen oder Anspruch auf Heilbehandlung nach § 10 Abs. 1 BVG haben
- Hinterbliebene, die Leistungen nach §§ 38 ff BVG beziehen.

54 Voraussetzung für Leistungen der Kriegsopferfürsorge ist, dass das Opfer oder seine anerkannten Hinterbliebenen aufgrund der Schädigung bzw des Todes des Versorgers nicht in der Lage sind, den eigenen Bedarf durch Einkommen oder Vermögen, also zB auch mithilfe der bewilligten Leistungen nach dem Opferentschädigungsgesetz zu decken.

55 Als Leistungen kommen in Betracht:

- Leistungen zur Teilhabe am Arbeitsleben – §§ 26, 26 a BVG (zB Umschulung, Aus- und Weiterbildung),
- Krankenhilfe – § 26 b BVG (zB Eigenanteile für Zahnersatz),
- Hilfe zur Pflege – § 26 c BVG (zB weitergehende, nach BVG nicht abgedeckte angemessene Kosten),
- Hilfe zur Weiterführung des Haushalts – § 26 d BVG,
- Altenhilfe – § 26 e BVG (zB altersgerechter Wohnungsumbau, Mahlzeitendienste, Haushaltshilfe),
- Erziehungsbeihilfe – § 27 BVG (zB für Studium oder Berufsausbildung),
- ergänzende Hilfe zum Lebensunterhalt – § 27 a BVG,
- Erholungshilfe – § 27 b BVG (Bezuschussung von Erholungsmaßnahmen),
- Wohnungshilfe – § 27 c BVG (zB schädigungsbedingte Veränderung des Wohnraums),
- Eingliederungshilfe/Hilfe in besonderen Lebenslagen – § 27 d BVG (zB Darlehen und Beihilfen zur Beschaffung größerer Hilfsmittel oder eines Kraftfahrzeuges, Wohnunterstützung etc.).

56 Die Leistungen sind von der Höhe des Einkommens und des Vermögens abhängig, es sei denn, es handelt sich um einen ausschließlich schädigungsbedingten Bedarf. Die Leistungen dienen immer dem aktuell bestehenden Bedarf und können in der Regel nicht rückwirkend bewilligt werden.

57 Sie werden auf Antrag gewährt. Die Kriegsopferfürsorge fällt in die Zuständigkeit der **Verwaltungsgerichte.**

5. Sozialrechtliches Verfahrensrecht – einige Schlaglichter

a) Der Leistungsantrag

58 Der Leistungsantrag markiert im Sozialrecht formellrechtlich den Beginn des Verwaltungsverfahrens (§ 18 SGB I). Ein Antrag auf Sozialleistungen ist nach § 16 SGB I beim **zuständigen Leistungsträger** zu stellen, wird aber auch **von allen anderen Leistungsträ-**

gern, von allen Gemeinden und bei Personen, die sich im Ausland aufhalten, auch von den amtlichen Vertretungen der Bundesrepublik im Ausland entgegengenommen.

In den Mitgliedstaaten der Europäischen Union gilt die Richtlinie 2004/80/EG des Rates v. 29.04.2004 zur Entschädigung für Opfer von Gewalttaten, die ein System der Zusammenarbeit zwischen den einzelstaatlichen Stellen schafft, die für die Übermittlung von Anträgen auf Entschädigung in grenzüberschreitenden Situationen zuständig sind. Im „Europäischen Gerichtsatlas für Zivilsachen" finden sich Informationen über die Anwendung der Verordnung (Unterstützungsbehörden) und Formblätter.[41]

Nach § 16 Abs. 2 S. 2 SGB I gilt ein Antrag auf Sozialleistungen als zu dem Zeitpunkt 59 gestellt, in dem er bei einer der oben genannten Stellen eingeht, auch wenn es sich nicht um den zuständigen Leistungsträger handelt.

Ist der Berechtigte Mitglied einer Krankenkasse, so gelten nach § 18 a Abs. 1 S. 3 BVG Anträge auf Leistungen der Krankenkasse zugleich als Anträge auf die entsprechenden Leistungen nach dem BVG.[42]

Grundsätzlich sind an die Erklärungen, die ein Anspruchsteller abgibt, keine strengen 60 Anforderungen zu stellen. Nach der Rechtsprechung werden **im Zweifel alle Ansprüche** geltend gemacht, die aus einem bestimmten Lebenssachverhalt zustehen.[43]

Allgemein gilt nach der Rechtsprechung des Bundessozialgerichtes: Löst ein Lebenssachverhalt gleichzeitig mehrere Leistungsansprüche aus, so genügt im allgemeinen der **Antrag** bei **einem Leistungsträger**, denn nach dem Sinn des § 16 SGB I dürfen dem Leistungsberechtigten keine Nachteile daraus entstehen, dass er bei **mehrfachem** Leistungsanspruch seine Leistungsanträge nicht an alle in Betracht kommenden Leistungsträger richtet; dies würde Kenntnisse des Leistungsberechtigten von den Zuständigkeitsbereichen der Sozialleistungsträger erfordern, die der Gesetzgeber gerade nicht voraussetzt.[44]

Grundsätzlich hat ein Antrag nur den Sinn, den **Anfang des Verwaltungsverfahrens** zu 61 bestimmen.[45] Der Verwaltungsakt, mit dem Leistungen bewilligt werden, hat nur **deklaratorische** Bedeutung. Selbst eine rechtswidrige Ablehnung einer Leistung ändert nichts am Bestehen des Leistungsanspruchs.[46]

Im Einzelfall kann der Antrag auf Gewährung einer Sozialleistung allerdings selbst **ma-** 62 **teriellrechtlich Tatbestandsvoraussetzung** des Sozialleistungsanspruchs sein, so dass der Anspruch auf die Sozialleistung erst entsteht, wenn **zusätzlich** zu allen anderen Tatbestandsvoraussetzungen die Antragstellung hinzukommt. Die Unterscheidung, ob ein Antrag **materiellrechtliche** oder **verfahrensrechtliche** Bedeutung hat, ist nicht immer einwandfrei möglich und lässt sich nur anhand der konkreten Anspruchsgrundlage lösen oder ist aus weiteren, mit der Anspruchsgrundlage zusammenhängenden Vorschriften abzuleiten.[47] Im Opferentschädigungsrecht gehört der Antrag zu den materiellrechtlichen Tatbestandsmerkmalen. Für die Heil- und Krankenbehandlung regelt § 18 a BVG allerdings, dass Leistungen **auch von Amts** wegen gewährt werden können. Werden der Verwaltungsbehörde unmittelbar oder durch pflichtgemäße Information der Krankenkasse Umstände bekannt, die darauf schließen lassen, dass der Berechtigte Anspruch auf Leistungen nach den §§ 10–24 a BVG hat, so soll sie im Hinblick auf die Möglichkeit, Leistungen von Amts wegen zu gewähren, den Sachverhalt aufklären. Dabei kommt es

41 http://ec.europa.eu/justice_home/judicialatlascivil/html/cv_information_de.htm.
42 Vgl hierzu Knickrehm/Vogl, § 18 a Rn 9.
43 BSG Breithaupt 1991, 107 ff.
44 BSG DOK 1985, 197.
45 BSGE 34, 17.
46 Bley/Kreikebohm/Marschner, Rn 120.
47 SRH-Heinze, Kapitel 8 Rn 66 f.

nicht darauf an, ob die bekannt gewordenen Umstände bereits die Art und den Umfang der erforderlichen Maßnahmen eindeutig erkennen lassen (Nr. 1 VV zu § 18 a BVG).

b) Minderjährige Antragsteller

63 Wer das **fünfzehnte Lebensjahr** vollendet hat, kann **trotz Minderjährigkeit** grundsätzlich selbst Anträge auf Sozialleistungen stellen und verfolgen sowie Sozialleistungen entgegennehmen. Der Leistungsträger soll den gesetzlichen Vertreter über die Antragstellung und die erbrachten Sozialleistungen unterrichten.

64 Die **sozialrechtliche Handlungsfähigkeit** tritt nach Maßgabe des § 36 SGB I ergänzend neben die gesetzliche Vertretungsmacht der Eltern; diese dürfen bei Untätigkeit uneingeschränkt Sozialleistungsanträge stellen und verfolgen.[48] Die Handlungsfähigkeit nach § 36 SGB I kann vom gesetzlichen Vertreter durch schriftliche Erklärung gegenüber dem Leistungsträger eingeschränkt werden. Die Rücknahme von Anträgen, der Verzicht auf Sozialleistungen und die Entgegennahme von Darlehen bedürfen der Zustimmung des gesetzlichen Vertreters.

c) Mehraktige Verwaltungsakte

65 Auf einen **Erstfeststellungsantrag im Opferentschädigungsrecht** folgt üblicherweise ein endgültiger Bescheid mit folgenden Regelungen für den Einzelfall des Betroffenen:

- Auf Ihren Antrag vom ... wird Ihnen Beschädigtenversorgung gewährt.
- Ihre Gesundheitsstörungen ... sind durch schädigende Einwirkungen iSv ... hervorgerufen.
- Ihr Grad der Schädigungsfolgen beträgt ... v.H.
- Sie haben Anspruch auf folgende Versorgungsbezüge ...

66 Der Bescheid ist idR mehraktig und enthält (mindestens) einen **feststellenden Verwaltungsakt** und einen die derzeit in Betracht kommenden **Leistungen betreffenden Verwaltungsakt.**[49]

67 Das **sozialrechtliche Verfahrensrecht** zur Konkretisierung der Ansprüche aus dem OEG ist zum Teil im **KOV-VfG** und für das Sozialrecht allgemein im **SGB X** geregelt. Viele Regeln des sozialrechtlichen Verfahrensrechts ähneln dem allgemeinen Verwaltungsverfahrensrecht; manche Besonderheiten zeigen jedoch, dass man sich im Bereich des „Sozialen“ aufhält.

d) § 44 SGB X – Zugunstenverfahren/Durchbrechung der Bestandskraft

68 Eine Besonderheit des sozialrechtlichen Verfahrens besteht in der Möglichkeit, die **Bestandskraft eines Verwaltungsaktes** und sogar die Rechtskraft einer richterlichen Entscheidung durch § 44 SGB X zu **durchbrechen.**

69 Soweit sich im Einzelfall ergibt, dass bei Erlass eines Verwaltungsaktes das Recht unrichtig angewandt oder von einem Sachverhalt ausgegangen worden ist, der sich als unrichtig erweist, und soweit deshalb Sozialleistungen zu Unrecht nicht erbracht oder Beiträge zu Unrecht erhoben worden sind, ist der Verwaltungsakt, auch nachdem er unanfechtbar geworden ist, **mit Wirkung für die Vergangenheit** zurückzunehmen. Dies gilt nicht, wenn der Verwaltungsakt auf Angaben beruht, die der Betroffene vorsätzlich in wesentlicher Beziehung unrichtig oder unvollständig gemacht hat.

70 Im Übrigen ist ein rechtswidriger nicht begünstigender Verwaltungsakt, auch nachdem er unanfechtbar geworden ist, ganz oder teilweise mit Wirkung für die Zukunft zurückzunehmen. Er kann auch für die Vergangenheit zurückgenommen werden.

---

48 BSG v. 28.4.2005, B 9a/9 VG 1/04 R, NJW 2005, 2574.

49 BSGE 11, 161.

Ist ein Verwaltungsakt mit Wirkung für die Vergangenheit zurückgenommen worden, werden Sozialleistungen nach den Vorschriften der besonderen Teile dieses Gesetzbuches **längstens** für einen Zeitraum **bis zu vier Jahren vor der Rücknahme** erbracht.[50] Dabei wird der Zeitpunkt der Rücknahme von Beginn des Jahres an gerechnet, in dem der Verwaltungsakt zurückgenommen wird. Erfolgt die Rücknahme auf Antrag, tritt bei der Berechnung des Zeitraumes, für den rückwirkend Leistungen zu erbringen sind, anstelle der Rücknahme der Antrag.

e) Wesentliche Änderung der Verhältnisse – § 48 SGB X, § 62 BVG

Die Aufhebung eines Verwaltungsaktes wegen **wesentlicher Änderung der Verhältnisse** 71 ist zwar in § 48 SGB X geregelt. Soweit jedoch § 62 BVG eine davon abweichende Regelung trifft, geht § 62 BVG als besonderer Teil des SGB X gem. § 37 SGB I vor. Das führt zu zwei beachtenswerten Sonderregelungen im sozialen Entschädigungsrecht, nämlich:

- § 62 Abs. 2 BVG, wonach die Minderung der Erwerbsfähigkeit im Grundsatz nicht vor Ablauf von zwei Jahren nach Bekanntgabe des Feststellungsbescheides niedriger festgesetzt werden kann, und
- § 62 Abs. 3 BVG, wonach bei Versorgungsberechtigten, die das 65. Lebensjahr vollendet haben, die Minderung der Erwerbsfähigkeit wegen Besserung des Gesundheitszustandes nicht niedriger festzustellen ist, wenn sie in den letzten 10 Jahre seit Feststellung nach diesem Gesetz aus medizinischen Gründen unverändert geblieben ist. Der Beschädigte behält die Leistungen nach der Rechtsprechung auch dann, wenn festgestellt wird, dass das Leiden unzweifelhaft von Anfang an rechtswidrig als Versorgungsleiden anerkannt worden ist; die Leistung darf auch nicht nach § 48 Abs. 3 SGB X von Erhöhungen ausgespart werden.[51]

f) Gesetz über das Verwaltungsverfahren in der Kriegsopferversorgung

Das Verfahren in Versorgungssachen richtet sich nach SGB I und SGB X, soweit das 72 Gesetz über das Verwaltungsverfahren in der Kriegsopferversorgung (KOV-VfG) nichts anderes bestimmt.

Aus dem KOV-VfG ergeben sich wichtige **Verfahrensbesonderheiten.** 73

aa) Regeln zur Feststellung des Sachverhaltes – § 15 KOV-VfG

Die praktisch bedeutsamste Regelung des **§ 15 KOV-VfG** schafft **Beweiserleichterungen** 74 für den Antragsteller, wo andere Beweismöglichkeiten erschöpft sind.[52]Die **Angaben des Antragstellers**, die sich auf die mit der Schädigung im Zusammenhang stehenden Tatsachen beziehen, sind

- wenn Unterlagen nicht vorhanden
- oder nicht zu beschaffen
- oder ohne Verschulden des Antragstellers verloren gegangen sind,

der Entscheidung zu Grunde zu legen, soweit sie nach den Umständen des Falles **glaubhaft** erscheinen. Die Glaubhaftmachung[53] ist im sozialen Entschädigungsrecht die dritte zulässige Form eines **Beweismaßstabes** (Vollbeweis, hinreichende Wahrscheinlichkeit, Glaubhaftmachung).

---

50 Vgl hierzu Knickrehm, Vor § 1 BVG Rn 19.
51 BSG SozR 3-3100, Nr. 1, 1.
52 BSGE 65, 123.
53 Hierzu Knickrehm, Vor § 1 BVG Rn 22.

75 Die Verwaltungsbehörde kann in besonderen Fällen von dem Antragsteller die eidesstattliche Versicherung verlangen, dass er bei seinen Angaben nach bestem Wissen die reine Wahrheit gesagt und nichts verschwiegen hat. Als **materielles Beweisrecht** gilt § 15 KOV-VfG nicht nur im Verwaltungsverfahren, sondern auch unmittelbar im gerichtlichen Verfahren.

bb) Leistungen vor Anerkennung/Vorbehaltsbescheid – § 22 Abs. 4 KOV-VfG/ Vorschussleistungen

76 Abschließende Mitteilungen der Verwaltungsbehörden in der Versorgungssache ergehen nach § 22 Abs. 1 KOV-VfG durch schriftlichen **Bescheid.**

77 Das allgemeine Sozialrecht kennt die Möglichkeit der **Vorschussleistungen** in § 42 SGB I und die Möglichkeit der **vorläufigen Leistungen** nach § 43 SGB I bei Zuständigkeitsstreit der Leistungsträger. § 42 SGB I setzt voraus, dass der Anspruch auf Geldleistungen dem Grunde nach besteht und zur Feststellung der Höhe nach längere Zeit erforderlich ist.

78 § 10 Abs. 8 BVG ordnet als materiellrechtliche Regel für die Heil- und Krankenbehandlung an, dass diese auch **vor der Anerkennung** eines Versorgungsanspruchs gewährt werden kann.

79 Im sozialen Entscheidungsrecht gibt es mit § 22 Abs. 4 KOV-VfG eine verfahrensrechtliche Entsprechung, die auf schnelle Hilfe gerichtet ist, die aber in der Praxis weitgehend keine Anwendung findet. Danach ist der Erlass eines vorläufigen Bescheides vorgesehen, wenn nach dem Ergebnis der Ermittlungen über den Anspruch oder einen Teil des Anspruches noch nicht endgültig entschieden werden kann, die Voraussetzungen für die Gewährung bestimmter Leistungen jedoch mit Wahrscheinlichkeit gegeben sind. Der Bescheid hat unter dem ausdrücklichen Vorbehalt der endgültigen Entscheidung zu ergehen. Er muss **beantragt** werden und der Antragsteller muss ein **berechtigtes Interesse** haben. Aus dem Bescheid müssen sich Inhalt und Ausmaß des Vorbehaltes ergeben.

80 Nach Abschluss der Ermittlungen hat die Behörde **unverzüglich den endgültigen Bescheid** zu erlassen. Eine Bindung an den vorläufigen Bescheid besteht nicht.

81 Ist in einem Bescheid über Ausgleichsrente bei monatlich schwankenden Einkünften die endgültige Feststellung der einkommensabhängigen Leistungen vorbehalten worden, so ist für die endgültige Feststellung die vorher getroffene Feststellung nicht bindend (§ 22 Abs. 5 KOV-VfG).

6. Sozialgerichtliches Verfahren – einige Schlaglichter

a) Rechtsweg

82 Für Entscheidungen in Versorgungssachen ist der Rechtsweg zu den Gerichten der **Sozialgerichtsbarkeit** gegeben gem. § 51 Abs. 1 Nr. 6 SGG. **Ausgenommen** sind die Angelegenheiten der **Kriegsopferfürsorge** (§§ 25–27 j BVG). Für diese sind auch weiterhin traditionell die Gerichte der **Verwaltungsgerichtsbarkeit** zuständig.

83 Für das Klageverfahren ist es wichtig zu wissen, dass die Verfahren für den Kläger **gerichtskostenfrei** sind und auch die von Amts wegen eingeholten Gutachten weder vorfinanziert noch nachträglich im Falle des Unterliegens erstattet werden müssen. Anders ist es bei § 109 SGG, der die Einholung eines **ärztlichen Gutachtens des Vertrauens** auf Antrag ermöglicht. Ein Gutachten durch einen Arzt des Vertrauens holt heute kein Gericht mehr ohne Vorschuss auf die Sachverständigenkosten ein. Am Ende eines sozialgerichtlichen Verfahrens kann dann aber beantragt werden, die Kosten eines solchen Gutachtens **auf die Staatskasse zu übernehmen.** Das geschieht, wenn die Einholung des

Gutachtens zur Sachaufklärung beigetragen hat. Dieser Antrag ist an keine Frist gebunden. Das Gericht entscheidet aber nicht von Amts wegen! Die Kosten eines solchen Gutachtens unterliegen nicht der Kostenerstattungspflicht des unterlegenen Beklagten.

b) Antragsziel/Hinweise zur Antragstellung im sozialen Entschädigungsrecht

aa) Klage auf Feststellung des Zusammenhangs zwischen einer Gesundheitsstörung/ dem Tod und einer Schädigung iSd BVG

In der Kriegsopferversorgung muss eine geringfügige Schädigung des Körper- oder Geisteszustandes nicht sofort zur Leistungsgewährung führen. Gleichwohl könnten derartige Schädigungsfolgen (etwa funktionell bedeutungslose Narben) Leistungsverpflichtungen auslösen wie zB Heilbehandlung. Auch könnten derartige Gesundheitsstörungen sich verschlimmern und im Laufe der Zeit Schädigungsfolgen im rentenberechtigenden Grad herbeiführen. In diesem späteren Zeitpunkt könnte die Beweisführung erheblich erschwert sein. Deshalb hat § 55 Abs. 1 Nr. 3 SGG in der gerichtlichen Praxis der Kriegsopferversorgung erhebliche Bedeutung. Die **Feststellung des Kausalitätszusammenhangs** ist häufig die allein streitige Frage. Gegenstand der Feststellung kann sowohl die **haftungsbegründende** als auch die **haftungsausfüllende Kausalität** im Versorgungstatbestand sein.[54] Rechtsprechung und Literatur haben die Zulässigkeit der „besonderen" **Feststellungsklage** bejaht, wenn die Verwaltung 84

- schon die haftungsbegründende Kausalität zwischen **schädigendem Ereignis** und **Schädigung** verneint hat[55] oder
- die Feststellung bzw Anerkennung einer **Gesundheitsstörung** als Folge eines schädigenden Ereignisses oder
- weigert, zu einem Schädigungstatbestand überhaupt Stellung zu nehmen.[56]

Grund dafür ist, dass die Feststellung, eine Gesundheitsstörung sei unabhängig von schädigenden Einwirkungen, nicht alleine Bedeutung als Begründung für die Ablehnung des einzelnen Leistungsanspruches hat. Sie ist vielmehr negative Feststellung iSd § 55 Abs. 1 Nr. 3 SGG. Die Feststellungen, die über den ursächlichen Zusammenhang getroffen werden, erwachsen auch hinsichtlich ihrer negativen Auswirkungen in Bindung.[57] 85

Praktische Auswirkungen hat das dort, wo der Kläger den Zusammenhang zwischen einer bestimmten Gesundheitsstörung und einer Schädigung iSd § 1 BVG nur als Begründung für seinen Rentenantrag, nicht aber als selbstständiges Feststellungsbegehren iSv § 55 Abs. 1 S. 3 SGG anführt. Erkennt das Gericht den Rentenanspruch zu, bejaht aber die geltend gemachten Schädigungsfolgen nur teilweise in den Gründen seiner Entscheidung und nicht im Entscheidungssatz, besteht die Gefahr, dass der Kläger nach §§ 144 ff SGG mit seinem Rechtsmittel ausgeschlossen ist, weil er durch die Begründung eines Urteils grundsätzlich nicht beschwert ist. Die Rechtsprechung hat der besonderen Feststellungsklage sehr weitgehenden Raum gegeben. 86

Die Möglichkeit, eine auf eine entsprechende Feststellung durch den Versorgungsträger gerichtete Verpflichtungsklage zu erheben, schließt die Feststellungsklage nicht aus.[58] Auch neben der **Anfechtungs- und Verpflichtungsklage** hat die Rechtsprechung für den Bereich der KOV-VfG eine selbstständige **Feststellungsklage** zugelassen.[59] Unzulässig ist dagegen die Feststellung einzelner abstrakter Rechtsfragen, auch wenn es sich um Elemente eines Rechtsverhältnisses handelt, es sei denn, die begehrte Feststellung führt zu 87

54 Jansen, Sozialgerichtsgesetz, § 55 Rn 7.
55 BSG SozR 3-3200 § 81 SVg Nr. 1, 3 mit weiteren Rechtsprechungsnachweisen.
56 BSG SozR 3-3200 § 81 Nr. 11.
57 Vgl BSGE 9, 84.
58 BSG SozR 3-3200 § 81 Nr. 16, 73; Lüdtke/Castendiek, § 55 Rn 63.
59 BSG SozR 3-3200 § 81 Nr. 16, 73.

einer umfassenden Klärung des zwischen den Beteiligten bestehenden Streits.[60] Die Feststellung der Schädigungsfolge ist im sozialen Entschädigungsrecht mehr als nur die Feststellung einer Vorfrage für das Leistungsverhältnis; sie ist Gegenstand einer selbstständigen Feststellung (§ 55 Abs. 1 Nr. 3 SGG).[61] Die Klage kann auch zur Vorbereitung eines Zivilprozesses erhoben werden; sie muss nicht der Erlangung von Sozialleistungen dienen.[62] Eine **unzulässige Elementfeststellung** ist die isolierte Feststellung des Grades einer Schädigungsfolge (GdS) als Folge der Schädigung iSd BVG. Beträgt der GdS weniger als 25 v.H., besteht auch kein Anspruch auf Feststellung eines in Ziffern bestimmten GdS.[63]

88 Die Möglichkeit, ein Versorgungsrechtsverhältnis feststellen zu lassen, auch wenn daraus aktuell kein Leistungsanspruch resultiert, ist in der Praxis für die psychische Gesunderhaltung der Betroffenen von oft unterschätzter Bedeutung. Insbesondere Opfer von Gewalt- und Sexualstraftaten haben häufig nur das Bedürfnis, als solches anerkannt und ihr Leiden festgeschrieben zu sehen, auch wenn daraus aktuell keine Leistungen fließen. Im Hinblick darauf, dass psychische Gesundheitsstörungen durchaus auch größere Latenzzeiten haben können, empfiehlt es sich ohnehin, einen solchen Antrag aus Gründen der zeitnäheren Beweismöglichkeit zu verfolgen, auch wenn aktuell daraus keine Leistungen resultieren.

89 Der entsprechende Antrag könnte lauten:

Klageantrag bei der Erstfeststellung des Versorgungsanspruches ohne Leistungsantrag

Unter Aufhebung des Verwaltungsaktes vom ... in der Fassung des Widerspruchsbescheides vom ... wird festgestellt, dass die Gesundheitsstörung ... Folge eines schädigenden Ereignisses iSd OEG vom ... ist.

90 Die **Gesundheitsstörung** als solche muss klar bezeichnet sein, weil § 1 Abs. 1 BVG die Anerkennung einer bestimmten Gesundheitsstörung voraussetzt. Die Beschreibung einer Gesundheitsstörung als „Folgezustand nach ..." ist gänzlich unbestimmt und völlig unzureichend gekennzeichnet, denn praktisch kann weder eine Heilbehandlung für ein bestimmtes Leiden gewährt noch jemals beurteilt werden, ob die anerkannte Schädigungsfolge Verschlimmerungen oder weitere mittelbare Schädigungsfolgen verursacht hat. Sieht das Gericht einen solchen Antrag des Klägers nicht als unklar, sondern als sachdienlich an, muss es zu allen Gesundheitsstörungen Stellung nehmen, deren Anerkennung der Kläger unter dieser komplexen Bezeichnung nach § 123 SGG geltend machen will.[64]

bb) Kombinierte Klagearten

91 Zumeist wird das Begehren eines Klägers aber darauf gerichtet sein, überhaupt eine oder eine höhere **Beschädigtenversorgung** zuerkannt zu erhalten. Dass er sie nicht erhält, kann unterschiedliche Ursachen haben. Es wird bestritten, dass

- der Kläger zum geschützten Personenkreis gehört,
- Gesundheitsstörungen vorliegen,
- Gesundheitsstörungen durch schädigende Einwirkungen iSd OEG hervorgerufen wurden
- die Gesundheitsstörungen zu einem Gesamt-Grad der Schädigungsfolgen (Gesamt-GdS) führen, der höher als mit 25 v.H. zu bewerten ist,

60 BSGE 31, 240; 7, 129.
61 BSG SozR 3-3200 § 81 SVG Nr. 16, 73 jeweils mwN.
62 Lüdtke/Castendiek, § 55 Rn 63.
63 BSG v. 17.4.1958, 9 RV 434/55, NJW 1958, 1157.
64 BSG v. 15.12.1970, 10 RV 438/68, BSG KOV 6/1971 Nr. 1991/1993.

- dass die Tatbestandsvoraussetzungen für eine ganz konkrete Leistung, zB Pflegezulage vorliegen.

92 Das Begehren des Klägers geht also vorrangig auf Versorgung dem Grunde nach oder in einer bestimmten Höhe. Hierzu muss der ablehnende Verwaltungsakt aufgehoben und die beanspruchte Feststellung und/oder Leistung geltend gemacht werden. Die Besonderheit im sozialgerichtlichen Verfahren besteht in der Möglichkeit, statt der **Verpflichtungsklage** unmittelbar **Leistungsklage** zu erheben (§ 54 Abs. 4 SGG). Dieser Klage geht aber immer ein Verwaltungsakt voraus. Wenn ein Verwaltungsakt erforderlich ist, muss also abgewartet werden. Die „echte" Leistungsklage ist unzulässig und es ist ggf Untätigkeitsklage zu erheben.[65]

93 Der Kläger sollte nach früherer Rechtsprechung des Bundessozialgerichts das Begehrte nicht stets ganz konkret bezeichnen müssen. So hat das Bundessozialgericht zB den Antrag „Der Beklagte wird verurteilt, den Bescheid vom ... in der Fassung des Widerspruches vom ... aufzuheben und wegen der Folgen der Gewalttat vom... gesetzliche Entschädigungsleistungen zu gewähren", für zulässig gehalten. Nach neuerer Rechtsprechung reicht der **Antrag auf Beschädigtenversorgung** aber nicht mehr aus. Die beanspruchte Leistung muss genau bezeichnet werden.[66] Der Begriff der Versorgung bezeichnet nach Ansicht der neueren BSG-Rechtsprechung keine bestimmte Leistung. Selbst wenn nach den Umständen des Falles als „Versorgung" nur Geldleistungen in Betracht kämen, kann nach der Auffassung des Bundessozialgerichts ein dann immer noch zu unbestimmter Antrag nicht Gegenstand eines **Grundurteils** nach § 130 SGG sein.[67] In einem Grundurteil sind nämlich sämtliche Anspruchselemente zu prüfen.[68] Leistungsart und Leistungsdauer müssen deshalb feststehen.

94 Das Gericht darf nur die Höhe der Geldleistung offen lassen,[69] da § 130 SGG eine Verurteilung zur Leistung dem Grunde nach vorsieht.[70] Der Kläger muss daher seinen Klageantrag in Geld auch nicht beziffern. Sachleistungen sind nicht grundurteilsfähig. Heilbehandlung ist daher nicht grundurteilsfähig.

95 Ein Antrag auf **Verzinsung** muss nicht gestellt werden, da die Verwaltung die Verzinsung von Amts wegen nach § 44 SGB I festzustellen hat.[71]

(1) Die kombinierte Anfechtungs-/Feststellungs- und Leistungsklage

96 Soweit die Feststellung der Kausalität im schädigenden Tatbestand und in deren Folge sodann Leistungen beansprucht werden, kommt die kombinierte Anfechtungs-/Feststellungs- und Leistungsklage in Betracht (§§ 54 Abs. 1, 4, 55 Abs. 1 Nr. 3 SGG).

Muster: Antrag auf kombinierte Anfechtungs-/Feststellungs- und Leistungsklage 97

Es wird beantragt,

- den Bescheid des Beklagten vom ... in der Fassung des Widerspruchsbescheides vom ... aufzuheben,
- festzustellen, dass die Gesundheitsstörung ... Folge eines schädigenden Ereignisses iSd OEG ist,
- den Beklagten zu verurteilen, ab dem ... eine Beschädigtenrente nach einem Gesamtgrad der Schädigungsfolgen iHv mindestens 25 v.H. zu zahlen.

---

65 Lüdtke/Castendiek, § 54 Rn 118.
66 BSGE 89, 89 ff.
67 BSG v. 2.10.2008, B 9 VG 2/07 R.
68 BSG SozR 3-1500 § 141 Nr. 8; BSG v. 9.12.2004, B 7 Al 22/04 R.
69 BSGE 83, 13.
70 BSGE 89, 89 ff.
71 Lüdtke/Binder, § 94 Rn 8.

98 Der Kläger muss sich im sozialen Entschädigungsrecht nicht auf einen bestimmten **Grad der Schädigungsfolgen** festlegen. Es genügt, wenn zB beantragt wird, **Beschädigtenrente** nach einem Grad der Schädigungsfolgen i.H.v. mindestens 25 v.H. zu gewähren.[72]

99 Weitere Antragsmuster ergeben sich aus dem jeweiligen Begehren in dem jeweiligen Verwaltungsverfahren, zB **Neufeststellung bei Verschlimmerungsantrag.**

100 **Muster: Neufeststellung bei Verschlimmerungsantrag**

- ... den Bescheid des Versorgungsamtes vom ... in der Fassung des Widerspruchsbescheides vom ... aufzuheben,
- ... festzustellen, dass auch die Gesundheitsstörungen ... durch schädigende Einwirkung iSv ... hervorgerufen (verschlimmert) worden sind,
- den Beklagten zu verurteilen, dem Kläger vom ... an Beschädigtenrente nach einem Grad der Schädigungsfolgen iHv ... v.H. zu zahlen.

(2) Die kombinierte Anfechtungs- und Leistungsklage

101 Bei der kombinierten Anfechtungs- und Leistungsklage ist Streitgegenstand die Behauptung des Klägers, er habe einen Anspruch auf Aufhebung des angefochtenen Verwaltungsaktes, weil dieser rechtswidrig sei und ihn in seinen Rechten verletze,[73] und er habe ferner einen Anspruch auf die geltend gemachten Leistungen.

102 **Muster: Antrag bei Streit über die Höhe des Grades der Schädigungsfolgen der an sich aber anerkannten Schädigungsfolgen**

- ... den Bescheid vom ... in der Fassung des Widerspruchsbescheides vom ... aufzuheben (abzuändern) und
- den Beklagten zu verurteilen, dem Kläger ab dem ... Beschädigtenrente nach einem Grad der Schädigungsfolgen iHv ... v.H. zu gewähren.

cc) Die Anfechtungsklage/Verpflichtungsklage

103 Für die reine Anfechtungsklage bleibt Raum, wenn es darum geht, dass der Kläger geltend macht, er habe einen Anspruch auf Aufhebung des angefochtenen Verwaltungsaktes, weil dieser rechtswidrig sei und ihn in seinen Rechten verletze.[74] Das kann der Fall sein, wenn der Versorgungsanspruch wegen wesentlicher Besserung der Verhältnisse neu festgestellt und Leistungen entzogen wurden.

104 **Muster: Klageantrag einer Anfechtungsklage**

... den Bescheid des Versorgungsamtes vom ... in der Fassung des Widerspruchsbescheides vom ... aufzuheben.

105 Eine **Verpflichtungsklage** kommt zB bei der Bewilligung von Ermessensleistungen in Betracht. Bei einem abgelehnten Antrag auf einen Zugunstenbescheid nach § 44 SGB X kommt eine Kombination aus **Anfechtungs- und Verpflichtungsklage** in Betracht:

106 **Muster: Klageantrag einer Anfechtungs- und Verpflichtungsklage**

... den Bescheid vom ... in der Fassung des Widerspruchsbescheides vom ... aufzuheben und den Beklagten zu verpflichten, einen neuen Bescheid zu erlassen.

---

72 Krasney/Udsching, S. 151 Rn 73.
73 BSG v. 17.12.1975, 2 RU 35/75, BSGE 41, 100.
74 BSG v. 17.12.1975, 2 RU 35/75, BSGE 41, 100.

c) Beweiserhebung/Gutachten des Vertrauens – § 109 SGG

Im SGG gilt das **Amtsermittlungsprinzip.** Nach § 128 SGG entscheidet das Gericht nach seiner **freien, aus dem Gesamtergebnis des Verfahrens gewonnenen Überzeugung.** 107

Das gilt auch für die Bemessung des **Grades der Schädigungsfolgen** (GdS, früher MdE), also die aufgrund § 30 BVG durch eine Schätzung vorzunehmende Festlegung des konkreten Umfangs der Funktionsbeeinträchtigungen. Nach der bisherigen Rechtsprechung des Bundessozialgerichts zur MdE[75] handelt es sich dabei um eine tatsächliche Feststellung der Beeinträchtigung des Leistungsvermögens des Beschädigten. Neben dieser Feststellung ist die Anwendung medizinischer und sonstiger Erfahrungssätze über die Auswirkungen bestimmter körperlicher oder seelischer Auswirkungen auf die Leistungsfähigkeit des Geschädigten im Erwerbsleben erforderlich. 108

Diese Beurteilung liegt in erster Linie auf ärztlich-wissenschaftlichem Gebiet, wenngleich die Entscheidungskompetenz ausschließlich beim Gericht liegt. Hierbei sind die allgemeinen Erfahrungssätze zu beachten, wie sie – früher in den Anhaltspunkten für die ärztliche Gutachtertätigkeit, heute in den **versorgungsmedizinischen Grundsätzen** – verkörpert sind. Die früheren AHP stellten nach der Rechtsprechung des Bundessozialgerichts **antizipierte Sachverständigengutachten** dar. Sie hatten rechtsnormähnlichen Charakter und waren von den Sozialgerichten wie gesetzliche Normen anzuwenden. 109

Nichts anderes gilt heute für die **versorgungsmedizinischen Grundsätze.** Die darin enthaltenen „Richtwerte" bilden idR die Basis für einen Vorschlag, den der medizinische Sachverständige zur Höhe des Grades der Schädigungsfolgen unterbreitet.[76] Sie werden benutzt, weil das Gesetz selbst keine Kriterien dafür kennt, wie ein Grad der Schädigungsfolgen im Einzelfall konkret zu bewerten ist. Auch ein aus der Natur der Sache sich ergebender Maßstab, mit dem festgestellt werden kann, wie die Gesundheitsstörungen und ihre funktionellen Auswirkungen im Behindertenrecht zu bewerten sind, gibt es nicht. Das Bundessozialgericht formuliert dies so: „Für die Richtigkeit der Anhaltspunkte außerhalb ihres eigenen Systems gibt es keinen ausreichenden Maßstab. Sie bewerten die Gesundheitsstörung nicht nur iS eines Sachverständigengutachtens, sondern sie legen normativ auch fest, was gelten soll."[77] 110

Aus den bisherigen Anhaltspunkten und ihrem Charakter als antizipierte Sachverständigengutachten leiteten sich bisher für die praktische Feststellung des Grades der Schädigungsfolgen im Verwaltungsverfahren und im Prozess folgende wesentlichen Schlussfolgerungen ab: 111

- Die generelle Richtigkeit der Anhaltspunkte kann durch ein Einzelfallgutachten nicht widerlegt werden.
- Ein Abweichen von den Anhaltspunkten ist nur in eng begrenzten Fällen und ganz ausnahmsweise zulässig:
  - bei Verstoß der Anhaltspunkte gegen höherrangiges Recht,
  - bei Vorliegen eines Sachverhaltes, der aufgrund individueller Verhältnisse einer besonderen Beurteilung bedarf,
  - bei Abweichen der Anhaltspunkte von dem gegenwärtig herrschenden Kenntnisstand der medizinischen Wissenschaft oder
  - bei Ergänzung der Anhaltspunkte iSd Füllens einer planwidrigen Lücke

75 BSGE 4, 149; BSG SozR 3-2200 § 581 Nr. 7 u. 8; BSG v. 18.3.2003, B 2 U 31/02 R.
76 BSG SozR 3-2200 § 581 Nr. 8 mwN.
77 BSG v. 23.6.1993, 9/9 a RvS 1/91; MDR 1994, 78, BSGE 75, 176 = BB 1996, 272; BVerfG v. 6.3.1995, 1 BvR 60/95, NJW 1995, 3049.

Diese Aussagen geltend jetzt entsprechend für die versorgungsmedizinischen Grundsätze.

112 Um Schädigungsfolgen sicher zu diagnostizieren, ist insbesondere auf psychiatrischem Fachgebiet immer ein **Sachverständiger** erforderlich, der über eine spezielle **traumatologische Ausbildung** und/oder besondere Erfahrung verfügt.[78]

113 Für die Einholung eines Sachverständigengutachtens von Amts wegen gelten wegen § 118 SGG die Vorschriften der ZPO. Wichtige Ausnahme ist allerdings, dass § 404 Abs. 4 ZPO nicht gilt und deshalb die **Auswahl des Sachverständigen** alleine Sache des Gerichtes ist.[79] Anders ist es nur beim Gutachten gem. § 109 SGG, das dem Kläger das Recht gibt, **ergänzend** ein **Gutachten des Vertrauens auf eigene Kosten** vom Gericht einholen zu lassen.

114 Zu beachten ist, dass für die wissenschaftliche Arbeit mit Opfern besondere Methoden der **Traumadiagnostik** existieren, die vom Sachverständigen generell zu beachten sind. So gehört es heute zum Standard, dass zur Feststellung psychotraumatischer Belastungsreaktionen auf besondere Tests, Fragebögen und Skalen zurückgegriffen wird.[80]

115 Bei **psychiatrischen Gutachten** ist unbedingt zu beachten, dass der Gutachter Grenzen bei der Übertragung der Begutachtung durch hinzugezogenes Hilfspersonal unterliegt. Die persönliche Begegnung mit dem Probanden unter Einschluss eines explorierenden Gesprächs wird als Herzstück eines psychiatrischen Gutachtens angesehen. Ein Sachverständiger ist nach der Rechtsprechung des Bundessozialgericht zwar berechtigt, sich zur Erledigung des Gutachtenauftrags anderer Personen zu bedienen (§ 407 a Abs. 2 S. 2 ZPO) und darf – erlaubt – auch andere Ärzte zur Mitarbeit heranziehen, ihnen aber nicht vollständig die ein psychiatrisches Gutachten prägende und regelmäßig in einem nicht verzichtbaren Kern vom Sachverständigen selbst zu erbringende Zentralaufgabe überlassen: Dies gilt insbesondere, wenn die psychischen Auswirkungen eines lange zurückliegenden Geschehens zu beurteilen sind.[81]

II. Das Opferentschädigungsrecht

116 § 1 Abs. 1 und 8 OEG regeln die Versorgung für Personen, die

- infolge eines vorsätzlichen, rechtswidrigen tätlichen Angriffs
- oder durch dessen rechtmäßige Abwehr
- eine gesundheitliche Schädigung

erlitten haben. Ebenso wird die Versorgung von Hinterbliebenen schädigungsbedingt gestorbener Gewaltopfer geregelt.

1. Die Gewalttat iSv § 1 Abs. 1 OEG

a) Tätlicher Angriff gegen seine oder eine andere Person

117 Nach der Definition des Reichsgerichtes ist ein **tätlicher Angriff** gegen einen Menschen eine in feindlicher Willensrichtung unmittelbar auf den Körper eines anderen zielende Einwirkung, ohne Rücksicht auf den Erfolg derselben.[82] Das Bundessozialgericht hat diese Definition aus dem Strafrecht und aus der Rechtsprechung des Reichsgerichtes übernommen. Anfänglich wurde mehr der aggressive, kämpferisch-handgreifliche As-

78 Siehe hierzu § 4.
79 Krasney/Udsching, S. 82 Rn 61.
80 Vgl hierzu § 4 Rn 74 ff.
81 Lüdtke/Roller, § 118 Rn 22 mit umfangreichen weiteren Nachweisen.
82 RGST 7, 301.

pekt des Tatbestandsmerkmals betont;[83] nach dem Zweck des Opferentschädigungsgesetz wurde ihm aber nach und nach ein modifizierter Sinngehalt gegeben[84] und klargestellt, dass nicht ein aggressives Verhalten, sondern die **Rechtsfeindlichkeit** des Täterhandelns iS einer Feindlichkeit gegenüber dem Strafgesetz[85] für das Vorliegen der Anspruchsvoraussetzung des „tätlichen Angriffs" maßgeblich ist und dass **keine strenge Bindung an die strafrechtliche Bedeutung** des entsprechenden Begriffes besteht.[86] Leitlinie für die Bestimmung des Begriffes ist der **Gedanke des Opferschutzes.** Dabei bestimmt das Bundessozialgericht das Vorliegen eines tätlichen Angriffes aus der Sicht eines objektiven, vernünftigen Dritten und grenzt sozial angemessenes Verhalten aus. In der Regel wird die Angriffshandlung den Tatbestand einer – jedenfalls versuchten – vorsätzlichen Straftat gegen das Leben oder an körperliche Unversehrtheit erfüllen.[87] Daneben sind aber Begehensweisen denkbar, bei denen kein strafrechtlich relevanter Erfolg angestrebt wird. Es ist nicht einmal eine körperliche Berührung oder auch nur ein darauf zielender Vorsatz notwendig.[88]

Nicht zur entschädigungspflichtigen Gewaltkriminalität durch tätliche Angriffe sind im Regelfall solche Einwirkungen zu rechnen, die nicht unmittelbar und in der Regel auch nicht gewaltsam auf den Körper eines anderen einwirken.[89] Stets ist allerdings ein Handeln notwendig, das die **Einwirkung auf einen Menschen** bezweckt. Fehlt einer Handlung die erforderliche unmittelbare (feindliche) Ausrichtung auf einen anderen Menschen, so wird sie nicht als tätlicher Angriff iSd § 1 Abs. 1 OEG gewertet.[90] Was unter einem vorsätzlichen, rechtswidrigen tätlichen Angriff gegen eine Person zu verstehen ist, konkretisiert das Bundessozialgericht in einer Vielzahl von **Einzelfallentscheidungen.**[91] 118

aa) Aussetzung/Fluchtfälle

Für einen tätlichen Angriff nach § 1 Abs. 1 OEG ist **kein größerer Kraftaufwand** erforderlich.[92] Der tätliche Angriff muss auch nicht zu einer körperlichen Berührung zwischen Täter und Opfer führen. Es reicht aus, wenn das Opfer dem gegen ihn gerichteten körperlichen Angriff durch Ausweichen oder Flucht entgehen will und dabei zu Schaden kommt.[93] Der durch den tätlichen Angriff in Gang gesetzte schädigende Vorgang endet nicht mit der Vollendung zB der Freiheitsberaubung, sondern schließt auch grundsätzlich die Flucht und als schädigendes Ereignis auch den Absturz aus einem Haus dabei ein.[94] 119

bb) Sexueller Missbrauch

Sexueller Missbrauch ist ein tätlicher Angriff im Sinne des § 1 Abs. 1 OEG. Ein tätlicher Angriff kann nach der Rechtsprechung des Bundessozialgerichts auch dann erfüllt sein, wenn der Täter keine nennenswerte Kraft aufwendet, um einen Widerstand des Opfers 120

83 „Signalmunitionsfall", BSG v. 4.2.1998, B 9 VG 5/96 R, NJW 1999, 236 ff.
84 BSGE 49, 98 ff; 56, 24 ff; 59, 46 ff; BSG SozR 3-3800 § 1 Nr. 1, 6, 7; § 2 Nr. 3.
85 BSG v. 29.4.2010, B 9 VG 1/09, B 9 VG 1/09R, NJW 2011, 1101.
86 „Bedrohungsfall", BSG v. 10.9.1997, 9 RVg 1/96, BSGE 81, 42; „Feuerwerkskörper-in-Hosentasche-Fall", BSG v. 3.2.1999, B 9 VG 7/09 R, NJW 1999, 2207.
87 BSG v. 29.4.2010, B 9 VG 1/09, B 9 VG 1/09R, NJW 2011, 1101.
88 „Bedrohungsfall", BSG v. 10.9.1997, 9 RVG 1/96, BSGE 81, 42.
89 BSGE 60, 147 ff.
90 „Gullydeckelfall", BSG v. 10.12.2003, B 9 VG 3/02 R; vgl auch „Durchsuchungsfall", BSG v. 2.10.2008, B 9 VG 2/07 R.
91 Vgl eine exemplarische Zusammenfassung im „Schönheitsoperationsfall", BSG v. 29.4.2010, B 9 VG 1/09 R, NJW 2011, 1101.
92 „Aussetzungsfall", BSG NJW 1193, 880; „Bedrohungsfall", BSG v. 10.9.1997, B 9 RVg 1/96 = BSGE 81, 42.
93 „Kfz-Hindernisfall", BSGE 56, 234 ff, BSG v. 12.12.1995, 9 RVg 1/94, MDR 1996, 1048; BSG ZfS 1996, 209 ff.
94 „Absturzfall", BSG v. 30.11.2006, B 9 a VG 4/05 R.

zu überwinden, sondern sein Ziel dadurch erreicht, dass er den Widerstand seines Opfers durch **Täuschung, Überredung oder sonstige Mittel** ohne besonderen Kraftaufwand bricht oder gar nicht erst aufkommen lässt.[95]

121 Die geforderte Feindseligkeit zwingt nach Auffassung des Bundessozialgerichts nicht zu einer anderen Entscheidung, Der Einwand, in solchen Fällen werde zT gerade das Gegenteil von Feindseligkeit, nämlich eine Art übertriebene Zuneigung sichtbar, geht nach der Auffassung des Bundessozialgerichts zu Unrecht davon aus, die Feindseligkeit sei immer eine innere Tatsache. Denn, was feindselig sei, sage das Strafgesetz. **Eine besondere Feststellung der Feindseligkeit als innere Tatsache sei jedenfalls dann nicht erforderlich, wenn es sich um eine Straftat handelt.** Selbst wenn der Täter subjektiv dem Opfer helfen wolle oder aus Liebe handele, liege ein rechtswidriger tätlicher Angriff vor, wenn der Täter in strafbarer Weise die körperliche Integrität eines anderen rechtswidrig verletze.[96] Obwohl auch das Onanieren vor einem Kind strafrechtlich sexueller Missbrauch ist, wird demgegenüber der tätliche Angriff vom Landessozialgericht Nordrhein-Westfalen mangels körperlicher Einwirkung verneint.[97]

cc) Kindesentziehung mit List

122 Aus der Einbeziehung des sexuellen Missbrauchs in den Anwendungsbereich des OEG lässt sich nach der Rechtsprechung des Bundessozialgerichts nicht generell ableiten, dass auch andere – mit List – begangene Straftaten zur Entschädigung führen. Grundsätzlich sei die auf eine auf körperliche Gewaltanwendung abstellende gesetzgeberische Konzeption zu beachten. Mit dieser geht nach Auffassung des Bundessozialgerichts nicht konform, auch die auf List durchgeführte Kindesentziehung als Schädigungstatbestand beim Vater anzuerkennen.[98]

dd) HIV-Infektion

123 Die Beibringung von lebensgefährlichen Krankheitserregern wird vom Bundessozialgericht als eine gegen einen anderen gerichtete feindliche Aktion angesehen, auch wenn eine besondere Kraftentfaltung nicht erforderlich und der Vorsatz nur bedingt war. Sie ist damit ein tätlicher Angriff iSd OEG, ohne dass noch eine besondere feindselige Einstellung des Täters als innere Tatsache festzustellen wäre.[99]

ee) Bedrohung

124 Ob eine **Bedrohung** oder eine Drohung mit Gewalt für sich alleine dem entschädigungspflichtigen Bereich zuzurechnen oder aber bereits als tätlicher Angriff zu werten ist, ist schwierig abzugrenzen. Das Bundessozialgericht hält es angesichts der Vielgestaltigkeit der Lebenssachverhalte kaum für möglich, eine feste Grenze zwischen bloßer Drohung mit Gewalt und ihrer Anwendung zu ziehen. Ein tätlicher Angriff sei aber umso eher zu bejahen, je größer die objektive Gefahr für Leib und Leben des Bedrohten war.[100]

125 Die absichtliche, rechtswidrige Bedrohung eines anderen mit einer scharf geladenen, **entsicherten Schusswaffe** soll nach der Rechtsprechung ohne Weiteres einen tätlichen Angriff darstellen, auch wenn ein Tötungs- oder Verletzungsvorsatz noch fehlte.[101] Nach Sinn und Zweck des OEG sei der Begriff des tätlichen Angriffs so auszulegen, dass ein bereits objektiv hoch gefährdetes Opfer bei Abwehr- und Fluchtreaktion den

95 „Missbrauchsfall", BSG v. 18.10.1995, 9 RVg 7/93, NJW 1996, 1620.
96 „Missbrauchsfall", BSG v. 18.10.1995, 9 RVg 4/93, NJW 1996, 1620.
97 LSG NRW v. 28.1.2010, L 10 VG 31/08.
98 „Kindesentziehungsfall", BSG v. 12.3.2003, B 9 VG 2/02 R, NJW 2003, 2478.
99 „Aids-Fall", BSG v. 18.10.1995, 9 RVg 5/95, NJW 1996, 1619; BSGE 77, 18 ff.
100 „Durchsuchungsfall", BSG v. 2.10.2008, B 9 VG 2/07 R.
101 „Bedrohungsfall", BSG v. 10.9.1997, B 9 RVG 1/96, BSGE 81, 42; „Schusswaffenfall", BSG v. 24.7.2002, B 9 RVg 4/01 R, BSGE 90, 6.

Schutz des OEG genießt. In der Literatur wird angenommen, dass dies zu bejahen ist, wenn das **Inaussichtstellen des künftigen Übels** bereits als Angriff auf die körperliche Integrität angesehen werden muss. Das Bundessozialgericht hat die Drohung ausreichen lassen, wenn erhebliche Drohungen und Gewaltanwendungen gegen eine Sache einhergingen, die als einziges Hindernis dem unmittelbaren körperlichen Zugriff durch den Täter im Wege stand: „Maßgeblich ist insoweit, ob bereits ein unmittelbares Ansetzen einer zielgerichteten Gewaltanwendung gegen eine Person gegeben ist. Dies ist aus der Sicht eines objektiven, vernünftigen Dritten zu beurteilen."[102] Das gilt jedenfalls dann, wenn der Dritte mit der bevorstehenden Tötung oder ernstlichen Verletzung des Opfers rechnen würde. Unerheblich ist, ob der Drohende die Drohung auch verwirklichen will, es genügt, wenn sie dem Bedrohten selbst als ernstlich erscheint und auch objektiv den Eindruck der Ernstlichkeit erweckt.

Nicht ausreichend ist die **bloße Gewaltanwendung** gegen Sachen, ohne dass objektiv das unmittelbare Bevorstehen eines tätlichen Angriffs festgestellt werden kann. Das Bundessozialgericht stellt insoweit darauf ab, dass der tätliche Angriff eine unmittelbar auf den Körper eines anderen zielende Einwirkung fordert. Wenigstens die äußeren Tatumstände müssen überzeugende Hinweise auf den Willen geben, unmittelbar gegen eine Person vorzugehen.[103] 126

ff) „Dummejungenstreiche", grobe Scherze und Streiche

Durch die Orientierung an der **rechtsbruchsorientierten Willensrichtung** hat das Merkmal der feindseligen Willensrichtung eine Verschiebung erfahren. Eine Entschädigung war früher auszuschließen, wenn die Handlung als gefährlicher Scherz zu werten war,[104] eine Mutprobe darstellte oder ein Spiel unter leichtfertigen Jugendlichen[105] oder aus Unachtsamkeit begangen worden war. Heute bezieht die Rechtsprechung auch **„Dummejungenstreiche"** bei § 1 Abs. 1 OEG ein, wenn das Handeln des Täters vorsätzlich und auf Rechtsbruch gerichtet gewesen ist.[106] Entscheidend ist also nicht die innere Einstellung des Täters oder ein aggressives Verhalten, sondern die **Rechtsfeindlichkeit der Tathandlung.**[107] Der vorsätzliche rechtswidrige Angriff gegen die körperliche Integrität oder die körperliche Bewegungsfreiheit einer anderen Person reicht damit in der Regel aus, um den Tatbestand zu erfüllen.[108] Lediglich soweit Handlungen **im Rahmen des sozial Üblichen** geschehen, etwa durch körperliche Kontakte auf Volksfesten, **ist ihre Rechtswidrigkeit zu verneinen** und sind etwaige fahrlässige Verletzungsfolgen von der staatlichen Entschädigungspflicht ausgeschlossen.[109] 127

gg) Freiheitsberaubung

Ein Angriff auf die körperliche Bewegungsfreiheit ist ein tätlicher Angriff im Sinne des § 1 Abs. 1 OEG. Ob daran für Fälle ohne aggressives Einwirken auf das Opfer – zB durch Einsperren oder bloßes Blockieren von Ausgängen oder durch List – festzuhalten ist, ist fraglich. Die Grenze zur Gewalttat ist aber überschritten, wenn eine Person durch Mittel körperlicher Gewalt ihrer **Freiheit beraubt** und/oder dieser Zustand aufrechterhalten wird.[110] 128

---

102 „Bedrohungsfall", BSG v. 10.9.1997, 9 RVg 1/96, BSGE 81, 42; Vgl BSG v. 3.2.1999, B 9 VG 7/97 R, SozR 3-3800, § 1 Nr. 14.
103 „Einbruchsfall", BSG v. 28.3.1984, 9 a RVg 1/83, VersR 1984, 981.
104 BSG SozR 3800 § 1 Nr. 4; Nr. 6.
105 „Fang-Mal-Fall", BSG SozR 3-3800 § 1 Nr. 1.
106 „Feuerwerkskörper-in-Hosentasche-Fall", BSG SGb 1999, 355.
107 BSGE 81, 42 ff, 288 ff.
108 „Kfz-Hindernisfall", BSG ZfS 1996, 208 ff.
109 BSG SozR 3800 § 1 Nr. 6.
110 BSG v. 30.11.2006, B 9 a VG 4/05R.

hh) Unterlassen

129 Für einen tätlichen Angriff durch Unterlassen wird vorausgesetzt, dass dem Täter gegenüber dem Geschädigten eine **Garantenstellung** inne hatte und er die Möglichkeit zur Verhinderung des Erfolges hatte (unechte Unterlassungsdelikte). Eine solche Garantenstellung kann sich aus Gesetz (zB elterliche Sorge) aus Vertrag (zB Behandlungs-, Krankenhaus-/Pflegeheimaufnahmevertrag), aus der tatsächlichen Übernahme der Gewähr für das Rechtsgut des Geschädigten, aus einem besonderen Vertrauensverhältnis, aus tatsächlicher Sachherrschaft oder vorangegangenem gefährlichen Tun resultieren. Die Verwirklichung echter Unterlassungsdelikte begründet in der Regel einen tätlichen Angriff nicht.

ii) Misshandlung und Vernachlässigung von Kindern

130 Die körperliche Misshandlung von Kindern ist ein tätlicher Angriff iSd OEG. Zu den gefährlichsten Misshandlungsformen von Säuglingen und Kleinkindern gehört das als schädigendes Ereignis im OEG anerkannte **sog. Schütteltrauma** („shaken baby syndrome“).[111] Dieses Schütteln ist – auch wenn es nur wenige Sekunden dauert – vorsätzlicher, rechtswidriger tätlicher Angriff im Sinne von § 1 Abs. 1 OEG.[112]

131 Ob **vernachlässigte Kinder** Entschädigung nach dem OEG erhalten können, ist streitig.[113] Das Problem liegt bei der **„gewaltlosen Vernachlässigung“**. In der Literatur werden diese Vernachlässigungsfälle als „offenes“ Problem bezeichnet.[114] Auch extremes Fehlverhalten der Personensorgeberechtigten bei der Pflege und Erziehung eines Kindes, das nicht durch körperliche Übergriffe, sondern durch eine außerordentliche Vernachlässigung und eindeutig falsches Erziehungsverhalten gekennzeichnet ist, darf nach Ansicht des Sozialgerichtes Ulm nicht aus dem Anwendungsbereich des OEG herausfallen.[115] Die übrige Rechtsprechung steht der Entschädigung eher ablehnend gegenüber. [116] So vertritt das Landessozialgericht Bayern die Auffassung, der„tätliche Angriff“ habe durch das Bundessozialgericht bereits eine erweiternde Auslegung erfahren. Eine nochmalige Erweiterung sei nicht mehr von der Zielsetzung des Gesetzgebers gedeckt, Personen Entschädigungsleistungen zukommen zu lassen, die wegen des Versagens gesellschaftlicher Schutzmechanismen Opfer eines vorsätzlichen, rechtswidrigen tätlichen Angriffs geworden seien. Diese Entscheidung befindet sich in Einklang mit der Verwaltungspraxis, die für die Entschädigung entscheidend darauf abstellt, ob eine **Strafbarkeit** nach § 225 StGB gegeben ist.

132 Es ist aber sehr zweifelhaft, ob es richtig ist, sich für die Entschädigungsfrage an § 225 StGB zu orientieren, der Böswilligkeit des Handelnden verlangt. Die Böswilligkeit des § 225 StGB ist ein subjektives Kriterium, was dem OEG als solchem fremd ist. Böswilligkeit wird bei **unverschuldetem Erziehungsversagen strafrechtlich** verneint. Das OEG orientiert sich aber nicht am schuldhaften Verhalten des Schädigers. Auch der schuldlos handelnde Täter kann OEG-Ansprüche auslösen. Strafrecht und OEG kollidieren an dieser Stelle miteinander und deshalb kann es nicht richtig sein, in entsprechender Anwendung der Missbrauchsentscheidung des Bundessozialgerichts ein „strafbares Verhalten iS des Strafrechts“ zu verlangen. Das Bundessozialgericht hat mehrfach darauf hingewiesen, dass die Gewaltopferentschädigung nicht an das Vorliegen von Gewalt im strafrechtlichen Sinne anknüpft, sondern der Gesetzgeber es bewusst der sozialgerichtli-

111 Hermann, Körperliche Misshandlung von Kindern, Monatsschrift für Kinderheilkunde 2002, 1325 ff.
112 SG Duisburg v. 8.5.2002, S 22 VG 224/99.
113 So zB Heinz, ZfS 2000, 129 ff.
114 Heinz, Der tätliche Angriff in der Gewaltopferentschädigung – Ein Begriff mit scharfen Konturen, ZfS 2004, 69 f.
115 SG Ulm v. 27.1.2000, S 9 VG 1086/99, ZfS 2000, 357 ff.
116 LSG Bayern v. 26.4.2007, L 15 VG 15/06.

chen und nicht der strafgerichtlichen Rechtsprechung überlassen hat, den Begriff des tätlichen Angriffs im OEG mit Inhalt zu füllen.[117] Ausreichend muss daher nach diesseitiger Ansicht ein gegen die Rechtsordnung bzw die subjektiven Rechte eines Kindes gerichtetes – also ein rechtsfeindliches – Verhalten sein. Gegen Verbotsnormen verstößt Vernachlässigung allemal, nämlich gegen die **„Kinderschutztrias"**:[118]

- In der **UN-Kinderrechtekonvention** wird Kindern das Recht auf Schutz vor Gewalt, Grausamkeit, **Vernachlässigung** und Missbrauch zuerkannt.
- Art. 2 Abs. 2 GG schützt die körperliche Unversehrtheit aller Bürger, also auch diejenige von Kindern.
- § 1631 Abs. 2 S. 2 BGB regelt ausdrücklich, dass körperliche Bestrafungen, seelische Verletzungen und andere entwürdigende Maßnahmen unzulässig sind.

Kindesvernachlässigung wegen erzieherischer Unfähigkeit kann außerdem den Straftatbestand der Körperverletzung erfüllen.[119]

jj) Mobbing

Auch unter Berücksichtigung der Tatsache, dass durch Mobbing missachtete, herabgesetzte, sozial ausgegrenzte oder gar geächtete Opfer psychisch erkranken können, fällt ein solches Verhalten nach der Rechtsprechung des Bundessozialgerichts nicht in den Anwendungsbereich des OEG, denn das OEG deckt nicht alle gesellschaftlichen Verletzungsrisiken, die einem anderen zuzurechnen sind, ab.[120] 133

kk) Stalking

Ein sich über Jahre erstreckendes Stalking, das aus einer Vielzahl einzelner, für sich abgeschlossener Sachverhalte besteht, wird nach der Rechtsprechung grundsätzlich nicht als ein einheitlicher schädigender Vorgang gewertet. 134

Eine Wertung als tätlicher Angriff wird von der Rechtsprechung für Telefonate, SMS, Briefe, Karten, Geschenke und dergleichen sowie für das bloße Klingeln an der Haustür verneint, wenngleich der Betroffene dadurch in erheblicher Weise belästigt werden kann. Es fehlt insoweit an einer **unmittelbar drohenden Gewaltanwendung**, selbst wenn einzelne Mitteilungen ernste Drohungen enthalten. Entsprechend verhält es sich mit missbräuchlich veranlassten Notfalleinsätzen, Dienstleistungen oder Lieferungen zur Wohnung des Betroffenen, zumal wenn die beauftragten Personen in keiner Weise gewalttätig geworden sind.[121] Telefon**terror** kann mE allerdings durchaus auch eine **vorsätzliche Körperverletzung** und damit einen tätlichen Angriff darstellen. 135

Soweit sich eine feindselige Willensrichtung des Täters nicht feststellen lässt, kommt es nach der Rechtsprechung auf das Vorliegen **einer mit Gewaltanwendung verbundenen vorsätzlichen Straftat** an. Soweit der Täter durch sein Verhalten gegen eine vollstreckbare Anordnung nach § 1 GewSchG verstößt und sich dadurch nach § 4 GewSchG strafbar macht, ist die Grenze zum tätlichen Angriff iSd § 1 Abs. 1 S. 1 OEG – ungeachtet ggf einschlägiger Straftatbestände nach dem StGB – überschritten, wenn die Tat **durch Mittel körperlicher Gewalt gegen die durch die Anordnung geschützte Person begangen wird** und/oder der rechtswidrig herbeigeführte Zustand mittels Tätlichkeiten aufrechterhalten wird. Insoweit gelten ähnliche Grundsätze wie bei der opferentschädigungsrechtlichen Bewertung der Freiheitsberaubung nach § 239 StGB. 136

117 BSG v. 18.10.1995, 9 RVG 7/93.
118 Vgl zum Kinderschutz auch § 6.
119 Schreiben der Bezirksregierung Münster vom 25.3.2002, 102.2.4.-4371-A-66/2002.
120 „Mobbing-Fall", BSG v. 14.2.2001, B 9 VG 4/00 R, BSGE 87, 276.
121 „Stalking-Fall, BSG v. 7.4.2011, B 9 VG 2/10 R.

ll) Ärztlicher Eingriff – ärztlicher Kunstfehler

137 Nicht jeder strafbare ärztliche Eingriff soll nach der Rechtsprechung des Bundessozialgerichts zur Entschädigung führen, weil ärztliches Handeln im Grundsatz von der Absicht des Heilens und nicht der Schädigung getragen wird. Wenn ein **ärztlicher Eingriff** objektiv – also aus der Sicht eines verständigen Dritten – in keiner Weise dem Wohl des Patienten dient, soll die Grenze allerdings überschritten sein. Das kann insbesondere der Fall sein, wenn sich der Arzt bei seiner Vorgehensweise von eigenen finanziellen Interessen leiten lässt und die gesundheitlichen Belange des Patienten hintenanstellt. Durch das Abstellen auf das Wohl des Patienten werden neben den Fällen der Heilung einer behandlungsbedingten Erkrankung auch die Fälle reiner **Schönheitsoperationen** erfasst, also Fälle, in denen ohne jede medizinische Indikation allein den Schönheitsvorstellungen des Patienten dienende Eingriffe vorgenommen werden.[122]

b) gegen seine oder eine andere Person oder durch dessen rechtmäßige Abwehr

138 Da der tätliche Angriff tatbestandlich auch gegen „eine andere Person" gerichtet sein kann, sind auch Personen geschützt, die Schäden durch Personen erleiden, die ihnen diese auf der Flucht zufügen. § 1 Abs. 1 OEG ist so gefasst, dass„wer" den Schaden an der Gesundheit genommen hat, nicht identisch zu sein braucht mit demjenigen, gegen den der tätliche Angriff gelenkt war.[123]

139 Für den Gebrauch der Worte „oder eine andere Person" ist das **Fehlgehen des Angriffs** – dieser trifft einen anderen als den Bestimmten – in der Begründung lediglich beispielhaft aufgeführt. Dem Gesetzgeber erschien die Entschädigung geboten, wenn „der Betroffene durch eine mit Gewaltanwendung verbundene Straftat in Mitleidenschaft gezogen wird".

aa) Das ungeborene/noch nicht gezeugte Kind

140 Der Wortlaut des § 1 Abs. 1 OEG setzt voraus, dass der Geschädigte im Zeitpunkt des Angriffs bereits „eine Person" war oder noch ist. Diese Voraussetzung wird weder durch das noch nicht gezeugte, noch durch das im Zeitpunkt des tätlichen Angriffs gezeugte Kind noch durch die Leibesfrucht (**nasciturus**) erfüllt. Das Bundessozialgericht hat darin eine zu schließende Regelungslücke gesehen. Das Ziel, Opfer von Gewalttaten, die der Staat nicht verhindern konnte oder verhindert hat, zu entschädigen, zielt deshalb auch auf Personen, die zum Zeitpunkt der Gewalttat noch nicht geboren sind, aber unter den gesundheitlichen Folgen der Gewalttat zu leiden haben.[124] Wegen der engen vorgeburtlichen Verbundenheit zwischen Mutter und Kind und der typischen Bedeutung von Schädigungen der Mutter auch für die Gesundheit eines zukünftigen Kindes hat es das Bundessozialgericht deshalb als „noch verstehbar" angesehen, eine Entschädigung eines unmittelbar infizierten Kindes zuzuerkennen, dessen Mutter mindestens 6 Jahre vor seiner Geburt bei einer Vergewaltigung durch einen russischen Soldaten infiziert worden war.[125]

141 Ob Kinder, die durch den vorsätzlichen Alkoholkonsum ihrer Mutter während der Schwangerschaft **vorsätzlich** geschädigt werden (sog. **fetales Alkoholsyndrom = FASD**), ist dagegen bisher höchstrichterlich nicht entschieden. Vergleichbares gilt für die Schädigung durch Nikotin, Drogen, Medikamente. Mit der Rechtsprechung des Bundesgerichtshofes[126] ist jede Störung, die von einem Menschen herrührt und das natürliche

122 „Schönheitsoperationsfall", BSG v. 29.4.2010, B 9 VG 1/09 R, NJW 2011, 1101.
123 „Schockschadenfall I",BSGE 49, 98 ff.
124 „Inzestentscheidung", BSG v. 16.4.2002, B 9 VG 1/01 R, NJW 2002, 3123; vgl auch BSG v. 24.10.1962, 10 RV 583/59; v. 15.10.1963, 11 RV 129/61, NJW 1963, 1078.
125 „Luesfall", BSGE 20, 41.
126 BGH 8, 243.

Wachstum und die natürliche Entfaltung behindert oder beeinträchtigt, eine Verletzung von Rechtsgütern, deren Verhinderung staatliche Pflicht ist. § 1 Abs. 2 Nr. 1 OEG enthält allerdings für die **Beibringung giftiger oder gesundheitsschädlicher Stoffe** eine Sonderregelung, bei der auf den Vorsatz der Beibringung abgestellt wird (§ 224 Abs. 1 Nr. 1 StGB). § 224 Abs. 1 Nr. 1 StGB setzt strafrechtlich **einen existenten Menschen** voraus. Das Bundessozialgericht hat aus der Wechselbeziehung der beiden Anspruchsnormen abgeleitet, dass die Gleichstellung der Herbeiführung bestimmter Gefahrenlagen mit einem tätlichen Angriff bedeutet, dass diese Tatbestände nicht mit einem unmittelbaren tätlichen Angriff identisch sind.[127] Demzufolge steht man der Entschädigung von **FASD-Kindern** eher ablehnend gegenüber. Für **Contergangeschädigte** hat das Landessozialgericht Nordrhein-Westfalen generell einen tätlichen Angriff verneint.[128]

bb) Die nicht mehr existente Person

Das Opferentschädigungsrecht fordert einen tätlichen Angriff auf eine noch existente Person. Eine Verletzung des Persönlichkeitsrechts – zB durch den Missbrauch eines toten Kindes – unterfällt dem Begriff des tätlichen Angriffs nicht.Die Schädigung, die dadurch entsteht, dass ein Angehöriger von dieser Tat erfährt, wird – anders als bei sonstigen **Schockschadensfällen** – deshalb nicht entschädigt.[129] 142

cc) Schockschaden

Einer Mutter, die aufgrund der Nachricht von einem vorsätzlichen rechtswidrigen Angriff gegen ihr Kind einen **Schockschaden** in Gestalt einer dauernden psychischen Gesundheitsstörung erlitt, hat das Bundessozialgericht Versorgung nach dem OEG zuerkannt. Die genaue Abgrenzung in der Praxis führt aber immer wieder zu Streit. Das BMAS[130] hatte deshalb mithilfe der weitergehenden Rechtsprechung des Bundessozialgerichts folgende **Kriterien für die Prüfung der Anspruchsberechtigung** mittelbar Geschädigter (im Fall des Schockschadens) aufgestellt: 143

- zwischen dem Schädigungstatbestand und dem Schaden beim mittelbar Geschädigten muss eine **gewisse Nähe** bestehen. Diese setzt einen **unmittelbaren örtlichen und zeitlichen Zusammenhang** voraus. Beispiel: Es genügt nicht, wenn der Mutter die Nachricht von einer Ermordung des Sohnes im Ausland übermittelt wird.
- Zwischen dem unmittelbar betroffenen Opfer (zB Vergewaltigungsopfer) und dem Drittgeschädigten (zB Ehemann) muss eine **Sonderbeziehung** bestehen. Diese wird regelmäßig durch Ehe- und Eltern-Kinderverhältnisse angenommen werden können.
- Das schädigende Ereignis muss geeignet sein, den **Schock durch das eigene Erleben** auszulösen. Dies kann regelmäßig nur bei schweren vorsätzlichen Gewalttaten angenommen werden, wie zB Mord, Totschlag, schwere Körperverletzung.
- Der Schock muss eine nicht nur vorübergehende psychische Störung von Krankheitswert verursacht haben.

Dieser einschränkenden Ansicht des BMAS ist mE nicht zwingend zu folgen. Das Motiv des Ministeriums, die Schädigungskette nicht ins Endlose laufen lassen zu wollen, findet im Gesetz keinen Niederschlag. Anders als im Kriegsopferrecht ist die Versorgung vom Wortlaut des Gesetzes her nicht auf den unmittelbar Geschädigten zu beschränken. Das Problem der Abgrenzung des berechtigten Personenkreises lässt sich mE letztendlich nur durch eine Klarstellung im Gesetz lösen; das Bundessozialgericht beurteilt dies aber **anders** und geht davon aus, dass – entsprechend dem Regelungssystem der Kriegsopferver- 144

127 „Vogelzuchtentscheidung", BSG v. 10.12.2003, B 9 VG 3/02 R, NJW 2004, 1476.
128 LSG NRW v. 22.2.2010, L 10 (6) B 8/09 VG.
129 „Totenruhefall", BSG v. 12.6.2003, B 9 VG 6/02 R.
130 BMA-Rundschreiben v. 06.08.96, Az VI – 1-52039/3.

sorgung – auch der Entschädigungsanspruch nach dem OEG **eine unmittelbare Schädigung des Opfers** voraussetzt. Die vor allem aus dem Wortlaut des § 1 Abs. 1 BVG („wer") und des § 1 Abs. 2 Buchst. a) iVm § 5 BVG als Erfordernis abgeleitete Unmittelbarkeit wird danach grundsätzlich **als enger zeitlicher und örtlicher Zusammenhang** zwischen dem **Schädigungstatbestand** und der **schädigenden Einwirkung** iS einer **engen, untrennbaren Verbindung** beider Tatbestandselemente **ohne örtliche und zeitliche Zwischenglieder** verstanden. Sie betrifft eine Vorfrage der Kausalität und begrenzt den berechtigten Personenkreis. Ob das Opfer einer Gewalttat durch den Angriff „unmittelbar" geschädigt worden ist, beurteilt sich je nach den Umständen des Einzelfalls wertend anhand des Schutzzwecks des Gesetzes. Auf dieser Grundlage schützt § 1 Abs. 1 S. 1 OEG auch sog **„Sekundäropfer"**; im Anschluss an die Rechtsprechung zur Kriegsopferversorgung zählen hierzu auch solche Personen, deren Schädigung und Schädigungsfolgen psychischer Natur sind. Im Ergebnis werden die psychischen Auswirkungen einer schweren Gewalttat als mit dieser so unmittelbar verbunden betrachtet, dass beide eine natürliche Einheit bilden. In der Anerkennung von Schockschadensopfern liegt keine Erweiterung des Personenkreises gegenüber dem BVG, wenngleich darin ein weites Verständnis des Begriffs der Unmittelbarkeit zum Ausdruck kommt.

145 Eine Einbeziehung aller durch Kenntnisnahme von der Gewalttat psychisch geschädigten Personen in den Kreis der Anspruchsberechtigten würde indessen nach Auffassung des Bundessozialgerichts den Rahmen dieser auf dem Ausnahmetatbestand der „aberratio ictus" beruhenden Erweiterung der zu entschädigenden Fälle sprengen. Das Bundessozialgericht hat den insoweit gebotenen engen Zusammenhang[131]bejaht, wenn das Sekundäropfer am Tatort **unmittelbar Zeuge der Tat** gewesen ist, als der seelische Schock eintrat, und es zudem aus Gründen einer sachgerechten Fassung des Schutzbereichs des OEG als erforderlich angesehen, die Unmittelbarkeit jedenfalls bei **nahen Angehörigen** auch dann anzunehmen, wenn eine solche Person die Nachricht von der vorsätzlichen Tötung des Primäropfers erhält und dadurch einen Schock erleidet, **ohne dass eine Tatzeugenschaft** vorliegt.

146 Da die **Nachrichtenübermittlung** generell eine räumliche und zeitliche Distanz zum primären Tatgeschehen bedingt, eignet sich dieses Merkmal nach Ansicht des Bundessozialgerichts dagegen nicht als Abgrenzungskriterium. Es spielt dabei auch keine Rolle, mit welchem Medium die Todesnachricht übermittelt wird. Jedenfalls ist eine mangelnde zeitliche und örtliche Nähe grundsätzlich nicht dazu angetan, die erforderliche Unmittelbarkeit in Frage zu stellen. Vielmehr wird diese ggf durch die **enge persönliche Beziehung zwischen Primär- und Sekundäropfer** begründet.[132/133]

147 Aus dem Schutzbereich des OEG heraus genommen hat das Bundessozialgericht auf jeden Fall diejenigen psychischen Schäden, die Familienangehörige dadurch erleiden, dass sich lediglich ihre **Lebensumstände infolge der Schädigung des Primäropfers allmählich verändern.**[134]

c) Summations- oder Gesamttrauma

148 Der Anspruch nach dem OEG knüpft grundsätzlich an den einzelnen tätlichen Angriff an. Das bedeutet, dass von einem *einmaligen* Gewaltgeschehen ausgegangen wird, das isoliert festzustellen und zu bewerten ist.

---

131 Vgl dazu BSG v. 12.6.2003, B 9 VG 8/01 R, und B 9 VG 1/02R, NJW 2004, 1476.
132 Zur personalen Nähe bei getrennt lebenden Eheleuten vgl BSG v. 12.6.2003, B 9 VG 1/02 R mwN, NJW 2004, 1476.
133 BSG v. 25.3.2004, B 9 VG 5/02 R.
134 „Schockschadenfall II", BSG v. 17.12.1997, 9 BVg 5/97.

Für **Kindesmisshandlung**, -vernachlässigung und **sexuellen Missbrauch** ist allerdings typisch, dass sie häufig aus einer Kette sich regelmäßig wiederholender Einzelfälle bestehen, die nach genauer Anzahl der Taten, ihrem konkreten Ablauf und ihrer Intensität sowie ihrer konkreten Folgen oder jeweiligen Einzeltat nicht abgrenzbar oder bestimmbar sind. Es ist also weitgehend unmöglich, jeden einzelnen tätlichen Angriff isoliert festzustellen und im Hinblick auf seine Schädigungsfolgen zu bewerten. Als tätlicher Angriff iSd Gesetzes müssen daher die Misshandlungen oder Missbrauchshandlungen in ihrer Gesamtheit beurteilt werden. Dass eine solche Sichtweise zulässig ist, kann aus einer Analogie zu Ziffer 139 der früher geltenden Anhaltspunkte für die ärztliche Gutachtertätigkeit im sozialen Entschädigungsrecht abgeleitet werden. Aus den Beobachtungen extremer Lebensverhältnisse mit psychischen Belastungen und Misshandlungen in Kriegsgefangenschaft, Internierung oder rechtsstaatswidriger Haft kann danach iS eines antizipierten Sachverständigengutachtens als herrschende Meinung in der Medizin abgeleitet werden, dass insbesondere bei Betroffenen in jüngerem Lebensalter die andauernde Folge von Misshandlungen als **Summationstrauma** wirkt. Nichts anderes kann im OEG gelten. Folglich ist auch ein festgesetzter sexueller Missbrauch oder eine fortgesetzte Misshandlung als ein einheitlich zu bewertender tätlicher Angriff = schädigender Sachverhalt zu bewerten.[135] 149

d) Vorsatz

aa) Der Vorsatz im OEG

Der rechtswidrige tätliche Angriff muss **vorsätzlich** erfolgt sein.[136] Der Vorsatzbegriff 150
ist im strafrechtlichen Sinne zu verstehen. Vorsatz ist also als Wissen und Wollen der zum Tatbestand gehörenden Merkmale zu definieren. Das Bundessozialgericht hat dabei aber mehrfach darauf hingewiesen, dass die Gewaltopferentschädigung nicht an das Vorliegen von Gewalt im strafrechtlichen Sinne anknüpft, sondern der Gesetzgeber es dabei bewusst der sozialgerichtlichen Rechtsprechung überlassen hat, den Begriff des vorsätzlichen tätlichen Angriffs im OEG mit Inhalt zu füllen.[137] Dabei soll es nicht darauf ankommen, ob eine Gewalttat mit direktem oder bedingtem Vorsatz begangen worden ist. Es genügt, dass ein Täter eine körperliche Beeinträchtigung in seinem Willen aufgenommen hat (**natürlicher direkter Vorsatz**) oder aber eine solche Beeinträchtigung zumindest für möglich gehalten und billigend in Kauf genommen hat (**bedingter Vorsatz**).[138] Auch ein erst viereinhalb Jahre altes Kind kann grundsätzlich einen vorsätzlichen tätlichen Angriff begehen, weil es in der Lage ist, bei einfachen Handlungsabläufen die unmittelbaren Folgen ungefähr vorherzusehen.[139]

Die Entschädigung nach dem OEG verlangt weder, dass die feindselige Einwirkung ei- 151
nem bestimmten Täter zuzuordnen ist, noch dass der Umfang des Schadens so gewollt ist.[140] Opferentschädigung wird nicht wegen eines vorsätzlich beigebrachten Schadens, sondern wegen eines Schadens aus einem vorsätzlichen Angriff zugebilligt. Der Vorsatz muss sich danach nur auf den Angriff als solchen, also auf die unmittelbare Einwirkung auf den Körper des Verletzten, nicht aber auf den entstandenen Körperschaden gerich-

135 Vgl hierzu Durchführung des Opferentschädigungsgesetz (OEG) – fortdauernder sexueller Missbrauch in familiären und anderen sozialen Strukturen, Rundschreiben Bezirksregierung Münster v. 26.4.2007, 4371/4378 A 90/2007; zur Entwicklung des Begriffs Summations- oder Gesamttrauma vgl Goltermann, Die Gesellschaft der Überlebenden, S. 260 ff.

136 BSG Breithaupt 1984, 406 ff.

137 BSG v. 15.10.1995, 9 RVG 7/93.

138 „Feuerwerkskörper-in-Hosentasche-Fall“, BSG v. 3.2.1999, B 9 VG 7/97 R, NJW 1999, 2207.

139 BSG v. 8.11.2007, 9/9 a VG 3/06R.

140 „Fang-Mal-Fall“, BSG SozR 3-3800 § 1 Nr. 1; „Feuerwerkskörper-in-Hosentasche-Fall“, BSG v. 3.2.1999, B 9 VG 7/97 R; BSG MDR 1999, 1008; 1996, 1048; „Signalmunitionsfall“, BSG v. 17.6.1998, 2 AZR 336/97, NJW 1999, 236 ff.

tet sein.[141] Erforderlich ist also somit **kein Erfolgsvorsatz**, sondern ein **Handlungsvorsatz** iSd Wissens um die und des Wollens der auf den Körper eines anderen zielenden Einwirkung.

152 In der Regel wird der Angriff aber zugleich eine vorsätzliche Straftat – zumeist in der Form eines versuchten oder vollendeten Erfolgsdeliktes – im Sinne des Strafrechts darstellen. Ist ein solches Delikt vorsätzlich versucht oder vollendet worden, so liegt stets auch ein vorsätzlicher tätlicher Angriff iSd OEG vor, während umgekehrt ein vorsätzlicher tätlicher Angriff nicht notwendigerweise eine vorsätzlich begangene Straftat oder überhaupt eine strafbare Handlung (zB im Falle der versuchten einfachen Körperverletzung) voraussetzt. Allerdings scheiden – von den gesetzlich geregelten Ausnahmen abgesehen – fahrlässig begangene Handlungen in der Regel als Anspruchsgrundlage für einen Entschädigungsanspruch nach § 1 Abs. 1 OEG aus.

153 Der Vorsatz eines Angreifers bedarf des **Nachweises.** Ist der Täter unbekannt geblieben oder lässt sich der Sachverhalt insoweit nicht oder nicht ausreichend aufklären, zB weil der Täter zum Tatgeschehen schweigt oder nur ungenügende Angaben macht, darf aus den festgestellten äußeren Umständen auf das Vorliegen des (bedingten) Vorsatzes geschlossen werden.[142] Ist auch das nicht möglich, geht das Nichtfestgestelltsein des Vorsatzes nach den Grundsätzen der objektiven Beweislast zulasten des Antragstellers.[143]

bb) Die Fahrlässigkeitstat

154 Strafrechtlich als **Fahrlässigkeitstaten** bewertete Straftaten können gleichwohl als vorsätzliche tätliche Angriffe iSd OEG bewertet werden. Ausgeweitet wird diese Möglichkeit noch dadurch, dass es tatbestandlich ausreicht, dass der tätliche Angriff vorsätzlich gegen irgendeine Person gerichtet war. Es ist nicht erforderlich, dass der Täter bewusst eine individualisierbare Person angegriffen hat.[144]

155 Die Verletzungshandlung im OEG ist eigenständig und **ohne Bezugnahme auf das Strafgesetzbuch** geregelt.[145] **Kongruenz** von Opferentschädigungsrecht einerseits und Strafrecht und Schadensersatzrecht andererseits ist im Gesetz **nicht verwirklicht.** Der Gesetzgeber hat die Entschädigung nach OEG auch für den Taterfolg einer strafrechtlich als Fahrlässigkeitstat zu bewertenden Handlung gewollt, sofern die Handlung insgesamt der Gewaltkriminalität zuzuordnen ist.

Hinweis: Strafrechtliche Wertung und zivilrechtliche Feststellungen binden für das Verfahren nach OEG nicht.

156 Zu den entschädigungsberechtigten Tatbeständen gehören daher ohne Weiteres die Fälle der **abberatio ictus** und des **error in persona.**[146] Schießt A mit Tötungsabsicht auf B, trifft aber C, so liegt gegen C nur eine fahrlässige Tötung vor. Entschädigungsrechtlich steht Hinterbliebenenversorgung zu, da der tätliche Angriff vorsätzlich gegen B gerichtet war. Irrt der Schädiger nur über die Person, ist dies für das Opferentschädigungsrecht unerheblich.

---

141 „Feuerwerkskörper-in-Hosentasche-Fall“, BSG v. 3.2.1999, B 9 VG 7/97 R, NJW 1999, 2207.

142 „Feuerwerkskörper-in-Hosentasche-Fall“, BSG v. 3.2.1999, B 9 VG 7/97 R, NJW 1999, 2207; BSG SozR 3-3800 § 1 Nr. 1; BSGE 81, 288.

143 „Feuerwerkskörper-in-Hosentasche-Fall“, BSG v. 3.2.1999, B 9 VG 7/97 R, NJW 1999, 2207; BSGE 63, 270; BSGE 81, 288.

144 „Signalmunitionsfall“, BSG v. 4.2.1998, B 9 VG 5/96 R, NJW 1999, 236 ff.

145 „Fang-Mal-Fall“, BSG SozR 3-3800 § 1 Nr. 1.

146 „Signalmunitionsfall“, BSG v. 4.2.1998, B 9 VG 5/96 R, NJW 1999, 236 ff.

cc) Der Erlaubnistatbestandsirrtum

Wer infolge irriger Annahme von Umständen handelt, bei deren Vorliegen ein Rechtfertigungsgrund gegeben wäre (Erlaubnistatbestandsirrtum), handelt nur fahrlässig.[147] Ein derartiger Erlaubnistatbestandsirrtum ist aber in § 1 Abs. 1 S. 2 OEG ausdrücklich in den Schutzbereich des Gesetzes einbezogen worden. 157

e) Rechtswidrigkeit

Der tatsächliche Angriff muss **rechtswidrig** sein, dh objektiv im Widerspruch zur Rechtsordnung stehen. Ein Angriff, der den Tatbestand einer strafbaren Handlung erfüllt, ist immer rechtswidrig. Die Rechtswidrigkeit entfällt, wenn **Rechtfertigungsgründe** vorliegen, wie zB Notwehr (§ 32 StGB), Notstand (§ 34 StGB), Festnahmerecht (§ 127 StPO), Amtsrechte/Dienstpflichten, Pflichtenkollision/Wahrnehmung berechtigter Interessen, Einwilligung/mutmaßliche Einwilligung. Der Gesetzgeber des OEG hat sich zur klaren Abgrenzung der zur Entschädigung verpflichtenden Gewalttaten und zum Zwecke einer einfachen und überschaubaren Regelung insoweit eng an die Terminologie des StGB angelehnt. Die Einstandspflicht des Staates entfällt, wenn trotz des verletzten Rechtsgutes ein objektiver Unrechtstatbestand gegeben ist, weil die Rechtsordnung dem Täter ein Eingriffsrecht verleiht. 158

Trotz der engen Anlehnung an die aus dem Strafrecht entnommenen Rechtfertigungsgründe bedeutet dies **nicht automatisch** eine Übernahme des strafrechtlichen Prüfungsergebnisses, denn, dass ein Strafgericht unter Anerkennung des Rechtfertigungsgrundes der Notwehr den Schädiger freigesprochen hat, entbindet die Gerichte der Sozialgerichtsbarkeit nicht von einer eigenständigen Wertung und Entscheidung über den Anspruch auf Opferentschädigung.[148] 159

Nach § 1 Abs. 1 S. 2 OEG wird die Versorgung nach dem OEG nicht dadurch ausgeschlossen, dass der Angreifer irrtümlich die Voraussetzungen eines Rechtfertigungsgrundes annimmt. Denn der Entschädigungsanspruch des § 1 OEG knüpft allein an ein vorsätzliches, objektiv rechtswidriges, rechtsfeindliches Verhalten an; ein nach der jeweiligen Schuld des Täters nach individuellem Maßstab zu bewertendes Handeln und eine strafrechtliche Verantwortlichkeit wird hingegen vom OEG nicht verlangt. 160

Soweit das Opfer in die Tat einwilligt, ist die Handlung dennoch nicht gerechtfertigt, wenn dem Opfer die Einwilligung durch Täuschung entlockt wird oder es dem Opfer aus sonstigen Gründen an der Fähigkeit mangelt, Bedeutung und Tragweise seiner Einwilligung zu erkennen. An dieser Fähigkeit fehlt es insbesondere bei Kindern auf sexuellem Gebiet, solange sie nicht strafmündig sind.[149] 161

f) Schuld

Schuldfähigkeit wird im OEG nicht verlangt. Dass der Täter schuldunfähig ist, steht der Entschädigung somit nicht entgegen.[150] Das OEG kennt insoweit keine starre Altersgrenze. Es billigt Versorgung auch demjenigen zu, der durch den Angriff eines noch nicht 14-jährigen und damit nach strafrechtlichen Maßstäben schuldunfähigen Kindes geschädigt wird, und versagt sie prinzipiell ebenso wenig dem Opfer eines noch nicht siebenjährigen „Täters“, der zivilrechtlich für einen Schaden, den er einem anderen zufügt, nicht verantwortlich ist.[151] Das OEG begrenzt die staatliche Entschädigungspflicht wegen der Folgen kindlicher Gewalttaten insoweit altersunabhängig allein mit dem 162

147 „Festnahme-Fall“, BSG BehR 1999, 59 ff.
148 „Schinkenmesserfall“, BSG v. 25.3.1999, B 9 VG 1/98 R, NJW 1999, 2301.
149 Der „13-Jährigen-Missbrauchsfall“, BSG v. 18.10.1995, 9 RVg 7/93, NJW 1996, 1620.
150 „Feuerwerkskörper-in-Hosentasche-Fall“, BSG v. 3.2.1999, B 9 VG 7/97 R, SGb 1999, 355 ff.
151 Vgl BT-Drucks. 7/2506, 14; BSG SozR 3-3800 § 1 Nr. 14, S. 58 mwN.

Merkmal „vorsätzlich“. Auch ein Kind im Alter von viereinhalb Jahren kann durchaus vorsätzlich handeln, weil es in der Lage ist, bei einfachen Handlungsabläufen die unmittelbaren Folgen ungefähr vorherzusehen.[152]

163 Auch auf **moralische Einsichtsfähigkeit** kommt es nicht an. Jedenfalls hat das Bundessozialgericht die Auffassung, für den als „feindselige“ Einwirkung auf den Körper eines anderen definierten tätlichen Angriff sei die Fähigkeit des Täters, seine Handlung moralisch zu bewerten, verworfen.[153]

2. Gleichstellungstatbestände (§ 1 Abs. 2 OEG)

164 Einem tätlichen Angriff iSd § 1 Abs. 1 OEG stehen gleich

- die **vorsätzliche Beibringung von Gift**
- die wenigstens fahrlässige Herbeiführung einer Gefahr für Leib und Leben eines anderen durch ein **mit gemeingefährlichen Mitteln begangenes Verbrechen**

a) Die vorsätzliche Beibringung von Gift (§ 1 Abs. 2 Nr. 1 OEG)

165 Die Strafbarkeit der vorsätzlichen Beibringung von Gift ist in § 224 Abs. 1 Nr. 1 StGB geregelt, die gemeingefährliche Vergiftung mit Todesfolge in §§ 314 Abs. 2, 308 Abs. 3 BGB. Die schwere Gefährdung durch Giftfreisetzung steht nach § 330 a StGB unter Strafe.

166 § 224 Abs. 1 StGB setzt strafrechtlich Zeichen eines existenten Menschen voraus. Die Schädigung des ungeborenen Kindes durch Alkohol, Drogen oder Medikamente lässt sich trotz der Eigenschaft als Gift daher im Regelfall nicht unter den Gleichstellungstatbestand subsumieren.[154]

167 Stets muss das Gift aber **vorsätzlich** beigebracht werden. Der Gleichstellungstatbestand ist in den Fällen der sog. **Dopingopfer** neben dem Dopingopferhilfegesetz für möglich gehalten worden.

168 In der **Xylamonentscheidung**[155] hat das Bundessozialgericht mangels Nachweises entsprechender subjektiver Tatbestandsmerkmale den Gleichstellungstatbestand des § 1 Abs. 2 OEG ebenso wie § 1 Abs. 1 OEG verneint.

b) Mit gemeingefährlichen Mitteln (§ 1 Abs. 2 Nr. 2 OEG)

169 Das OEG knüpft an den allgemein strafrechtlichen Begriff der **Gemeingefährlichkeit** an, der über die besonderen Tatbestände der §§ 306 ff StGB hinausgeht und namentlich bei den Mordtatbeständen gegeben sein muss. Diese besondere Kennzeichnung aus dem Strafrecht zu übernehmen, ist schon nach dem Wortlaut des § 1 Abs. 2 Nr. 2 OEG geboten. Maßgebend ist der Zweck der Opferentschädigung (=Verwirklichung einer besonders ausgeprägten verbrecherischen Gefahr). Es soll ausdrücklich kein allgemeiner Ausgleich von **Unfallfolgen** erfolgen.

170 An die strafrechtliche Terminologie wird auch durch den in § 1 Abs. 2 Nr. 2 OEG benutzten Begriff des **Verbrechens** angeknüpft.[156] Der Kreis der von solchen Straftaten betroffenen Personen bleibt nach Ansicht des Gesetzgebers nur überschaubar, wenn auch ein **Verbrechen** im strafrechtlichen Sinne zugrunde liegt.

171 Auf **gemeingefährliche Weise** wird nur dann jemand verletzt, wenn das schädigende Mittel – zB ein Geschoss – nach seiner Beschaffenheit und nach der Art seiner Verwen-

152 BSG v. 8.11.2007, B 9/9 a VG 2/06 R.
153 BSG v. 8.11.2007, B 9/9 a VG 2/06 R.
154 „Medikamentenfall“, LSG NRW v. 15.12.2004, L 10 VG 22/04.
155 „Xylamonfall“, BSG v. 28.4.1999, B 9 VG 7/98 R.
156 „Zellenfeuerfall“, BSG v. 18.10.1995, 9 RVg 1/93, NStZ-RR 1996, 225.

dung für eine unbestimmte Zahl anderer Personen die konkrete Möglichkeit einer Gefährdung von Leib und Leben geschaffen hat und der Täter die Wirkung der entstandenen Kraft nicht bestimmend abgrenzen und beherrschen kann. Vom Zweck der Entschädigung nach dem OEG her ist für diesen Bereich dieser strafrechtliche Begriff maßgebend.[157] Das Abheben und Liegenlassen eines Gullydeckels ist kein mit gemeingefährlichen Mitteln begangenes Verbrechen, wenn der Täter zwar einen gefährlichen Eingriff in den Straßenverkehr begangen hat, es aber an den besonderen Tatumständen des absichtlichen Herbeiführens eines Unglücksfalles oder einer schweren Gesundheitsschädigung mangelt.[158] Der Weiterbetrieb einer Vogelzuchtanlage und die dadurch fortbestehende **Freisetzung von Allergenen** mit der Folge einer schweren Gesundheitsschädigung unterfällt § 1 Abs. 2 Nr. 2 OEG ebenfalls nicht, wenn keine Anhaltspunkte dafür vorliegen, dass die Betreiber durch fortbestehende Freisetzung von Allergenen durch die Vogelzuchtanlage die Gefahr einer schweren Gesundheitsschädigung zumindest billigend in Kauf genommen haben.[159]

c) Weitere Gleichstellungstatbestände

Einer gesundheitlichen Schädigung iSd § 1 Abs. 1 OEG stehen ferner gleich 172

- gesundheitliche Schädigungen, die durch einen Unfall unter den Voraussetzungen des § 1 Abs. 2 e oder f des BVG herbeigeführt worden sind (§ 1 Abs. 3 OEG),
- eine Schädigung durch einen Unfall, den der Geschädigte bei der unverzüglichen Erstattung der Strafanzeige erleidet (§ 1 Abs. 3 OEG),
- eine gesundheitliche Schädigung eines Berechtigten oder eines Leistungsempfängers oder einer Pflege- oder Begleitperson bei Krankenbehandlung unter beruflichen Rehabilitationshilfen iSd § 8 a BVG (§ 1 Abs. 6 OEG),
- eine Beschädigung von Hilfsmitteln (§ 1 Abs. 7 OEG).

3. Territorialprinzip/Ausländer

a) Territorialprinzip

Die Entschädigung nach dem Opferentschädigungsgesetz setzt grundsätzlich voraus, 173
dass der Schädigungstatbestand

- auf deutschem Boden,
- auf einem deutschen Schiff oder
- in einem deutschen Luftfahrzeug

verwirklicht worden ist. Das führt dazu, dass zB Entschädigungsansprüche wegen eines in Deutschland erlittenen Schocks ausgeschlossen sind, wenn die Straftat außerhalb des Geltungsbereichs des OEG verübt worden und dort die Primärschädigung eingetreten ist.[160]

b) Ausländer

Besonders komplex sind im Opferentschädigungsrecht die Vorschriften über die unter- 174
schiedlichen **Anspruchstatbestände für Ausländer** und die diversen **Gegenseitigkeitstatbestände** iSv § 1 Abs. 4 OEG.

Ein Anspruch eines Ausländers auf Leistungen nach dem OEG iVm dem BVG ist dem 175
Grunde nach entstanden, wenn

157 „Silvester-Querschläger-Fall“, BSG *Breithaupt* 1990, 57 ff.
158 „Gullydeckelfall“, BSG v. 10.12.2003, B 9 VG 3/02 R.
159 „Vogelzuchtanlagenfall“, LSG Hessen v. 17.12.2008, L 4 VG 5/07.
160 BSGE 90, 190 = SozR 3-3800 § 1 Nr. 23 S 106; BSG v. 25.3.2004, B 9 VG 5/02 R.

- die allgemeinen Voraussetzungen für eine Entschädigung nach dem OEG (§ 1 Abs. 1 S. 1) vorliegen,
- die weiteren besonderen Leistungsvoraussetzungen für einen Ausländer (§ 1 Abs. 4 bis 6 OEG) erfüllt sind und
- als weitere materiellrechtliche Voraussetzung ein wirksamer Antrag (§ 1 Abs. 1 S. 1 OEG „auf Antrag") gestellt worden ist

176 Nach § 1 Abs. 4 OEG haben **„privilegierte" Ausländer** einen Anspruch auf (umfassende) Versorgung nach dem OEG in entsprechender Anwendung der Vorschriften des BVG, wenn

- sie Staatsangehörige eines Mitgliedstaats der **Europäischen Gemeinschaften** (EG) sind,
- Rechtsvorschriften der EG auf sie anwendbar sind, die eine Gleichbehandlung mit Deutschen erforderlich machen, oder wenn
- die Gegenseitigkeit gewährleistet ist.

177 **Gegenseitigkeit** meint, dass in dem Heimatstaat des betroffenen Ausländers ein Deutscher Anspruch aufgrund eines vergleichbaren Gesetzes hätte. Für die meisten Länder besteht keine Gegenseitigkeit. Der Europarat hat am 24. November 1983 das Europäische Übereinkommen über die Entschädigung für Opfer von Gewalttaten aufgelegt. Deutschland ist dem Übereinkommen beigetreten und hat es am 1. März 1997 ratifiziert. Für die Vertragsstaaten dieses Übereinkommens besteht Gegenseitigkeit.

178 Für den Versorgungsanspruch eines **nicht privilegierten („sonstigen") Ausländers ist Voraussetzung**, dass er

- sich nicht nur vorübergehend (längstens sechs Monate) im Bundesgebiet aufhalten will und dass
- sein Aufenthalt rechtmäßig im Sinne des Ausländergesetzes ist.

179 Ausländer, die sich seit **mindestens drei Jahren** ununterbrochen **rechtmäßig im Bundesgebiet** aufhalten, sind Deutschen und EG-Bürgern **gleichgestellt**; sie haben Anspruch auf (umfassende) Versorgung in entsprechender Anwendung des BVG. Demgegenüber haben Ausländer, die sich **noch nicht drei Jahre** ununterbrochen rechtmäßig im Bundesgebiet aufhalten, Anspruch auf ausschließlich **einkommensunabhängige Leistungen** in entsprechender Anwendung des BVG.

180 Die Voraussetzungen für eine Entschädigung können auch **nachträglich** geschaffen werden. Die besonderen Leistungsvoraussetzungen für Ausländer stehen nur als vorläufiges rechtshemmendes Hindernis der Durchsetzung dieses Rechts entgegen.[161]

4. Gewalttaten im Ausland (§ 3 a OEG)

181 § 3 a OEG sieht Entschädigungsmöglichkeiten bei **Gewalttaten im Ausland** vor. Es handelt sich um eine Neuregelung, die am 01.07.2009 in Kraft getreten ist und das Territorialitätsprinzip durchbricht.

182 Wer seinen gewöhnlichen und rechtmäßigen Aufenthalt im Geltungsbereich des OEG hat und sich zum Tatzeitpunkt vorübergehend und längstens sechs Monate außerhalb des Geltungsbereiches des OEG aufgehalten hat, kann wegen der gesundheitlichen und wirtschaftlichen Folgen Entschädigung nach dem OEG – allerdings mit Besonderheiten bei den Rechtsfolgen – erhalten. Voraussetzung ist eine gesundheitliche Schädigung iSv § 1 Abs. 1 OEG.

161 BSG v. 8.11.2007, B 9/9 a VG 3/05 R.

Geschädigte erhalten die aufgrund der Schädigungsfolgen notwendigen Maßnahmen der Heilbehandlung und der medizinischen Rehabilitation einschließlich psychotherapeutischer Angebote. Außerdem erhalten Geschädigte abhängig vom Grad der Schädigungsfolgen Einmalzahlungen. Bei einem Grad der Schädigungsfolgen von 100 können dies rund 15.000 EUR sein, bei besonders schweren Schädigungsfolgen beläuft sich die Einmalzahlung auf 25.632 EUR. Wird eine Person, bei der die Anspruchsvoraussetzungen des § 3 a Abs. 1 OEG vorliegen, bei einer Gewalttat im Ausland getötet, dann können Hinterbliebene iSv § 38 BVG mit Ausnahme der Verwandten der aufsteigenden Linie sowie Betreuungsunterhaltsberechtigte einen Einmalbetrag erhalten. Hinterbliebene einschließlich der Eltern, deren minderjährige Kinder an den Folgen einer Gewalttat im Ausland verstorben sind, haben Anspruch auf die notwendigen psychotherapeutischen Maßnahmen. Zu den Überführungs- und Beerdigungskosten wird ein Zuschuss gewährt. 183

Die Leistungen werden aber nicht ohne Einschränkungen gewährt. Leistungen aus anderen öffentlichen oder privaten Sicherungs- oder Versorgungssystemen sind auf die Leistungen anzurechnen. Dazu können auch Rentenzahlungen gehören. 184

Von Ansprüchen auf Einmalzahlungen sind Geschädigte ausgeschlossen, die es grob fahrlässig unterlassen haben, einen nach den Umständen des Einzelfalles gebotenen Versicherungsschutz zu begründen oder bei denen ein Versagungsgrund nach § 2 Abs. 1 S. 1 oder Abs. 2 OEG vorliegt. Für Hinterbliebene findet dieser Ausschluss Anwendung, wenn ein entsprechender Ausschlussgrund in ihrer Person oder der Person des Getöteten vorgelegen hat. 185

Die Neuregelung ist ein Novum im sozialen Entschädigungsrecht. Die Leistungen sind nicht mehr Ausfluss des Aufopferungsgedankens, sondern Ausfluss eines allgemeinen Fürsorgegedankens. Diese Durchbrechung verursacht viele Abgrenzungsfragen, die das BMAS durch Rundschreiben vom 05.10.2009[162] einer einheitlichen Handhabung in der Praxis zuzuführen versucht hat. Dazu gehört der Hinweis auf die Möglichkeit der Heil- und Krankenbehandlung **vor** Anerkennung eines Versorgungsanspruches nach § 10 Abs. 8 BVG mit der Möglichkeit, die Angaben des Antragstellers nach den Regeln der Glaubhaftmachung nach §§ 6 Abs. 3 OEG iVm § 15 KOV-VfG zu Grunde zu legen, um der Intention des Gesetzes – den Betroffenen zügig Hilfe zu gewähren – Rechnung tragen zu können. 186

Hinweis: Was für Geschädigte im Ausland und nach § 3 a OEG gilt, gilt erst recht für Opfer nach § 1 OEG. Es sollte daher auch im Regelfall versucht werden, vorläufige Heil- und Krankenbehandlung nach § 10 Abs. 8 BVG zu erwirken.

5. Ausgeschlossener Personenkreis

Von praktischer Bedeutung ist, dass das OEG auf Schäden nicht anwendbar ist, die von dem Angreifer **durch den Gebrauch eines Kraftfahrzeuges** oder eines Anhängers verursacht worden sind (§ 1 Abs. 11 OEG). Für diese Schäden kommt im Interesse einer einheitlichen Abwicklung von Kraftfahrzeugschäden der **Fonds zur Entschädigung von Schäden aus Kraftfahrzeugunfällen** auf, dessen Leistungspflicht durch das Opferentschädigungsgesetz erweitert wurde. Die Aufgabe des Fonds hat der Verein Verkehrsopferhilfe e.V., Glockengießerwall 1, 20095 Hamburg, übernommen. 187

Für die Praxis interessant, aber vom Opferentschädigungsgesetz ebenfalls nicht umfasst, sind die Sonderregelungen, wie zB die Gewährung von **Billigkeitsentschädigung** für Op- 188

162 Abgedruckt bei www.bmas.de/portal.

fer rechtsextremistischer Übergriffe[163] oder die allein auf Haushaltsrecht basierende Entschädigung, zB der Opfer des Anschlages auf Djerba 2002.

6. Härtefallregelung

189 Nach § 10 OEG gilt das Gesetz grundsätzlich nur für **Ansprüche aus Straftaten, die nach seinem Inkrafttreten im Mai 1976** begangen worden sind. Zeiten vorher sind nur im Rahmen einer **Härteregelung** relevant.

190 Für Taten in der Zeit von 23.05.1949 bis 15.05.1976 gelten die Sonderregelungen des § 10 a OEG. Das bedeutet, dass der Betroffene infolge der Schädigung **mindestens schwerbeschädigt** sein muss. Er muss **bedürftig** sein und im Geltungsbereich des Gesetzes seinen Wohnsitz oder gewöhnlichen Aufenthalt haben. Berufsschadensausgleich und Schadensausgleich sind vom Leistungsspektrum ausgenommen.

191 Soweit die **Taten** in der früheren **DDR** begangen wurden, gilt diese Härteregelung nach den Vorschriften des Einigungsvertrages für die Zeit vor dem 3. Oktober 1990.[164]

192 In den Fällen des § 1 Abs. 5 und 6 OEG findet das Gesetz nur Anwendung auf Taten, die nach dem 30. Juni 1990 begangen worden sind; für Taten, die vor dem 1. Juli 1990 begangen worden sind, findet § 10 a unter Berücksichtigung von § 1 Abs. 7 entsprechende Anwendung. Darüber hinaus gelten die §§ 1 bis 7 OEG mit Ausnahme des § 3 a für Ansprüche aus Taten, die in dem in Satz 4 genannten Gebiet in der Zeit vom 7. Oktober 1949 bis zum 2. Oktober 1990 begangen worden sind, nach Maßgabe der §§ 10 a und 10 c. In den Fällen des § 3 a gilt dieses Gesetz erst für Ansprüche aus Taten, die nach dem 30. Juni 2009 begangen worden sind.

7. Schädigung/Gesundheitsstörung

a) Voraussetzungen/Nachweise

193 Neben einem Antrag setzt der Versorgungsanspruch allgemein voraus,

- dass durch **schädigende Einwirkungen** iSd OEG
- eine **gesundheitliche (Primär-)Schädigung** eingetreten ist und
- eine **Gesundheitsstörung** vorliegt, die als deren Folge zu bewerten ist.

194 Die drei genannten Tatbestandsmerkmale müssen nach den Kriterien des **Vollbeweises** bewiesen sein. Das bedeutet, dass sie mit an Sicherheit grenzender Wahrscheinlichkeit kumulativ vorliegen müssen. Einen Grundsatz iS eines „im Zweifelsfall für den Geschädigten" – das hat das Bundessozialgericht mehrfach entschieden – gibt es im Sozialrecht und damit auch im sozialen Entschädigungsrecht nicht.

b) Schädigung

195 Versorgungsberechtigt ist also nur, wer infolge des schädigenden Tatbestandes eine Schädigung erlitten hat. Schädigung wird als der **schädigende Vorgang**, nicht aber als die Folgen der Schädigung verstanden.

c) Schädigungsfolge – Gesundheitsstörung

196 Die Versorgungsberechtigung setzt ferner voraus, dass der Betroffene aufgrund des schädigenden Vorgangs eine gesundheitliche Schädigung, also eine Schädigungsfolge erlitten hat. Als Schädigungsfolge wird im sozialen Entschädigungsrecht jede **Gesundheitsstörung**(= Abweichen vom Gesundheitszustand) bezeichnet, die mit einer nach dem

---

163 Vgl Merkblatt des Bundesamtes für Justiz im Anhang.

164 BSG SGb 2002, 616.

entsprechenden Gesetz zu berücksichtigenden Schädigung in ursächlichem Zusammenhang steht.

Hierzu gehören auch Abweichungen vom Gesundheitszustand, die **keinen Grad der Schädigungsfolgen** bedingen. Anders als bei der Bezeichnung einer Behinderung im Schwerbehindertenrecht setzt die Bezeichnung Schädigungsfolge nicht voraus, dass die am Ende der Kausalitätskette angenommene Abweichung vom Gesundheitszustand eine Funktionsbeeinträchtigung bedingt oder nicht nur vorübergehend – also mehr als sechs Monate – besteht. Denn auch geringfügige oder vorübergehende Störungen können einen Anspruch auf Heilbehandlung bedingen, zB die funktionell bedeutungslose Narbe, die zu einer vorübergehenden Entzündung geführt hat. 197

Hinweis: Erst aus der Anerkennung einer Gesundheitsstörung als Folge einer Schädigung ergeben sich die weiteren Folgen der Versorgung.[165] Wenn geringfügige Gesundheitsstörungen als Schädigungsfolge anerkannt sind, wirkt das **später rechtsverbindlich** für den Fall, dass sie sich verschlimmern oder mit mittelbaren oder mit anderen Schädigungsfolgen zusammentreffen und insgesamt eine MdE (jetzt: einen GdS) von 25 v.H. bedingen.[166] Das Eintreten der bezeichneten Fälle ist nicht weniger nahe liegend als ein Heilbehandlungsfall, der eine Feststellung von nicht rentenberechtigenden Schädigungsfolgen iSd BVG rechtfertigt.[167]

d) Haftungsausfüllende/haftungsbegründende Kausalität

Die genannten drei Tatbestandsmerkmale müssen **kausal miteinander verknüpft** sein. Der Zusammenhang zwischen dem schädigenden Ereignis und der Schädigung spricht die haftungsbegründende Kausalität an; der Zusammenhang zwischen der Schädigung und den Schädigungsfolgen begründet den haftungsausfüllenden Sachverhalt. 198

Für den jeweiligen ursächlichen Zusammenhang im sozialen Entschädigungsrecht gilt die **Kausalitätslehre von der wesentlichen Bedingung.** Ursache im Rechtssinne sind danach nicht alle Bedingungen des Erfolges, unabhängig davon, mit welcher Art und Schwere sie zu ihm beigetragen haben oder in welcher Beziehung sie hierzu stehen. Als **Ursache im versorgungsrechtlichen Sinn** gelten vielmehr nur diejenigen Bedingungen, die wegen ihrer besonderen Beziehung zum Erfolg zu dessen Eintritt wesentlich beigetragen haben (wesentliche Ursache).[168] Haben mehrere Umstände zu einem Erfolg beigetragen, sind sie versorgungsrechtlich nur dann nebeneinander stehende Mitursachen, wenn sie in ihrer Bedeutung und Tragweite für den Erfolg annähernd gleichwertig sind. Kommt einem der Umstände gegenüber dem anderen überragende Bedeutung zu, ist dieser Umstand allein Ursache iSd BVG (VV zu § 1 BVG). 199

Dabei sind nicht entscheidend die Quantität oder die zeitliche Reihenfolge. Es kommt nicht darauf an, ob eine Ursache an der Entstehung eines Ergebnisses mit 30, 50 oder 70% beteiligt war. Entscheidend kommt es auf die **Qualität** der mitwirkenden Bedingung unter einer vernünftigen, lebensnahen Wertung im Einzelfall unter Berücksichtigung des Schutzzwecks der jeweiligen Norm an.[169] 200

Für den Zusammenhang zwischen dem **schädigenden Ereignis** und der **Primärschädigung** sowie zwischen der **Primärschädigung** und den **Schädigungsfolgen** begnügt sich das Sozialrecht mit der Feststellung einer **hinreichenden Wahrscheinlichkeit,** § 1 Abs. 3 S. 1 BVG. Von den Anforderungen eines Vollbeweises für die haftungsbegründende Kausalität hat das Bundessozialgericht erst 1999 Abstand genommen und auf das Er- 201

165 Rohr/Sträßer, § 1 – K 54/1 Nr. 11.
166 BSGE 57, 171.
167 BSG SozR Nr. 81 zu § 1 BVG.
168 BSGE 1, 72; 1, 150; 1, 268 uva.
169 Erlenkämper/Fichte, Sozialrecht, S. 75, 85.

fordernis des Vollbeweises verzichtet.[170] Ein Ursachenzusammenhang ist danach wahrscheinlich, wenn nach Feststellung, Prüfung und Abwägung aller bedeutsamen Umstände des Einzelfalles im sozialmedizinischen Bereich auch unter Berücksichtigung der gesicherten medizinischen-wissenschaftlichen Erkenntnisse insgesamt deutlich mehr für als gegen das Bestehen des Ursachenzusammenhangs spricht. Ein besonders hoher oder mit an Sicherheit grenzender Grad der Wahrscheinlichkeit wird daher nicht verlangt und die Möglichkeit, dass es auch anders gewesen sein könnte, schließt die Bejahung einer hinreichenden Wahrscheinlichkeit nicht aus.[171]

202 Die Voraussetzungen, unter denen man eine Bedingung als wesentlich oder nicht wesentlich ansieht, haben Rechtsprechung und Literatur nicht sicher handhabbar herausgearbeitet. Es besteht eine Tendenz zur **Kasuistik.** Oftmals herrscht im Prozess und unter Gutachtern nicht nur Unklarheit über die geltende Theorie der wesentlichen Bedingung, sondern auch über die bei der Prüfung zu durchlaufenden materiellen und formellen Prüfungsschritte, wenn konkurrierende Kausalitäten aufgrund einer Vielzahl von anderen geeigneten Bedingungen zu prüfen sind. Die **wesentlichen Grundprinzipien** stellen sich wie folgt dar:

- Die Beurteilung der **Kausalität** hat stets in **mehreren Schritten** zu erfolgen.
- Vor der eigentlichen Zusammenhangsbeurteilung müssen alle für die Beurteilung des ursächlichen Zusammenhangs bedeutsamen **Kausalfaktoren** in ihren **tatsächlichen Grundlagen** festgestellt werden. Sie müssen sicher feststehen,[172] denn „kann ein zunächst theoretisch in Betracht zu ziehender Kausalfaktor schon in seinen tatsächlichen Grundlagen nicht sicher festgestellt werden“, so darf sich nicht einmal die Frage stellen, ob er im konkreten Einzelfall Ursache im Rechtssinne sein könnte.[173] Die Beweiserleichterung der Wahrscheinlichkeit gilt nur für den ursächlichen Zusammenhang zwischen den einzelnen Kausalfaktoren; deren tatsächliche Grundlage bedarf der Feststellung durch Vollbeweis!
- Unter Berücksichtigung der gesicherten medizinisch-wissenschaftlichen Erkenntnisse muss **sodann** geprüft werden, ob der Kausalfaktor mit hinreichender Wahrscheinlichkeit eine **conditio sine qua non** für den Eintritt des Erfolges bildet.
- Sodann muss geprüft werden, ob der Kausalfaktor **für sich gesehen** auch **wesentlich** für den Eintritt des Erfolges ist.
- Erst wenn diese Voraussetzungen erfüllt sind, dürfen die einzelnen **Kausalfaktoren,** soweit sie miteinander konkurrieren, hinsichtlich ihrer ursächlichen Bedeutung **gegeneinander** abgewogen werden.

203 Zu beachten bei der Bewertung der schädigenden Einwirkungen im Verhältnis zu den mitwirkenden schädigungsunabhängigen Kausalfaktoren ist vor allem der **Schutzzweck des Gesetzes** unter Berücksichtigung des Grundsatzes, dass jeder Betroffene durch die Rechtsordnung in dem Zustand geschützt ist, in dem er sich bei Eintritt der schädigenden Einwirkung befunden hat. Es ist also nicht auf die Reaktionsweise eines „normalen“ und gesunden Menschen abzustellen, sondern darauf, welche Wirkungen das schädigende Ereignis auf die jeweilige **Einzelpersönlichkeit mit ihren vorgegebenen individuellen Struktureigenschaften im körperlich-seelischen Bereich** gehabt hat.[174] Gerade wenn der Betroffene durch eine solche Struktureigenschaft in seiner individuellen Belastbarkeit und Kompensationsfähigkeit geschwächt und so für den Eintritt des Ge-

170 Vgl früher BSG SozR 3–3200 § 81 Nr. 6; SozR 3–3200 § 81 Nr. 6; BMA v. 17.11.2000, VI a 2 – 62090/62091, BABl. 2001, I, 79.
171 Erlenkämper/Fichte, Sozialrecht, S. 112.
172 BSGE 61, 127; BSG SozR 2200 § 1548 Nr. 84; SozR 3-2200 § 548 Nr. 4, 11; SozR § 550 Nr. 8.
173 BSG SozR 2200 § 548 Nr. 84.
174 BSG SozR 3200 § 81 Nr. 6; SozR 3–2200 § 533 Nr. 1; vgl auch Anhaltspunkte 1966, Nr. 71, 251.

sundheitsschadens besonders disponiert war, werden die schädigenden Einwirkungen für ihn durchweg von wesentlicher ursächlicher Bedeutung für den Schadenseintritt sein, auch – und gerade dann – wenn dies bei einem „Gesunden" nicht zu einem solchen Gesundheitsschaden geführt hätte.

e) Die Kann-Versorgung (§ 1 Abs. 3 S. 2 BVG)

§ 1 Abs. 3 S. 1 BVG regelt, dass man sich beim Grad der Sicherheit, der für die Kausali- 204
tätsbeurteilung notwendig ist, mit der **hinreichenden Wahrscheinlichkeit** begnügen kann. § 1 Abs. 3 S. 2 BVG regelt darüber hinaus den weitergehenden Fall, dass die erforderliche Wahrscheinlichkeit nur deshalb nicht gegeben ist, weil über die **Ursache des festgestellten Leidens** in der medizinischen Wissenschaft **Ungewissheit** besteht. Die Regelung ermöglicht es, die Gesundheitsstörung gleichwohl als Schädigungsfolge anzuerkennen[175] und Versorgung zu gewähren. Hierfür bedarf es der Zustimmung des Bundesministeriums für Arbeit und Sozialordnung. Für eine Reihe von Krankheiten ist eine solche Zustimmung allgemein erteilt,[176] andere bedürfen der Zustimmung im Einzelfall,[177] wie zB ein Hörsturz als Schädigungsfolge nach einem Knalltrauma.[178]

Ungewissheiten im Sachverhalt, die von der Ungewissheit in der medizinischen Wissen- 205
schaft über die Ursachen des Leidens unabhängig sind, rechtfertigen die Anwendung der Kann-Vorschrift nicht; dies ist insbesondere der Fall, wenn rechtserhebliche Zweifel über den Zeitpunkt des Leistungsbeginns bestehen, weil die geltend gemachten Erstsymptome mehrdeutig sind, oder wenn das Leiden diagnostisch nicht hinreichend geklärt ist. Folgende medizinische Voraussetzungen müssen erfüllt sein:

- Über Ätiologie und Pathogenese des Leidens darf keine durch Forschung und Erfahrung genügend gesicherte medizinisch-wissenschaftliche Auffassung herrschen.
- Wegen mangelnder wissenschaftlicher Erkenntnisse und Erfahrungen darf die ursächliche Bedeutung von Schädigungstatbeständen oder Schädigungsfolgen für die Entstehung und den Verlauf des Leidens nicht mit Wahrscheinlichkeit beurteilt werden können.
- Zwischen der Einwirkung der wissenschaftlich in ihrer ursächlichen Bedeutung umstrittenen Umstände und der Manifestation des Leidens oder der Verschlimmerung des Krankheitsbildes muss eine zeitliche Verbindung gewährleistet sein, die mit den allgemeinen Erfahrungen über biologische Verläufe und den in den wissenschaftlichen Theorien vertretenen Auffassungen über Art und Weise des Leidens in Einklang steht.[179]

Bei der Vorschrift des § 1 Abs. 3 S. 2 BVG handelt es sich nicht um eine echte Kann- 206
Vorschrift.

Auch die Anerkennung von Krankheiten, die nicht mit Wahrscheinlichkeit auf den 207
schädigenden Tatbestand zurückzuführen sind, steht nicht im Ermessen der Verwaltung, wenn die Voraussetzungen des § 1 Abs. 3 S. 2 BVG erfüllt sind.[180] Gesundheitsstörungen, die im Wege der Kann-Versorgung als Schädigungsfolge anerkannt werden,

---

175 Hessisches LSG v. 27.6.2007, L 4 VJ 3/04. Bezüglich des Impfschadensrechts genügt für die Kannversorgung nicht die Ungewissheit darüber, welche Umstände konkret und im Einzelnen für die Krankheit kausal waren.

176 Anhaltspunkte für die ärztliche Gutachtertätigkeit im sozialen Entschädigungsrecht und nach dem Schwerbehindertenrecht, 2004, Nr. 39, 153.

177 Anhaltspunkte für die ärztliche Gutachtertätigkeit im sozialen Entschädigungsrecht und nach dem Schwerbehindertenrecht, 2004, Nr. 39, 154.

178 LSG Berlin-Brandenburg v. 14.12.2004, L 13 VS 33/03.

179 BMA v. 12.12.1996, VI 5-55470-2, BVBl. 1997, 1–41, 4.

180 BSG v. 16.3.1994, 9 RV 3/93.

lösen **dieselben Ansprüche** aus wie die Schädigungsfolgen, auf **deren Versorgung** ein Rechtsanspruch besteht.[181]

f) Eine hoch problembelastete Fallgruppe aus der Praxis: langjährig zurückliegender sexueller Missbrauch und seine Folgen

208 Sexualdelikte, speziell der langjährig zurückliegende sexuelle Missbrauch, bereiten in der Praxis des Opferentschädigungsrechts erhebliche Probleme. Der Aufwand zur Entscheidung ist immens, die Ergebnisse völlig frustrierend, weil es zumeist um psychische Schädigungsfolgen geht. Die Probleme bei der Feststellung und Anerkennung **psychischer Schädigungsfolgen** sind allerdings nichts Neues und ziehen sich seit der Entdeckung der traumatischen Neurose durch den Neurologen Oppenheim bis heute wie ein roter Faden durch die Entschädigungsfälle von Kriegsopfern, Häftlingen etc.[182]

aa) Die Sachverhaltsfeststellung

209 Der Dreh- und Angelpunkt in Verfahren, denen sexueller Missbrauch zu Grunde liegt, ist die **Sachverhaltsfeststellung** und **Beweisermittlung** im Hinblick auf das Vorliegen einer konkreten Gesundheitsstörung, die durch ein konkret festgestelltes, schädigendes Ereignis verursacht sein muss.

210 Da diese Tatbestandsvoraussetzungen iS eines **Vollbeweises** festgestellt werden müssen, bedeutet das, dass die beweiserheblichen Tatsachen – in Abgrenzung zu Rechtsfragen oder Werturteilen – mit an Gewissheit grenzender Wahrscheinlichkeit bzw mit einem so hohen Grad der Wahrscheinlichkeit festgestellt werden können, dass kein vernünftiger Mensch noch zweifelt.[183] Eine absolute Gewissheit ist regelmäßig nicht möglich und auch nicht erforderlich.

211 Der Vollbeweis ist einer der drei **Beweismaßstäbe** neben der **Glaubhaftmachung** und der **hinreichenden Wahrscheinlichkeit** im sozialen Entschädigungsrecht.[184] Einen Grundsatz des „in dubio pro aegroto" gibt es ebenso wenig wie die Beweiserleichterung des Anscheinsbeweises. Kann also unter Ausschöpfung aller denkbaren Beweismittel nicht aufgeklärt werden, wie eine Verletzung verursacht worden ist, weil sich zB verschiedene Geschehensabläufe denken lassen, so ist ein Anspruch nach dem OEG im Grundsatz ausgeschlossen.

212 **§ 15 KoV-VfG** bietet allerdings eine **Beweiserleichterung.** Danach können bei Erschöpfung der Beweismittel auch die **eigenen glaubhaften Angaben der Geschädigten** zu Grunde gelegt werden. Eine Tatsache ist glaubhaft gemacht, wenn ihr Vorliegen nach dem Ergebnis der Ermittlungen überwiegend wahrscheinlich ist. Überwiegende Wahrscheinlichkeit liegt vor, wenn die gute Möglichkeit besteht, dass der behauptete Vorgang sich so zugetragen hat, wie der Antragsteller geltend macht.[185]

213 § 15 KoV-VfG ist grundsätzlich im Verfahren über Ansprüche nach dem Opferentschädigungsgesetz anwendbar,[186] und zwar nicht nur im Verwaltungsverfahren, sondern auch im Gerichtsverfahren.[187] Er erfordert jedoch, dass der jeweilige Antragsteller **Angaben aus eigenem Wissen**, jedenfalls aber überhaupt Angaben machen kann.[188] Das

181 Erlenkämper/Fichte, Sozialrecht, 649.
182 Vgl hierzu Goltermann, Die Gesellschaft der Überlebenden.
183 BSG v. 28.6.2000, B 9 VG 3/99 R mwN; BSG v. 10.11.1993, 9 RVg 2/93; Mayer-Ladewig, § 118 Rn 5.
184 BSG v. 7.2.2001, B 9 V 23/01 R.
185 BSG v. 25.10.1996, B 9 V 33/97, BSGE 83, 279.
186 BSG v. 31.5.1989, SozR 1500, § 128 Nr. 39.
187 BSGE 83, 279, 282 f.
188 BSG v. 28.6.2000, B 9 VG 3/99 R.

bedeutet, dass es bei **totaler ereignisbezogener Amnesie** keine Beweiserleichterung für einen Betroffenen gibt.[189]

Es ist unzulässig, die medizinische Diagnose als Beweis für das schädigende Ereignis heranzuziehen. ZB im Falle einer **dissoziativen Identitätsstörung** reicht es daher nicht aus, dass „krankheitsbedingt Traumata nur fragmentarisch erinnerbar sind und von Medizinern angenommen wird, dass bei solchen Patienten traumatische Erfahrungen in Form von sexuellem Missbrauch und/oder Misshandlung in einer Größenordnung von 88–96% vorliegen und sich lediglich bei zwei bis drei Prozent der Patienten mit dissoziativer Identitätsstörung in der Lebensgeschichte solcher Patientinnen keine traumatischen Ereignisse eruieren lassen. Das Krankheitsbild – so die Rechtsprechung – sei noch nicht ausreichend erforscht, um gesichert auf die Ursache dieser Erkrankung Rückschlüsse ziehen zu können. Die Prävalenzzahlen aus ausgewerteten Studien mit 88,5–96% für sexuellen Missbrauch oder körperliche Misshandlung reichten nicht aus, um mit der juristisch erforderlichen an Sicherheit grenzenden Wahrscheinlichkeit auf eine solche Gewalttat in der Kindheit einer Betroffenen zu schließen. Andere in der Wissenschaft diskutierte Ursachen der Erkrankung wie schwere emotionale Vernachlässigung und elterliches Fehlverhalten, transgenerationale Weitergabe, also Weitergabe Angst machender Erfahrungen traumatisierter Eltern auf ihre Kinder, konstitutionelle Faktoren wie die Phantasiefähigkeit und genetische Faktoren blieben als Ursache der Erkrankung weiterhin möglich. Zweifel an einem Rückschluss würden darüber hinaus noch dadurch verstärkt, dass eine Reihe von medizinischen Wissenschaftlern eine posttraumatische Erkrankung überhaupt in Frage stellten und die phänomenologischen alternierenden Persönlichkeitszustände wie auch die Erinnerung an schwere Traumatisierung als Ergebnis von Medieneinflüssen oder suggestiver Therapietechniken, insbesondere unsachgemäß durchgeführte Hypnose ansehen."[190] Folge: Nach dem für die sozialen Leistungsansprüche allgemein geltenden **Grundsatz der objektiven Beweislast**[191] geht dies zulasten der Betroffenen, die keinerlei Erinnerung haben. 214

Die Fälle der **unklaren, verspäteten oder wiedergewonnenen Erinnerung** sind ebenfalls schwierig zu einem Erfolg zu bringen. Sie sind oftmals dem Verdacht ausgesetzt, Reaktion auf Psychotherapie oder sonstige Außeneinflüsse zu sein. Die Existenz traumabezogenen Vergessens wird in der Praxis häufig bestritten oder einfach nur negiert. „Ein wissenschaftlicher Konsens darüber, wie „vergessene" Erinnerung später „wiederentdeckt" werden kann, existiert nicht. Ohne Beweise gibt es aber keine Standardprozedur zur Verifizierung der Wahrhaftigkeit und Genauigkeit von Erinnerungen in Einzelfällen",[192] so dass es eher zur Ablehnung als zur Anerkennung eines Falles kommt.[193] 215

Die Praxis versucht sich anders zu behelfen, nämlich mit einer sog. **Glaubhaftigkeitsbegutachtung.** Ob die Angaben von Antragstellenden nach den Umständen glaubhaft sei- 216

189 LSG NRW v. 16.1.2003, L 7 VG 44/00; anders z.B SG Fulda v. 30.6.2008, S 6 VG 16/06: „Bereits die Diagnose einer dissoziativen Identitätsstörung stellt nach dem Stand der medizinischen Erkenntnisse ein gewichtiges Indiz für Gewalterfahrungen im frühen Kindesalter dar. – Das Krankheitsbild der dissoziativen Identitätsstörung kann eine Einschränkung der Beweismittel und Explorationsmöglichkeiten mit sich bringen. – Bei Vorliegen einer dissoziativen Identitätsstörung können unvollständige und so genannte verzögerte Erinnerungen häufig angetroffen werden, ohne dass eine solche Verzögerung als Indiz für fehlende Glaubwürdigkeit angesehen werden kann. Eine Anwendung des § 15 KOV-VfG ist hierdurch nicht ausgeschlossen."

190 LSG NRW v. 13.1.2004, L 6 VG 14/02.

191 BSG v. 28.6.2000, B 9 VG 3/99 R mwN; BSG v. 12.5.1992, 2 RU 26/91, NZS 1992, 78; LSG Nordrhein-Westfalen v. 11.2.1998, L 10 V 147/95.

192 The International Society of Traumatic Stress Studies (ISTSS), Kindheitstraumata – wiedererinnert: ein Report zum derzeitigen wissenschaftlichen Kenntnisstand und seinen Anwendungen, in: Sachsse, Traumazentrierte Psychotherapie, Stuttgart 2004, 413 ff.

193 Vgl zB Voß, Opferentschädigung – Dissoziative Identitätsstörung als Folge sexuellen Missbrauchs, ZfS 2005, 100 ff.

en – so die Verwaltungspraxis –, sei regelmäßig erst nach Aufklärung und Würdigung aller objektiven Tatsachen zu beurteilen. Denkbare **Erinnerungsverfälschungen** seien umso wahrscheinlicher, je größer der zeitliche Abstand zur geschilderten Tat sei. Liege der Beginn der Tat drei Jahre oder länger zurück und

- bestehe ein Verdacht auf das Krankheitsbild einer **dissoziativen Persönlichkeitsstörung** oder
- habe eine längerdauernde Amnesie („Erinnerungslosigkeit") über den in Frage stehenden Sachverhalt bestanden (mit **wiederentdeckter Erinnerung–** „recovered memory) oder werden Gewaltereignisse vor Vollendung des zweiten Lebensjahres oder
- werden **satanisch-rituelle Kindesmisshandlungen** geltend gemacht,

so soll zB eine Glaubhaftigkeitsbewertung durch die Verwaltung aus eigenem Sachverstand, ohne dass ein wissenschaftliches Glaubhaftigkeitsgutachten, das die Kriterien der BGH-Rechtsprechung vom 30.07.1999 – Az: 1 StR618/98 erfüllt, nicht getroffen werden können. Darüber hinaus sollen auch in anderen Fallkonstellationen, zB bei **Borderline-Störungen**, Glaubhaftigkeitsgutachten einzuholen sein.[194]

217 Auch die Gerichte schließen sich dem häufig an. Das ist für sog. „Altopfer", zB des sexuellen Missbrauchs, gleichermaßen problematisch wie fragwürdig. Ob solche Gutachten bei Erwachsenen oder erkrankten/gehandicapten Betroffenen überhaupt beweisgeeignet sind, ist nicht abschließend geklärt.

218 Glaubhaftigkeitsgutachten werden in Strafverfahren dann veranlasst, wenn es um die Fallkonstellation **„Aussage gegen Aussage"** geht[195] und besondere Anforderungen an die Tatsachenfeststellung und die Beweiswürdigung zu stellen sind.[196] Eine solche Aussage-gegen-Aussage-Konstellation liegt vor, wenn der Schilderung eines vorgeworfenen Sachverhalts durch eine einzige Aussageperson eine im Kern bestreitende Darstellung oder das Schweigen des Angeklagten gegenübersteht, ohne dass ergänzend auf andere, unmittelbar tatbezogene Beweismittel zurückgegriffen werden kann. Nach höchstrichterlicher Rechtsprechung des Bundesgerichtshofs in Strafsachen ist die Beurteilung der Glaubhaftigkeit einer Aussage grundsätzlich ureigenste Aufgabe des Tatrichters und die Einholung eines Glaubhaftigkeitsgutachtens in der Regel nicht erforderlich. Die Hinzuziehung eines Sachverständigen ist nur dann geboten, wenn Besonderheiten vorliegen, die Zweifel an der Sachkunde des Gerichtes hinsichtlich der Beurteilung der Aussagetüchtigkeit des Zeugen und der Glaubhaftigkeit seiner Aussage aufkommen lassen.[197]

219 Im Strafverfahren kommt wegen des Grundsatzes **„in dubio pro reo"** bei der Gutachtenerstellung die **„Nullhypothese"** zur Anwendung. Bei der Begutachtung wird daher zunächst angenommen, die Aussage sei unwahr (sogenannte Nullhypothese). Das bedeutet, dass der behauptete und zu überprüfende Sachverhalt bei der Prüfung solange zu negieren ist, bis diese Negation mit den gesammelten Fakten nicht mehr vereinbar ist. Zur Prüfung dieser Annahme hat der Sachverständige weitere Hypothesen zu bilden. Ergibt seine Prüfstrategie, dass die Unwahrheitshypothese mit den erhobenen Fakten nicht mehr in Übereinstimmung stehen kann, so wird sie verworfen, und es gilt dann die Alternativhypothese, dass es sich um eine wahre Aussage handelt.[198]

---

194 So zB Konkretisierung der Verfügung der Bezirksregierung Münster v. 8.7.2002, 102.3 – 4370/4376A16372002 – Sa. Nr. 81/2002 durch Verfügung v. 7.5.2004, 102.3 – 4370/4376A – 101/2004.

195 Vgl BGH v. 30. 7. 1999, 1 StR 618/98, BGHSt 45, 164.

196 Vgl hierzu auch Maier, NStZ 2005, 248 f.

197 BGHSt 45, 164 ff; BGH v. 11.9.2002, 1 StR 171/02, StV 2002, 637.

198 BGHSt 45, 164 ff.

Ob diese Praxis auf das Opferentschädigungsrecht übertragbar ist, ist in der sozialgerichtlichen Rechtsprechung zu Recht umstritten.[199] Eine solche Glaubhaftigkeitsbegutachtung ist immer ein interpretativer Akt im Sinne einer konstruierten Wirklichkeit. Er erfährt im Strafverfahren allerdings eine gewisse Korrektur dadurch, dass „es sich bei der schriftlichen Stellungnahme des Sachverständigen immer nur um eine vorläufige und unter dem Vorbehalt der Ergebnisse der Beweisaufnahme stehende sachverständige Stellungnahme handelt."[200] Für die Urteilsfindung ist stets das in der Hauptverhandlung erstattete und verwertete Gutachten maßgebend.[201] Das Gericht entscheidet nach § 261 StPO nach seiner freien, aus dem Inbegriff der Verhandlung geschöpften Überzeugung. Der Sozialrichter entscheidet nach § 128 SGG, der auf den Inbegriff des Verfahrens abstellt. Eine der StPO vergleichbare vollständige Hauptverhandlung mit Beweisaufnahme (zB §§ 250, 257 StPO) findet typischerweise im sozialgerichtlichen Verfahren nicht statt. Die „vorläufige sachverständige Stellungnahme" ist daher in Opferentschädigungsfällen stets in der Gefahr, zum endgültigen Beweisergebnis zu mutieren. Die typische und ureigenste Aufgabe von Verwaltung und Gericht – die Beweiswürdigung – ist in Gefahr untergraben zu werden, da die Verwaltungen und Sozialgerichte nicht tagtäglich mit den Anforderungen an lege artis erstellte Glaubhaftigkeitsgutachten zu tun haben. 220

Letztlich werden durch die Heranziehung von **Gutachtenmethoden** aus dem Strafverfahren aber auch die **Beweismaßstäbe** vermischt. Im Strafprozess erfordert die richterliche Überzeugung vom Bestehen von Tatsachen, dass ein nach der Lebenserfahrung ausreichendes Maß an Sicherheit besteht, demgegenüber vernünftige Zweifel nicht laut werden können.[202] Dieser angesichts der Folgen einer strafrechtlichen Verurteilung erforderliche – strenge – Beweismaßstab ist aber eben nicht der Maßstab des § 15 S. 1 KOV-VfG. Dieser erlaubt ausdrücklich Zweifel. **Glaubhaftmachung** bedeutet das Dartun überwiegender Wahrscheinlichkeit, dh der guten Möglichkeit, dass der Vorgang sich so zugetragen hat, wobei durchaus gewisse Zweifel bestehen können.[203] 221

Die Frage, ob ein Betroffener zB Opfer eines sexuellen Missbrauchs geworden ist, ist daher einem Beweis durch ein aussagepsychologisches Gutachten nach strafprozessualen Kriterien mE nach nicht oder nicht ohne sozialverfahrensrechtliche Schlussfolgerungen und Anpassungen zugänglich.[204] 222

bb) Feststellung der Gesundheitsstörung

Wenn die Schwelle des Vollbeweises eines vorsätzlichen rechtswidrigen tätlichen Angriffs überwunden werden kann, dann warten weitere erhebliche Hürden auf die betroffenen Opfer sexuellen Missbrauchs, wenn es – wie typischerweise – um psychische Schädigungsfolgen geht. Die niedrigere Hürde ist die Feststellung der vorliegenden **Gesundheitsstörungen** als solche. Die höhere ist die Feststellung der **Kausalität.** 223

In der Praxis des Opferentschädigungsrechts haben sich wesentliche Probleme bei den Fällen ergeben, bei denen als Schädigung die Anerkennung psychischer Gesundheitsstörungen bis hin zu „seelischen Beeinträchtigungen, psycho-sozialen Auffälligkeiten und 224

199 Contra: LSG Berlin-Brandenburg v. 9.9.2008, L 11 VG 33/08; pro: LSG Berlin-Brandenburg v. 8.7.2010, L 13 VG 25/07.
200 BGH GA 1963, 19.
201 BGH v. 30.7.1999, 1 StR 618/98, NJW 1999, 2746.
202 BGH v. 21.12.2006, 3 StR 427/06.
203 BSGE 45, 9 ff.
204 LSG Berlin-Brandenburg v. 8.7.2010, L 13 VG 25/07; LSG Nordrhein-Westfalen v. 28.11.2007, L 10 VG 13/06.

Entwicklungsstörungen"[205] geltend gemacht werden. Klagen auf Anerkennung psychischer Gesundheitsstörungen, wie zB

- **chronische posttraumatische Belastungsstörungen**[206]
- **somatoforme Störungen**[207]
- **Borderline Persönlichkeitsstörungen**
- **multiple Persönlichkeitsstörungen/dissoziative Identitätsstörungen**[208]
- **sonstige Persönlichkeitsstörungen,**[209]

haben sich in als ein Schwerpunkt in der sozialgerichtlichen Rechtsprechung herauskristallisiert. Die Probleme bei viele Jahre zurückliegendem sexuellem Missbrauch stehen repräsentativ für Fälle mit psychischen Schädigungsfolgen.

225 Die Gesundheitsstörung muss im **Vollbeweis** feststehen. Zum Nachweis von Gesundheitsstörungen als solchen, insbesondere der posttraumatischen Belastungsstörung, verlangt die Rechtsprechung: „Die Anerkennung einer psychischen Erkrankung als Schädigungsfolge setzt voraus, dass die tatsächlichen Voraussetzungen nachgewiesen sind, die sich aus den Vorgaben der „Anhaltspunkte" Nr. 71 und den diese ergänzenden Ausführungen des ärztlichen Sachverständigenbeirats beim Bundesministerium für Arbeit und Sozialordnung vom 12./13.11.1997 zu Punkt 1.1 – die im Wesentlichen die von der Weltgesundheitsorganisation zusammengestellten ICD 10 (International Statistical Classification of Diseases and Related Health Problems; 10. Revision) zusammenfassen – ergeben."

226 Die Sektion „Versorgungsmedizin" des Ärztlichen Sachverständigenbeirates beim Bundesministerium für Arbeit und Sozialordnung hat sich 1997 bereits sehr ausführlich zur Standarddiagnose der **posttraumatischen Belastungsstörung** geäußert. Die Sektion Versorgungsmedizin fordert:

- eine sorgfältige psychiatrische Untersuchung und
- eine genaue Orientierung an den von der ICD-10 (F43.1) und dem DSM IV (Diagnostic and Statistical Manual of Mental Disorders) vorgegebenen diagnostischen Kategorien

und führt dazu aus:

„Die Diagnose **‚posttraumatische Belastungsstörung'** ist, – abgesehen von der Grundvoraussetzung, dass ein unter A) beschriebenes schwerwiegendes Trauma erlebt wurde – nur zu stellen, wenn im psychischen Bereich mindestens sechs verschiedene Symptome, unterschiedlich aufgegliedert, erkennbar sind, die unmittelbar (durch Formen des Wiedererlebens oder durch Vermeidungsstrategien) auf das traumatische Erlebnis zu

---

205 SG Ulm v. 27.1.2000, S 9 VG 1089/99, , m.Anm. Heinz, Zur Bewertung emotionaler Vernachlässigung von Kindern im Opferentschädigungsgesetz, ZfS 1/2000, 357 ff; Heinz, Misshandelte und vernachlässigte Kinder – Opfer von Gewalttaten nach dem OEG, ZfS 2000, 129 ff.

206 Zur posttraumatischen Belastungsstörung, Borderline-Persönlichkeitsstörung und sexuellen Funktionsstörung bejahend LSG Nordrhein-Westfalen v. 1.6.2006, L 7 VG 7/05; LSG Berlin-Brandenburg v. 8.7.2010, L 13 VG 25/07; Bayerisches LSG vom 28.7.2009, L 15 VG 6/06; LSG Niedersachsen-Bremen v. 18.3.2010, L 12 VG 2/00; verneinend LSG Niedersachsen-Bremen v. 22.4.2010, L 10 VG 12/08.

207 Zur posttraumatischen Belastungsstörung bejahend Bayerisches LSG v. 19.2.2008, L 15 VG 11/06.

208 Zur dissoziativen Identitätsstörung bejahend LSG Niedersachsen-Bremen vom 27.4.2006, L 13 VG 4/04; verneinend Bayerisches LSG vom 27.8.2009, L 15 VG 22/07.

209 Zur Persönlichkeitsstörung mit Alkohol- und Medikamentenabhängigkeit bejahend Hessisches LSG v. 28.5.2008, L 4 VG 6/07; zur posttraumatischen Belastungsstörung; dissoziativen Identitätsstörung, Bulimie und zu schweren depressiven Episoden verneinend LSG Niedersachsen-Bremen v. 5.6.2008, L 13 VG1/05; zur posttraumatischen Belastungsstörung, Somatisierungsstörung und Essstörung bejahend LSG Niedersachsen-Bremen v. 27.1.2005, L 13 VG 5/03; zur chronischen Essstörung, schweren Depression und multiplen Persönlichkeitsanteilen verneinend LSG Schleswig-Holstein v. 8.11.2005, L 2 VG 7/02; zur „stärker behindernden Störung" vgl LSG Berlin-Brandenburg v. 15.4.2010, L 13 SB 172/07.

beziehen oder neu nach dem Trauma in Erscheinung getreten sind. Liegen nur einzelne Symptome und nicht die in den Bereichen B), C) und D) jeweils geforderte Mindestzahl von Symptomen vor, ist die Diagnose ‚posttraumatische Belastungsstörung' nicht gerechtfertigt, auch dann nicht, wenn die Symptome zB ein Wiedererleben des traumatischen Ereignisses zum Inhalt haben oder wenn die Mindestanzahl der unter C) und D) angegeben psychischen Störungen nur unter Einbeziehung von Störungen, die schon vor dem Trauma bestanden haben, zustande kommt. Diese Begrenzung der Diagnose ‚posttraumatische Belastungsstörung' ist wichtig und notwendig, weil die Diagnose einen bestimmten Schweregrad einer psychischen Beeinträchtigung bedeutet, der einen GdB/MdE-Grad (heute GdS, Anm. d. Verf.) von wenigstens 30 rechtfertigt.

Unter diesen Umständen ist es erforderlich, schon bei der Erstbegutachtung nach einem psychischen Trauma auch bei der Frage einer posttraumatischen Belastungsstörung nicht nur sorgfältig nach den einzelnen Symptomen zu forschen, sondern auch anamnestisch genau zu differenzieren, welche Symptome bereits vor dem Trauma bestanden haben und welche nach dem Trauma neu entstanden sind.

Zu beachten ist, dass sich die Symptome einer posttraumatischen Belastungsstörung erst nach einer **Latenzzeit** von Wochen oder Monaten ausbilden können. Wenn die Symptomatik erst sechs Monate nach dem Trauma oder später beginnt, wird im DSM IV von einem ‚Typus mit verzögertem Beginn' gesprochen. In solchen Fällen muss besonders geprüft werden, ob und wie weit Erlebnisse nach dem Trauma die Symptomatik mitbestimmen.

In analoger Weise sind bei **Nachuntersuchungen von Traumaopfern**, bei denen eine ‚posttraumatische Belastungsstörung' als Schädigungsfolge anerkannt wurde, die noch bestehenden Symptome genau zu ermitteln und bei längerem Fortbestehen von Symptomen, die zur ‚Einschränkung der allgemeinen Reagibilität' (C) oder zu den ‚Symptomen eines erhöhten Erregungsniveaus' (D) gehören, zu prüfen, ob diese unspezifischen Symptome noch kausal auf das traumatische Ereignis zurückzuführen oder durch psychische Belastungen anderer Art bedingt sind (**‚Verschiebung der Wesensgrundlage'**). Solche Nachuntersuchungen sind im Hinblick auf die grundsätzliche Reversibilität posttraumatischer Belastungsstörungen – von wenigen Fällen abgesehen (so auch ICD-10) – idR zwei Jahre nach der Feststellung dieser Traumafolge durchzuführen."

In einer späteren Sitzung hatte der Sachverständigenbeirat zur **Abgrenzung von ICD-10 und DSM-IV** ergänzend hinzugefügt:[210] 227

„Der Beiratsbeschluss zu Klinik und Begutachtung **posttraumatischer Belastungsstörungen**, in dem u.a. ausgeführt war, dass die Diagnose einer posttraumatischen Belastungsstörung eine sorgfältige psychiatrischen Untersuchung und eine genaue Orientierung an den von der ICD-10 (F 43.1) und dem DSM IV vorgegebenen diagnostischen Kriterien voraussetze, hat wiederholt zu Missverständnissen geführt. In diesem Beschluss wird zwar eine Orientierung an den beiden Klassifikationssystemen gefordert, bei den weiteren Ausführungen fanden jedoch lediglich die im **DSM-IV** genannten Kriterien Berücksichtigung. Daraus wurde sogar abgeleitet, dass damit auch die im DSM-IV genannten geringeren Anforderungen an die erforderlichen Traumata (A-Kriterium in der DSM-IV) ausreichten.

Die Anwesenden stellten klar, dass der vorgenannte Beiratsbeschluss als Synthese zwischen den Kriterien der **ICD-10 (F 43.1)** und dem DSM-IV zu verstehen sei, in der nur die für beide Klassifikationssysteme weitgehend identischen Aussagen zu den Auswir-

210 Tagungsbericht vom 3. bis 4.11.1999. Begutachtung von Opfern von Gewalttaten – Beurteilung von psychischen Schäden unter Beachtung der in der Sitzung vom 12./13.11.1997 (TOP 1.1) aufgestellten Kriterien.

kungen eines Traumas zusammengefasst wurden. In der deutschen Fassung der von der WHO herausgegebenen ICD-10, die im deutschen Gesundheitswesen gesetzlich eingeführt ist, sind wesentlich schädigendere Ereignisse genannt als im **DSM-IV**. Maßgebend für die Schwere **des Traumas** sind die in der ICD-10 genannten Kriterien. Die in der DSM IV unter B bis D genannten Auswirkungen sind jedoch als Hilfen für den Gutachter anzusehen, da sie präziser gefasst seien als die in der ICD-10 genannten Auswirkungen."

228 Diese Tagungsniederschrift hat bis heute Bestand und wird von der Rechtsprechung mittlerweile herangezogen, um den Maßstab zu definieren, anhand dessen psychische Schädigungsfolgen festgestellt und gemessen werden. **Grundsätzlich wird eine Bindung an die Kriterien des DSM-IV bzw des ICD-10** gesehen und gefordert.

cc) Feststellung der Kausalität

229 In der Praxis wird kontinuierlich missachtet, wozu ein Sachverständigengutachten etwas aussagen kann und wozu nicht. Zur Frage der **Kausalitätsfeststellung** hat sich das Bundessozialgericht eindeutig geäußert, ohne dass die Praxis dies wirklich zur Kenntnis nähme.Zwischen den festgestellten Gesundheitsstörungen und dem schädigenden Ereignis muss ein **Ursachenzusammenhang** bestehen, der nach den Grundsätzen der **sozialrechtlichen Kausalitätslehre** festzustellen ist. Es stellt sich also immer die Frage, ob für den Eintritt der Gesundheitsstörung konkurrierende Ursachen in Betracht kommen. Haben mehrere Umstände zu einem Erfolg beigetragen, sind sie versorgungsrechtlich nur dann nebeneinander stehende Mitursachen (und wie Ursachen zu werten), wenn sie in ihrer Bedeutung und Tragweite für den Eintritt des Erfolges annähernd gleichwertig sind; kommt einem der Umstände gegenüber dem anderen eine überragende Bedeutung zu, ist dieser Umstand allein Ursache im Sinne des Versorgungsrechtes (Teil C Nr. 1 b der Anlage zu § 2 VersMedV, S. 104).

230 Das Bundessozialgericht hat zur **Kausalität bei psychischen Schädigungsfolgen** zwei wesentliche Entscheidungen getroffen.[211] Es hat damit – bisher einigermaßen erfolglos – versucht, dem seit nahezu 100 Jahren andauernden Streit über die Kausalität ein vorläufiges Ende zu setzen:

„Für Krankheiten kann kaum je überzeugend festgestellt werden, dass der nach den einschlägigen Gesetzen entschädigungspflichtige Vorgang die entscheidende medizinisch wirkende Ursache war. Veranlagung, Umwelteinflüsse, Lebensführung, andere Vorgänge im Lebenslauf des Geschädigten sind als mehr oder minder stark wirkende Ursachen praktisch immer festzustellen, nicht aber sachgerecht zu gewichten. Dies gilt insbesondere für seelische Krankheiten, die nicht auf Nervenverletzungen, sondern auf seelischen Einwirkungen beruhen. In solchen Fällen kann das medizinische Gutachten regelmäßig nichts Überzeugendes zur Ursachenfrage aussagen".[212]

231 In der Praxis werden die Kernaussagen, die der damals für die Erstentscheidung verantwortliche Richter am BSG Schmitt als „den langen Abschied von der sozialrechtlichen Kausalitätslehre"[213] bezeichnet hat, häufig nicht beachtet. Entgegen der zutreffenden Aussage Schmitts, dass „die Gesetzesanwender sich nicht davon überzeugen müssen, dass der Ursachenzusammenhang tatsächlich vorliegt, weil dies ohne Selbstüberwindung nicht zu schaffen sei",[214] ist bisher für die Verfahren, in denen es um die Anerkennung psychischer Schädigungsfolgen geht, nach wie vor die Suche nach alternativen

211 BSG v. 18.10.1995, 9/9 a RVg 4/92, NVwZ-RR 1997, 38, und v. 12.6.2003, B 9 VG 1/02, NJW 2004, 1476.

212 BSG v. 18.10.1995, 9/9 a RVg 4/92, NVwZ-RR 1997, 38.

213 Schmitt, Der lange Abschied von der sozialrechtlichen Ursachenlehre, VSSR 2004, 366 ff.

214 Vgl Schmitt, Beweismaßstab für den Ursachenzusammenhang zwischen schädigendem Ereignis und bestehendem Schaden, unveröffentlichter Vortrag.

Entstehungsursachen (psychische Vorerkrankung, problematische Kindheit, Alkohol-/Drogenerkrankung etc.) kennzeichnend. Kaum ein Verfahren, in dem nicht Gutachter auftreten, die im Leben einer Betroffenen Anhaltspunkte dafür finden können, dass die Erkrankung schon vorher bestand, nur noch nicht ausgebrochen war.

In seinen Entscheidungen hat das Bundessozialgericht demgegenüber zutreffend die **232** Rechtsauffassung vertreten, dass die Ursächlichkeit zwischen **schädigender Gewalt** und der **bestehenden Gesundheitsstörung** (zB posttraumatische Belastungsstörung) im medizinischen Sinne **nicht durch ein psychiatrisches Sachverständigengutachten** zu klären ist. Die Rechtsprechung des Bundessozialgerichts erläuternd, hat Schmitt daraus folgende Kernaussagen abgeleitet, die die Praxis zu beachten hat:

- Der **Ursachenzusammenhang** zwischen einer Schädigung und einer multikausalen Erkrankung ist kein tatsächliches, sondern ein rechtliches Verhältnis.[215]
- Mithilfe statistischer Ergebnisse, die eine Erhöhung der Erkrankungsgefahr nach schädigenden Vorgängen beweisen, kann in keinem Einzelfall der Ursachenzusammenhang festgestellt werden. Nur mithilfe medizinstatistischer Gutachten, die nur ein politisch verantwortlicher Normgeber anstellen kann, und das bezogen nicht auf einen Einzelfall, sondern bezogen auf alle Fälle vergleichbarer Art, kann eine Lösung zur Entschädigung **multifaktorieller Erkrankungen** gefunden werden.[216] Es ist dem Verordnungsgeber vorbehalten, durch die Bezeichnung der schädigenden Einwirkungen und der Krankheiten die Fallgruppen herauszugreifen und die politische Entscheidung zu treffen, nach der es dem Staat zuzumuten ist, die Krankheiten zu entschädigen, obwohl statistisch festgestellt ist, dass nur bei einem Teil der Anspruchsteller der schädigende Vorgang für eine Krankheit ursächlich gewesen sein kann und somit ein Teil der Anspruchsteller grundlos entschädigt wird.
- Im Wege der Rechtsfortbildung ist eine solche Regelung nur möglich, wenn es medizinstatistische Erkenntnisse oder ärztliche Erfahrungen gibt, die zeigen, dass der Gesetzgeber in vergleichbaren Fällen schon gehandelt hat oder aus Gründen der Gleichbehandlung hätte handeln müssen.[217] Zur Anerkennung eines Ursachenzusammenhangs zwischen einem schädigenden Vorgang und einer multikausalen Krankheit auch ohne Regelung muss geprüft werden, ob die Voraussetzungen für ein Tätigwerden als Ersatzverordnungsgeber vorliegen. Es müssen statistische Erkenntnisse oder allgemeine Erfahrungen festgestellt werden, die zeigen, dass die „Liste“ hätte ergänzt werden müssen.[218]

Das Bundessozialgericht – so Schmitt – hat dann 1995 ganz konkret mangels einer kon- **233** kreten Schädigungskrankheitenverordnung“ auf § 1 Abs. 3 S. 2 BVG abgestellt. Die Meinung, die Ungewissheit müsse darin bestehen, dass sich die Wissenschaft noch nicht klar geworden sei, wodurch die betreffende Krankheit überhaupt verursacht werden könne, könne als reiner Anwendungsfall des § 1 Abs. 3 S. 2 BVG ebenfalls nicht mehr vertreten werden. Für diese Beschränkung bestehe jedenfalls kein sachlicher Grund. Warum solle das BMAS nur in diesen Fällen ermächtigt sein und nicht in den Fällen, in denen allgemein bekannt sei, dass die Krankheit auf bestimmten, aber verschiedenen Ursachen beruhen könne, aber in fast jedem Einzelfall ungewiss bleibe, ob das schädigende Ereignis mitgewirkt und das streitentscheidende Gewicht gehabt habe? Die Mitwirkung des Ministeriums sei in beiden Fällen einer Ungewissheit gleich notwendig. Es

215 „Schneeschieberfall“ – BSGE 74, 51 ff.
216 Schmitt, Der Ursachenzusammenhang: Keine Tatsachenfeststellung, sondern Rechtsanwendung, in: Neue Erkenntnisse der Psychotraumatologie unter Berücksichtigung sozialrechtlicher und finanzieller Konsequenzen (=Mainzer Schriften zur Situation von Kriminalitätsopfern, Bd. 37), 2002, 49 ff.
217 „ABC-Offiziersfall“ – BSG SozR 3–3200; § 81 Nr. 3.
218 „Homosexuellenfall“ – BSG v. 23.6.1993, 9/9 a RV 26/90, HV-Info 1993, 2320.

gelte der Satz: „Wenn die medizinische Wissenschaft die verschiedenen Ursachen einer Krankheit zwar kennt, die Mediziner aber nicht in die Lage versetzt, mit der in § 1 Abs. 3 S. 1 BVG geforderten Wahrscheinlichkeit zu sagen, ob und mit welchem Gewicht diese Ursachen im einzelnen Fall gewirkt haben, liegt die Ungewissheit vor, die den BMAS ermächtigt zu regeln, unter welchen Umständen die Ungewissheit zulasten des Beklagten geht."[219]

234 Hierzu hat das Bundessozialgericht in seinen Entscheidungen die damaligen Anhaltspunkte (AHP) herangezogen. Die **Zweifel am Ursachenzusammenhang** sollen nach der Rechtsprechung des Bundessozialgerichts jedenfalls dann nicht mehr zu diskutieren sein, wenn der Streitfall zu einer Fallgruppe gehört, die in den Anhaltspunkten als anerkennungspflichtig geregelt ist. Dabei handelt es sich um die Ausführungen **zu Ziffer 71 der Anhaltspunkte (AHP):**

71 Folgen psychischer Traumen

(1) Durch psychische Traumen bedingte Störungen kommen sowohl nach langdauernden psychischen Belastungen (zB Kriegsgefangenschaft, in rechtstaatswidriger Haft in der DDR) als auch nach relativ kurzdauernden Belastungen (zB bei Geiselnahme, Vergewaltigung) in Betracht, sofern die Belastungen ausgeprägt und mit dem Erleben von Angst und Ausgeliefertsein verbunden waren. Bei der Würdigung der Art und des Umfangs der Belastungen ist also nicht nur zu beachten, was der Betroffene erlebt hat, sondern auch, wie sich die Belastungen bei ihm nach seiner individuellen Belastbarkeit und Kompensationsfähigkeit ausgewirkt haben.

Die Störungen sind nach ihrer Art, Ausprägung, Auswirkung und Dauer verschieden: Sie können kurzfristigen reaktiven Störungen mit krankheitswertigen (häufig depressiven) Beschwerden entsprechen; bei einer Dauer von mehreren Monaten bis zu ein bis zwei Jahren sind sie idR durch typische Symptome der posttraumatischen Belastungsstörung charakterisiert, ohne diagnostisch auf diese begrenzt zu sein; sie treten gelegentlich auch nach einer Latenzzeit auf. Anhaltend kann sich eine Chronifizierung der vorgenannten Störungen oder einer Persönlichkeitsänderung (früher: erlebnisbedingter Persönlichkeitswandel) mit Misstrauen, Rückzug, Motivationsverlust, Gefühl der Leere und Entfremdung ergeben. Anhaltende Störungen setzen tief in das Persönlichkeitsgefüge eingreifende und idR langdauernde Belastungen voraus.

(2) Bei länger anhaltenden Störungen und chronisch verlaufenden (auch „neurotisch" genannten) Entwicklungen ist zu prüfen, ob die Schädigungsfaktoren fortwirken oder schädigungsunabhängige Faktoren für die Chronifizierung verantwortlich sind („Verschiebung der Wesensgrundlage" – s. Nummer 24, Seite 46). – Gleiches gilt für psychogene Symptomverstärkungen und Symptomfixierungen, die im Gefolge schädigungsbedingter organischer Gesundheitsstörungen auftreten.

(3) Auch die Auswirkungen psychischer Traumen im Kindesalter (zB sexueller Missbrauch, häufige Misshandlungen) sind nach Art und Intensität sehr unterschiedlich. Sie können ebenso zu Neurosen (siehe Nummer 70) wie zu vorübergehenden oder chronifizierten Reaktionen (s. Abs. 1) führen.

(4) Wunsch- und Zweckreaktionen als selbstständige, auf der Persönlichkeit beruhende, tendenziöse seelische Äußerungen sind nicht Schädigungsfolge.

235 Die Rechtsprechung des Bundessozialgerichts sieht in Ziffer 71 der Anhaltspunkte nicht nur ein **vorweggenommenes Sachverständigengutachten**, sondern letztlich eine allgemeine Entscheidung des BMAS darüber, dass dieser mit der Anerkennung im Einzelfall einverstanden ist, wenn die Voraussetzungen der Ziffer 71 voll nachgewiesen sind. Es handele sich dabei um Rechtsregeln, die ein Gericht grundsätzlich anwenden müsse. Daraus folgt, dass ein Einzelfallgutachten eines Arztes, der begründet, dass im konkreten Fall doch mehr gegen einen Ursachenzusammenhang spreche als dafür, nicht mehr einfach den Anspruch zu Fall bringen kann. Die Anhaltspunkte sind nämlich nicht schon dann unbeachtlich, wenn eine abweichende Meinung mehr überzeugt, sondern erst dann, wenn die in den Anhaltspunkten getroffene Auffassung widerlegt ist.

219 Schmitt, Beweismaßstab für den Ursachenzusammenhang zwischen schädigenden Ereignis und bestehenden Schaden; jetzt als Anlage erstmals veröffentlichter Vortrag in: Deutscher Sozialgerichtstag, Sozialrecht als Menschenrecht, Stuttgart 2011, 179 ff.

Das Bundessozialgericht hält deshalb **Beweisanträge** für unzulässig, die darauf abzielen, Behauptungen zu beweisen, die im Einzelfall gegen einen Ursachenzusammenhang sprechen. **Beweiserhebung** ist daher in den durch die Anhaltspunkte geregelten Fällen nur dann zulässig, wenn sie Tatsachen betreffen, die den Ursachenzusammenhang unmöglich erscheinen lassen. Alleine die begründete Aussicht, im Leben einer Geschädigten Hinweise dafür zu finden, dass sie schon vor der Vergewaltigung die Anlage für die seelische Erkrankung hatte, reicht nicht aus.[220] Dies gilt grundsätzlich auch, wenn die psychische Erkrankung erst nach einer **Latenzzeit** manifest in Erscheinung tritt.[221] 236

Die Verwaltung müsste also einen Sachverständigen aufbieten, der bei genauer Erforschung des Sachverhaltes weiß, dass die Entstehung der **psychischen Erkrankung** anders verlaufen ist, als das Gesetz es vermutet. Eine solche Aussage wird ein Sachverständiger kaum je treffen können. Bis in die alltägliche Praxis der Verwaltung und der Gerichte sind diese beiden grundsätzlichen Entscheidungen des Bundessozialgerichtes bisher jedoch nicht vorgedrungen.[222] Dieser Auffassung wird Kausalitätspessimismus vorgeworfen und so richtig sie ist, so sehr scheint ihre Verdrängung begonnen zu haben. 237

Hinzu kommt, dass die AHP zum 1.1.2009 durch die Anlage zu § 2 der **Versorgungsmedizin-Verordnung** vom 10.12.2008 (VersMedV) ersetzt worden sind. Die damals so bedeutsame Ziffer 71 der Anhaltspunkte ist als „Lehrbuchwissen" nicht in die versorgungsmedizinischen Grundsätze übernommen worden.[223] Das Bundessozialgericht hat bisher ihre Weitergeltung insoweit angenommen,[224] als sie nach der ständigen Rechtsprechung des Bundessozialgerichtes schon zuvor anzuwenden war.[225] Ob damit die Probleme auf Dauer gelöst werden, ist allerdings sehr fraglich. Um weiterhin Geltung beanspruchen zu können, müssen die Anhaltspunkte die Anforderungen an **wirksame sog. antizipierte Sachverständigengutachten** auf Dauer erfüllen. Sie müssen 238

- auf wissenschaftlicher Grundlage erstellte Empfehlungen oder Beratungsergebnisse eines Fachgremiums sein,
- deren Inhalt ausschließlich auf der Sachkunde und dem Erfahrungswissen der Mitglieder des Fachgremiums beruht,
- deren Inhalt immer wiederkehrend angewandt und von Gutachtern, Verwaltungsbehörden, Versicherungsträgern, Gerichten und den Betroffenen anerkannt und akzeptiert worden ist und nicht zuletzt
- in ihren Ausführungen so genau sind, dass sie auf den einzelnen Fall übertragbar sind und eine Aktualitätsprüfung ihres Inhaltes ermöglichen.[226]

An dieser Qualität wird man zweifeln müssen, denn dazu müssten die Ziffer 71 und mit ihr die Ziffer 139 Abs. 5 (**Summationstrauma**) fortgeschrieben werden, denn die Erkenntnislage über **Traumafolgestörungen** ändert sich kontinuierlich. Das zeigt der Abschluss der aktuellen S3-Leitlinie **Posttraumatische Belastungsstörung.**[227] DSM-V und ICD-11 sind in Vorbereitung und werden wahrscheinlich 2013 in einer Gruppe **„Trauma- und stressbezogene Störungen"** neuere Erkenntnisse zur Diagnostik von Trauma- 239

220 Schmitt, Der lange Abschied von der sozialrechtlichen Ursachenlehre, VSSR 2004, 366.
221 LSG Berlin-Brandenburg v. 29.6.2010, L 11 VK 5/09.
222 Vgl hierzu erstmalig das Rundschreiben des Bundesministeriums für Arbeit und Soziales vom 9.5.2006, IV a 2 – 47035/3.
223 Vgl BR-Drucks. 767/08, 4.
224 BSG SozR 4-3800 § 1 Nr. 3; BSG SozR 4-3100 § 60 Nr. 4.
225 Vgl BSG SozR 4-3100 § 60 Nr. 4.
226 BSG v. 2.5.2001, SozR 3-2200 § 581 Nr. 8.
227 Flatten, Leilinienreport zur S3-Leitlinie Posttraumatische Belastungsstörung, Trauma und Gewalt 2011, 200 ff.

folgestörungen liefern.[228] Neurologische und bildgebende Forschungen tragen neue Erkenntnisse bei, die es zunehmend mehr erlauben, Traumafolgestörungen als Folge einer traumaspezifisch gestörten Informationsverarbeitung zu verstehen.[229]

240 Als ganz besonders problematisch erweist sich für „Alt"opfer in der Praxis das Problem der **Latenzzeit** und der angeblich fehlenden **Brückensymptome.** In Teil C der Anlage zu § 2 der **Versorgungsmedizin-Verordnung** 2 heißt es:

> Zwischen dem schädigenden Vorgang und der Gesundheitsstörung muss eine nicht unterbrochene Kausalkette bestehen, die mit den Erkenntnissen der medizinischen Wissenschaft und den ärztlichen Erfahrungen im Einklang steht. Dabei sind Brückensymptome oft notwendige Bindeglieder. Fehlen Brückensymptome, so ist die Zusammenhangsfrage besonders sorgfältig zu prüfen und die Stellungnahme anhand eindeutiger objektiver Befunde überzeugend wissenschaftlich zu begründen.
> Vielfach lässt alleine der große zeitliche Abstand ohne Brückensymptome den ursachlichen Zusammenhang unwahrscheinlich erscheinen. Die angemessene zeitliche Verbindung ist in der Regel eine Voraussetzung für die Wahrscheinlichkeit des ursächlichen Zusammenhangs.

241 Es sind gerade die lange in der Vergangenheit zurückliegenden Schädigungen durch sexuellen Missbrauch, die die Hürde der angeblich notwendigen Brückensymptome nicht bewältigen. Zumeist handelt es sich um Opfer aus dem engsten sozialen Nahfeld der Täter. Es geht um körperliche und sexuelle Gewalt und ihre psychischen Langzeitfolgen; typisch ist, dass viele Geschädigte jahre-, manchmal jahrzehntelang geschwiegen haben. Viele davon haben sich viele Jahre nicht einmal erinnert. Manche waren psychisch auffällig, aber kaum einmal sofort mit der Diagnose „kindlicher Missbrauch".

242 Die Erfahrungen der Unabhängigen Beauftragten für den sexuellen Kindesmissbrauch Dr. Christine Bergmann offenbarten 2010/2011 das Ausmaß der Spätschäden bei „unentdeckten" Opfern. Nachdem eine Telefon-Hotline geschaltet worden war, waren es in der überwiegenden Zahl Menschen, die Jahrzehnte nach dem sexuellen Missbrauch erstmals ihre Nöte offenbarten. Bei 80 % der Anrufer lag der Missbrauch mindestens 20 Jahre zurück, bei vielen 40 bis 50 Jahre. Eine beachtliche Zahl offenbarte sich am Telefon erstmalig. Viele wurden fachkundig als schwer belastet eingeschätzt (73 % der Anrufer). Das ist ein Indiz dafür, dass die sog. fehlenden **Brückensymptome** als K.O.-Kriterien möglicherweise nicht taugen. Und dies ist keine missbrauchstypische Kritik. In anderen Rechtsgebieten wird ebenfalls kontinuierlich gerügt, dass die Relevanz der Brückensymptome über Jahrzehnte deutlich überschätzt worden sei.[230] Auch in der Literatur wird das Konzept der fehlenden Brückensymptome als K.O.-Kriterium für eine positive Kausalitätsentscheidung mindestens seit den 60er Jahren kritisch diskutiert.[231]

8. Versagungstatbestände

a) § 2 Abs. 1 OEG – Zwingende Versagung

243 Nach § 2 Abs. 1 S. 1 OEG sind Entschädigungsleistungen zu versagen, wenn der Geschädigte die Schädigung **verursacht** hat oder wenn es aus sonstigen, insbesondere in dem eigenen Verhalten des Anspruchsstellers liegenden Gründen **unbillig wäre,** Entschädigung zu gewähren. § 2 Abs. 1 OEG ist eine Versagungsregelung, die zwingend ist und kein Ermessen einräumt. Die Darlegungs- und Beweispflicht liegt bei der Verwaltung.

---

228 Köllner/Maercker, Das diagnostische Spektrum der Traumafolgestörungen, Trauma und Gewalt 2011, 236 ff.

229 Flatten, Neuropsychotherapie der posttraumatischen Belastungsstörung, Trauma und Gewalt 2011, 264 ff.

230 Vgl zB: Die Anerkennung haft- und verfolgungsbedingter Gesundheitsschäden, www.uokg.de, Publikation zum UOKG-Kongress v. 24.10.2009; Brainin, Entschädigung – Wiedergutmachung oder erneute Traumatisierung, http://www.univie.ac.at/jugend-ns/html/brainin01.htm.

231 BSG v. 2.5.2001, SozR 3-2200 § 581 Nr. 8.

Nach der ständigen Rechtsprechung des Bundessozialgerichtes ist die 1. Tatbestandsalternative (**Mitverursachung**) stets zuerst zu prüfen.[232] Sie bestimmt abschließend, wann die unmittelbare Tatbeteiligung des Geschädigten Leistungen ausschließt. Zum Bereich der **unmittelbaren Tatbeteiligung** gehören alle unmittelbaren, nach natürlicher Betrachtungsweise mit dem eigentlichen schädigenden Tatgeschehen, insbesondere auch zeitlich eng verbundene Umstände. 244

Ein Gewaltopfer hat den Angriff nur dann mit verursacht, wenn es einen eigenen Beitrag zur Tat geleistet hat, der nicht hinweg gedacht werden kann, ohne dass der Angriff entfiele, und wenn der Beitrag von seinem Gewicht her mit dem rechtswidrigen Verhalten des Angreifens vergleichbar ist.[233] 245

Zur Auslegung des unbestimmten Rechtsbegriffs der **Unbilligkeit** im Sinne der 2. Alternative des § 2 Abs. 1 S. 1 OEG hat das Bundessozialgericht in ständiger Rechtsprechung vier Fallgruppen gebildet.[234] 246

- eine im Vorfeld der Tat liegende **rechtsfeindliche Betätigung**, mit der sich das spätere Opfer außerhalb der staatlichen Gemeinschaft stellt;
- die sozialwidrige, mit speziellen Gefahren verbundene Zugehörigkeit zum Kreis der **Alkohol- oder Drogenkonsumenten**, wenn die Tat aus diesem Milieu entstanden ist;
- das bewusste oder leichtfertige **Eingehen einer Gefahr**, der sich das Opfer ohne Weiteres hätte entziehen können, es sei denn, für dieses Verhalten läge ein rechtfertigender Grund vor und
- eine durch die Versorgung entstehende **Begünstigung des Täters.**

Alle sonstigen, lediglich erfolgsfördernden Umstände – wie typischerweise die Vorgeschichte der Gewalttat – sind im Rahmen der 2. Alternative zu prüfen;[235] dazu gehören mithin insbesondere auch die lediglich „mittelbaren“ Ursachen der Gewalttat.[236] 247

Umstände, die im Sinne der 1. Alternative nicht zum Leistungsausschluss führen, können auch nicht allein, sondern nur unter Hinzutreten sonstiger Gründe zur Annahme einer Unbilligkeit führen.[237] Mithin kann ein Tatbeitrag des Gewaltopfers, der unter der Schwelle versorgungsausschließender Mitverursachung bleibt, zusammen mit anderen Ursachen die Gewährung von Leistungen als unbillig erscheinen lassen.[238] Gefordert ist dann, dass die „sonstigen Umstände“ zusammen mit dem für sich genommen nicht ausreichenden Tatbeitrag dem in der 1. Alternative genannten Grund der Mitverursachung an Bedeutung annähernd gleichkommen.[239] 248

Ein gewisses Maß von **Selbstverschulden** bedingt aber noch nicht die ursächliche Mitwirkung im versorgungsrechtlichen Sinne. Vielmehr muss der Beitrag des Opfers zum schädigenden Ereignis wenigstens gleichwertig mit anderen Kausalfaktoren gewesen sein. In unsolidem Lebenswandel sind allein, ohne das Hinzutretenden besonderer gravierender Merkmale, keine Aspekte zu sehen, die eine **Leistungsverweigerung** nach § 2 OEG rechtfertigen. Für solche Gesichtspunkte müssen die Anforderungen hoch angesetzt werden und sie müssen öffentliche Belange berühren.[240] Dass eine Geschädigte möglicherweise leichtfertig mit einer fremden Person in deren Wohnung gegangen ist, 249

232 BSG v. 29. 3.2007, B 9 a VG 2/05 R, BSGE 98, 178 mwN.
233 Vgl BSGE 88, 103; BSG SozR 3-3800 § 1 Nr. 19 mwN; st Rspr.
234 Übersicht bei BSG SozR 3-3800 § 2 Nr. 9; BSG SozR 3-3800 § 2 Nr. 11, 53 f mwN.
235 Vgl BSGE 66, 115; 77, 18, 20; 83, 62, 65 ff; BSG v. 1.9.1999, B 9 VG 3/97 R, USK 99120 mwN.
236 Vgl BSGE 88, 103 ff mwN.
237 BSGE 66, 115 ff; BSG v. 1.9.1999, Fn 103.
238 BSG SozR 4-3800 § 2 Nr. 1.
239 Vgl BSG SozR 3800 § 2 Nr. 1 S 4 mwN; zum Gebot der konkreten Betrachtung der Kausalität: BSG SozR 3-3800 § 2 Nr. 7.
240 BSGE 49, 104 ff.

führt nicht ohne Weiteres zur Unbilligkeit einer Leistungsgewährung, wobei auch alters- und herkunftsbedingte Unerfahrenheit zu berücksichtigen sein können. Aufgrund eines gelegentlich erfolgten Konsums von Marihuana – so das LSG Hessen[241] – könne man im Regelfall auch nicht annehmen, dass ein Opfer einem Milieu angehöre, in dem es die „Schutz- und Risikogemeinschaft redlicher Bürger" bereits verlassen habe, weshalb auch unter diesem Aspekt eine Leistungsgewährung nicht unbillig sei.

b) Ausharren in häuslicher Gewalt – ein Versagungstatbestand?

250 Gewalt in Beziehungen, innerfamiliäre Misshandlungen und Gewalttaten bei Trennungen sind Alltag. Wissenschaftliche Studien zeigen, dass speziell die Gefährdung von Frauen am größten ist, wenn sie eine gewalthafte Beziehung beenden und verlassen wollen. Das Risiko, Gewalt in einer Beziehung erlebt zu haben, steigt mit der Häufigkeit von Trennungen im Lebenslauf linear an. Bei Frauen, die ein bis zwei Trennungen hinter sich hatten, berichteten bei einer deutschen Gewaltstudie 33 % und bei weiteren Trennungen 50 bis hin zu 64 % von körperlichen und/oder sexuellen Übergriffen des Partners. Trennung und Scheidung gehören zu den Hochrisikosituationen mit der höchsten Gefährdung für Frauen.[242] Die meisten Tötungen von Frauen ereignen sich danach in Trennungsphasen,[243] nicht selten nach einem lang andauernden Prozess des Nichtvoneinanderloskommens, wiederholter Trennung und Rückkehr, bei der die Gewalt schließlich eskaliert.

251 Da der besondere, zur Entschädigung berechtigende Rechtsgrund für Opferentschädigung darin bestehen soll, dass das Versagen der staatlichen Organe dem Betroffenen eine Art Opfer als Dienst an der Gemeinschaft abverlangt,[244] stand lange in Frage, ob **Straftaten im sozialen Nahfeld** überhaupt entschädigungsfähig sind. Der Staat hat im familiären Nahbereich in der Regel nur einen sehr schwachen Zugang. Der Schutz **misshandelter Ehepartner** sowie sexuell und körperlich misshandelter Kinder ist realistischerweise kaum zu gewährleisten. Aus diesem Grund wurde vielfach die Auffassung vertreten, die Versagung von Leistungen nach dem OEG sei bei tätlichen Angriffen im sozialen Nahfeld geboten. Das Bundessozialgericht[245] hat dem grundsätzlich eine Absage erteilt. Gleichwohl trennt die Leistungsgewährung von der Leistungsversagung in Fällen häuslicher Gewalt oft nur ein sehr schmaler Grat. Die versagungsrelevante **Mitverursachung** ist zu bejahen, wenn der Tatbeitrag des Opfers nach der auch im Opferentschädigungsrecht geltenden versorgungsrechtlichen Kausalitätstheorie nicht nur ein nicht hinweg zu denkender Teil der Ursachenkette ist, sondern wesentlich, dh annähernd gleichwertige Bedingung neben dem Beitrag des rechtswidrig handelnden Angreifers.[246] Dazu gehört die **vermeidbare Selbstgefährdung**, bei der sich das Opfer leichtfertig der Gefahr einer Schädigung ausgesetzt hat. Leichtfertiges Handeln wird dabei durch einen erhöhten Grad von Fahrlässigkeit gekennzeichnet, der etwa der groben Fahrlässigkeit des bürgerlichen Rechts entspricht. Im Gegensatz zum BGB gilt aber kein objektiver Sorgfaltsmaßstab, sondern ein an persönlichen Fähigkeiten des Opfers orientierter.[247]

252 Auch wenn keine hinreichenden Gründe für die Annahme einer Verursachung durch das Opfer vorliegen, können sonstige – also andere und zusätzliche – Gründe zur Versa-

241 Hessisches LSG v. 28.5.2008, L 4 VG 3/07 ZVW.

242 Schröttle/Ansorge, Gewalt gegen Frauen in Paarbeziehungen, BFSFJ 2009, 39 ff.

243 Schweikert, Gewalt ist kein Schicksal – Praxis und Möglichkeiten der Intervention, 2000; Simmer-Joachim, Warum Frauen nicht einfach gehen können, 3. Bericht zum Handlungskonzept der Landesregierung NRW „Gewalt gegen Frauen und sex. Missbrauch von Kindern".

244 Vgl hierzu zusammenfassend Heinz, Rn 17 ff.

245 BSG v. 21.10.1998, B 9 VG 6/97R, NJW 1999, 1573.

246 BSGE 49, 105 f; BSGE 50, 96; BSGE 52, 284.

247 BSG v. 9.12.1998, B 9 VG 8/97 R.

gung von Leistungen führen, wenn sie insgesamt ein annähernd gleiches Gewicht wie eine Verursachung haben. Das kann zB dann der Fall sein, wenn eine Provokation des Tatopfers zusammen mit einer nicht unmittelbar **tatnahen Selbstgefährdung** über einen längeren Zeitraum zusammentrifft. Das Bundessozialgericht hat hierzu in aller Klarheit Stellung bezogen: „Wenn eine Frau in einer Lebensgemeinschaft verbleibt, die mit einer dauernden Gefahrenlage verbunden ist, in der sie stets mit einer schweren Misshandlung rechnen muss, kann sie keine staatliche Entschädigung beziehen.[248] Durch das **Ausharren in der Lebensgemeinschaft** setzt sie sich nach Auffassung des Bundessozialgerichtes leichtfertig einer ständigen Gefährdung aus, die sie jederzeit durch verantwortungsbewusstes Handeln – nämlich Verlassen des leicht reizbaren und gefährlichen Partners – hätte vermeiden können. Das Maß der Verantwortung hat das Bundessozialgericht in der fraglichen Entscheidung u.a. auch dadurch mitbestimmt, dass das Opfer für ein Kind sorgen musste.

Das vorwerfbare Verbleiben beim gewalttätigen Ehemann wirkt sich auch bei der **Hinterbliebenenrente** aus, da es sich insoweit nur um einen abgeleiteten Anspruch handelt. 253

Entscheidend sind in jedem Fall die individuellen Umstände der Tat. Deshalb hat das Bundessozialgericht in einem anderen Fall, in dem die Geschädigte nach vier Wochen die Beziehung zu ihrem Partner wieder aufgenommen hatte, trotz erwartbarer erheblicher Handgreiflichkeiten unter Alkoholeinfluss nach deren maßgeblichen Erkenntnisfähigkeit nicht als leichtfertige Selbstgefährdung bewertet. Das Opfer habe zwar erkennen können und müssen, das die plötzliche Wiederaufnahme ihrer Beziehung zu einer problematischen Aussprache mit möglichen verbalen und auch handgreiflichen Auseinandersetzungen habe führen können. Nach den gesamten Umständen ihrer Beziehung habe sie aber nicht davon ausgehen müssen, dass ihre Rückkehr für sie mit Lebensgefahr verbunden sei.[249] 254

c) § 2 Abs. 2 OEG – Versagung im Ermessen

Aufklärungs- oder Mitwirkungsverstöße können im Wege des Ermessens zur Versagung führen. Dazu gehören die Versagungsgründe des § 2 Abs. 2 OEG, allen voran die Versagungsmöglichkeit wegen **fehlender Anzeige**. Leistungen können nämlich nach § 2 Abs. 2 OEG versagt werden, wenn der Geschädigte es unterlassen hat, das ihm Mögliche zur Aufklärung des Sachverhaltes zu tun, insbesondere unverzüglich Anzeige bei einer für die Strafverfolgung zuständigen Behörde zu erstatten. 255

§ 2 Abs. 2 OEG ist nach seinem Wortlaut und Inhalt eine echte Kann-Vorschrift. Die fehlende Anzeige kann also, muss aber nicht zur Versagung führen. Wesentlicher Sinn und Zweck dieser Vorschrift ist es, dass der Rückgriff des Staates auf den Täter ermöglicht werden soll. Daran mitzuwirken, ist einer Geschädigten im Durchschnittsfall zumutbar. Aber es gibt Ausnahmen. 256

Das Bundessozialgericht hat schon 1991 ausgeführt, dass § 2 Abs. 2 OEG eine echte Ermessensnorm sei, die es möglich mache, die Bedeutung des Verhaltens der Geschädigten für die Strafverfolgung, je nach den Auswirkungen des Unterlassens, insbesondere die finanziellen Einbußen, die der Verwaltung verursacht würden, zu bewerten und unter Berücksichtigung des Gewichtes eines etwaigen staatlichen Strafanspruches flexibel zu berücksichtigen.[250] In Konkretisierung dieser Rechtsprechung hat zB das Sozialgericht Frankfurt/M. im Fall eines sexuellen Missbrauches ausgeführt: „Falls sich aus medizinischer Sicht ergeben sollte, dass der Kläger infolge des erlittenen Traumas psychisch nicht in der Lage war, vor Beendigung seiner therapeutischen Behandlung mit seiner 257

248 BSG v. 30.10.1984, 9 a RVg 6/83, NJW 1985, 647.
249 BSG v. 18.4.2001, B 9 VG 3/00 R, NJW 2002, 1069.
250 BSG v. 24.4.1991, 9 a/9 RVg 5/89, BSG SozR 3-3100 § 19 Nr. 1.

Anzeige an die Öffentlichkeit zu gehen, hätte der Beklagte vom Kläger mehr verlangt, als ihm möglich war. Vor einer Abwägung zwischen dem Zweck der Leistungsversagung und dem Gebot verhaltungsadäquater Reaktion hätte dieses Problem geklärt sein müssen. Da dies nicht geschehen sei, fehlten die Grundlagen einer ermessensfehlerfreien Abwägung."[251]

258 Bemerkenswert ist in diesem Zusammenhang ein Rundschreiben des Bundesministeriums für Gesundheit und Soziales (BMGS) vom 26.11.2002 zur Überleitung von Schadensersatzansprüchen in Fällen, in denen **Kinder** Opfer einer Gewalttat geworden sind,[252] und in dem es um den umgekehrten Fall geht, dass die Versorgungsverwaltung ausdrücklich darauf verzichten soll, den übergegangenen Anspruch geltend zu machen:

„Im Rundschreiben vom 15.11.1999 – VI a 2 – 52039 – hatte ich ausgeführt, dass in Fällen, in denen Kinder Opfer einer Gewalttat geworden sind und der jeweilige Täter zur Familie gehört, auf das Erfordernis des Vorliegens eines **Strafantrags verzichtet** werden kann, wenn eine Aussage eines Kindes zu negativen Folgen für das Kind führen könnte. Das gilt insbesondere dann, wenn vermieden werden soll, dass der Täter davon erfährt, dass das Kind sich offenbart hat.

Problematisch ist in diesem Zusammenhang jedoch, dass die Versorgungsverwaltungen grundsätzlich verpflichtet sind, die nach § 81 a BVG iVm§ 5 Abs. 1 OEG übergegangenen Schadensersatzansprüche – ggf auch gerichtlich – geltend zu machen. Weil in gerichtlichen Verfahren nicht auf die Aussage des Kindes verzichtet werden kann, wird der mit dem Verzicht auf die Strafanzeige bezweckte Schutz des Kindes oftmals zunichte gemacht.

In meinem Schreiben vom 15.01.2001 an das Ministerium für Frauen, Arbeit, Gesundheit, Soziales – VI a 2 – 52039 – hatte ich deshalb ausgeführt, dass in solchen Fällen besonders sorgfältig zu prüfen sei, ob die Voraussetzungen der VV Nr. 8 Satz 3 zu § 81 a BVG vorliegen und daher von einer Klageerhebung oder der Erwirkung eines Mahnbescheides abgesehen werden kann, weil die gerichtliche Geltendmachung des Anspruchs keinen Erfolg verspricht. Mehrere Länder wie auch der Bundesrechnungshof in seinem Prüfbericht vom 21.11.2001 – VI 4 – 2000 -0619 – (.13) haben jedoch darauf hingewiesen, dass mit einer solchen Vorgehensweise ein genereller Schutz der betroffenen Kinder im beabsichtigten Sinne nicht zu erreichen sei.

In der Länderreferentenbesprechung vom 18./19.09.2003 bestand daher Einigkeit darin, dass eine Lösung gefunden werden muss, die den Schutz des Kindeswohls sicherstellt. Hierzu bietet sich ein Rückgriff auf den in § 81 a Abs. 1 Satz 3 BVG zum Ausdruck kommenden Gedanken an, dass der Übergang des Schadensersatzanspruches nicht zum Nachteil des Berechtigten geltend gemacht werden soll. Zwar betrifft die Regelung ursprünglich einen rein fiskalischen Aspekt, nämlich die Sicherung des Quotenvorrechts des Berechtigten gegenüber dem Bund. Dieser Gedanke kann aber zumindest auch sinngemäß auch auf Fallgestaltungen angewandt werden, in denen dem Opfer Nachteile sonstiger Art drohen, insbesondere dann, wenn zu befürchten ist, das dem kindlichen Opfer durch gerichtliche Befragung etc. schwere gesundheitliche Schädigungen durch eine Traumatisierung zugefügt werden könnten. Ich bitte daher, in diesen Fällen den in § 81 a Abs. 1 Satz 3 BVG zum Ausdruck kommenden Grundgedanken heranzuziehen und auf die Geltendmachung übergegangener Schadensersatzansprüche zu verzichten."

---

251 SG Frankfurt/M. v. 17.3.2002, S-24/VG-886/01.

252 BMGS vom 26.11.2002, IV -c 2 – 620939, BArbl 2003, 111.

d) §§ 60 ff SGB I – Mitwirkungspflichten

Im Zusammenhang der **Versagungstatbestände** ist auch ein kurzer Blick auf Mitwirkungspflichten von Geschädigten zu werfen. Grundsätzlich besteht eine **Mitwirkungspflicht der Leistungsberechtigten** nach §§ 60 ff SGB I, die ihre Grenze erst bei Behandlungen und Untersuchungen hat, bei denen im Einzelfall ein Schaden für Leben oder Gesundheit nicht mit hoher Wahrscheinlichkeit ausgeschlossen werden kann. Solche Behandlungen können von den Betroffenen abgelehnt werden. Aus der Niederschrift über die Tagung der Sektion Versorgungsmedizin „des ärztlichen Sachverständigenbeirates beim BMAS vom 29. bis 30.3.2000 lässt sich ein Beispiel für opferorientierte Gesetzeshandhabung zitieren. Dort ging es um einen Fall, in dem ein Opfer Versorgung nach dem OEG beantragt hatte, aber die an sich erforderliche Psychotherapie ablehnte. Dies kann zur Leistungsversagung führen. In der Niederschrift hieß es jedoch ausdrücklich:„Wesentlich für einen solchen Verzicht auf die Therapie einer psychosomatische Störung ist eine vorausgehende adäquate Begutachtung (ggf einschl. nachfolgender Zustimmung durch den Leitenden Arzt), welche die hierfür allgemein akzeptierten und gebräuchlichen wissenschaftlichen Prinzipien zugrunde legt."[253] Diese Forderung gilt auch für die Begutachtung im Rahmen des Kölner Opferhilfemodells, bei dem uU Begutachtungen, etwa zur Folge notwendiger Therapien, durch Psychologen erfolgen."[254] 259

Damit wird den Geschädigten zwar eine **Begutachtung** zugemutet, auf die individuelle Bedürfnislage kann aber ohne Leistungsversagung Rücksicht genommen werden. 260

9. Leistungsinhalte – der Umfang der Versorgung

Hinsichtlich der zu gewährenden Leistungen verweist das OEG auf das BVG. Der Leistungskatalog, definiert als Umfang der Versorgung, wird in § 9 BVG festgelegt. 261

Sach-, Vermögens- und immaterielle Schäden werden nach dem BVG bzw nach den auf das BVG verweisenden Gesetzen weitgehend nicht entschädigt. Eine Ausnahme stellt die 1990 eingeführte Regelung (§ 8 b BVG, § 1 Abs. 10 OEG) dar, wonach einer gesundheitlichen Schädigung auch die Beschädigung eines am Körper getragenen Hilfsmittels gleichsteht und dessen Beschädigung behoben werden muss. 262

Hinweis: Soweit dem Versorgungsberechtigten ein gesetzlicher Anspruch auf Ersatz des ihm durch die Schädigung verursachten Schadens gegen einen Dritten zusteht, geht dieser Anspruch im Umfang der durch dieses Gesetz begründeten Pflicht zur Gewährung von Leistungen nach § 81 a BVG auf den Bund über. Im Rahmen von Schadensersatz-/Schmerzensgeldprozessen/Adhäsionsverfahren ist also sorgfältig darauf zu achten, dass der Kläger seine Aktivlegitimation für die Ansprüche verliert, die im Rahmen des BVG erfüllt werden. Klagt der Kläger unter Verstoß dagegen solche Ansprüche gleichwohl zivilrechtlich ein, kann das im OEG dazu führen, dass Leistungen nach § 2 OEG wegen Unbilligkeit versagt werden.

a) Heil- und Krankenbehandlung

Eine wesentliche Leistung des Bundesversorgungsgesetzes ist **die Heil- und Krankenbehandlung** nach § 10 BVG. 263

Heilbehandlung wird Beschädigten – also denjenigen, die als Versorgungsberechtigte anerkannt sind – für Gesundheitsstörungen, die als Folge einer Schädigung anerkannt oder durch anerkannte Schädigungsfolgen verursacht worden sind, gewährt, um die Gesundheitsstörung oder die durch sie bewirkten Beeinträchtigungen der Berufs- und Er- 264

253 Niederschrift über die Tagung der Sektion „Versorgungsmedizin" des ärztlichen Sachverständigenbeirates beim BMA (29.–30.3.2000).

254 Niederschrift über die Tagung der Sektion „Versorgungsmedizin" des ärztlichen Sachverständigenbeirates beim BMA (3.–4.11.1999).

werbsfähigkeit zu beseitigen oder zu bessern, eine Zunahme des Leidens zu verhüten, Pflegebedürftigkeit zu vermeiden, zu überwinden, zu mindern oder ihre Verschlimmerung zu verhüten, körperliche Beschwerden zu beheben, die Folgen der Schädigung zu erleichtern oder um den Beschädigten entsprechend den in § 4 Abs. 1 SGB IX genannten Zielen eine möglichst umfassende Teilhabe am Leben in der Gesellschaft zu ermöglichen.

265 **Krankenbehandlung** wird dem Beschädigten unter den im Einzelnen in § 10 BVG genannten Bedingungen auch für Angehörige gewährt. Als **Krankenbehandlung** wird jene Form der Heilbehandlung bezeichnet, die für **nicht als Schädigungsfolge** anerkannte Krankheiten gewährt wird.

266 Die **Form der Leistungen** wird in § 18 BVG bestimmt. Das **Sachleistungsprinzip** schließt Kostenerstattungsansprüche des Bürgers mit einigen ganz wenigen Ausnahmen aus. Das geltende Sachleistungsprinzip setzt ein funktionierendes System der Leistungserbringung voraus (= Sicherstellungsauftrag).[255] Falls eine Sachleistung wegen eines Systemversagens nicht oder nicht zeitgerecht erbracht werden kann, kennt das BVG für die Heil- und Krankenbehandlung **Kostenerstattungsregelungen für selbstbeschaffte Leistungen** nach §§ 18 Abs. 3 und Abs. 4 BVG, die von der Kostenregelung für selbstbeschaffte Leistungen der Krankenversicherung nach § 13 SGB V deutlich abweichen.

267 Der **Leistungsumfang der Heilbehandlung** ist in § 11 BVG geregelt und dort findet man die unterschiedlichsten Formen der Heilbehandlung, u.a. auch die in der Praxis so bedeutsamen **psychotherapeutische Behandlung** (§ 11 Abs. 1 Nr. 11 BVG) wegen **psychischer Schädigungsfolgen.**

268 § 18 c BVG bestimmt schließlich, **durch wen** die Leistungen innerhalb der jeweiligen Leistungsart erbracht werden. Die Heil- und Krankenbehandlung des Opferentschädigungsrechts wird nach § 18 a Abs. 1 S. 1 BVG **grundsätzlich** von der **Verwaltungsbehörde** – also der Versorgungsverwaltung – durchgeführt. Es werden allerdings nur bestimmte Leistungen unmittelbar von der Verwaltungsbehörde erbracht. Das ergibt sich aus § 18 c Abs. 1 S. 2 BVG. Alle anderen Leistungen werden nach § 18 c Abs. 1 S. 3 BVG

- **von** den Krankenkassen
- **für** die Verwaltungsbehörde

erbracht. Dazu gehört ausdrücklich die Heilbehandlung.

269 Es handelt sich bei dieser Form der Leistungserbringung um einen **gesetzlichen Auftrag nach § 93 SGB X.**[256] Die Versorgungsverwaltung bleibt grundsätzlich zuständig. Die Krankenkasse erbringt nur die Leistung. § 93 SGB X verweist auf § 89 Abs. 3 und 5 SGB X. Danach hat der Beauftragte (Krankenkasse) dem Auftraggeber (Versorgungsverwaltung) die erforderlichen Mitteilungen zu machen, auf Verlangen über die Ausführungen Auskunft zu erteilen und nach der Ausführung des Auftrags Rechenschaft abzulegen. Nach § 89 Abs. 5 SGB X ist der Auftraggeber berechtigt, den Beauftragten an seine Auffassung zu binden. Die Verwaltungsbehörde bleibt also berechtigt, Art, Umfang und Dauer der Leistung besonders zu bestimmen (VV Nr. 1 zu § 18 c BVG).

270 Nach dieser gesetzlichen Ausgestaltung besteht das eigentliche Sozialleistungsverhältnis zwischen dem durch einen vorsätzlichen rechtswidrigen tätlichen Angriff betroffenen Bürger und dem Leistungsträger (**Versorgungsrechtsverhältnis**) also **nicht mit der Krankenkasse,** sondern **mit der Versorgungsverwaltung.**

---

255 BSG SozR § 184; BSGE 53, 149.
256 Vgl BSGE 37, 236; BSGE 65, 33 f = SozR 1300 § 111 Nr. 6, 19 f.

Diese inhaltliche Ausgestaltung hat ihr **verfahrensrechtliches Korrelat** in § 18 c Abs. 2 S. 2 BVG, der ausdrücklich anordnet, dass über Widersprüche gegen Verwaltungsakte, die im Rahmen der Leistungserbringung von Krankenkassen erlassen werden, die für die Verwaltungsbehörde zuständige **Widerspruchsbehörde** entscheidet und nicht die Krankenkasse. 271

Das Wechselspiel der Leistungserbringung aufgrund eines Versicherungsverhältnisses einerseits (SGB V) und aufgrund eines **gesetzlichen Auftragsverhältnisses** andererseits (OEG iVm BVG) bleibt dem Bürger regelhaft verborgen. Es ist für die Leistungsträger interessant, weil es Erstattungsansprüche nach den §§ 19, 20 BVG auslöst. Der **Auftrag** der Versorgungsverwaltung an die Krankenkasse wird nach der Rechtsprechung des Bundessozialgerichtes wirksam, wenn die Versorgungsverwaltung gegenüber dem Versorgungsberechtigten die Krankheit als Schädigungsfolge **anerkannt** hat.[257] § 19 S. 2 BVG bestimmt ausdrücklich, dass Aufwendungen für ihre Mitglieder nur erstattet werden, soweit diese Aufwendungen durch Behandlung **anerkannter** Schädigungsfolgen entstanden sind. Dann werden die Aufwendungen der Krankenkassen für nach § 18 c BVG erbrachten Leistungen grundsätzlich pauschal und nicht fallbezogen abgegolten. Der Bürger merkt vom „Binnenverhältnis" zwischen Krankenkasse und Versorgungsverwaltung bei der Heilbehandlung im Bewilligungsfalle im Regelfall also nicht, dass er „ein OEG-Fall" ist, weil er nur mit der Krankenkasse zu tun hat. Das kann zur Verkürzung des Rechtsschutzes des Bürgers führen. 272

So ist es in der Praxis eher selten, dass der Bürger von seiner Krankenkasse erfährt, dass 273

- nach § 18 a Abs. 1 S. 3 BVG ein Antrag auf Leistungen der Krankenkasse immer zugleich auch ein Antrag auf die entsprechenden Leistungen nach dem OEG ist.
- nach § 18 c Abs. 3 BVG **anstelle der Krankenkasse** auch **die Verwaltungsbehörde (= Versorgungsamt) die Leistung erbringen kann** und die Krankenkassen danach der Verwaltungsbehörde Fälle mitteilen sollen, in denen die Erbringung der Leistungen durch die Verwaltungsbehörde angezeigt ist.

§ 18 c Abs. 3 BVG hat seine Bedeutung für Berechtigte nach dem OEG dort, wo besondere Heilmaßnahmen **über den Leistungsrahmen der Krankenkassen hinaus** für notwendig und zweckmäßig erachtet werden. § 18 c Abs. 3 BVG ist vor dem Hintergrund entstanden, Leistungen an „Beschädigte" immer dort erbringen zu können, wo Leistungen, zu denen die Krankenkassen ihren Mitgliedern verpflichtet sind, nach Art und Umfang nicht ausreichend erscheinen. 274

§ 11 Abs. 1 S. 2 BVG bestimmt andererseits, dass die Vorschriften für die Leistungen, zu denen die **Krankenkasse** (§ 18 c Abs. 2 S. 1 BVG) ihren Mitgliedern verpflichtet ist, für die Leistungen nach Satz 1 entsprechend gelten, soweit das BVG nichts anderes bestimmt. Das klingt so, als könne der betroffene Bürger für die in § 18 c Abs. 2 S. 1 BVG aufgezählten Leistungen tatsächlich nur das erhalten, was das Leistungsspektrum der **gesetzlichen Krankenversicherung** hergibt. Und so wird es auch häufig in der Praxis vertreten. Die Einzelheiten hierzu sind bisher durch praktische Fälle wenig ausgelotet. Das Zusammenspiel der hochkomplizierten Vorschriften des BVG mit denen des SGB V ist kaum jemanden wirklich klar. Die Versorgungsverwaltung geht allerdings zunehmend dazu über, von sich aus Betroffene gleich bei Antragstellung und noch vor der Anerkennung auf die Möglichkeiten der Leistungserbringung unmittelbar durch die Versorgungsverwaltung hinzuweisen. 275

Dass „anderes" im BVG bestimmt ist, ergibt sich auch bereits daraus, dass die **Heil**behandlung des § 10 BVG in wichtigen Teilen über die Definition der **Kranken**behandlung im Sinne der gesetzlichen Krankenversicherung nach § 27 SGB V hinausgeht. Der 276

257 BSGE 37, 236.

in § 10 Abs. 1 BVG genannte Zweck der Heilbehandlung gehört aber mit zu den Anspruchsvoraussetzungen. Die Heilbehandlung im Sinne des Bundesversorgungsgesetzes ist an ihrer Zielvorstellung zu orientieren.[258] Für die Frage, welche **Heilbehandlung** notwendig ist, ist zwischen Krankenversicherung und Bundesversorgungsgesetz schon definitionsmäßig keine Vergleichbarkeit gegeben:

§ 27 SGB V	§ 10 BVG
Krankenbehandlung nach SGB V wird geleistet, um ■ Krankheiten zu erkennen, zu heilen, ■ ihre Verschlimmerung zu verhüten und ■ Krankheitsbeschwerden zu lindern.	**Heilbehandlung** nach BVG wird gewährt, um ■ anerkannte Gesundheitsstörungen oder die durch sie bewirkten Beeinträchtigungen der Berufs- und Erwerbsunfähigkeit zu beseitigen oder zu bessern, ■ eine Zunahme des Leidens zu verhüten, ■ Pflegebedürftigkeit zu vermeiden, zu überwinden, zu mindern oder ihre Verschlimmerung zu verhüten, ■ körperliche Beschwerden zu beheben, ■ die Folgen der Schädigung zu erleichtern, ■ um den Beschädigten eine möglichst umfassende Teilhabe am Leben zu ermöglichen (§ 11 BVG).

277 Durch die Fassung des § 10 BVG werden zB Rehabilitationszwecke gleichwertig neben die übrigen Zwecke der Heilbehandlung gestellt und spezifische, nur der Rehabilitation im eigentlichen Sinne dienende Leistungen zu Leistungen der Heilbehandlung erklärt. Bereits daraus ergibt sich eine Erweiterung der Leistungsmöglichkeiten gegenüber dem Krankenversicherungsrecht, die es nicht zulässt, dass Opfer im Sinne des OEG ausschließlich auf das Leistungsspektrum und den Leistungsumfang des SGB V reduziert werden. Auch ist der Begriff der Krankheit im Sinne des SGB V nicht zwingend identisch mit dem Begriff der Gesundheitsstörung im Sinne des BVG. Dieser Begriff kann weiter reichen und neben der eigentlichen Krankheit auch Dauerschäden ohne akuten Krankheitswert mit umfassen,[259] die gleichwohl aus den Grundsätzen des sozialen Entschädigungsrechts der Heilbehandlung bedürfen.

278 Für diese Auffassung spricht, dass § 11 BVG nur vom **Leistungsrecht der Krankenkasse**, nicht aber vom Leistungsrecht der gesetzlichen Krankenversicherung spricht. Die Leistungen der **privaten Krankenversicherung oder der Beihilfe** sind aber nicht an das SGB V gebunden. Entscheidend ist, was der Versicherte und seine Versicherung vertraglich vereinbart haben. Gleiches gilt bei Beamten. Die Regeln der Beihilfe weichen durchaus vom SGB V ab. Da es im Opferentschädigungsrecht keinen Grund für eine Ungleichbehandlung zwischen gesetzlich und privat Krankenversicherten gibt, ist daher auch weiterhin davon auszugehen, dass der Gesetzgeber des Bundesversorgungsgesetzes den Betroffenen nach Maßgabe der Notwendigkeit im konkreten Einzelfall weitergehende Leistungen zuerkennen wollte. Für die Heilbehandlung in Form der Psychotherapie können sich insoweit ganz besonders bedeutsame Konsequenzen ergeben.

258 Rohr/Sträßer, § 10 Rn 2.
259 Rohr/Sträßer, § 10 Rn 12.

b) Psychotherapie: begrenzte Krankenkassenleistung oder umfassende Heil- und Rehabilitationsmaßnahme nach dem OEG?

Psychotherapie ist eine der wichtigsten Leistungen zur Behandlung der Folgen von Sexual- und Gewaltstraftaten. Psychotherapie kann iVm§ 10 Bundesversorgungsgesetz (BVG) oder als Maßnahme der Kriegsopferfürsorge nach § 27 BVG als eine Maßnahme der **Heil**behandlung gewährt werden. Psychotherapie kann aber auch nach vielen anderen (Sozialleistungs-)Normen erbracht werden, zB als 279

- Krankenbehandlung nach § 27 SGB V iVm den Psychotherapierichtlinien
- Hilfe zur Erziehung nach § 27 SGB VIII, als Eingliederungshilfe nach § 35 a SGB VIII, als Hilfe für junge Volljährige nach § 41 SGB VIII,
- Heilbehandlung nach § 27 SGB VII,
- Reha-Maßnahme nach § 26 Abs. 2 Nr. 5 SGB IX iVm den Spezialgesetzen, zB § 15 Abs. 1 S. 1 SGB VI,
- Leistung einer privaten Kranken- und/oder Unfallversicherung,
- öffentlich-rechtliche Beihilfeleistung etc.

Psychotherapie ist Bürgern als Leistung einer Krankenkasse am vertrautesten.[260] In der **gesetzlichen Krankenversicherung** wird Psychotherapie zur Behandlung einer Krankheit erbracht. Diese Leistung knüpft nicht an die Ursache der Erkrankung an, sondern richtet sich final auf deren Behandlung. Die gesetzliche Krankenversicherung stellt ihren Versicherten als **originäre Versicherungsleistung** zur Behandlung von psychischen Erkrankungen neben diversen anderen Leistungen Psychotherapie als ärztliche und psychotherapeutische Behandlung zur Verfügung. 280

Der Anspruch auf Psychotherapie in der gesetzlichen Krankenversicherung ergibt sich aus §§ 27 ff SGB V. § 28 Abs. 3 SGB V verweist auf § 92 SGB V und damit auf das **Leistungserbringungsrecht der Krankenkassen.** Die Ansprüche auf Leistungen nach den §§ 11 ff SGB V werden heute nur noch als Rahmenrecht verstanden, das durch die untergesetzlichen Regelungen des Leistungserbringungsrechtes konkretisiert wird. Aus dem Rahmenrecht entwickelt sich ein Leistungsanspruch des Bürgers erst, wenn nach Maßgabe des Leistungserbringungsrechtes weitere Entscheidungen ergangen sind.[261] Diese werden in der **gesetzlichen Krankenversicherung** bei psychischen Erkrankungen aufgrund der Richtlinien des Gemeinsamen Bundesausschusses über die Durchführung von Psychotherapie (**Psychotherapierichtlinien**)[262] festgelegt. Nach § 91 Abs. 6 SGB V binden die Beschlüsse des gemeinsamen Bundesausschusses die Leistungserbringer und die Versicherten. Ein **Anspruch auf ambulante Psychotherapie** besteht damit in der gesetzlichen Krankenversicherung nur, solange und soweit nach den Richtlinien des Gemeinsamen Bundesausschusses über die Durchführung der Psychotherapie 281

- eine seelische Krankheit (§ 2 der Psychotherapierichtlinien)
- durch einen zugelassenen Therapeuten nach Maßgabe der Psychotherapievereinbarungen
- in dem Umfang, den die Psychotherapierichtlinien (§§ 23 ff Psychotherapierichtlinien) vorgeben

behandelt wird.

---

260 Vgl zB Walendzik/Rabe-Menssen/Lux/Wasem/Jahn, Erhebung zur ambulaten psychotherapeutischen Versorgung 2010; die dort befragten Therapeuten benannten, dass 88 % der Patienten Mitglied einer gesetzlichen Krankenkasse waren; 9,8 % waren Mitglied einer privaten Krankenkasse; 2,0 % rangierten als Selbstzahler.

261 Richter, Grundbegriffe des Leistungserbringungsrechtes, in: Richter/Doering-Striening (Hrsg.), § 2 Rn 13.

262 Stand 19.10.2009.

282 Damit ergeben sich in der **gesetzlichen Krankenversicherung** Begrenzungen nach Therapieform und -umfang. Psychotherapie wird nicht unbegrenzt geleistet, sondern nur im Rahmen des Sachleistungsanspruches des § 2 SGB V. So ist für Verhaltenstherapie ein Limit bei zunächst 45 Stunden und sodann in besonderen Fällen bei bis zu 60 Stunden vorgesehen. Eine Überschreitung des Therapieumfangs ist nach Maßgabe von § 23 b Psychotherapierichtlinien darüber hinaus ist zulässig, wenn aus der Darstellung des therapeutischen Prozesses hervorgeht, dass mit der Beendigung der Therapie das Behandlungsziel nicht erreicht werden kann, aber begründete Aussicht auf Erreichung des Behandlungsziels bei Fortführung der Therapie besteht. Grundsätzlich sind nach § 23 b Abs. 1 Nr. 8 der Psychotherapierichtlinien **Höchstgrenzen** einzuhalten:[263]

Therapieansatz	Langzeittherapie	Höchstgrenzen
analytische Psychotherapie	bis 160 Stunden in besonderen Fällen bis 240 Stunden	300 Stunden
tiefenpsychologisch fundierte Psychotherapie	bis 50 Stunden, in besonderen Fällen bis 80 Stunden	100 Stunden
Verhaltenstherapie	bis 45 Stunden, in besonderen Fällen bis 60 Stunden	80 Stunden
analytische und tiefenpsychologische Psychotherapie von Kindern	bis 70 Stunden, in besonderen Fällen bis 120 Stunden	150 Stunden
Verhaltenstherapie von Kindern	bis 45 Stunden, in besonderen Fällen bis 60 Stunden	80 Stunden
Analytische und tiefenpsychologische Psychotherapie von Jugendlichen	bis 90 Stunden, in besonderen Fällen bis 140 Stunden	180 Stunden
Verhaltenstherapie von Jugendlichen	bis 45 Stunden, in besonderen Fällen bis 60 Stunden	80 Stunden

283 Diese **Höchstgrenzen** sind für Opfer von Gewalt- und Sexualstraftaten häufig nicht hinreichend. Gleichwohl erhalten sie häufig Ablehnungen ihrer Krankenkassen, ohne dass die Leistungsansprüche des Opferentschädigungsrechtes – um diese alleine geht es für die anerkannten Opfer – geprüft und ausgelotet werden. Die Feindifferenzierung zwischen Psychotherapie als Versicherungsleistung und Psychotherapie als Auftragsleistung wird nicht erkannt und es wird häufig vertreten, der Leistungsumfang sei auf die Höchstgrenzen der Psychotherapierichtlinien begrenzt.

284 Es dürfte aber durchaus fraglich sein, ob die Psychotherapierichtlinien im OEG entscheidungserheblichen Charakter haben. Bereits oben wurde auf die Unterschiede zwischen der Krankenbehandlung des SGB V und der Heilbehandlung des BVG hingewiesen.

285 **Heilbehandlung** hat über die Zwecke der Krankenbehandlung des SGB V hinaus u.a. auch den Zweck, die Folgen der Schädigung zu erleichtern und eine möglichst umfassende Teilhabe am Leben zu ermöglichen. Das steht nicht nur im Widerspruch zu § 27 SGB V, sondern auch im Widerspruch zu den Psychotherapierichtlinien. § 22 Abs. 3 der Psychotherapierichtlinien bestimmt ausdrücklich, dass **Psychotherapie als Leistung der gesetzlichen Krankenversicherung ausgeschlossen** ist, wenn:

263 In begründeten Ausnahmefällen soll nach Maßgabe des Bundesministeriums für Gesundheit (Informationsvermerk v. 15.4.2011) jedoch ein weiteres Mal abgewichen werden können.

- zwar eine seelische Krankheit vorliegt, aber ein Behandlungserfolg nicht erwartet werden kann, weil dafür bei dem Patienten die Voraussetzungen hinsichtlich der Motivationslage, der Motivierbarkeit oder der Umstellungsfähigkeit nicht gegeben sind, oder weil die Eigenart der neurotischen Persönlichkeitsstruktur dem Behandlungserfolg entgegensteht,
- sie nicht der Heilung oder Besserung der seelischen Krankheit, sondern allein der beruflichen oder sozialen Anpassung oder der beruflichen oder schulischen Förderung dient,
- sie alleine der Erziehungs-, Ehe-, Lebens- und Sexualberatung dient.

Dieser Ausschluss steht ausdrücklich im Widerspruch zu den **Zwecken der Heilbehandlung** im Sinne von § 10 BVG, so dass die Zweifel darüber, ob die Psychotherapierichtlinien überhaupt für Opferentschädigungsfälle gelten können, noch bestärkt werden. Es passt auch nicht zusammen, dass die Versorgungsverwaltung als „Auftraggeber" Art, Umfang und Dauer einer Behandlung bestimmen kann (VV Nr. 1 zu § 18 c BVG) und andererseits gemäß § 92 Abs. 1 S. 2 Nr. 1 SGB V iVm § 92 Abs. 6 a S. 1 SGB V der Gemeinsame Bundesausschuss das Nähere über die psychotherapeutisch behandlungsbedürftigen Krankheiten und die Art, den Umfang und die Durchführung der Behandlung bestimmt. 286

Daraus ist abzuleiten, dass die Begrenzungen der Psychotherapierichtlinien – insbesondere was die Stundenkontingente angeht – im OEG nicht durchweg gelten können, sondern der Einzelfall nach Maßgabe der Zwecke des § 10 BVG zu betrachten ist. Allerdings führt das Verfahren nach den Psychotherapierichtlinien die Betroffenen häufig vom richtigen Weg der Leistungsdurchsetzung ab, weil es die Besonderheiten des Opferentschädigungsfalles nicht berücksichtigt, so dass alle Beteiligten ihn auch häufig nicht als solchen erkennen. In den Verfahrensregeln nach den **Psychotherapierichtlinien** in Verbindung mit der **Psychotherapievereinbarung,** die die Krankenkassen anwenden, bildet sich das vom Gesetzgeber für Opfer im Sinne des Opferentschädigungsrechts aus gutem Grund gewählte Leistungs- und Verfahrensrecht, das oben dargestellt wurde, nicht ab. 287

Nach den **Vereinbarungen über die Anwendung von Psychotherapie in der vertragsärztlichen Versorgung** erfolgen Antrag, Bewilligung und Ablehnung von Psychotherapie wie folgt: 288

§ 11 Antragstellung

(1) Beabsichtigt ein Arzt oder Psychologischer Psychotherapeut oder Kinder- und Jugendlichenpsychotherapeut, tiefenpsychologisch fundierte Psychotherapie oder analytische Psychotherapie oder Verhaltenstherapie durchzuführen, so veranlasst er, wenn er – ggf. nach der Durchführung probatorischer Sitzungen – eine entsprechende Indikation gestellt hat, den Patienten, einen Antrag auf Feststellung der Leistungspflicht für Psychotherapie bei dessen Vertragskasse zu stellen (Formblatt PTV 1).

(2) Je nach Indikationsstellung ist festzulegen, ob ein Antrag auf Kurzzeit- oder Langzeittherapie gestellt werden soll. Dem Antrag des Patienten ist eine Begründung des Therapeuten für die beantragte Therapie beizufügen.

(3) ...

(4) ... Stellt sich während der Kurzzeittherapie heraus, dass eine Langzeittherapie durchgeführt werden muss, ist die Überführung der Kurzzeittherapie in die Langzeittherapie spätestens mit der zwanzigsten Sitzung der Kurzzeittherapie mit Begründung auf dem Formblatt PT 3 oder VT 3 gemäß Abs. 5 zu beantragen. ... Die Vertragskasse hat diesen Antrag einem Sachverständigen zur Begutachtung vorzulegen (Gutachterverfahren). ...

(5) Dem Antrag auf Langzeittherapie (PTV 2) ist ein ausführlicher Bericht für den Gutachter gemäß einem entsprechenden Formblatt (PT 3 a, PT 3 a (K), VT 3 a) in einem verschlossenen Briefumschlag beizufügen.

(6) ...

(7) Führt die Langzeittherapie innerhalb des von der Vertragskasse genehmigten Umfangs nicht zum Erfolg, kann der Versicherte einen Antrag auf Fortsetzung der Behandlung stellen. Diesem Antrag werden vom Therapeuten die Angaben zur Indikation und die entsprechende Begründung zur Fortsetzung der Behandlung gemäß dem entsprechenden Formblatt bzw. zugehörigem von der Kassenärztlichen Vereinigung zur Verfügung gestellten Informationsblatt (PT 3 b, PT 3 b (K), VT 3 b, ggf. PT 3 c, PT 3 c (K) oder VT 3 c) im verschlossenen Briefumschlag beigefügt und an die zuständige Vertragskasse gesandt. Der Antrag ist so rechtzeitig zu stellen, dass eine kontinuierliche Weiterbehandlung gewährleistet ist.

§ 13 Entscheidung zur Leistungspflicht

(1) Sind die Voraussetzungen für die Leistungspflicht erfüllt, so teilt die Vertragskasse dies dem Versicherten ggf. formlos mit und übersendet dem Therapeuten, der den Antrag begründet hat, die Anerkenntnis ihrer Leistungspflicht (Formblatt PTV 7a/b).

(2) ...

(3) Verneint die Vertragskasse ihre Leistungspflicht, teilt sie dies dem Versicherten mit. Die Information an den Therapeuten, der den Antrag begründet hat, erfolgt auf Formblatt PTV 9. (4) Legt der Versicherte gegen die Ablehnung einer Kurzzeittherapie Einspruch ein, kann die Vertragskasse eine gutachterliche Stellungnahme einholen. Bei Einspruch gegen die Ablehnung einer Therapie im Gutachterverfahren kann die Vertragskasse ein Obergutachten einholen. Die Vertragskasse kann grundsätzlich jeden Antrag einem Gutachter zur Prüfung übergeben, sofern sie dies für erforderlich hält.

289 Die hier zitierten **Formblätter** zeigen, dass der Antrag des Versicherten an seine Vertragskrankenkasse **keine Hinweise auf die Ursache der Behandlungsbedürftigkeit** enthält. Der Betroffene wird bei Antragstellung über den Therapeuten von seiner Krankenkasse ohne weitere Hinweise nicht als Opfer im Sinne des OEG identifiziert. Es entsteht daher auch keinerlei Problembewusstsein für die Sondersituation. Das setzt sich fort bis ins Obergutachterverfahren, das von der Vertragskrankenkasse auf **„Einspruch"** des Betroffenen eingeleitet werden kann. Auch der Obergutachter hat auf seinem Formular keine Möglichkeit, die Kasse darauf aufmerksam zu machen, dass es sich um einen Patienten handelt, der Opfer im Sinne des OEG ist.

290 Zwar bestimmt § 294 a SGB V, dass die an der vertragsärztlichen Versorgung teilnehmenden Ärzte und Einrichtungen sowie die Krankenhäuser nach § 108 SGB V verpflichtet sind, immer dann, wenn Anhaltspunkte dafür vorliegen, dass eine Krankheit die Folge oder Spätfolge eines einer Körperverletzung oder einer Schädigung im Sinne des Bundesversorgungsgesetzes ist oder Hinweise auf drittverursachte Gesundheitsschäden vorliegen, verpflichtet sind, die erforderlichen Daten, einschließlich der Angaben über Ursachen und den möglichen Verursacher, den Krankenkassen mitzuteilen. Dass dies tatsächlich im Rahmen der Antragstellung nach Maßgabe der Psychotherapievereinbarung geschieht, scheint angesichts des streng formularmäßig ausgestalteten Verfahrens eher ausgeschlossen. Und so bleibt der Fall insbesondere im Bewusstsein der Behandelnden und der gesetzlichen Krankenkassen im Regelfall ein Fall im Rahmen des gesetzlichen Krankenversicherungsrechts.

291 Hinzu kommt, dass die Vereinbarungen ein **Einspruchsverfahren** bei ablehnender Entscheidung auf Verlängerung der Therapie vorsehen, was den Eindruck erweckt, mit dem dort vorgesehenen **„Einspruch"** sei der Rechtsweg erschöpft. Die Vorschaltung eines Einspruchsverfahrens vor dem Widerspruchsverfahren ist dem SGB X an sich fremd. Gleichwohl findet ein „Einspruch" nach den Psychotherapierichtlinien statt und es steht zu vermuten, dass sich für die meisten Betroffenen mit dem Ergebnis des Obergutachtens die Frage der weiteren Therapie nicht mehr stellt, weil sie gar nicht erfahren, dass sie sich als Opfer im Sinne des OEG gegen eine für sie negative Stundenkontingent-

entscheidung durch Widerspruch an die Versorgungsverwaltung und nicht an die Krankenkasse wehren können.

Hinweis: Über **Widersprüche** gegen Verwaltungsakte, die im Rahmen der Leistungserbringung von Krankenkassen erlassen werden, entscheidet nach § 18 c Abs. 2 S. 2 BVG die für die Verwaltungsbehörde zuständige **Widerspruchsbehörde** und nicht die Krankenkasse.

Die oben dargestellten Möglichkeiten, bei „Systemversagen“ Kostenerstattung für selbstbeschaffte Leistungen Kostenerstattung zu erhalten, spielt für die Psychotherapie eine besondere Rolle. Grundsätzlich sind **psychotherapeutische Leistungen zur Vermeidung einer Chronifizierung** immer unverzüglich zu erbringen, so dass auch ein qualifizierter, aber nicht in der gesetzlichen Krankenversicherung zugelassener Leistungserbringer im begründeten Einzelfall in die Behandlung einbezogen werden kann. Psychotherapie nach Trauma ist eigentlich immer unaufschiebbar. 292

Das damalige BMA (Bundesminsterium für Arbeit) hat 1990 hierzu in einem Rundschreiben geregelt: 293

„Für die Erbringung einer **psychotherapeutischen Behandlung** von Gewaltopfern sind grundsätzlich die Krankenkassen zuständig.

Es kann aber insbesondere bei Vergewaltigungen angezeigt sein, dass die Verwaltungsbehörde die Leistung übernimmt. Hat ein Gewaltopfer **vor Anerkennung** des Versorgungsfalls bei einem Therapeuten die Behandlung begonnen, also selbst durchgeführt iSv § 18 Abs. 3 BVG, so sind die Kosten unabhängig davon zu erstatten, ob eine Überweisung durch einen Kassenarzt an den Therapeuten vorliegt.

Wird die Behandlung **nach Anerkennung** fortgesetzt, sind die Voraussetzungen für eine Erstattung nach § 18 Abs. 3 dann gegeben, wenn ein Wechsel des Therapeuten die Heilung stark gefährden oder vereiteln würde.“[264]

Damit eröffnen sich Handlungsspielräume für eine schnelle und effektive Aufnahme einer Therapiemaßnahme und für deren Fortsetzung. 294

c) Heilbehandlung (Psychotherapie) als Maßnahme der Kriegsopferfürsorge?

In der Praxis ist bisher nicht erprobt worden, ob für bedürftige Opfer nicht zusätzlich die Möglichkeiten des § 26 b BVG greifen können. Es handelt sich um **Krankenhilfe** im Rahmen der **Kriegsopferfürsorge.** Sie umfasst alle Fürsorgeleistungen im sozialen Entschädigungsrecht. Ihre Aufgabe ist es, für den Personenkreis der Leistungsberechtigten ergänzend zu den Leistungen der Kriegsopferversorgung eine angemessene wirtschaftliche Versorgung zur Verfügung zu stellen und Unterstützung in den verschiedensten Lebensbereichen zu leisten, um die Folgen der Schädigung aufzufangen. Voraussetzung ist, dass das Opfer aufgrund der Schädigung nicht in der Lage ist, den eigenen Bedarf durch Einkommen oder Vermögen, also zB auch mithilfe der bewilligten Leistungen nach dem Opferentschädigungsgesetz, zu decken. 295

Das Bundesverwaltungsgericht[265] hat für die Krankenhilfe ausgeführt, dass als Bedarf an **Krankenhilfe** anzuerkennen sei, was nach dem Leistungsrahmen der gesetzlichen Krankenversicherung in diesem Versicherungszweig seiner Art nach und hinsichtlich der näheren Leistungsmodalitäten als Bedarf anerkannt werden könne, und dass indes eine **Begrenzung des Leistungsumfangs** auf die **Leistungen der Krankenversicherung** der Vorschrift **nicht** zu entnehmen sei. Hinsichtlich des Leistungsumfangs gelte im Fürsor- 296

264 BMA-Rundschreiben v. 19.3.1990, VI a 3 – 52343.

265 BVerwG v. 23.6.1988, 5 C 27/86, BVerwGE 79, 356; BVerwG v. 17.6.1993, 5 C 11/91, BVerwGE 92, 336; BVerwG v. 30.9.1993, 5 C 49/91, BVerwGE 94, 211 = FEVS 44, 313.

gerecht nämlich der Bedarfsdeckungsgrundsatz, so dass Sozialhilfeempfänger im Krankheitsfall durchaus mehr erhalten könnten als diejenigen, die keine Sozialhilfe bezögen.

297 Die untergerichtliche Rechtsprechung folgt dem mit folgenden bemerkenswerten Worten: „In der Kriegsopferfürsorge ist unter dem Aspekt der Individualisierung des Bedarfs zudem zu berücksichtigen, dass hier insoweit ein besonderes Wohlwollen angezeigt ist. In der Kriegsopferfürsorge gilt seit jeher ein besonderer Begünstigungsgrundsatz, der in mehreren Vorschriften (§§ 25 b Abs. 5, 25 c Abs. 3, 27 a, 27 d Abs. 3 BVG) so ausgedrückt ist, dass „die besondere Lage des Beschädigten zu berücksichtigen" sei. Das Bundesverwaltungsgericht[266] hat dazu ausgeführt, dass der Individualisierungsgrundsatz im Rahmen der Kriegsopferfürsorge besondere Beachtung erheischt. Die besonderen Verhältnisse des Einzelfalles sind – anders als bei der allgemeinen Fürsorge – nicht gleichsam Ausnahmetatbestand, sondern Ausgangspunkt der zu gewährenden Hilfe. Die besondere Lage des Beschädigten wird vielfach gerade durch Schwierigkeiten in der seelischen Verarbeitung der Beschädigung und ihrer Folgen gekennzeichnet. Dies erfordert es, bereits im Ausgangspunkt die besondere Lage des Beschädigten bei der Hilfegewährung durchschlagen zu lassen."[267]

298 Auch insoweit könnte sich für bedürftige Opfer im Einzelfall ggf noch ein Weg eröffnen, der bisher aber kaum kommuniziert noch gerichtlich bestätigt wurde.

d) Beschädigtenrente

299 Eine weitere wesentliche Leistung nach dem BVG stellen die Beschädigtenrenten der §§ 29–34 ff BVG dar, für die folgende Grundprinzipien gelten:

300 Das Bundesversorgungsgesetz unterscheidet eine monatliche **Grundrente** und eine **Ausgleichsrente**. Die Grundrente wird **einkommensunabhängig** gewährt (§ 31 BVG). Sie ist grundsätzlich unantastbar bzw unpfändbar und wird bei der Bemessung anderer Leistungen, bei denen es auf das Einkommen des Betroffenen ankommt, häufig nicht angerechnet.

301 Daneben kann eine Ausgleichsrente gewährt werden, die allerdings um das anzurechnende Einkommen zu vermindern (§§ 32, 33 BVG) ist. Wie das geschieht, ist in § 33 BVG und in den dazu ergangenen Verordnungen geregelt. Bei schwankenden Einkünften unterliegt sie einer ständigen Neuberechnung. Deshalb ist in § 60 a BVG geregelt, dass diese Rente nur bei monatlich feststehenden Einkünften von Anfang an endgültig festzustellen ist, während sie in den übrigen Fällen nur vorläufig und dann jeweils nachträglich für die Vergangenheit endgültig festzusetzen ist. Auf diese Weise ergeben sich regelmäßig Nachzahlungen oder Erstattungsansprüche.

302 Anders als für die Feststellung von Schädigungsfolgen ist Voraussetzung für die Bewilligung einer **Grundrente**, dass

- durch die schädigende Handlung
- eine Gesundheitsstörung eingetreten ist,
- die länger als sechs Monate andauert und
- einen Grad der Schädigungsfolgen von mindestens 25 vH verursacht.

303 Die monatliche Grundrente bestimmt sich danach, welcher **Grad der Schädigungsfolgen** anzunehmen ist. Die Zahlbeträge – geregelt in § 31 BVG – werden jeweils regelmäßig neu festgelegt.

266 BVerwG v. 13.1.1965, V C 23/64, BVerwGE 20, 141 und v. 27.8.1969, V C 100/68, BVerwGE 32, 362.
267 VG Hamburg v. 12.8.2008, 13 K 3776/07.

Für die Bewilligung einer **Ausgleichsrente** wird **Schwerbeschädigung** vorausgesetzt. Das bedeutet, dass mindestens ein Grad der Schädigungsfolgen von 50 vH gegeben sein muss. 304

aa) Grad der Schädigungsfolgen

Der **Grad der Schädigungsfolgen** (früher: Minderung der Erwerbsfähigkeit) ist der Dreh- und Angelpunkt der meisten sozialgerichtlichen Streitverfahren. Was der GdS ist und wie man ihn misst, ist in § 30 BVG geregelt. 305

Der GdS setzt eine nicht nur vorübergehende und damit eine über einen Zeitraum von **mehr als sechs Monaten** sich erstreckende **Gesundheitsstörung** voraus. Dementsprechend ist bei abklingenden Gesundheitsstörungen der Wert festzusetzen, der dem über sechs Monate hinaus verbliebenen – oder voraussichtlich verbleibenden – Schaden entspricht. Schwankungen im Gesundheitszustand bei längerem Leidensverlauf ist mit einem Durchschnittswert Rechnung zu tragen. 306

Aus dem GdS ist nicht auf das Ausmaß der Leistungsfähigkeit zu schließen. Der GdS ist grundsätzlich unabhängig vom ausgeübten oder angestrebten Beruf zu beurteilen, es sei denn, dass bei Begutachtungen im sozialen Entschädigungsrecht ein besonderes berufliches Betroffensein berücksichtigt werden muss. Der GdS setzt stets eine Regelwidrigkeit gegenüber dem für das Lebensalter typischen Zustand voraus. Dies ist insbesondere bei Kindern und alten Menschen zu beachten. Physiologische Veränderungen im Alter sind bei der Beurteilung des GdS nicht zu berücksichtigen. Als solche Veränderungen sind die körperlichen und psychischen Leistungseinschränkungen anzusehen, die sich im Alter regelhaft entwickeln, dh für das Alter nach ihrer Art und ihrem Umfang typisch sind. Demgegenüber sind pathologische Veränderungen, dh Gesundheitsstörungen, die nicht regelmäßig und nicht nur im Alter beobachtet werden können, bei der Beurteilung des GdS zu berücksichtigen, auch dann, wenn sie erstmalig im höheren Alter auftreten oder als „Alterskrankheiten" (zB „Altersdiabetes", „Altersstar") bezeichnet werden. 307

Bei der Beurteilung des GdS sind auch **seelische Begleiterscheinungen und Schmerzen** zu beachten. Die in der GdS-Tabelle niedergelegten Sätze berücksichtigen bereits die üblichen seelischen Begleiterscheinungen (zB bei Entstellung des Gesichts, Verlust der weiblichen Brust). Sind die seelischen Begleiterscheinungen erheblich höher als aufgrund der organischen Veränderungen zu erwarten wäre, so ist ein höherer GdS gerechtfertigt. Vergleichsmaßstab ist nicht der behinderte Mensch, der überhaupt nicht oder kaum unter seinem Körperschaden leidet, sondern die allgemeine ärztliche Erfahrung hinsichtlich der regelhaften Auswirkungen. Außergewöhnliche seelische Begleiterscheinungen sind anzunehmen, wenn anhaltende psychoreaktive Störungen in einer solchen Ausprägung vorliegen, dass eine spezielle ärztliche Behandlung dieser Störungen – zB eine Psychotherapie – erforderlich ist. 308

Ähnliches gilt für die Berücksichtigung von **Schmerzen**. Die in der GdS-Tabelle angegebenen Werte schließen die üblicherweise vorhandenen Schmerzen mit ein und berücksichtigen auch erfahrungsgemäß besonders schmerzhafte Zustände. Ist nach Ort und Ausmaß der pathologischen Veränderungen eine über das übliche Maß hinausgehende Schmerzhaftigkeit nachgewiesen, die eine ärztliche Behandlung erfordert, können höhere Werte angesetzt werden. Das kommt zum Beispiel bei Kausalgien und bei stark ausgeprägten Stumpfbeschwerden nach Amputationen (Stumpfnervenschmerzen, Phantomschmerzen) in Betracht. Ein Phantomgefühl allein bedingt keinen GdS. 309

bb) Versorgungsmedizinverordnung und versorgungsmedizinische Grundsätze

310 Der Grad der Schädigungsfolgen – früher die MdE – wird mithilfe der sog. versorgungsmedizinischen Grundsätze ermittelt, die in der Anlage 2 der Versorgungsmedizinverordnung aufgestellt sind.

311 In der **Versorgungsmedizinverordnung** werden die Grundsätze aufgestellt, die für

- die medizinische Bewertung von Schädigungsfolgen und die Feststellung des Grades der Schädigungsfolgen iSv § 30 Abs. 1 BVG
- die Anerkennung einer Gesundheitsstörung nach § 1 Abs. 3 BVG
- die Kriterien für die Bewertung der Hilflosigkeit und der Stufen der Pflegezulage nach § 35 Abs. 1 BVG und
- das Verfahren für deren Ermittlung und Fortentwicklung

maßgebend sind.

312 Kernstück der Versorgungsmedizinverordnung ist deren Anlage 2, die sog. **Versorgungs-medizinischen Grundsätze**, die den versorgungsärztlichen Gutachtern als verbindliche Norm für eine sachgerechte, einwandfreie und bei gleichen Sachverhalten einheitliche Bewertung der verschiedensten Auswirkungen von Gesundheitsstörungen unter besonderer Berücksichtigung einer sachgerechten Relation untereinander dienen soll.

313 Die jetzt geltende Versorgungsmedizin-VO hat die Kapitel 1–15 der früheren Anhaltspunkte für die ärztliche Gutachtertätigkeit im sozialen Entschädigungsrecht im Schwerbehindertenrecht (AHP 2008) mit den dort niedergelegten Grundsätzen für Gutachten im sozialen Entschädigungsrecht nicht übernommen. Auch der Abschnitt 53–143 zur **Kausalitätsbeurteilung** bei einzelnen Krankheitsbildern ist in die Versorgungsmedizin-Verordnung nicht aufgenommen worden, weil er als „Arbeitshilfe für Versorgungsärzte gedacht gewesen sei" und „medizinisches Lehrbuchwissen" nicht durch ein Bundesministerium verordnet werden könne.[268]

314 Bei der Bearbeitung von Opferentschädigungsfällen hat diese Änderung eine bisher noch nicht vollständig absehbare Bedeutung, denn damit fehlt jetzt auch die für die Bearbeitung von OEG-Fällen wichtige **Ziffer 71 der AHP.** Der Bundesrat hatte dies bei seiner Zustimmung zur Versorgungsmedizinverordnung zum Anlass für eine Prüfbitte zur Aufnahme der Kausalitätsbeurteilung in die Anlage 2 VersMedV genommen. Nach Auffassung des Verordnungsgebers war dem allerdings nicht nachzukommen, da die Nr. 53–143 AHP auch nach Inkrafttreten der VersMedV als antizipierte Sachverständigengutachten gültig blieben.[269]

315 Die Anhaltspunkte waren – so das Bundessozialgericht und das Bundesverwaltungsgericht übereinstimmend – **antizipierte Sachverständigengutachten**, die den aktuellen Wissens- und Erkenntnisstand der herrschenden medizinischen Lehrmeinung repräsentierten. Sie wurden benutzt, weil das Gesetz selbst keine Kriterien dafür kennt, wie eine Behinderung bzw die MdE (jetzt: der GdS) im Einzelfall konkret zu bewerten ist. Auch ein aus der Natur der Sache sich ergebender Maßstab, mit dem festgestellt werden kann, wie die Gesundheitsstörungen und ihre funktionellen Auswirkungen zu bewerten sind, gibt es nicht. Insbesondere für Fallgruppen von Gesundheitsbeeinträchtigungen, bei denen keine oder jedenfalls keine wesentlichen Funktionsbeeinträchtigungen vorliegen, gibt es keinen Maßstab, mit dem die richterliche Entscheidung kontrolliert werden kann. „Für die Richtigkeit der Anhaltspunkte außerhalb ihres eigenen Systems gibt es keinen ausreichenden Maßstab. Sie bewerten die Gesundheitsstörung nicht nur iS eines

268 Versorgungsmedizin-VO, 3.
269 BR-Drucks. 767/08, 4.

Sachverständigengutachtens, sondern sie legen normativ auch fest, was gelten soll",[270] so die Charakterisierung des Bundessozialgerichtes.

Daraus leiten sich für die praktische Feststellung des Grades der Schädigungsfolgen im Verwaltungsverfahren und im Prozess auch für die Nachfolger der Anhaltspunkte, die versorgungsmedizinischen Grundsätze, folgende wesentlichen Schlussfolgerungen ab: 316

- Ihre generelle Richtigkeit kann durch ein Einzelfallgutachten nicht widerlegt werden.
- Eine Abweichung ist nur in eng begrenzten Fällen und ganz ausnahmsweise zulässig:
  - bei Verstoß gegen höherrangiges Recht,
  - bei Vorliegen eines Sachverhaltes, der aufgrund individueller Verhältnisse einer besonderen Beurteilung bedarf,
  - bei Abweichen der Grundsätze von dem gegenwärtig herrschenden Kenntnisstand der medizinischen Wissenschaft,
  - bei Ergänzung der Grundsätze iSd Füllens einer planwidrigen Lücke.

Die Versorgungsmedizin-VO und ihre versorgungsmedizinischen Grundsätze reduzieren daher den Handlungsspielraum für die anwaltliche Tätigkeit in gewisser Weise. 317

cc) Vorschaden, Nachschaden, Folgeschaden

Hat beim Eintritt der Schädigung bereits ein **Vorschaden** mit einem messbaren Grad der MdE bestanden, so ist bei der Bemessung des reinen **Grades der Schädigungsfolgen** Folgendes zu berücksichtigen: 318

Wenn sich Vorschaden und Schädigungsfolge an verschiedenen Körperteilen befinden und sich gegenseitig nicht beeinflussen, so ist der Vorschaden ohne Bedeutung. Hat die Schädigung eine vorgeschädigte Gliedmaße oder ein vorgeschädigtes Organ betroffen, so muss der **Grad der Schädigungsfolgen** niedriger sein als der Grad der Funktionsbeeinträchtigungen, der sich aus dem nun bestehenden Gesamtschaden ergibt, es sei denn, dass der Vorschaden nach seinem Umfang oder nach seiner Art keine wesentliche Bedeutung für die gesamte Gesundheitsstörung hat. 319

Dabei darf der Grad der Funktionsbeeinträchtigungen durch den Vorschaden nicht rein rechnerisch von dem entsprechenden Grad des Gesamtschadens abgezogen werden. Maßgeblich ist, zu welchem zusätzlichen anatomischen funktionellen Verlust die Schädigung geführt hat; dieser zusätzliche Verlust kann auch zur Erwerbsminderung führen. 320

Sind durch Vorschäden und Schädigungsfolgen verschiedene Organe oder Gliedmaßen oder paarige Organe betroffen und verstärkt der Vorschaden die schädigungsbedingte Funktionsstörung, so ist der Grad der Schädigungsfolgen unter Umständen höher zu bewerten, als es bei isolierter Betrachtungsweise der Schädigungsfolge zu geschehen hätte. 321

Nach Teil C Nr. 12 der Versorgungsmedizinischen Grundsätze ist ein **Nachschaden** eine Gesundheitsstörung, die zeitlich nach der Schädigung eingetreten ist und nicht im ursächlichen Zusammenhang mit der Schädigung steht. Eine solche Gesundheitsstörung kann bei der Feststellung nach § 30 Abs. 2 BVG nicht berücksichtigt werden, auch dann nicht, wenn sie zusammen mit Schädigungsfolgen zu besonderen Auswirkungen führt, bei denen die Schädigungsfolgen eine gleichwertige oder überwiegende Bedeutung haben. 322

Wenn demgegenüber nach einer Schädigung eine weitere Gesundheitsstörung eintritt, bei der – vor allem nach ihrer Art – wahrscheinlich ist, dass die Schädigung oder deren 323

270 BSG v. 23.6.1993, 9/9 a RVs 1/91, NZS 1993, 512; BSG v. 11.10.1994, 9 RVs 1/93, BSGE 75, 176 und 2/93; BVerfG v. 6.3.1995, 1 BvR 60/95, NJW 1995, 3049.

Folgen bei der Entstehung dieser Gesundheitsstörung wesentlich mitgewirkt haben, so handelt es sich um einen **Folgeschaden**, der eine weitere Schädigungsfolge darstellt und daher mit seinem gesamtem GdS zu berücksichtigen ist. Wenn ein solcher Folgeschaden erst viele Jahre nach der Schädigung in Erscheinung tritt, spricht man auch von einem **Spätschaden**.

dd) Gesamt-Grad der Schädigungsfolgen

324 Wenn mehrere Gesundheitsstörungen vorliegen, ist eine die Gesamtauswirkung der Gesundheitsstörungen zusammenfassender Grad der Schädigungsfolgen (**Gesamt-GdS**) festzusetzen (früher: VV Nr. 4 zu § 30 BVG).

325 **Hinweis zur Prüfungsreihenfolge:**

- Ermittlung des Einzelgrades einer Schädigungsfolge
- Ermittlung des Gesamt-Grades der Schädigungsfolgen
- „Gegencheck" durch Vergleich mit Schädigungen, zu denen in der „GdS-Tabelle der Versorgungsmedizinischen Grundsätze" feste GdS-Werte angegeben sind.

326 Die in der GdS-Tabelle aufgeführten Werte sind aus langer Erfahrung gewonnen und stellen altersunabhängige (auch trainingsunabhängige) Mittelwerte dar. Je nach Einzelfall kann von den Tabellenwerten mit einer die besonderen Gegebenheiten darstellenden Begründung nur ausnahmsweise abgewichen werden (s. Rn 312).

327 Da der GdS seiner Natur nach nur annähernd bestimmt werden kann, sind beim GdS **nur Zehnerwerte** anzugeben. Dabei sollen im Allgemeinen die folgenden **Funktionssysteme zusammenfassend** beurteilt werden: Gehirn einschließlich Psyche; Augen; Ohren; Atmung; Herz-Kreislauf; Verdauung; Harnorgane; Geschlechtsapparat; Haut; Blut einschließlich blutbildendes Gewebe und Immunsystem; innere Sekretion und Stoffwechsel; Arme; Beine; Rumpf.

328 Daran sollte man sich auch bei der Begründung von Widersprüchen oder einer Klageschrift orientieren. Sodann ist der Gesamt-Grad der Schädigungsfolgen unter Berücksichtigung der Tatsache zu ermitteln, dass sie nebeneinander treten, sich wechselseitig überlagern oder beeinflussen können.

329 Die **Prüfungsreihenfolge** nach den Grundregeln über die **Bildung des Gesamtgrades der Schädigungsfolgen** wird in Teil A Nr. 3 der Versorgungsmedizinischen Grundsätze bestimmt:

- Feststellung der regelwidrigen körperlichen, geistigen und seelischen Zustände und der daraus folgenden **Funktionsbeeinträchtigungen** mit ihren Auswirkungen sowie der einzelnen Funktionsbeeinträchtigungen mit einem Grad der Schädigungsfolge
- Zuordnung der Funktionsbeeinträchtigung in den genannten Funktionssystemen und Bewertung der Funktionssysteme mit einem einzelnen Grad der Schädigungsfolgen
- Auswahl der Funktionsbeeinträchtigung, die den höchsten Einzel-GdS bedingt
- Ergänzung durch die Funktionsbeeinträchtigungen, die niedriger bewertet werden
- Prüfung, ob und inwieweit sich durch jede einzelne weitere Gesundheitsstörung das Ausmaß des Grades der Schädigungsfolgen verändert
  - Die Folgen einer Funktionsbeeinträchtigung wirken sich auf einander besonders nachhaltig aus (Verstärkung).
  - Die Auswirkungen von Funktionsbeeinträchtigungen überschneiden sich (Überschneidung).

- Die Auswirkungen von Funktionsbeeinträchtigungen in den Funktionssystemen sind voneinander unabhängig.[271]

- Ausscheiden der Gesundheitsstörungen, die nur einen GdS von 10 v.H. bedingen, weil sie idR nicht zu einer Zunahme des Ausmaßes der Behinderung führen und deshalb bei der Gesamtbeurteilung nicht bewertet werden können.[272]

Der **Gesamt-Grad der Schädigungsfolgen** ist im Streitverfahren von entscheidender Bedeutung. Nicht jede Gesundheitsstörung für sich begründet einen Rentenanspruch, sondern nur der Gesamt-Grad der Schädigungsfolgen ist maßgeblich entsprechend dem Grundsatz der Einheitlichkeit des Rentenanspruches. Nur dieser wird üblicherweise im Verfügungssatz des Bescheides auch festgestellt. 330

ee) Der Grad der Schädigungsfolgen am Beispiel des Funktionssystems Psyche

Für psychische Schädigungsfolgen sind die Richtwerte für den Grad der Schädigungsfolgen den versorgungsmedizinischen Grundsätzen – Funktionssystem „Nervensystem und Psyche“ – zu entnehmen: 331

Neurosen, Persönlichkeitsstörungen, Folgen psychischer Traumen 332

–	Leichtere psychovegetative oder psychische Störungen	GdS 0–20 v.H.
–	Stärker behindernde Störungen mit wesentlicher Einschränkung der Erlebnis- und Gestaltungsfähigkeit (zB ausgeprägtere depressive, hypochondrische, asthenische oder phobische Störungen, Entwicklungen mit Krankheitswert, somatoforme Störungen)	GdS 30–40 v.H.
–	Schwere Störungen mit mittelgradigen **sozialen** Anpassungsschwierigkeiten	GdS 50–70 v.H.
–	mit schweren sozialen Anpassungsschwierigkeiten	GdS 80–100 v.H.

Wie die Begrifflichkeit im Einzelnen zu definieren sind, ist zT aus den Tagungsbeschlüssen der Sektion „Versorgungsmedizin“ des ärztlichen Sachverständigenbeirates beim Bundesministerium für Arbeit und Sozialordnung (jetzt BMGS) zu entnehmen. Diese verweisen zum Begriff der **sozialen Anpassungsschwierigkeiten** auf entsprechende Erläuterungen und Anmerkungen zu **schizophrenen und affektiven Psychosen.** 333

In 1.3. der Niederschrift über die Beiratssitzung vom März 1998 heißt es: 334

„**Mittelgradige soziale Anpassungsschwierigkeiten** liegen vor, wenn in den meisten Berufen sich auswirkende psychische Veränderungen, die zwar weitere Tätigkeit grundsätzlich noch erlauben, jedoch eine verminderte Einsatzfähigkeit bedingen, die auch eine berufliche Gefährdung einschließt, auftreten; im Privatbereich bei erheblichen familiären Problemen durch Kontaktverluste und affektive Nivellierung, wobei aber noch keine Isolierung und noch kein sozialer Rückzug in einem Umfang vorliegen muss, der zB eine vorher intakte Ehe stark gefährden könnte.“

Mittelgradige soziale Anpassungsschwierigkeiten lassen sich weitergehend konkretisieren, wenn man die Manuale der behandelnden Psychologen und Psychiater zu Rate zieht und auswertet. Dann ergeben sich weitere Kriterien wie zB: 335

- Hobbys sind mit Unterstützung möglich
- Kontakt zu vorhandenen Bezugspersonen kann trotz erheblicher Störungen und Schwierigkeiten gehalten werden (Familie, Beruf)
- auf dem 1. Arbeitsmarkt kann im Einzelfall die bisherige Tätigkeit ausgeübt werden, dabei tritt aber rasch ein Erschöpfungszustand ein, so dass es sich eher um die

---

271 Vgl zur parallelen Problematik der Bildung des Gesamt-GdB Strassfeld, Kriterien für die Bildung des Gesamt-GdB, Die Versorgungsverwaltung 2001, 60 f.

272 ZB BSG v. 18.12.1996, 9 RV 17/95.

Ausübung einer Teilzeittätigkeit handeln wird und trotzdem mit erheblichen AU-Zeiten gerechnet werden muss. In dieser Zeit werden pro Woche etwa 2–3 Therapiesitzungen anfallen und auch noch stationäre Aufenthalte notwendig werden, da mit Krisen zu rechnen ist.

- Opfer wagt sich in Begleitung in die Öffentlichkeit
- der Körper wird allmählich wieder gespürt und die Nahrungsaufnahme wird wieder steuerbar

336 Für **schwere soziale Anpassungsschwierigkeiten** hat die Praxis ähnliche Konkretisierungsmerkmale erarbeitet:

- idR unfähig, einer geregelten Tätigkeit nachzugehen
- kaum oder keine Kontakte zu vorhandenen Bezugspersonen in der Familie, im Beruf und wenn, nur auf formaler Ebene; für Kinder wird idR Betreuungsperson benötigt, es besteht jedoch die Gefahr des Täterkontakts
- wagt sich kaum in die Öffentlichkeit, Hobbys kaum möglich
- Gefahr der Selbstverletzung/-tötung
- Ernährung bedarf der Überwachung sowohl bzgl extremer Unterernährung als auch Überernährung
- häufig Drogenmissbrauch
- häufige Klinikeinweisung aus akutem Anlass
- Behandlungstermine können anfangs eher nicht eingehalten werden

337 Diese Konkretisierung mit weiteren Kriterien macht deutlich, worauf der Entscheider zu achten hat, wenn der Gutachterauftrag erteilt wird. Es zeigt aber auch, woran der Betroffene selbst und sein Vertreter das Gutachten messen und bewerten können.

338 Der Vortrag des Klägers und letztendlich die gerichtliche Entscheidung haben sich an solchen Konkretisierungen auszurichten.

ff) Berücksichtigung eines besonderen beruflichen Betroffenseins (§ 30 Abs. 2 BVG)

339 Im Rahmen der Prüfung des Grades der Schädigungsfolgen nach § 30 Abs. 1 BVG kommt es auf die berufliche Situation des Beschädigten nicht an. Die Möglichkeit, die beruflichen Auswirkungen der Schädigungsfolgen einzubeziehen, ergibt sich aber durch § 30 Abs. 2 BVG. Danach ist der Grad der Schädigungsfolgen höher zu bewerten, wenn der Beschädigte durch die **Art der Schädigungsfolgen** in seinem vor der Schädigung ausgeübten oder begonnenen Beruf, in seinem nachweisbar angestrebten oder in dem Beruf besonders betroffen ist, den er nach der Schädigung ausgeübt hat oder noch ausübt. Das **besondere berufliche Betroffensein** ist ein weiterer Faktor für die Bemessung des Grades der jeweiligen Schädigungsfolge. Es handelt sich nicht um einen gesonderten GdS; es gibt nur einen einheitlichen GdS und der GdS ist unter Einbeziehung des besonderen beruflichen Betroffenseins als einheitlicher Maßstab für die Rentenhöhe zu setzen. Die Faktoren sind einzeln in ihrer Höhe festzusetzen. Nur so ist jeweils die wesentliche Änderung der Verhältnisse nach § 48 SGB X prüf- und feststellbar.

340 Der einheitliche Grad der Schädigungsfolgen ist im Regelfall in einem Verwaltungsakt festzustellen. Wird entgegen diesem Prinzip der GdS durch die Behörde in zwei getrennten Bescheiden festgesetzt, ist für den nachfolgenden Verwaltungsakt § 96 SGG zu beachten. Wird also nach Klageerhebung der Verwaltungsakt durch einen neuen ersetzt oder abgeändert, so wird auch der neue Verwaltungsakt Gegenstand des Verfahrens.

341 Die Anerkennung eines **besonderen beruflichen Betroffenseins** erhöht den GdS idR um 10 v.H., nur ausnahmsweise um 20 v.H.

Hinweis: Bedeutsam ist, dass diese Erhöhung die Rentenzahlung manchmal überhaupt erst ermöglicht, nämlich dann, wenn der schädigungsbedingte **anatomische GdS** unter 25 v.H. beträgt und erst durch den zusätzlichen GdS gem. § 30 Abs. 2 BVG auf einen rentenberechtigenden Grad angehoben wird.

Querverweis: Die Feststellung des GdS im sozialen Entschädigungsrecht hat Bedeutung 342
für das Schwerbehindertenrecht. Nach § 69 Abs. 2 SGB IX ist eine Feststellung zur Behinderung nicht zu treffen, wenn bereits eine Feststellung über das Vorliegen einer Behinderung und den Grad einer auf ihr beruhenden Erwerbsminderung in einem Rentenbescheid, einer entsprechenden Verwaltungs- oder Gerichtsentscheidung oder einer vorläufigen Bescheinigung der für diese Entscheidung zuständigen Dienststellen getroffen worden ist. Die GdS-Feststellung gilt daher als GdB-Feststellung (Grad der Behinderung), auch wenn besonderes berufliches Betroffenensein vorliegt und der anatomische GdB-Wert niedriger liegt. Nach einem Urteil des Bundessozialgerichts vom 05.07.2007 ist § 69 Abs. 2 SGB IX aber nur dann anzuwenden, wenn tatsächlich keine weiteren Feststellungen zu Einzel- und Gesamt-GdB zu treffen sind. Es besteht somit keine Bindungswirkung, wenn im Verfahren nach dem Schwerbehindertenrecht noch weitere gesundheitliche Beeinträchtigungen geltend gemacht werden.[273]

Bei der Annahme eines besonderen beruflichen Betroffenseins ist stets zu prüfen, ob 343
dem Beschädigten nun nicht auch eine weitere Leistung zum Ausgleich beruflicher Nachteile, nämlich ein **Berufsschadensausgleich** gem. § 30 Abs. 3 BVG zusteht.

Zu beachten ist, dass gem. § 29 BVG die Ansprüche auf Höherbewertung des GdS nach 344
§ 30 Abs. 2 BVG, auf Berufsschadensausgleich und auf Ausgleichsrente erst in dem Monat entstehen, in dem **Leistungen zur Rehabilitation oder zur Teilhabe am Arbeitsleben (§ 29 BVG)** – sofern diese erfolgversprechend und zumutbar sind – abgeschlossen sind. Nach der Rechtsprechung des Bundessozialgerichts ist den Förderungsmaßnahmen allerdings nur ein zeitlicher Vorrang einzuräumen. Nach Durchführung der Förderungsmaßnahmen ist unter Beachtung der § 60 Abs. 1–3 BVG, § 48 SGB X für den gesamten Zeitraum – auch für die Zeit der Umschulung – über die berufliche Betroffenheit zu entscheiden.

Praktische Bedeutung erlangen das besondere berufliche Betroffensein und die Folgeleis- 345
tungen im Zusammenhang mit der **Ruhensbestimmung** in § 65 BVG. Danach ruht der Anspruch auf Versorgungsbezüge, wenn beide Ansprüche auf derselben Ursache beruhen

- in Höhe der Bezüge aus der gesetzlichen Unfallversicherung
- in Höhe des Unterschieds zwischen einer Versorgung nach allgemeinen beamtenrechtlichen Bestimmungen und aus der beamtenrechtlichen Unfallfürsorge.

  Hinweis: Häufig wird gerade in Opferentschädigungsfällen ein Feststellungsverfahren oder ein Leistungsanspruch schematisch wegen § 65 BVG versagt, wenn die Unfallversicherung die anatomische MdE bestimmt und den Versicherungsfall anerkannt hat. Die Versorgungsbezüge im sozialen Entschädigungsrecht können durch besonderes berufliches Betroffensein etc. aber gerade zu höheren Leistungen als in der Unfallversicherung führen. Das ist sorgfältig im Einzelfall zu prüfen.

gg) Der Berufsschadensausgleich

Der Berufsschadensausgleich stellt neben der Grund- und Ausgleichsrente und der 346
Schwerstbeschädigtenzulage einen weiteren wesentlichen Bestandteil der Versorgungsbezüge dar. Er dient gem. § 30 Abs. 3 BVG dazu, dem Beschädigten, dessen Einkommen aus gegenwärtiger oder früherer Tätigkeit durch die Schädigungsfolgen gemindert

273 BSG v. 5.7.2007, B 9/9 a SB 12/06 R.

ist, einen teilweisen Ausgleich hierfür zu geben. Ersetzt werden 42,5% eines pauschalierten[274] Einkommensverlustes.

347 Für Schäden im Kindesalter geht das Leistungsangebot ins Leere. Es gilt frühestens nach Abschluss der Ausbildung. Dann gilt § 7 der Berufsschadensausgleichsverordnung. Ist der Werdegang des Kindes vor Abschluss der Schulausbildung abgebrochen, erfolgt eine Eingruppierung, die sich nach der Veranlagung und seinen Fähigkeiten, hilfsweise auch unter Berücksichtigung der beruflichen und sozialen Stellung seiner Eltern und sonstigen Lebensverhältnisse, orientiert.[275]

348 Ist die Grundrente wegen des **besonderen beruflichen Betroffenseins** bereits erhöht worden, so ruht der **Berufsschadensausgleich** in Höhe des durch die Erhöhung der Grundrente erzielten Mehrbetrages. Ist der Einkommensverlust gering, so kann es im Einzelfall vorkommen, dass der sich daraus ergebende Anspruch auf Berufsschadensausgleich wegen der Anrechnung des sich aus § 30 Abs. 2 BVG ergebenden Erhöhungsbetrages voll zum Ruhen kommt.

Hinweis: Es kann also im Einzelfall bei einem durch § 30 Abs. 2 BVG erreichten GdS von 100 v.H. von Interesse sein zu prüfen, ob nicht allein aus medizinischer Sicht 100 v.H. festgestellt werden können, obwohl ein GdS von mehr als 100 v.H. nicht erreicht werden kann.

349 Der Berufsschadensausgleich sollte auch im Übrigen stets beantragt werden, da davon die Witwenbeihilfe nach § 48 BVG abhängen kann. Die tatbestandlichen Voraussetzungen des § 48 Abs. 1 S. 1 gelten nämlich als erfüllt, wenn der Beschädigte mindestens fünf Jahre Anspruch auf Berufsschadensausgleich wegen eines Einkommensverlustes iSd § 30 Abs. 4 oder auf Berufsschadensausgleich nach § 30 Abs. 6 BVG hatte. Das Ruhen des Anspruches vernichtet das Stammrecht aber gerade nicht.

Hinweis: Das BVG kennt auch an anderer Stelle die Begründung von weiteren Leistungsansprüchen aufgrund anderer Leistungsansprüche. So können zB von dem Anspruch auf Pflegezulage, der durch die allgemeinen Leistungen der Pflegekassen überlagert wird, die Fiktion der Schwerbeschädigung in § 31 Abs. 4 BVG, die Erhöhung des Schadensausgleiches für Witwen in § 40 a Abs. 3, der Pflegeanspruch für Witwen in § 40 b Abs. 1 und die Vermutungstatbestände des § 48 Abs. 1 und 2 BVG bei der Hinterbliebenenbeihilfe ausgelöst werden. Ein solcher Anspruch sollte aber stets sorgfältig geprüft und ggf ausdrücklich beantragt werden.

hh) Pflegezulage – Pflegeverträge

350 Nach § 35 Abs. 1 BVG erhalten Menschen, die infolge der Schädigung **hilflos** sind, eine **Pflegezulage.** Hilflos ist, wer

- für eine Reihe von häufig und regelmäßig wiederkehrenden Verrichtungen
- zur Sicherung seiner persönlichen Existenz
- im Ablauf eines jeden Tages
- fremder Hilfe
- dauernd bedarf.

351 Diese Voraussetzungen sind auch erfüllt, wenn die Hilfe in der Form einer Überwachung oder Anleitung zu den genannten Verrichtungen erforderlich ist oder die Hilfe zwar nicht dauernd geleistet wird, jedoch eine ständige Bereitschaft zur Hilfestellung erforderlich ist.

---

274 Eine über die gesetzliche Regelung hinausgehende Differenzierung für besondere Personengruppen (Richter mit R3-Besoldung) hat das BSG abgelehnt: BSG v. 28.4.2005, B 9a/9 VJ 1/04 R.

275 LSG Nordrhein-Westfalen v. 22.2.2007, L 7 V 5/05.

Für besonders schwere Folgen der Gesundheitsstörung wird die **Pflegezulage** erhöht. Blinde erhalten mindestens die Pflegezulage nach Stufe III. Hirnbeschädigte mit einem GdS von 100 erhalten eine Pflegezulage mindestens nach Stufe I. Für die Ermittlung der Hilflosigkeit und der Stufen der Pflegezulage sind die in der Versorgungsmedizin-VO aufgestellten Grundsätze maßgebend. 352

Zu beachten ist, dass der **hauswirtschaftliche Bedarf** eines Pflegebedürftigen – anders als in der Pflegeversicherung – nicht zum berücksichtigungsfähigen **Pflegebedarf** nach § 35 BVG gehört.[276] 353

Nach § 35 Abs. 2 BVG werden durch die **Pflegezulage** in pauschaler Form Kosten abgegolten, die durch fremde Pflege entstehen. Reicht die pauschale Pflegezulage für die notwendigen Kosten der Fremdpflege nicht aus, so kann die Pflegezulage nach § 35 Abs. 2 BVG für arbeitsvertraglich geleistete Pflege erhöht werden. Voraussetzung ist, dass der Pflegebedarf zumindest annähernd gleichwertig auf die anerkannten Schädigungsfolgen zurückzuführen ist. 354

In Abs. 2 S. 2 und 3 trifft das Gesetz eine Sonderregelung für den Fall, dass haushaltsangehörige Elternteile oder Ehegatten neben der bezahlten Pflegekraft unentgeltlich Pflegeleistungen erbringen. Hierfür soll dem Betroffenem dessen – ggf erhöhte – Pflegezulage durch die Zahlung eines Arbeitsentgeltes an die Pflegekraft sonst voll verbraucht würde, ein gewisser Betrag, und zwar mindestens die Hälfte der pauschalen Pflegezulage, verbleiben. Dem Betroffenen ist es trotz dieser Regelung aber nicht verwehrt, die Übernahme seiner Pflege durch einen **Arbeitsvertrag mit seinen Eltern** oder seinem **Ehegatten** zu regeln. In diesem Fall sind Eltern oder Ehegatten aber nicht gleichzeitig als unentgeltlich pflegende Familienangehörige zu berücksichtigen. Außerdem sind an den Nachweis des Beschäftigungsverhältnisses zwischen Eltern und Kindern bzw Ehegatten zur Vermeidung von Missbrauch hohe Anforderungen zu stellen.[277] 355

Die Versorgungsverwaltung folgt dieser Rechtsauffassung des Bundessozialgerichtes nicht, hat sich aber dazu entschieden, solchen Arbeitsverträgen in Härtefällen unter Berücksichtigung der konkreten Pflegetätigkeit und unter Ausschluss von Beschäftigungszeiten zuzustimmen. Gleichzeitig wird darauf hingewiesen, dass die Betroffenen beim Abschluss von **Ehegatten-/Elternpflegeverträgen** im Einzelfall wesentlich schlechter stehen können: 356

- bei Aufgabe eines eigenen Arbeitsverhältnisses der Pflegeperson werden nicht die entgangenen Einkünfte, sondern nur die konkreten Pflegetätigkeiten ohne Bereitschaftszeiten entlohnt;
- beim Tod des Pflegebedürftigen steht für die Zeit der entgeltlichen Pflege kein Pflegeausgleich nach § 40 b BVG zu;
- die Pflegepauschale, die bei einer fremden Pflegekraft erhalten bleibt, fällt ersatzlos weg.[278]

Das Bundessozialgericht weist in diesem Zusammenhang außerdem darauf hin, dass nur die „angemessenen Kosten“ einer Fremdpflegekraft berücksichtigt werden könnten. Diese Kosten würden bei arbeitsvertraglich durch einen haushaltsangehörigen Ehegatten oder Elternteil erbrachter Pflege regelmäßig nur in geringerer Höhe angemessen sein als bei Einsatz einer familienfremden Pflegekraft.[279] Da hierfür keine Gründe genannt werden, ist die Richtigkeit dieser Rechtauffassung allerdings zweifelhaft. Pflege ist ein 357

276 „Pflegevertragsfall“, BSG v. 4.2.1998, B 9 V 28/96 R, SozR 3-3100 § 35 Nr. 8.
277 „Pflegevertragsfall“, BSG v. 4.2.1998, B 9 V 28/96 R, SozR 3-3100 § 35 Nr. 8; BSG v. 2.12.2000, B 9 V 2/10 R.
278 Länderreferentenbesprechung v. 17./18.9. 2002, www.vsinfo.de=BArbl. 2003, 4.
279 „Pflegevertragsfall“, BSG v. 4.2.1998, B 9 V 28/96 R, SozR 3-3100 § 35 Nr. 8.

unterhaltsrechtlicher Bedarf, der nur von wirtschaftlich leistungsfähigen Abkömmlingen in bar geschuldet wird. Persönliche und aufwendige Pflege ist – auch unter Ehegatten – in der Regel überobligatorisch und deshalb nicht anders als Fremdpflege zu bewerten.

10. Ruhenstatbestand (§ 65 BVG)

358 § 65 BVG ist Ausdruck des Gedankens, dass eine mehrfache Entschädigung aus ein- und demselben Grund nicht in Betracht kommt. Man soll aus einer Schädigung nicht besser gestellt und doppelt entschädigt werden, deshalb kommt es zum **Ruhen** der nachrangigen Leistung.

359 Wenn eine Straftat daher beispielsweise Ansprüche gegen die Unfallversicherung auslöst, ist die Versorgungsverwaltung geneigt, sehr schnell auf § 65 BVG hinzuweisen und ihre Aktivitäten einzustellen. Richtig ist das nicht, da § 65 BVG sich nur auf **deckungsgleiche** Leistungen bezieht. Das **besondere berufliche Betroffensein** des § 30 II BVG mit der Erhöhung des Grades der Schädigungsfolgen um 10 v.H. findet in der Unfallversicherung zB keine Entsprechung. Es bleibt daher immer zu prüfen, ob nicht OEG-Leistungen daneben zu bewilligen sind.

11. Übergang von Ansprüchen (§ 5 OEG, § 81 a BVG)

360 Im Rahmen von OEG-Ansprüchen ist zu berücksichtigten, dass mit Ausnahme des Schmerzensgeld- und zT Sachschadensanspruches alle anderen Schadensersatzansprüche auf das Land übergehen. Damit verliert der Geschädigte seine Legitimation zur Geltendmachung. Verfügt der Geschädigte gleichwohl, läuft er Gefahr, seine Ansprüche nach § 2 OEG wegen Unbilligkeit zu verlieren. Anders als § 116 SGB X kennt § 81 a BVG kein Familienprivileg. § 116 SGB X regelt ebenfalls einen Anspruchsübergang, bestimmt aber, dass ein Übergang nach Absatz 1 bei nicht vorsätzlichen Schädigungen durch Familienangehörige, die im Zeitpunkt des Schadensereignisses mit dem Geschädigten oder seinen Hinterbliebenen in häuslicher Gemeinschaft leben, ausgeschlossen ist. Ein Ersatzanspruch nach Absatz 1 kann dann nicht geltend gemacht werden, wenn der Schädiger mit dem Geschädigten oder einem Hinterbliebenen nach Eintritt des Schadensereignisses die Ehe geschlossen hat und in häuslicher Gemeinschaft lebt. Der Bundesgerichtshof hat entschieden, dass § 116 X auf einen Forderungsübergang nach §§ 5 Abs. 1 OEG, § 81 a BVG analog anwendbar ist.[280] Der die Anwendung des Familienprivilegs ausschließende Vorsatz muss sich bei einem Anspruchsübergang nach § 5 Abs. 1 OEG, § 81 a Abs. 1 S. 1 BVG auf die Schadensfolge beziehen, die die Leistungspflicht des Versorgungsträgers auslöst.

12. Antrag und Leistungsbeginn

361 Zur Begründung eines **Versorgungsrechtsverhältnisses** ist ein Antrag des Bürgers erforderlich. Er ist **materiellrechtliche Voraussetzung** des Anspruchs auf Versorgung.[281] Der Antrag markiert bei Erfüllung aller sonstigen Voraussetzungen für den Versorgungsanspruch den **frühesten Zeitpunkt** für den Leistungsbeginn, es sei denn, der Antrag wird innerhalb eines Jahres nach Eintritt der Schädigung gestellt. Dann wird auch für den Zeitraum davor geleistet; war der Beschädigte ohne sein Verschulden an der Antragstellung verhindert, so verlängert sich diese Frist um den Zeitraum der Verhinderung (§ 60 Abs. 1 BVG).

280 BGH v. 28.6.2011, VI ZR 194/10, NJW 2011, 3715.
281 VV Nr. 1 S. 1 zu § 1 BVG.

Im Versorgungsrecht gilt der **Erstantrag** üblicherweise für **die Gewährung aller Versorgungsleistungen**, die nach Lage des Falles in Betracht kommen,[282] es sei denn, dass er ausdrücklich auf bestimmte Leistungen beschränkt wird. Die Formulare sind zumeist gerichtet auf Beschädigtenversorgung. Gemeint ist damit ein **„Gesamtanspruch"**, den das Sozialrecht in Abweichung zum Zivilrecht kennt und der sich auf den gesamten Anspruchskomplex beziehen kann. Die Rechtsprechung hat aber auch Ausnahmen benannt, in denen ein gesonderter Antrag gestellt werden muss: 362

- Ein Antrag auf **Witwen- und Waisenversorgung** umfasst regelmäßig nicht auch die Gewährung eines Härteausgleiches nach § 89 BVG.[283]
- In einem Versorgungsantrag liegt nur dann ein Antrag auf **Pflegezulage**, wenn sie ausdrücklich begehrt wird oder mindestens besondere Umstände dargetan werden, die eine Prüfung des Anspruchs auf eine Pflegezulage nach den Voraussetzungen des § 35 BVG nahe legen.

Gerade bei Opfern sexualisierter Gewalt liegen zwischen der Tat und der Inanspruchnahme von Hilfe Wochen, manchmal aber auch Monate und Jahre. Das kann mangels rechtzeitiger Antragstellung erhebliche Ansprüche kosten. Dreh- und Angelpunkt ist daher die Frage nach der **unverschuldeten Verhinderung der Antragstellung.** 363

Das Landessozialgericht Niedersachsen-Bremen hat in einer Entscheidung vom 27.01.2005[284] im Falle einer Geschädigten, die erst 1999 mithilfe einer Sozialberaterin und einer Fachärztin einen Entschädigungsantrag wegen der Folgen eines bis 1990 andauernden sexuellen Missbrauches stellen konnte, entschieden, dass sie aufgrund der bei ihr gegebenen **subjektiven Verhältnisse** unter Berücksichtigung der ihr zumutbaren Sorgfalt vor 1999 **ohne ihr Verschulden** an einer Antragstellung **gehindert** gewesen sei. Der Leistungsanspruch der Klägerin bestehe also auch für die Zeit davor. Eine Begrenzung der Rückwirkung auf vier Jahre vor Beginn der Antragstellung (nach § 44 IV SGB X) sei nicht anzunehmen. Die Belange von Opfern von Gewalttaten könnten es im Einzelfall erforderlich machen, dass die Versorgungsverwaltung Leistungen auch für einen längeren als den in § 44 IV SGB X vorgesehenen Zeitraum erbringe. Wenn einem solchen längerfristigen Anspruch gewichtige Grunde entgegenstehen, könne die Verwaltung unter entsprechenden Ermessenserwägungen sich allenfalls auf Verjährung berufen. 364

Zur Frage, inwieweit **Kinder** unverschuldet an der Antragstellung verhindert waren, hat das Bundessozialgericht Stellung genommen.[285] Von dem Grundsatz, dass dem Minderjährigen ein Verschulden seines gesetzlichen Vertreters bei der verspäteten Antragstellung zuzurechnen ist, wird eine Ausnahme gemacht, wenn der Schädiger als alleiniger gesetzlicher Vertreter des minderjährigen Hinterbliebenen seines Opfers für diesen keinen Versorgungsantrag stellt.[286] Dem minderjährigen Gewaltopfer ist das Verschulden seines gesetzlichen Vertreters, der aus tat- und täterbestimmten eigenen Interessen keinen Antrag auf Beschädigtenrente stellt, nicht zuzurechnen.[287] Ein durch eine schwere Gewalttat geschädigtes Kind hat Anspruch auf Leistungen nach dem OEG von dem Zeitpunkt an, an dem ihm Gewalt angetan wurde, wenn die sorgeberechtigte Mutter den Antrag erst Jahre später stellt, weil sie „aufgrund einer irrationalen täterbezogenen 365

282 BSG Breithaupt 1983, 522; VV Nr. 1 S. 2 zu § 1 BVG.
283 BSG Breithaupt 1975, 395; zweifelnd Rohr/Sträßer, § 1 – K 40 Nr. 4.
284 LSG Niedersachsen-Bremen v. 27.1.2005, L 13 Vg 5/03.
285 Vgl BSG SozR 3-3100 § 60 Nr. 3 S 5.
286 BSGE 59, 42.
287 BSG v. 28.4.2005, B 9a/9 VG 1/04 R, NJW 2005, 2574.

Konfliktsituation" es unterlassen hatte, den Antrag rechtzeitig zu stellen, obwohl ihr bewusst war, dass sie damit ihrem Kind zusätzlich schadete.[288]

366 Für ein **minderjähriges Opfer** sexueller Gewalt ist nach Eintritt **sozialrechtlicher Handlungsfähigkeit** das Verschulden individuell zu prüfen. An Verschulden fehlt es, wenn die nach den Umständen des Falles zu erwartende zumutbare Sorgfalt beachtet wurde. Grundsätzlich gilt insoweit ein subjektiver Maßstab. Zu berücksichtigen sind insbesondere Geisteszustand, Reife, Alter, Bildungsgrad und Geschäftsgewandtheit.[289] Bei Verletzungen des sexuellen Selbstbestimmungsrechts ist außerdem entscheidend auf die Überlegungen des Gesetzgebers abzustellen, die § 208 BGB zu Grunde liegen: Die Verjährung von Ansprüchen Minderjähriger ist auch nach Eintritt der vollen Geschäftsfähigkeit mit 18 Jahren bis zur Vollendung des 21. Lebensjahres gehemmt, weil die Opfer emotional häufig nicht in der Lage sind, ihre Ansprüche wegen solcher Taten selbst zu verfolgen (BT-Drucks. 14/7052, S 182). Dieses Defizit wird häufig auch nicht durch verständnisvollen Rat und situationsangemessene Unterstützung ausgeglichen, wie sie Kindern von ihren Eltern regelmäßig zuteil werden.[290]

Anhang: Merkblatt des Bundesamtes für Justiz zur Entschädigung von Opfern extremistischer Übergriffe

I. Es ist ein Grundwert der pluralen Gesellschaft und eine zentrale Aufgabe des Staates, die Freiheit jedes Einzelnen vor Extremismen jeder Art, seien es Links- oder Rechtsextremismus, Antisemitismus oder Islamismus, zu schützen und zu verteidigen. Der Deutsche Bundestag hat aus diesem Grund im Rahmen des Haushaltsgesetzes Mittel zur Entschädigung von Opfern extremistischer Übergriffe zur Verfügung gestellt. Diese freiwillig übernommene Leistung, auf die kein Rechtsanspruch besteht, ist als Akt der Solidarität des Staates und seiner Bürgerinnen und Bürger mit den Betroffenen zu versehen. Zugleich soll mit ihr ein deutliches Zeichen für die Ächtung derartiger Übergriffe gesetzt werden. Die Entscheidung im Einzelfall erfolgt aus humanitären Gründen als freiwillig übernommene Soforthilfe des Staates.

II. Die Entscheidung über die Gewährung und die Bemessung von Leistungen erfolgt nach Billigkeitsgrundsätzen.

Leitungen werden als einmalige Kapitalzahlungen gewährt.

Unter extremistischen Übergriffen sind insbesondere rechtsextrem, fremdenfeindlich, antisemitisch, islamistisch oder linksextrem motivierte Körperverletzungen zu verstehen. Ein Übergriff kann auch in Fällen massiver Bedrohung oder Eheverletzung gegeben sein.

Der Härteausgleich kann als Geldentschädigung für Körperschäden und für Verletzungen des allgemeinen Persönlichkeitsrechts (Schmerzensgeld) geleistet werden. Gegenstand der Leistungen können auch Unterhaltsschäden und Nachteile beim beruflichen Fortkommen sein. Sachschäden werden von der Ausgleichsregelung nicht erfasst.

Opfer können auch Hinterbliebene und sogenannte Nothelfer sein, also Personen, die bei der Abwehr eines extremistischen Übergriffs auf Dritte einen gesundheitlichen Schaden erlitten haben.

---

288 LSG Nordrhein-Westfalen v. 9.9.2008, L 6 VG 12/08.

289 Vgl BSG SozR 3-3100 § 60 Nr. 3.

290 BSG v. 28.4.2005, B 9a/9 VG 1/04 R, NJW 2005, 2574.

Härteleistungen können nur gewährt werden, wenn zumindest eine hohe Wahrscheinlichkeit für einen extremistischen Übergriff spricht. Aus diesem Grund ist es notwendig, dass Sie als Antragsteller darlegen, welche Anhaltspunkte aus Ihrer Sicht für einen extremistisch motivierten Angriff sprechen. Das Antragsformular erbittet unter Punkt IV entsprechende Angaben von Ihnen. In diesem Zusammenhang kann es darüber hinaus hilfreich und wichtig sein, dem Bundesamt für Justiz auch nach Antragstellung bekannt gewordene Aktenzeichen der Staatsanwaltschaft mitzuteilen, um die Bearbeitung des Antrags zu beschleunigen.

Im Rahmen der Entscheidung über die Bewilligung der Härteleistung sowohl dem Grunde als auch der Höhe nach wird jedoch unter dem Gesichtspunkt der Billigkeit in der Regel auch berücksichtigt, ob das Opfer von anderen tatsächlich Ersatz kurzfristig erlangen kann, also ob es Ansprüche gegen Dritte hat und ob diese Ansprüche realisiert werden können.

Entschädigungsleistungen werden grundsätzlich nur auf Antrag gewährt. Im Zusammenhang mit der Erweiterung der Zweckbindung der bereitgestellten Haushaltsmittel im Jahr 2010 aus Extremismen jeder Art gelten für rechtsextremistische Übergriffe und extremistische Übergriffe anderer Art unterschiedliche zeitliche Grenzen: Leistungen zur Entschädigung rechtsextremistischer Übergriffe werden wie bisher grundsätzlich nur für solche Übergriffe gewährt, die nach dem 1. Januar 1999 erfolgt sind. Anträge auf Entschädigung von Opfern extremistischer Angriffe anderer Art können berücksichtigt werden, sofern sich der Übergriff nach dem 1. Januar 2010 (Inkrafttreten des Haushaltsgesetzes 2010) ereignet hat.

III. Der Antrag auf Gewährung einer Entschädigung ist schriftlich zu richten an das

Bundesamt für Justiz
Referat III 2
53094 Bonn.

Die Antragstellung erfolgt mittels eines amtlichen Formulars, das Ihnen auf Anforderung zugesandt wird oder unter http://www.bundesjustizamt.de/opferentschaedigung abgerufen werden kann.

Bitte füllen Sie das Antragsformular sorgfältig und vollständig aus.

Es ist wichtig, ärztliche Unterlagen beizulegen, damit die Höhe der Härteleistung bemessen werden kann. Zur zügigen Bearbeitung des Antrages ist es zudem hilfreich, ein bereits ergangenes Strafurteil gegen den Täter beizufügen.

Für jeden Antragsteller ist ein eigenes Formular zu verwenden und von diesem oder gegebenenfalls dem/den gesetzlichen Vertreter/n eigenhändig zu unterzeichnen.

Hinweis: Bei minderjährigen Antragstellern ist es erforderlich, dass beide Erziehungsberechtigte den Antrag unterzeichnen. Sofern alleiniges Sorgerecht eines Elternteils besteht, genügt dessen Unterschrift und die Erklärung, allein sorgeberechtigt zu sein.

Es wird darum gebeten, im Falle einer Betreuung die Bestellungsurkunde und bei anwaltlicher Vertretung eine Vollmacht vorzulegen.

IV. In dem Antrag sind Ersatzansprüche gegen Dritte, insbesondere solche gegen den Schädiger, an das Bundesamt für Justiz abzutreten, soweit Ersatz geleistet wird. Diese Abtretung ist erforderlich, da die Härteleistung im Regelfall nicht zusätzlich zu etwaigen Schmerzensgeldansprüchen gewährt wird. Ziel der Härteleistung ist es zu gewährleisten, dass das Opfer auch im Falle der Zahlungsunfähigkeit des Schädigers Leistungen erhält. Der Staat trägt somit das Risiko der Zahlungsunfähigkeit des Schädigers und übernimmt es, die ausgezahlten Härteleistungen im Rückgriff gegen den Täter geltend zu machen.

Bitte beachten Sie deshalb, dass Sie in Höhe der zugesprochenen Leistung nicht mehr befugt sind, Schmerzensgeld gegen den Schädiger geltend zu machen oder Leistungen von diesem entgegenzunehmen.

Von der Abtretungserklärung erfasst sind sowohl die gerichtliche als auch die außergerichtliche Geltendmachung der Ansprüche. Außerdem werden von der Abtretung auch Gelder erfasst, die Ihnen im Rahmen eines Strafverfahrens (im Bewährungsbeschluss oder in einem sog. Adhäsionsverfahren) zugesprochen werden.

Sollten Sie von dem Täter Geld erhalten, sind Sie verpflichtet, diese in Höhe der zugesprochenen Härteleistung an das Bundesamt für Justiz weiterzuleiten. Bei Nichtbeachtung wird die Härteleistung im Regelfall von Ihnen zurückgefordert.

Hinweis: In jeden Fällen, in denen der in einem Adhäsionsverfahren zuerkannte Betrag die Höhe der zuerkannten Härteleistung übersteigt, wird wegen dieser Different auf eine sofortige Weiterleitung von seitens des Täters erhaltenen Zahlungen verzichtet. Dem Charakter der Härteleistung als freiwillige Soforthilfe des Staates entspricht es, dass Beträge, die vom Täter wegen dieses höheren Betrages geleistet werden, dem Opfer verbleiben können.

Von der Abtretung nicht erfasst werden Schmerzensgeldforderungen, die nach Leistung eines Anderen gesetzlich auf diesen übergegangen sind.

V. Bei Fragen zur Antragstellung können Sie sich auch unmittelbar an das Bundesamt für Justiz wenden:

Tel: 0228 / 99 410 - 5288
0228 / 99 410 -5790
E-Mail: Opferhilfe@bfi.bund.de

§ 4 Die Begutachtung psychischer Störungen nach Gewalterfahrungen und „Traumatisierungen"

Literatur: Anlage zu § 2 der Versorgungsmedizin-Verordnung vom 10.12.2008, Versorgungsmedizinische Grundsätze, i.d.a.F. vom 28.10.2011, BGBl. I, 2153; *Berger et al.*, Psychische Erkrankungen – Klinik und Therapie, 4. Aufl. 2012; Bundesministerium für Arbeit und Sozialordnung, Anhaltspunkte für die ärztliche Gutachtertätigkeit im sozialen Entschädigungsrecht und nach dem Schwerbehindertenrecht, 2008; *Clancy*, The Trauma Myth, 2009; DGPPN-Stellungnahme Nr. 9 vom 6.10.2009, unter www.dgppn.de; *Dilling et al.*, Internationale Klassifikation psychischer Störungen, 2011; *Dulz et al.*, Handbuch der Borderline-Störungen, 2. Aufl. 2011; *Egle et al.*, Sexueller Missbrauch, Misshandlung, Vernachlässigung, 2005; *Erlenkämper*, Kausalität bei psychischen Folgen von schädigenden Einwirkungen im Sinne des OEG – versagt hier die sozialrechtliche Kausalitätslehre?, in: Mainzer Schriften zur Situation von Kriminalitätsopfern, hrsg. vom Weißen Ring, 2000; *Fischer/Riedesser*, Lehrbuch der Psychotraumatologie, 1998; *Flatten et al.*, S 3-Leitlinie Posttraumatische Belastungsstörung ICD 10: F 43.1, AWMF Register 051/010, Stand: Januar 2011; *Friedrichsen*, „Ohne moralische Skrupel", Der Spiegel 29/2012, S. 46 f; *Goltermann*, Die Gesellschaft der Überlebenden, 2009; *Kröner/Herwig et al.*, Schmerzpsychotherapie, 2010; *Kunz et al.*, OEG, Kommentar, 5. Aufl. 2010; *Leonhardt/Foerster*, Probleme bei der Begutachtung der posttraumatischen Belastungsstörung, MedSach 99 (2003), 150; *Loytved*, Zur Anerkennung von sogenannten Schockschäden im Gewaltopferentschädigungsrecht, MedSach 101 (2005), 151; *Maercker*, Posttraumatische Belastungsstörungen, 3. Aufl. 2009; *Saß et al.*, Diagnostisches und Statistisches Manual Psychischer Störungen – Textrevision. DSM-IV-TR, 2003; *Schmitt*, Der Ursachenzusammenhang: Keine Tatsachenfeststellung, sondern Rechtsanwendung, in: Neue Erkenntnisse der Psychotraumatologie unter Berücksichtigung sozialrechtlicher und finanzieller Konsequenzen (= Mainzer Schriften zur Situation von Kriminalitätsopfern, Bd. 37), 2002; *Stoffels*, Das Trauma zwischen Faszinosum und therapeutischer Herausforderung, MedSach 103 (2007), 160.

I. Einleitung

1 In den 31 Jahren seit der Einführung der Diagnose der **Posttraumatischen Belastungsstörung** (Posttraumatic Stress Disorder) in das amerikanische Manual zur Klassifizierung psychischer Störungen[1] ist es zu einer Synonymisierung unterschiedlicher Begriffe wie dem des „Gewaltbegriffs“, dem des „tätlichen Angriffs nach § 1 OEG“ und dem „Traumabegriff“ gekommen und in der Folge zu einer Monopolstellung der PTBS-Diagnose, die seither die Erfassung und Beschreibung psychischer Folgen der Einwirkung von Gewalt auf eine Person dominiert.

2 Dabei beschreibt die PTBS nur einen speziellen Symptomenkomplex und ist lediglich eine von vielen Störungen, die nach Einwirkung von Gewalt auftreten können.[2] Dessen ungeachtet wurde die Diagnose „PTBS“ zu einer Sollvorgabe für die Opfer. Diesen wurde nämlich ein Modell nahegelegt, wie sie die erlittene Gewalt eigentlich erlebt haben müssten, besonders dann, wenn hieraus ein Rechtsanspruch erwachsen sollte.

3 Die Gleichsetzung einer seelischen Störung nach einer Gewalttat mit einer „Posttraumatischen Belastungsstörung“ stülpte dem Einzelnen eine Diagnose über, ohne dass dessen individuelle Reaktion und Verarbeitungsweise mit den Diagnosekriterien der PTBS abgeglichen worden wäre und ggf eine andere diagnostische Zuordnung als die zu einer PTBS erzwungen hätte. Wenn zudem aus der gestellten Diagnose auch noch der Ursachenzusammenhang zwischen psychischer Störung und Gewalterfahrung im Sinne eines **Beweisautomatismus** abgeleitet wurde, bedeutete dies angreifbare Gutachten und längere Verfahrenszeiten.

4 Die unkritische Verwendung der PTBS-Diagnose war – so muss man heute feststellen – gut gemeint, im Ergebnis aber oft genug nachteilig für diejenigen, deren Leiden mit dem Etikett „PTBS“ unkritisch versehen worden war. Die Diagnose und damit auch der jeweils Betroffene gerieten unter Verdacht, von einer **Inflation des Traumabegriffs** ist heute die Rede.[3]

5 In diesem Beitrag soll daher neben der in einem solchen Kontext unumgänglichen Darstellung der PTBS-Diagnose auf die Vielfalt seelischer Folgestörungen nach Gewalterfahrungen eingegangen werden. Sodann sollen Besonderheiten und Notwendigkeiten in der psychiatrischen Begutachtung der Betroffenen einer Gewalterfahrung erläutert werden. Worauf ist zu achten, seitens der Sachverständigen, seitens der ermittelnden und urteilenden Richter und der die Mandanten im Prozess begleitenden Anwälte? Schwerpunkt des Beitrages ist die Begutachtung psychischer Folgen von Gewalt im Sinne des „tätlichen Angriffs“ nach dem Opferentschädigungsgesetz.

II. „Gewalt“, „Trauma“, „tätlicher Angriff“ und die „posttraumatische Belastungsstörung“

1. Rückblick

6 Bis in die fünfziger Jahre des 20. Jahrhunderts war die geltende psychiatrische Lehrmeinung von einer unbegrenzten psychischen Belastbarkeit des Menschen ausgegangen. „Traumatische Neurosen“ wurden als Ausdruck einer bewusstseinsnahen Entschädigungserwartung betrachtet. Vor allem aber galt aber das **Dogma der Anlagebedingtheit psychischer Störungen.**[4]

---

1 Saß et al., Diagnostisches und Statistisches Manual Psychischer Störungen – Textrevision. DSM-IV-TR, 2003.
2 Flatten et al., S 3-Leitlinie Posttraumatische Belastungsstörung ICD 10: F 43.1, AWMF Register 051/010, Stand: Januar 2011.
3 Stoffels, Das Trauma zwischen Faszinosum und therapeutischer Herausforderung, MedSach 103 (2007), 160–164.
4 Goltermann, Die Gesellschaft der Überlebenden, 2009, S. 2.

Dieses konnte angesichts der Ähnlichkeit der psychischen Auffälligkeiten, welche die unterschiedlichen **NS-Verfolgten** aufwiesen, und der Einzigartigkeit der Grausamkeit, der sie ausgesetzt waren, nicht aufrechterhalten werden. Interindividuell sehr ähnliche psychische Auffälligkeiten zeigten sich aber auch bei den **Kriegsheimkehrern** – nur, dass bei diesen die Anerkennung psychoreaktiver Störungen auf moralische Widerstände traf, die einer Entschädigung lange entgegenstanden. Das Leid der Verfolgten, der Opfer des Holocaust, sollte auf keinen Fall durch die Anerkennung des Leidens der Kriegsheimkehrer eine „Relativierung" erfahren. 7

Bis in die siebziger Jahre dauerte der Auseinandersetzungsprozess, ehe sich, wie *Goltermann*[5] ausführt, auch in der Bundesrepublik ein „**Wahrnehmungswandel**" eingestellt hatte und anerkannt wurde, dass es die Gräueltaten des Krieges, insbesondere des Holocaust, und nicht eine leicht verwundbare Anlage waren, die zu den beobachteten tiefgreifenden psychischen Veränderungen geführt hatten. 8

Eine neue Dynamik gewann die Erforschung psychoreaktiver Störungen nach Gewalterleben durch die Befassung der psychiatrischen Wissenschaft mit den Kriegsfolgen der **Vietnamveteranen.** *Maercker*[6] führt an, dass vor allem der Vietnamkrieg mit seinen Folgen der Psychotraumatologie zu einem Durchbruch verholfen habe. Die Karriere der PTBS-Diagnose nahm hier ihren Anfang. 9

2. Der Traumabegriff und die Leitlinie zur „Posttraumatischen Belastungsstörung" (ICD 10: F 43.1)

Während der Begriff „Trauma" etymologisch gesehen lediglich „Wunde" bedeutet, erfuhr er im Rahmen der Psychotraumatologie eine spezielle Deutung: 10

Nach *Fischer* und *Riedesser*[7] ist ein Trauma gekennzeichnet durch ein „vitales Diskrepanzerlebnis zwischen bedrohlichen Situationsfaktoren und den individuellen Bewältigungsmöglichkeiten, das mit Gefühlen von Hilflosigkeit und schutzloser Preisgabe einhergeht und so eine dauerhafte Erschütterung von Selbst und Selbstverständnis bewirkt." Dabei wird zwischen sogenannten „man-made desasters" (von Menschenhand, intentional einem anderen zugefügt) und „akzidentellen" Traumen (Naturkatastrophen) unterschieden. 11

Das Risiko, die in Teilen spezielle und gleich noch zu schildernde Symptomatik einer PTBS zu entwickeln, ist größer bei „man-made desasters" als bei „akzidentellen Traumatisierungen". So besteht eine besondere **Auftretenswahrscheinlichkeit** für die Symptomatik einer PTBS[8] „nur" 12

1. nach stattgehabter Vergewaltigung, bei Kriegs-, Vertreibungs- und Folteropfern (50%),
2. nach anderen Gewaltverbrechen (25%),

Die Häufigkeit des Auftretens einer PTBS nach schweren Unfällen oder schweren Organerkrankungen, also nach „akzidentellen Traumata" liegt dagegen mit 10 % deutlich niedriger. 13

Sodann wird unterschieden zwischen einmaligen Typ I Traumata (Vergewaltigung) und sequentiellen, chronischen Typ II Traumata (wiederholter sexueller Missbrauch, innerfamiliäre Gewalt, Bindungstraumatisierungen etc.). 14

5 Goltermann, Die Gesellschaft der Überlebenden, 2009, S. 23.
6 Maercker, Posttraumatische Belastungsstörungen, 3. Aufl. 2009, S. 10.
7 Fischer/Riedesser, Lehrbuch der Psychotraumatologie, 1998, S. 79.
8 Flatten. et al, S3 Leitlinie Posttraumatische Belastungsstörung ICD 10 F 43.1, AWMF Register-Nr. 051/010, Stand Januar 2011.

15 Die Diagnose der PTBS ist an den positiven Nachweis des Eingangskriteriums gebunden. Das Eingangskriterium ist nach der ICD 10[9] definiert als ein „belastendes Ereignis oder eine Situation außergewöhnlicher Bedrohung oder katastrophenartigen Ausmaßes, das bei fast jedem eine tiefe Verzweiflung hervorrufen würde."

16 Das amerikanische Klassifikationssystem,[10] welches hinsichtlich der Symptomdarstellung präziser ist als das deutsche, unterscheidet zwischen einem „objektiven Ereignisschwerekriterium" (sog. A1-Kriterium) und einem „subjektiven Ereignisschwerekriterium" (sog. A2-Kriterium).

17 Das A1-Kriterium beinhaltet, dass die betroffene Person mit einem traumatischen Ereignis konfrontiert wurde, das tatsächlichen oder drohenden Tod oder ernsthafte Verletzung oder eine Gefahr der körperlichen Unversehrtheit der eigenen Person oder anderer Personen beinhaltete.

18 Dieses A1-Kriterium muss derzeit noch in Verbindung mit dem A2-Kriterium vorliegen, das heißt: Die Diagnose der PTBS kann nach DSM IV nur gestellt werden, wenn das A1- *und* das A2-Kriterium erfüllt sind.

19 Das A2-Kriterium bezeichnet dabei die individuelle Reaktion des oder der Betroffenen, wobei diese Reaktionsweise spezifisch ist und Gefühle von intensiver Furcht, Hilflosigkeit und Entsetzen beinhalten muss.

20 Von der Vorschrift, dass für die Diagnose der PTBS nach DSM IV sowohl das A1- als auch A2-Kriterium erfüllt sein muss, gibt es bereits jetzt eine **Ausnahme**, nämlich bei professionellen Helfern:

21 Professionelle Helfer sind häufig Zeuge von Ereignissen, bei denen zumindest das Leben anderer Personen bedroht war, bei denen aber auch das eigene Leben zum Zeitpunkt des Einsatzes in Gefahr gewesen sein kann. Gleichzeitig sind sie so ausgebildet, dass sie diese bedrohlichen Situationen bewältigen können und nicht von Gefühlen intensiver Angst, Hilflosigkeit und Entsetzen überflutet werden, was letztlich zu einer Lähmung der von ihnen geforderten Handlungen führen könnte.

22 In diesen Fällen kann eine PTBS auch dann diagnostiziert werden, wenn nur das A1-Kriterium nachgewiesen ist. Aktuell ist für die im Jahr 2012 anstehende Neufassung der ICD und des DSM in der Diskussion, den Nachweis des A2-Kriteriums auch bei Kindern nicht mehr zu fordern. So geschieht **sexueller Missbrauch** oft im familiären Nahkreis und wird – sofern er nicht mit massiver Gewalt einhergeht – meist nicht gemäß der DSM-Traumakriterien erlebt, wie *Clancy* in einer Befragung von 200 Erwachsenen, die als Kind sexuellen Missbrauch erlebt hatten, nachweisen konnte.[11] Nur 10 % hatten den sexuellen Missbrauch gemäß den DSM-Traumakriterien erlebt.

23 Ich habe eingangs hervorgehoben, dass die posttraumatische Belastungsstörung gemäß ICD 10 F 43.1 eine spezielle Form der Reaktion auf die Einwirkung gewaltvoll-überwältigender Erfahrungen ist. Die Diagnose ist neben den gerade referierten Eingangskriterien gebunden an den zusätzlichen Nachweis einer **speziellen Symptomkonstellation** bestehend aus der Trias „Erinnerungsdruck", „Vermeidungsverhalten" und „Schreckhaftigkeit".

---

9 Dilling et al., Internationale Klassifikation psychischer Störungen, 2011, S. 207–208.
10 Saß et al., Diagnostisches und Statistisches Manual DSM IV TR, 2003.
11 Clancy, The Trauma Myth, 2009.

Diagnose der PTBS nach DSM IV und ICD 10: 24

A1- und A2-Kriterium (Ereigniskriterien)

\+

B-Kriterium (Wiedererleben des Ereignisses in Form von Angst und Albträumen, Flashbacks, Intrusionen)

\+

C-Kriterium (anhaltende Vermeidung von Reizen, die mit dem Trauma in Verbindung stehen, Einschränkung der Reagibilität, die vor dem Trauma nicht bestand)

\+

D-Kriterium (anhaltende Symptome eines erhöhten Erregungsniveaus, Schreckhaftigkeit, Übererregbarkeit)

\+

E-Kriterium (Dauer länger als einen Monat und psychosoziale Funktionsminderung).

Wenn alle Kriterien erfüllt sind und es sich zudem, wie die ICD 10 dies sehr eng aus- 25 legt, um ein „Ereignis von außergewöhnlicher Bedrohung" mit „katastrophalem Ausmaß" handelt, welches bei „fast jedem eine tiefe Verzweiflung" auslösen würde, so liegt eine posttraumatische Belastungsstörung im Vollbild vor.

Dies hat gutachterliche Relevanz insbesondere im **sozialen Entschädigungsrecht**. Sind 26 die Kriterien für die PTBS erfüllt (und dies setzt eine sorgfältige Prüfung der o.a. Kriterien durch den Sachverständigen voraus), ist unter Berücksichtigung **der Empfehlungen des Ärztlichen Sachverständigenbeirats „Versorgungsmedizin" beim BMAS** vom 6. und 7.11.2008 von einem Grad der Schädigungsfolgen (GdS) von wenigstens 30 auszugehen, also einem GdS von in der Regel rentenberechtigendem Ausmaß.[12]

Die posttraumatische Belastungsstörung gemäß ICD 10 F 43.1 und DSM IV ist also an 27 eine spezielle Symptomkonstellation, die gutachtlich nachweisbar abgeprüft werden muss, gebunden.

Dabei wird die Diagnose der PTBS durch klinisch-psychiatrische Methoden der Anam- 28 nese- und Befunderhebung gesichert, nicht durch Anwendung von Trauma-Fragebögen. Dass die Diagnose klinisch gestellt wird, wird in der **Leitlinie der wissenschaftlichen Fachgesellschaft zur PTBS** ausdrücklich hervorgehoben. Fragebögen können *ergänzend* eingesetzt werden. Wegen der mit dem Trauma verbundenen Belastung soll aber die Diagnostik primär im Rahmen eines sensiblen, einfühlsamen Gesprächs erfolgen.[13] Für den Nachweis, aber auch für den Ausschluss einer PTBS, reicht die klinische Methode der Anamnese- und Befunderhebung aus.

Generell ist die posttraumatische Belastungsstörung eine Erkrankung, die innerhalb der 29 ersten Stunden und Tage nach dem belastenden Ereignis beginnt und sich innerhalb der ersten Monate (in der Regel innerhalb der ersten sechs Monate) vollständig ausbildet. Das heißt aber nicht, dass eine PTBS sich nicht auch erst zu einem späteren Zeitpunkt symptomatisch manifestieren kann.

Es können besondere traumakompensatorische Umstände sein, die das Zutagetreten ei- 30 ner psychischen Belastung bzw ihres Ausmaßes zunächst verhindern: Bei Opfern schwerer Gewalttaten oder auch schwerer Unfälle kann es zu einem Überlebenskampf kommen, der erst einmal alles andere in den Hintergrund drängt. Wiederkehrende Operationen und intensivmedizinische Aufenthalte können bewirken, dass es zu einem Ge-

12 Ärztlicher Sachverständigenbeirat „Versorgungsmedizin" beim BMAS, Tagung vom 7./8.11.2008, Beschluss zu posttraumatischer Belastungsstörung – Klinik und Begutachtung.

13 Flatten et al., S 3-Leitlinie Posttraumatische Belastungsstörung ICD 10: F 43.1, AWMF Register 051/010, Stand: Januar 2011.

wahrwerden des Geschehenen und damit zum Aufkommen der diesen Prozess begleitenden Emotionen erst mit zeitlicher Verzögerung kommt.

31 Auch kann der Konsum von Alkohol oder Drogen dazu führen, dass Symptome einer PTBS gar nicht erst zu Tage treten, weshalb der Konsum abhängigkeitserzeugender Substanzen im Hinblick auf seine kompensatorischen Wirkungen gerade bei Begutachtungen kritisch zu hinterfragen ist.

32 Prämorbide psychopathologische Auffälligkeiten und Belastungen ebenso wie unterdurchschnittliche kognitive Fähigkeiten und Bewältigungsstrategien sowie ein niedriger sozioökonomischer Status und geringe soziale Unterstützung gelten als **Risikofaktoren** für die Ausbildung einer PTBS.[14]

III. Die Vielfalt psychischer Folgestörungen nach Gewalterfahrungen

1. Einführung

33 *Flatten et al.*[15] und *Maercker*[16] führen vor allem folgende Störungen an, die allein, aber auch comorbid zu einer PTBS auftreten können (und zwar in 50–100% der Fälle von PTBS):

- Anpassungsstörung gemäß ICD 10 F 43.2,
- somatoforme Schmerzstörung gemäß ICD 10 F 45.4 und somatoforme Störungen (F 45) im weitesten Sinne sowie
- affektive Störungen (F 32, 33, 34),
- Substanzabhängigkeit (F 1),
- dissoziative Störungsbilder (F 44) und
- die andauernde Persönlichkeitsänderung nach Extrembelastung (F 62.0).

34 Ein weiteres psychisches Störungsbild, welches im Zusammenhang mit *unterschiedlichsten* traumatischen Erfahrungen (Vernachlässigung, Verwahrlosung, Kindesmisshandlung, Bindungstraumatisierungen, aber auch sexuelle Traumatisierungen) genannt wird, ist die

- emotional instabile Persönlichkeitsstörung vom Borderline-Typ (F 60.3). Zu den Einzelheiten und neueren Erkenntnissen der wissenschaftlichen Forschungen zu diesem Krankheitsbild, die die Bedeutung genetischer Faktoren betonen, wird auf den Abschnitt 3 g dieses Beitrages hingewiesen.

35 Die Kenntnis der Vielfalt psychischer Folgestörungen ist wichtig für die Validität der Diagnose, die Richtigkeit der therapeutischen Maßnahmen und die Belastbarkeit eines Gutachtens zB zur Frage der **Kausalität im OEG**. Sie sollen zum besseren Verständnis für den medizinischen Laien hier kurz angerissen werden, ersetzen aber selbstverständlich nicht die ausführliche Befassung mit der entsprechenden Fachliteratur:

2. Einzelne Krankheitsbilder

a) Die Anpassungsstörung gemäß ICD 10 F 43.2

36 Eine Anpassungsstörung ist eine Reaktion, die während eines Anpassungsprozesses nach bedeutsamen Lebensveränderungen auftritt oder im Anschluss an ein belastendes Lebensereignis.

---

14 Berger et al., Psychische Erkrankungen – Klinik und Therapie, 4. Aufl. 2012, S. 588.

15 Flatten et al., S 3-Leitlinie Posttraumatische Belastungsstörung ICD 10: F 43.1, AWMF Register 051/010, Stand: Januar 2011.

16 Maercker, Posttraumatische Belastungsstörungen, 3. Aufl. 2009, S. 29.

Die Belastungssituation kann verschiedenster Natur sein. Sie kann nach Verlust des Arbeitsplatzes, einem Trauerfall oder Trennungserlebnis auftreten, ebenso nach Bedrohung der körperlichen Unversehrtheit und Integrität durch schwere körperliche Erkrankungen und Unfälle. Symptome der Anpassungsstörung sind dabei unterschiedlich und können Angst, Besorgnis, Niedergeschlagenheit oder ein Gefühl, unmöglich zurecht zu kommen, beinhalten und verbunden sein mit Einschränkungen bei der Bewältigung der alltäglichen Anforderungen. 37

Die ICD 10 führt an, dass bei Kindern regressive Phänomene eine Anpassungsstörung indizieren können. Sie nennt beispielhaft das Wiederauftreten von Bettnässen, Babysprache oder Daumenlutschen. 38

Insofern ist gerade bei der **Rekonstruktion der Symptomhistorie** im Rahmen der Begutachtung nach dem OEG sorgsam auch nach solchen Symptomen in der Kindheit zu fragen, **die Brückensymptome** und eine **psychische Erstreaktion** nach Einwirken des Schädigungsfaktors darstellen können, auch wenn diese zumeist zu der Jahrzehnte später stattfindenden Begutachtung abgeklungen ist oder sich gewandelt hat. 39

Es wird eine enge **zeitliche Nähe** zwischen auslösendem Ereignis und Auftreten der Anpassungsstörung gefordert. So beginnt die Anpassungsstörung im Allgemeinen etwa einen Monat nach dem belastenden Ereignis. Die Symptome dauern zumeist nicht länger als 6 Monate an, außer im Rahmen einer längeren depressiven Reaktion, die einen leichten depressiven Zustand als Reaktion auf eine länger anhaltende Belastungssituation darstellt. Auch die längere depressive Reaktion als Unterform der Anpassungsstörung darf nicht länger als 2 Jahre andauern, dh also: Die Diagnose der Anpassungsstörungen ist an zeitliche Kriterien gebunden, die beachtet werden müssen. 40

Aktuell ist für die **Revision der ICD 10** im Jahr 2012 (dann ICD 11) eine Änderung der diagnostischen Kriterien bzw Überarbeitung der psychoreaktiven Störungen, inklusive der Anpassungsstörung unter denen die PTBS gelistet ist, in der Diskussion, zumal weitgehende Symptomähnlichkeiten und –überlappungen der PTBS mit denen mit einer Angststörung bestehen. 41

b) Die somatoforme Schmerzstörung gemäß ICD 10 F 45.4

Phänomenologisch-deskriptiv ist die anhaltende somatoforme Schmerzstörung gekennzeichnet durch einen andauernden **Schmerz von schwerer und quälender Intensität**, der aber durch einen physiologischen Prozess oder eine körperliche Störung nicht vollständig erklärt werden kann. Auffällig ist, dass der Schmerz in Verbindung mit emotionalen Konflikten oder psychosozialen Problemen auftritt, wie sie naturgemäß bei Opfern von Gewalttaten, auch Opfern frühkindlicher Vernachlässigung und Misshandlung erwartet werden können. Die Diagnose der somatoformen Schmerzstörung erfordert, dass die emotionalen Konflikte und psychosozialen Probleme so schwerwiegend sein müssen, dass sie als entscheidender ursächlicher Faktor das Auftreten der Störung erklären können. 42

In diesem Zusammenhang ist von Bedeutung, dass die Diagnose der somatoformen Schmerzstörung nur dann lege artis gestellt gelten kann, wenn eine umfassende psychosoziale Diagnostik erfolgt ist. Auch Störungsbilder wie **„Fibromyalgie“**, die häufig als Synonym für einen „Ganzkörperschmerz“ diagnostisch verwendet werden, sollten nie ohne eine **umfassende psychosoziale Anamnese** gestellt werden. 43

Kröner/Herwig et al.[17] führen u.a. Deprivation und Gewalterfahrungen im interpersonellen Umgang als Ursache für das Entstehen einer somatoformen Störung an. 44

17 Kröner/Herwig et al., Schmerzpsychotherapie, 2010.

45 Eine Schmerzstörung kann auch eine körperliche Form der „Wiedererinnerung" einer Gewalterfahrung oder eines Traumas sein und differenzialdiagnostische Überlegungen nach sich ziehen. Patienten mit einem solchen Symptombild laufen sonst Gefahr, nicht adäquat behandelt zu werden, wenn eine kritische Hinterfragung des Symptoms unter Einschluss einer psychobiographischen Anamnese ausbleibt. Es wird dann das Symptom „Schmerz" behandelt, möglicherweise noch mit Maßnahmen, die der ursprünglichen Gewalterfahrung ähneln („Penetration" durch Spritzen, Infusionen, Operationen). Die ursprüngliche Gewalterfahrung wird dann in der Therapie wiederholt und zwischen den Akteuren reinszeniert, ohne dass der Symbolgehalt der Inszenierung von den Akteuren verstanden wird.

c) Affektive Störungen (ICD 10 F 32, 33, 34)

46 Depressive Störungen sind gekennzeichnet durch gedrückte Stimmung, Interessenverlust, Freudlosigkeit, Antriebsminderung, ein vermindertes Selbstwertgefühl und Selbstvertrauen, Schuldgefühle, Gefühle der eigenen Wertlosigkeit, Pessimismus, Schlafstörungen, Suizidalität.

47 *Egle et al.*[18] führen an, dass das Gefühl der Selbstwertminderung und Schuldgefühle mit Verlusterlebnissen und frühkindlichen Belastungserfahrungen in Verbindung gebracht werden könnten. Eine hohe Selbstentwertungsneigung, Schamprobleme, aber auch Impulsdurchbrüche mit Suizidversuchen als ausgeprägte Symptome einer depressiven Erkrankung stünden dagegen häufig in Verbindung mit **Gewalt- und sexuellen Missbrauchserfahrungen**. Die Autoren weisen jedoch ausdrücklich darauf hin, dass es sich oft um ein ganzes **Gefüge unterschiedlicher negativer Kontextfaktoren** handele bei der Gruppe von Patienten, die zwar einerseits Opfer von sexuellem Missbrauch geworden seien, andererseits aber auch anderen negativen Einflussfaktoren wie Elternverlust, Behinderungen, chronischen Erkrankungen, Armut, Gewalt und Stress in der Familie ausgesetzt gewesen seien.

48 Eine depressive Episode oder eine wiederkehrende depressive Störung (F 32 bzw F 33 nach der ICD 10) werden stets nach ihrem Schweregrad (von leicht bis schwer) verschlüsselt. Dementsprechend werden sie klassifiziert als F 32.0, F 32.1, F 32.3 oder, wenn sie remittiert sind, als F 32.4. Das Gleiche gilt für die wiederkehrende depressive Störung (also F 33.0, F 33.1 usw.).

d) Substanzabhängigkeit (F 1)

49 Die Abhängigkeit von psychotropen Substanzen wie Alkohol, Medikamenten oder Drogen kann als **pathologischer Stabilisierungsversuch** verstanden werden. Es sollen Gefühle in Schach gehalten, betäubt werden, deren Intensität unerträglich wäre. So kann eine Substanzabhängigkeit ein wichtiges **Brückensymptom** darstellen zwischen der Einwirkung einer Gewalterfahrung oder eines Traumas und der erst oft Jahre später zu beurteilenden Gesundheitsstörung. So kann eine psychische Folgestörung bei dem Betreffenden vordergründig symptomlos verlaufen sein, weil die eigentlichen Symptome durch die Einnahme von Medikamenten oder den Konsum von Drogen kaschiert wurden. In diesem Zusammenhang sprechen Psychotherapeuten auch von der Herbeiführung einer „emotionalen Anästhesie".

50 Insofern ist bei der Exploration von Opfern von Gewalttaten gerade in gutachtlichen Kontexten immer zu prüfen, ob und in welchen Zeiträumen und aus welchem Anlass Substanzmissbrauch oder Substanzabhängigkeit bestanden hat.

---

18 Egle et al., Sexueller Missbrauch, Misshandlung, Vernachlässigung, 2005, S. 284

Grundsätzlich unterscheidet die ICD 10 den „schädlichen Gebrauch“ von psychotropen Substanzen von einem „Abhängigkeitssyndrom“. 51

Schädlicher Gebrauch liegt vor, wenn eine tatsächliche Schädigung der psychischen oder physischen Gesundheit des Konsumenten eingetreten ist zB das Konsumverhalten häufig schon von anderen kritisiert wird und auch unterschiedliche negative soziale Folgen hat. 52

Beim **Abhängigkeitssyndrom** ist das entscheidende Charakteristikum der starke, gelegentlich auch übermächtige Wunsch, psychotrope Substanzen oder Medikamente zu konsumieren. Abhängigkeit kann einhergehen mit einer verminderten Kontrollfähigkeit bezogen auf Beginn, Beendigung und Menge des Konsums, einem körperlichen Entzugssyndrom, der Entwicklung einer Toleranz und schließlich einer fortschreitenden Vernachlässigung der eigenen Persönlichkeit, der eigenen Interessen, der sozialen Belange bis zu einem anhaltenden Substanzkonsum trotz Nachweis erheblicher gesundheitlicher Folgeerscheinungen. 53

e) Dissoziative Störungen (ICD 10 F 44)

Die Dissoziation bezeichnet einen **Abspaltungsprozess**, der darin besteht, Erinnerungen faktischer oder emotionaler Natur vom „Bewusst-Sein“ zu entfernen und ein erneutes „Bewusst-Werden“ dieser Erinnerungen zu verhindern. Der Mechanismus der Dissoziation kann so weit gehen, dass er die gesamte Identität einer Persönlichkeit erfasst, die sich in unterschiedliche Teile, also unterschiedliche Persönlichkeiten oder Akteure aufspalten kann. Den unterschiedlichen Persönlichkeiten wird dann eine bestimmte Rolle zugeordnet, so dass eine Flucht von der einen in die andere Persönlichkeit möglich wird, die Seele immer wieder in Sicherheit gebracht werden kann. 54

Dissoziative Störungen sind gemäß der Erläuterungen in der ICD 10 psychisch verursachte Prozesse. Ausdrücklich gibt die ICD 10 an, dass eine **nahe zeitliche Verbindung** zu traumatisierenden Ereignissen, unlösbaren oder unerträglichen Konflikten oder gestörten Beziehungen besteht. 55

Die einzelnen in der ICD 10 aufgeführten dissoziativen Phänomene umfassen die 56

- **F 44.0: Dissoziative Amnesie:** Kennzeichnend ist ein teilweiser oder vollständiger Gedächtnis- und Erinnerungsverlust für meist wichtige Ereignisse, wozu auch Kindheitstraumen u.a. Belastungen gehören können.
- **F 44.1 Dissoziative Fugue:** Bei der dissoziativen Fugue kommt es zu einem plötzlichen Ortswechsel, einem „Fliehen“ und „Weglaufen“ einer Person von dem Ort, wo sie gerade war, zu einem anderen Ort, ohne dass sich die Person dieses „Weglaufens“ bewusst ist. Für die Zeit des Weglaufens – der Fugue – besteht eine Amnesie. Nach außen hin wirkt der Betroffene während dieser Zeit des Weglaufens auf unabhängige Beobachter vollständig normal.
- **F 44.4 – 44.7 Dissoziative Störungen der Bewegungs- und der Sinnesempfindung:** Hier zeigt sich ein Verlust oder eine Veränderung von Bewegungsfunktionen (Lähmung) oder es kommt zu veränderter Empfindung, Sensibilitätsstörungen. Sowohl für die Lähmungen als auch für die Sensibilitätsstörungen muss jeweils eine körperliche Ursache ausgeschlossen sein. Folglich muss eine umfassende psychosoziale Anamnese erhoben werden, weil in der Regel prämorbide Auffälligkeiten, interpersonelle oder intrapsychische Konflikte festzustellen sind.

In die Gruppe der dissoziativen Störungen der Bewegungs- und Sinnesempfindung gehören auch die **dissoziativen Krampfanfälle** mit starker Ähnlichkeit zu echten epileptischen Anfällen. Die diagnostischen Zeichen eines epileptischen Anfalls wie Zungenbiss, 57 schwere Verletzungen beim Sturz, Wasserlassen fehlen jedoch in der Regel, auch tritt kein Bewusstseinsverlust ein, sondern eher ein stupor- oder tranceähnlicher Zustand.

58 Die „spektakulärste" dissoziative Störung ist die **dissoziative Identitätsstörung.**

f) F 44.81 Dissoziative Identitätsstörung

59 Die dissoziative Identitätsstörung ist ein kontrovers diskutiertes Verstehensmodell der psychiatrischen Wissenschaft für eine **Störung von Verhalten und Erleben** einer Person mit der Folge innerer Rollenwechsel, einer Herausbildung unterschiedlicher Persönlichkeitsanteile innerhalb ein- und derselben Person.

60 Es wird eine hohe Comorbidität und symptomatische Überlappung zwischen Borderline-Persönlichkeitsstörung und dissoziativen Störungen beschrieben. *Freyberger und Stieglitz*[19] weisen im Zusammenhang mit der Diagnose und Therapie der „multiplen Persönlichkeit" darauf hin, dass auch an das Vorliegen einer anderen komplexen Persönlichkeitsstörung mit hoher Suggestibilität (zB eben die Borderline-Persönlichkeit oder histrionische Persönlichkeit) zu denken ist, bei der die Darstellung des „Multiplen" dann ein **therapiebedingtes Artefakt** sein kann und keine authentische Krankheit: „Es muss bezweifelt werden, ob sich die multiple Persönlichkeit diagnostisch tatsächlich von komplexen Persönlichkeitsstörungen trennen lässt."

61 Gerade in OEG-Verfahren bedarf die Vordiagnose der dissoziativen Identitätsstörung daher einer unvoreingenommen kritischen Überprüfung.

g) Die emotional-instabile Persönlichkeitsstörung vom Borderline-Typ (ICD 10 F 60.3)

62 Die Borderline-Persönlichkeitsstörung wird häufig im Zusammenhang mit Traumatisierungen allerdings unterschiedlicher Arten genannt. Im gerade aktualisierten Standardlehrwerk von Dulz et al. „Handbuch der Borderline-Störungen"[20] führen die Herausgeber im Vorwort zur 2. Auflage an, dass die Frage nach wie vor heftig umstritten sei, ob die Symptombildungen bei der Borderline-Persönlichkeitsstörung als Traumafolgestörungen zu werten seien oder vielmehr auf **genetisch bedingte Fehlregulationen bzw frühkindliche Bindungsstörungen** zurückgeführt werden müssten. Bei einem sehr weit gefassten Traumabegriff, der auch Bindungs- und Beziehungsschädigungen einbeziehe, sei eine Borderline-Persönlichkeitsstörung immer eine Traumafolgestörung. Damit jedoch erfahre der Traumabegriff eine solche Ausweitung, dass er immer nichtssagender werde.

63 Tatsächlich liegt, wie in diesem Lehrbuch auf Seite 192 angeführt wird, der Borderline-Persönlichkeitsstörung ein **Ursachenkomplex** zugrunde, und zwar eine Interaktion „zwischen Stressoren und dem genetisch bestimmten Temperament." Nach Durchsicht und Referierung von Studien aus den Jahren 1986–2007 wird auf Seite 193 und 194 gefolgert: „Statistisch gesehen besteht nur in der Minderheit der Fälle eine Beziehung zwischen Traumatisierung und pathologischen Spätfolgen." Im Hinblick auf sexuellen Missbrauch sei festzustellen, dass die meisten der von Borderline-Patienten geschilderten Missbrauchserfahrungen nicht zu denen mit Spätfolgen gehören würden, da es sich nicht um wiederholten Missbrauch, vollzogenen Geschlechtsverkehr oder Inzest handele, sondern um einmalige Ereignisse in Form einer sexuellen Belästigung, die zudem außerhalb des familiären Nahkreises, durch einen Nicht-Verwandten bzw. durch eine fremde Person verübt worden seien. Nur sehr schweren sexuellen Missbrauchshandlungen (hohe Dauer/Häufigkeit, Inzest, brutale Sexualhandlungen) komme eine ätiologische Bedeutung zu.

19 Freyberger/Stieglitz in: Berger, Psychische Erkrankungen – Klinik und Therapie, 4. Aufl. 2012, S. 619.
20 Dulz et al., Handbuch der Borderline-Störungen, 2. Aufl. 2011.

Diese Ausführungen sind bei der Beurteilung des kausalen Zusammenhangs zwischen schädigendem Ereignis und einer Borderline-Störung als dessen möglicher Schädigungsfolge von großer Bedeutung. Zum einen kommt die Anerkennung eines Ursachenzusammenhangs zwischen einer Borderline-Störung und einem sexuellen Missbrauch dann nur bei sehr schweren Fällen von sexuellem Missbrauch in Betracht, zum anderen wird deutlich, wie wichtig die konkrete **Tatsachenermittlung** im Vorfeld der psychiatrischen Begutachtung ist.

Menschen mit einer Borderline-Persönlichkeitsstörung haben eine nur geringe Frustrationstoleranz. Sie sind leicht zu verunsichern, leicht aus dem Lot zu bringen, reagieren aber dann emotional vehement nach einem **Schwarz-Weiß-Muster**. Kleinste Spannungen in den Beziehungen können nicht toleriert werden. Es geht um ein Muster von „ganz oder gar nicht", „hasse mich oder liebe mich". Die niedrige Spannungstoleranz führt zu einem permanent erhöhten, spürbaren Erregungsniveau, einer erhöhten emotionalen Reaktionsbereitschaft, ausgeprägter **affektiver Instabilität** und Stimmungsschwankungen. Die geringe Toleranz für innerseelische Spannungen führt auch zu impulsiven Entladungen und Handlungen in Form wiederholter suizidaler Handlungen, Suiziddrohungen oder Selbstverletzungen und Abhängigkeitserkrankungen. 64

Bei Menschen mit einer Borderline-Persönlichkeitsstörung kann es daher zu **realitätsverzerrten Wahrnehmungen** kommen. So kann schon die mit jedem OEG-Verfahren verbundene Notwendigkeit, den schädigenden Vorgang nachweisen, zumindest glaubhaft machen zu müssen, zu einem Gefühl des völligen persönlichen Infrage-gestellt-Werdens führen („man glaubt mir nicht") und mit Gefühlen explosiver Wut verbunden sein. 65

Der Rechtsbeistand sollte daher von Anfang an auf die **nüchternen Notwendigkeiten** eines juristischen Verfahrens hinweisen und seinen Mandanten auch an diese Realität gegebenenfalls unter Einschaltung des Psychotherapeuten heranführen bzw heranführen lassen. In diesem Zusammenhang sollte der Psychotherapeut ggf darüber belehrt werden, dass „Traumabegriff" und die Tatbestandsmerkmale des § 1 OEG nicht identisch sind. So können Erwartungen, die gar nicht hätten geweckt werden dürfen, auch nicht enttäuscht werden. 66

h) Die andauernde Persönlichkeitsänderung nach Extrembelastung (ICD 10 F 62.0)

Eine andauernde Persönlichkeitsänderung nach Extrembelastung setzt eine **katastrophale und extreme Belastung** voraus, in deren Folge sich andauernde Persönlichkeits- und Verhaltensstörungen entwickeln. Dabei handelt es sich um Veränderungen im Wahrnehmen, Denken und Verhalten bezogen auf die Umwelt, aber auch auf die eigene Person. 67

Als ursächlich werden Extrembelastungen wie **Konzentrationslager, Folter, Katastrophen**, andauernde lebensbedrohliche Situationen (Geisel, lang dauernde Gefangenschaft mit drohender Todesgefahr) genannt. Eine posttraumatische Belastungsstörung gemäß ICD 10 F 43.1 kann der Persönlichkeitsänderung nach Extrembelastung vorausgehen. Die Persönlichkeitsänderung nach Extrembelastung stellt dann die chronische irreversible Folge dieser Belastung dar. Allerdings kann sich die Persönlichkeitsänderung auch ohne die vorangehende Symptomatik der PTBS entwickeln. Die Diagnose setzt jedoch voraus, dass die Exposition gegenüber den belastenden Ereignissen nicht punktuell, sondern andauernd war. Die Eingangskriterien (extrem und langandauernd und lebensbedrohlich) müssen beachtet werden. 68

Kriterien für die **Diagnose der Persönlichkeitsänderung nach Extrembelastung** sind 69

- eine feindliche oder misstrauische Haltung der Welt gegenüber,
- sozialer Rückzug,

- Gefühle der Leere oder Hoffnungslosigkeit,
- ein chronisches Gefühl von Nervosität wie bei ständigem Bedrohtsein,
- das Gefühl der Entfremdung.

70 Es besteht eine große Ähnlichkeit der Symptome mit denen, die für die sogenannte „komplexe posttraumatische Belastungsstörung“ oder „Entwicklungstraumastörung“ bei *Maercker*[21] aufgeführt werden:

71 Neben dem Traumakriterium müssen **anhaltende Fehlregulationsmuster** vorhanden sein, und zwar:

- eine Störung der Affekt- und Impulsregulation ohne die Fähigkeit zur Feinabstufung der Gefühlsausdrücke, leichte Erregbarkeit in zwischenmenschlichen Situationen,
- Somatisierungsphänomene (Verdauungsstörungen, chronische Schmerzen etc.),
- kognitive Veränderungen wie Aufmerksamkeitsstörungen, wiederholte psychogene Bewusstseinstrübungen u.a.,
- interpersonelle Veränderungen (u.a. Anfälligkeit für überspannte Ansichten, Unfähigkeit zu vertrauen, dysfunktionale Wahrnehmung des Täters, exzessive Beschäftigung mit Rachephantasien etc.),
- Selbstbildveränderungen (Überzeugung ein beschädigtes Leben zu führen, das nicht mehr zu reparieren ist, andauernde Schuld- und Schamgefühle),
- soziokognitive Veränderungen mit fehlender Zukunftsperspektive sowie Verlust persönlicher Grundüberzeugungen.

72 Das psychotraumatologische Konzept der komplexen PTBS hat (noch) **keinen Eingang in die ICD 10 oder das DSM IV** gefunden. Daher ist auch die häufige Einordnung der „komplexen PTBS“ als „posttraumatische Belastungsstörung“ nach ICD 10 F 43.1 nicht korrekt. Unter Vorwegnahme der Ausführungen im Kapitel IV dieses Beitrages sei darauf hingewiesen, dass bei der Begutachtung psychoreaktiver Folgen im OEG die Diagnose im Vollbeweis (kein vernünftiger Zweifel) feststehen muss. Das bedeutet auch: die Diagnose ist nach den gültigen Klassifikationssystemen der ICD 10 oder dem DSM IV einzuordnen und zu codieren.

73 Überdies geht die PTBS ja eben nicht mit einem Wandel der Persönlichkeit einher, wie die komplexe PTBS. Daher ist das Konstrukt der „komplexen PTBS“ – wenn nach ICD 10 F klassifiziert werden muss – am ehesten unter der Kategorie „Persönlichkeitsänderung nach Extrembelastung“, also F 62.0, zu einzuordnen. Dabei ist allerdings darauf zu achten, dass es sich um lang anhaltende und nicht punktuell und zeitlich begrenzte Traumatisierungen handeln muss, wenn eine Persönlichkeitsänderung nach Extrembelastung diagnostiziert wird.

3. Fachliche Anforderungen an den Gutachter

74 Aus der hier aufgelisteten **Vielfalt psychoreaktiver Störungen** nach Gewalterfahrungen und Traumatisierungen lässt sich unschwer ableiten, dass psychotraumatologische Kenntnisse erforderlich sind, eine **„Traumabrille“** aber weder diagnostischen Blick noch exploratives Vorgehen einengen darf. Es sind schwierige differentialdiagnostische Erwägungen zwischen unterschiedlichen psychiatrischen Störungsbildern zu tätigen.

75 Und so führt die Deutsche Gesellschaft für Psychiatrie, Psychotherapie und Nervenheilkunde zu den **„Begutachtungsstandards bei posttraumatischer Belastungsstörung“**[22] als Voraussetzung für eine fachgerechte Begutachtung eine gründliche psychiatrisch-psy-

21 Maercker, Posttraumatische Belastungsstörungen, 3. Aufl. 2009, S. 23.
22 DGPPN-Stellungnahme Nr. 9 vom 6.10.2009, unter www.dgppn.de.

chotherapeutische Ausbildung an, weil nur hier die Befähigung erworben werde, einen umfassenden psychopathologischen Befund zu erstellen. Dies umfasse dann auch die korrekte Diagnose einer ggf vorhandenen PTBS. Auch solle der Gutachter den aktuellen wissenschaftlichen Diskussionsstand in der Psychotraumatologie kennen, damit er die Befunde auf dem aktuellen wissenschaftlichen Hintergrund einordnen könne. Dazu bedürfe es aber nicht einer ausführlichen speziellen psychotraumatologischen Weiterbildung.

Neben den fachlich-medizinischen Anforderungen muss der Gutachter, sofern er im so- 76
zialen Entschädigungsrecht tätig wird, mit der **sozialrechtlichen Kausalitätslehre** und einer Ausnahmeregelung im OEG, nämlich der „Beweiserleichterung" für die Annahme des Ursachenzusammenhangs zwischen bestimmten schädigenden Ereignissen und psychischen Folgestörungen in Form der Nr. 71 der *AHP*,[23] vertraut sein.

Denn: Nur der **erste Prüfungsschritt bei der Kausalitätsbeurteilung** ist medizinisch de- 77
terminiert. Der Sachverständige darf hier noch auf seine Kernkompetenz zurückgreifen und sich ein letztes Mal in seinem Element fühlen. Der erste Prüfungsschritt verlangt ihm nur seine medizinische Fachkompetenz ab, nämlich die Antwort auf die Frage, welche Gesundheitsstörung überhaupt vorliegt und sodann, ob der schädigende Vorgang nach der herrschenden wissenschaftlichen Lehrmeinung allgemein geeignet ist, die bestehende Gesundheitsstörung hervorrufen zu können.

Der **zweite Prüfungsschritt** jedoch besteht aus Entscheidungsvorgaben, für die man den 78
Teil C (Seite 104 ff) der Anlage zu § 2 der Versorgungsmedizin-Verordnung[24] vom 10.12.2008 und die **Kausalitätshinweise der früheren AHP**,[25] insbesondere der Nummer 70 und 71, kennen muss. Darauf möchte ich im folgenden Abschnitt ausführlich eingehen.

IV. Die Begutachtung psychischer Schädigungsfolgen im OEG

1. Einführung

Die Begutachtung psychischer Schädigungsfolgen nach dem Opferentschädigungsgesetz 79
wird sowohl von den Betroffenen als auch den beteiligten Juristen ebenso wie von Sachverständigen als unbefriedigend, schwierig, immer wieder an der Grenze zur Nichtlösbarkeit erlebt.

Dies betrifft im Besonderen Fragestellungen, in denen es um die Zusammenhangsbegut- 80
achtung zwischen einem lang zurückliegenden schädigenden Ereignis und einer heute bestehenden Gesundheitsstörung geht. In diesen Fällen stellt sich ggf schon der **Nachweis des schädigenden Ereignisses** für die Verwaltung und ggf das Gericht als Problem dar. Sonderlich dann, wenn keine Strafanzeige erstattet wurde oder Akten nicht mehr auffindbar sind. Für den Sachverständigen ergibt sich daraus das Problem, dass die Symptomhistorie nicht mehr rekonstruiert werden kann bzw ein Abgleich zwischen den Angaben des Probanden und aktenkundigen Tatsachen nicht erfolgen kann. Entsprechende Dokumentationen aus zum Geschehen noch zeitnah erfolgter Behandlung liegen oft nicht (mehr) vor oder können nicht (mehr) beigebracht werden. Keine Dokumentation des „Primärschadens", keine sich daran anschließenden Behandlungen machen die in weiteren Schritten der Begutachtung notwendige **Abgrenzung zwischen Primärschaden – Sekundär-/Folgeschaden – Nachschaden** maximal schwer bis unmöglich.

23 Bundesministerium für Arbeit- und Sozialordnung, Anhaltspunkte für die ärztliche Gutachtertätigkeit im sozialen Entschädigungsrecht und nach dem Schwerbehindertenrecht, 2008.

24 Anlage zu § 2 der Versorgungsmedizin-Verordnung vom 10.12.2008, Versorgungsmedizinische Grundsätze, i.d.a.F. vom 28.10.2011, BGBl. I, 2153.

25 Bundesministerium für Arbeit und Sozialordnung, Anhaltspunkte für die ärztliche Gutachtertätigkeit im sozialen Entschädigungsrecht und nach dem Schwerbehindertenrecht, 2008.

81 Die Begutachtung psychischer Schädigungsfolgen im sozialen Entschädigungsrecht stellt aber noch aus einem anderen Grund eine ganz besondere Herausforderung für den Sachverständigen dar: Wie in keinem anderen Rechtsgebiet im Sozialrecht muss der Sachverständige sich mit Rechtsbegriffen vertraut machen. Er muss einen **Transfer von der medizinischen Krankheitsverursachungslehre zur sozialrechtlichen Kausalitätslehre** vollziehen, damit die von ihm diagnostizierte Störung trotz einer in der Regel multikausalen Verursachung überhaupt entschädigt werden kann, sofern die entsprechenden Voraussetzungen erfüllt sind.

82 Um das Wagnis einzugehen, vertraute Positionen zu verlassen, muss man verstehen, warum man sie verlassen soll. *Erlenkämper*[26] hob bei einer Fachtagung des Weißen Rings, dem 11. Mainzer Opferforum, hervor, dass man für eine korrekte Begutachtung die „tragenden Gedanken“ des Gesetzes kennen müsse. Deshalb möchte ich zunächst auf die Intention des Gesetzgebers bei der Verabschiedung des Opferentschädigungsgesetzes eingehen. Sodann will ich auf die Probleme eingehen, die sich bei der Umsetzung des gesetzgeberischen Willens im Zeitverlauf ergaben und die 1996 zur **Aufnahme des Kausalitätshinweises mit der Nr. 71 in die AHP** für die ärztliche Gutachtertätigkeit im sozialen Entschädigungsrecht und Schwerbehindertenrecht[27] führten. Der erste Absatz dieser Nr. 71 stellt eine Art Grundanerkenntnis für den Ursachenzusammenhang zwischen bestimmten Ereignissen und psychischen Folgestörungen dar. Das war ein Paradigmenwechsel, erst dadurch konnte bezogen auf die Entschädigung auch seelischer Störungen eine „Gesetzestreue“ ermöglicht werden, dem Willen des Gesetzgebers entsprochen werden.

2. Das Opferentschädigungsgesetz, der Wille des Gesetzgebers und die Notwendigkeit der Nr. 71 AHP

83 Das Opferentschädigungsgesetz trat am 16.5.1976 in Kraft. Die Intention des Gesetzgebers war es, Opfer von Gewalttaten zu entschädigen, die der Gesetzgeber/der Staat aufgrund seiner Garantenstellung eigentlich vor Gewalt im eigenen Land hätte schützen müssen. Für sein eigenes Versagen wollte der Staat den Opfern Wiedergutmachung leisten mit dem Ziel, das **Vertrauen der von einer Gewalttat Betroffenen in die Unverbrüchlichkeit der Rechtsordnung** wiederherzustellen: „Dem OEG liegt vor allem der Gedanke zugrunde, dass die Gesellschaft für die gesundheitlichen Schäden eines Opfers einer Gewalttat einzutreten hat, weil der Staat es im Einzelfall nicht vermocht hat, den Bürger vor einer gewaltsamen Angriff zu bewahren.“[28]

84 Die Entschädigung der Opfer von Gewalttaten wurde allerdings an Tatbestandsmerkmale geknüpft. Nach § 1 OEG hat nämlich nur derjenige Anspruch auf Versorgung, der im Geltungsbereich des Gesetzes infolge eines a) **vorsätzlichen**, b) rechtswidrigen und c) **tätlichen Angriffs** gegen seine oder eine andere Person oder durch dessen rechtmäßige Abwehr eine gesundheitliche Schädigung erlitten hatte. Die hieraus resultierenden gesundheitlichen und wirtschaftlichen Folgen konnten auf Antrag zu einer Versorgung nach dem Bundesversorgungsgesetz führen. Wenn ich im Folgenden der besseren Lesbarkeit halber von „Gewalt“ im Zusammenhang mit dem OEG spreche, ist dies immer im Sinne der gerade angeführten Tatbestandsmerkmale zu sehen, zu denen derzeit noch unabdingbar auch die Tätlichkeit des Angriffs gehört. Ob der Gewaltbegriff im OEG noch zeitgemäß ist und moderne Formen von „Gewalt“ wie Stalking den Gesetzgeber

---

26 Erlenkämper, Kausalität bei psychischen Folgen von schädigenden Einwirkungen im Sinne des OEG – versagt hier die sozialrechtliche Kausalitätslehre?, in: Mainzer Schriften zur Situation von Kriminalitätsopfern, hrsg. vom Weißen Ring, 2000, S. 38.

27 Bundesministerium für Arbeit und Sozialordnung, Anhaltspunkte für die ärztliche Gutachtertätigkeit im sozialen Entschädigungsrecht und Schwerbehindertenrecht.

28 Kunz et al., OEG, Kommentar, 5. Aufl. 2010, S. 23.

nicht zu einer Neudefinition des Gewaltbegriffs im OEG veranlassen müssten, ist derzeit Gegenstand intensiver, teils diskursiver Betrachtungen.

Das Inkrafttreten des Gesetzes am 16.5.1976 bedeutete aber auch, dass erst ab diesem Zeitpunkt Opfer von Gewalttaten entschädigt werden konnten. Für Menschen, die vor Inkrafttreten des Gesetzes Opfer von Gewalttaten geworden waren bestand zunächst keine Entschädigungsmöglichkeit. Diese „Anspruchslücke" wurde mit dem BVG Änderungsgesetz am 20.12.1984 geschlossen und führte zum Inkrafttreten der **Härteregelung (§ 10 a OEG)**. Diese Härteregelung stellt idR für alle Beteiligten eines solchen Verfahrens außerordentliche Belastungen dar, **Beweisnöte** der Antragsteller können zu **Gewissensnöten** der beteiligten Juristen und Sachverständigen führen. Gewissensnöte der Auftraggeber finden ihren Ausdruck in unklaren oder „auslegungsfähigen" Tatsachenvorgaben, die der Sachverständigen ihren Ausdruck in gut gemeinten, aber oft nur zirkelschlüssig begründeten, vermeintlich positiven Gutachten. 85

Die Kenntnis der Härteregelung ist im Zusammenhang mit den aktuellen Verfahren der Begutachtung von Betroffenen der Heimerziehung, der **„schwarzen Pädagogik", und auch des sexuellen Missbrauchs in Institutionen in den 1960er und 1970er Jahren** von großer Bedeutung. Der Sachverständige muss wissen, dass der Gesetzgeber für die Opfer von Gewalttaten vor dem 16.5.1976 nur dann eine Rentenleistung und auch nur dann eine Übernahme von Heil- und Behandlungskosten vorgesehen hat, wenn neben einer „Bedürftigkeit " auch ein **Grad der Schädigungsfolgen von mindestens 50 erreicht wird.** 86

Während in den Fällen, in denen das schädigende Ereignis nach Inkrafttreten des Gesetzes verübt wurde, ein GdS von 25 (der gewertet wird wie ein GdS von 30) ausreicht, um eine Rentenleistung zu erhalten, ist die Schwelle für die Menschen, die vor dem 16.5.1976 Opfer eines tätlichen Angriffs wurden, also deutlich höher. 87

Der Sachverständige muss sich dieser Schwelle bewusst sein. Auch im Sinne der von unseren Einschätzungen Betroffenen sollte gerade hier sehr sorgfältig abgegrenzt und begründet werden, warum ein Grad der Schädigungsfolgen von 50 nicht erreicht werden kann oder doch erreicht werden muss. Dabei muss man sich vergegenwärtigen, dass ein **GdS von 50** insofern eine hohe Schwelle darstellt, dass hierfür eine Störung mit wesentlicher Einschränkung der Erlebnis- und Gestaltungsfähigkeit (GdS 30–40) nicht ausreicht. Es muss sich bereits um eine **schwere Störung mit mittelgradigen sozialen Anpassungsschwierigkeiten** handeln, damit gemäß der Vorgaben in der Anlage zu § 2 der VersMedV i.d.a.F.[29] unter Punkt 3.7 der untere Wert des Korridors (GdS 50–70) für eine solche Störung erreicht wird. 88

Bezogen auf die Begutachtung psychischer im Unterschied zu körperlichen Schädigungsfolgen stellte der Gesetzgeber nach Inkrafttreten des Gesetzes fest, dass er seinen Willen zwar kundgetan und auch in die Form eines Gesetzes gegossen hatte, diesem aber gerade bei der Entschädigung psychischer Folgen von Gewalttaten iSd § 1 OEG nur selten Umsetzung beschieden war. 89

Als ein großes Hindernis stellte sich dabei die medizinisch begründete **Multikausalität seelischer Störungen** heraus, was es den Sachverständigen erschwerte, die wesentliche Ursache auszumachen und/oder sich festzulegen. Der Sachverständige war im Irrgarten der Multikausalität psychischer Störungen an seine Grenzen gestoßen, es kam zu gegensätzlichen Sachverständigengutachten. Dieses jahrelange Dilemma wurde erst durch die Einführung einer Beweiserleichterung gelöst, mit deren Hilfe die Bejahung des Ursachenzusammenhangs zwischen seelischer Gesundheitsstörung und zurückliegender Ge- 90

29 Anlage zu § 2 der Versorgungsmedizin-Verordnung vom 10.12.2008, Versorgungsmedizinische Grundsätze i.d.a.F. vom 28.10.2011, BGBl. I, 2153, S. 26–27.

walttat nicht nur möglich wurde, sondern hingenommen werden musste. Zur Historie dieser Entwicklung sei ausdrücklich auf den Beitrag von Schmitt[30] verwiesen.

91 Die Nr. 71 der AHP, erstmals 1996 in selbigen aufgeführt, stellt eine „**Beweiserleichterung**" zugunsten der Betroffenen von bestimmten und in der Nr. 71 angeführter „psychischer Traumen" dar: [31]

> **(1) „Durch psychische Traumen bedingte Störungen kommen sowohl nach lang dauernden psychischen Belastungen (z.B. in Kriegsgefangenschaft, in rechtsstaatswidriger Haft in der DDR) als auch nach relativ kurz dauernden Belastungen (z.B. bei Geiselnahme, Vergewaltigung) in Betracht, sofern die Belastungen ausgeprägt und mit dem Erleben von Angst und Ausgeliefertsein verbunden waren. Bei der Würdigung der Art und des Umfangs der Belastungen ist also nicht nur zu beachten, was der Betroffene erlebt hat, sondern auch, wie sich die Belastungen bei ihm nach seiner individuellen Belastbarkeit und Kompensationsfähigkeit ausgewirkt haben."**

92 Die Einführung des Kausalitätshinweises mit der Nr. 71 bedeutet eine Art „Grundanerkenntnis", dass nämlich trotz idR multikausaler Verursachung psychischer Störungen bestimmte Belastungen so sehr geeignet sind, eine seelische Erkrankung zu bewirken, dass von einer bestärkten Wahrscheinlichkeit des Ursachenzusammenhangs ausgegangen werden kann, sofern diese Einwirkungen nach dem herrschenden Stand der wissenschaftlichen Lehrmeinung allgemein geeignet sind, die bestehende Gesundheitsstörung hervorzurufen.

93 Wenn der schädigende Vorgang – und einige dieser Vorgänge listet die Nr. 71 ja exemplarisch auf – allgemein geeignet ist, eine seelische Störung von einigem Gewicht hervorzurufen, reicht die **Mitursächlichkeit der Belastung, ihre annähernde Gleichwertigkeit zu anderen Ursachen** für die Bejahung des Ursachenzusammenhangs aus.

94 Vor dem Hintergrund dieser Überlegungen ergeben sich die folgenden **Schritte für die Begutachtung psychischer Schädigungsfolgen:**

(1.) Entscheidung darüber, von welchen schädigenden Ereignissen ganz konkret auszugehen ist (Sache der Auftraggeber, gegebenenfalls aktiv einzufordern)

(2.) Feststellung der vorliegenden Gesundheitsstörungen im Vollbeweis, „Kein vernünftiger Zweifel"

(3.) Überprüfung, ob der schädigende Vorgang nach der herrschenden wissenschaftlichen Lehrmeinung allgemein geeignet ist, die bestehende(n) Gesundheitsstörung(en) mitursächlich hervorzurufen

(4.) Entscheidung darüber, ob unter dem Aspekt, dass die Mitursächlichkeit (annähernd gleichwertig zu anderen Ursachen) und die

(5.) einfache Wahrscheinlichkeit (es spricht mehr dafür als dagegen),

ausreichen, damit ein Zusammenhang zwischen schädigendem Ereignis und Gesundheitsstörung bejaht werden kann. Sodann:

(6.) Entscheidung darüber, ob alle Gesundheitsstörungen Schädigungsfolgen sind oder aber auch schädigungsunabhängige Gesundheitsstörungen vorliegen

(7.) Entscheidung darüber, ob andere Ursachen abgrenzbar sind, weil dies von Bedeutung für das Ausmaß der möglichen Entschädigung (Grad der Schädigungsfolgen) ist

---

30 Schmitt, Der Ursachenzusammenhang: Keine Tatsachenfeststellung, sondern Rechtsanwendung, in: Neue Erkenntnisse der Psychotraumatologie unter Berücksichtigung sozialrechtlicher und finanzieller Konsequenzen (= Mainzer Schriften zur Situation von Kriminalitätsopfern, Bd. 37), 2002, 49 ff.

31 Bundesministerium für Arbeit und Sozialordnung, Anhaltspunkte für die ärztliche Gutachtertätigkeit im sozialen Entschädigungsrecht und nach dem Schwerbehindertenrecht, 2008.

(a.) ist ein Vorschaden abgrenzbar?

(b.) ist ein Nachschaden abgrenzbar? Oder aber:

(c.) ist eine Verschiebung der Wesensgrundlage eingetreten? Bzw.:

(d.) ist eine nicht mehr entschädigungspflichtige „Wunsch- und Zweckreaktion" als selbstständige auf der Persönlichkeit beruhende tendenziöse seelische Äußerung nachweisbar (AHP Nr. 71 Abs. 4)?

Sodann gilt: Wenn andere Ursachen nicht abgrenzbar sind, ist das Gesamtschadensbild zu entschädigen nach dem Motto: „Alles oder Nichts." Es sei denn, ich kann als Sachverständige einen gesicherten alternativen Geschehensablauf positiv nachweisen. Hierzu verweise ich auf das weiter unten angegebene Fallbeispiel. 95

An dieser Stelle sei ausdrücklich darauf verwiesen, dass das Bundessozialgericht im Zusammenhang mit der „Überführung der AHP" in die VersMedV bekräftigt hat, dass die **Nr. 71 der AHP weiterhin zu berücksichtigen** ist, solange sie dem herrschenden Stand der wissenschaftlichen Lehrmeinung entspricht, wovon das BSG aber ausgeht.[32] 96

Die **herrschende wissenschaftliche Lehrmeinung** ist gerade auf psychiatrischem und psychotraumatologischem Fachgebiet ständig im Fluss, weshalb die Frage, ob der schädigende Vorgang nach dem herrschenden Stand der wissenschaftlichen Lehrmeinung allgemein geeignet ist, die bestehende Gesundheitsstörung hervorzurufen, stets nach dem neuesten Stand der wissenschaftlichen Erkenntnis zu beantworten ist, **denn für diesen Maßstab gilt keine Beweiserleichterung.** *Loytved*[33] gibt ausdrücklich an, dass zwar für die Anerkennung einer Gesundheitsstörung als Folge einer Schädigung die Wahrscheinlichkeit des ursächlichen Zusammenhangs ausreiche. Die „geringere Beweisanforderung" beziehe sich aber nur auf die Beurteilung der Kausalität selbst und nicht auf die anderen Umstände, welche den Kausalverlauf beeinflusst haben könnten. Diese nämlich müssten voll bewiesen sein. Eine Anerkennung komme in bestimmten Fällen, nämlich jenen, bei denen über die Ursache des Leidens in der medizinischen Wissenschaft Ungewissheit bestehe, ggf über die sogenannte „Kannversorgung" in Betracht. 97

Und so sind stets die neuesten Erkenntnisse aus der Forschung, der bildgebenden Diagnostik und die Ergebnisse zu genetischen Einflussfaktoren im Hinblick auf Entstehung oder Mitverursachung seelischer Erkrankungen zu berücksichtigen und werden möglicherweise in der Zukunft auch zu eindeutigeren Festlegungen im Hinblick auf die Kausalität psychischer Störungen führen können. Für den der Beweiserleichterung des Abs. 1 der Nr. 71 der AHP entgegengehaltenen Kausalitätspessimismus wird womöglich immer weniger Anlass bestehen. 98

Fallbeispiel „alternative Kausalität von überragendem Gewicht": Begutachtung eines „Wegeunfalles" der gesetzlichen Unfallversicherung (GUV), der gleichzeitig einen tätlichen Angriff in der Definition des § 1 OEG (sexueller Missbrauch) darstellt 99

Die 1966 geborene Klägerin beantragte 2002 Leistungen aus der GUV, aber auch nach dem OEG wegen einer 1977 erlittenen versuchten Vergewaltigung auf dem Schulweg.

In beiden parallel anhängigen Verfahren wurde eine PTBS als Unfall-/und Schädigungsfolge geltend gemacht. Ausweislich der Tatsachenermittlung hatte es sich um schweren sexuellen Missbrauch im Sinne einer versuchten Vergewaltigung, einhergehend mit Bedrohung, gehandelt. Im Hinblick auf einen dokumentierten „Erstschaden" stand ein im Strafverfahren zeitnah eingeholtes aussagepsychologisches Gutachten zur Verfügung, das eine Erlebnisfundierung der Aussagen und zeitweilige Verstörung der Klägerin bestätigte. Nicht jedoch stand eine Behandlungsdokumentation zur Verfügung, die den Zeitraum zwischen 1977 und Geltendmachung der hieraus resultierenden Ansprüche 2002 hätte überbrücken können.

---

32 BSG v. 30.9.2009, B 9 V 1/08 R.

33 Loytved, Zur Anerkennung von sogenannten Schockschäden im Gewaltopferentschädigungsrecht", MedSach101 (2005), 151.

Unter Beachtung der o.a. Nr. 71 AHP wäre eine versuchte Vergewaltigung, der ein Kind im Schulkindalter ausgesetzt war, unzweifelhaft geeignet gewesen, eine seelische Störung von einigem Gewicht hervorzurufen.

Ein Nachweis von Brückensymptomen oder auch anders gearteten zeitnah eingetretenen und anhaltenden Folgen der Vergewaltigung gelang nicht, es kam auch nicht zu einem Leistungsknick in der Schule. Eine Therapie wurde bis 2002 nicht beansprucht.

Die seit 2002 behandelnde Psychotherapeutin teilte beiden Leistungsträgern auf Nachfrage mit, es bestünde eine „PTBS" nach sexuellem Missbrauch in der Kindheit. Als Erklärung für den langen Zeitraum zwischen dem Missbrauch und dem Aufbrechen der Symptomatik führte sie an, dass die Problematik durch das Heranwachsen der beiden Töchter reaktualisiert worden sei. Es seien massive Ängste aufgetreten, diesen könne das Gleiche zustoßen. Es habe sich das „Vollbild einer PTBS" gezeigt, einhergehend mit Depressionen, Angst vor Männern, mit besonderer Verschlechterung der Symptomatik zur Jahreszeit des damaligen Tatzeitpunkts.

Der Gutachter der GUV sah eine Teilsymptomatik einer chronifizierten PTBS mit Symptomen erhöhter Anspannung, Neigung zu depressiven Verstimmungen und schlug eine MdE von 20 vor. Da rückwirkend zu zahlen war, ergab sich für die GUV ein aktenkundiger Nachzahlungsbetrag von über 20.000 Euro. Seitens des Versorgungsamtes wurde mitgeteilt, dass eine rentenberechtigende MdE von mindestens 25 bei einer partiellen PTBS nicht erreicht werde. Es bestünde zwar Anspruch auf Heilbehandlung, aber nicht auf Rente.

Die Klägerin begehrte eine höhere MdE in der GUV und eine Rente nach dem OEG und klagte vor dem Sozialgericht.

Bei der Befragung der Klägerin zu ihren beiden gescheiterten Ehen, von denen aktenkundig lediglich niedergelegt war, dass sie „schlecht" gewesen waren und geschieden worden waren, stellte sich heraus, dass die Klägerin jahrelangen Misshandlungen und schwersten Übergriffen mit wiederholt erlebter Todesangst durch den ersten Ehemann ausgesetzt war. Diese stellten eine Kausalität von überragendem Gewicht dar. Diese waren aber als „schädigende Ereignisse" weder von der Klägerin, noch von ihrem Prozessbevollmächtigten geltend gemacht worden, in der Beweisanordnung als „Anknüpfungstatsache" also auch nicht vorgegeben worden und damit konnten sie von mir auch nicht berücksichtigt werden. Eine MdE in der GUV konnte ich nicht begründen und einen GdS im OEG ebenfalls nicht, da der Gesundheitsstörung eine andere Ursache zugrunde lag. Die Klage wurde in beiden Verfahren von dem Prozessbevollmächtigten nach Rücksprache mit der Klägerin und der behandelnden Psychotherapeutin zurückgenommen.

3. Konkrete Schritte der Exploration und der Beurteilung der Kausalität zwischen schädigendem Vorgang und psychischen Störungen im OEG

100 Um die Entschädigungskette nicht ins Uferlose laufen zu lassen, wird der Nachweis des Fortwirkens des Schädigungsfaktors über das Ende des Zeitpunkts der schädigenden Einwirkung hinaus bis zur heute festzustellenden Gesundheitsstörung verlangt. Dieser Nachweis ist insbesondere bei weit zurückliegenden Fällen schwierig zu führen und erfordert eine ganz besonders sorgfältige Ermittlung, und zwar sowohl seitens der die Sachverständigen beauftragenden Richter/Behörden, als auch der die Begutachtung selbst durchführenden Sachverständigen. Bevor die Begutachtung des kausalen Zusammenhangs zwischen schädigendem Vorgang und psychischer Störung überhaupt durchgeführt werden kann, muss vom Auftraggeber des Sachverständigen eine klare Tatsachenfeststellung und -vorgabe verlangt werden.

101 Der **Nachweis des schädigenden Vorgangs** ist nicht Aufgabe des Sachverständigen. Dies und die hierauf aufbauende Tatsachenvorgabe ist Aufgabe des Juristen, entweder im Verwaltungsverfahren oder aber im sozialgerichtlichen Verfahren ggf unter Inanspruchnahme aussagepsychologischer Expertise.

102 Es ist aber nicht nur Aufgabe des medizinischen Sachverständigen, den Auftrag sorgfältig zu prüfen. Auch die beteiligten Juristen, dh die Juristen der Verwaltung, die Richter

und die Anwälte haben die Aufgabe zu prüfen, ob die Voraussetzungen für die Begutachtung des kausalen Zusammenhangs hinsichtlich der zuvor erforderlichen Tatsachenfeststellung überhaupt gegeben ist. Gegebenenfalls muss darauf hingewirkt werden, dass diese Voraussetzungen eben nicht bestehen und erst noch geschaffen werden müssen.

Sofern der schädigende Vorgang in seinen Einzelheiten feststeht, ist vom Sachverständigen zu prüfen, ob alle erforderlichen Unterlagen, die insbesondere zeitnah zum Einwirken des schädigenden Faktors erfolgte Behandlungen betreffen, vorliegen, oder aber, ob diese nachgefordert werden müssen. Da, wie gesagt, der Entschädigungsanspruch nicht ins Uferlose laufen darf und ein Ein- und Fortwirken des Schädigungsfaktors auf die Gesundheit des Betroffenen nachgewiesen sein muss, ist eine **Rekonstruktion der Symptomhistorie** erforderlich. Das bedeutet auch: **Beiziehung aller, insbesondere zeitnaher Befund- und Behandlungsberichte.** 103

Hier ergibt sich die größte Möglichkeit, das tatsächliche, dh auch von anderen Einflüssen noch unbeeinträchtigte „Erstschadensbild" einsehen zu können und neben dem Primärschaden auch mittelbare Schäden ableiten zu können. 104

Dieses Vorgehen ist aufwändig und daher zwangsläufig mit dem Risiko einer Erhöhung der „Laufzeiten" bis zum Abschluss eines Gutachtens verbunden. Hier muss der Sachverständige für sich entscheiden, wie er mit dem heute allgegenwärtigen „Laufzeitendruck" umgehen will und die übrigen Beteiligten darüber, ob sie mit der hierdurch zunächst einmal bedingten **Verfahrensverzögerung** leben können. 105

Neben der klaren Tatsachenvorgabe ist unbedingte Voraussetzung für die Begutachtung die **Kenntnis der Aktenlage**, mit der der Sachverständige den Probanden in der Gutachtensituation selbst konfrontieren muss. Die Irrtumswahrscheinlichkeit beim Erfassen innerer Welten ist naturgemäß groß und hängt in weiten Teilen von den Angaben des zu Untersuchenden und seiner Behandler ab – anders als beim Betrachten von Röntgenbildern. Nicht ohne Grund stellt die psychiatrische Begutachtung gerade in sozialgerichtlichen Verfahren häufig genug das „Zünglein an der Waage" dar. 106

Da das Fortwirken des Schädigungsfaktors ja nachgewiesen sein muss, ist der Sachverständige bei der Begutachtung psychischer Schädigungsfolgen im OEG gefordert, eine besonders ausführliche Anamnese zu erheben. Die Begutachtung soll taktvoll und auch in gewisser Weise „opferschonend" durchgeführt werden, muss aber andererseits dem Ziel **einer unabhängigen Sachverhaltsaufklärung** Rechnung tragen. So kann durch eine einerseits ausführliche, andererseits erforderlichenfalls in kleinen Schritten durchgeführte Exploration die häufig zitierte „Retraumatisierungsgefahr" verringert werden, ganz abgesehen von anderen Möglichkeiten, wie der Sachverständige auf die Besonderheit solcher Explorationen einwirken kann. 107

4. Praktisches Vorgehen bei der Begutachtung

Durch den Sachverständigen ist zunächst die Aktenlage danach zu durchforsten, wie die **Erstreaktion** nach Einwirkung des schädigenden Faktors auf den Betroffenen war, ob sie aktenkundig dokumentiert ist oder aber bei der Befragung des Betroffenen konkret erfragt werden muss und auch einhergeht mit einer sichtbaren Beteiligung. 108

In Fällen frühkindlichen sexuellen Missbrauchs, die 20 oder 30 Jahre danach und noch später zur Begutachtung kommen, muss geprüft werden, ob es zeitnah zum Ereignis zum Auftreten regressiver Phänomene wie Einnässen, Einkoten, Dunkelängste, Trennungsängste, Schul- oder Leistungsversagen gekommen ist, oder ob eine solche Symptomatik schon zuvor vorhanden war. **Schulzeugnisse, die Leistungsstatistik der Krankenversicherung und der unverschlüsselte Versicherungsverlauf der Rentenversicherung** können wichtige fremdanamnestische Informationen jenseits medizinischer Dokumen- 109 tation und der eigenen Angaben der Probanden sein. Im Unterschied zum behandelnden Psychotherapeuten darf der Sachverständige die Angaben des Betroffenen nicht vertrauensvoll glauben, er muss sie immer den aktenkundigen Inhalten gegenüberstellen und in diesem Sinne auch kritisch prüfen.

110 Sodann ist zu eruieren, ob entweder aktenkundig Brückensymptome – zB in Form ärztlicher Behandlungsdokumentationen – eine Rekonstruktion der Symptomhistorie ermöglichen oder aber, ob sich im Rahmen der Exploration der Zeitraum zwischen Ende der Einwirkung des schädigenden Faktors und der heute festzustellenden Gesundheitsstörung vom Antragsteller selbst überbrücken lässt. Dies kann zum Beispiel geschehen durch Schilderung seines weiteren Lebensverlaufs und der etwaigen Einbußen an Selbstwerdung, die er in dieser Zeit hat hinnehmen müssen.

111 Zu fragen ist auch, ob es im Zusammenhang mit der Einwirkung des schädigenden Faktors und dem Auftreten unangenehmer Gefühle zur Beseitigung derselben Betäubungsversuche, zB einen temporären Substanzmissbrauch oder eine temporäre Substanzabhängigkeit, gegeben hat. Es ist eine gezielte Exploration des gesamten Status der Persönlichkeit *vor* Einwirken der Gewalttat erforderlich sowie eine gezielte Exploration des Status *nach* Einwirken der Gewalttat.

112 Die Angaben wiederum müssen abgeglichen werden mit den Anknüpfungspunkten, wie sie sich aus der Akte ergeben. Gegebenenfalls ist der Befragte auch mit **Diskrepanzen** zwischen seinen eigenen Angaben und den fremdanamnestischen Angaben, die in der Akte niedergelegt sind, zu konfrontieren. Es muss zumindest bei weit zurückliegenden Ereignissen die gesamte psychosexuelle und psychomentale Entwicklung von Kindheit an erfragt werden:

(1.) Lagen Primordialsymptome vor (Einnässen, Dunkelängste, Nägelkauen)?

(2.) Kam es später zu einer Regression auf eine solche Symptomatik?

(3.) Wie wurden die früheren und späteren Schwellensituationen wie Kindergartenbesuch, Einschulung bewältigt? Wie war der schulische Leistungsverlauf, die soziale Integration?

(4.) Es muss eine Objektbeziehungsanamnese erhoben werden: Wie war die Beziehung zu den bedeutenden Primärobjekten (Eltern, Geschwister, ggf Großeltern)?

(5.) Es muss der weitere Werdegang bis heute nachgezeichnet werden: Wie war der weitere lebensgeschichtliche Werdegang hinsichtlich der Berufsfindung und der sexuellen Orientierung, was sagt der weitere Lebensgang über das Durchhaltevermögen, die Integrations- und Anpassungsfähigkeit, die Frustrationstoleranz aus – bezogen auf alle sozialen Bezugssysteme (Familie, Partnerschaft, Freundschaft, Berufsleben)?

(6.) Gibt es gehäuft auftretende psychische Erkrankungen in der Familie?

113 Aus dem gerade Gesagten ergibt sich, dass die Begutachtung psychischer Folgen von Gewalttaten nach dem OEG enorm aufwändig ist, nicht nur zeitaufwändig, sondern enorm komplex. Hinzu kommt aber eine ganz besondere seelische Belastung, die nicht nur die Betroffenen der Gewalttat trifft, sondern auch den Sachverständigen, und die er ggf im Rahmen von Supervision reflektieren muss:

114 Gerade weit zurückliegende Ereignisse, die für den Betroffenen eine hohe emotionale Bedeutung haben können und die ggf sogar von strukturell gestörten Probanden wie Menschen mit Borderline-Persönlichkeitsstörung vorgetragen werden, erfordern allein hinsichtlich der bloßen Wiedergabe der Exploration schon vor dem Diktat nur der Anamnese, also der definitionsgemäß rein reproduktiven Leistung, eine Transferleistung, nämlich eine Ordnungsarbeit.

Emotional aufgewühlte Menschen, die im Rahmen einer ein- oder zweimaligen Begutachtungssituation ihr Leben und die aus dem angeschuldigten Ereignis resultierende Belastung schildern müssen und unter Druck stehen, können gerade dann, **wenn auch noch eine Persönlichkeitsstörung vorliegt**, so aufgewühlt sein, dass sie zu einer realitätsangepassten, geordneten, chronologischen Darstellung der lebensgeschichtlichen Ereignisse und Wendepunkte gar nicht in der Lage sind. Der psychiatrische Sachverständige ist hier wie kein anderer Sachverständiger auf einem anderen Fachgebiet gefordert, emotionale von faktischen Mitteilungen zu trennen, die **Chronologie der Geschehnisse** zu ermöglichen, gerade damit die Brücke zwischen dem Ende der schädigenden Einwirkung und einer heute festzustellenden Gesundheitsstörung geschlossen werden kann und sich genügend Anknüpfungspunkte für eine nachvollziehbare Beurteilung finden lassen. 115

Diese notwendige **Strukturierungsarbeit** bei strukturell gestörten Probanden kann aber von Selbigen gerade aufgrund der durch die Erkrankung erniedrigten Frustrationstoleranz, erhöhter Kränkbarkeit und dem Hang zur Schwarz-Weiss-Malerei als so kränkend empfunden werden, dass dieses Vorgehen als Affront, als Zurückweisung und antizipierte Ablehnung empfunden wird und emotional vehemente Reaktionen nach sich zieht. 116

Insofern ist es für den Sachverständigen eine große Hilfe, wenn seitens der juristischen Beistände auf die „Not"-„wendig"-keiten einer solchen Exploration hingewiesen und darauf hingearbeitet wird, dass das Bemühen des Sachverständigen um eine geordnete Chronologie, um eine Trennung von Fakten und Emotionen nicht bedeutet, dass er den Antragsteller in seinem So-Sein und Da-Sein grundsätzlich in Frage stellt. Der **Prozessbevollmächtigte** sollte darauf hinweisen, dass es im Rahmen des vom Antragsteller initiierten Verfahrens eine notwendige Bedingung ist, den Sachverhalt umfassend zu explorieren. 117

Während für die Feststellung des kausalen Zusammenhangs die Mitursächlichkeit und die einfache Wahrscheinlichkeit (es spricht mehr für als gegen einen Ursachenzusammenhang) ausreichen, muss die von Sachverständigen zu ermittelnde Diagnose im Vollbeweis feststehen (kein vernünftiger Zweifel mehr). Der **Beweismaßstab** im Hinblick auf die kausale Zusammenhangsbeurteilung ist also etwas niedriger gehängt als der hinsichtlich der Diagnose. 118

Das bedeutet in der Konsequenz auch, dass Sachverständige im Hinblick auf die oben beschriebene Vielfalt von psychischen Folgestörungen nach Gewalterfahrungen unter Einschluss der Frage, ob eine posttraumatische Belastungsstörung vorliegt, die Exploration des schädigenden Faktors und dessen Auswirkungen auf das Individuum aus der gutachterlichen Exploration nicht aussparen können. 119

In diesem Zusammenhang möchte ich mich ausdrücklich auf die Ausführungen zur Begutachtung von *Frommberger*[34] berufen und im Hinblick auf die Notwendigkeit, das Trauma explorieren zu müssen, um Schädigungsfolgen objektiv feststellen zu können, folgendes Zitat wiedergeben: 120

„Exploration des Traumas: Die Beurteilung einer psychischen Traumafolge setzt die Exploration des Traumas voraus. Die psychischen Reaktionen auf das Trauma können in der gutachtlichen Exploration sichtbar werden und sind ein Validitätskriterium für die diagnostische Zuordnung wie auch ggf für die Schwere der Beeinträchtigungen. Daher ist die detaillierte Exploration unverzichtbar, auch wenn psychopathologische Symptomatik und Vermeidungsverhalten dem entgegenstehen. Der Proband sollte vorher darauf aufmerksam gemacht werden, dass die Exploration keine Therapie ist und sich

34 Frommberger, Begutachtung, in: Maercker, Posttraumatische Belastungsstörungen, 3. Aufl. 2009, S. 124.

die Symptomatik verschlechtern kann. Ein bloßer Verdacht oder Rückschlüsse über Symptome oder Verhalten reichen nicht aus, um den Gesundheitsschaden mit den rechtlichen Kriterien eines so genannten Vollbeweises festzustellen."

121 Ausdrücklich gibt Frommberger in diesem Zusammenhang an, dass eben neben dem PTBS-Bild zahlreiche weitere Störungen auftreten können, sowohl als einzige Störung wie auch comorbid, gleichzeitig oder auch nachfolgend, wie ich dies im obigen Abschnitt (Vielfalt von Folgestörungen) wiedergegeben habe. Allein deshalb, so gibt *Frommberger* an, sei eine differenzierte psychopathologische Exploration notwendig mit einer Einordnung der Symptome in Syndrome und Störungskategorien des gültigen psychiatrischen Klassifikationssystems.

5. Quantifizierung der Schädigungsfolgen

122 Im Hinblick auf die Frage, wie hoch denn im Falle der Feststellung einer Schädigungsfolge der Grad der Schädigungsfolgen zu schätzen ist, gibt es **Empfehlungen und Entscheidungshilfen**, die entweder in den Vorgaben zu § 2 der Anlage zur Versorgungsmedizin-Verordnung vom 10.12.2008, insbesondere unter Punkt 3.7, niedergelegt sind,[35] oder aber in den Niederschriften über die Tagungen des Ärztlichen Sachverständigenbeirats beim Bundesministerium für Arbeit und Sozialordnung (unveröffentlicht). Für die posttraumatische Belastungsstörung (ICD 10 F 43.1) sind die Beiratsbeschlüsse vom 6. und 7.11.2008 zu berücksichtigen (unveröffentlicht).

123 Danach ist die Diagnose einer posttraumatischen Belastungsstörung unter der Voraussetzung, dass ein schwerwiegendes Trauma erlebt wurde, nur zu stellen, wenn im psychischen Bereich mindestens 6 verschiedene Symptome aus den Symptomkategorien B, C und D, also Wiedererleben, Vermeidung und Schreckhaftigkeit positiv belegt sind. Diese müssen sich überdies auf das traumatische Erlebnis beziehen und neu nach dem Trauma in Erscheinung getreten sein. Hinsichtlich der Eingangskriterien (Traumakriterien) müssen sowohl die DSM IV-Kriterien als auch das ICD 10-Kriterium erfüllt sein.

124 Unabhängig von der PTBS-Diagnose, die hier ohnehin, wie ich mehrfach hervorgehoben habe, nur eine von vielen Möglichkeiten, auf eine Gewalttat oder auf ein Trauma psychisch zu reagieren, darstellt, sind auch andere psychische Folgestörungen wie affektive Störungen, Angststörungen oder somatoforme Störungen Erkrankungen, die ggf in einen rentenberechtigenden Bereich (ab GdS 30) fallen können, wenn sie schwerwiegend genug sind, um den Beeinträchtigungsgrad einer seelischen Störung mit wesentlicher Einschränkung der Erlebnis- und Gestaltungsfähigkeit anzunehmen.

125 Zu Störungen mit wesentlicher Einschränkung der Erlebnis- und Gestaltungsfähigkeit gehören nach Punkt 3.7 der Anlage zu § 2 der Versorgungsmedizin-Verordnung vom 10.12.2008 ausgeprägter depressive, hypochondrische, asthenische oder phobische Störungen, Entwicklungen mit Krankheitswert oder somatoforme Störungen.

126 Das heißt: Die meisten der im Kapitel III angeführten Störungen, wie sie häufig nach Gewalttaten auftreten, fallen in einen rentenberechtigenden Bereich eines GdS von 30 bis 40. Selbstverständlich gilt dies nur dann, wenn die übrigen Schritte der Kausalitätsprüfung, dh also Abgrenzung von Vor- und Nachschäden, Verschiebung der Wesensgrundlage schlüssig vollzogen wurden.

35 Anlage zu § 2 der Versorgungsmedizin-Verordnung vom 10.12.2008, Versorgungsmedizinische Grundsätze i.d.a.F. vom 28.10.2011, BGBl. I, 2153, S. 26–27.

Punkt 3.7 der Anlage zu § 2 der VersMedV i.d.a.F. vom 28.10.2011, S. 26, 27 127

Neurosen, Persönlichkeitsstörungen, Folgen psychischer Traumen	**GdS**
Leichtere psychovegetative oder psychische Störungen	0–20
Stärker behindernde Störungen mit wesentlicher Einschränkung der Erlebnis- und Gestaltungsfähigkeit (ausgeprägter depressive, hypochondrische, asthenische oder phobische Störungen, Entwicklungen mit Krankheitswert, somatoforme Störungen)	30–40
Schwere Störungen mit mittelgradigen sozialen Anpassungsschwierigkeiten mit schweren sozialen Anpassungsschwierigkeiten	50–70 80–100

Am Beispiel des schizophrenen Residualzustandes wurden vom Beirat des BMAS folgende Abgrenzungskriterien empfohlen: 128

- **leichte soziale Anpassungsschwierigkeiten:**

  Z. B. Berufstätigkeit trotz Kontaktschwäche und/oder Vitalitätseinbuße auf dem allgemeinen Arbeitsmarkt noch ohne wesentliche Beeinträchtigung möglich. (Wesentliche Beeinträchtigung nur in besonderen Berufen, zB Lehrer, Manager). Keine wesentliche Beeinträchtigung der familiären Situation oder bei Freundschaften, dh zB keine krankheitsbedingten wesentlichen Eheprobleme.
- **mittelgradige soziale Anpassungsschwierigkeiten:**

  In den meisten Berufen sich auswirkende psychische Veränderung, die zwar weitere Tätigkeit grundsätzlich noch erlaubt, jedoch eine verminderte Einsatzfähigkeit bedingt, die auch eine berufliche Gefährdung einschließt.

  Erhebliche familiäre Probleme durch Kontaktverlust und affektive Nivellierung, aber noch keine Isolierung, noch kein sozialer Rückzug in einem Umfang, der zB eine vorher intakte Ehe stark gefährden könnte.
- **schwere soziale Anpassungsschwierigkeiten:**

  Weitere berufliche Tätigkeit sehr stark gefährdet oder ausgeschlossen.

  Schwerwiegende Probleme in der Familie oder im Freundes- bzw Bekanntenkreis, bis zur Trennung von der Familie, vom Partner oder Bekanntenkreis.

Letztlich bemisst sich – abgesehen von der Frage, was die rechtlich wesentliche Ursache für die vorliegende Gesundheitsstörung ist – das Ausmaß der Anerkennung von Schädigungsfolgen nach den Einschränkungen oder aber (selbst wenn nur unter therapeutischen Bedingungen erreicht) Möglichkeiten der sozialen Teilhabe. 129

Bei der Quantifizierung des GdS empfiehlt sich ein **Abgleich** zwischen Diagnose, Befundschwere, Behandlungsintensität und Einschränkungen versus Möglichkeiten der sozialen Teilhabe im allgemeinen privaten, sozialen und beruflichen Bereich. 130

Zur Festlegung bei den unter Punkt 3.7 genannten Schweregradeinteilungen können auch folgende Aspekte hilfreich sein. 131

GdB 10–20: „leichtere psychovegetative oder psychische Störung“	**GdB 30–40: „stärker behindernde Störungen mit wesentlicher Einschränkung der Erlebnis- und Gestaltungsfähigkeit“**
Erlebnisfähigkeit (Lebensfreude) schon eingeschränkt, Gestaltungsfähigkeit „im Außen“ sowie soziale Integration erhalten	Lebensfreude erheblich bis stark eingeschränkt, deutlicher Leidensdruck
Leichte leidensbedingte Beeinträchtigungen der Alltagsbewältigung, berufliche Teilhabe mög-	Durchgängig vorhandene mäßige bis teilweise deutliche krankheitsbedingte Beeinträchtigung

GdB 10–20: „leichtere psychovegetative oder psychische Störung"	**GdB 30–40: „stärker behindernde Störungen mit wesentlicher Einschränkung der Erlebnis- und Gestaltungsfähigkeit"**
lich, keine stärkeren privaten Konflikte mit Gefährdung der Partnerschaft, Beziehung zu bedeutsamen Anderen	der Alltagsbewältigung, der beruflichen Tätigkeit und/oder der zwischenmenschlichen Beziehungen (zB vermehrte Spannungen bzw Konflikte, sozialer Rückzug)
Anlassbezogene Kontaktaufnahme zum Haus- oder Facharzt, ggf auch Indikation zur psychiatrischen und/oder psychotherapeutischen Behandlung gegeben, aber nicht obligat.	Klare Indikation zur fachpsychotherapeutischen und psychiatrischen Behandlung

GdB 50–70: „schwere Störung mit mittelgradigen sozialen Anpassungsschwierigkeiten"	**GdB 80–100: „schwere Störungen mit schweren sozialen Anpassungsschwierigkeiten"**
Weitgehender Verlust von Lebensfreude, Antrieb, Schwung	Schwerste seelische Erkrankungen, gravierende Einschränkungen der freien Willensspielräume, Realitätsprüfung schwer beeinträchtigt
Schwerer Leidensdruck, oder hoch konflikthafte Beziehungen mit deutlichen Beeinträchtigungen der Integrations- und Anpassungsfähigkeit in Familie und Beruf. Kompensation der Störung bei deutlicher Rücksichtnahme des Umfeldes noch mit Einschränkungen möglich	Hochgradiger Verlust der Vitalität, Emotionalität, gravierender Antriebsverlust, Beeinträchtigung der Fähigkeit zur Alltagsstrukturierung
Bei scheinbarer Normalität erschließt sich Ausmaß der Störung ggf indirekt aus der Frage wie viel soziale Rücksichtnahme schon erforderlich ist um die private Integration noch aufrecht zu erhalten?	Häufig soziale Isolierung, das soziale Umfeld besteht meist nur noch aus professionellen Kontakten, Kontakte meist medikalisiert.
Alltagsstrukturierung nur mit großem Kraftaufwand oder mit externer Hilfe möglich	Alltagsstrukturierung unter Anleitung möglich
Häufige und ggf längere voll-, teilstationäre (tagesklinische) Behandlung, durchgehende ambulante psychiatrische und/oder psychotherapeutische Behandlung erforderlich, in der Regel auch Psychopharmakotherapie, außer bei krankheitsbedingt mangelnder Behandlungseinsicht	Chronifizierter Prozess, Endpunkt einer langjährigen, nicht mehr wesentlich beeinflussbaren Entwicklung. Häufig nur noch ambulante fachärztliche, aber immer psychopharmakologische Behandlung, oft gesetzliche Betreuung. Wenn überhaupt noch Integration in WfB möglich
Ggf Bevollmächtigung oder gesetzliche Betreuung für einzelne Aufgabenbereiche	Intensive psychiatrische Behandlung mit Psychopharmakotherapie ist obligat

6. Empfehlungen und Ausblick

132 Die Begutachtung psychischer Störungen im OEG erfordert ein breites psychiatrisches Fachwissen, breite Erfahrung in explorativem Vorgehen und Diagnostik unterschiedlichster seelischer Störungen. Psychotraumatologische Erkenntnisse sind dabei selbstverständlich zu berücksichtigen.

133 Eine einseitige Fokussierung auf die Diagnose der posttraumatischen Belastungsstörung gemäß ICD 10 F 43.1 deckt sich jedoch nicht mit der Tatsache, dass es eine ganze Vielfalt psychischer Folgestörungen nach Gewalttaten gibt, die sich unglücklicherweise (für die Begutachtung ist dies ein weiterer erschwerender Aspekt) oft comorbid überlappen können.

134 Die Kausalitätsbeurteilung im OEG wird schnell angreifbar, wenn die Diagnose nicht mit dem Befund übereinstimmt und dem Missverständnis gefolgt wird, dass jede nach

einem Trauma auftretende Störung wegen der zeitlichen Abfolge als „post"-„traumatische" Störung bezeichnet und dann als PTBS (ICD 10 F 43.1) klassifiziert wird. Gerade die Diagnose muss jedoch im Vollbeweis feststehen. Ergeben sich schon diesbezüglich Unstimmigkeiten, kann das ganze Gutachten in Gefahr geraten.

In diesem Zusammenhang ist es von Nachteil, wenn so herausragende Lehrbücher der Psychotraumatologie wie das von Maercker den Titel „Posttraumatische Belastungsstörungen" tragen. Dies lädt, obwohl gar nicht so gemeint, zur Synonymisierung von „post"-„traumatisch" mit „PTBS" ein. Hieraus entwickelt sich nicht nur im OEG oft ein sophistiziert anmutender Streit über die Diagnose, in dem irrigen Schluss, mit der Diagnose und qua Beweisautomatismus die Kausalität bejahen oder verneinen zu können während das, worauf es ankommt – die schlüssige Kausalitätsbeurteilung – vernachlässigt wird. 135

Auch an dieser Stelle ist zu betonen: die Anforderungen an die Diagnose (Vollbeweis, kein vernünftiger Zweifel mehr) sind höher gehängt als die bei der Feststellung der Kausalität im OEG (Zweifel sind erlaubt, es muss nur mehr für als gegen einen Ursachenzusammenhang sprechen). 136

Trotz noch so guter fachlich-medizinischer Expertise kann es dem psychiatrischen Sachverständigen nicht gelingen, den Ursachenzusammenhang zwischen schädigender Einwirkung und bestehender Gesundheitsstörung überzeugend herzuleiten, wenn er nicht in der Lage ist, einen Transfer von der medizinischen Krankheitsverursachungslehre zur sozialrechtlichen Kausalitätslehre unter Berücksichtigung der noch gültigen Nr. 71 der AHP zu leisten und zwischen den beiden Bereichen stets eine innere Pendelbewegung zu vollziehen. 137

Unüberwindbare Schwierigkeiten können sich trotz aller Mühewaltung aber auch bei weit zurückliegenden Ereignissen ergeben, wenn Befund- und Behandlungsunterlagen fehlen, besonders in den Fällen der sog. Härteregelung nach § 10 a OEG. 138

Leonhardt und *Foerster*[36] führen an, dass bei einer bunten Symptomatik, gesicherten prämorbiden Auffälligkeiten oder schweren Chronifizierungen die Probleme der Kausalitätsbeurteilung so komplex sein können, dass sie mit den Mitteln eines psychiatrischen Gutachtens einfach nicht gelöst werden können. 139

Zusätzliche Probleme ergeben sich zukünftig durch die Vergütungsanreize im medizinischen Versorgungssystem, in dem von der Art der Diagnose auch der Geldfluss abhängt. Die Anreize sind so, dass es kontraproduktiv sein kann, die Diagnosen vom Befund abhängig zu machen, sondern davon, welche Leistung bei welcher Diagnose vergütet wird. 140

Hinzu kommt, dass das **Justizvergütungs- und -entschädigungsgesetz** (JVEG) geradezu paradoxe Leistungsanreize für die nicht exakten, hermeneutisch fundierten Wissenschaften setzt. Zu denen gehört nicht nur die Jurisprudenz, sondern eben auch die Psychiatrie. Vergütet wird nicht die Denkleistung, sondern die Zahl produzierter Buchstaben, ob eine Begutachtung von Kausalitätsfragen auf orthopädischem oder psychiatrischem Fachgebiet vorzunehmen ist, findet im JVEG keine Berücksichtigung. Dies verleitet dazu, mit Textbausteinen zu arbeiten, also dazu, den Einzelfall auf die Einzelexemplifikation einer diagnostischen Gruppe zu reduzieren, die dann gemäß ICD 10 und DSM IV in allen Einzelheiten buchstabengetreu heruntergebetet wird, während die Herleitung der Kausalität im individuellen Fall zu kurz kommt. 141

Vergütungsvorgaben für Rechtsbeistände und Sachverständige und die Leistungsmessung in der Justiz und in den Verwaltungen unter der Maßgabe eines sich lediglich oder 142

36 Leonhardt/Foerster, Probleme bei der Begutachtung der posttraumatischen Belastungsstörung, MedSach 99 (2003), 150.

überwiegend am Prozess orientierenden Benchmarkings, also schneller und kostengünstiger Entscheidungen, können so hochkomplexen Sachverhalten wie der Beurteilung psychischer Schädigungsfolgen im OEG nicht angemessen sein.

143 Es ist nicht nur die wissenschaftlich-intellektuelle Arbeit, die bewältigt werden will und Zeit kostet. Viele OEG-Verfahren sind mit einer **hohen Polarisierungs- und Gewissensspannung** verbunden. Diese resultiert aus den psychischen Implikationen, die es hat, wenn wir es mit Menschen zu tun haben, die in uns Mitgefühl auslösen, die wir aber unter Beachtung des hier geltenden Rechtsrahmens nicht „entschädigen" können. Empathie ist notwendig und professionell, das darf aber nicht dazu führen, dass man im eigenen Tun moralisch unfrei wird und wider die Vernunft agiert.

Dies erfordert eigene Seelenarbeit, ggf unter Inanspruchnahme von Supervision. Man muss sich besinnen dürfen, auf sich selbst und auf den eigenen Verstand. Dies schützt die Opfer von Gewalttaten ebenso wie diejenigen, die in anderer Weise Opfer werden können, zB Opfer von **Falschbeschuldigungen.** Dass es, wie aktuell von *Friedrichsen*,[37] an einem sehr tragischen Fall dargestellt, auch solche Opfer gibt, erzwingt einmal mehr die Reflektion des eigenen Tuns.

37 Friedrichsen, „Ohne moralische Skrupel", Der Spiegel 29/2012, S. 46–47,

§ 5 Die Glaubhaftigkeitsbegutachtung im Verfahren – Möglichkeiten und Grenzen

Literatur: *Arntzen, F.* (2007). Psychologie der Zeugenaussage; *Bayerlein, W.* (2008). Praxishandbuch Sachverständigenrecht; *Busse, D., Steller, M. & Volbert, R.* (2000). Forschungsbericht. Sexueller Missbrauch Verdacht in familiengerichtlichen Verfahren. Praxis der Rechtspsychologie 10 (2. Sonderheft); *Dettenborn, H., Fröhlich & H., Szewczyk, H.* (1989). Forensische Psychologie; *Dettenborn, H. & Stadler, M.* (2011). 120 Jahre Pseudologia phantastica. Praxis der Rechtspsychologie, 21, 2361–381; *von Dernstädt, Th., Friedrichsen, G., Hipp, D., Ulrich, A., Windmann, A.*. Glaube und Wahrheit. Der Spiegel 22/2011 vom 30.5.2011, Seite 56–67; *Greuel, L., Offe, S., Fabian, A., Wetzels, P., Fabian, T., Offe, H. & Stadler, M.* (1998). Glaubhaftigkeit der Zeugenaussage; *Köhnken, G.* (1990). Glaubwürdigkeit: Untersuchungen zu einem psychologischen Konstrukt; *Köhnken, G.* (2000). Glaubwürdigkeitsbegutachtung nach Mainz und Montessori: Eine Zwischenbilanz. Praxis der Rechtspsychologie (2000) 10 (1. Sonderheft), 4–8; *Schade, B. & Harschneck* (2000). Die BGH-Entscheidung im Rückblick auf die Wormser Missbrauchsprozesse. Praxis der Rechtspsychologie (2000) 10 (1. Sonderheft), 28–47; *Steller, M.* (2008) Glaubhaftigkeitsbegutachtung. In: Volbert, R. & Steller, M. (Hrsg.) Handbuch der Rechtspsychologie, 300–309; *Steller, M. & Köhnken, K.* (1989). Criteria-based statement analysis. In: D. C. Raskin (Ed.). Psychological methods in criminal investigation and evidence (pp. 217–245); *Undeutsch, U.* (1967). Beurteilung der Glaubhaftigkeit von Aussagen. In: Undeutsch, U. (Hrsg.), Handbuch der Psychologie. Band. 11: Forensische Psychologie, 26–181; *Volbert, R.* (1995). Glaubwürdigkeitsbegutachtung bei Verdacht auf sexuellen Missbrauch. Zeitschrift für Kinder- und Jugendpsychiatrie, 23, 20–26; *Volbert, R.* (2009). Glaubhaftigkeitsbegutachtung: Wie man die aussagepsychologische Methodik verstehen und missverstehen kann. Kindesmisshandlung und -vernachlässigung, 12, 2, 52–69; *Vultejus, U.* (1998). Nachdenken über Justizstrukturen. In: Brand, J. u. Strempel, D. (Hrsg.), Soziologie des Rechts, 589–612. Festschrift für Erhard Blankenburg.

Rechtsprechung: BGH v. 30.7.1999, 1 StR 618/98. Wissenschaftliche Anforderungen an aussagepsychologischen Begutachtungen (Glaubhaftigkeitsgutachten). Praxis der Rechtspsychologie (2000) 10 (1. Sonderheft), 117-130; BGH v. 12.1.2010, 3 StR 436/09 (LG Lübeck), NStZ 2010, 10, 586.

I. Sachkunde zur Methodik als Voraussetzung für kritische Würdigung

Wichtigste Voraussetzung für den effektiven Umgang mit Gutachten ist die differenzierte Kenntnis der Methodik und ihrer Möglichkeiten und Grenzen. Das gilt sowohl für die sinnvolle Nutzung, um Opferrechte durchzusetzen, wie auch für die kritische Wür- 1 digung von Gutachten im Verfahren. Diese **Methodik ist kein Fixum**, sondern ständig in Bewegung und erst aus dieser bewegten Geschichte heraus adäquat zu beurteilen.

2 Die **Aussagepsychologie** und mit ihr die Glaubhaftigkeitsbegutachtung ist eine der am frühesten systematisch betriebenen Zweige der angewandten Psychologie. Im Jahre 1903 agierte William Stern als erster Psychologe vor einem Gericht als Gutachter. Erst ab 1925 gab es aber eine rechtliche Regelung. Dieser Zweig hat eine interessante und bewegte Geschichte, von Anfang an gab es heftige Auseinandersetzungen, Trends, Phasen und Wellen. In den ersten drei Jahrzehnten des vorigen Jahrhunderts war man zunächst äußerst pessimistisch, was die Verwertbarkeit von Zeugenaussagen, vor allem von Kindern und Jugendlichen, betraf. Viele Laborexperimente im Zuge des Beginns der experimentellen Psychologie fielen nicht gut aus und wurden unkritisch auf die Praxis übertragen. Es setzte dann eine Gegenbewegung ein, nämlich die unkritische Gläubigkeit in Bezug auf Aussagen. Teilweise ist sie auch jetzt noch ein Problem in Verbindung mit der sogenannten Aufdeckungsarbeit, auf die nachfolgend eingegangen wird.

3 Eine wichtige Entwicklung im Fach war, dass man sich von der Beurteilung der **Glaubwürdigkeit eines Zeugen** weg und zur Beurteilung der **Glaubhaftigkeit einer Aussage** hinwandte. Es geht nicht mehr um Charakterologie von Personen, sondern um die Frage: Hat diese Aussage einen Erlebnishintergrund? Oder ist sie anders zu erklären? Das war der Weg von der Zeugenpsychologie zur Aussagepsychologie. Damit ist verbunden: Wer einmal gelogen hat, kann dennoch im speziellen Fall die Wahrheit sagen.

4 Wie beharrlich diese ursprüngliche Bewertung ist, ist daran erkennbar, dass die neue Betrachtung noch immer nicht in der Praxis aller beteiligten Professionen angekommen ist. Kompliziert wird der Sachverhalt allerdings dadurch, dass bei der Beurteilung der Aussagetüchtigkeit, aber auch der Aussagezuverlässigkeit teilweise auch auf verfestigte Dispositionen Bezug genommen werden muss, in speziellen Fällen auch auf Persönlichkeitsstörungen.

5 Der traditionell wichtigste Anwendungsbereich waren Aussagen meist kindlicher oder jugendlicher Zeugen zu Sexualstraftaten. Hier gab es eine Welle erhöhter Aufmerksamkeit in den 80er Jahren, die zuvor in den USA ihren Höhepunkt erreicht hat. Sie war verbunden mit einer starken Sensibilisierung der Öffentlichkeit für die **Missbrauchsproblematik.** Die Anzeigebereitschaft und die Aufmerksamkeit für fragliche Handlungen nahmen sprunghaft zu. Damit verbunden waren aber auch falsche Anschuldigungen, u.a. auch als „Waffe“ in familienrechtlichen Auseinandersetzungen. Dies zog die nächste Welle nach sich, die die Bezeichnung **„Missbrauch des Missbrauchs“** erhielt.[1] Damit verbunden war, dass der Anteil falscher Beschuldigungen in Familienrechtsverfahren weitaus höher war als in Strafverfahren.[2] Die Häufung falscher Anschuldigungen hatte Mitte der 90er Jahre in Deutschland ihren Höhepunkt erreicht.[3] Bestandteil waren die Mainzer bzw Wormser Missbrauchsprozesse, in denen mehrere Familien angeklagt waren, Kinder sexuell missbraucht zu haben, und der Montessori-Prozess, in dem es um körperliche Misshandlung und sexuellen Missbrauch in Montessori-Kindergärten ging. Sie gelten als die beiden größten Strafverfahren zu sexuellem Missbrauch von Kindern in der deutschen Justizgeschichte und endeten nach Jahren und vielen Verhandlungen mit Freisprüchen.[4]

6 Als neueste Welle können Fälle gelten, in denen Erwachsene von Erinnerungen an Jahre bzw Jahrzehnte zurückliegende Missbrauchserlebnisse berichten, an die sie sich bisher nicht erinnert hatten (**repressed memory** bzw **recovered memory**). Inhaltlich geht es bei

1 Jannsen 2004.
2 Faller 1991; Volbert 1995; Wakefield/Underwager 1988, Busse u.a. 2000.
3 Deberding/Klosinski 1995; Strunk 1997; Steller 2008.
4 Ausführl. dazu Köhnken 2000; Schade & Harschneck 2000.

der Auseinandersetzung in diesen Fällen um Scheinerinnerungen, sog. **false memories** oder **false recognitions**, dh um Erinnerungen an Ereignisse, die faktisch nicht stattgefunden haben, die aber mit ausgeprägter bzw zunehmender Erinnerungsgewissheit verbunden sind.

Eine aktuelle Beobachtung ist schließlich, dass der Anteil von Gutachtenaufträgen zu Aussagen von Kindern zu Misshandlungen steigt. Dabei geht es derzeit vor allem um körperliche Misshandlungen. Anzunehmen ist, dass künftig auch mehr Aufmerksamkeit für **psychische Kindesmisshandlungen** entstehen wird. Es ist immerhin die häufigste Form der Kindesmisshandlung, mit der höchsten Rückfallquote (75 %; bei sexuellem Missbrauch 30 %), und besonders hoher Therapieresistenz. Angenommen wird auch, dass mit dem Verbot körperlicher Strafen der Anteil psychischer Misshandlungen bei überforderten Eltern zunimmt. 7

II. Aussage als Leistung

Die Aussage ist Objekt der Begutachtung. Wir haben es meist mit **Aussage-gegen-Aussage-Konstellationen** zu tun. Die Aussageperson ist gleichzeitig Opferzeuge. Sachbeweise oder andere Personalbeweise (zB Augenzeugen) gibt es nicht. Wenn man sich vergegenwärtigen will, was eine Aussage eigentlich für eine Leistung ist, muss man sich Bilanz ablegen über die Einflüsse, die auf das Aussagen einwirken, es fördern oder behindern, also Gestalt, Inhalt, Form und Qualität der Aussage mitbedingen. 8

Dies sind zunächst Merkmale der aussagenden Personen (**Personenmerkmale**). Dazu gehören **kognitive Voraussetzungen** wie Intellekt, sprachliche Fähigkeiten, Gedächtnisleistung usw. Ferner gehören dazu **affektive Voraussetzungen** (Gehemmtheit, Bedürfnisprofil, affektive Reagibilität), so wie spezifische **Vorkenntnisse und Vorerfahrungen**, die für die Aussage von Bedeutung sein können. Ferner gehören **motivationale Voraussetzungen** (Motive für die Falschbezichtigung, Aussagebereitschaft) dazu. 9

Nicht weniger wichtig sind **Merkmale der behaupteten Handlung.** Dazu zählt, ob der Beschuldigte eine Bekannte oder eine fremde Person ist, ob es um mehrfache komplexe Handlungen oder einfach strukturierte einmalige Handlungen geht. 10

Aussageumstände sind oft besonders wichtig, zB suggestive Einflüsse während der Befragung, auch die zeitlichen Intervalle zwischen dem Ereignis und den einzelnen Befragungszeitpunkten. 11

Einflüsse durch Dritte können sowohl bei der Entstehung der Aussage wie auch beim weiteren Verlauf der Aussageentwicklung von entscheidender Bedeutung sein. 12

Viele Einflussfaktoren strapazieren also das Aussagen, weshalb einigermaßen realitätsorientierte Aussagen eine Leistung sind. Immerhin hat derjenige, der über ein Realereignis berichtet, seine Erinnerung als Basis. Er kann aus dem Gedächtnis bildhafte Vorstellungen, Details, Raum-Zeit-Koordinaten und eigene Gefühle rekonstruieren. 13

Für erfundene Aussagen gilt dies nicht. Der lügende Zeuge muss Allgemeinwissen zu solchen Handlungen einsetzen, er konstruiert **Schemata** und vermischt diese eventuell mit eigenen Erfahrungen oder Annahmen. Hinzu kommt noch sein Bestreben, einen glaubwürdigen Eindruck zu erzeugen. Der lügende Zeuge greift auf Alltagsvorstellungen darüber zurück, wie man glaubwürdig wirkt, und darüber, was Verdacht erregen könnte. Er wird eher vermeiden, Erinnerungslücken zuzugeben, seine Aussagen zu korrigieren und sich selbst zu belasten. Diese Art der Selbstrepräsentation wird als **sekundäre Täuschung** (nach Köhnken 1990) bezeichnet. Sie lenkt ab und führt zu **Aussagefehlern,** da kognitive Energie für „kreatives" Aussagen und für die Kontrolle der eigenen Aussage verwendet werden muss. Zudem ist genaues Erinnern an Erfundenes schwieriger als Erinnern an Erlebtes, ebenso das widerspruchsfreie Reagieren auf wie- 14 derholte Befragungen und auf Zweifel. Gedächtniseinträge sind schwächer als selbst Erlebtes (emotionale Betroffenheit fördert das Einprägen).

15 Es ergeben sich zwei Schlussfolgerungen:

- Lügen ist eine noch größere Leistung als erlebnisbezogenes Aussagen.
- Aussagen über Realerlebtes haben eine andere, eine höhere Qualität als erfundene Aussagen. Hier setzt die sogenannte Realkennzeichenanalyse an.

16 Das Ganze wird noch dadurch kompliziert, dass nicht nur das Lügen ein Gegenstück zur wahren Aussage ist, sondern auch suggestionsbedingte Falschaussagen.

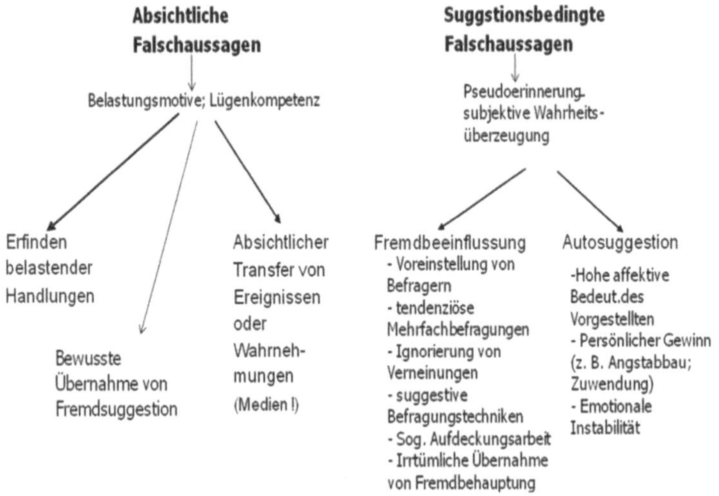

17 Was in der Abbildung deutlich voneinander trennbar ist, kann in vielen Fällen nicht so klar unterschieden werden. Es gibt Grauzonen und Übergänge, zB zwischen dem Wissen um eine Täuschung und Autosuggestion. Suggestionen durch Dritte können allmählich zu Autosuggestionen werden.

18 Aus diesen Leistungsmerkmalen und Komplizierungen des Aussagens ergeben sich auch Hinweise darauf, wann eine **Glaubhaftigkeitsbegutachtung besonders dringlich** ist. Dies trifft u.a. zu,

- wenn es um Handlungen von hohem Komplexitätsgrad bzw um Mehrfachhandlungen über einen längeren Zeitraum geht,
- wenn lange Erinnerungsintervalle (Zeiträume zwischen behaupteten Handlungen und Befragungen) vorliegen,
- wenn es Hinweise auf suggestive Einflüsse aus dem sozialen Umfeld oder durch Befrager gibt,
- wenn bei der aussagenden Personen kognitive Kompetenzen reduziert sind oder psychische bzw Verhaltensauffälligkeiten gegeben sind,

- wenn sich aus Besonderheiten in der Beziehung zum Beschuldigten Motive zu belastenden Aussagen ergeben könnten
- oder Stressbelastungen im Umfeld (Scheidung der Eltern) das Aussageverhalten irritieren oder einseitig ausrichten könnten.

Selbstverständlich ist, dass all diese Faktoren umso wirksamer sind, je jünger eine aussagende Person ist. 19

III. Glaubhaftigkeitsbegutachtung als hypothesengeleiteter Prüf- und Entscheidungsprozess

Sehr oft wird ein trivialer Sachverhalt vernachlässigt: Am Beginn wissen wir nichts. Die Aussage kann erlebnisfundiert sein oder auch nicht. Wir haben lediglich Vor-Informationen, Vor-Einstellungen zB aus den Akten. 20

1. Zwei Ausgangshypothesen

Obligatorisch ist deshalb von zwei Hypothesen auszugehen: 21

- Die Aussagen sind nicht erlebnisfundiert.
- Die Aussagen sind erlebnisfundiert.

Was so einfach erscheint, fällt dennoch allen Verfahrensbeteiligten schwer, gerade in „Aussage-gegen-Aussage"-Konstellationen. Tragische Beispiele sind die schon genannten, schief gelaufenen Prozesse von Worms, Mainz oder Nordhorn sowie der sogenannte Montessori-Prozess in den 90er Jahren. In diesen Strafverfahren zu sexuellem Missbrauch von Kindern waren Richter, Jugendämter, Gutachter an **verfehlter Urteilsbildung** beteiligt. Im Vorfeld waren zahlreiche Kinder, die belastende Angaben gemacht hatten, durch „aufdeckende" Bemühungen Erwachsener, durch inquisitorische und suggestive Befragungen unter Druck gesetzt, manipuliert und beeinflusst worden. Die untersuchenden Personen waren so fest von der Richtigkeit ihrer Vorwürfe überzeugt, dass alle Informationen, die dazu nicht passten, ignoriert wurden. Wenn Kinder angaben, dass ihnen nichts geschehen sei, wurde das mit dem Schweigegebot der Beschuldigten erklärt oder damit, dass die Kinder noch nicht aussagebereit seien. Es wurde weiter gefragt, bis die Erwartungen scheinbar bestätigt wurden. 22

Es handelt sich um ein negatives Paradebeispiel dafür, wozu **einseitige Hypothesenbildung** führen kann. Diese Prozesse waren auch Anlass, dass der Bundesgerichtshof grundsätzlich zu den **„Wissenschaftlichen Anforderungen aus aussagepsychologische Begutachtungen"** Stellung nahm.[5] Es handelt sich insofern um ein Kuriosum, als erstmals Juristen Gutachtern sagten, wie man psychologische Gutachten macht. Grundlage waren allerdings ausführliche Stellungnahmen und Expertisen von psychologischen Sachverständigen. 23

Einer der wesentlichen Inhalte dieses BGH-Urteils sind die Vorgaben zur hypothesengeleiteten Vorgehensweise. Es wird unterschieden zwischen einer **Unwahr-Hypothese** (bezeichnet als Null-Hypothese) und einer **Wahrheits-Hypothese:** Die Angaben sind erlebnisfundiert. 24

Die Verwendung solcher Begriffe wie **Null-Hypothese** aus der Experimentalpsychologie bzw der Statistik auf Empfehlung der psychologischen Gutachter war Gegenstand von Spott und Streit. Es muss aber in der praktischen Begutachtung der Begriff Null-Hypothese nicht verwendet werden. Wichtig ist, dass diese **beiden** Hypothesen de facto bear- 25

5 BGH v. 30.7.1999, 1 StR 618/98, BGHSt 45, 164.

beitet werden, und zwar entsprechend der explizit im BGH-Urteil formulierten Vorgehensweise:

„Das methodische Grundprinzip besteht darin, einen zu überprüfenden Sachverhalt (hier Glaubhaftigkeit einer Aussage) so lange zu negieren, bis diese Negation mit den gesammelten Fakten nicht mehr vereinbar ist. Der Sachverständige geht deshalb von der Unwahrhypothese aus. Erst wenn sich ergibt, dass die Unwahrhypothese mit den erhobenen Fakten nicht mehr in Übereinstimmung stehen kann, wird sie verworfen. Es gilt dann die Wahrheitshypothese".

26 Das ist Fachstandard und nun auch oberste Rechtsprechung. Es ist auch eine Analogie zur juristischen Selbstverständlichkeit der **Unschuldsvermutung**. Vor allem aber entspricht es erkenntnistheoretischen Grenzen, denn um Wahrannahmen zu belegen, muss der mühsame Weg der Widerlegung infrage kommender Unwahrannahmen gegangen werden.[6]

27 Die Pflicht zur Hypothesenbildung bei der Begutachtung ist auch eine **Absage an intuitives Herangehen**, an fallunspezifische Routinen. Es ist eine Aufforderung zur Kontrolle der eigenen Voreinstellungen bei der Datensammlung und bei der Bewertung von Anknüpfungstatsachen zB aus den Akten. Oft geht es um so einfache Fragen wie: Was kann es außer Missbrauch noch für Erklärungen geben, wenn eine Mutter sagt, das Kind sei nach dem Umgang mit geröteter Vagina zurückgekommen? Die Einhaltung der Pflicht zur Hypothesenbildung kostet Mühe und Aufwand. Oft besteht Zeitdruck oder Öffentlichkeitsdruck. All das verführt zu dem Streben, das Ganze zu vereinfachen. **Selektive Wahrnehmung** und Beurteilung von Informationen wird gefördert.

28 Die Hypothesenprüfung gemäß BGH-Urteil ist ein **gedanklicher Prüfschritt**, der prinzipiellen Vorgehensweisen der **Psychodiagnostik** entspricht und damit auch den schon vorher üblichen Fachstandards der Begutachtung. Er ist aber eine nützliche Bezugsgröße bei der Beurteilung von Gutachten, in denen diese Fachstandards nicht eingehalten werden.

2. Opferzeugenaspekte

29 Dessen ungeachtet gibt es **Kritik** an der dort fixierten Prüfstrategie wie überhaupt an der Glaubhaftigkeitsbegutachtung. Besonders von Personen oder Institutionen, die eher von der Parteilichkeit gegenüber Opfern geleitet sind, wird beklagt, dass die Begutachtung per se einen täterorientierten Standpunkt anzeige. Das ist schon mal deshalb unrichtig, weil die Glaubhaftigkeitsbegutachtung durch Nachweis des Realitätsgehalts von Aussagen einen **Beitrag zur Tataufklärung** leisten kann.

30 Ein Argument lautet, dass zu hohe Ansprüche an die Aussagen von Opferzeugen gestellt würden. Diese würden dadurch diskreditiert, diffamiert oder benachteiligt. Dies ist unbegründet. Es ist eher eine Mindestanforderung an die Beurteilung von Zeugenaussagen in Analogie zur üblichen Unschuldsvermutung. Die Befürchtung zu hoher Ansprüche an die Aussagen von Opferzeugen und zu hoher Sensitivität der Glaubwürdigkeitsbegutachtung wird zuweilen durch die Behauptung untermauert, Gutachten, die die Glaubhaftigkeit von Aussagen verneint haben, hätten zugenommen. Dabei wird außer Acht gelassen, dass zunehmend **vor allem schwierige bzw fragliche Fälle zur Begutachtung** gelangen (auch infolge der stärkeren Selbst-Zuschreibung von Kompetenzen durch Richter). Es wird auch nicht berücksichtigt, dass – vor allem im familienrechtlichen Bereich – Fälle mit nicht belegbaren und falschen Missbrauchsverdächtigungen eine be-

6 Ausf. Volbert 2009.

sondere Rolle spielen[7] und durch die Verbesserung der Begutachtungsmethoden **immer öfter identifiziert** werden konnten.

Auch wurde eingewandt, von der Unwahr-Hypothese auszugehen, vermittle den Opfer- 31
zeugen den Eindruck, es werde ihnen nicht geglaubt. Dies trifft nicht zu, da die Prüfstrategie nicht gleichzusetzen ist mit dem Äußern von Zweifeln in der Exploration. Es wird übersehen, dass auch das **Widerlegen der Unwahr-Hypothese** zur Strategie gehört. Vor allem aber wird übersehen, dass Opferzeugen, nachdem ihre Aussagen als erlebnisfundiert beurteilt wurden, oft starke Genugtuung empfinden und bekunden. Zwar dient das Glaubhaftigkeitsgutachten nicht diesem Zweck; die so beurteilten Aussagen können aber im Verfahren erhöhtes Gewicht erhalten. Dadurch wird zugleich ein Beitrag zum **Opferschutz** geleistet. Opfern wird zu ihrem Recht verholfen. Deshalb wird auch die Möglichkeit begrüßt, auf eine professionelle Bestätigung der Aussagen verweisen zu können. Eventuell erfolgt das weniger lautstark und ist deshalb nicht so sehr im Fokus der öffentlichen Meinung.

Bei Aktivitäten, die einem besseren Opferschutz dienen sollen, muss die Glaubhaftig- 32
keitsbegutachtung angemessen eingeordnet werden. So mag zB der Vorschlag im Referentenentwurf eines Gesetzes zur Stärkung der Rechte von Opfern sexuellen Missbrauchs (StORMG), die **zivilrechtliche Verjährungsfrist** für Schadensersatzansprüche zu verlängern, einerseits Vorteile für die Betroffenen bringen. Wenn die Aussage des Opfers aber das einzige Beweismittel darstellt und auf seine Glaubhaftigkeit überprüft werden soll, steigt mit jedem Jahr die Wahrscheinlichkeit, dass durch Erinnerungsverlust und fremd- oder autosuggestive Einflüsse die **Aussage nicht mehr verwertbar** ist. Diese Gefahr darf nicht vernachlässigt werden.

IV. Methodische Hauptzugänge

In der Literatur finden sich zahlreiche Unterscheidungen von Analyseeinheiten und aus- 33
sagepsychologischen Fragestellungen. Meist geht es nur um Akzente bei gleicher Ausrichtung auf die fundamentalen Fachstandards. Wir unterscheiden in unserem Gutachteninstitut [8] die folgenden **drei Säulen der Glaubhaftigkeitsbegutachtung:**

•Aussagefähigkeit	⟹	**Kompetenzanalyse** Persönlichkeitsanalyse mit Berücksichtigung desTatbestandes
•Aussagequalität	⟹	**Realkriterienanalyse** **Konstanzanalyse**
•Aussagezuverlässigkeit •Aussagenmotivation •Aussagengeschichte •Fremdeinflüsse •Persönlichkeitsbesonderheiten	⟹	**Fehlerquellenanalyse** • Motivanalyse • Prüfung der Aussagenentwicklung • Suggestionsprüfung • Persönlichkeitsdiagnose

7 Busse u.a., 2000.
8 Institut Gericht & Familie Berlin/Brandenburg in Anlehnung an Greuel u.a., 1998.

1. Aussagefähigkeit

34 Die Aussagefähigkeit betrifft die **Kompetenzen eines Zeugen**, zB Wahrnehmungsfähigkeit, Gedächtnisfunktion, sprachliche Ausdrucksfähigkeit, Suggestibilität, sexuelle Vorerfahrungen, um zu den inkriminierten Handlungen ausreichend genaue Aussagen machen zu können. **Methodische Grundlage** ist die **Kompetenzanalyse**, dh im Einzelnen die Analyse relevanter Persönlichkeitsdispositionen einschließlich der Diagnostik entwicklungspsychologischer und psychopathologischer Besonderheiten. Dabei ist stets der konkrete inkriminierte Tatbestand zu berücksichtigen. Beispiele für Teilfragestellungen zu Aussagefähigkeit finden sich in folgender Abbildung 3:

- War der Zeuge zum Zeitpunkt des fraglichen Ereignisses in der Lage, die Situation adäquat wahrzunehmen?
- War bzw ist der Zeuge in der Lage, den Sachverhalt in der zwischen dem Geschehen und der Befragung liegenden Zeit im Gedächtnis zu bewahren?
- Ist ein weitgehend selbstständiger Abruf der Gedächtnisinhalte möglich?
- Ist ein ausreichendes Sprachverständnis für die Befragung sowie ausreichende sprachliche Ausdrucksfähigkeit für die Schilderung des Geschehnisses vorhanden?
- Verfügt der Zeuge über ein ausreichendes Maß an Kontrollmöglichkeiten gegenüber Suggestiveinflüssen?
- Besteht hinreichende Fähigkeit, Erlebtes von Phantasievorstellungen unterscheiden zu können?

35 Es geht also darum, ob die Aussageperson **überhaupt eine Aussage** machen **kann**, noch nicht darum, ob es eine glaubhafte oder fehlerfreie Darstellung eines Ereignisses ist.

36 Deshalb ist noch nichts zur Glaubhaftigkeit einer Aussage festgestellt, wenn die Aussagefähigkeit gegeben ist. Wird eine Aussageperson die Aussagefähigkeit abgesprochen, können ihre Aussagen im Regelfall nicht verwertet werden. Dann muss auch die Glaubhaftigkeit nicht mehr beurteilt werden. Die **Aussagefähigkeit** kann vor allem aus folgenden Gründen beeinträchtigt sein:

- psychopathologische Auffälligkeiten,
- Entwicklungsstörungen (meistens Verzögerungen in der psychischen Entwicklung),
- psychotrope Substanzen; Drogenmissbrauch/Abhängigkeit.

37 Die **individuellen Kompetenzen** sind ins Verhältnis zu setzen zu bestimmten **Aussagebedingungen** wie: Komplexität der behaupteten Handlungen, Mehrfachhandlungen oder eine Handlung, Länge der Erinnerungsintervalle, Art der Befragung. Diese Bedingungen zueinander ins Verhältnis zu setzen, ist ein Bestandteil des sogenannten **Qualitäts-Kompetenz-Vergleichs.**[9]

38 Aussagefähigkeit ist kein überdauerndes Fixum. Sie kann zB zum Zeitpunkt der behaupteten Handlung vorhanden gewesen sein, nicht aber zum Zeitpunkt der Befragung, weil inzwischen psychopathologisch relevante Beeinträchtigungen hinzugekommen sind. Auch der umgekehrte Verlauf ist möglich.

2. Aussagequalität

39 Alle Versuche über nonverbale oder paraverbale Merkmale (Antwortintervalle, Sprechgeschwindigkeit, Körperbewegungen, Blickvermeidung usw.), über unbewusste Regungen der Gesichtsmuskeln, über physiopsychologische Reaktionen[10] Aufschlüsse über die

9 Vgl Steller 2008, S. 302.
10 Ausnahme: Polygrafie.

Qualität einer Aussage gewinnen zu können, haben eins gemeinsam: Sie haben keine stabil signifikanten Unterschiede erbracht.

a) Realkennzeichenanalyse

Derzeit wird als der **zuverlässigste Zugang** und als Kernstück der Glaubhaftigkeitsprüfung die Aussagebeurteilung mittels Realkennzeichenanalyse angesehen. Hier geht es um eine merkmalbasierte Analyse des Aussageinhalts, die auf der sogenannten Undeutsch-Hypothese basiert. Deren Bezeichnung leitet sich daraus ab, dass sie von U. Undeutsch (1967) aufgestellt wurde. Danach unterscheiden sich Aussagen über erlebte Ereignisse von erfundenen Aussagen einer Person durch eine höhere inhaltliche Qualität. Diese höhere inhaltliche Qualität äußert sich in Aussagemerkmalen. Diese Merkmale werden als Realkriterien, Realkennzeichen, Glaubhaftigkeitsmerkmale oder aussageimmanente Qualitätsmerkmale bezeichnet. Ihr Auftreten ist bei erlebnisfundierten Aussagen wahrscheinlicher als bei erfundenen Aussagen. Finden sich solche Aussagemerkmale, so spricht das gegen die Hypothese, dass wir es mit einer absichtlichen Falschaussage zu tun haben. Umgekehrt kann mit dem **Fehlen** solcher Realkennzeichen die **„Wahrannahme" nicht widerlegt** werden, es kann nicht auf das Vorliegen einer erfundenen Aussage geschlussfolgert werden, weil hierfür auch andere Gründe vorliegen können (einfache Handlungen und wenig Aussagesubstanz; mangelnde Aussagebereitschaft; unangemessener Befragungsstil; Erinnerungsverluste infolge zu großer Zeitintervalle). 40

Der ersten **Systematisierung** von Undeutsch (1967) folgten mehrere Abwandlungen (Arntzen 2007, Dettenborn u.a. 1989, Greuel u.a. 1998, Steller & Köhnken 1989). Sie umfassen meist 20–25 solcher Merkmale. Um einige Beispiele zu nennen: Derjenige, der eine Handlung erfindet, wird eher zB auf die Schilderung von Komplikationen und Handlungsunterbrechungen, auf komplizierte Interaktionsschilderungen, auf die Schilderung nebensächlicher Einzelheiten verzichten, weil das die sowieso schon schwierige Konstruktion einer Aussage ohne eigenes Erleben (s. Rn 40) noch weiter komplizieren würde. Er wird ferner auf selbstbelastende Aussagen oder das Eingeständnis von Erinnerungslücken eher verzichten, um nicht Zweifel an der eigenen Glaubwürdigkeit zu wecken. Die bei selbst erlebten Ereignissen häufig geschilderte Detailvielfalt oder die ausgefallenen Einzelheiten zu konstruieren und bei Mehrfachbefragungen stimmig zu reproduzieren, ist schwierig. 41

Es gibt inzwischen eine Reihe von Untersuchungen, in denen für die meisten der **Realkennzeichen** nachgewiesen wurde, dass sie tatsächlich erlebnisbasierte von erfundenen Aussagen unterscheiden können. Im genannten BGH-Urteil von 1999[11] heißt es: „Diese sog. Realkennzeichen können als grundsätzlich empirisch überprüft angesehen werden." 42

Eine **Gefahr** der Anwendung dieser Methode besteht in der **schematischen** Prüfung der Merkmale. Es kommt **nicht** auf die **Anzahl** solcher Merkmale an, sondern auf die Schlüssigkeit in Bezug auf eine konkrete Aussage und Aussageperson. Die Qualität der Aussage ist also erst sinnvoll zu interpretieren, wenn sie ins Verhältnis gesetzt wird zu den Kompetenzen des Aussagenden, zu seiner kognitiven Leistungsfähigkeit, zu seiner Erfindungskompetenz, zu seiner Aussagemotivation und seinen bereichsspezifischen Erfahrungen, dh, dass auch Persönlichkeitsdiagnostik und Analyse der Aussageentwicklung eingeschlossen werden. Das ist der **Hauptbestandteil des Qualitäts-Kompetenz-Vergleichs.** 43

Zur fachgerechten Anwendung der Methode gehört auch, ein paar **Voraussetzungen und Grenzen** zu beachten. 44

11 BGH v. 30.7.1999, 1 StR 618/98, 117, BGHSt 45, 164.

45 Zu den **Voraussetzungen** gehören zB:

- Ein bestimmter Mindestumfang der Aussage mit einer bestimmten Mindest-Komplexität der behaupteten Handlungen muss vorhanden sein.
- Der Sachverständige muss selbst eine Aussage exploriert haben. Nur in Ausnahmefällen und bei wortgetreuen Befragungsprotokollen ist eine Anwendung auf fremdexplorierte Aussagen möglich.
- Es dürfen keine Suggestivfragen gestellt werden. Es darf nicht direkt nach Realkennzeichen gefragt werden, weil sonst Realkennzeichen direkt „herausgefragt" werden könnten (Was hast du gefühlt in diesem Moment? kann zu dem Realkennzeichen „Mitteilung eigenpsychischen Erlebens" führen).
- Keine Ignorierung von Verneinungen.
- Es müssen insgesamt spezifische Kenntnisse in Bezug auf Befragungstechniken vorhanden sein (zB die „Trichterform" der Befragung).
- Die Aussagefähigkeit muss in der Regel bejaht worden sein.

46 Zu den **Grenzen** gehören zB:

- Der gute Lügner, dh eine Aussageperson mit hoher Lügenkompetenz, schränkt die Möglichkeiten der Methode ein und ist ein Albtraum eines jeden Befragers. Im Extrem haben wir es mit der Pseudologia phantastica [12] zu tun.
- Die Aussage kann nicht angewandt werden, wenn suggerierte Aussagen vorliegen, wenn in der Befragungsvorgeschichte suggestive Einflüsse nachweisbar sind. Es handelt sich dann nicht mehr um bewusste Täuschung. Und die produzierten Realkennzeichen können auch Inhalt der Suggestion (durch Verwandte, Erzieher, Therapeuten, Vorbefrager, Heim- oder Therapiegruppen) gewesen sein.

47 **Beispiel:** In den Akten steht, ein fünfjähriges Kind habe gesagt: „Da kam so was Weißes raus". Normalerweise würde dies als Realkennzeichen (Detailliertheit oder Unverstandene Handlungselemente) registriert werden. Die genaue Analyse der Aussagegeschichte ergab aber, dass die Mutter das Kind intensiv gefragt hatte, ob da „was Weißes" rausgekommen sei. Sie hatte solange gefragt, bis das Kind dies bejahte und schließlich nachgesagt hatte. Ein **Realkennzeichen** wurde vorgetäuscht und ging von Akte zu Akte.

- Trivial ist, dass die Realkennzeichenanalyse bei mangelnder Aussagesubstanz nur eingeschränkt greifen kann.
- Wenn die Aussagen grob inkonstant sind, sind noch so beeindruckende Realkriterien entwertet.
- Eine zusätzliche Komplikation ist, dass die meisten Aussagen nicht völlig erfunden sind, sondern, dass immer auch bekannte bzw erlebte Elemente (Handlungen, Orte) eingeflochten sein können. Eine immer häufiger vorkommende Variante ist auch, dass in Medien Wahrgenommenes eingeflochten wird. Dies kann eine Gefährdung der Methode sein.
- Eine Aussage kann erlebnisfundiert sein und doch viel weniger Realkennzeichen aufweisen, als man erwarten könnte. Dies gilt, wenn über einen längeren Zeitraum andauernde mehrfache Übergriffe behauptet werden. Vor allem wenn größere Erinnerungsintervalle dazwischen liegen, finden gedächtnismäßige Verschmelzungen der Einzelerinnerungen an separate Handlungen statt. Es kommt zu Stereotypisierungen bei der Reproduktion der Erinnerungen. Unterschiede zwischen den einzelnen Übergriffen verblassen oft. Der Abruf von Details wird zunehmend erschwert. Es entstehen sog. Schemata (Wissensstrukturen, die Informationen in abstrakter, generalisierter Form enthalten). Unsere Erwartung, dass der Zeuge bei so viel erlebten Missbrauchshandlungen auch über Unterschiede berichten könnte und etwas zB zu Realkennzeichen wie „Schilderung von Komplikationen" sagen könnte, wird enttäuscht. Wenn dann der Erwartung Nachdruck verschafft wird, dh Befragungs-

12 S. Dettenborn/Stadler 2011.

druck erzeugt wird, greifen Zeugen oft auf **sog. Skripts** zurück, dh auf ihre eigenen oder aus Medien übernommenen Vorstellungen zum typischen Ablauf solcher Ereignisse. Die Erinnerung wird vermischt mit solchen Skript-Anteilen, um zu einer stimmigen Aussage zu kommen. Dieser Prozess kann sowohl die Kernhandlungen wie aber auch häufiger vorkommende Situationen (zB Besuche) betreffen, in denen die behaupteten Handlungen stattgefunden haben sollen.

- Eine Grenze der Realkennzeichenanalyse besteht auch darin, dass vorhandene Realkennzeichen zwar auf Erlebnisfundiertheit hinweisen, fehlende Realkennzeichen jedoch nicht unbedingt auf eine Lüge. Es können auch andere Ursachen vorliegen.

Die Vielfalt der Einschränkungen deutet auf die **Anfälligkeit der Methode** hin. Bei aller 48 möglichen Kritik ist aber zu berücksichtigen, dass wir nichts Besseres haben, aber auch, dass in der Mehrzahl der Fälle die Methode erfolgreich angewandt werden kann. In Bezug auf die aufgezählten Mängel und Grenzen kann zudem als tröstlich betrachtet werden, dass sie relativ gut erkennbar und bei hinreichender Kompetenz auch beherrschbar sind. Es ist auf jeden Fall eine aufwändige Arbeit und bedarf schon einiger Erfahrung, aus einer vorliegenden Aussage von 15 oder 30 Seiten die Realkennzeichen fachgerecht herauszufiltern. Es gibt keine Algorithmen, **keine Mindestanzahl** von **notwendigen Realkennzeichen.** Die vorhandenen Realkennzeichen sind als Komplex zu beurteilen. Laut BGH-Urteil von 1999 gilt das Prinzip der Aggregation (Minderung der Fehlerrate durch Zusammenwirken der Realkennzeichen).

Oft werden Sachverständige gefragt, ob die Realkennzeichenanalyse nicht auch auf **pro-** 49 **tokollierte Aussagen** aus Befragungen im Rahmen der Ermittlung (Polizei, Staatsanwaltschaft) oder aus richterlichen Vernehmungen angewandt werden kann. Dies ist meist nicht oder nur unter großen Vorbehalten möglich. Die unterschiedlichen Gesprächsarten verfolgen nicht die gleichen Ziele. Sie sind in der inhaltlichen Struktur und in der Art der Beziehungsgestaltung verschieden. Die Befragungsbedingungen sind aus der Aktenlage meist nicht mehr kontrollierbar. Es ist nicht zu beurteilen, wie bestimmte Aussagen, die in indirekter Rede niedergeschrieben sind, entstanden sind, welche Fragen vorausgegangen sind. Eine Ausnahme kann dann gegeben sein, wenn ein exaktes Wortprotokoll vorliegt. Dies ist jedoch der seltenere Fall. Viel häufiger ist die grobe Zusammenfassung der Vernehmungsinhalte, eine Quelle von nicht mehr aufklärbaren Widersprüchen. **Studien zur Protokollierungsgüte** zeigen eindeutig, dass nachträgliche Vernehmungsniederschriften selbst dann zu erheblichen **Informationsverlusten** und auch zu selektiver Verzerrung der Aussagen führen, wenn sie unmittelbar nach Abschluss der Vernehmung angefertigt werden.

b) Konstanzanalyse

Die **Konstanz** einer Aussage ist ein **übergreifendes Qualitätsmerkmal.** Wegen seiner her- 50 ausragenden Bedeutung wird im Allgemeinen die **Konstanzanalyse** von der Realkennzeichenanalyse abgehoben. Es geht um den Vergleich von Aussagen über denselben Sachverhalt zu unterschiedlichen Zeitpunkten. **Inkonstanzen** können auftreten als Widersprüche, als Ergänzungen und als Auslassungen.

Eine **Grundannahme** ist: In den Erinnerungen an selbsterlebte Vorkommnisse finden 51 sich weniger Inkonstanzen als bei Aussagen zu erfundenen bzw vorgestellten Ereignissen. Die Begründung liegt darin, dass Erinnerungen an Selbsterlebtes länger im Gedächtnis behalten werden. Eine weitere Grundannahme ist: In erlebnisfundierten Aussagen sind Inkonstanzen eher bei der Schilderung des Rahmengeschehens zu erwarten, weniger aber bei der Schilderung des Kerngeschehens einer behaupteten Handlung. Es gibt statistisch untermauerte Unterscheidungen von Aussageinhalten, zu denen Inkonstanzen mit höherer Wahrscheinlichkeit auftreten können, zB bei Angaben über die Reihenfolge mehrerer Situationen, zu Häufigkeitsangaben und überhaupt Einschätzungen, zu Angaben über den Wortlaut von Gesprächen, zu Nebenhandlungen, zu Jahreszahlen bzw der Datierung von Vorfällen, zur Dauer einer Handlung usw.[13] Wirkliche Übereinstimmungen nach mehr als einem Jahr sind hier oft eher verdächtig.

52 Immer ist jedoch auch zu berücksichtigen, dass Inkonstanzen in fast jeder Aussage vorkommen, auch in erlebnisbasierten Aussagen. Das Gedächtnis ist nun mal kein Videorekorder, eher ein Theater, in dem ein Ensemble oft bruchstückhaft erhaltene Szenen interpretiert. Wir sind alles andere als akkurate Chronisten, eher Drehbuchautoren. Entscheidend ist, ob die Entwicklung einer Aussage über mehrere Aussagezeitpunkte hinweg **gedächtnispsychologischen Erwartungen** entspricht. Dabei ist klar:

- Je länger die Erinnerungsintervalle, desto eher kann es zu Auslassungen kommen. Je kürzer der zeitliche Abstand, desto kritischer ist die Inkonstanz zu bewerten.
- Je jünger ein Kind, desto mehr Erinnerungsunsicherheiten.
- Je weniger komplex eine Handlung ist, desto höhere Erwartungen an die Aussagekonstanz sind gerechtfertigt.

53 Die Kompliziertheit des Aussagegeschehens ist gut zu verdeutlichen an der **Problematik** der **Aussageerweiterungen.** Sie können ein Hinweis sein auf eine Mehrbelastungstendenz bei späteren Aussagen. Es kommen immer mehr belastende Details hinzu und gestalten eine intentionale Falschaussage immer dramatischer. Es gibt aber auch das Phänomen der **assoziativen Erinnerung.** Beim Erzählen über einen Sachverhalt tauchen daran anknüpfende Erinnerungen auf. Zu berücksichtigen ist auch, dass in der Begutachtung für die Exploration mehr Zeit zur Verfügung steht, dass genauer nachgefragt wird, dass mehr Vertrauen zum Befrager besteht und deshalb eine Anreicherung von Details zustande kommt und dann ausführlichere Aussagen, also Aussageerweiterungen zustande kommen, die nicht gegen die Glaubhaftigkeit der Aussage sprechen müssen.

54 Die größten Schwierigkeiten für die Konstanzanalyse entstehen aus den **langen Erinnerungsintervallen** zwischen Ereignis und Befragung. Das Unbefriedigende ist, dass diese Erinnerungsintervalle oft unnötig lang sind, weil sich die einzelnen Verfahrensetappen mitunter über Jahre erstrecken. Wenn dann noch mehrere Befragungen dazwischen liegen, haben wir es mit strapazierten, oft paralysierten Aussagen zu tun, mit denen nicht mehr viel anzufangen ist.

55 Eine andere Fehlerquelle ist, dass der zu begutachtenden Person Kopien von bisherigen Aussagen ausgehändigt werden. Teilweise werden Zeugen anhand dieser Materialien auf die Hauptverhandlung vorbereitet. Unter dem Aspekt der Konstanzanalyse ist es problematisch, wenn dem Opferzeugen über das **Vertrautmachen mit seinen früheren Angaben** beim „Erinnern" geholfen wird. Es ist nicht auszuschließen, dass damit dem Opferzeugen ein „Bärendienst" erwiesen wird, so zB wenn die Konstanzanalyse nicht mehr durchführbar ist oder wenn klar wird, dass die Aussagen des Zeugen nicht auf Erinnerungen an das behauptete Ereignis basieren, sondern auf Repetieren von Akteninhalten. Auch wenn Psychotherapeuten mit ihren Patienten Aussageprotokolle durcharbeiten, kann das zu künstlichen Konstanzen in den Aussagen führen. Sie sind aber ebenfalls nicht gespeist an die Erinnerung an das Ereignis, sondern an die gestützte **Erinnerung an frühere Aussagen.**

56 Eine weitere Konstellation, der zunehmende Bedeutung zukommt, ist die folgende: Im BGH-Urteil von 1999 wird relativ ausführlich auf die Realkennzeichenanalyse und die Konstanzanalyse eingegangen. Zu den problematischen Folgen zählt inzwischen, dass sich Juristen belesen haben und nach Realkennzeichen suchen. Es wird dann darauf hingewiesen, dass man die Prinzipien des BGH-Urteils anwendet. Es wird freiweg über

13 S. Greuel u.a. 1988; Arntzen 2007.

Realkennzeichen und Konstanz geredet. Zweifel sind berechtigt, wenn man bedenkt, dass es um **Handlungsvorgaben für psychologische Sachverständige** geht, die nicht nur das BGH-Urteil gelesen haben, sondern auch eine Spezialausbildung zur Anwendung dieser Methoden durchlaufen haben. Auch wird oft bei dieser Konstellation übersehen, dass die Realkennzeichenanalyse nur ein, wenn auch ein wesentlicher Bestandteil der Glaubhaftigkeitsbegutachtung ist.

3. Aussagezuverlässigkeit

Aussagen können verfälscht oder verzerrt sein durch Besonderheiten in der Aussagemotivation, damit im Zusammenhang durch Persönlichkeitseigenschaften. Ferner können Aussagen verfälscht oder verzerrt sein durch Besonderheiten in der Aussagegenese, damit im Zusammenhang im Besonderen durch Fremdeinflüsse bzw Suggestionen Dritter. 57

Der methodische Zugang ist die **Fehlerquellenanalyse**, also die **Motivanalyse,** die **Analyse der Aussageentstehung und -entwicklung** sowie die Prüfung von **Fremdeinflüssen.** 58

a) Motivanalyse

Hier gibt es vor allem zwei Problembereiche: 59

- die mangelnde oder fehlende Aussagemotivation

  und
- sachfremde Aussagemotive.

Bei **mangelnder Aussagemotivation** wird die Befragung nicht als Leistungssituation verstanden, es fehlt an Anstrengungsbereitschaft. Die Wahrscheinlichkeit von Schweigen, von unkritischem Umgang mit der Wahrheit, von Gefälligkeitsantworten und nachlässigem Schließen von Erinnerungslücken steigt. Oft erzeugt die mangelnde Aussagemasse eine fatale Situation in Bezug auf die Realkennzeichenanalyse. Die Voraussetzungen für deren Durchführung schwinden. 60

Sachfremde Aussagemotive bzw Belastungsmotive ergeben sich meist aus spezifischen Beziehungen zum Beschuldigten, zB Hass oder Rachetendenzen. Auch Abhängigkeiten von Dritten oder Gruppeneinflüsse kommen als Auslöser oder Verstärker in Frage. Persönlichkeitseigenschaften wie erhöhtes Geltungsstreben oder affektive Labilität können diese Motivation fördern. 61

Eine häufige Variante im Bereich von Sexualdelikten ist, dass durch Belastung des Beschuldigten vor allem durch erwachsene Opferzeugen ein **Selbstschutz** im Sinne des Schutzes vor Selbstabwertung durch Eingeständnis von Beteiligung an der Handlung angestrebt wird. Handlungsleitend kann auch das Motiv sein, eine glatte stimmige Aussage zu liefern und sich dem Befragerdruck anzupassen. Bei Erwachsenen ist ein sachfremdes Aussagemotiv, aus der Opferrolle **Gewinn durch Zuwendung** zu ziehen oder durch die Möglichkeit, eigenes deviantes Verhalten oder Lebensunzufriedenheit zu erklären. 62

Die Motivanalyse wird durch eine Reihe von **Schwierigkeiten** erschwert: 63

- Das gleiche Aussagemotiv kann im Extrem sowohl zu einer wahren wie auch zu einer falschen Aussage führen, zB Rachewünsche gegenüber dem Beschuldigten. Deshalb schließt ein potenzielles Falschbelastungsmotiv nicht aus, dass es um eine wahrheitsgemäße Aussage geht.
- Wie im Alltagsleben wird auch beim Aussagen selten nur ein Motiv wirksam. Es geht also darum festzustellen, welche Motivation, welche Struktur der Motive vorhanden ist.

- Aussagemotivation ist ein Prozess. Die Aussagemotive können sich ändern mit der Beziehung zum Beschuldigten, mit der Beziehung zwischen Geschwistern, die beide den gleichen Beschuldigten belasten. Oder ein Kind, das den Großvater nicht mehr besuchen darf, weil der Verdacht besteht, ändert seine Aussagestrategie. Häufig führen die Belastungen in der Folgezeit nach der Erstaussage (zB Vorwürfe durch Familienangehörige, deren Zukunftspläne gestört wurden; wiederholte Befragungen) zu veränderter Aussagemotivation.

Es geht zwar nicht um die Glaubwürdigkeit einer Person, sondern um die Glaubhaftigkeit einer Aussage. Aber Bezüge zur Persönlichkeit sind in angemessenem Umfang einzubeziehen. Dazu zählen zB extreme Ausprägungen von Persönlichkeitsmerkmalen wie Geltungsstreben, auch Fantasiebegabung und Konfabulationsneigung. Ferner können Persönlichkeitsstörungen bzw psychopathologische Besonderheiten eine Rolle spielen.

b) Suggestive Einflüsse

64 Grundsätzlich gilt, dass suggestive Einflüsse zu **Pseudoerinnerungen** führen. Zu unterscheiden und zugleich eng verbunden sind **fremdsuggestive** und **autosuggestive** Prozesse.

aa) Fremdsuggestionen

65 Die Diagnostik bei Fremdsuggestionen ist besonders schwierig, weil gedächtnispsychologische, entwicklungspsychologische und sozialpsychologische Aspekte vermischt sind. Es geht häufig um die Einflussnahme von Elternteilen oder zuweilen auch von Beratern im Sinne der „Aufdeckungsarbeit“, leider auch manchmal im Rahmen der Psychotherapie; es geht auch um Gruppeneinflüsse oder auch subjektiv verfehlte Rezeptionen von Massenmedien.

bb) Fremdsuggestive Prozesse bei Kindern

66 Am Anfang stehen meist sogenannte diffuse Hinweiszeichen bzw Signale. Es werden Auffälligkeiten wie Einnässen, Schlafstörungen, ängstliches Verhalten, „sexualisiertes“ Verhalten, Distanzarmut aber auch Distanzlosigkeit, Furcht vor Dunkelheit usw registriert. Es gibt kaum Verhaltensbesonderheiten von Kindern, die in diesem Zusammenhang nicht schon als Signal interpretiert wurden. Dem ist grundsätzlich entgegenzuhalten, dass es **kein Missbrauchssyndrom** gibt. D.h., dass alle Verhaltensbesonderheiten auch Folge anderer Einflüsse sein können. Es ist hinreichend durch empirische Untersuchungen belegt, dass es – bis auf einige körperliche Folgeerscheinungen – keine Symptome gibt, die nur nach sexuellem Missbrauch auftreten, auch keine spezifischen Spielverhaltensweisen oder Inhalte von Zeichnungen.

67 Das bedeutet nicht, dass Missbrauch keine negativen Folgen hat, aber worum es hier geht, ist, dass Verhaltensauffälligkeiten oft Anlass für einen Anfangsverdacht sind, der zu Überinterpretationen, zu intensiven Mehrfachbefragungen von Kindern und eben auch zu **suggestivem Nachdruck** und zu Vorgaben oder Erwartungen führen kann.

68 Hinter der **Fehlinterpretation eines Hinweiszeichens** und entsprechendem Befragungsdruck kann echte Besorgnis eines Elternteils stehen. Antrieb können aber auch Interessen im Kampf um das Kind, zB in der Trennungsphase der Eltern, sein. Der gemeinsame und insoweit neutrale Nenner ist, dass Voreinstellungen und Vorweg-Annahmen zu einer selektiven Informationssuche führen. Gegenteilige Informationen werden weniger beachtet oder uminterpretiert. Oder Kinder werden mit Zuwendung und Lob belohnt, wenn sie Andeutungen bestätigen. Es werden emotionale Bedürfnisse befriedigt, ein Lerneffekt tritt ein.

69 **Bedürfnisdefizite** bei Kindern erhöhen die **Empfänglichkeit für Suggestionen**. Betroffen können affektive Bedürfnisse sein (Mangel an Zuwendung, Vertrauen, Sicherheit, Zuge-

hörigkeit, Anerkennung) oder auch kognitive Bedürfnisse (Mangel an Erinnerung, Wissen, eine Erklärung für missliche Zustände oder abweichendes eigenes Verhalten) oder Orientierungsbedürfnisse (ungenügende Klarheit in Bezug auf die Situation).

Beim erwachsenen Befrager kommt es zu **Kreisläufen der Selbstbestätigung.** Diese verlaufen umso schneller, je überzeugter jemand von der Richtigkeit seiner Voranname ist. Dies kann in erhöhten Suggestivdruck münden. 70

cc) Fremdsuggestionen bei Jugendlichen und Erwachsenen

Ausgangspunkt sind nicht die gleichen Hinweiszeichen wie im Kindesalter, sondern eher schlechtes psychisches Befinden, unbefriedigendes, belastendes Erleben, Angstsymptomatik, depressive Tendenzen. Aufgrund der Unzufriedenheit mit sich selbst entsteht Erklärungsbedarf. Es werden vor allem solche Erklärungen gesucht, die nicht mit eigener Schuld verbunden sind und die in diesem Sinne eher Erleichterung bringen. Eine Möglichkeit besteht in der Orientierung auf das Problem sexuellen Kindesmissbrauchs. Es entsteht in ganz unterschiedlichen Konstellationen die Frage: Wurde ich vielleicht sexuell missbraucht? Oft werden solche Erklärungen von außen nahe gelegt. Der Prozess kann in der Familie angestoßen werden, auch durch Nutzung von Internetforen oder anderen Medienquellen, durch Selbsthilfegruppen, im Rahmen falsch verstandener Therapien oder Beratungen (Therapeuten oder Berater sind Autoritätspersonen mit hoher suggestiver Potenz!). Wird so eine **Erklärung für die eigene missliche Befindlichkeit** gefunden, können auch hier die typischen Selbstbestätigungskreisläufe einsetzen. Oft werden im Laufe der Zeit immer mehr einschlägige Erlebnisse „erinnert". Eine Voraussetzung kann auch die erhöhte Empfänglichkeit bzw Suggestibilität sein. Wer an der gefundenen Erklärung rührt, kann heftige Abwehr hervorrufen und zum Feind werden. Dazu kann der Gutachter gehören. 71

Das Ganze wird im Rahmen der **Recovered-Memory-Debatte** abgehandelt. Zur plausiblen Erklärung für das lange **Nichterinnern,** das vom **langjährigen Verschweigen trotz Erinnerung** abzugrenzen ist, werden meist Verdrängung und Dissoziation angeführt. Bis auf einzelne Ausnahmefälle ist dies in der wissenschaftlichen Debatte bisher jedoch nicht bestätigt worden. 72

c) Autosuggestionen

Bei **autosuggestiven Prozessen** bestehen Überlappungen zu Fremdsuggestionen. Sie werden oft durch Suggestion von außen angestoßen. Ständig wiederholte Botschaften werden schließlich geglaubt, vor allem wenn sie eigenen Bedürfnissen oder Bedürfnismängeln entsprechen. Hier greift der schon dargestellte Mechanismus, dass ein schlechtes psychisches Befinden des Betroffenen und das **Bedürfnis** für die Erklärung eigener Beschwerden am Anfang stehen. Oft erfolgt dann eine intensive Beschäftigung mit der Thematik Missbrauch, ein Wühlen in der eigenen Vergangenheit, selektiver Austausch mit anderen Personen und das Suchen nach Bestätigung zB in einschlägiger Literatur. Als Folge dieser intensiven Beschäftigung erhöht sich die Wahrscheinlichkeit, dass lebhafte Vorstellungen entstehen und schließlich falsche Erinnerungen sich fest verankern. Die mit der Autosuggestion verbundene **Umdeutung von Geschehnissen oder Situationen** bzw die Konstruktion von Geschehnissen muss mit **persönlichem Gewinn** verbunden sein. 73

Aus alledem ergeben sich die Schwierigkeiten, in der Befragung zwischen realen Erinnerungen an länger zurückliegenden Missbrauch und **Pseudo-Erinnerungen** zu unterscheiden. Die Wahrscheinlichkeit von Pseudo-Erinnerungen ist erhöht, wenn über Missbrauchshandlungen vor dem dritten Lebensjahr berichtet wird, wenn Missbrauch im späteren Kindesalter oder im Jugendalter zunächst angeblich vergessen, dann aber schrittweise wieder erinnert wurde, wenn abstruse oder bizarre Ereignisse, z. B verbun- 74 den mit satanischen Ritualen, geschildert werden, wenn das Wiedererinnern verbunden ist mit Erwartungsdruck in Gruppen oder im Rahmen falsch verstandener Therapie oder innerhalb der Aufdeckungsarbeit in verfehlter Beratung.

d) Analyse der Aussageentstehung und -entwicklung

75 Ein wichtiger Baustein für die Prüfung der **Aussagezuverlässigkeit** ist die **Rekonstruktion der Etappen**, in denen sich die Aussage entwickelt hat, angefangen von der besonders wichtigen „Geburtsstunde“ der Aussage. Es ist zu fragen, ob vor der ersten Äußerung des Zeugen bereits ein entsprechender Verdacht in Bezug auf den Beschuldigten bestand, ob schon vorher Anstrengungen unternommen wurden, diesen Verdacht zu klären. Besonders wichtig ist, genau zu erkunden, unter welchen Umständen die erste Äußerung gemacht wurde und was genau gesagt wurde. Zur Prüfung der Konstellation gehört auch zu erkunden, welche Vorteile oder Nachteile der Zeuge infolge der Erstäußerung hatte. Ein großer Unterschied ist es, ob die ersten Äußerungen nur daraus bestehen, gestellte Fragen zu bejahen, oder ob eigene Angaben über das behauptete Ereignis gemacht werden. Günstig ist, wenn auch **Reaktionen auf die Erstmitteilungen** erkundet werden können.

76 Selbstverständlich ist es wichtig, über die Häufigkeit, die Art und Weise und die Umstände der Befragungen im Zeitraum zwischen Erstbekundung und anstehender Befragung zu registrieren. Anzustreben ist eine möglichst genaue Kenntnis über die Veränderungen der Aussagen über die einzelnen Aussagezeitpunkte. Ferner ist wichtig, die Erwartungshaltung der befragenden Personen zu berücksichtigen. Selbstverständlich ist die genaue Feststellung der Zeitintervalle zwischen einzelnen Befragungszeitpunkten. Manchmal ist es sinnvoll, ein **Aussagesoziogramm** in Tabellenform anzulegen.

4. Integration der Befunde

77 Unverzichtbarer und krönender Abschluss ist die Integration der einzelnen Befunde, die sich aus den genannten Analyseeinheiten ergeben. Der **Qualitäts-Kompetenz-Vergleich**, der das gesamte Gutachten begleitet, wird hier abgeschlossen. Dieser Vergleich soll Aussagen darüber ermöglichen, ob ein Zeuge mit seinen konkreten individuellen Kompetenzen unter denen konkreten Befragungsumständen und ohne Einfluss bzw Unterstützung Dritter seine Aussage in der vorliegenden Qualität auch ohne Erlebnisgrundlage machen konnte. Dies stellt nach Volbert (1995) die Leitfrage der Begutachtung dar.

78 Die Aussagequalität muss zB in Bezug gesetzt werden und verglichen werden mit der Kompetenz des Aussagenden (intellektuelle Leistungsfähigkeit, einschlägige Erfahrungen usw.). Es geht u.a. darum, festzustellen, ob der Zeuge in der Lage war, das Ereignis auch zu erfinden. Welche Aussagequalität erlauben ihm seine mentalen Kompetenzen, wenn er seine Vorwürfe erfunden hätte? Sind seine Kompetenzen als zu gering für das Erfinden seiner Behauptungen einzuschätzen, ist dies ein Hinweis auf **Erlebnisfundiertheit** seiner Aussage.

79 Einzubeziehen sind auch mögliche sachfremde Aussagemotive, aber auch potenzielle suggestive Einflüsse. Das bedeutet, dass das Vorhandensein von Realkennzeichen allein noch nichts aussagt. Sie müssen in Bezug gesetzt werden zu den Kompetenzen, vor allem zur Erfindungs- und **Lügenkompetenz**. Es ist zu prüfen, ob es Hinweise auf den „guten Lügner“ gibt.

80 Ein anderer Aspekt der Integration der Befunde ist, dass bei Hinweisen auf eventuelle Falschbelastungsmotive sich die Anforderungen an die inhaltliche Aussagequalität erhöhen. Ein weiterer Aspekt: Mängel in der Aussagequalität können unter bestimmten Umständen durch eine hohe Aussagezuverlässigkeit kompensiert werden. Und umgekehrt: Mängel in der Aussagezuverlässigkeit können unter bestimmten Umständen durch be-

sonders ausgeprägte Aussagequalität kompensiert werden. Dass bei inkonstanten Aussagen und bei Verifizierung der Suggestionshypothese die Realkennzeichenanalyse nicht angewandt werden kann, wurde schon erörtert.

Wenn es nicht schon vorher im Gutachten geschehen ist, gehört zur Integration der Befunde auch, die konkreten Handlungen zu benennen, auf die sich die Stellungnahme bezieht. Die Anklageschrift ist dabei die Grundlage. Besonders wenn fortgesetzte, gleichartig verlaufende Handlungen behauptet werden, kann es schwierig werden, einzelne Handlungen abzugrenzen. Oft bleibt als Ausweg nur, Zeiträume und Mindesthäufigkeiten zu eruieren. 81

V. Die Beurteilung des Verdachts auf sexuellen Missbrauch im familiengerichtlichen Verfahren

Die aussagepsychologische Prüfung des Verdachts auf sexuellen Missbrauch im familiengerichtlichen Verfahren beinhaltet spezifische Probleme. Einerseits kommt dem Ergebnis der Prüfung entscheidende Bedeutung für die gerichtlichen Beschlüsse in Bezug auf die Regelung von Sorgerecht oder Umgangsrecht zu. Andererseits besteht die Grundlage des Verdachts in familiengerichtlichen Verfahren häufiger aus **diffusen Hinweiszeichen**, unspezifischen Beobachtungen, durch Mehrfachbefragungen überstrapazierte Aussagen und nicht belegbaren Vorwürfen. In mehreren Untersuchungen in verschiedenen Ländern wurde gezeigt, dass sich in familiengerichtlichen Verfahren Missbrauchsvorwürfe deutlich häufiger als in Strafverfahren nicht bestätigen ließen.[14] Eine der Ursachen dürfte sein, dass der **Vorwurf als Mittel der Konfliktaustragung** genutzt wird. Eine andere Ursache sind irrtümliche Falschbezichtigungen infolge **unangemessener Interpretation** von kindlichen Verhaltensweisen oder Äußerungen, getragen von echter Besorgnis oder auch von Vorurteilen, manchmal forciert durch suggestive Aufdeckungsbemühungen. 82

Dem Sachverhalt, dass der Anteil nicht belegbarer Beschuldigungen in familienrechtlichen Verfahren deutlich höher ist als in Strafverfahren, wird oft begegnet mit dem Argument, dass es im Familienrecht um das Kindeswohl, im Strafrecht jedoch um Wahrheitsfindung und um den Grundsatz „in dubio pro reo“ gehe. Deshalb seien im Familiengerichtsverfahren nicht die Maßstäbe des Strafverfahrens anzulegen, man müsse sich mit geringeren Wahrscheinlichkeiten zufrieden geben. 83

Dieser Ansicht ist mit der Frage zu begegnen, welches **Kindeswohl** gemeint ist und welche **Kindeswohlgefährdung** vermieden werden soll. Die Problematik wird in der folgenden Abb. 4 dargestellt. Beide Aspekte sind gleich wichtig. Der Schutz von Kindern vor sexuellem Missbrauch ist gleichrangig mit dem Schutz vor deplatzierten Maßnahmen und Stigmatisierung. Die Ansprüche an die Wahrheitsfindung sind deshalb unabhängig von der Art der verfahrensrechtlichen Konstellation. 84

14 *Busse u.a.* 2000.

85 RISIKO 1

- Der Missbrauchsverdacht wird für berechtigt gehalten (trotz unzureichender Information) ↓

Risikoentscheidung 1

- Intervention (z.B. Inobhutnahme, SR-Entzug, Umgangsausschluss)

- Möglicher *Nutzen*: Schutz des Kindes vor Missbrauch

→ **Kindeswohlaspekt 1**

- Möglicher *Schaden*: Deplatzierte Maßnahmen (Intervention)

→ **Kindeswohlgefährdung 1**

86 RISIKO 2

- Der Missbrauchsverdacht wird für unberechtigt gehalten (trotz unzureichender Information) ↓

Risikoentscheidung 2

- Verzicht auf Intervention (Inobhutnahme, SR-Entzug, Umgangsausschluss)

- Möglicher *Nutzen*: Vermeidung deplatzierter unangemessener Maßnahmen (s. oben); Schutz des Kindes vor unbegründeten Bindungsabbrüchen, Stigmatisierungen und Belastungen

→ **Kindeswohlaspekt 2**

- Möglicher *Schaden*: Gefährdung durch Missbrauch bleibt bestehen
- → **Kindeswohlgefährdung 2**

VI. Fehler von Sachverständigen

87 Selbstverständlich ist, dass auch Sachverständige nicht fehlerfrei arbeiten. Ungünstig ist ihre Lage insofern, dass immer mindestens ein Verfahrensbeteiligter mit dem Ergebnis der Begutachtung unzufrieden ist und alle verfahrensrechtlichen Möglichkeiten nutzt, um Fehler zu finden. Mit Blick auf das Gutachterwesen insgesamt kann dies auch der **Qualitätssicherung** dienen, vor allem dann, wenn es um sachlich gerechtfertigte Kritik geht. Sachverständige setzen sich der Gefahr der Kritik ihrer Arbeit aus, wenn ihnen **mangelnde Sorgfaltspflicht** nachgewiesen werden kann. Dies beginnt damit, dass sich jeder Sachverständige selbstständig zu den Rechtsnormen kundig zu machen hat, die seine prozessrechtliche Stellung, seine Rechte und Pflichten als Sachverständiger (§§ 72–85 StPO, §§ 402–414 ZPO) und Aspekte des Beweisrechts betreffen.

88 Ferner gehört zur Sorgfaltspflicht des Sachverständigen, dass er selbst zu überprüfen hat, ob er die Fragestellung des Auftraggebers nach gültigen Fachstandards mit der **nötigen Sachkunde** beantworten kann. Diese Sachkunde muss er nachweisen können durch einschlägige Berufspraxis und wissenschaftliche Beschäftigung mit der Problema-

tik. Die allgemeine Sachkunde des Psychologen genügt nicht. Auch verfügt nicht jeder psychologische Sachverständige über **spezielle Sachkunde auf dem Gebiet der Glaubhaftigkeitsbegutachtung.** Die Föderation Deutscher Psychologenvereinigungen bietet seit dem Jahr 2000 eine Weiterbildung zum Fachpsychologen der Rechtspsychologie an, in der auch die spezifischen Kompetenzen zur Glaubhaftigkeitsbegutachtung vermittelt werden. Leider ist diese Zertifikation den Auftraggebern (Richter, Staatsanwalt) meist nicht bekannt.

Zur Sorgfaltspflicht und Sachkunde des Sachverständigen gehört auch, nicht eigen- 89
mächtig vom **Beweisbeschluss des Auftraggebers** abzuweichen. Hier gibt es Probleme, wenn die gerichtliche Fragestellung zB lautet: Gibt es Hinweise auf sexuellen Missbrauch des Kindes? Hier wird der Gutachter aufgefordert, zu ermitteln. Damit würde er aber seine Kompetenzen überschreiten. Wenn der Sachverständige einen Beweisbeschluss für unrichtig oder unklar hält, muss er den Auftraggeber kontaktieren und Klarheit schaffen. Unterlassene Kommunikation ist dann fehlerhaft.

Besonders im Familienrecht wird oft gefragt, welche Umgangsregelung empfohlen wird 90
„unter Berücksichtigung der Vorwürfe des sexuellen Missbrauchs". Hier werden unter der Hand zwei Gutachtenaufträge erteilt.

Die Kehrseite ist die **Sorgfaltspflicht des Auftraggebers.** Sie beginnt bei der Frage, wann 91
ein Sachverständiger als persönliches Beweismittel hinzugezogen wird. Das ist dann geboten, wenn dem Gericht die nötige Sachkunde fehlt. Es gehört generell zur richterlichen Aufklärungspflicht gemäß § 244 StPO, dass bei fehlender Sachkunde in einer beweiserheblichen Frage ein Sachverständiger hinzuzuziehen ist. Die Frage, ob ein Gericht über die nötige Sachkunde verfügt, entscheidet das Gericht. Das birgt eine Logik, die in anderen Professionen kaum auffindbar ist und zu Ansichten führt wie der des pensionierten Strafrichters Gehrke, Glaubhaftigkeitsgutachten seien vor allem bei Erwachsenen „unsinnig". Die Begründung lautet: „Ob er einem Zeugen glauben kann, muss ein Richter nach rechtlichen Kriterien und richterlicher Erfahrung selbst entscheiden. Und wenn er das nicht kann, hat er in dem Beruf nichts verloren". [15] Hier wird der jeweiligen richterlichen Erfahrung ein Kompetenzgewinn zugeschrieben, die Gutachter durch umfangreiche und systematische Qualifikation zu erwerben bemüht sind. Offenbar nimmt mit der geringen Gefahr korrigierender Rückmeldung von außen auch die Rasanz selbstattribuierten Lerngewinns zu, denn: Unter Berufung auf die eigene Sachkunde ist dem Tatrichter die Ablehnung eines Antrages auf Anhörung eines weiteren Sachverständigen auch dann möglich, wenn ihm die Sachkunde erst durch den zunächst vernommenen Sachverständigen vermittelt worden ist. Dies gilt selbst dann, wenn er diesem Gutachter nicht folgen will. [16]

Wenigstens ist dann die Gefahr vermindert, dass alle jene Fehlerquellen in den hoch be- 92
werteten „persönlichen Eindruck" münden, die durch Routinen und verfestigte Entscheidungsgewohnheiten bedingt sind.

Seit dem BGH-Urteil vom 30.7.1999 zu den wissenschaftlichen Anforderungen an aus- 93
sagepsychologische Begutachtungen ist ferner zu beobachten, dass Richter nach Lektüre dieses Urteils sich eigene Sachkunde zuschreiben. Immerhin ist es nach BGH-Rechtsprechung aber auch ein Revisionsgrund, wenn sich das Gericht unbegründet eigene Sachkunde zumisst. Auch hier besteht die Frage, wer das mit Sachkunde entscheidet. Und gilt für diese Entscheidung genauso wie für richterliche Entscheidungen über die Glaubhaftigkeit von Zeugen das, was der Richter Vultejus[17] in Bezug auf die ‚Richtigkeit' der

15 Spiegel 22/2011 vom 30.5.2011, Seite 65.
16 BGH v. 12.1.2010 – 3 StR 436/09 (LG Lübeck)
17 Vultejus 1998, 598.

richterlichen Entscheidungen ausdrücklich bedauert: „Nur haben wir keine Möglichkeit, sie zu messen."

94 Zurück zum Sachverständigen. Er gibt Anlass zu **Zweifeln an eigener Sachkunde**, wenn folgende Sachverhalte erkennbar sind:

- Fehlen hypothesengeleiteten Vorgehens gemäß BGH-Urteil von 1999,
- Verletzung aktuell geltender Fachstandards bzw Schlussfolgerungen, die nicht durch den Erkenntnisstand des Faches gedeckt sind,
- unangemessene Wahl der Methoden bzw Benutzung nicht anerkannter Methoden.

95 Hier ergeben sich die meisten Probleme, weil der Gutachter eigentlich in der Wahl seiner Methoden frei ist. Meist ist aber klar erkennbar, wenn diese Grenzen überschritten sind. Das trifft zB zu, wenn die Realkennzeichenanalyse gar nicht bekannt ist. Oder wenn die Methode der Realkennzeichenanalyse insofern missverstanden wird, dass jedes Realkennzeichen mit eigener Kapitel-Nummerierung diskutiert wird und dann plus und minus (Realkennzeichen vorhanden oder nicht vorhanden) verrechnet wird.

96 Ein Hinweis auf nicht fachgerechtes Arbeiten sind **Verstöße gegen das Gebot der Transparenz und Nachvollziehbarkeit**, das im BGH-Urteil von 1999 besonders betont wird. Sie können sich darin äußern, dass Befunde und Schlussfolgerungen nicht nachvollziehbar sind, dass die Datenquellen und der Untersuchungsablauf nicht mitgeteilt werden, dass grobe Widersprüche im Gutachten unreflektiert bleiben, dass die Meinung ohne angemessene Begründung gewechselt wird. Mangelnde Transparenz kann auch darin bestehen, dass die Untersuchungsmethoden nicht oder nicht ausreichend offen gelegt und begründet werden. Allerdings wird im BGH-Urteil von 1999 auch festgestellt, dass es „bei anerkannten psychologischen Diagnoseverfahren (zB Befragung, Beobachtung, Standardtests und -fragebogen).... regelmäßig keiner ausführlichen Erläuterung [bedarf], da deren Überprüfbarkeit bereits durch allgemeine psychologische Quellen wie Testmanual und Sekundärliteratur gewährleistet ist". Insofern können zB Fragen nach der Reliabilität und Validität von Tests als überspitzt gelten. Auch sind Sachverständige nicht verpflichtet, alle durch Exploration oder andere Methoden erhobenen Informationen im Gutachten mitzuteilen. Für die Beantwortung der Gutachtenfragestellung Unwichtiges kann zB weggelassen werden. Die Selektion unterliegt dem Sachverstand des Gutachters. Aber eine Voraussetzung für die Eignung des Gutachtens als Beweismittel ist, dass jene Befunde, mit denen die Stellungnahme begründet wird, in der Hauptverhandlung prinzipiell vorgelegt werden können.

97 Ein weiterer Bereich sind **fehlerhafte und unangemessene Aktivitäten des Sachverständigen**, die im Extremfall dazu führen können, dass die von ihm erhobenen Informationen später nicht verwertet werden können (§ 251 StPO). Dazu zählen die Ermittlung und die Beweiswürdigung. Einer der größten Fehler ist, wenn der Beschuldigte exploriert wird. Mitunter kommt es zur „informatorische[n] Befragung von Drittpersonen", oder gar von Personen, die bisher noch nicht polizeilich vernommen wurden. Dies ist nicht statthaft.

98 Bei minderjährigen Zeugen können aber deren Anamnese und Beiträge zur Aussagegenese erhoben werden über Bezugspersonen (soweit sie nicht die Beschuldigten sind). Werden Personen des sozialen Umfeldes, wie zB Lehrer mit dem gleichen Anliegen exploriert, ist vorher die **Schweigepflichtentbindung** des gesetzlichen Vertreters einzuholen. Notwendig ist, die Befragten eindeutig im Gutachten zu benennen und die für die Beantwortung der Fragestellung relevanten Ergebnisse mitzuteilen (**Transparenzgebot**).

99 Sichere Wege sind aber, Rücksprache mit dem Auftraggeber zu halten, um entweder den Begutachtungsauftrag entsprechend erweitern zu lassen bzw die Befragung geneh-

migen zu lassen oder die Durchführung einer Vernehmung durch den Auftraggeber (eventuell unter Beteiligung des Gutachters) zu veranlassen (§ 80 StPO).

Neutralität und Objektivität des Sachverständigen sind nicht mehr gewährleistet, wenn er persönliche weltanschauliche, kriminalpolitische, rechtsphilosophische Haltungen einbringt, zB zu Justizabläufen, zur Verurteilung auf Bewährung, zur lebenslangen Freiheitsstrafe, also die Distanzierung von Rechtsfolgen, die sich aus der fachgerechten Begutachtung ergeben können. Ebenso geht die Unabhängigkeit des Sachverständigen verloren, wenn er Identifizierung mit den Interessen anderer Personen, wie Zeugen oder Beschuldigte, oder Überidentifikation mit eventuellen Erwartungshaltungen des Auftraggebers erkennen lässt. 100

Ein grober Fehler ist, sich auf **Rollenkonfusion** einzulassen, zB dadurch, dass neben dem Gutachtenauftrag auch noch ein Beratungs- oder Behandlungsverhältnis oder irgendein anderer Helferstatus mit entsprechendem Vertrauensschutz besteht. 101

Der Gutachter hat zu Beginn der Begutachtung dem Zeugen den Auftrag und Ablauf, die Untersuchungsbedingungen und Rechte zu erläutern. Dazu gehört auch die Mitteilung, dass der Gutachter keine Schweigepflicht gegenüber dem Auftraggeber hat, sondern die Aussagepflicht in vollem Umfang vor Gericht. Ein Aussageverweigerungsrecht unter Hinweis auf das Berufsgeheimnis kann der Sachverständige nicht geltend machen (davon unberührt bleibt die Schweigepflicht gegenüber Dritten gemäß § 203 Abs. 1, Nr. 2 StGB). Ferner gehört dazu die Information, dass die Teilnahme an der Begutachtung freiwillig ist. Diese **Aufklärungen** sind im schriftlichen Gutachten zu vermerken und in die Tonbandaufnahme einzuschließen. Bei minderjährigen Zeugen ist vorab das Einverständnis des Sorgeberechtigten einzuholen. Die Belehrungen über die Zeugnis- bzw Aussageverweigerungsrechte gemäß § 52 StPO haben durch den Richter zu erfolgen, nicht durch den Sachverständigen! Allgemein gilt aber: Es kann nicht schaden, sondern eher nützen, wenn es der Gutachter auch gemacht hat. Fehlerhaft ist jedoch, den Zeugen darüber zu belehren, dass bei Aussagebereitschaft die Pflicht zur wahrheitsgemäßen Aussage besteht. Dies ist keine rechtlich abgesicherte Forderung für die Begutachtungssituation. 102

Sachverständige dürfen nicht wahllos Informationen und Daten erheben, sondern nur solche, die für die **Beantwortung der Gutachtenfrage relevant** sind. Wird dies nicht beachtet, liegt eine Missachtung von Persönlichkeitsrechten des Opferzeugen vor. Über Tatsachen, die dem Sachverständigen außerhalb des Begutachtungsauftrages anvertraut oder bekannt wurden, darf er im Verfahren nur Aussagen machen, nachdem er eine Schweigepflichtentbindung der Probanden eingeholt hat (ansonsten liegt eine unbefugte Verletzung von Privatgeheimnissen gemäß § 203 StGB vor). 103

Fremdbefunde (in den Akten enthaltene medizinische Befunde, vorliegende Sachbeweise oder Zeugenaussagen) als schon vorhandene Ermittlungsergebnisse dürfen nur dann verwertet werden, wenn sie für den Sachverständigen **Anknüpfungstatsachen** enthalten, die für seine aussagepsychologischen Schlussfolgerungen von Belang sind Die Art der Verknüpfung, zB die Verwendung früherer Aussagen als Teil der Konstanzanalyse, ist zu verdeutlichen. Die Fremdbefunde sind nicht zu bewerten. Ansonsten würde der Sachverständige seine Kompetenzen insofern überschreiten als er richterliche Beweiswürdigung betreibt. 104

Ein Fehler des Sachverständigen kann auch darin bestehen, dass er **unzulässige Fragen** nicht zurückweist, sondern sich darauf einlässt. Wichtig, aber weithin unbekannt ist, dass es im Prozess solche unzulässigen Fragen an den Sachverständigen gibt. Die BGH-Rechtsprechung sowie die Fachliteratur wird im Praxishandbuch Sachverständigen- 105 recht [18] so interpretiert, dass dazu Fragen gehören, die das Beweisthema nicht betreffen, ferner die Wiederholung von Fragen, die bereits beantwortet wurden, auch Rechtsfragen, Suggestivfragen inklusive Erwartungssuggestionen („Sie haben doch sicher mehr untersucht …“, „Als Experte werden Sie doch sicher wissen, dass …“). Dies dient nicht nur dem Schutz des Sachverständigen gegen prozesstaktische Vorgehensweisen, sondern begegnet auch der Gefahr, den Beweiswert einer Aussage zu verderben.

18 Bayerlein 2008.

§ 6 Kinderschutz/Opferhilfen im Anwaltsmandat – Familiengericht und Jugendhilfe –

Literatur: *Dettmeyer*, Kindesmissbrauch und Opferentschädigung aus medizinischer Sicht, Der medizinische Sachverständige, 2012, 64; *Fegert* (Hrsg.), Begutachtung sexuell missbrauchter Kinder, Der Stellenwert des sexuellen Missbrauchs in familiengerichtlichen Verfahren, 2001; *Jüdt/Kleffmann/Weinreich* (Hrsg.), Formularbuch des Fachanwalts Familienrecht, Praxis des familiengerichtlichen Verfahrens, 3. Aufl. 2012 (zit.: Bearbeiter in: Jüdt/Kleffmann/Weinreich); *Kindler/Llilig/Blümel/Meysen/Werner* (Hrsg.), Handbuch der Kindeswohlgefährdung nach § 1666 BGB und Allgemeiner Sozialdienst, http://db.dji.de/asd/ASD_Handbuch_Gesamt.pdf; Kindler, Innerfamiliäre Viktimisierung und Familienrechtspsychologie, Praxis der Rechtspsychologie 2010, 218; *Münder/Mutke/Schone*, Kindeswohl zwischen Jugendhilfe und Justiz, 2000; *Richter/Doering-Striening* (Hrsg.), Grundlagen des Sozialrechts, 2009; Schnitzler (Hrsg.), Anwaltshandbuch Familienrecht, 3. Aufl. 2010 (zit.: Schnitzler/Bearbeiter); *Staudinger*, Kommentar zum Bürgerlichen Gesetzbuch, 14. Bearbeitung 2006 ff, Bd. IV: Familienrecht, Bearbeitung 2010 (zit.: Staudinger/Bearbeiter); *Weinreich/Klein* (Hrsg.), Fachanwaltskommentar Familienrecht, 4. Aufl. 2011 (zit.: Bearbeiter in: Weinreich/Klein).

I. Kinderschutznormen: Völkerrecht/Verfassungsrecht/einfachgesetzliche Normen

1 Der Bürger hat Anspruch auf den Schutz des Staates. Nur deshalb ist das staatliche Gewaltmonopol gerechtfertigt. Das gilt erst recht und insbesondere für Kinder und Jugendliche.

2 Das **Übereinkommen über die Rechte des Kindes vom 20. November 1989** (BGBl. II 1992 S. 121) – UN-Kinderrechtskonvention (KRK) – statuiert auf völkerrechtlicher Ebene besondere Schutzpflichten gegenüber Kindern, wie zB den Schutz vor Misshandlung und Verwahrlosung sowie sexuellem Missbrauch, und bestimmt in Art. 3 Abs. 1 KRK ausdrücklich:

Bei allen Maßnahmen, die Kinder betreffen, gleichwohl ob sie von öffentlichen oder privaten Einrichtungen der sozialen Fürsorge, Verwaltungsbehörden oder Gesetzgebungsorganen getroffen werden, ist das Wohl des Kindes ein Gesichtspunkt, der vorrangig zu berücksichtigen ist.[1]

3 Auch gemäß Art. 8 **EMRK** (Europäische Menschenrechtskonvention v. 4.11.1950 i.d.F. des Protokolls Nr. 11) ist das besondere Gewicht der familiären Bindungen und insbesondere das Kindeswohl minderjähriger Kinder zu berücksichtigen.[2]

4 Im Verhältnis zum Verfassungsrecht haben die Konventionen die Wirkungen einfacher Gesetze (Art. 59 Abs. 2 S. 1, 20 Abs. 3 GG).[3] Diese Rangzuweisung führt dazu, dass deutsche Gerichte die Konvention wie anderes Gesetzesrecht des Bundes im Rahmen methodisch vertretbarer Auslegung zu beachten und anzuwenden haben. Nationales Recht ist nach der Rechtsprechung des Bundesverfassungsgerichtes gleichzeitig aber auch **völkerrechtskonform auszulegen.** Die Gewährleistungen der Konventionen beeinflussen daher auch die Auslegung der Grundrechte und rechtsstaatlichen Grundsätze des Grundgesetzes. Die Konventionstexte und die Rechtsprechung des Europäischen Gerichtshofs für Menschenrechte dienen auf der Ebene des Verfassungsrechts als Auslegungshilfen für die Bestimmung von Inhalt und Reichweite von Grundrechten und rechtsstaatlicher Grundsätzen des Grundgesetzes.[4] Der verfassungsrechtliche Kinderschutz wird daher von den völkerrechtlichen Grundsätzen nachhaltig beeinflusst.

5 Auf nationaler Ebene haben Kinder aus **Art. 6 Abs. 2 GG** einen Anspruch auf Schutz des Staates.[5] Pflege und Erziehung der Kinder sind zwar nach Art. 6 Abs. 2 GG das natürliche Recht der Eltern und die ihnen zuvörderst obliegende Pflicht. Über ihre Betätigung **wacht aber die staatliche Gemeinschaft.** So wiederholt es § 1 Abs. 2 SGB VIII. Das

1 Am 17.6.2011 hat der UNO-Menschenrechtsrat einstimmig eine Resolution verabschiedet, die das Ziel hat, ein **Individualbeschwerderecht für Kinder** zu schaffen. Die Resolution ersucht die UNO-Generalversammlung, dem Kinderrechtsausschuss die Kompetenz zu erteilen, sowohl individuelle Mitteilungen von Kindern und von Staaten über die Missachtung der Kinderrechte entgegenzunehmen, als auch auf eigene Initiative systematische Verletzungen der Konventionsrechte zu untersuchen. Die UN-Generalversammlung hat das 3. Zusatzprotokoll zu einem Individualrechtsbeschwerdeverfahren zur UN-Kinderrechtskonvention beschlossen. Deutschland hat eine rasche Ratifizierung zugesagt.

2 BVerwG v. 10.2.2011, 1 B 22.10, openjur.de.

3 BVerfG v. 14.10.2004, 2 BvR 1481/04; BVerfGE 74,358; 82, 106.

4 BVerfG v. 28.2.2012, 1 BvR 3116/11, FamRZ 2012, 1127, 1128; BVerfG v. 23.3.2011, 2 BvR 882/09 Rn 52; BVerfG v. 14.10.2004, 2 BvR 1481/04.

5 BVerfGE 60, 79 (88) v. 17.2.1982, 1 BvR 188/80.

beiden Elternteilen gemäß Art. 6 Abs. 2 S. 1 GG verfassungsrechtlich gegenüber dem Staat gewährleistete Freiheitsrecht auf Pflege und Erziehung ihrer Kinder dient in erster Linie dem Kindeswohl, das zugleich oberste Richtschnur für die Ausübung der Elternverantwortung sein muss.[6] Interessenverwirklichung und Rechtsschutz des Kindes – also insbesondere der **Lebens- und Gesundheitsschutz** – sind verfassungsrechtlich **vorrangig** der **elterlichen Verantwortung** zugewiesen.[7] Damit ist ein Vorgehen gegen „gefährliche“ oder sogar „schädigende“ Eltern“ stets ein ungeheuer schwieriger Spagat zwischen Kinderschutz einerseits und Elternrecht andererseits.

Die staatliche Gemeinschaft ist zu einer generellen Überwachung im Sinne eines Generalverdachts gegenüber Eltern, mit dem unterstellt wird, sie könnten ihr Kind vernachlässigen, misshandeln oder sexuell missbrauchen, nicht befugt. **Gefahrerforschungseingriffe**, die unabhängig von einem Verdacht sind, sind verfassungsrechtlich unzulässig.[8] Auch Art. 8 EMRK konstituiert ein Recht auf Achtung des Familienlebens und lässt Eingriffe des Staates nur unter engen Voraussetzungen zu. 6

Eingriffe in die elterliche Sorge sind ausschließlich dem **Familiengericht** vorbehalten. Eine Ausnahme ist die **Inobhutnahme nach § 42 SGB VIII** als vorläufige Maßnahme des Kinderschutzes und die Befugnis zur Klärung einer Kindeswohlgefährdung, wenn gewichtige Anhaltspunkte iSv **§ 8 a SGB VIII** bekannt geworden sind. [9] 7

Das staatliche Wächteramt beginnt aber nicht erst mit dem Eingriff in das elterliche Sorgerecht. Der **Kinderschutz** ist schon und vorrangig **durch Prävention** zu gewährleisten. Die Jugendhilfe ist deshalb in das staatliche Wächteramt eingebunden (§ 1 Abs. 3 Nr. 3 SGB VIII). Jugendhilfe und Familiengericht sind die beiden zentralen Institutionen des staatlichen Kinderschutzrechtes, die „unter dem Dach des staatlichen Wächteramtes aus Art. 6 Abs. 2 S. 2 GG eine **Verantwortungsgemeinschaft** bilden“.[10] 8

Grundsätzlich besteht nach § 1666 a BGB als Ausprägung des Verhältnismäßigkeitsgrundsatzes ein **Vorrang öffentlicher Hilfen für die Abwehr von Kindeswohlgefährdung.** Maßnahmen, mit denen eine Trennung des Kindes von der elterlichen Familie verbunden sind, sind nur nach Maßgabe des Art. 6 Abs. 3 GG und unter der Voraussetzung zulässig, dass der Gefahr nicht auf andere Weise, auch nicht durch öffentliche Hilfen, begegnet werden kann. 9

Mit § 16 Abs. 1 S. 3 SGB VIII hat der Gesetzgeber eine sozialrechtliche Hilfeleistung geschaffen, durch die Familien aufgezeigt werden soll, wie Konflikte in der Familie gewaltfrei gelöst werden können. Nicht Strafverfolgung oder Sorgerechtsentzug sollen in Konfliktlagen im Vordergrund stehen, sondern Hilfen für betroffene Kinder, Jugendliche und Eltern.[11] 10

Hinweis: Gleichwohl ist nicht zu vernachlässigen, dass mit dem elterlichen Sorgerecht und der elterlichen Sorgepflicht auch der **Straftatbestand der Verletzung der Fürsorge- oder Erziehungspflicht** korrespondiert, der heute etwas in den Hintergrund geraten ist. § 171 StGB – Verletzung der Fürsorge- oder Erziehungspflicht – lautet:

Wer seine Fürsorge- oder Erziehungspflicht gegenüber einer Person unter sechzehn Jahren gröblich verletzt und dadurch den Schutzbefohlenen in die Gefahr bringt, in seiner körperlichen oder psychischen Entwicklung erheblich geschädigt zu werden, einen kriminellen Lebenswandel zu führen

6 BVerfG v. 1.3.2004, 1 BvR 738/01 mwN.
7 Staudinger/Coester, Kommentar zum Bürgerlichen Gesetzbuch mit Einführungsgesetz und Nebengesetzen, Buch 4, §§ 1638–1683 BGB, Neubearbeitung 2009, § 1666 Rn 12 mwN.
8 DIJUF-Rechtsgutachten, JAmt 2012, 162 mwN.
9 DIJUF-Rechtsgutachten JAmt2012, 162; Staudinger/Coester, § 1666 BGB Rn 19.
10 Staudinger/Coester, § 1666 BGB Rn 19.
11 BT-Drucks. 13/11368, 167.

oder der Prostitution nachzugehen, wird mit Freiheitsstrafe bis zu drei Jahren oder mit Geldstrafe bestraft.[12]

11 Anwälte sind mit Fragen des Kinderschutzes durch öffentliche Hilfen und den Verantwortungsträger „Jugendhilfe" eher seltener beschäftigt. Typischerweise entsteht der Erstkontakt mit Fragestellungen des Kinderschutzes für den Anwalt im Kontext **familienrechtlicher Mandate,** nämlich dann, wenn es um **Entzug der elterlichen Sorge** oder um streitige **Umgangsfragen** geht. Damit beschäftigt sich nachfolgend der erste Teil, und zwar exemplarisch am Vorwurf des sexuellen Missbrauchs.

12 Im Kontext strafrechtlicher Mandate und quasi im Rahmen nachsorgender Folgenbeseitigung steht die Beratung über den an **sozialrechtlichen Hilfen** ausgerichteten **Kinderschutz des SGB VIII.**

13 Zwischen beiden Schutzansätzen kann es überdies zu **Kompetenzkonflikten** kommen, weil der familienrechtliche und der sozialrechtliche Schutzansatz vom Gesetzgeber organisatorisch und kompetenzrechtlich nicht klar strukturiert wurden. Nach § 2 SB VIII umfasst die Jugendhilfe Leistungen und andere Aufgaben zugunsten junger Menschen und Familien. Der Gesetzgeber hat mit der Regelung des § 8 a Abs. 1 SGB VIII ein rechtliches Instrumentarium für den Umgang mit Hinweisen auf eine Gefährdung des Kindeswohls, nämlich spezifische **Verfahrensvorschriften** geschaffen, die für den Träger der öffentlichen Jugendhilfe den allgemeinen Untersuchungsgrundsatz des § 20 SGB X bereichs- und situationsspezifisch modifizieren und konkretisieren.[13] Das Jugendamt hat danach grundsätzlich in eigener Verantwortung die Eignung öffentlicher Hilfen zur Abwehr einer Kindeswohlgefährdung zu beurteilen und anzubieten (**Entscheidungsprimat des Jugendamtes**). Über Tatbestandsvoraussetzungen und geeignete Leistung entscheidet der Träger der öffentlichen Jugendhilfe. Fach- und Sachkompetenz sind grundsätzlich beim Jugendamt angesiedelt.

14 Andererseits ist dem Familiengericht als staatlichem Wächter aus Art. 6 Abs. 2 S. 2 GG die Verantwortung auferlegt, geeignete und erforderliche Maßnahmen zur Abwehr einer festgestellten Kindeswohlgefährdung zu treffen. Dabei wird eine Gefahrenabwehr durch „öffentliche Hilfen" vom Gesetz ausdrücklich als vorrangig vor Sorgerechtseingriffen bezeichnet. Zu Kompetenzkonflikten kann es kommen, wenn zwischen beiden „Schutzbeauftragten" des Kindeswohls unterschiedliche Auffassungen über den Weg bestehen oder sachfremde Aspekte, wie zB finanzielle Erwägungen des Jugendhilfeträgers, in die Entscheidung einfließen und die „Verantwortungsgemeinschaft" nicht funktioniert. Dann bestehen eine **Letztverantwortlichkeit** und ein **Letztentscheidungsrecht** des Familiengerichts. Grundsätzlich besteht zwar eine Bindung des Familiengerichts – in einem weiten Beurteilungsspielraum – an die Entscheidung des Jugendamtes. Das Familiengericht darf aber organisatorische und finanzielle Erwägungen in seine Entscheidungen grundsätzlich nicht einbeziehen. Es muss dann in der Regel ein Sachverständigengutachten über die Geeignetheit einer öffentlichen Hilfe einholen, auf dessen Grundlage eine abweichende gerichtliche Beurteilung getroffen werden kann.[14]

---

12 Zur Verletzung der Fürsorgepflicht, wenn ein Elternteil mit einem anderen Partner Oral- und Vaginalverkehr betreibt und das 5-jährige Kind dabei zusehen lässt, vgl zB: BGH v. 7.12.1994, 2 StR 370/94 (zitiert mit weiteren Beispielen in Parzeller/Zedler/Bratzke/Dettmeyer, Körperverletzung, Aussetzung und Verletzung der Fürsorgepflicht gegenüber Kindern, Rechtsmedizin 2010, 179 ff.

13 OVG NRW v. 22.6.2009, 12 A 1078/09.

14 OLG Koblenz v. 20.5.2012, 11 UF 266/12.

II. Familiengerichtliche Maßnahmen des Kinderschutzes am Beispiel des sexuellen Missbrauches

1. §§ 1666, 1666 a BGB[15] – Gerichtliche Maßnahmen bei Gefährdung des Kindeswohls

§ 1666 BGB ist das Mittel, das der Gesetzgeber dem Familiengericht an die Hand gegeben hat, um effektiv einschreiten zu können, wenn eine Gefährdung des Kindeswohls nicht auf andere Art und Weise abgewendet werden kann. 2011 haben Familiengerichte in Deutschland in rund 12.700 Fällen den vollständigen oder teilweisen Entzug der elterlichen Sorge angeordnet, weil eine Gefährdung des Kindeswohls anders nicht abzuwenden war.[16] 15

Der **Eingriff in die elterliche Sorge** ist nach § 1666 BGB danach notwendig und gerechtfertigt, wenn 16

- das körperliche, geistige oder seelische Wohl des Kindes oder sein Vermögen gefährdet ist

  und

- die Eltern nicht gewillt oder nicht in der Lage sind, die Gefahr abzuwenden.

Die unbestimmten Rechtsbegriffe des § 1666 BGB sind im Lichte der strikten **völker- und verfassungsrechtlichen Vorgaben** auszulegen.[17] Entscheidungsleitend für die Auslegung der unbestimmten Rechtsbegriffe sind die verfassungsrechtlichen und einfachgesetzlichen Vorgaben zum Schutz von Kindern.[18] Dazu gehört nach § 1631 Abs. 2 BGB das **Recht auf gewaltfreie Erziehung,** die körperlichen Bestrafungen, seelische Verletzungen und andere entwürdigende Maßnahmen, die seit dem 8.11.2000 das Gesetz zur Achtung der Gewalt in der Erziehung und zur Änderung des Kindesunterhaltes [19] verbietet. 17

Entscheidungsleitend für das Kindeswohl ist das im Grundgesetz und im SGB VIII (§ 1 Abs. 1 SGB VIII) verankerte Erziehungsziel einer **selbstständigen und eigenverantwortlichen, zum sozialen Zusammenleben fähigen Persönlichkeit,** dem alle anderen Kriterien untergeordnet sind.[20] Dazu gehören 18

- Kontinuität und Stabilität der Betreuungs- und Erziehungsverhältnisse[21]
- die entstandenen kindlichen Bindungen[22]
- der kindliche Wille, der auf beachtlichen Gründen und auf verantwortlicher Eigenentscheidung beruht[23]
- der familiäre Gesamtzusammenhang des Kinderschutzes[24]

Diese einzelnen Kriterien stehen aber letztlich nicht wie Tatbestandsmerkmale kumulativ nebeneinander. Jedes von ihnen kann im Einzelfall mehr oder weniger bedeutsam für die Beurteilung sein, was dem Wohl des Kindes am besten entspricht.[25] 19

---

15 Vgl hierzu umfassend auf 924 Seiten(!): Kindler/Llilig/Blümel/Meysen/Werner (Hrsg.), Handbuch der Kindeswohlgefährdung nach § 1666 BGB und Allgemeiner Sozialdienst, www.dji.de/ asd/ ASD_Handbuch_Gesamt.pdf.
16 Destatis, Deutsches Statistisches Bundesamt, Pressemitteilung v. 18.7.2012.
17 Schnitzler/Knittel, § 13 Rn 62.
18 Vgl BT-Drucks. 14/1247, 5.
19 BGBl I, 1479.
20 Staudinger/Coester, § 1666 BGB Rn 71.
21 Staudinger/Coester, § 1666 BGB Rn 71.
22 BVerfG v. 17.10.1984, 1 BvR 284/84, BVerfGE 68, 176, 188.
23 B VerfG v. 5.11.1980, 1 BvR 349/80, BVerfGE 55, 171, 182.
24 Staudinger/Coester, § 1666 BGB Rn 71.
25 BGH v. 28.4.2010, XII ZB 81/09.

20 Eine **Gefahr** für das Kindeswohl im Sinne dieser Kriterien liegt vor, wenn sie gegenwärtig und nahe bevorsteht und so ernst zu nehmen ist, dass sich bei einer Fortdauer eine erhebliche Schädigung mit ziemlicher Sicherheit voraussagen lässt.[26] Das ist zu bejahen, wenn für die Entwicklung des Kindes in körperlicher, geistiger oder seelischer Hinsicht oder für das Kindesvermögen schwerwiegende Nachteile drohen.

21 An die **Gegenwärtigkeit** sind hohe Anforderungen zu stellen. Liegt eine „aktuelle" Gefährdung des Kindeswohls nicht vor, handelt es sich um eine unzulässige Präventionsmaßnahmen, wenn der Richter gleichwohl einschreitet. [27]

22 Vergleichbar hoch liegt die Schwelle der **„ziemlichen Sicherheit"**, mit der die Schädigung des Kindes drohen muss. Pauschale Unterstellungen, Ableitungen oder Bewertungen sind unzureichend. [28]

23 Vorfälle und Versagen aus der Vergangenheit reichen für die gegenwärtige und begründete Besorgnis einer **Schädigung** alleine nicht aus. Sie können aber ein bedeutsames Indiz für eine weitere anhaltende oder neue Gefährdungslage sein. Im Regelfall müssen weitere zusätzliche, tatsachengestützte Gründe und Aspekte hinzutreten.

24 Die **Schwere** der Gefährdung ist stets im Lichte des verfassungsrechtlich vorgegebenen Rahmens zu beurteilen. Es kommt nicht darauf an, dass das Kind in einem anderen Kontext oder einem anderen Umfeld besser zu der Persönlichkeit heranwachsen könnte, die die Verfassung schützt.

25 Einen subjektiven Anspruch auf die bestmöglichen, optimalen Eltern begründet das Gesetz nicht: „Seine Eltern und deren sozio-ökonomischen Verhältnisse gehören grundsätzlich zum Schicksal und Lebensrisiko eines Kindes."[29]

26 Wenn eine akute erhebliche Gefahrenlage besteht, muss zur Legitimation des Eingreifens des Richters noch hinzukommen, dass den Eltern der **Wille** oder die **Kompetenz fehlt**, die **Gefährdung für das Kindeswohl abzuwenden.** Auf ein schuldhaftes Verhalten kommt es dabei nicht an. Es ist nicht entscheidend, ob die mangelnde Gefahrabwendung auf Hilflosigkeit, Gleichgültigkeit oder fehlender Einsicht beruht.

27 Stets ist zu beachten, dass der Entzug der elterlichen Sorge und oder die Trennung des Kindes von den Eltern den schwerstmöglich vorstellbaren Eingriff darstellt und es einer erheblichen Gefährdung mit höchstmöglicher Schadensgefahr zur Rechtfertigung bedarf. Der Sorgerechtsentzug nach §§ 1666, 1666 a BGB ist also nicht bereits dann gerechtfertigt ist, wenn es Eltern nicht gelingt, ihre **Erziehungsfähigkeit nachzuweisen.** Ein derartiger Nachweis der Erziehungsfähigkeit soll Eltern nach der Rechtsprechung nicht abverlangt werden dürfen. Ebenso wenig reichen reine Zweifel an der Erziehungsfähigkeit für einen Sorgerechtsentzug aus.[30] Wenn die Elemente

- Gefahr für das Kindeswohl
- mangelnde Fähigkeit oder mangelnde Bereitschaft der Eltern zur Gefahrenabwehr

gegeben sind, so eröffnen sich dem Richter durch das Tatbestandsmerkmal „erforderlich" unübersehbare, gestalterische und rechtsschöpferische Elemente familiengerichtlicher Tätigkeit.[31] § 1666 Abs. 3 BGB zählt beispielhaft auf

- Gebote, öffentliche Hilfen, wie zB Leistungen der Kinder und Jugendhilfe und Gesundheitsfürsorge in Anspruch zu nehmen (zB Einsatz einer sozialpädagogischen

26 BGH v. 14.7.1956, IV ZB 32/56, FamRZ 1956, 350; BGH v. 15.12.2004, XII ZB 166/03 FamRZ 2005, 344, 345.
27 BVerfG v. 17.6.2009, 1 BvR 467/09.
28 Staudinger/Coester, § 1666 BGB Rn 82.
29 Staudinger/Coester, § 1666 BGB Rn 84.
30 OLG Koblenz v. 29.5.2012, 11 UF 266/12.
31 Staudinger/Coester, § 1666 BGB Rn 58; OLG Hamm v. 6.6.2011, II-8 UF 46/11.

Familienhilfe nach § 31 SGB VIII mit der Auflage an den Elternteil, diese zu beantragen, § 27 SGB VIII);

- Gebote, für die Einhaltung der Schulpflicht zu sorgen;
- Verbote, vorübergehend oder auf unbestimmte Zeit die Familienwohnung oder eine andere Wohnung zu nutzen, sich in einem bestimmten Umkreis der Wohnung aufzuhalten oder bestimmende andere Orte aufzusuchen, an dem sich das Kind regelmäßig aufhält;
- Verbote, Verbindung zum Kind aufzunehmen oder ein Zusammentreffen mit dem Kind herbeizuführen;
- die Ersetzung von Erklärungen des Inhabers der elterlichen Sorge;
- die teilweise oder vollständige Entziehung der elterlichen Sorge.

Viele weitere Maßnahmen sind vorstellbar. Grundsätzlich ist zu beachten, dass jede die- 28 ser Maßnahmen einen Grundrechtseingriff darstellt und damit stets unter dem Gesichtspunkt des **Verhältnismäßigkeitsgrundsatzes** zu prüfen ist. Die angeordnete Maßnahme muss also geeignet, erforderlich und angemessen sein.[32] Dazu muss sich eine Entscheidung auch mit den für das Kindeswohl nachteiligen Folgen der beabsichtigten Maßnahme beschäftigen und mögliche mildere Maßnahmen müssen geprüft werden. Dazu können nach der Rechtsprechung des BVerfG auch die Zwangsmittel der §§ 88 ff FamFG gehören, wenngleich die anwaltliche Erfahrung zeigt, dass gerade die Zwangsmittel im familiengerichtlichen Verfahren nahezu wirkungslos bleiben.[33] Auch Therapieauflagen, also die Auflage an den Elternteil, die Kinder einer therapeutischen Behandlung zuzuführen, sollen geeignete mildere Mittel sein.[34]

Für eine verbindliche gerichtliche Auflage gegenüber einem Elternteil, eine Psychothera- 29 pie durchzuführen, beziehungsweise fortzusetzen, ist § 1666 BGB beispielsweise keine ausreichende gesetzliche Grundlage. Eine solche Auflage ist wegen Verstoßes gegen Art. 2 Abs. 1 GG iVm Art. 1 Abs. 1 GG unzulässig. Das Gericht darf dem betroffenen Elternteil die Aufnahme oder Weiterführung einer psychotherapeutischen Behandlung lediglich anraten, wenn dadurch eine Verbesserung seiner Erziehungsfähigkeit erreicht werden könnte.[35]

Art und Ausmaß des staatlichen Eingriffs müssen sich nach dem Grund des Versagens 30 der Eltern und danach bestimmen, was im Interesse des Kindes geboten ist. Der Staat muss daher nach Möglichkeit versuchen, durch helfende, unterstützende, auf Herstellung oder Wiederherstellung eines verantwortungsgerechten Verhaltens der leiblichen Eltern gerichtete Maßnahmen sein Ziel zu erreichen.[36]

Länger andauernde Maßnahmen hat das Gericht nach § 1696 Abs. 3 BGB in angemes- 31 senen Zeitabschnitten zu prüfen. Sieht das Gericht von einer Maßnahme nach §§ 1666–1667 BGB ab, soll es sein Entscheidung im angemessenen Zeitabstand, idR nach drei Monaten, prüfen.

2. § 1671 BGB – Getrenntleben bei gemeinsamer elterlicher Sorge

Im Falle des **dauernden Getrenntlebens der gemeinsam sorgeberechtigten Eltern** kann 32 ein Elternteil beantragen, die elterliche Sorge auf sich allein übertragen zu lassen. Auf beiden Seiten stehen sich dann Grundrechtsträger gegenüber, die sich gleichermaßen auf das Elternrecht berufen können. Dazu, wie die Elternrechte und Elternpflichten zwi-

32 BVerfG v. 8.3.2012, 1 BvR 206/12; v. 28.2.2012, 1 BvR 3116/11.
33 BVerfG v. 8.3.2012, 1 BvR 206/12; v. 28.2.2012, 1 BvR 3116/11.
34 BVerfG v. 8.3.2012, 1 BvR 206/12.
35 BVerfG v. 1.12.2010, 1 BvR 1572/10.
36 OLG Koblenz v. 29.5.2012, 11 UF 266/12.

schen den Eltern im Konfliktfall zu verteilen sind, sagt Art. 6 Abs. 2 S. 1 GG nichts. Eine Kinderschutzmaßnahme im Sinne einer Kindeswohlgefährdungsprüfung findet nach § 1671 Abs. 2 Nr. 1 BGB grundsätzlich nicht statt, es sei denn, das Gericht hätte konkrete Anhaltspunkte für eine Kindeswohlgefährdung. Dann greift § 1671 Abs. 3 BGB und es ist zu prüfen, ob die Eingriffsschwelle der §§ 1666, 1666 a BGB erreicht ist. Können sich die Eltern als solche nicht einigen, muss der Staat aufgrund seines Wächteramtes für eine Regelung Sorge tragen, die dem Kindeswohl am besten entspricht.[37] Kinderschutz realisiert sich dann über § 1671 Abs. 2 Nr. 2 BGB. Einem **Antrag auf Übertragung des Sorgerechtes** ist stattzugeben, wenn

- die Aufhebung der gemeinsamen Sorge dem Kindeswohl am besten entspricht

  und

- die Übertragung auf einen Elternteil dem Wohl des Kindes am besten entspricht

33 Die Antworten auf diese Frage werden nach Maßgabe der obigen Ausführungen zum Kindeswohl gefunden. Ein Erziehungsstil, der nachhaltig gegen grundlegende Kinderschutznormen – zB § 1631 Abs. 2 BGB – verstößt, lässt die **Erziehungseignung entfallen.** Dazu gehören selbstverständlich neben dem nachfolgend erörterten sexuellen Missbrauch von Kindern und Schutzbefohlenen auch die körperliche und seelische Misshandlung sowie die Vernachlässigung.

3. § 1684 BGB – Umgang des Kindes mit den Eltern

34 § 1684 BGB bestimmt, dass das Kind das Recht auf Umgang mit jedem Elternteil hat. Jeder Elternteil ist zum Umgang mit dem Kind berechtigt und verpflichtet. Das Umgangsrecht steht wie das Sorgerecht grundsätzlich unter dem Schutz des Art. 6 GG. Dieser verfassungsrechtliche Schutz ist vor dem Hintergrund seiner komplementären Garantie in der Kinderrechte- und Menschenrechtskonventionen zu sehen, die auch in das Verfahrensrecht einwirkt. Die effektive Achtung des Familienlebens gemäß Art. 8 EMRK erfordert, dass zukünftige Beziehungen zwischen einem Elternteil und seinem Kind allein auf Grundlage aller relevanten Umstände und nicht durch bloßen Zeitablauf bestimmt werden (= kein Umgangsausschluss infolge ineffektiver gerichtlicher Verfahrensweise und Zeitablaufs).[38]

35 Die Eltern regeln die **Ausgestaltung des Umgangsrechts** grundsätzlich selbst. Staatliche Intervention ist zulässig, wenn dies aus Kindeswohlgründen erforderlich ist. § 1684 Abs. 3 BGB bestimmt, dass das Familiengericht das Umgangsrecht und den Vollzug einer früheren Entscheidung über das Umgangsrecht ausschließen oder einschränken kann, soweit dies zum Wohl des Kindes erforderlich ist. Eine Entscheidung, die das Umgangsrecht oder seinen Vollzug für längere Dauer oder auf Dauer einschränkt oder ausschließt, kann nur ergehen, wenn andernfalls das **Wohl des Kindes gefährdet** wäre.

36 Das Familiengericht kann insbesondere anordnen, dass der Umgang nur stattfinden darf, wenn ein **mitwirkungsbereiter Dritter** anwesend ist. Dritter kann auch ein Träger der Jugendhilfe oder ein Verein sein; dieser bestimmt dann jeweils, welche Einzelperson die Aufgabe wahrnimmt. Das Jugendamt muss angehört werden und ein entsprechendes **Leistungsangebot** zur Verfügung stellen. § 18 Abs. 3 SGB VIII bestimmt dazu:

> (3) Kinder und Jugendliche haben Anspruch auf Beratung und Unterstützung bei der Ausübung des Umgangsrechts nach § 1684 Abs. 1 des Bürgerlichen Gesetzbuchs. Sie sollen darin unterstützt werden, dass die Personen, die nach Maßgabe der §§ 1684 und 1685 des Bürgerlichen Gesetzbuchs zum Umgang mit ihnen berechtigt sind, von diesem Recht zu ihrem Wohl Gebrauch machen. Eltern, andere Umgangsberechtigte sowie Personen, in deren Obhut sich das Kind befindet, haben

---

37 BVerfG v. 29.11.1993, 1 BvR 1045/93.

38 EuGHMR v. 27.1.2011, Beschwerde Nr. 8857/08, FamRZ 2012, 1123 ff m.Anm. Rixe.

Anspruch auf Beratung und Unterstützung bei der Ausübung des Umgangsrechts. Bei der Befugnis, Auskunft über die persönlichen Verhältnisse des Kindes zu verlangen, bei der Herstellung von Umgangskontakten und bei der Ausführung gerichtlicher oder vereinbarter Umgangsregelungen soll vermittelt und in geeigneten Fällen Hilfestellung geleistet werden.

Vgl hierzu nachfolgend Rn 124 ff.

4. Kinderschutz durch familiengerichtliches Verfahrensrecht

Kinderschutz durch Maßnahmen nach §§ 1666, 1666 a BGB wird verfahrensrechtlich 37
durch **§§ 151 ff FamFG** umgesetzt und gesichert. Dabei wirken – das zeigt die Häufigkeit, mit der das Bundesverfassungsgericht sich mit Sorgerechts- und Umgangsrechtsverfahren in den letzten Jahren zu beschäftigen hatte – **das Elternrecht** sowie das **staatliche Wächteramt** auch auf das Verfahrensrecht und seine Handhabung in die Verfahren ein.[39] Ergänzt wird diese Rechtsprechung durch eine ständig wachsende Anzahl von Entscheidungen des Europäischen Gerichtshofes für Menschenrechte, der zB darauf hinweist, dass in Verfahren, in denen Sorge- und Umgangsrechte auf dem Spiel stehen, die **Verfahrensbeschleunigung** im Lichte von Art. 6 Abs. 1 S. 1 EMRK Priorität vor Gesichtspunkten der Prozessökonomie hat. Der Umstand, dass elterlicher Umgang auch während des Rechtsstreits über die Sorge- und Umgangsrechte stattfindet, rechtfertigt keine lange Verfahrensdauer.[40]

Nach **§ 26 FamFG** gilt der **Untersuchungsgrundsatz.** Die Beteiligten trifft also keine 38
subjektive Beweisführungslast. Das Gericht muss den Sachverhalt aufklären und eine gesicherte Grundlage für eine Entscheidung, die die verfassungsrechtlich geschützten von Eltern und Kind berücksichtigt, schaffen.[41] Die Beweiserhebung richtet sich nach §§ 29 ff. FamFG. Das Gericht entscheidet nach pflichtgemäßem Ermessen, ob es die entscheidungserheblichen Umstände durch förmliche Beweisaufnahme entsprechend der ZPO erhebt. Der genaue Umfang der erforderlichen Ermittlungen richtet sich nach den im konkreten Fall betroffenen Kindeswohlbelangen.[42] Um eine möglichst zuverlässige Grundlage für eine am Kindeswohl orientierte Entscheidung zu erlangen, kann es insbesondere bei Entscheidungen von großer Tragweite erforderlich sein, ein psychologisches **Sachverständigengutachten** einzuholen, das etwa zur Qualität der Bindungen des Kindes zu beiden Elternteilen und zu den in Betracht kommenden familiengerichtlichen Maßnahmen näheren Aufschluss geben kann.[43]

In Verfahren nach § 1666 BGB kann dagegen **ein Elternteil** mangels einer gesetzlichen 39
Grundlage **nicht gezwungen werden**, sich körperlich oder psychiatrisch/psychologisch einem **Sachverständigengutachten** zu unterziehen und zu diesem Zweck bei einem Sachverständigen zu erscheinen.[44] Dieses Verhalten darf nicht nach den Grundsätzen der Beweisvereitelung gewürdigt werden. In Betracht kommt allerdings, den die Begutachtung verweigernden Elternteil in Anwesenheit eines Sachverständigen gerichtlich anzuhören und zu diesem Zweck das persönliche Erscheinen des Elternteils anzuordnen und gegebenenfalls zwangsweise durchzusetzen.

Eine **materielle Feststellungslast** zulasten eines Elternteils besteht im Verfahren nach 40
FamFG **nicht.**[45] Wenn in einem Verfahren nach § 1666 BGB die tatbestandlichen Vor-

39 Z.B.: BVerfG v. 29.11.1993, 1 BvR 1045/93; BVerfG v. 10.9.2009, 1 BvR 1248/09, FamRZ 2009, 1897 Tz. 18 mwN.
40 EuGHMR v. 21.4.2011, Beschwerde Nr. 41599/09, FamRZ 2011, 1283, BGH v. 1.2.2012, XII ZB 188/11, FamRZ 2012, 533;
41 BVerfG FamRZ 2009, 1897 Tz. 18 mwN.
42 BGH v. 28. 4. 2010, XII ZB 81/09, NJW-RR 2010, 281, MDR 2009, 1415.
43 BGH v. 28. 4. 2010, XII ZB 81/09, NJW-RR 2010, 281, MDR 2009, 1415.
44 BVerfG v. 1.12.2010, 1 BvR 1572/10.
45 BVerfG v. 29.11.2007, 1 BvR 1635/07.

aussetzungen dieser Norm nicht festgestellt werden können, müssen entsprechende Maßnahmen unterbleiben.[46]

41 Nach § 155 Abs. 1 FamFG sind Kindschaftssachen, die den Aufenthalt des Kindes betreffen, sowie Verfahren wegen Gefährdung des Kindeswohls **vorrangig** und **beschleunigt** durchzuführen. In einem Termin, der spätestens einen Monat nach Beginn des Verfahrens stattfinden soll, hat das Gericht die Sache mit den Beteiligten zu erörtern. **Beteiligte** sind nach § 7 FamFG

- der Antragsteller
- der Antragsgegner
- das Kind
- das Jugendamt
- der Verfahrensbeistand
- Pflegepersonen
- Sachverständige

42 Auch der nicht sorgeberechtigte nichteheliche Vater ist in Verfahren nach § 1666 BGB Beteiligter.[47] Von maßgeblicher Bedeutung für den Kinderschutz ist die Bestellung eines **Verfahrensbeistandes** nach § 158 Abs. 2 FamFG. In Verfahren, bei denen die vollständige oder teilweise Entziehung der Personensorge in Betracht kommt, ist seine Bestellung in der Regel erforderlich.

43 Ein **Verstoß gegen das Beschleunigungsgebot** konnte bis zum 2.12.2011 nur mit der **Untätigkeitsbeschwerde** gerügt werden. Dazu musste sich die Untätigkeit des Gerichtes objektiv als Rechtsverweigerung darstellen.[48] Mit dem Inkrafttreten des Gesetzes über den Rechtsschutz bei überlangen Gerichtsverfahren und strafrechtlichen Ermittlungsverfahren soll die Untätigkeitsbeschwerde unzulässig geworden und nur noch ein **verschuldensunabhängiger Entschädigungsanspruch** nach § 198 GVG zulässig sein:

> § 198 GVG
>
> (1) Wer infolge unangemessener Dauer eines Gerichtsverfahrens als Verfahrensbeteiligter einen Nachteil erleidet, wird angemessen entschädigt. Die Angemessenheit der Verfahrensdauer richtet sich nach den Umständen des Einzelfalles, insbesondere nach der Schwierigkeit und Bedeutung des Verfahrens und nach dem Verhalten der Verfahrensbeteiligten und Dritter.
>
> (2) Ein Nachteil, der nicht Vermögensnachteil ist, wird vermutet, wenn ein Gerichtsverfahren unangemessen lange gedauert hat. Hierfür kann Entschädigung nur beansprucht werden, soweit nicht nach den Umständen des Einzelfalles Wiedergutmachung auf andere Weise gemäß Absatz 4 ausreichend ist. Die Entschädigung gemäß Satz 2 beträgt 1 200 Euro für jedes Jahr der Verzögerung. Ist der Betrag gemäß Satz 3 nach den Umständen des Einzelfalles unbillig, kann das Gericht einen höheren oder niedrigeren Betrag festsetzen.
>
> (3) Entschädigung erhält ein Verfahrensbeteiligter nur, wenn er bei dem mit der Sache befassten Gericht die Dauer des Verfahrens gerügt hat (Verzögerungsrüge). Die Verzögerungsrüge kann erst erhoben werden, wenn Anlass zur Besorgnis besteht, dass das Verfahren nicht in einer angemessenen Zeit abgeschlossen wird; eine Wiederholung der Verzögerungsrüge ist frühestens nach sechs Monaten möglich, außer wenn ausnahmsweise eine kürzere Frist geboten ist. Kommt es für die Verfahrensförderung auf Umstände an, die noch nicht in das Verfahren eingeführt worden sind, muss die Rüge hierauf hinweisen. Anderenfalls werden sie von dem Gericht, das über die Entschädigung zu entscheiden hat (Entschädigungsgericht), bei der Bestimmung der angemessenen Verfahrensdauer nicht berücksichtigt. Verzögert sich das Verfahren bei einem anderen Gericht weiter, bedarf es einer erneuten Verzögerungsrüge.

46 BGH v. 17.2.2010, XII ZB 68/09, NJW 2010, 1351.
47 OLG Frankfurt/M. v. 13.12.2011, 3 W 310/11.
48 SchlHOLG v. 18.1.2011, 10 WF 3/11, FamRZ 2011, 1085.

(4) Wiedergutmachung auf andere Weise ist insbesondere möglich durch die Feststellung des Entschädigungsgerichts, dass die Verfahrensdauer unangemessen war. Die Feststellung setzt keinen Antrag voraus. Sie kann in schwerwiegenden Fällen neben der Entschädigung ausgesprochen werden; ebenso kann sie ausgesprochen werden, wenn eine oder mehrere Voraussetzungen des Absatzes 3 nicht erfüllt sind.

(5) Eine Klage zur Durchsetzung eines Anspruchs nach Absatz 1 kann frühestens sechs Monate nach Erhebung der Verzögerungsrüge erhoben werden. Die Klage muss spätestens sechs Monate nach Eintritt der Rechtskraft der Entscheidung, die das Verfahren beendet, oder einer anderen Erledigung des Verfahrens erhoben werden. Bis zur rechtskräftigen Entscheidung über die Klage ist der Anspruch nicht übertragbar.

Hinweis: § 198 GVG gewährt damit aber den erforderlichen Primärrechtsschutz nicht mehr, den der Europäische Gerichtshof gerade in Umgangs- und Sorgerechtssachen einfordert.[49] Bis dies geändert wird, ist daher auf frühzeitige Einlegung einer Verzögerungsrüge im Interesse des Kindeswohls zu achten.

Das Erscheinen der Eltern ist nach § 157 Abs. 2 FamFG anzuordnen und nach § 35 FamFG erzwingbar. Wenn dies zum Schutz eines Beteiligten oder aus anderen Gründen erforderlich ist, führt das Gericht die Erörterung in Abwesenheit eines Elternteils durch. Auf eine solche Situation sollte bereits an exponierter Stelle im Schriftsatz hingewiesen werden. 44

Im Verfahren nach §§ 1666, 1666 a BGB hat das Gericht **unverzüglich** den **Erlass einer einstweiligen Anordnung** zu prüfen. Diese kann nach § 49 FamFG ergehen, wenn dies nach den für das Rechtsverhältnis maßgeblichen Vorschriften gerechtfertigt ist und ein dringendes Bedürfnis für ein sofortiges Handeln besteht. 45

Hinweis: In Sorgerechtsverfahren wird häufig angenommen, dass wegen des Vorrang- und Beschleunigungsgebotes nach § 155 FamFG der Antrag auf Erlass einer vorläufigen Anordnung **durch einen Beteiligten** nur noch ausnahmsweise zulässig ist.[50] Dies ist nicht der Fall. In hochkonfliktbeladenen Ausnahmefällen oder bei Kindesgefährdung ist dies durchaus denkbar und zulässig.[51]

An den **Entzug des Sorgerechts** sind angesichts der materiellrechtlichen Anforderungen und den Vorgaben des Verfassungsrechts sehr hohe Anforderungen zu stellen. Je einschneidender eine Maßnahme ist, desto höher sind die Anforderungen im einstweiligen Rechtsschutz. Eine solche vorläufige Maßnahme kommt daher nur dann in Betracht, wenn sie zum Wohle des Kindes unumgänglich ist und die Sache derart eilbedürftig, dass sie keinen Aufschub duldet. Das kommt bei unmittelbaren Gefahren für das körperliche und leibliche Wohl eines Kindes in Betracht, zB bei Verwahrlosung, Missbrauch und Kindesmisshandlung. Ein solches Eilbedürfnis wird bei der Verhinderung des Umgangs seitens eines Elternteil von der Rechtsprechung in der Regel nicht gesehen.[52] 46

Auch im Verfahren auf **Übertragung der elterlichen Sorge im Rahmen des Getrenntlebens von Eltern** (§ 1671 BGB) wird der Kinderschutz verfahrensrechtlich durch die Normen des FamFG sichergestellt. Das Gericht soll nach § 156 FamFG in Kindschaftssachen, die die elterliche Sorge bei Trennung und Scheidung, den Aufenthalt des Kindes, das Umgangsrecht oder die Herausgabe des Kindes betreffen, in jeder Lage des Verfahrens auf ein **Einvernehmen der Beteiligten** hinwirken, wenn dies dem Kindeswohl nicht widerspricht. Kann eine einvernehmliche Lösung im Termin nach § 155 Abs. 2 47

49 EuGHMR v. 27.10.2011, Beschwerde Nr. 8857/08, FamRZ 2012, 1123 ff m.Anm. Rixe.
50 OLG Stuttgart v. 30.9.2010, 16 WF 189/10.
51 KG v. 5.4.2012, 17 UF 50/12 für einen Fall des Missbrauchsverdachts.
52 KG v. 18.6.2010, 19 UF 22/10 mwN, NJW-RR 2011, 295.

FamFG nicht erzielt werden, ist der Erlass einer vorläufigen Anordnung mit den Beteiligten zu diskutieren. Insoweit gilt das oben Gesagte.

48 Die pauschale Versagung der **Verfahrenskostenhilfe** unter **Beiordnung eines Anwaltes** für den Erörterungstermin ist unzulässig. Ein Sorgeberechtigter muss davon ausgehen, dass bereits im Termin oder im unmittelbaren Anschluss daran im Wege der einstweiligen Anordnung in sein Sorgerecht eingegriffen wird. Weil ihm „aufgrund seiner hohen emotionalen Betroffenheit und seiner Gefangenheit in seinen eigenen Gefühlen“ [53] die Erörterung seiner verfassungsrechtlich geschützten Interessen im Erörterungstermin häufig gar nicht möglich sein wird, ist die Beiordnung eines Anwaltes in der Regel geboten.

49 Die **Entscheidung des Gerichtes** ergeht durch **Beschluss.** Im einstweiligen Anordnungsverfahren gelten die §§ 51 ff FamFG über die Einleitung des Hauptsacheverfahrens, die Aufhebung und Änderung der Entscheidung. Nach § 57 FamFG ist das Rechtsmittelverbot für vorläufige Anordnungen aufgehoben, wenn das Gericht des ersten Rechtszugs aufgrund mündlicher Erörterung

- über die elterliche Sorge für ein Kind
- über die Herausgabe des Kindes an den anderen Elternteil
- über den Antrag auf Verbleiben eines Kindes bei einer Pflege- oder Bezugsperson

entschieden hat. Es findet die **Beschwerde** statt. Anders als in Hauptsacheverfahren beträgt die **Beschwerdefrist** nach § 63 Abs. 2 Nr. 1 FamFG nur **zwei Wochen.** Die Beschwerde ist bei dem Gericht einzulegen, dessen Beschluss angefochten wird, und soll begründet werden. Die Anschlussbeschwerde ist zulässig.

5. Der Vorwurf sexuellen Missbrauchs in Kindschaftsverfahren

50 Sexueller Missbrauch ist das Thema, das im Rahmen des familiengerichtlichen Kinderschutzes am meisten vorurteils- und emotionsgeladen ist. Bei kaum einem anderen Thema im Rahmen von Sorgerechts- und Umgangsstreitigkeiten schlagen Vorurteile, persönliche Betroffenheit und Hilflosigkeit aller beteiligten Akteure stärker durch. Bei kaum einem Thema ist die Sprache der Kommentatoren bildlicher. Der Vorwurf des sexuellen Missbrauchs wird zB als „Atomrakete unter den Angriffswaffen im Elternkrieg“, bezeichnet, bei dem Skepsis in erhöhtem Maße angebracht erscheine, wenn der Vorwurf erst im späten Verlauf der Konflikteskalation im Zuge der symmetrischen Zuspitzung als „späte Trumpfkarte“ gezogen werde.[54] Von einzelnen skrupellosen Prozessbevollmächtigten und von einzelnen von festgefügten Feindbildern ausgehenden Sachverständigen und Interessenvereinen ist dort die Rede. Und leider gehe es, wenn der Vorwurf des sexuellen Missbrauchs im Raum stehe, dem anklagenden Elternteil nicht immer um das Kindeswohl, sondern oft auch um den bequemen Weg, den Umgang dauerhaft auszuschließen.[55] Anwaltliches Know-how und Fingerspitzengefühl sind in Fällen in denen der Vorwurf sexuellen Missbrauchs erhoben wird, in besonderem Maße gefordert, und nicht selten ist es besser, zunächst einmal ganz genau hinzusehen, ob nicht ohnehin Gewalt und/oder Vernachlässigung vorliegen, die man sehr viel neutraler einbringen kann.[56]

---

53 OLG Saarbrücken v. 10.2.2012, 6 W 8/12.

54 Alberstötter in Jüdt/Kleffmann/Weinreich (Hrsg.), 140 f.

55 Staudinger/Rauscher, § 1684 BGB Rn 336.

56 Vgl hierzu insbesondere www.kindesmisshandlung.de; www.awmf.org: AWMF Leitlinie Kinderschutz der Deutschen Gesellschaft für Sozialpädiatrie und Jugendmedizin (Entwicklungsstufe S2 k) 2008; 2009 von den Fachgesellschaften für Allgemeinpädiatrie DGKJ und Kinderchirurgie DGKCh als gemeinsame, fachübergreifende Leitlinie übernommen.

Missbrauchsvorwürfe in Kindschaftssachen stehen unter dem Generalverdacht der massenhaften Modeerscheinung und des „Missbrauchs mit dem Missbrauch".[57] Untersuchungen liefern dazu aber keine brauchbar abgesicherten Erkenntnisse. So werden einerseits Untersuchungen zitiert, die von einer Quote unrichtiger Vorwürfe von 25–50 % sprechen.[58] Andere Untersuchungen belegen das so nicht. In einer „kleinen Studie" waren es zB von 100 untersuchten hochstrittigen Kindschaftsfällen 7 Fälle, bei denen sexueller Missbrauch vorgeworfen wurde. 17 Fälle beschäftigten sich dagegen mit psychischem Terror und physischer Gewalt.[59] 51

Ein näherer Blick zeigt, dass die Quote von Missbrauchsvorwürfen in familiengerichtlichen Umgangsverfahren mit unter 5 % gering ist.[60] Eine in Berlin durchgeführte Aktenauswertung von familiengerichtlichen Akten hat realistische Zahlen geliefert. Die Aussagekraft dieser Studien ergibt sich aber immer nur im Gesamtkontext. Von den in Berlin mit 2–4 % am Gesamtaktenaufkommen ermittelten Missbrauchsvorwürfen war zB kein einziger, bei dem der Vorwurf des sexuellen Missbrauchs erhärtet werden konnte. Diese Fälle zeichneten sich andererseits aber allesamt dadurch aus, dass es **keine Kindesaussagen** zu den vorgetragenen Vorwürfen gab, was die Werthaltigkeit der statistischen Aussagen deutlich relativiert und gleichzeitig das Kernproblem der innerfamiliären Kindeswohlverletzung und -gefährdung kennzeichnet. Stets geht es um die Frage der Sachverhaltsdarlegung und -ermittlung, um Fragen des Beweismaßstabes und der Abgrenzung zum Strafrecht.[61] 52

Ausgangspunkte aller Diskussionen zum sexuellen Missbrauch von Kindern und Jugendlichen sind: 53

- Der sexuelle Missbrauch eines Kindes ist – unabhängig von der Frage, welcher konkrete Straftatbestand damit im Einzelnen verwirklicht wird – eine Verletzung des Kindeswohls des konkret betroffenen Kindes.
- Sexueller Missbrauch ist zu unterbinden und jede weitere konkrete Gefahr, die von dem Täter ausgeht, ist zur Prävention weiterer Kindeswohlverletzungen abzuwenden.
- Das Elternrecht aus Art. 6 Abs. 2 S. 1 GG beider Elternteile und die daraus abgeleiteten Rechtssätze zum Gefahrensabwehrvorrang der Eltern, sowie zum Verfahren der Gefahrenabwehr sind zu beachten.

„Die Demarkationslinie zwischen elterlichem Erziehungsprimat und staatlichem Wächteramt"[62] lässt sich also nicht durch einen einheitlich vorgegebenen Gefährdungsbegriff bestimmen, sondern ist immer ein komplexer Abwägungsprozess, der möglichst rational und transparent unter Abwägung der beiderseitigen Elternrechte zu gestalten ist. Das Bundesverfassungsgericht hat die **maßgeblichen Grundanforderungen** mehrfach bestimmt. 54

Wird zB die Einschränkung oder der Ausschluss des Umgangsrechts auf **pädophile Neigungen** des umgangsberechtigten Elternteils gestützt, so setze dies die Feststellung dieser pädophilen Neigungen sowie eine daraus resultierende konkrete Gefährdung für das Kind voraus. Die von Verfassungswegen für eine Umgangseinschränkung erforderliche **konkrete Gefährdung** des Kindes könne – so das Bundesverfassungsgericht – nicht 55

57 Vgl Zusammenfassung bei wikipedia: „Missbrauch mit dem Missbrauch" mit einer Vielzahl weiterer Nachweise.

58 Staudinger/Coester, § 1671 BGB Rn 201 a.

59 Alberstötter in Jüdt/Kleffmann/Weinreich, 140 f.

60 Busse in Fegert (Hrsg.), Begutachtung sexuell missbrauchter Kinder, Der Stellenwert des sexuellen Missbrauchs in familiengerichtlichen Verfahren, 2001, 157 ff.

61 Zitiert nach Heinke, Die rechtliche Handhabung des sexuellen Missbrauchsverdachts im familiengerichtlichen Verfahren, unveröffentl. Manuskript 2011, 3.

62 Staudinger/Coester, § 1666 BGB Rn 81.

schon dann angenommen werden, wenn infolge möglicherweise pädophiler Neigungen des umgangsberechtigten Elternteils ein **„Restrisiko“** verbleibe. Dies stelle das Elternrecht des Umgangsberechtigten unverhältnismäßig hinten an und bedeute keine Herstellung eines ausgewogenen Ausgleichs der Grundrechte der Beteiligten. Die längerfristige Anordnung begleiteten Umgangs beschränke nicht nur den beschuldigten Elternteil massiv in seinem Elternrecht, sondern greife auch intensiv in das Recht des Kindes ein, mit seinem umgangsberechtigten Elternteil grundsätzlich ohne Beobachtung durch Dritte Umgang zu pflegen. Nicht zuletzt würde dem beschuldigten Elternteil im Ergebnis auch ein Negativbeweis aufgebürdet, den er praktisch nicht führen könne. Wollen die Gerichte die Umgangseinschränkung auf die **Befürchtung sexueller Übergriffe** stützen, ist es zumindest erforderlich, auch die insoweit entlastenden Beweisanzeichen zu würdigen.[63]

56 Die Ausgangsfrage, um zu der vom Bundesverfassungsgericht geforderten möglichst zuverlässigen Grundlage für eine am Kindeswohl orientierten Entscheidung zu kommen, muss lauten: Was steht fest und wie wird mit Sachverhalten umgegangen, die dargelegt, aber nicht bewiesen sind?

57 Dabei ist zu berücksichtigen, dass das familiengerichtliche Verfahrensrecht durch die grundrechtliche Gewährleistung des Elternrechts und durch die Verpflichtung des Staates, über dessen Ausübung im Interesse des Kindeswohls zu wachen, mitbestimmt wird. Art. 6 Abs. 2 GG zwingt das Gericht, bei Fehlen einer besonderen Dringlichkeit, bereits **vor Erlass einer einstweiligen Anordnung** den Sachverhalt so weit wie möglich aufzuklären und zu prüfen, ob tatsächlich eine Gefahr für das Kindeswohl vorliegt.[64]

58 Wenn der **Vollbeweis** (= an Gewissheit grenzende Wahrscheinlichkeit) eines sexuellen Missbrauches, zB durch

- Geständnis
- Beobachtung von Missbrauchshandlungen
- Foto- oder Videoaufnahmen von Missbrauchshandlungen

geführt ist, kann sich die Diskussion auf die regelmäßig indizierte, gleichwohl festzustellende Kindeswohlgefährdung und deren Rechtsfolgen beschränken. Bewiesener sexueller Missbrauch diskreditiert den Täter.[65] Möglicherweise begründet auch der fehlende Schutz durch den nicht missbrauchenden Elternteil dessen Erziehungsungeeignetheit und insoweit besteht Handlungsbedarf.[66] „Es versteht sich von selbst, dass der Elternteil, der sein Kind sexuell missbraucht hat, die elterliche Sorge nicht erhalten kann. Regelmäßig wird dies auch dann der Fall sein, wenn der sexuelle Missbrauch an einem fremden Kind begangen wurde.“[67] Die Rechtsprechung macht Einschränkungen und prüft, ob der sexuelle Missbrauch sich auf einen lange zurückliegenden Zeitpunkt und nicht auf die konkrete Lebenssituation des Kindes bezieht. **Reviktimisierungs- und Rückfallrisiken** – zB Alkoholprobleme, wiederholte Verurteilung aufgrund von Sexualstraftaten, Pädophilie und Psychopathie, belastete Mutter-Kind-Beziehungen – einzeln und in ihrer Kombination muss dann aber besondere Aufmerksamkeit bei der Gefährdungseinschätzung gewidmet werden.[68] Die Übertragung der elterlichen Sorge in einem

63 BVerfG v. 29.11.2007, 1 BvR 1635/07; BVerfG v. 13. 7. 2005, 1 BvR 215/05.
64 BVerfG v. 29.11.1993, 1 BvR 1045/93, NJW 1994, 1208, FamRZ 1994, 223.
65 Staudinger/Coester, § 1671 BGB Rn 201.
66 Zu einer solchen Fallkonstellation vgl BVerfG v. 29.9.2005, 1 BvR 2872/04; OLG Hamm v. 12.4.2005, 1 UF 149/04.
67 Ziegler in Weinreich/Klein, § 1666 BGB Rn 16; § 1671 BGB Rn 49 mwN.
68 Vgl hierzu Kindler, Innerfamiliäre Viktimisierung und Familienrechtspsychologie, Praxis der Rechtspsychologie 2010, 218 ff.

Fall langjährig zurückliegenden sexuellen Missbrauches hat das OLG Hamm[69] immerhin für möglich gehalten.

Falls lediglich ein **Missbrauchsverdacht** besteht, beginnt in familiengerichtlichen Verfahren der schwierigste Teil der Arbeit, Bewertung und Entscheidung. Die **Unschuldsvermutung** ist ein Prinzip des Strafrechtes, das mit dem Auftrag des Kindesschutzes in einem starken Spannungsverhältnis steht und nicht entscheidend sein kann für die Frage, ob familiengerichtlich Schutz des Kindes geboten ist oder nicht.[70] Andererseits gibt es **kein typisches Missbrauchssyndrom**, das einen sexuellen Missbrauch beweist. Es gibt nicht einmal ein hinreichend standardisiertes Verfahren, mit dem zB Ärzte Feststellungen zum sexuellen Missbrauch treffen können.[71] Auf ein non-liquet darf sich der Familienrichter aber nicht zurückziehen.[72] Es bleibt also nur, im Kontext „eines häufig komplexen Geflechtes aus interpersonellen Beziehungen“[73] nach Quantität *und* Qualität der Beweismittel in Bezug auf die Anforderungen der jeweils zu prüfenden Rechtsnorm zu entscheiden, was zu tun ist: 59

Verhaltensauffälligkeiten eines Kindes haben für sich genommen keinen konkreten Hinweis- oder Beweiswert in Bezug auf den Missbrauch eines Kindes, können aber ggf einen Grund zur Prüfung einer Kindeswohlgefährdung darstellen. 60

Verbale Äußerungen des Kindes oder außenstehender Dritter, die man als Hinweis auf einen sexuellen Missbrauch interpretieren kann, die jedoch keinen sicheren Rückschluss auf eine akute Kindeswohlgefährdung geben, stellen einen zu beachtenden Hinweis[74] dar, der sich aber nur durch eine Anhörung des Kindes und/oder durch weitere Beweismittel verdichten lässt. 61

Dabei ist zu beachten: Spontane, unbeeinflusste und konkret-detaillierte Handlungsschilderungen eines Kindes, die einen als selbst erlebt geschilderten sexuellen Missbrauch zum Gegenstand haben, haben im Feststellungsprozess besondere Bedeutung. Aber: Die Mehrfachvernehmung von Kindern ist nicht nur belastend, sondern birgt überdies die Gefahr der Veränderung der Aussage. Das wiederum kann den Zweifel an der Glaubhaftigkeit der Aussage des Kindes erheblich erhöhen. 62

Vorrangig ist also – wenn möglich – auf andere Beweismittel zurückzugreifen, wie zB **ärztliche Untersuchungsbefunde.**[75] Körperlichen Auffälligkeiten, wie übertragbare Geschlechtskrankheiten, Bisswunden und Hämatome im Genital- und Brustbereich können einen Anfangsverdacht des sexuellen Missbrauches zu einem konkreten Verdacht, der zum Handeln gleichermaßen berechtigt wie zwingt, verdichten.[76] Befunde der Anogenitalregion müssen nicht zwingend zu einer eindeutigen Bewertung führen, können aber Maßstäbe für die Notwendigkeit eines vorläufig notwendigen Schutz geben. Das Fehlen von Verletzungsbefunden spricht nicht gegen eine sexuellen Kindesmissbrauch; entgegen einer landläufigen Meinung ist eine verletzungsfreie Penetration in Abhängigkeit zur Dehnbarkeit des Gewebes möglich. Selbst eine anale Penetration kann trotz fehlender Verletzungsfolgen nicht zwingend ausgeschlossen werden.[77] 63

Für die Beweiswürdigung kindlicher Aussagen können die grundlegenden Erkenntnisse der Rechtspsychologie zur **Glaubhaftigkeit solcher Aussagen** herangezogen werden. 64

69 OLG Hamm v. 20.6.2011, II-8 UF 235/10.
70 Staudinger/Coester, § 1666 BGB Rn 100.
71 Dettmeyer, Kindesmissbrauch und Opferentschädigung aus medizinischer Sicht, Der medizinische Sachverständige 2012, 64 ff.
72 Ziegler in Weinreich/Klein, § 1671 BGB Rn 51.
73 Dettmeyer, Der medizinische Sachverständige 2012, 64.
74 OLG Hamm v. 19.5.2006, 12 UF 257/05.
75 Vgl www.kindesmisshandlung.de.
76 Vgl OLG Hamm v. 19.5.2006, 12 UF 257/05.
77 Dettmeyer, Der medizinische Sachverständige 2012, 64 f mwN.

Auch die Einholung entsprechender Gutachten kommt in Betracht, siehe auch Dettenborn in § 5.

65 Strikt zu beachten ist allerdings, dass eine Übertragung der Grundsätze für Glaubhaftigkeitsfeststellung nicht ohne Weiteres möglich ist. Familiengerichtlich geht es wesentlich um die rechtspsychologisch gesicherten Erkenntnisse. Im Strafverfahren werden Glaubhaftigkeitsgutachten veranlasst, wenn es um die Fallkonstellation „Aussage gegen Aussage“[78] geht und besondere Anforderungen an die Tatsachenfeststellung und die Beweiswürdigung zur Verurteilung des Angeklagten zu stellen sind. Im Strafverfahren kommt wegen der Unschuldsvermutung des Angeklagten und des Grundsatzes „in dubio pro reo“ bei der Gutachtenerstellung die **Anwendung der Nullhypothese** zur Anwendung, dh es wird bei der Begutachtung zunächst angenommen, die Aussage sei unwahr. Der behauptete und zu überprüfende Sachverhalt ist bei der Prüfung solange zu negieren, bis diese Negation mit den gesammelten Fakten nicht mehr vereinbar ist. Zur Prüfung dieser Annahme hat der Sachverständige weitere Hypothesen zu bilden. Erst wenn seine Prüfstrategie ergibt, dass die Unwahrheitshypothese mit den erhobenen Fakten nicht mehr in Übereinstimmung stehen kann, so wird sie verworfen, und es gilt dann die Alternativhypothese, dass es sich um eine wahre Aussage handelt.[79] Auf das familiengerichtliche Verfahren, das auf Abwehr von Kindeswohlgefährdungen gerichtet ist, ist dies nicht ohne Weiteres übertragbar. Die Anzahl der Realkennzeichen einer kindlichen Aussage müssen sorgfältig quantitativ und qualitativ gewichtet werden.

66 Am Ende einer solchen von Amts wegen vorzunehmenden Sachverhaltsklärung ist die **Qualität des** ermittelten **Missbrauchsverdachtes** zu gewichten:

- es spricht mehr dafür als dagegen (**überwiegende Wahrscheinlichkeit** = Es ergibt sich unter Würdigung des Beweisergebnisses ein solcher Grad von Wahrscheinlichkeit, dass ernste Zweifel hinsichtlich einer anderen Möglichkeit ausscheiden)
- es spricht genauso viel dafür wie dagegen (**hinreichende Wahrscheinlichkeit** = es gibt eine gute Möglichkeit, dass der Vorgang sich so zugetragen hat, wobei durchaus gleichwertige Zweifel bestehen können)
- es spricht weniger dafür als dagegen (**Möglichkeit**)

67 Das Ergebnis ist in Quantität und Qualität **in Beziehung** zu setzen zu den Anforderungen, die §§ 1666, 1666 a, 1671, 1684 BGB stellen, und zur angestrebten Rechtsfolge.[80] Die unterschiedlichen Anforderungen der Normen des familienrechtlichen Kinderschutzes sind zu gewichten. § 1671 BGB fordert lediglich, dass die Aufhebung der gemeinsamen Sorge und die alleinige Übertragung auf den Antragsteller dem Wohl des Kindes am besten entsprechen müssen. §§ 1666 und 1684 BGB haben für die Trennung der Eltern vom Kind und die völlige Aufhebung des Umgangskontaktes höhere Anforderungen.

68 Es hat eine **kindesorientierte Wahrscheinlichkeits- und Risikoabwägung** stattzufinden. Es ist völlig ungeeignet, wenn dabei darauf abgestellt wird, dass ein Kind ausreichend sensibilisiert werden könne, um sich zukünftig zu wehren oder anzunehmen, dass der Verdächtige – sollte der Verdacht zutreffend sein – nunmehr aufgrund der Verdächtigung die Entdeckung fürchten werde und somit eine Gefährdung des Kindes ausgeschlossen sei.[81]

---

78 Vgl BGH v. 30. 7. 1999, 1 StR 618/98, BGHSt 45, 164.

79 BGHSt 45, 164 ff.

80 OLG Bamberg v. 8.1.1999, 7 WF 203/98, FamRZ 2000, 43; OLG Brandenburg v. 14.8.2001, 9 WF 137/01.

81 Staudinger/Rauscher, § 1684 BGB Rn 338.

Das **Gebot der schonendsten Gefahrenabwehr** ist handlungs- und entscheidungsleitend.[82] Die Gefährdungs- und Eingriffsschwelle im Sinne der verfassungs- und völkerrechtlichen Anforderungen muss überschritten sein. Sie darf nicht durch pauschale Wertungen und Unterstellungen unterlaufen werden.[83] 69

Hierzu einige Beispiele aus der bisherigen Rechtsprechung.[84] 70

- Die vom Kindesvater vorgenommenen Pobisse können zwar nicht als sexueller Missbrauch qualifiziert werden, begründen aber dennoch einen Sorgerechtsmissbrauch iSv § 1666 BGB.[85]
- Die mit der Entziehung des Sorgerechts verbundene Trennung eines Kindes aus dem Familienverband ist im Allgemeinen nur und erst dann zu rechtfertigen, wenn ihr massiv belastende Ermittlungsergebnisse und ein entsprechend hohes Gefährdungspotential für das Kind gegenüberstehen.[86]
- Der Vorwurf des (nicht bewiesenen) sexuellen Missbrauchs kann auf eine gravierend gestörte Kooperationsfähigkeit und -willigkeit hindeuten und die Übertragung des alleinigen Sorgerechtes im Einzelfall rechtfertigen.[87]
- Besteht der dringende Verdacht, dass der – einschlägig vorbestrafte – Kindesvater zwei Töchter und eine Stieftochter über Jahre sexuell missbraucht hat, so ist die Aufhebung der gemeinsamen elterlichen Sorge zumindest dann unumgänglich, wenn ein Kind für den Fall eines fortbestehenden Mitspracherechts des Vaters mit Selbstverletzung gedroht hat.[88]
- Der bloße Verdacht des sexuellen Missbrauchs trägt für sich allein betrachtet einen völligen Abbruch des Umgangsrechts nicht. [89] Wenn es aufgrund der gewonnenen Erkenntnisse – das können zB polizeiliche und staatsanwaltliche Ermittlungsergebnisse sein –.[90] durchaus möglich erscheint, dass ein sexueller Missbrauch begangen wurde, ist eine Einschränkung des Umgangs bis hin zum Ausschluss grundsätzlich geboten.[91] Die aus dem Missbrauchsverdacht resultierende Möglichkeit eines psychischen Folgeschadens sind abzuwägen gegen die Schäden, die ein Ausschluss des Umgangs nach sich zöge.[92]
- Wenn für eine Einschränkung des Umgangsrechts eines Elternteils bereits die -sachverständlich festgestellte – Möglichkeit ausreichen würde, dass der andere Elternteil eigene Befürchtungen an das Kind weitervermittelt, würde die Ausnahme der Umgangseinschränkung zur Regel. Die Ängste einer Mutter mögen nachvollziehbar sein: Solange keine Anhaltspunkte für eine konkrete Gefährdung des Kindes durch den Vater bestehen, hat die Mutter trotz ihrer nachvollziehbaren Vorbehalte den unbegleiteten Umgang des Vaters mit dem Kind zumindest in neutraler Weise zu dulden.[93]

---

82 Staudinger/Coester, § 1666 BGB Rn 100; § 1671 BGB Rn 201.
83 Staudinger/Coester, § 1666 BGB Rn 82.
84 Vgl hierzu mit einer Vielzahl weiterer Beispiele auch Ziegler in Weinreich/Klein, § 1684 BGB Rn 109; § 1671 BGB Rn 50 ff.
85 OLG Thüringen v. 10.3.2003, 1 UF 264/02.
86 OLG Thüringen v. 10.3.2003, 1 UF 264/02.
87 OLG Köln v. 21.8.2006, 4 UF 20/06; OLG Hamm v. 19.5.2006, 12 UF 257/05; vgl auch Staudinger/Coester, § 1671 BGB Rn 140, 201 a.
88 OLG Brandenburg v. 17.7.2009, 9 WF 166/08.
89 OLG Celle v. 15.7.1997, 18 UF 70/97 FamRZ 1998, 973; OLG Brandenburg v. 14.8.2001, 9 WF 137/01; Staudinger/Rauscher, § 1684 BGB Rn 337.
90 OLG Bamberg v. 1.12.1993, 2 UF 154/93, FamRZ 1994, 719; OLG Brandenburg v. 14.8.2001, 9 WF 137/01.
91 OLG Oldenburg v. 3.2.2006, 2 WF 25/06, FamRZ 2006, 882.
92 Staudinger/Rauscher, § 1684 BGB Rn 337 mwN.
93 BVerfG v. 29.11.2007, 1 BvR 1635/07; Schnitzler/Rakete-Dombek, § 14 Rn 76.

- Trotz pädophiler Neigungen des nicht sorgeberechtigten Vaters kann diesem ein – wenngleich nach Art und Umfang des Kontakts stark eingeschränktes – Recht zum Umgang mit seinem (sechsjährigen) Sohn nicht ohne Weiteres verwehrt werden. Auch in einem derartigen Fall ist die Mutter, die einen Ausschluss des Umgangsrechtes anstrebt, dazu anzuhalten, an der Verwirklichung des Umgangsrechts fördernd mitzuwirken und eventuellen Widerständen des Kindes mit geeigneten erzieherischen Maßnahmen entgegen zu wirken.[94]
- Nimmt das Kind trotz weitgehender Ausräumung des Tatverdachts eine ablehnende Haltung ein, kann eine zeitweilige Aussetzung des Umgangsrechts geboten sein.[95]

71 Die Auflistung zeigt, dass es bisher nur gelungen ist, eine „grobe Linie“ für den familiengerichtlichen Umgang mit dem sexuellen Missbrauch zu entwickeln. „Die Demarkationslinie zwischen elterlichem Erziehungsprimat und staatlichem Wächteramt“[96] zu finden, bereitet vielen beteiligten Professionellen Schwierigkeiten. Sie ist den beteiligten Eltern noch schwerer zu vermitteln. Akzeptanz kann in hoch konfliktbehafteten Beziehungen ohnehin nicht erwartet werden.

III. Familiengerichtliche Maßnahmen nach Tötungsdelikten

72 Die Tätigkeit des Familiengerichtes kann außerhalb von Kindeswohlgefährdungen, die Eltern verursachen oder nicht abwenden, dann notwendig sein, wenn Eltern durch Straftaten getötet werden.

73 Wenn ein Elternteil stirbt und das minderjährige Kind stand bisher unter **gemeinsamer elterlicher Sorge**, so steht die elterliche Sorge dem überlebenden Elternteil zu. Ist ein Elternteil gestorben, dem die elterliche Sorge über sein minderjähriges Kind während des Getrenntlebens der Eltern allein zustand, so hat das Familiengericht die elterliche Sorge dem anderen Elternteil zu übertragen, wenn dies dem Wohl des Kindes nicht widerspricht. Wenn die elterliche Sorge der Mutter gemäß § 1626 a Abs. 2 BGB allein zustand und diese stirbt, dann hat das Familiengericht die elterliche Sorge gemäß § 1680 BGB dem Vater zu übertragen, wenn dies dem Wohl des Kindes dient. Eine Übertragung hat jedoch zu unterbleiben, wenn konkret feststellbare Kindesinteressen der Übertragung widersprechen. Das kann zB der Fall sein, wenn der Kindesvater als konkret Tatverdächtiger am Tod der Mutter in Betracht kommt.[97]

74 Verbleibt kein Elternteil, dem die elterliche Sorge übertragen werden kann, ist für das Kind gemäß §§ 1697, 1773, 1774 BGB von Amts wegen **Vormundschaft** anzuordnen und ein Vormund auszuwählen. Das Jugendamt ist gemäß § 162 FamFG anzuhören und auf Antrag am Verfahren zu beteiligen.

75 Die Initiative wird in der Regel aber ohnehin vom Jugendamt ausgehen und **vorläufige Maßnahmen** werden nötig. Gegebenenfalls wird zunächst und vorläufig ein Amtsvormund des Jugendamtes eingesetzt, der sich um die notwendigen Belange des Kindes kümmert. Das Jugendamt kann die Kinder zu Pflegeeltern oder ins Heim geben, aber auch Verwandte bitten, für die Kinder – vorläufig – zu sorgen.

Hinweis: Verwandte haben dann – wie andere Pflegeeltern auch – einen Anspruch auf **Pflegegeld** gemäß § 39 SGB VIII. Nach § 39 Abs. 4 SGB VIII kann das Pflegegeld bei Verwandten gerader Linie angemessen gekürzt werden.

76 Bis zur Volljährigkeit muss das Familiengericht dann gemäß §§ 1773, 1774 BGB einen Vormund für das Kind bestellen. Hierbei ist es auf Informationen angewiesen, wer für

94 OLG Hamm v. 30.6.1993, 12 VK 448/92, FamRZ 1993, 1233.
95 OLG Celle v. 15.7.1997, 18 UF 191/95, FamRZ 1998, 971.
96 Staudinger/Coester, § 1666 Rn 81.
97 Zum Verdacht des „Ehrenmordes“ vgl OLG Hamm v. 19.9.2007, 5 UF 57/07.

dieses Amt geeignet ist. Im besten Fall haben die Eltern dies bereits vorher schriftlich festgehalten oder zumindest Angehörigen oder Freunden gesagt (Sorgerechtsverfügung). Einem Vorschlag der Eltern ist nur unter bestimmten Voraussetzungen nicht nachzugehen, § 1778 BGB.

Der Vormund wird dann die rechtliche Verantwortung und gegebenenfalls auch die tatsächliche Betreuung übernehmen. Er ist dafür zuständig, die tatsächliche Betreuung zu organisieren und zu verantworten, da er u.a. dafür die rechtliche Verantwortung übertragen bekommen hat. 77

IV. Eltern unter Betreuung und Interessenkollisionen

Die elterliche Sorge und die sich aus ihr ergebenden Rechte sind höchstpersönlicher Natur und können nur in den gesetzlich geregelten Ausnahmefällen auf andere Personen übertragen werden. So hat zB die **Bestellung eines Betreuers** für einen sorgeberechtigten Elternteil keine Auswirkungen auf die elterliche Sorge und beinhaltet auch nicht die Vertretung des minderjährigen Kindes, da das Gesetz eine solche Rechtsfolge nicht vorsieht.[98] 78

Eltern können im Verhältnis zu ihrem Kind **interessenkollidiert** sein, so dass das Familiengericht Maßnahmen ergreifen muss, um einen wirksamen Schutz des Kindes zu sichern. Nach § 1629 Abs. 2 S. 1 BGB ist ein Elternteil qua Gesetz von der Vertretung eines Kindes ausgeschlossen, wenn auch ein Vormund nach § 1795 BGB von der Vertretung ausgeschlossen ist. § 1629 Abs. 2 S. 1 BGB bezieht sich allerdings nur auf die Vornahme von Rechtsgeschäften, nicht auf die Abgabe von Erklärungen hinsichtlich der Wahrnehmung der Rechte des Kindes in einem gegen einen Elternteil gerichteten Strafverfahren.[99] 79

In Strafverfahren kann die **Bestellung eines Ergänzungspflegers** im Hinblick auf die Problematik des § 52 StPO notwendig sein. Gemäß § 52 Abs. 1 Nr. 3 StPO steht einem minderjährigen Zeugen in Ermittlungsverfahren gegen Verwandte gerader Linie ein **Zeugnisverweigerungsrecht** zu. Hat der Minderjährige wegen mangelnder Verstandesreife von der Bedeutung seines Zeugnisverweigerungsrechts keine genügende Vorstellung, so darf er nur vernommen werden, wenn er zur Aussage bereit ist und auch sein gesetzlicher Vertreter der Vernehmung zustimmt.[100] Über die Ausübung des Zeugnisverweigerungsrechts kann der gesetzliche Vertreter eines minderjährigen Zeugen gemäß § 52 Abs. 2 S. 2 StPO dann nicht entscheiden, wenn er selbst – oder im Falle der gemeinsamen Vertretung durch beide Eltern der andere Elternteil – Beschuldigter eines Ermittlungs- oder Strafverfahrens ist. Nach § 1909 BGB erhält ein Kind, das unter elterlicher Sorge steht, für Angelegenheiten, an deren Besorgung die Eltern oder der Vormund verhindert sind, einen **Pfleger.** Bei der Entscheidung darüber, ob ein Bedürfnis für die Bestellung eines Ergänzungspflegers zur Entscheidung über die Ausübung eines Zeugnisverweigerungsrechts durch einen minderjährigen Zeugen besteht, können Gesichtspunkte des Zeugenschutzes auch ohne dass eine ausdrückliche Entscheidung über das Fehlen der Verstandesreife des minderjährigen Zeugen vorliegt, angemessen berücksichtigt werden.[101] 80

Nach § 1629 Abs. 2 S. 3 BGB kann das Familiengericht einem Elternteil bei bestehendem Sorgerecht die **Vertretungsmacht** nach § 1796 BGB **entziehen.** Die Entziehung soll 81

98 Also zB kein wirksamer Adhäsionsantrag durch den Betreuer der Mutter für ein geschädigtes Kind – vgl BGH v. 16.12.2008, 4 StR 542/08.

99 Zur Erhebung der Nebenklage gegen einen Elternteil: OLG Frankfurt/M. v. 22.10.2008, 6 UF 174/08.

100 Vgl zB OLG Brandenburg v. 23.10.2009, 10 UF 154/09.

101 BayObLG v. 7.8.1997, 1Z BR 146/97.

nur erfolgen, wenn das Interesse des Kindes zu dem Interesse des Elternteils in erheblichem Gegensatz steht. Ein erheblicher Interessengegensatz ist anzunehmen, wenn das eine Interesse nur auf Kosten des anderen Interesses durchgesetzt werden kann und die Gefahr besteht, dass der sorgeberechtigten Elternteil das Kindesinteresse nicht genügend berücksichtigen kann. Die **Antragstellung nach dem Opferentschädigungsgesetz**[102] kann einen solchen Fall darstellen, weil dies in der Regel mit einem Strafantrag und nach § 89 BVG mit dem Übergang von Schadensersatzansprüchen verbunden ist.

82 Die Aussage eines Kindes in einem Ermittlungsverfahren gegen einen Elternteil oder seine Beteiligung als Nebenkläger verletzt die Interessen eines Kindes nicht automatisch: „Neben dem Interesse des Kindes, eine erneute Konfrontation mit den belastenden Situationen, die es bezeugen soll, zu vermeiden, und einem möglichen Interesse des Kindes, seinen biologischen Vater nicht belasten zu müssen, kann auch ein erhebliches Interesse des Kindes anzuerkennen sein, durch seine Aussage eine Verurteilung des leiblichen Vaters zu ermöglichen und hierdurch weitere Straftaten gegen sich, seine Geschwister und seine Mutter zu verhindern."[103]

V. Ein ungewöhnlicher Weg – der elterliche Antrag auf Sorgerechtsentzug

83 Ein Verzicht auf die elterliche Sorge ist unzulässig,[104] lediglich die Ausübung kann einer anderen Person überlassen werden. Gleichwohl kann es Situationen geben, in denen der **Entzug des Sorgerechtes** initiativ von einem Elternteil ausgehen kann, was letztlich einem Verzicht gleich kommt.

84 Wenn Eltern entkräftet sind und sich bei ihren Kindern nicht mehr durchsetzen können, zB in Fällen, in denen sich Kinder/Jugendliche immer wieder als Täter oder Opfer von Straftaten in Gefahr begeben und das Jugendamt eine Maßnahme nach §§ 27, 34 SGB VIII ablehnt (siehe hierzu nachfolgend), weil die Jugendlichen nicht mitarbeiten, können Eltern oder der Sorgeberechtigte ausnahmsweise auf Antrag **von der Ausübung ihres Sorgerechtes befreit** werden. Die Sorgeberechtigten müssen in diesem Fall beim Familiengericht den Entzug der elterlichen Sorge und die Übertragung auf einen geeigneten Vormund – meistens dann das Jugendamt gem. §§ 55, 56 SGB VIII, § 1791 b BGB – beantragen. Durch die Übertragung wird die Verantwortung auf den Pfleger oder den Vormund des Jugendamtes verlagert und dieses ist zum Handeln gezwungen – wenn nicht vor dem Familiengericht gemeinsam eine andere Regelung gefunden wird.

Antrag

der alleinsorgeberechtigten Mutter ...

wegen Entzuges der elterlichen Sorge gemäß §§ 1666, 1666 a BGB für das Kind ...

Hiermit wird namens und in Vollmacht der Antragstellerin beantragt, wie folgt zu beschließen: Der Antragstellerin wird die elterliche Sorge für das Kind ..., geb. ..., entzogen und auf einen Amtsvormund übertragen.

Begründung:

... (darstellen, warum der Sorgeberechtigten ein Handeln zum Wohle des Kindes derzeit nicht möglich ist und inwieweit das Kindeswohl damit gefährdet wird. Zudem darstellen, warum eine Übertragung auf einen Vormund das Kindeswohl – besser – sichert. Sollte es einen zweiten, bisher nicht sorgeberechtigten Elternteil geben, so muss hier auch begründet werden, ob und gegebenenfalls warum er kein Sorgerecht ausüben kann.)

---

102 Vgl zur unverschuldet verspäteten Antragstellung nach dem OEG zB BSG v. 11. 12. 2008, B 9/9 a VG 1/07 R mwN.

103 OLG Karlsruhe v. 26.4.2012, 2 WF 42/12, NJW-RR 2012, 839 = MDR 2012, 653.

104 DNotI-Report, Sorgerechtsvollmacht, Vormundbenennung für den Fall der Geschäftsunfähigkeit des Sorgerechtsinhabers, 2010, 204.

VI. Kinderschutz/Opferhilfen im SGB VIII

1. Kinderschutz/Opferhilfen zwischen sozialrechtlichen Leistungen und vorläufigem Eingriff

Nach § 8 SGB I haben junge Menschen (§ 7 Abs. 1 Nr. 4 SGB VIII = bis zu 27 Jahren!) und Personensorgeberechtigte im Rahmen dieses Gesetzbuchs das Recht, **Leistungen der öffentlichen Jugendhilfe** in Anspruch zu nehmen. Diese sollen die Entwicklung junger Menschen fördern und die Erziehung in der Familie unterstützen und ergänzen. Für den Fall, dass Kinder Opfer von Straftaten werden, aber auch dann, wenn Eltern durch eine Straftat derart geschädigt sind, dass sie die faktische Betreuung und Erziehung ihrer Kinder auf Dauer oder für einen bestimmten Zeitraum nicht leisten können, kann diese Hilfe notwendig werden. Sie wird durch das **SGB VIII** konkretisiert. 85

Nach **§ 1 SGB VIII** hat jeder junge Mensch ein Recht auf: 86

- Förderung seiner Entwicklung
- und auf Erziehung zu einer eigenverantwortlichen und gemeinschaftsfähigen Persönlichkeit

Es ist Aufgabe der Jugendhilfe, dieses Ziel zu verwirklichen. Sie trifft die **Gewährleistungspflicht** und die **Planungsverantwortung** (§§ 79 f SGB VIII). Der Gesetzgeber hat hierzu die Jugendhilfe schrittweise von einem eingreifenden und kontrollierenden Jugendwohlfahrtsgesetz, das bis 1991 galt, zu einem **Leistungsgesetz** umgewandelt, mit dem die Jugendhilfe einen weit gefächerten Katalog von Förder-, Beratungs- und Unterstützungsangeboten in Form von Gruppenangeboten bis hin zu individuell zugeschnittenen Hilfen für Eltern, Kinder, Jugendliche und junge Volljährige anbietet (§§ 11–41 SGB VIII), um so möglichst präventiv das Entstehen bzw die Verfestigung individueller Not- und Krisenlagen zu verhindern oder zu reduzieren.[105] 87

Nach § 1 Abs. 3 SGB VIII gehört es zu den besonderen Aufgaben der Jugendhilfe, **Kinder und Jugendliche vor Gefahren für ihr Wohl zu schützen**. Dies geschieht durch **Leistungen** (§§ 11–41 SGB VIII) und durch sog. **„andere Maßnahmen"** (§§ 42–60 SGB VIII). Letztere stellen keine Sozialleistungen iSd § 11 SGB I dar, sondern dienen im Wesentlichen der Erfüllung des staatlichen Wächteramtes. Sie sind regelmäßig von Amts wegen zu erfüllen und entziehen sich damit der Disposition etwaig Begünstigter. Dies ergibt sich aus § 2 iVm § 8 SGB I, wonach jungen Menschen und Personensorgeberechtigten nur bezüglich der "Leistungen" ein Recht auf Inanspruchnahme zugestanden wird, nicht aber für "andere Aufgaben".[106] 88

Durch die sog. „anderen Aufgaben" werden der Jugendhilfe keine Möglichkeiten an die Hand gegeben, im Wege eigenen hoheitlichen Handelns dauerhaft selbst in das Elternrecht einzugreifen. Dies ist dem Familiengericht vorbehalten. „Eine Befugnis, zum Zwecke der Klärung, ob eine Kindeswohlgefährdung vorliegt, ggf auch in Rechte von Kindern, Eltern oder anderen Familienmitgliedern einzugreifen, besteht ausschließlich an der Schwelle bekannt gewordener gewichtiger Anhaltspunkte für eine **Kindeswohlgefährdung** im Sinne des § 8 a SGB VIII oder einer **akuten Notsituation** im Sinne des § 42 SGB VIII."[107] Diese Maßnahmen sind rein **vorläufiger Natur**. Hier ist die Nahtstelle zum Schutz durch familiengerichtliche Eingriffe, die möglichst durch Hilfen bzw Leistungen der Jugendhilfe vermieden werden sollen. Hierzu hat das Jugendamt nach § 50 SGB VIII die Pflicht, das Familiengericht bei allen Maßnahmen, die die Sorge für die Person von Kindern und Jugendlichen betreffen, zu unterstützen. Es hat insbesondere über angebotene und erbrachte Leistungen zu unterrichten, erzieherische und soziale 89

105 Münder/Mutke/Schone, Kindeswohl zwischen Jugendhilfe und Justiz, 159.
106 OVG NRW v. 22.6.2009, 12 A 1078/09; OVG NRW v. 31.1.2011, 12 B 1792/10.
107 DIJUF-Rechtsgutachten v. 16.2.2012, J 6.140 LS/My, JAmt 2012, 162.

Gesichtspunkte zur Entwicklung des Kindes oder des Jugendlichen einzubringen und auf weitere Möglichkeiten der Hilfe hinzuweisen.

90 Auch im Recht der Jugendhilfe gelten die verfassungsrechtlichen und völkerrechtlichen Vorgaben des Kinderschutzes einerseits und des Elternrechts andererseits. Der „Spagat" zwischen beiden ist schwierig und gelingt dem „helfenden" Staat immer nur unvollkommen. Der Gesetzgeber hat in jüngster Zeit versucht, durch besondere verfahrensrechtliche Regeln und strukturelle Veränderungen den Kinderschutz effektiver zu machen.

2. Kinderschutz durch verfahrensleitende Regeln – § 8 a SGB VIII

91 Dazu gehört § 8 a SGB VIII, der im Kontext des staatlichen Wächteramtes zu sehen ist. Durch § 8 a SGB VIII hat die Jugendhilfe 2005 bindende **Regieanweisungen** für den Umgang mit Hinweisen auf eine Gefährdung des Kindeswohls erhalten. Solche Hinweise können zB gegeben werden, wenn ein Kind Dritten, dh außerhalb der Familie, von sexueller oder körperlicher Misshandlung innerhalb der Familie erzählt oder aus anderen Gründen ein dringender Verdacht besteht. Das Kind/der Jugendliche kann sich dazu auch ohne Wissen seiner sorgeberechtigten Eltern beim Jugendamt beraten lassen, § 8 Abs. 2, 3 SGB VIII. Würde der Beratungszweck sonst vereitelt, dürfen die Eltern nicht einbezogen werden. Ein Erwachsener, der von einer Gefährdungssituation erfährt, kann sich auch ohne das Kind an das Jugendamt wenden. Damit solche Gefährdungsinformationen ihren Empfänger gesichert finden, wurde § 8 a SGB VIII eingeführt.

92 Er enthält **spezifische Verfahrensvorschriften**, die für den Träger der öffentlichen Jugendhilfe den allgemeinen Untersuchungsgrundsatz des § 20 SGB X bereichs- und situationsspezifisch modifiziert und konkretisiert,[108] um so Kinder und Jugendliche, die Gefahr laufen, Opfer von Straftaten im „Schutzraum" der Familie zu werden, besser schützen zu können:

§ 8 a SGB VIII Schutzauftrag bei Kindeswohlgefährdung

(1) Werden dem Jugendamt gewichtige Anhaltspunkte für die Gefährdung des Wohls eines Kindes oder Jugendlichen bekannt, so hat es das Gefährdungsrisiko im Zusammenwirken mehrerer Fachkräfte einzuschätzen. Soweit der wirksame Schutz dieses Kindes oder dieses Jugendlichen nicht in Frage gestellt wird, hat das Jugendamt die Erziehungsberechtigten sowie das Kind oder den Jugendlichen in die Gefährdungseinschätzung einzubeziehen und, sofern dies nach fachlicher Einschätzung erforderlich ist, sich dabei einen unmittelbaren Eindruck von dem Kind und von seiner persönlichen Umgebung zu verschaffen. Hält das Jugendamt zur Abwendung der Gefährdung die Gewährung von Hilfen für geeignet und notwendig, so hat es diese den Erziehungsberechtigten anzubieten.

(2) Hält das Jugendamt das Tätigwerden des Familiengerichts für erforderlich, so hat es das Gericht anzurufen; dies gilt auch, wenn die Erziehungsberechtigten nicht bereit oder in der Lage sind, bei der Abschätzung des Gefährdungsrisikos mitzuwirken. Besteht eine dringende Gefahr und kann die Entscheidung des Gerichts nicht abgewartet werden, so ist das Jugendamt verpflichtet, das Kind oder den Jugendlichen in Obhut zu nehmen.

(3) Soweit zur Abwendung der Gefährdung das Tätigwerden anderer Leistungsträger, der Einrichtungen der Gesundheitshilfe oder der Polizei notwendig ist, hat das Jugendamt auf die Inanspruchnahme durch die Erziehungsberechtigten hinzuwirken. Ist ein sofortiges Tätigwerden erforderlich und wirken die Personensorgeberechtigten nicht mit, so schaltet das Jugendamt die anderen zur Abwendung der Gefährdung zuständigen Stellen selbst ein.

(4) In Vereinbarungen mit den Trägern von Einrichtungen und Diensten, die Leistungen nach diesem Buch erbringen, ist sicherzustellen, dass

1. deren Fachkräfte bei Bekanntwerden gewichtiger Anhaltspunkte für die Gefährdung eines von ihnen betreuten Kindes oder Jugendlichen eine Gefährdungseinschätzung vornehmen,

108 OVG NRW v. 22.6.2009, 12 A 1078/09; OVG NRW v. 31.1.2011, 12 B 1792/10.

2. bei der Gefährdungseinschätzung eine insoweit erfahrene Fachkraft beratend hinzugezogen wird sowie
3. die Erziehungsberechtigten sowie das Kind oder der Jugendliche in die Gefährdungseinschätzung einbezogen werden, soweit hierdurch der wirksame Schutz des Kindes oder, Jugendlichen nicht in Frage gestellt wird.

In die Vereinbarung ist neben den Kriterien für die Qualifikation der beratend hinzuzuziehenden insoweit erfahrenen Fachkraft insbesondere die Verpflichtung aufzunehmen, dass die Fachkräfte der Träger bei den Erziehungsberechtigten auf die Inanspruchnahme von Hilfen hinwirken, wenn sie diese für erforderlich halten, und das Jugendamt informieren, falls die Gefährdung nicht anders abgewendet werden kann.

(5) Werden einen örtlichen Träger gewichtige Anhaltspunkte für die Gefährdung des Wohls eines Kindes oder eines Jugendlichen bekannt, so sind dem für die Gewährung von Leistungen zuständigen örtlichen Träger die Daten mitzuteilen, deren Kenntnis zur Wahrnehmung des Schutzauftrags bei Kindeswohlgefährdung nach § 8 a erforderlich ist. Die Mitteilung soll im Rahmen eines Gespräches zwischen den Fachkräften der beiden örtlichen Träger erfolgen, an dem die Personensorgeberechtigten sowie das Kind oder der Jugendliche beteiligt werden sollen, soweit hierdurch der wirksame Schutz des Kindes oder des Jugendlichen nicht in Frage gestellt wird.

Mit § 8 a SGB VIII wird dem Jugendamt die objektive Verpflichtung auferlegt, bei gewichtigen Anhaltspunkten im Zusammenwirken mehrerer Fachkräfte eine **Abschätzung des Gefährdungsrisikos** vorzunehmen. Verfahrensrechtlich wird dabei vorgeschrieben, ggf die Personensorgeberechtigten sowie das Kind oder den Jugendlichen einzubeziehen.[109] In Vereinbarung mit Trägern von Einrichtungen und Diensten ist seither außerdem sicherzustellen, dass diese eine **„insoweit erfahrene Fachkraft"** heranziehen. Diese Fachkraft ist in der Regel kein Mitarbeiter des Jugendamtes. Die Fachkraft hat eine Weiterbildung zum Thema Kinderschutz absolviert oder eine besondere berufliche Qualifikation. Sie kann von sämtlichen Mitarbeitenden eingeschaltet werden, die eine Kindeswohlgefährdung bemerken und ihr entgegenwirken wollen. Sie unterstützt den Beratungsprozess, für den derjenige, der die Kindeswohlgefährdung gemeldet hat, aber verantwortlich bleibt. Wird eine solche Fachkraft eingeschaltet, so kann (zunächst) das Jugendamt außen vor bleiben – für die Betroffenen soll damit eine Erleichterung geschaffen werden, Hilfe anzunehmen. Nur wenn die angebotene und besprochene Hilfe nicht oder nur unzureichend angenommen wird, muss das Jugendamt einbezogen werden. Dieses ist dann zur eigenen Beratung und Unterbreitung von Angeboten, aber auch zur Beantragung von (teilweisen) Sorgerechtsentzug oder Inobhutnahme verpflichtet. 93

Die inhaltliche und formelle Ausweitung des SGB VIII durch § 8 a SGB VIII hat für eine Reihe von Kindern bisher aber immer noch nicht ausgereicht. Öffentlich gewordene Fälle von Kindern, die verstorben oder extrem verwahrlost und/oder misshandelt (in der Wohnung eines sorgeberechtigten Elternteils) aufgefunden wurden, haben weitere Neuregelungen in Gang gesetzt. In diesen Fällen haben Jugendamt, Kinderärzte, Lehrer, Erzieher etc. formell nicht vorwerfbar gehandelt, das Kind aber letztendlich nicht schützen können. § 8 a GB VIII wurde deshalb in Abs. 1 S. 2 um eine **Verpflichtung zur Kontaktaufnahme** erweitert, wenn diese auch mit dem Kind/Jugendlichen nach einer fachlichen Einschätzung des Einzelfalles erforderlich erscheint. Dabei wird das Jugendamt verpflichtet, Hausbesuche durchzuführen, dh sich „einen unmittelbaren Eindruck von dem Kind und von seiner persönlichen Umgebung" zu verschaffen. § 8 a Abs. 5 SGB VIII verpflichtet die Jugendämter jetzt zu gegenseitiger Information in den Fällen, in denen das nicht zuständige Jugendamt Anhaltspunkte zu einer Kindeswohlgefährdung erhalten hat. 94

§ 8 a Abs. 1 SGB VIII zielt auf den Schutz des Kindes, gibt Dritten allerdings **keinen subjektiv-individuellen Rechtsanspruchs** auf Vornahme einer Gefährdungsabschätzung. 95

109 OVG NRW v. 22.6.2009, 12 A 1078/09; OVG NRW v. 31.1.2011, 12 B 1792/10.

Der Schutz des einzelnen und konkret betroffenen Kindes wird durch die Verfahrensregelungen und deren Einhaltung nicht verbürgt, sondern durch § 8 a SGB VIII wird lediglich ein Prozess strukturiert, der inhaltlich durch die fachkundige Interpretation der Anhaltspunkte für eine Kindeswohlgefährdung gefüllt werden muss. § 8 a SGB VIII normiert die objektive Verpflichtung des Jugendamtes, u.a. ggf das Familiengericht anzurufen. Als Verfahrensvorschrift begründet § 8 a Abs. 3 S. 1 SGB VIII aber auch kein subjektives Recht Dritter auf eine Anrufung des Familiengerichts. „Die Verfahrensregelungen betreffen danach den einer Entscheidung über die Gewährung von Hilfe, über die Durchführung einer Inobhutnahme oder über die Anrufung des Familiengerichts vorgelagerten Verfahrensabschnitt und haben damit eine die Entscheidung vorbereitende, verfahrenssteuernde Funktion."[110]

3. Inobhutnahme durch das Jugendamt – § 42 SGB VIII, die Schnittstelle zum Eingreifen des Familiengerichtes

96 Zu den **„Maßnahmen" des Kinderschutzes** in der Jugendhilfe gehört nach § 2 Abs. 3 Nr. 1 SGB VIII die Inobhutnahme. Die Inobhutnahme nach § 42 SGB VIII ist eine nur **vorläufige Maßnahme** des Kinderschutzes. Die Entscheidung über Umfang und Grenzen des Eingriffs in das Elternrecht ist im Übrigen allein dem Familienrichter vorbehalten.

97 Bittet ein Kind oder ein Jugendlicher beim Jugendamt um Obhut, dh um Hilfe und Aufnahme in einer pädagogischen Einrichtung, oder erfordert eine dringende Gefahr für das Wohl eines Kindes eine solche Inobhutnahme, so kann das Jugendamt – zunächst ohne richterliche Anordnung – das Kind bei einer geeigneten Person oder Einrichtung **vorläufig unterbringen.** Voraussetzung für eine Inobhutnahme nach § 42 Abs. 2 SGB VIII ist gemäß Satz 1 dieser Bestimmung zunächst die bloße und ernst gemeinte Bitte eines Kindes oder Jugendlichen um Obhut. Bereits das in einer solchen Bitte zum Ausdruck kommende subjektive Schutzbedürfnis löst die Pflicht des Jugendamtes zum Handeln aus. Einer Begründung der Bitte durch das Kind oder den Jugendlichen oder einer Vorprüfung der Situation durch das Jugendamt bedarf es ausdrücklich nicht, weil nur so das Ziel eines effektiven und unkomplizierten Schutz des Kindes oder Jugendlichen in Konfliktsituationen erreicht werden kann.[111] Auf die Inobhutnahme besteht – obwohl es sich systematisch um eine „andere Aufgabe" im Sinne des SGB VIII handelt – ein **Leistungsanspruch des Kindes** oder Jugendlichen gemäß § 42 Abs. 1 SGB VIII. Insoweit liegt nach der Rechtsprechung eine Sozialleistung im Sinne des § 11 SGB I vor, und zwar zumindest eine Dienstleistung gemäß § 11 S. 2 SGB I als persönliche und erzieherische Hilfe.[112]

98 Die Sorgeberechtigten sind nach einer Inobhutnahme unverzüglich zu informieren und die Gefährdung ist zu besprechen. **Widersprechen** die Sorgeberechtigten der Inobhutnahme **nicht**, so ist nach § 42 Abs. 3 S. 5 SGB VIII vom Jugendamt unverzüglich ein **Hilfeplanverfahren** mit dem Ziel der Gewährung einer Anschlusshilfe einzuleiten. Stellen die Sorgeberechtigten im Rahmen des Hilfeplanverfahrens keinen Antrag auf die sich als notwendig erweisende Anschlusshilfe – etwa in Form von Hilfe zur Erziehung –, muss zur Klärung der Situation und zur Beendigung der Inobhutnahme gleichwohl vom Jugendamt eine Entscheidung des Familiengerichts zur Legitimierung des Sorgerechtseingriffs herbeigeführt werden.[113]

99 Bei **Widerspruch der Sorgeberechtigten** gegen die Inobhutnahme muss das Jugendamt das Kind herausgeben oder unverzüglich einen Antrag auf einstweilige Anordnung des

110 OVG NRW v. 22.6.2009, 12 A 1078/09; OVG NRW v. 31.1.2011, 12 B 1792/10.
111 OVG Lüneburg v. 18.9.2009, 4 LA 706/07 mwN.
112 OVG Hamburg v. 14.2.2011, 4 Bs 282/10, DÖV 2012, 80.
113 OVG NRW 24.5.2011, 12 A 2844/10.

(teilweisen) Sorgerechtsentzugs beim Familiengericht stellen. Letzteres gilt auch dann, wenn die Sorgeberechtigten nicht erreichbar sind. Das bedeutet, dass das Jugendamt für eine nicht anders abwendbare Gefährdungssituation und für einen Zeitraum bis zum nächsten Werktag die Berechtigung hat, Kinder gegen den Willen ihrer Eltern in Schutz zu nehmen. Schaltet das Jugendamt nicht das Familiengericht ein, so kann das Kind von den Eltern wieder zurückgeholt werden oder – da diese den Aufenthalt in der Regel nicht kennen – sie müssen einen Antrag auf Herausgabe des Kindes gem. § 1632 Abs. 1 BGB beim Familiengericht stellen.

Die **Entscheidung des Jugendamtes**, die Inobhutnahme bis zu einer familiengerichtlichen 100
Entscheidung aufrecht zu erhalten, ist **nur dann rechtmäßig**, wenn ohne die Inobhutnahme die Gefahr einer Beeinträchtigung des Wohles des Kindes oder Jugendlichen besteht und die Eltern zur Abwehr dieser Gefährdung nicht bereit oder in der Lage sind. Eine **Zustimmung zur Inobhutnahme** im Sinne des § 42 SGB VIII erfordert andererseits aber immer auch einer **eigene echte Willensbildung** der Personensorgeberechtigten; diese kann nicht darin gesehen werden, dass das Kind letztlich widerstandslos unter Aufgabe des aktuellen Protests übergeben wird. Wenn ein Kind nicht „freiwillig" übergeben, die Zustimmung widerrufen wird und/oder die Personensorgeberechtigten das Kind herausverlangen, muss nach der Mitnahme des Kindes bei der Inobhutnahme das allein zur Entziehung der elterlichen Sorge berufene Familiengericht förmlich angerufen werden.[114]

Die Rechtmäßigkeit der vom Jugendamt nach § 42 Abs. 2 S. 3 SGB VIII zu treffenden 101
Entscheidung unterliegt nach § 40 Abs. 1 S. 1 VwGO der **verwaltungsgerichtlichen Kontrolle**. Das nach § 42 Abs. 3 Nr. 2 SGB VIII angerufene **Familiengericht** entscheidet nicht über die Rechtmäßigkeit der Inobhutnahme oder deren Fortdauer; es trifft vielmehr die notwendigen **sorgerechtlichen Maßnahmen** im Anschluss an die Inobhutnahme selbst.[115] Wenn das Familiengericht keine endgültige Entscheidung zu einem Eingriff in das Sorgerecht der Eltern zur Durchsetzung einer Anschlusshilfe treffen kann und gleichwohl bis zur weiteren Aufklärung des Sachverhaltes einen Verbleib des Kindes in fremder Obhut für erforderlich hält, hat es den Eltern zur Ermöglichung einer Anschlusshilfe für das Kind ggf vorläufig das Aufenthaltsbestimmungsrecht und regelmäßig das Recht zur Beantragung von Leistungen zur Hilfen zur Erziehung oder der Eingliederungshilfe nach §§ 27 ff bzw § 35 a SGB VIII zu entziehen. „Auch eine solche vorläufige Entscheidung des Familiengerichts hat das Jugendamt gegebenenfalls anzuregen. Dies ist letztlich auch dem Umstand geschuldet, dass der Zweck der Inobhutnahme nicht auf eine akute Notversorgung beschränkt ist, sondern ihr auch eine Clearing-Funktion im Hinblick auf die geeignete und notwendige Anschlusshilfe zukommt."[116]

Die Rechtmäßigkeit der vom Jugendamt nach § 42 Abs. 2 S. 3 SGB VIII zu treffenden 102
Entscheidung unterliegt der verwaltungsgerichtlichen Kontrolle. Das nach Nr. 2 dieser Bestimmung angerufene Familiengericht entscheidet nicht über die Rechtmäßigkeit der Inobhutnahme oder deren Fortdauer; es trifft vielmehr die notwendigen sorgerechtlichen Maßnahmen im Anschluss an die Inobhutnahme selbst.

4. Das neue Kinderschutzgesetz

Das Instrumentarium des Kinderschutzes durch Jugendhilfe und Familiengericht („Ver- 103
antwortungsgemeinschaft") funktioniert bis heute nicht fehlerfrei. Jede Woche sterben in Deutschland im Schnitt drei Kinder durch Gewalt oder Vernachlässigung. Insgesamt sind im Jahr 2011 auf diese Weise 146 Kinder unter 14 Jahren ums Leben gekommen.

114 OLG Frankfurt/M. v. 21.12.2011, 2 UF 481/11.
115 OVG Lüneburg v. 18.9.2009, 4 LA 706/07.
116 OVG NRW 24.5.2011, 12 A 2844/10.

104 Das Bundeskinderschutzgesetz, welches am 1.1.2012 in Kraft getreten ist, hat sich neben dem verbesserten Schutz von Kindern und Jugendlichen auch den Ausbau der Entwicklungsförderung zum Ziel gesetzt. Es basiert, wie das gesamte SGB VIII, auf der grundrechtlich verankerten Elternverantwortung, aber berücksichtigt eben auch noch stärker als bisher das Wächteramt des Staates. Ziel ist die Unterstützung der Gefährdeten, das frühzeitige Erkennen von Risikofaktoren und damit die Vermeidung oder Abwendung von Gefährdungen. Das Kinderschutzgesetz enthält dazu sechs Artikel. Kern des Gesetzes ist das durch Artikel 1 neu geschaffene **Gesetz zur Kooperation und Information im Kinderschutz (KKG).**

105 In § 1 KKG wird der Schutz und die staatliche Mitverantwortung thematisiert, basierend auf dem Grundrecht aus Art. 6 GG. So heißt es in Absatz 3:

> **Aufgabe der staatlichen Gemeinschaft ist es, soweit erforderlich, Eltern bei der Wahrnehmung ihres Erziehungsrechts und ihrer Erziehungsverantwortung zu unterstützen, damit**
> 1. **sie im Einzelfall dieser Verantwortung besser gerecht werden können,**
> 2. **im Einzelfall Risiken für die Entwicklung von Kindern und Jugendlichen frühzeitig erkannt werden und**
> 3. **im Einzelfall eine Gefährdung des Wohls eines Kindes oder Jugendlichen vermieden oder, falls dies im Einzelfall nicht mehr möglich ist, eine weitere Gefährdung oder Schädigung abgewendet werden kann.**

106 Den Eltern wird Information, Beratung und Hilfe, insbesondere die **„frühen Hilfen"** in den ersten Lebensjahren eines Kindes angeboten. In § 2 wird zu diesem Zweck das Angebot des persönlichen Gespräches – auf Wunsch in der Wohnung der Eltern – von Seiten des Jugendamtes oder anderer durch Landesrecht zu bestimmender Einrichtungen normiert. Um dieses inhaltlich und organisatorisch zu leisten und vorhandene Einrichtungen und Ressourcen positiv zu nutzen sowie den Kinderschutz aufeinander abzustimmen sind in § 3 die Rahmenbedingungen für **verbindliche Netzwerkstrukturen** im Kinderschutz verankert. Zu den Beteiligten gehören „insbesondere Einrichtungen und Dienste der öffentlichen und freien Jugendhilfe, Einrichtungen und Dienste, mit denen Verträge nach § 75 Abs. 3 des Zwölften Buches Sozialgesetzbuch bestehen, Gesundheitsämter, Sozialämter, Gemeinsame Servicestellen, Schulen, Polizei- und Ordnungsbehörden, Agenturen für Arbeit, Krankenhäuser, Sozialpädiatrische Zentren, Frühförderstellen, Beratungsstellen für soziale Problemlagen, Beratungsstellen nach den §§ 3 und 8 des Schwangerschaftskonfliktgesetzes, Einrichtungen und Dienste zur Müttergenesung sowie zum Schutz gegen Gewalt in engen sozialen Beziehungen, Familienbildungsstätten, Familiengerichte und Angehörige der Heilberufe", § 3 KKG. Die Planung und Steuerung des Netzwerks ist den Trägern der öffentlichen Jugendhilfe übertragen worden.

107 Eine besonders wichtige Rolle spielen die **Hebammen**, die durch ihre Tätigkeit sehr früh Familien in ihren ganz eigenen Strukturen und Verhältnissen kennenlernen. Sie können Anregungen geben, auf die Inanspruchnahme von Hilfen hinwirken und im Gefährdungsfall das Jugendamt einschalten.

108 In § 4 KKG geht es um die **Beratung und Übermittlung von Informationen durch Geheimnisträger bei Kindeswohlgefährdung**, darunter fallen

1. Ärztinnen oder Ärzte, Hebammen oder Entbindungspflegern oder Angehörigen eines anderen Heilberufes, der für die Berufsausübung oder die Führung der Berufsbezeichnung eine staatlich geregelte Ausbildung erfordert,
2. Berufspsychologinnen oder -psychologen mit staatlich anerkannter wissenschaftlicher Abschlussprüfung
3. Ehe-, Familien-, Erziehungs- oder Jugendberaterinnen oder -berater,

4. sowie Beraterinnen oder Beratern für Suchtfragen in einer Beratungsstelle, die von einer Behörde oder Körperschaft, Anstalt oder Stiftung des öffentlichen Rechts anerkannt ist,
5. Mitglieder oder Beauftragte einer anerkannten Beratungsstelle nach den §§ 3 und 8 des Schwangerschaftskonfliktgesetzes
6. staatlich anerkannte Sozialarbeiterinnen oder -arbeiter oder staatlich anerkannten Sozialpädagoginnen oder -pädagogen oder
7. Lehrerinnen oder Lehrer an öffentlichen und an staatlich anerkannten privaten Schulen.

Werden diesen in Ausübung ihrer beruflichen Tätigkeit **gewichtige Anhaltspunkte für die Gefährdung des Wohls eines Kindes oder eines Jugendlichen** bekannt, so sollen sie mit dem Kind oder Jugendlichen und den Personensorgeberechtigten die Situation erörtern und soweit erforderlich bei den Personensorgeberechtigten auf die Inanspruchnahme von Hilfen hinwirken, soweit hierdurch der wirksame Schutz des Kindes oder des Jugendlichen nicht in Frage gestellt wird, § 4 Abs. 1 KKG. Das bedeutet, dass diese Berufsgruppen handeln und auf die Inanspruchnahme von Hilfen hinwirken müssen. Wird die Hilfe nicht in Anspruch genommen, so haben diese Berufsgruppen pseudonymisiert einen Beratungsanspruch bei einer „insoweit erfahrenen Fachkraft“, wie sie auch schon jetzt aus § 8 a SGB VIII bekannt und bei öffentlichen und privaten Trägern zu finden ist. Wird der Gefährdung des Kindes hierdurch nicht entgegengetreten und die Gefahr nicht oder nur unzureichend abgewendet, so muss und darf sich der Geheimnisträger gemäß § 4 Abs. 3 KKG an das Jugendamt wenden und die erforderlichen Daten mitteilen. 109

Die Betroffenen sollen zuvor darüber informiert werden, dies allerdings nicht, wenn die Wirksamkeit der Maßnahme dadurch in Frage gestellt wird. 110

Artikel 2 des Bundeskinderschutzgesetzes fügte mit § 8 b SGB VIII eine weitere Neuregelung ein. § 8 b SGB VIII bestimmt, das Personen, die beruflich in Kontakt mit Kindern oder Jugendlichen stehen, bei der Einschätzung einer Kindeswohlgefährdung im Einzelfall gegenüber dem örtlichen Träger der Jugendhilfe einen Anspruch auf Beratung durch eine insoweit erfahrene Fachkraft haben. 111

Des Weiteren wurden durch das KKG die Beratungsangebote für werdende Eltern und Pflegefamilien erweitert, sowie die Bestimmungen zur Erteilung einer Betriebserlaubnis für Einrichtungen verändert. Daneben wurde gesetzlich festgelegt, dass erweiterte Führungszeugnisse angefordert und vorgelegt werden. Und es gibt ein Beschäftigungsverbot bei eingetragenen Straftaten wegen der Verletzung der Fürsorge- und Erziehungspflicht, wegen Straftaten gegen die sexuelle Selbstbestimmung, Misshandlung von Schutzbefohlenen, Menschenhandel und -raub, Entziehung Minderjähriger und Kinderhandel. 112

5. Kinderschutz/Opferhilfen durch sozialrechtliche Leistungen

a) Jugendhilfe als Dienstleistung

Die Botschaften der im Jahre 2011 gestarteten bundesweiten Kampagne „Das Jugendamt. Unterstützung, die ankommt.“[117] lauteten: 113

Das Jugendamt 114

- schützt, fördert, beteiligt Kinder und Jugendliche auch und gerade dann, wenn deren Wohl gefährdet ist;

117 www.unterstuetzung-die-ankommt.de.

- ist für alle Kinder, Jugendliche und Eltern da, die Beratung oder Unterstützung brauchen;
- ist vertrauensvoller Partner für Kinder, Jugendliche und Eltern;
- ist professioneller Dienstleister;
- setzt sich gemeinsam mit freien Trägern und politischen Akteuren für das Wohl von Kindern, Jugendlichen und deren Eltern ein.

115 Im Mandat der **Anwälte und Anwältinnen für Opferrechte** hat die **Lotsenfunktion** große Bedeutung. Nicht immer finden Betroffene selbst den Weg zum „Dienstleister" Jugendamt. Es gehört zur Realisierung der Rechte der von Straftaten betroffenen jungen Menschen und ihrer Eltern, den Weg zur Jugendhilfe zu weisen, den Jugendhilfeträger beim Wort zu nehmen und in Gefahren- und Schädigungssituationen staatliche Hilfen in Anspruch zu nehmen und für den Mandanten durchzusetzen.

Hinweis: Das **Rangverhältnis unterschiedlicher Sozialleistungsträger** ist dabei zu beachten. § 10 SGB VIII bestimmt, dass Verpflichtungen der Träger anderer Sozialleistungen durch das SGB VIII nicht berührt werden. Auf Rechtsvorschriften beruhende Leistungen anderer dürfen nicht deshalb versagt werden, weil nach dem SGB VIII entsprechende Leistungen vorgesehen werden. Die Leistungsverpflichtung des Jugendhilfeträgers kann wegen des in § 10 Abs. 1 SGB VIII angeordneten **Nachrangs der Jugendhilfe** daher zB auch gegenüber den Leistungen nach dem Opferentschädigungsrecht zurücktreten. Ein Anspruch aus §§ 27, 34 SGB VIII auf Leistungen der Jugendhilfe in Form der Heimerziehung kann zB durch einen die Kosten der Heimerziehung abdeckenden Anspruch aus § 1 Abs. 1 S. 1 OEG auf Gewährung von Leistungen der Eingliederungshilfe in entsprechender Anwendung der Vorschriften des Bundesversorgungsgesetzes (§ 27 d Abs. 1 Nr. 3 BVG) zurücktreten. Er umfasst bei Kindern und Jugendlichen, die Beschädigte nach dem Opferentschädigungsgesetz sind, auch die Heimerziehung, soweit dafür ein entsprechender Bedarf besteht.[118]

116 Generell besteht nach §§ 14, 15 SGB I ein **Beratungs- und Auskunftsanspruch** für betroffene Kinder/Jugendliche und Eltern. Vom Jugendamt wird in der Regel keine medizinische Hilfe finanziert. Wohl aber wird Hilfe zur Bewältigung der pädagogischen Probleme geleistet, die durch die Straftat und deren Verarbeitung entstanden oder auch aufgedeckt wurden, zB wenn eine 12-Jährige der Prostitution nachgegangen ist. Entstehen soziale Probleme, bricht die Familie auseinander oder sind die Sorgeberechtigten mit der Bewältigung der Folgen der Straftat überfordert, so bietet die Jugendhilfe Beratung und Information über weitreichende Hilfen, zB § 18 Abs. 1, § 27 Abs. 1 SGB VIII.

117 Besonders wichtig ist in diesem Zusammenhang, dass Kinder und Jugendliche nach § 8 Abs. 3 SGB VIII auch und gerade **ohne Kenntnis ihrer Personensorgeberechtigten** vom Jugendamt beraten werden können, wenn die Beratung aufgrund einer Not- und Konfliktlage erforderlich ist und solange durch die Mitteilung an den Personensorgeberechtigten der Beratungszweck vereitelt würde.

b) Welche Hilfen durch Leistungen bietet das Kinder- und Jugendhilferecht?

aa) Ziele der Jugendhilfemaßnahmen

118 Jugendhilfe soll nach § 1 SGB VIII zur Verwirklichung des Rechts eines jeden jungen Menschen (§ 7 Abs. 1 Nr. 4 bis zu 27 Jahren!) „auf Förderung seiner Entwicklung und auf Erziehung zu einer eigenverantwortlichen und gemeinschaftsfähigen Persönlichkeit" beitragen.

118 Vgl BVerwG v. 27.5.2010, 5 C 7.09, NVwZ-RR 2010, 771 = DÖV 2010, 786.

Dazu gehören nach § 1 Abs. 3 SGB VIII 119

- die Entwicklungsförderung
- der Abbau von Benachteiligungen
- Erziehungsberatung
- Gefahrenabwehr
- Erhaltung und Schaffung von positiven Lebensbedingungen und einer kinder- und familienfreundlichen Umwelt.

Aufgaben, die in diesem Rahmen wichtig sind, sind 120

- Angebote zur Förderung der Erziehung in der Familie gemäß §§ 16 ff SGB VIII
- Angebote zur Förderung von Kindern in Tageseinrichtungen und in Tagespflege gemäß §§ 22 ff SBG VIII
- Hilfe zur Erziehung und ergänzende Leistungen gemäß §§ 27 ff SGB VIII
- Hilfe für seelisch behinderte Kinder und Jugendliche gemäß § 35 a SGB VIII und
- Hilfe für junge Volljährige und Nachbetreuung gemäß § 41 SGB VIII.

Ausführende der Hilfen sind freie Jugendhilfeträger, wie zB Beratungsstellen der Kirchen, freien Wohlfahrtsverbände oder Einrichtungen von freien Trägern und öffentliche Jugendhilfeträger, Jugendämter und Landesjugendämter. 121

Schon durch das Gesetz wird in § 3 SGB VIII festgelegt, dass die Jugendhilfe bei der Ausführung dieser Hilfen geprägt ist durch eine Vielfalt von Inhalten, Methoden und Arbeitsformen. Davon ist insbesondere neben der öffentlichen Jugendhilfe auch die Jugendhilfe der freien Träger geprägt, die individuell auch bei besonders schweren Verhaltensauffälligkeiten und Gefährdungssituationen konkrete Hilfe anbietet, die auf den Hilfebedarf des betroffenen Jugendlichen eingeht und zu ihm passt (zB Auslandsaufenthalte bei extremer Gefährdungssituation im Inland). 122

Die Hilfeempfänger haben ein **Wahlrecht** hinsichtlich der Träger und können auch **Wünsche bezüglich der Hilfegestaltung** äußern. Dem soll gemäß § 5 Abs. 2 SGB VIII entsprochen werden, solange nicht unverhältnismäßige Mehrkosten entstehen. Eltern können also auch selbst eine Einrichtung vorschlagen, in der dem Kind/Jugendlichen und ihnen selbst geholfen wird. Häufig bestehen zwischen den öffentlichen Trägern der Jugendhilfe (Jugendamt, Landesjugendamt) und den freien Trägern (also private Einrichtungen) sogenannte Leistungs- und Entgeltvereinbarungen, dh es ist vereinbart, zu welchem Tagessatz ein Kind – mit welchen Schwierigkeiten – aufgenommen wird. Suchen die Eltern eine Einrichtung aus, mit der keine Leistungs- und Entgeltvereinbarung gemäß § 78 b SGB VIII zwischen dem freien Träger und der öffentlichen Jugendhilfe geschlossen wurde, so wird nur im Einzelfall beauftragt, nachdem die Konditionen ausgehandelt sind und der Träger auf die Geeignetheit geprüft worden ist. Dieses ist vorstellbar bei schwer verhaltensauffälligen und damit auch schwer vermittelbaren Jugendlichen, die eine sehr individuelle Betreuungsform benötigen. 123

bb) Angebote zur Förderung der Erziehung (§§ 16–21 SGB VIII) – begleiteter Umgang (§ 18 Abs. 3 SGB VIII)

Müttern, Vätern, anderen Erziehungsberechtigten und jungen Menschen sollen nach § 16 SGB VIII **Leistungen der allgemeinen Förderung der Erziehung in der Familie** angeboten werden. Von diesen Angeboten könnten das Angebot gemäß § 18 Abs. 3 SGB VIII (Unterstützung bei der Ausübung des Umgangsrechts) und § 20 SGB VIII (Betreuung und Versorgung des Kindes in Notsituationen) für den Betroffenen einer Straftat hilfreich sein. 124

125 Geht eine potenzielle Gefahr von einem Umgangsberechtigten aus, so kann nach § 18 Abs. 3 SGB VIII **begleiteter oder beschützter Umgang beim Jugendamt oder in einer Beratungsstelle** eine Möglichkeit sein, Elternrecht und Kinderschutz ins Gleichgewicht und damit das Kind nicht in eine Gefahrensituation zu bringen. Nach § 18 Abs. 4 SGB VIII soll das Jugendamt bei der Herstellung von Umgangskontakten und bei der Ausführung gerichtlicher oder vereinbarter Umgangsregelungen vermitteln und in geeigneten Fällen Hilfestellung leisten. Im Rahmen seiner Gewährleistungspflicht hat das Jugendamt in seinem Zuständigkeitsbereich dafür Sorge zu tragen, dass das Leistungsangebot „begleiteter Umgang" rechtzeitig und ausreichend sowie in seiner Qualität den deutschen Standards entsprechend zur Verfügung steht.[119] Die Kosten für die Wahrnehmung des begleiteten Umgangs müssen also im Rahmen des Gewährleistungsanspruches des SGB VIII vom Jugendamt getragen werden. Das gilt auch, wenn das Jugendamt diese Leistung von einem anderen Maßnahmeträger beansprucht.

126 Ein Fall ist im Sinne von § 18 Abs. 3 SGB VII „geeignet", wenn erwartet werden kann, dass die Hilfestellung durch das Jugendamt für die beabsichtigte Maßnahme förderlich ist. Das setzt allerdings voraus, dass der begleitete Umgang überhaupt stattfinden kann. Ist begleiteter Umgang nicht möglich, ist der Fall für eine entsprechende Hilfestellung nicht „geeignet" im Sinne des § 18 Abs. 3 S. 4 SGB VIII. Das ist anzunehmen, wenn keine Einrichtung existiert, die bereit und in der Lage ist, den begleiteten Umgang zu gewähren oder wenn der Umgangsberechtigte die erforderliche Zusammenarbeit mit einer hierfür in Frage kommenden Einrichtung ablehnt.[120]

127 **Hinweis:** Das Bundesministerium für Familie, Senioren, Frauen und Jugend hat bereits 2001 ausführliche **„Vorläufige deutsche Standards zum begleiteten Umgang"** (hrsg. vom IFP – Institut für Frühpädagogik) herausgegeben, die in der Praxis des Kinderschutzes vor den örtlichen Gerichten leider bisher keine oder allenfalls eine geringe Rolle spielen. Im Sinne eines effektiven Kinderschutzes sollten Anwälte für Opferrechte die Einhaltung solcher Standards reklamieren.

cc) Angebote zur Förderung der Erziehung (§§ 16–21 SGB VIII) – gemeinsame Wohnformen für Väter/Mütter und Kinder (§ 19 SGB VIII)

128 Nach § 19 SGB VIII sollen Mütter oder Väter, die allein für ein Kind unter 6 Jahren zu sorgen haben oder tatsächlich sorgen, gemeinsam mit dem Kind in einer geeigneten Wohnform betreut werden, wenn und solange sie aufgrund ihrer Persönlichkeitsentwicklung dieser Form der Unterstützung bei der Pflege und Erziehung des Kindes bedürfen. **Entwicklungsdefizite von Müttern und Vätern** können Kinder aktuell in Gefahr bringen, so dass § 19 SGB VIII als eine aktive Maßnahme des Kinderschutzes zu verstehen ist.

129 Liegt aber neben dem Entwicklungsdefizit der Mutter oder des Vaters noch ein (**passives) Erziehungsdefizit** vor, so ist nur **Hilfe zur Erziehung** nach § 27 SGB VIII zu gewähren. Die Gewährung einer Hilfe nach § 19 SGB VIII ist dann wegen § 27 Abs. 4 SGB VIII ausgeschlossen. Die Hilfe zur Erziehung, wenn ein Kind oder eine Jugendliche während ihres Aufenthaltes in einer Einrichtung oder in einer Pflegefamilie selbst Mutter eines Kindes wird, umfasst nämlich auch die Unterstützung der Mutter als Leistungsempfängerin bei der Pflege und Erziehung des Kindes. § 27 Abs. 4 SGB VIII gewährleistet, dass sie die ihrem Bedarf entsprechende Hilfe erhält und das neugeborene Kind in die Leistung einbezogen wird.

---

119 Bundesministerium für Familie, Senioren, Frauen und Jugend (Hrsg.: IFP – Institut für Frühpädagogik), Vorläufige deutsche Standards zum begleiteten Umgang, 2. Aufl. 2001, 6.

120 OVG Berlin-Brandenburg v. 19.4.2012, OVG 6 S 12.12.

dd) Angebote zur Förderung der Erziehung (§§ 16–21 SGB VIII) – Betreuung und Versorgung des Kindes in Notsituationen (§ 20 SGB VIII)

Wenn Eltern selbst Opfer einer Straftat wurden und zum Beispiel eine stationäre Aufnahme erfolgt ist oder eine Rehamaßnahme notwendig wird und für die Betreuung der Kinder gesorgt werden muss, weil keiner diese übernehmen kann, kann Jugendhilfe in der Form der „**Betreuung und Versorgung des Kindes in Notsituationen**" gemäß § 20 SGB VIII in Betracht kommen. Es ist zB möglich, eine Betreuung und Versorgung der Kinder im eigenen Haushalt zu erhalten, die entweder rund um die Uhr anwesend ist oder die die berufsbedingte Abwesenheit des anderen Elternteils abdeckt. 130

Betreuung in Notsituationen ist möglich, wenn der überwiegend betreuende Elternteil aus gesundheitlichen oder anderen zwingenden Gründen ausfällt. Kann der andere Elternteil dann wegen berufsbedingter Abwesenheit die Aufgabe nicht übernehmen und reicht es nicht aus, wenn die Kinder in Tageseinrichtungen untergebracht werden, so erhält die Familie eine ergänzende Familienhilfe, wenn dadurch die Kinder im gewohnten häuslichen Umfeld verbleiben können. Ist der Elternteil ohnehin schon alleinerziehend, so wird die Hilfe geleistet, wenn die Betreuung in Tageseinrichtungen nicht ausreicht. 131

Fällt also ein alleinerziehender Elternteil wegen einer Straftat – unabhängig davon, ob als Täter oder Opfer dieser Tat – faktisch für die Erziehung und Betreuung aus, so kann für eine Übergangszeit Hilfe in der Familie geleistet werden, so dass den Kindern/Jugendlichen ein Ortswechsel erspart bleibt. Dies ist sicherlich eine Hilfemaßnahme, die aus Kostengründen eher selten oder nur kurzfristig vorkommt, die aber anzuregen ist, wenn Kinder/Jugendliche nur vorübergehend Hilfe benötigen – zB weil Verwandte noch überlegen, ob sie die Kinder in Pflege nehmen oder der andere Elternteil sich auf die neue Situation auch seitens seiner Berufstätigkeit einstellen muss. 132

Voraussetzungen für die Gewährleistung von Hilfe nach § 20 SGB VIII sind: 133

- mindestens ein Kind unter 14 Jahre im Haushalt
- Hilfe ist wegen berufsbedingter Abwesenheit eines Elternteils erforderlich
- Tagespflege, Kindertagesstätte uä sind nicht ausreichend

Sollte eine Haushaltshilfe gemäß § 38 SGB V oder häusliche Krankenpflege gemäß § 37 SGB V ausreichen und bewilligt werden, so ist dies vorrangig und ein Anspruch auf § 20 SGB VIII besteht nicht. 134

ee) Förderung von Kindern in Tageseinrichtungen und in Kindertagespflege (§§ 22–26 a SGB VIII)

Kinder haben Anspruch auf Förderung in Tageseinrichtungen und in Kindertagespflege: Tageseinrichtungen können zB auch in Anspruch genommen werden, wenn ein Elternteil aufgrund der Folgen einer Straftat in einer Tagesklinik behandelt wird, außerhalb dieser Zeit aber weiterhin für die Kinder sorgen will und kann. 135

ff) Hilfe zur Erziehung (§§ 27–35 SGB VIII)

Wenn eine dem Wohl des Kindes oder eines Jugendlichen entsprechende Erziehung nicht gewähreistet ist und die Hilfe für seine Entwicklung geeignet und notwendig ist, kommt eine Anspruch auf Hilfe zur Erziehung in Betracht. 136

Zu den **Hilfen zur Erziehung** gehören 137

- Beratungsangebote – § 28 SGB VIII
- soziale Gruppenarbeit – § 29 SGB VIII
- Hilfsangebote, bei denen im Haushalt des Sorgeberechtigten und des Kindes/Jugendlichen gearbeitet wird – §§ 30, 31 SGB VIII. Sie wird erbracht durch Erzie-

hungsbeistände oder sozialpädagogische Familienhilfe, flexible Hilfen oder in Tages- oder Familienpflege.

- Hilfe außerhalb des Elternhauses – §§ 32–35 SGB VIII

138 Die intensivste Form dieser Hilfe stellen die **Heimerziehung** oder **sonstige betreute Wohnformen** (§ 34 SGB VIII) sowie die **intensive pädagogische Einzelbetreuung** (§ 35 SGB VIII) dar. Auch letztere findet in der Regel außerhalb der Familie statt.

139 Jeder **Personensorgeberechtigte** hat gemäß § 27 SGB VIII Anspruch auf Hilfe bei der Erziehung seiner Kinder. Voraussetzung ist, dass eine dem Wohl des Kindes oder des Jugendlichen entsprechende Erziehung nicht gewährleistet und die Hilfe geeignet und notwendig ist. Hilfebedarf kann zB entstehen, wenn **Sorgeberechtigte Opfer einer Straftat** geworden sind und die Verarbeitung so viel Raum einnimmt, dass die bisher gut versorgten Kinder nunmehr unterversorgt sind. Es wird sozialpädagogische Familienhilfe gemäß § 31 SGB VIII benötigt. Diese beinhaltet die Hilfe innerhalb der Familie, dh die Beratung und Hilfe findet direkt im familiären Umfeld statt.

140 Ein Fall für Hilfe zur Erziehung liegt auch dann vor, wenn ein **Kind Opfer einer Straftat** geworden ist, die medizinischen Hilfsmöglichkeiten nicht ausreichen und erhebliche Erziehungsschwierigkeiten entstanden sind, so dass Hilfe innerhalb und außerhalb der Familie notwendig wird. Gemäß § 30 SGB VIII kann auch ein Erziehungsbeistand in der Familie installiert werden, der insbesondere den Kontakt zum Kind herstellt und unterstützend bei der Erziehung mitwirkt.

141 Hilfe zur Erziehung nach § 27 Abs. 3 SGB VIII umfasst insbesondere **pädagogische** und auch die damit verbundenen **therapeutischen Leistungen.** Sie soll bei Bedarf Ausbildungs- und Beschäftigungsmaßnahmen im Sinne von § 13 Abs. 2 SGB VIII einschließen. Wird Hilfe nach den §§ 32–35 SGB VIII gewährt, so gehört zur Hilfe nach § 39 SGB VIII auch der **notwendige Unterhalt** außerhalb des Elternhauses. Der gesamte regelmäßig wiederkehrende Bedarf soll durch laufende Leistungen gedeckt werden. Nach § 40 SGB VIII ist in solchen Fällen auch **Krankenhilfe** (siehe nachfolgend zur Psychotherapie) zu leisten.

142 **Art und Umfang der Hilfe** ist auf den Einzelfall bezogen und wird gemeinsam mit den Sorgeberechtigten, dem betroffenen Kind/Jugendlichen und dem Jugendamt in einem Gespräch festgelegt und später regelmäßig überprüft. § 36 SGB VIII schreibt dazu für alle Arten der Hilfe zur Erziehung ein ausgefeiltes Prozedere vor. Das Gespräch und die dort getroffenen Absprachen werden gemäß § 36 SGB VIII als **Hilfeplan** bezeichnet.

gg) Eingliederungshilfe für seelisch behinderte Kinder und Jugendliche (§ 35 a SGB VIII)

143 Durch Straftaten können seelische Behinderungen entstehen. Divergiert die seelische Gesundheit eines Kindes oder Jugendlichen mehr als sechs Monate vom alterstypischen Zustand und ist damit die **Teilhabe am Leben beeinträchtigt** oder ist dies zu erwarten, so muss Eingliederungshilfe gemäß § 35 a SGB VIII bewilligt werden. Die Teilhabe am Leben in der Gesellschaft eines jungen Menschen ist nach § 35 a Abs. 1 S. 1 SGB VIII beeinträchtigt, wenn seine Integrationsfähigkeit in sozialer, schulischer oder aber beruflicher Hinsicht im Sinne einer nachhaltigen Einschränkung der sozialen Funktionstüchtigkeit erschwert oder beeinträchtigt ist. Dies ist beispielsweise bei einer auf Versagensängsten beruhenden Schulphobie, bei einer totalen Schul- und Lernverweigerung, bei einem Rückzug aus jedem sozialen Kontakt oder bei einer Vereinzelung in der Schule anzunehmen.[121]

144 Während die Beurteilung, ob die seelische Gesundheit im Sinne von § 35 a Abs. 1 S. 1 Nr. 1 SGB VIII von dem für das Lebensalter typischen Zustand abweicht, regelmäßig

121 OVG NRW v. 15.7.2011, 12 A 1168/11.

Aufgabe von Ärzten oder Psychotherapeuten ist, fällt die Einschätzung, ob die Teilhabe des jungen Menschen am Leben in der Gesellschaft beeinträchtigt ist bzw eine solche Beeinträchtigung droht, in die Kompetenz sozialpädagogischer Fachlichkeit und somit in den Aufgabenbereich des Trägers der öffentlichen Jugendhilfe.[122] Um aber Abweichungen und deren Folgen feststellen zu können, hat das Jugendamt gem. § 35 a Abs. 1 a SGB VIII Fachleute, zB Kinder- und Jugendpsychiater, wegen einer Stellungnahme heranzuziehen.

Die Hilfe selbst kann gemäß § 35 a Abs. 2 SGB VIII 145

- in ambulanter Form
- in einer Tageseinrichtung oder in teilstationären Einrichtungen
- durch Pflegepersonen und
- auch in Einrichtungen über Tag und Nacht sowie
- in sonstigen Wohnformen

stattfinden.

Aufgabe und Ziel der Hilfen richten sich nach §§ 53 Abs. 3, 4 S. 1, 54, 56, 57 SGB XII. 146 Leistungen sind zB Hilfen zum Schulbesuch, zur (schulischen) Ausbildung, zum Hochschulbesuch und zur Beschäftigung in einer anerkannten Werkstatt für Menschen mit Behinderung. Hier verbinden sich **Jugendhilfe und Rehabilitation** nach SGB IX, wobei Einrichtungen, die gleichzeitig pädagogisch und nach Maßgabe der Eingliederungshilfe arbeiten, vorzuziehen sind, damit neben der Rehabilitation der Erkrankung auch eine pädagogische Förderung stattfinden kann.

Gemäß § 14 Abs. 1, 2 SGB IX muss sich das Jugendamt als Rehabilitationsträger inner- 147 halb von zwei Wochen nach Antragseingang für unzuständig erklären und den Antrag an den zuständigen Sozialleistungsträger weiterleiten, wenn es sich für nicht zuständig hält. Bei Zuständigkeit muss nach drei Wochen – ohne Gutachten – über den Antrag entschieden werden. Ist ein Gutachten erforderlich, so muss innerhalb von zwei Wochen nach Gutachteneingang entschieden werden. Auch das Gutachten muss unverzüglich in Auftrag gegeben werden und der Sachverständige soll das Gutachten innerhalb von zwei Wochen erstellen. Geht zB ein Antrag auf Eingliederungshilfe für einen Grundschüler wegen eines Integrationshelfers bei der Krankenkasse ein, so leitet diese den Antrag unverzüglich gemäß § 16 Abs. 2 SGB I an das zuständige Jugendamt weiter. Dieses wird ein Gutachten erstellen lassen, dafür gibt es Kooperationsverträge mit Kinder- und Jugendpsychotherapeuten, die das Gutachten zeitnah erstellen. Nach Eingang des Gutachtens ist das Jugendamt dann zur Entscheidung innerhalb von zwei Wochen verpflichtet.

Während der Hilfe ist auch hier die Planung und Aufgabenverteilung in einem soge- 148 nannten Hilfeplan gemäß § 35 SGB VIII festzuhalten.

hh) Hilfe für junge Volljährige (§ 41 SGB VIII)

Wird ein Jugendlicher während der Hilfeleistung **volljährig** oder tritt die Notsituation 149 erst nach der Volljährigkeit ein, so muss und kann der Volljährige selbst einen Antrag auf Hilfe und/oder Nachbetreuung stellen. Hier ist insbesondere an die Fälle zu denken, bei denen Jugendliche erst nach Eintritt der Volljährigkeit den Mut oder die Möglichkeit haben, strafbares Verhalten der Erziehungsberechtigten zu offenbaren und dann nicht nur medizinische Hilfe zur Bewältigung der Straftaten benötigen, sondern auch Hilfen zur Verselbstständigung.

122 OVG NRW v. 15.7.2011, 12 A 1168/11.

150 Meistens wird der Volljährige dann in seiner eigenen Wohnung stundenweise betreut oder er bekommt einen Platz im betreuten Wohnen, dh sein Lebensunterhalt ist zunächst gesichert, er hat einen Ansprechpartner bei Schwierigkeiten und ist auch finanziell abgesichert, so dass er sich auf die Beseitigung seiner Entwicklungsdefizite und seine Verselbstständigung konzentrieren kann.

151 Er soll Hilfe bei der Entwicklung seiner Persönlichkeit erhalten und ihm soll zu einer eigenverantwortlichen Lebensführung geholfen werden. Die Unterstützung findet in der Regel durch einige Stunden des Gesprächs, der Hilfe und Betreuung innerhalb einer Woche statt.

ii) Ambulante Psychotherapie

152 Im Umgang mit traumatischen Ereignissen und Erfahrungen ist **Psychotherapie** häufig das Mittel der Wahl. Psychotherapeutische Behandlung kann **als** (vorrangige) **Opferentschädigungsleistung** (§§ 1 OEG iVm § 10 BVG) durch die Krankenkasse, **als originäre Leistung der Krankenkasse** nach § 27 Abs. 1 Nr. 1 SGB V oder **als Jugendhilfemaßnahme** erbracht werden. Die Abgrenzung ist nicht immer leicht vorzunehmen. Falls eine Methode das Erkennen oder Heilen einer Krankheit, die Verhütung der Krankheitsverschlimmerung, die Linderung von Krankheitsbeschwerden oder die Vermeidung, Beseitigung oder Besserung einer Behinderung verfolgt (Ziele des § 27 SGB V) und dabei an der Krankheit selbst bzw an ihren Ursachen ansetzt, verliert der Umstand, dass für die Behandlung vorwiegend pädagogische Mittel eingesetzt werden und das Berufsbild des Therapeuten eher dem des Lehrers und Erziehers als dem eines klassischen Heilhilfsberufs ähnelt, nach der Rechtsprechung des Bundessozialgerichts an Bedeutung. Ein derartiger unmittelbarer Krankheitsbezug soll ein hinreichendes Indiz dafür sein, dass keine anderen Zwecke, wie die soziale Eingliederung, die Verbesserung schulischer oder beruflicher Fähigkeiten oder eine behindertengerechte Gesundheitsförderung im Vordergrund stehen.[123] Dann kommt Jugendhilfe nicht in Betracht.

153 Gem. § 27 Abs. 3 SGB VIII – für junge Volljährige in Verbindung mit § 41 SGB VIII und bei seelischer Behinderung auch in Verbindung mit § 35 a SGB VIII – kann Psychotherapie aber auch als Maßnahme der Jugendhilfe in Betracht kommen, insbesondere in der Form der **ambulanten Therapie.**

154 Bei **stationärer Unterbringung** ist sie häufig im vielfältigen Angebot der öffentlichen und besonders der freien Träger enthalten, wenn sie Angebote für Kinder und Jugendliche bereithalten, die schwer geschädigt sind. Dafür erhalten sie einen höheren Pflegesatz als Einrichtungen, die dieses Angebot nicht bereithalten.

155 Wenn stationäre Unterbringung vermieden werden soll, kommt **ambulante Psychotherapie** in Betracht. Der Weg über die Jugendhilfe ist aber nur dann möglich, wenn auch pädagogische Probleme zu beheben sind und daran gearbeitet wird, weil das Ziel aller Jugendhilfemaßnahmen gem. § 1 Abs. 3 Nr. 1 SGB VIII ist, junge Menschen in ihrer individuellen und sozialen Entwicklung zu fördern und dazu beizutragen, Benachteiligungen zu vermeiden oder abzubauen.

156 Aus Kostengründen ist dies kein üblicher Weg und wird häufig von den Hilfeträgern gescheut. So bedurfte es der Psychotherapeutenkammer Berlin und der Kommission KJHG, um die rechtlichen Grundlagen zu publizieren und **Indikationen für Psychotherapie als Leistungen der Jugendhilfe** zu erstellen, die der Gesetzgeber „explizit und implizit in das Leistungsspektrum der Kinder- und Jugendhilfe“[124] aufgenommen hat.

123 BSG v. 3.9.2003, B1 Kr 34/01R, NZS 2004, 428 (LS).

124 Bertram, „Ambulante Psychotherapie“ im Rahmen des SGB VIII, Vortrag auf der Jahrestagung 2010 der DGVT.

Hinweis: Hilfreich für die rechtliche Abgrenzung können sein:

- die „Indikationskriterien für Psychotherapie in der Jugendhilfe (SGB VIII)" aus dem Jahre 2005,
- die „Qualitätsmerkmale bei der Durchführung ambulanter Psychotherapien im Rahmen der Jugendhilfe nach §§ 27 und 35 a SGB VIII" aus dem Jahre 2006,
- die „Besonderheiten von Psychotherapie in der Jugendhilfe – Grundlage für ein Fortbildungscurriculum" aus dem Jahre 2009.[125]

c) Wie wird die Hilfe eingeleitet?

Jugendhilfeleistungen sind Sozialleistungen. Ein Anspruch auf Sozialleistungen entsteht unabhängig davon, wann die Verwaltung tätig wird. Ansprüche auf Sozialleistungen entstehen nach § 40 SGB I, sobald ihre im Gesetz oder aufgrund eines Gesetzes bestimmten Voraussetzungen vorliegen. Lediglich bei **Ermessensleistungen** ist der Zeitpunkt maßgebend, in dem die Entscheidung bekanntgegeben wird, es sei denn, dass in der Entscheidung ein anderer Zeitpunkt bestimmt ist. 157

Sozialleistungen müssen **durch einen Verwaltungsakt konkretisiert und individualisiert** werden. Darauf sind Sinn und Zweck des Verwaltungsverfahrens nach § 8 SGB X gerichtet, das nach den Regeln des § 18 SGB X beginnt. Dazu kann gehören, dass ein Leistungsträger **nur auf Antrag** tätig werden darf. Im SGB VIII gibt es keine ausdrücklichen Vorgaben über Antragserfordernisse. Im SGB VIII findet sich aber auch keine ausdrückliche Bestimmung, wonach Leistungen der Jugendhilfe nur aufgrund eines (vorherigen) Antrags des Anspruchsberechtigten erbracht werden (dürfen). Dass **Leistungen der Jugendhilfe nach § 2 Abs. 2 SGB VIII** antragsunabhängig einsetzen, ist nach der Ausrichtung des SGB VIII aber ausgeschlossen.[126] Das Leistungsinstrumentarium des SGB VIII ist ein an den unterschiedlichen Lebenslagen von Familien orientiertes System von beratenden und unterstützenden Leistungen, die in einem kooperativ pädagogischen Entscheidungsprozess unter Achtung familiärer Autonomie geleistet werden soll. Ein originär öffentliches Erziehungsrecht ist im Kinder- und Jugendhilferecht nicht mehr vorgesehen. Eine Befugnis zu staatlichen Eingriffen in die Erziehungsverantwortung der Eltern besteht nur in den Fällen, in denen zur Abwehr konkreter Gefährdungen des Kindeswohls Maßnahmen nach § 1666 BGB erforderlich sind. Unterhalb dieser Schwelle leitet sich die Legitimation zu Erziehungsleistungen daher ausschließlich von den **Willenserklärungen des Personensorgeberechtigten** ab.[127] Der Träger der öffentlichen Jugendhilfe muss für die Kosten der von Dritten durchgeführten Hilfemaßnahmen umgekehrt auch nur dann aufkommen, wenn der Hilfebedarf rechtzeitig an ihn herangetragen worden ist. 158

Hilfe kommt daher üblicherweise so in Gang, dass die Inhaber der Personensorge – in der Regel ein oder beide Elternteile – beim zuständigen Jugendamt, also dem Wohnort oder gewöhnlichen Aufenthalt des Kindes/Jugendlichen gemäß § 30 Abs. 1 SGB I Hilfe beantragen. Dabei können sie schon eine ihnen empfohlene oder von ihnen überlegte Hilfe konkret vorschlagen oder sich umfassend beraten lassen hinsichtlich der pädagogischen oder tatsächlichen Probleme, die sie mit sich und/oder ihren Kindern haben. 159

Das von der Rechtsprechung statuierte Antragserfordernis verpflichtet und berechtigt den Jugendhilfeträger aber keinesfalls zur Untätigkeit. Er steht in „Verantwortungsgemeinschaft" mit dem Familiengericht. Seit der Erweiterung durch § 8 a SGB VIII hat das Jugendamt einen gesetzlich definierten Schutzauftrag. Danach muss das Jugendamt bei 160

125 www.pschotherapeutenkammer.berlin.de.
126 BVerwG v. 28.9.2000, 5 C 29/99, BVerwGE 112, 98 = NVwZ-RR 2001, 763 = DÖV 2001, 909.
127 OVG NRW v. 12.9.2002, 12 A 4352/01, NJW 2003, 1409.

gewichtigen Anhaltspunkten für eine Kindeswohlgefährdung eine Abschätzung des Gefährdungsrisikos im Zusammenwirken mehrerer Fachkräfte abgeben. Als Wächter und Garant des Kindeswohls verbleibt ihm ein **aktives Initiativrecht**, mit dem Gefährder aufgefordert werden können, Hilfen zu beantragen. So können die Mitarbeiter des Jugendamtes selbst die Notwendigkeit einer Hilfemaßnahme – zB beim Hausbesuch nebenan, durch Meldung von Dritten – gesehen und Hilfe angeboten haben. In diesem Fall gibt es ein konkretes Gesprächsangebot vom Jugendamt. Soll danach Hilfe geleistet werden, so bedarf es des Antrages der Eltern oder des Sorgeberechtigten. Den Eltern sind dann geeignete und notwendige Hilfen vorzustellen und anzubieten. Werden diese nicht angenommen, vom Jugendamt aber als notwendig zur Abwehr von Kindeswohlgefährdungen gesehen, schaltet das Jugendamt das Familiengericht ein. Bei dringender Gefahr erfolgt eine Inobhutnahme und/oder das Gesundheitsamt, Ordnungsamt, die Polizei können informiert und eingeschaltet werden.

161 Der Antrag auf Jugendhilfeleistungen kann gem. § 16 SGB I mündlich, schriftlich oder auch erkennbar und ernsthaft in konkludenter Form gestellt werden.[128] Er gilt ab Eingang bei der Behörde, sogar wenn er beim falschen Leistungsträger gestellt wurde, § 16 Abs. 2 SGB.

162 Ein **Antrag** kann gemäß § 36 Abs. 1 SGB I ab Vollendung des 15. Lebensjahres, dh auch vom minderjährigen Kind, gestellt werden. Betrifft der Antrag dann Hilfen für die Personensorgeberechtigten, so müssen diese – hat das minderjährige Kind den Antrag gestellt – den Antrag neu stellen. Wollen die Sorgeberechtigten keinen Antrag stellen, hält das Jugendamt eine Maßnahme zur Abwehr von Kindeswohlgefährdung jedoch für notwendig, so muss das Jugendamt beim Familiengericht den Antrag auf teilweisen Entzug der elterlichen Sorge gemäß §§ 1666, 1666 a BGB stellen und diesen Teil der elterlichen Sorge auf einen Pfleger übertragen lassen, zB Übertragung der Gesundheitsfürsorge, um eine anstehende Operationen in die Wege zu leiten. Leistungen nach § 41 SGB VIII – Hilfe für junge Volljährige – müssen von dem (demnächst) jungen Volljährigen gestellt werden.

163 Für den Antrag besteht **kein Formenzwang**, auch wenn die Jugendämter in der Regel Formblätter für die Anträge, die mit den persönlichen Daten und dem konkreten Hilfebegehren bzw Ziel der Hilfe ergänzt werden, nutzen. Gerade an dieser Stelle sollte auf Klarheit und Verständlichkeit für die den Antrag stellenden Bürger Rücksicht genommen werden und Anträge vor Unterschrift auch ergänzt oder verändert werden, wenn sie nicht der Absicht des Hilfeempfängers entsprechen.

164 Wer Sozialleistungen erhalten soll oder bereits erhält, ist nach §§ 60–62 SGB I verpflichtet, alle **Handlungen vorzunehmen** oder zu **dulden**, die für die **Feststellung erheblich** und **notwendig** sind. Dazu gehört, alle Tatsachen anzugeben, die für die Leistung erheblich sind, und auf Verlangen des zuständigen Leistungsträgers der erforderlichen Auskunft durch Dritte zuzustimmen. Es müssen daher alle Tatsachen benannt werden, die zur Einschätzung der Hilfe und zur Gefährdungsanalyse notwendig sind, gegebenenfalls müssen Dritte von der Schweigepflicht entbunden werden (soweit dies notwendig ist), muss an Untersuchungen etc. mitgewirkt werden. Nach § 66 Abs. 1 SGB I kann der Sozialleistungsträger ohne weitere Ermittlungen die Sozialleistungen ganz oder teilweise versagen, falls der Versicherte seinen **Mitwirkungspflichten** nicht nachkommt und hierdurch nach §§ 60–62, 65 SGB I die Aufklärung des Sachverhaltes erheblich erschwert.

128 BVerwG v. 28.9.2000, 5 C 29/99; OVG NRW v. 12.9.2002, 12 A 4352/01, NJW 2003, 1409.

d) Die Bedeutung des Hilfeplanes in der Praxis

„Hilfe zur Erziehung ist wegen ihrer tiefgreifenden Auswirkungen für die Entwicklung der Kinder und Jugendlichen, aber auch für die Situation der Familie, zeit- und zielgerichtet auszugestalten.“[129] Dies geschieht durch das **Hilfeplanverfahren.** Der Hilfeplan ist gemäß § 36 Abs. 2 SGB VIII die schriftliche Feststellung über den Bedarf, die Art der zu gewährenden Hilfe sowie der notwendigen Leistungen. 165

Der Hilfeplan wird zu Beginn der Hilfe festgelegt und sodann fortgeschrieben, dh er wird – in der Regel **alle sechs Monate – überprüft** und es wird schriftlich festgehalten, ob die Hilfe noch notwendig und geeignet ist und welche Aufgaben und Ziele jeder der Beteiligten (Einrichtung, Jugendamt, junger Mensch, Sorgeberechtigter) hat. Schon vor der Entscheidung über eine Hilfe nach dem SGB VIII sollen Personensorgeberechtigte und Kinder/Jugendliche beraten werden. Gleiches gilt vor einer Änderung (Art und Umfang) der Hilfe. 166

Soll die Hilfe voraussichtlich für längere Zeit geleistet werden, so soll die Entscheidung durch **mehrere Fachkräfte** getroffen werden. Gemeinsam mit den Sorgeberechtigten und dem Kind/Jugendlichen wird der Hilfeplan aufgestellt, der den Bedarf feststellt, die Art der Hilfe und die notwendigen konkreten Leistungen. Dieser Plan wird dann im Zuge der Hilfe regelmäßig überprüft. Beteiligt werden an diesem Hilfeplan auch andere Fachleute, die mit dem Kind/Jugendlichen arbeiten, insbesondere Mitarbeiter der beruflichen Eingliederung. 167

Nach dem ersten Hilfeplan, der den Beginn der Hilfe und die ersten Ziele festlegt, erfolgt in der Regel alle sechs Monate ein Hilfeplangespräch, zu welchem vom Jugendamt eingeladen wird, das auch das sogenannte Hilfeplanprotokoll anfertigt. Dieses wird dann an alle Beteiligten versandt. 168

Hinweis: Sollten im Protokoll Fehler enthalten sein, empfiehlt sich eine schriftliche Gegendarstellung, die dann vom Jugendamt zur Akte genommen werden muss.

Der Hilfeplan ist ein **wichtiges Instrument**, weil er einerseits die Qualität und den „Erfolg“ der Maßnahme festhält, andererseits aber auch zu Zwecken des Nachweises über bestimmte Absprachen, Zielvorstellungen und der zeitlichen Perspektiven dient. Durch den Hilfeplan wird festgestellt, ob die geplante Hilfe die richtige war, ob sie Ergänzung oder Veränderung braucht, wer in den nächsten sechs Monaten welche Aufgaben übernimmt, welches Ziel verfolgen will oder sich an welche Regel/Absprache halten will. Im nächsten Hilfeplangespräch wird dann reflektiert und weiterentwickelt. So können nicht nur das betroffene Kind/der Jugendliche die Fortschritte sehen, sondern auch die über die Elternarbeit betroffenen Eltern(teile). Nicht zuletzt ist er auch Kontrollinstrument für den ausführenden Träger der Jugendhilfe und das „zahlende“ Jugendamt, welche beide auch einen Anspruch auf Erfolg der Jugendhilfemaßnahme in Form von 169

- Entwicklungsförderung
- Benachteiligungsabbau
- Erziehungsunterstützung
- Gefahrenabwendung und
- Schaffung von positiven Lebensbedingungen in einer Kinder- und familienfreundliche Umwelt

haben. Denn dieses sind die Ziele der Jugendhilfe gem. § 1 Abs. 3 SGB VIII.

Die **Rechtsqualität des Hilfeplanes** ist umstritten. Verwaltungsakte stellen die Anspruchsvoraussetzungen und deren Rechtsfolgen (= Leistungsbewilligung) fest. Der Hil- 170

129 BT- Drucks. 11/5948, 73.

feplan unterscheidet sich vor allem dadurch, dass dieser über den Anspruch im Zeitpunkt der Entscheidung befindet, während jener den Anspruch für einen bestimmten Zeitraum konkretisiert. Man wird also eher davon ausgehen, dass gegen den Hilfeplan als solchen kein Rechtsmittel zulässig ist, sondern nur gegen den darauf basierenden Bescheid, der Jugendhilfeleistungen bewilligt oder versagt.

e) Durchsetzung oder Abwehr von Jugendhilfemaßnahmen

171 Der Anspruch auf Jugendhilfe ist gemäß § 11 SGB I iVm §§ 8, 27 SGB I im Wesentlichen ein **sozialrechtlicher Anspruch auf Dienstleistung.** Bewilligung und Ablehnung im Sozialleistungsverhältnis werden individuell durch Verwaltungsakt konkretisiert. Für das sozialrechtliche Leistungsverhältnis gelten Regeln des SGB I und das Verfahrensrecht des SGB X.[130] Da für die Jugendhilfe der Sozialgerichtsweg nach § 51 SGG nicht begründet ist, gelten nach § 62 SGB X die Regeln der VwGO für das Widerspruchsverfahren und den nachfolgenden Prozess. Der Verwaltungsakt ist binnen Monatsfrist seit Bekanntgabe durch **Widerspruch** anzugreifen, §§ 69, 70 VwGO. Wird dieser Widerspruch negativ beschieden, ist der Weg zur Klage beim Verwaltungsgericht gemäß §§ 62 SGB X, 40 VwGO eröffnet. Wiederum gilt die Notfrist von einem Monat gemäß § 74 VwGO.

172 Oftmals hat das Kind/der Jugendliche zu diesem Zeitpunkt schon einige Monate in schwierigen oder gefährdenden Lebenssituationen weitergelebt und notwendige Hilfe nicht erhalten. Einige Bundesländer haben deshalb das **Vorverfahren** durch gesetzliche Änderungen **aufgehoben** und der Antragsteller kann und muss nach einem ablehnenden Bescheid **sofort Klage beim Verwaltungsgericht** erheben.

173 Ist ein Vorverfahren nicht erforderlich, gilt eine Klagefrist von einem Monat seit Bekanntgabe des ablehnenden Verwaltungsakts. Von dieser Möglichkeit haben zB NRW, Bayern und Niedersachsen Gebrauch gemacht. In NRW gilt dies durch § 6 AG VwGO NRW für im Zeitraum vom 1.11.2007–31.10.2012 bekannt gegebene Verwaltungsakte. Von der Behörde wird in solchen Fällen gerne darauf aufmerksam gemacht, dass sich eventuell ein Gespräch mit der ablehnenden Behörde vor Einreichung einer Klage empfiehlt. Dies kann durch den Bürger wahrgenommen werden, hat aber auf den Ablauf der Klagefrist keinen Einfluss.

174 Bei gravierenden Gefährdungssituationen besteht in der Regel nicht die Möglichkeit, eine gerichtliche Entscheidung im Hauptsacheverfahren abzuwarten, sondern es muss ein **Antrag auf einstweiligen Rechtsschutz** gemäß §§ 80, 123 VwGO gestellt werden, um Kinderschutz bzw Opferhilfen effektiv zu realisieren.

175 Völlig anders stellt sich die Situation dar, wenn Kinder, Jugendliche oder deren Sorgeberechtigte einen Hilfebedarf angemeldet haben oder das Jugendamt über §§ 8 a, 8 b SGB VIII auf den Bedarf aufmerksam wurde, und der Hilfebedürftige diese Hilfe nicht mehr will, nie gewollt hat oder eine andere Form der Hilfe will. Da Jugendhilfe nur in Ausnahmesituationen Eingriffs-, sondern im Regelfall Leistungsverwaltung ist, kann die Hilfe empfohlen, aber vom Jugendamt nicht außerhalb von familiengerichtlichen Verfahren durchgesetzt werden. Eine Möglichkeit, **Jugendhilfemaßnahmen abzuwehren,** besteht darin, keinen Antrag zu stellen. Erfolgt dieser nicht, so wird das Jugendamt nicht tätig, bzw darf – außer in den Fällen des § 42 SGB VIII (Inobhutnahme) – nicht tätig werden. Die zweite Möglichkeit, die oft von Eltern genutzt wird, die sich die Hilfe anders, kürzer oder erfolgreicher vorgestellt haben, ist die **Antragsrücknahme.** In der überwiegenden Anzahl der Fälle haben die Eltern das vollständige Sorgerecht und kön-

130 Vgl hierzu Doering-Striening in: Richter/Doering-Striening (Hrsg.), Grundlagen des Sozialrechts, 21 ff.

nen jederzeit und ohne Begründung das Kind aus einer Einrichtung nehmen oder die Hilfe durch Nicht-Annahme beenden.

Selbstverständlich kann in beiden Fällen – bei dringender Gefahr für das Kindeswohl – auch das Jugendamt eine Inobhutnahme durchführen und/oder das Familiengericht einschalten und die elterliche Sorge gemäß § 1666 a BGB (teilweise) entziehen lassen. Dieses wird dann auf einen geeigneten Vormund übertragen und dieser setzt die Hilfe dann (wieder) durch. 176

f) Selbstbeschaffte Leistungen und Kostenerstattung

Sorgeberechtigte eines Kindes/Jugendlichen können sich zur Abwehr von Gefährdungen auch selbst Hilfe holen. In Form von Babysittern, Tagesmüttern, Internatsunterbringung und selbst gesuchte Beratung geschieht dies auch immer wieder. Solche Hilfen müssen dann auch selbst finanziert werden. Eigene Hilfe auszusuchen und diese dann auch selbst zu bestimmen, zu reglementieren und zu kontrollieren, ist aufwändig und teuer. Deshalb können die Berechtigten Leistungen der Jugendhilfe beantragen und haben dann einen Anspruch auf Dienstleistung, aber nicht auf Geldzahlung. Da der Hilfeempfänger gleichzeitig mit der Beantragung der Hilfe auch die finanzielle Übernahme beantragt und mit der Bewilligung der Hilfe auch die Übernahme der Kosten zugesichert wird, ist der Hilfeempfänger abgesichert. Durch diese Übernahme wird schuldbefreiend für den Hilfeempfänger gezahlt. Deshalb schlägt der „Allgemeine soziale Dienst“ des Jugendamtes eine Maßnahme vor, beantragt die Kostenübernahme dann aber konkret für diese Maßnahme bei der „wirtschaftlichen Jugendhilfe“. Erst wenn von dort die Bewilligung gekommen ist, darf die Maßnahme aufgenommen werden, da ansonsten die Kostenfrage nicht geklärt ist. Nach § 36 a SGB VIII trägt der Träger der öffentlichen Jugendhilfe die Kosten grundsätzlich nur dann, wenn sie auf der Grundlage seiner Entscheidung nach Maßgabe des Hilfeplans unter Beachtung des Wunsch- und Wahlrechts erbracht wird. 177

Werden abweichend hiervon Leistungen durch den Leistungsberechtigten selbst beschafft, so ist der Träger der Jugendhilfe **nur ausnahmsweise** zur Übernahme der erforderlichen Aufwendungen verpflichtet. Auch wenn die Voraussetzungen für die Gewährung der Hilfe vorlagen, besteht eine Verpflichtung nur dann, wenn der Träger der öffentlichen Jugendhilfe vor der Selbstbeschaffung grundsätzlich rechtzeitig bzw, wenn das nicht möglich ist, unverzüglich nach Wegfall des Hinderungsgrundes über den Hilfebedarf in Kenntnis gesetzt ist und die Deckung des Bedarfs bis zur Entscheidung des Trägers der öffentlichen Jugendhilfe über die Gewährung der Leistung oder bis zu einer Entscheidung über ein Rechtsmittel nach einer zu Unrecht abgelehnten Leistung keinen zeitlichen Aufschub geduldet hat.[131] 178

g) Kostenbeiträge der Antragsteller, Sorgeberechtigten bzw Hilfeempfänger

Der Träger der öffentlichen Jugendhilfe erbringt Jugendhilfe zunächst unabhängig von einem Kostenbeitrag. An entstandenen – also vom Jugendhilfeträger getragenen Kosten – kann der Hilfeempfänger aber vom Jugendamt beteiligt werden. Verwaltungskosten werden dabei nicht einberechnet, jedoch die Aufwendungen für den eventuell notwendigen Unterhalt. 179

Nach § 90 SGB VIII werden **pauschalierte Kostenbeiträge**, zB in Tageseinrichtungen und bei Kindertagespflege, erhoben. Diese staffeln sich nach dem Einkommen der Eltern (bei Zusammenleben) oder des alleinerziehenden Elternteils. 180

131 BVerwG v. 11.8.2005, 5 C 18.04, BVerwGE 124, 83 = NJW 2006, 2201.

181 Nach § 91 SGB VIII werden **Kostenbeiträge bei vollstationären und vorläufigen Maßnahmen,** also gemäß

- § 13 Jugendwohnheim, dh mit dortiger Unterbringung,
- § 19 Mutter (Vater)-Kind-Betreuung (stationär),
- § 20 Betreuung des Kindes in Notsituationen, auch wenn teilstationär,
- § 21 Internatsunterbringung,
- § 27 Hilfe zur Erziehung in stationärer Form und teilstationärer,
- § 33 Vollzeitpflege,
- § 34 Heimunterbringung,
- § 35 Sozialpädagogische Einzelbetreuung,
- § 35 a Eingliederungshilfe in stationärer und teilstationärer Form,
- § 41 Hilfe für junge Volljährige im Falle der stationären und teilstationären Unterbringung,
- § 42 Inobhutnahme von Jugendlichen/Kindern

erhoben.

182 Die Arbeit der sozialpädagogischen Familienhilfe, der Erziehungsbeistände und Betreuungshelfer nach §§ 30, 31 SGB VIII wird für die Hilfeempfänger **kostenfrei** geleistet. Hiermit soll die Hemmschwelle, Hilfe anzunehmen, gemindert werden. Zudem entstehen hier keine Kosten für Unterhalt in Form von Wohnen und Verpflegung und damit ohnehin sehr viel geringere Kosten.

183 Zur Zahlung sind die Hilfeempfänger, ihre Eltern, Ehegatten, Lebenspartner aus ihrem **Einkommen** gemäß § 92 SGB VIII und der entsprechenden Verordnung zur Festsetzung der Kostenbeiträge vom 1.10.2005[132] verpflichtet.

184 Zu den Kosten vollstationärer Leistungen sind junge Volljährige und volljährige Leistungsberechtigte nach § 19 SGB VII zusätzlich aus ihrem **Vermögen** nach Maßgabe der §§ 90, 91 SGB XII heranzuziehen. Der Einsatz einer **angesparten Beschädigtengrundrente nach dem Opferentschädigungsgesetz** als Vermögen stellt grundsätzlich eine Härte im Sinne von § 90 Abs. 3 S. SGB XII dar und kann regelmäßig nicht verlangt werden.[133] Eine angesparte Schmerzensgeldzahlung, deren Zweck – der angemessene Ausgleich des zugefügten immateriellen Schadens und die Genugtuung für erlittenes Unrecht ist – wird ebenfalls geschont.[134]

185 Die Berechnung des **Einkommens** erfolgt nach § 93 SGB VIII. Der Umfang richtet sich nach § 94 SGB VIII. Das Kindergeld ist im Rahmen der Berechnung des Kostenbeitrags nach § 94 Abs. 2 SGB VIII bei der Höhe des Einkommens des unterhaltspflichtigen Elternteils immer zu berücksichtigen.[135] Der Beitrag staffelt sich nach dem Einkommen und der Anzahl der in vollstationärer Hilfe untergebrachten Unterhaltsbedürftigen. Weitere Unterhaltsbedürftige in der Familie werden insoweit berücksichtigt, als der Verpflichtete dann in eine 1–2 Stufen niedrigere Einkommensstufe eingeordnet wird.

186 Grundrenten nach dem Opferentschädigungsgesetz (iVm dem BVG) sind kein Einkommen im Sinne des § 93 SGB VIII. Nach § 93 Abs. 1 S. 3 SGB VIII zählen **Geldleistungen,** die dem **gleichen Zweck** wie die jeweilige Leistung der Jugendhilfe dienen, **nicht** zum **Einkommen** und sind im Falle der Gewährung von Jugendhilfe von einem Kostenbeitrag einzusetzen (Zweckidentität). Die Voraussetzungen des § 93 Abs. 1 S. 3 SGB VIII

132 BGBl. I, 2907.
133 BVerwG v. 27.5.2010, 5 C 7.09.
134 BVerwG v. 27.5.2010, 5 C 7.09.
135 VGH Baden-Württemberg v. 29.7.1997, 29 S 1194/96.

sind insbesondere bei der Zahlung von Opferentschädigungsleistungen zu prüfen. Grundrenten gehören nicht dazu.[136] Ausgleichsrenten sind einkommensabhängig und einzubeziehen. Waisenrenten haben Unterhaltsersatzfunktion und sind einzubeziehen.[137] In Bezug auf die Pflegezulage nach § 35 BVG und den Wäschepauschbetrag nach § 15 BVG ist die Zweckidentität nicht erfüllt.[138] Dies kann je nach Jugendhilfeleistung aber ggf auch anders zu entscheiden sein.

Die Heranziehung erfolgt durch **Erhebung eines Kostenbeitrags**, der durch **Leistungsbescheid** festgesetzt wird. Eltern werden gemäß § 92 Abs. 4 S. 2 SGB VIII nicht zu den Kosten herangezogen, wenn das leistungsberechtigte „Kind" schwanger ist oder ein Kind unter sechs Jahren betreut, damit Eltern ihre Kinder nicht aus Kostengründen zu einem Schwangerschaftsabbruch drängen. 187

Von der Heranziehung soll nach § 92 Abs. 5 SGB VIII ganz oder teilweise abgesehen werden, wenn sonst Ziel und Zweck der Leistung gefährdet würde oder sich aus der Heranziehung eine **besondere Härte** ergäbe. 188

136 DIJuF-Rechtsgutachten v. 15.12.2011, J.9.160 HO, JAmt 2012, 156 ff.
137 BSG v. 23.10.1985, 9 a RVg 4/83, NJW 1987, 2894.
138 VG Hannover v. 2.3.2012, 3 A 2714/12.

§ 7 Familienrechtlicher Gewaltschutz

I. Statistik und Studien

1 Nach den vorliegenden Untersuchungen werden europaweit ungefähr 20 % bis 25 % der Frauen zu Opfern häuslicher Gewalt.[1] Bei Kindern sind ungefähr 50 % betroffen, entweder direkt als Opfer der Gewalt oder indirekt, indem sie häusliche Gewalt gegen ihre Mutter, in seltenen Fällen auch gegen ihren Vater, beobachten müssen.

2 Zwischenzeitlich haben Forschungen die erheblichen Schäden, die die Gewaltbeobachtung durch Kinder nach sich ziehen, belegt.[2] Außerdem belegen Untersuchungsergebnisse, dass Opfer häuslicher Gewalt in einem erheblichen Ausmaß in ihrer Kindheit oder Jugend selbst Zeuginnen elterlicher Gewalt waren oder Gewalt durch körperliche Züchtigung erlebt haben und relevant häufiger von sexuellem Missbrauch betroffen waren.[3] Diese Befunde zeigen auch auf, dass Gewaltprävention zum Schutz von Kindern auch erhebliche präventive Wirkung hat für deren Viktimisierung im Erwachsenenleben.

3 Genaue Fakten zur Häufigkeit häuslicher Gewalt finden sich in einer im Jahr 2004 veröffentlichten Studie der Bundesregierung zur „Lebenssituation, Sicherheit und Gesundheit von Frauen in Deutschland". Die Studie hat Interviews von mehr als 10.000 Frauen im Alter von 16–85 Jahren ausgewertet und so Zahlen zum Ausmaß von Gewalt gegen Frauen in allen Bevölkerungsgruppen erhoben. Außerdem wurden Teilpopulationen (Prostituierte, osteuropäische Migrantinnen, türkische Migrantinnen etc.) untersucht.

4 Eine der Untersuchungen von Teilpopulationen hat ergeben, dass Frauen türkischer Herkunft zu 38 % Gewalt durch aktuelle oder frühere Beziehungspartner erlebt haben. Dabei wurden auch signifikante Anzeichen für eine erheblich größere Schwere der erlebten Gewalthandlungen als bei der Gesamtpopulation festgestellt.[4]

5 Insgesamt ist bei häuslicher Gewalt zu bedenken, dass diese in der Regel von Häufigkeit und Schwere zunehmend ist, dass also mit immer schwereren und häufigeren Verletzungen zu rechnen ist. Auch haben Untersuchungen ergeben, dass in der Trennungsphase das Gewalt- und Tötungsrisiko für Frauen und Kinder um ein fünffaches höher ist als sonst.

1 Kurzfassung der Studie „Lebenssituation, Sicherheit und Gesundheit von Frauen in Deutschland", S. 7.
2 Zusammenfassend dazu: Studie BMFSFJ, „Sorge- und Umgangsrecht bei häuslicher Gewalt", S. 12 ff.
3 Kurzfassung der Studie „Lebenssituation, Sicherheit und Gesundheit von Frauen in Deutschland", S. 19.
4 Kurzfassung der Studie „Lebenssituation, Sicherheit und Gesundheit von Frauen in Deutschland", S. 26.

6 Zum effektiven Kampf gegen häusliche und sexuelle Gewalt haben sich alle Ratifikationsstaaten des 1999 verabschiedeten Fakultativprotokolls zur UN-Konvention CEDAW (Convention on the Elimination of All Forms of Discrimination Against Women) verpflichtet, d.h. die Bundesrepublik Deutschland durch die Ratifikation im Jahr 2002. Aufgrund verschiedener Richtlinien und Verordnungen der Europäischen Union, aber auch aufgrund eines neu abgeschlossenen Abkommens des Europarates zum Schutz von Frauen vor Gewalt,[5] insbesondere auch vor häuslicher Gewalt, wurden bereits verschiedene Maßnahmen ergriffen und werden in Zukunft weitere ergriffen werden. Dazu hat unter anderem geführt, dass der europäische Gerichtshof für Menschenrechte 2009 im Hinblick auf die Türkei festgestellt hat, dass die Passivität bei der Bekämpfung von häuslicher Gewalt zu einem Schmerzensgeldanspruch gegen den Staat führen kann, da ein Fall der Geschlechterdiskriminierung vorliege.[6]

II. Gewaltschutzgesetz

1. Einleitung

7 Das Gewaltschutzgesetz ist die wesentliche Rechtsgrundlage, um Opfern von Gewalt und Bedrohungen **zivilrechtlichen Schutz vor Belästigungen, Bedrohungen und Übergriffen** zu verschaffen. Der Schutzbereich des Gesetzes ist nicht, wie vielfach fälschlich angenommen, auf Verhältnisse mit einer gewissen Nähebeziehung zwischen Täter und Opfer beschränkt, sondern kann auch bei einander unbekannten Verfahrensbeteiligten und außerhalb des häuslichen Bereichs Anwendung finden. Hauptsächlich findet das Gesetz in der Praxis jedoch Anwendung auf Fälle häuslicher Gewalt, die oftmals in Beziehungen oder nach beendeten Beziehungen von gleich- und verschiedengeschlechtlichen Partnern verübt wird.

a) Entstehungsgeschichte

8 Das Gewaltschutzgesetz ist in der Bundesrepublik Deutschland **seit 1.1.2002 in Kraft**, um den zivilrechtlichen Schutz von Opfern häuslicher Gewalt und ihrer Kinder zu gewährleisten. Der Entwurf eines Artikelgesetzes der Bundesregierung vom 5.3.2001 nannte sich „Gesetz zur Verbesserung des zivilgerichtlichen Schutzes bei Gewalttaten und Nachstellungen sowie zur Erleichterung der Überlassung der Ehewohnung bei Trennung“ und umfasste Gesetze, mit denen neben der Einführung des eigentlichen Gewaltschutzgesetzes die in der Folge notwendigen Änderungen des Verfahrens- und Kostenrechts, aber auch eine erhebliche Veränderung des Wohnungszuweisungsrechts im Falle der Trennung, dh des § 1361 b BGB, vorgenommen wurden.

9 Zutage getreten war ein Änderungsbedürfnis an den geltenden Gesetzen, nachdem verschiedene Untersuchungen zum einen das erhebliche Ausmaß häuslicher Gewalt, zum anderen aber auch die Unzulänglichkeiten des geltenden Zivil- und Zivilverfahrensrechts beleuchtet hatten. Im **Aktionsplan der Bundesregierung zur Bekämpfung von Gewalt gegen Frauen** aus dem Jahr 1999 waren Studien zur genauen Bezifferung der häuslichen Gewalt ebenso geplant wie erhebliche Maßnahmen der Prävention und der Rechtsetzung. Im Rahmen der Rechtsetzung sollte neben dem zivilrechtlichen Schutz und seiner Erweiterung auch eine Anpassung des Polizeirechts der Länder erfolgen, um auch dann, wenn nachts oder am Wochenende die Gerichte nur schwerlich erreichbar wären, noch den Schutz von Opfern häuslicher Gewalt (und ihrer Kinder) mit den Mitteln des Polizeirechts gewährleisten zu können. Leitsatz der Maßnahmen sollte sein:

5 Konvention des Europarates zur Verhütung und Bekämpfung von Gewalt gegen Frauen und häusliche Gewalt vom 11.5.2011, CETS-Nummer: 210 (noch nicht in Kraft).

6 Europäischer Gerichtshof für Menschenrechte 9.7.2009, Individualbeschwerde Nr. 33401/02 (Opuz gegen Türkei).

„Wer schlägt, der geht!“, ein Satz, der schon bei den politischen Auseinandersetzungen um das österreichische Gewaltschutzgesetz zum Slogan wurde.

b) Gewaltschutz in anderen Ländern

10 In **Österreich** trat das Gewaltschutzgesetz schon 1997 in Kraft; seit 2009 wurde das Gesetz nach einer Evaluation weiterentwickelt. Nun ist die Kenntnis über die Maßnahmen des Gewaltschutzes ebenso wie ein vierzehntägiges Praktikum in einer Interventionsstelle obligatorischer Teil der Ausbildung der österreichischen Richterinnen und Richter. Vollkommen neu war bei der österreichischen Gesetzeskonzeption der sogenannte proaktive Ansatz, nach dem vom Staat eingerichtete Interventionsstellen nach Polizeieinsätzen aufgrund von häuslicher Gewalt Kontakt mit den Opfern aufnehmen, um diesen langfristigen Schutz vor Gewalt zu bieten und Hilfsmöglichkeiten aufzuzeigen, die die Opfer häufig aufgrund ihrer jahrelangen Verstrickungen nicht selbst erlangen können.

11 Seit Januar 1998 (und damit vier Jahre vor der deutschen Rechtsänderung!) gilt in der **Türkei** das Gesetz Nr. 4320, mit dem Opfer häuslicher Gewalt unter Eheleuten, aber auch deren Angehörige bei der zuständigen Staatsanwaltschaft darauf hinwirken können, dass diese beim Amtsrichter den Erlass einer Schutzanordnung („koruma emri“) beantragt.

12 Die **Tschechische Republik** hat seit 2007 mit dem Gesetz Nr. 135/2006 ein zivilrechtliches Gewaltschutzgesetz, das auch polizeiliche Wegweisungsverfügungen für die Dauer von 10 Tagen und die Einrichtung von Interventionsstellen vorsieht.

13 In der **Schweiz** gab es zunächst nur kantonale Regelungen; seit 2007 findet sich im Zivilgesetzbuch für den gesamten Staat mit Art. 28 b eine Gewaltschutznorm, aufgrund derer Wohnungswegweisungen, aber auch allgemeine Schutzverfügungen vor Gewalt, Drohungen und Nachstellung verfügt werden können.

14 Auch in beinahe allen anderen Ländern der **Europäischen Union** und des **Europarates** gibt es zwischenzeitlich Gewaltschutzgesetze oder andere Rechtsgrundlagen für Wohnungswegweisungen bei häuslicher Gewalt und zivilrechtliche Schutzverfügungen.

2. IPR – Gewaltschutzgesetz für alle anwendbar

15 **Art. 17 a EGBGB** weist die Regelung des Umgangs mit der im Inland gelegenen Ehewohnung und Haushaltsgegenstände dem deutschen materiellen Recht zu. Das deutsche materielle Gewaltschutzrecht ist also auch dann anwendbar, wenn es in der Bundesrepublik zu Streitigkeiten und häuslicher Gewalt unter zwei ausländischen Staatsangehörigen kommt. Ausdrücklich geregelt ist dort ebenfalls, dass auch mit der im Inland gelegenen Ehewohnung zusammenhängende Vertretungs-, Näherungs- und Kontaktverbote dem deutschen materiellen Rechts unterliegen. Durch die Regelung des Art. 17 a EGBGB wollte der Gesetzgeber sicherstellen, dass auch ausländische Ehefrauen innerhalb der Bundesrepublik stets etwa vor Züchtigungen geschützt sind und den Gerichten durch die ausschließliche Anwendung eines materiellen Rechts zügige Entscheidungen möglich sind.

16 Die Möglichkeit der Anwendung des deutschen materiellen Rechts gründet sich auch auf **Art. 40 EGBGB**, wonach unerlaubte Handlungen dem Recht des Staates unterliegen, indem der Ersatzpflichtige gehandelt hat. Schutzanordnungen, die außerhalb des familiären Bereichs begangen werden, sind somit auch nach dieser Vorschrift des internationalen Privatrechts dem deutschen materiellen Recht zuzuordnen.

3. Persönlicher Anwendungsbereich

Für das Verhältnis der verletzten oder bedrohten Person zu den eigenen Eltern oder sorgeberechtigten Personen sieht § 3 Gewaltschutzgesetz (GewSchG) vor, dass anstelle der Schutzmechanismen des Gewaltschutzgesetzes die für das jeweilige Verhältnis maßgebenden Vorschriften als **lex specialis** treten. Neben den entsprechenden familienrechtlichen Schutzvorschriften wie §§ 1666, 1666 a BGB ist dies besonders § 8 a SGB VIII in Verbindung mit den Hilfemöglichkeiten nach dem Kinder- und Jugendhilfegesetz (SGB VIII) und das Betreuungs- bzw Vormundschaftsrecht. 17

Diese Regelung trägt dem Gedanken Rechnung, dass das Gewaltschutzgesetz nach seiner Konzeption ein Gesetz zum Schutz erwachsener Opfer ist. Aufgrund dieser **Geltungsbereichseinschränkung** ist daher zu differenzieren und bei Gewalt gegen die Mutter ein Antrag nach dem GewSchG stellen, bei Gewalt gegen das eigene minderjährige Kind hingegen nach § 1666 iVm § 1666 a BGB. Sofern jedoch ein Stiefkind, für das der Gewalttätige nicht Sorgerechtsinhaber ist, von der Gewalt betroffen ist, kann das Gewaltschutzgesetz auch in Bezug auf das Kind angewandt werden; es kann jedoch auch gegen ihn als „Dritten" im Sinne des § 1666 Abs. 1, 4 BGB vorgegangen werden. 18

Im Unterschied zu den Maßnahmen nach dem Gewaltschutzgesetz, die antragsabhängig sind, können Maßnahmen nach §§ **1666 ff BGB auch von Amts wegen** ergriffen werden. Auch ist dem Familiengericht bei seinem Vorgehen nach den §§ 1666 ff BGB ein größerer Handlungsspielraum gegeben, da sämtliche Maßnahmen, die dem Schutz des Kindes dienen und verhältnismäßig sind, möglich sind; die Aufzählung in § 1666 Abs. 3 BGB ist nicht abschließend. 19

Die Geltungsbereichseinschränkung gilt nicht, wenn das Kind erwachsen ist. Kommt es daher im Eltern-Kind-Verhältnis zu Gewalt oder Bedrohung, kann ein volljähriges Kind, sofern es nicht unter Betreuung steht, gegen seine Eltern oder können die Eltern gegen ihr volljähriges Kind mit den Mitteln des Gewaltschutzgesetzes vorgehen.[7] 20

Wenn der Minderjährige oder der Betreute bzw unter Vormundschaft Stehende selbst der Täter ist, greift die Ausschlusswirkung des § 3 Abs. 1 GewSchG nicht. **Eltern, Betreuer, Pfleger oder Vormünder** können daher auch mit den Mitteln des Gewaltschutzgesetzes gegen gewalttätige oder bedrohende Kinder, Betreute, Mündel oder Pfleglinge vorgehen. 21

Zusammenfassend gilt: Geschützt wird durch das Gewaltschutzgesetz innerhalb der Bundesrepublik jede Person, gleich welchen Geschlechts, Alters oder Nationalität, sofern nicht im Verhältnis zum Täter die Sonderregelungen aus dem Sorgerechts-, Betreuungs-, Pflegschafts- oder Vormundschaftsverhältnis greifen.[8] 22

4. Konkurrenzen

Das Gewaltschutzgesetz wurde ausdrücklich nicht konzipiert, um andere Schutzmaßnahmen und -gesetze einzuschränken, sondern um diese zu ergänzen. Deswegen regelt § 3 GewSchG ausdrücklich in Abs. 2, dass weiter gehende Ansprüche vom Gewaltschutzgesetz nicht berührt werden und somit keine **Konkurrenzen** entstehen. 23

Dies betrifft beispielsweise die weiterhin möglichen Schutzanordnungen nach §§ 823 BGB oder die entsprechend möglichen Schadensersatzansprüche nach § 823 iVm § 253 Abs. 2 BGB. 24

7 AG Hamburg-Barmbeck v. 12.6.2003, 816 C 162/03, FamRZ 2004, 473.
8 Heinke, Streit 2005, 70 ff.

25 Ebenso bleibt es im Falle häuslicher Gewalt unter Eheleuten möglich, statt eines Vorgehens nach dem Gewaltschutzgesetz die Alleinnutzung der Ehewohnung nach § 1361 b BGB zu beantragen, wenn der entsprechende Trennungswille vorliegt.

26 Strafrechtliches Vorgehen wegen der der Verfügung zugrunde liegenden Handlungen und der Antrag auf Gewährung von Leistungen nach dem Gesetz über die Entschädigung für Opfer von Gewalttaten (OEG) ist auch weiter möglich und zu bedenken.

III. Schutzanordnungen

27 § 1 des Gewaltschutzgesetzes stellt die **zentrale Norm** des Gesetzes dar; die dort geregelten Tatbestandsvoraussetzungen werden mit geringfügigen Anpassungen auch in § 2 angewandt.

1. Tathandlungen

28 Die Tatbestandsvoraussetzungen entsprechen denen des **§ 823 BGB**; insofern kann auch auf die diesbezügliche Rechtsprechung und Kommentierung zurückgegriffen werden.[9]

29 **Tathandlung** im Sinne der Vorschrift ist die Verletzung einer Person an Körper, Gesundheit oder Freiheit (Abs. 1), die Drohung mit der Verletzung des Lebens, Körpers, der Gesundheit oder der Freiheit (Abs. 2, 1. Alternative) sowie das Eindringen in die Wohnung oder den befriedeten Besitz einer anderen Person oder das unzumutbare Belästigen durch Nachstellen oder unter Verwendung von Fernkommunikationsmitteln (Abs. 2, 2. Alternative).

30 Eine **Verletzung des Körpers** liegt bei jedem unbefugten Eingriff in die körperliche Integrität oder Befindlichkeit der verletzten Person vor. Eine **Verletzung der Gesundheit** ist jedes Hervorrufen eines von den normalen körperlichen Funktionen nachteilig abweichenden Zustandes; unerheblich ist, ob Schmerzzustände auftreten oder ob eine tief greifende Veränderung der Befindlichkeit eingetreten ist.[10] Eine genaue Unterscheidung der beiden Tatbestandsmerkmale ist aufgrund der identischen Rechtsfolgen der Rechtsgutverletzung in der Praxis nicht erforderlich.

31 Dabei umfasst der Körperbegriff nach dem Willen des Gesetzgebers auch erhebliche Schlafstörungen,[11] die beispielsweise durch Stalking (aufgrund nächtlicher Anrufe) oder durch die gegebene Belastungssituation verursacht sein können. Bei einer durch rein psychische Gewalt hervorgerufenen Beeinträchtigung muss eine irgendwie (medizinisch) feststellbare körperliche Beeinträchtigung hervorgerufen worden sein.[12] Aufgabe der anwaltlichen Vertretung muss es in diesen Fällen sein, die körperlichen Auswirkungen etwa bei Vorliegen einer Posttraumatischen Belastungsstörung auszuführen und unter Beweis zu stellen (somatische Angstäquivalente).

32 Eine **Freiheitsverletzung** liegt vor, wenn die körperliche Bewegungsfreiheit, beispielsweise durch Einsperren oder Festhalten, nicht nur unerheblich beeinträchtigt wird. Bei einem Einsperren hat die Rechtsprechung schon ein etwa 10 min andauerndes Einsperren als ausreichend angesehen.[13] Das Aussperren, etwa aus der gemeinsamen Wohnung, stellt nach allgemeiner Auffassung keine Rechtsgutverletzung im Sinne des § 1 GewSChG dar.[14] Die allgemeine Handlungsfreiheit der Person und das allgemeine Per-

9 AA Grziwotz, NJW 2003, 872 f.
10 BGH v. 30.4.1991, 6 ZR 178/09, BGHZ 114, 284, 289.
11 BT-Drucks. 14/5429, 19.
12 OLG Celle v. 19.3.2012, 10 UF 9/12; OLG Bamberg v. 24.8.2011, 2 UF 184/11, FamRB 2011, 377, 378, OLG Frankfurt v. 15.5.2012, 4 WF 115/12.
13 OLG Brandenburg v. 20.4.2005, 9 UF 27/05, NJW-RR 2006, 220 f.
14 OLG Köln v. 6.2.2003, 14 UF 249/02, FamRZ 2003, 1281; aA Grziwotz, NJW 2003, 872, 873.

sönlichkeitsrecht werden von diesem Tatbestandsmerkmal nicht umfasst;[15] es bleibt dann der Rückgriff auf die Regelungen des allgemeinen Deliktrechts.[16]

Weitere mögliche Tathandlung ist die ernsthafte **Drohung** mit der Verletzung der Rechtsgüter Leben, Körper, Gesundheit oder Freiheit. Zur Beurteilung der Frage, ob die Bedrohung ernsthaft erfolgte, kann auf die Rechtsprechung und Kommentierung zu §§ 240 f StGB zurückgegriffen werden.[17] Nicht ernsthaft ist die bloße, situationsbedingte Verwünschung, Beschimpfung oder Prahlerei[18] mit der Folge, dass eine Anordnung nicht erforderlich wäre.[19] Die Drohung muss sich auf die abschließend aufgezählten Rechtsgüter beziehen, so dass ein Anordnungsanspruch nicht auf die Drohung, das Eigentum oder die Wohnung[20] der Antragstellerin zu zerstören, gestützt werden kann. Auch muss die Drohung hinreichend bestimmt sein.[21] 33

Einen Anordnungsanspruch auslösende Tathandlung kann auch das **Eindringen in die Wohnung oder das befriedete Besitztum** einer anderen Person darstellen. Anders als im Tatbestand des Hausfriedensbruchs, § 123 StGB, sind Geschäftsräume, da das Gesetz dem Schutz der Privatsphäre dienen soll, nicht vom Schutzbereich umfasst.[22] Die Tathandlung des Eindringens muss vollendet worden sein; allein der (gewaltsame) Versuch, in die Wohnung einzudringen, ist nicht ausreichend.[23] Das Gesetz schützt nur vor dem Eindringen in den Nahraum einer anderen Person, so dass bei einem (Mit)Nutzungsrecht des Betretenden die Tathandlung Eindringen nicht gegeben sein kann. Allerdings kann diese Tathandlung, unabhängig von Miet- oder Eigentumsrechten, begangen werden, sobald die Wohnung wirksam der anderen Person zur alleinigen Nutzung zugewiesen ist. Auch befriedetes Besitztum der Antragstellerin, etwa deren Datsche oder Schrebergarten, ist taugliches Tatobjekt im Sinne der Vorschrift. 34

Weitere Tathandlung kann die unzumutbare Belästigung einer anderen Person durch **wiederholte Nachstellungen oder Verfolgung unter Verwendung von Fernkommunikationsmittel** gegen deren ausdrücklichen Willen sein. Hierbei kann auf Rechtsprechung und Kommentierung zu § 238 StGB zurückgegriffen werden; der Gesetzgeber nennt in seiner Begründung beispielhaft die wiederholte Überwachung und Beobachtung der anderen Person, die ständige demonstrative Anwesenheit in der Nähe der Person, die „körperliche" Verfolgung, Annäherung, Kontaktversuche und Telefonterror sowie Belästigungen durch Hinterlassen von Mitteilungen unter Einsatz von Fernkommunikationsmitteln wie Telefax, E-Mail oder Mobiltelefonen.[24] 35

In der Praxis ist die Beweisführung hinsichtlich der Belästigungen bei Anrufen mit unterdrückter Rufnummernanzeige schwierig. Zwar gibt **§ 101 TKG** einer Person, die nachvollziehbar behauptet, dass sie durch Anrufe bedroht oder belästigt wird, das Recht auf Auskunft über eingehende Anrufe und deren Herkunft, jedoch kosten derartige Fangschaltungen für jede Auskunft etwa 100 Euro, weshalb dieser Weg nur selten gegangen wird. 36

Leichter als der Herkunftsnachweis bei Anrufen lassen sich Belästigungen über **E-Mails oder in sozialen Netzwerken** nachweisen. In diesen Fällen ist Kontakt zum jeweiligen Provider aufzunehmen, der Abhilfe schaffen und Beweismaterial zur Verfügung stellen 37

15 BT-Drucks. 14/5429, 18.
16 OLG Hamm v. 23.5.2011, 8 UF 77/11.
17 OLG Bamberg 16.2.2011, 7 UF 37/11, FamRZ 2011, 1419.
18 OLG Bremen 25.2.2010, 4 UF 9/10, FamRB 2011, 11, 12.
19 BT-Drucks. 14/5429, 29.
20 OLG Rostock v. 16.10.2006, 11 UF 39/06, NJW-RR 2007, 661.
21 LG Bremen v. 26.11.2009, 8 S 220/09.
22 BT-Drucks. 14/5429, 29.
23 OLG Celle v. 19.3.2012, 10 UF 9/12.
24 BT-Drucks. 14/5429, 29.

kann. Wenn der Täter Zugang zum Computer des Opfers oder gar zu deren Passworten hatte, ist dafür Sorge zu tragen, dass beim Provider keine automatischen Weiterleitungen eingerichtet sind und keine sog. Spionageprogramme auf dem Computer hinterlassen wurden.

38 Wiederholtes Nachstellen liegt vor, wenn eine **gewisse Dauerhaftigkeit** gegeben ist. Dies ist nicht der Fall, wenn ausschließlich zweimaliges Beobachten mittels eines Fernglases aus größerer Entfernung vorgetragen wird,[25] wobei keine zahlenmäßige Festlegung möglich ist,[26] sondern eine Wertung vor dem Hintergrund des Üblichen und des allgemeinen Maßes, dh der Sozialadäquanz, vorzunehmen ist. Äußerungen, auch abschätzige, im Internet über eine andere Person stellen keine Nachstellung oder Verfolgung im Sinne der Vorschrift dar, da Zielrichtung dieser Schmähäußerungen Dritte sind und nicht die Person selbst.[27]

39 Die Tathandlung „Nachstellen" bzw „Verfolgen" muss gegen den ausdrücklich geäußerten Willen des Opfers erfolgen, soweit sich nicht aus der Natur der Störung selbst ergibt, dass diese unangemessen und/oder bedrohend ist. In Fällen von Stalking ist daher, sofern der Täter bekannt ist, zunächst in der Regel (beweisbar!) ein **Kontaktaufnahme- und Näherungsverbot** auszusprechen.

40 Die Rechtsgutverletzung muss **widerrechtlich** erfolgt sein. Die Rechtswidrigkeit ist normalerweise durch die Tathandlung indiziert, wenn nicht **Rechtfertigungsgründe** wie eine Einwilligung vorliegen, was der Antragsgegner unter Beweis stellen muss.[28] Nicht umfasst sind daher ärztliche Eingriffe, in die eingewilligt wurde, oder andere durch Rechtfertigungsgründe gerechtfertigte Handlungen. Auf den Rechtfertigungsgrund der Wahrnehmung berechtigter Interessen weist Abs. 2 S. 2 ausdrücklich hin; auch im Hinblick auf die anderen Tathandlungen ist dieser Rechtfertigungsgrund zu beachten. Die anwaltliche Vertretung sollte daher in Fällen von Stalking nicht nur ein Hausverbot aussprechen, sondern auch einen Weg zur Wahrnehmung etwaiger berechtigter Belange aufweisen, um diese Rechtfertigungsmöglichkeit für ein Gewaltschutzverfahren auszuschließen. Auch sollte bei Umgangsregelungen hinsichtlich gemeinsamer Kinder genau geregelt werden, wie eine Kontaktaufnahme zur Wahrnehmung berechtigter Belange erfolgen kann, beispielsweise durch die Einrichtung einer Umgangspflegschaft.

2. Vorsätzliches Handeln

41 Grundsätzlich erfordert ein Vorgehen nach dem Gewaltschutzgesetz eine **Vorsatztat** mit mindestens dolus eventualis. Dabei muss die Tat auf die vom Gewaltschutzgesetz geschützten Rechtsgüter gerichtet sein; erkrankt eine Kindesmutter daher anlässlich einer Kindesentführung und den damit verbundenen seelischen Belastungen psychisch, mangelt es an der erforderlichen Zielgerichtetheit der Tat gegen die Antragstellerin, so dass ein Vorgehen nach dem Gewaltschutzgesetz nicht möglich ist, wenn der Täter die Schutzgutverletzung nicht wenigstens billigend in Kauf nimmt.[29]

42 § 1 Abs. 3 GewSchG erweitert den Anwendungsbereich des Gesetzes jedoch mit einer eigenen actio libera in causa[30] auch auf Taten, die im Zustand der vorübergehenden eingeschränkten Verantwortlichkeit aufgrund des Genusses von **Alkohol** oder anderer **berauschender Mittel** begangen wurden. Die Regelung weicht absichtlich von § 827

25 OLG Koblenz v. 29.12.2009, 13 WF 1002/09, NJW-RR 2010, 660.
26 BGH v. 19.11.2009, 3 StR 244/09 zu § 238 StGB, NJW 2010, 1680.
27 AG Berlin-Charlottenburg v. 28.4.2009, 216 C 109/09; aA LG Berlin 16.3.2009, 53 T 30/09 zum gleichen Sachverhalt.
28 OLG Brandenburg v. 20.4.2005, 9 UF 27/05, NJW-RR 2006, 220 f.
29 OLG Bamberg v. 24.8.2011, 2 UF 184/11, FamRB 2011, 377 f.
30 OLG Celle v. 24.8.2011, 17 UF 3/11.

BGB ab, um Opferschutz immer zu gewähren, unabhängig von der Frage, ob sich der Täter alkoholisiert oder berauscht hatte oder nicht. Da bei Unterlassungsansprüchen nach §§ 823, 1004 BGB das Verschulden und damit die Verantwortlichkeit ebenfalls unerheblich ist, besteht im Ergebnis ausreichende Übereinstimmung mit dem allgemeinen Deliktsrecht.[31]

Im Fall einer **dauerhaften Störung der Verantwortungsfähigkeit** ist eine Anordnung nach dem Gewaltschutzgesetz daher nicht zu erwirken;[32] ein Vorgehen kann dann nur nach den Regelungen des Betreuungs- oder Unterbringungsrechts oder mit einem Rückgriff auf den allgemeinen zivilrechtlichen Unterlassungsanspruch analog §§ 823, 1004 BGB außerhalb des Gewaltschutzverfahrens erfolgen.[33] 43

3. Wiederholungsgefahr

Die Wiederholungsgefahr ist bei bereits erfolgter Rechtsgutverletzung indiziert;[34] an die **Widerlegung der Wiederholungsvermutung** durch den Antragsgegner sind hohe Anforderungen zu stellen,[35] da von einer Schutzanordnung weit weniger und geringere nachteilige Folgen für den Anordnungsgegner ausgehen als etwa von einer Wohnungswegweisung und der Gesetzgeber von einer Ausnahmeregelung bei fehlender Wiederholungsgefahr wie in § 2 GewSchG unter Hinweis auf die allgemeinen Grundsätze ausdrücklich abgesehen hat. 44

4. Rechtsfolgen

Die Regelung ist nach dem Vorbild des § 938 Abs. 1 Zivilprozessordnung (ZPO), der Regelung einer einstweiligen Verfügung, konstruiert: das Gericht trifft demnach alle erforderlichen Anordnungen, die bei Vorliegen der Tatbestandsvoraussetzungen zum Schutz der verletzten Person und zum Abwenden weiterer Verletzungen erforderlich erscheinen. 45

Dabei sind insbesondere die im Gesetz aufgeführten Maßnahmen wie Betretens-, Näherungs- und Kontaktaufnahmeverbote, anordnungsfähig; der Gesetzeskatalog ist jedoch nicht abschließend, so dass andere Maßnahmen, soweit sie verhältnismäßig sind, getroffen werden können und sollen. 46

Ein Betretensverbot wird regelmäßig im Zusammenhang mit einer Wohnungszuweisung nach § 2 GewSchG ausgesprochen. Möglich ist aber auch, weitere Wohnungen oder andere, auch öffentliche[36] Orte wie die **Arbeitsstelle des Opfers oder der Kindergarten der gemeinsamen Kinder** in die Schutzanordnung aufzunehmen. Dabei sind im Rahmen der Abwägung die berechtigten Belange auch der gemeinsamen Kinder zu berücksichtigen, damit durch die Schutzanordnung etwaige Umgangsrechte nicht vereitelt werden. Kleinere Einschränkungen, etwa durch die Notwendigkeit, Elterngespräche außerhalb des Kindergartens zu führen oder das Kind nicht direkt an der Schule, sondern an einer nahegelegenen Bushaltestelle abzuholen, sind dabei vom Anordnungsgegner hinzunehmen. 47

Die Untersagung des Aufenthaltes in einem bestimmten Umkreis der Wohnung des Opfers (oder auch des Arbeitsplatzes) sorgt für eine Beruhigung für das Opfer durch die Einrichtung einer **„Bannmeile“**, innerhalb derer eine Bedrohung nicht zu besorgen sein soll. Ziel dieser Anordnung ist, dem Opfer das gefahrlose Verlassen und Betreten der 48

31 BT-Drucks. 14/5429, 29.
32 OLG Frankfurt/M. v. 20.5.2010, 5 UF 26/10, FamRZ 2010, 1812.
33 OLG Celle v. 24.8.2011, 17 UF 3/11.
34 OLG Hamm v. 8.8.2011, 8 UF 111/11; aA für den außerhäuslichen Bereich: OLG Saarbrücken 18.1.2006, 1 UF 137/05, NJW-RR 2006, 747.
35 OLG Brandenburg v. 20.4.2005, 9 UF 27/05, NJW-RR 2006, 220 f.
36 BT-Drucks. 14/5249, 29.

Wohnung zu ermöglichen und auch eine ständige Beobachtung zu unterbinden. Dabei hat das Gericht einen nach den örtlichen Verhältnissen geeigneten Umkreis festzulegen.

49 Das in der Schutzanordnung auszusprechende Kontaktaufnahmeverbot kann sich auf **sämtliche Kontaktaufnahmearten**, nicht nur unter Verwendung von Fernkommunikationsmitteln, beziehen, so dass auch das unerwünschte Zusenden von Waren oder die Kontaktaufnahme durch das Hinterlassen von Geschenken von einer entsprechend formulierten Schutzanordnung mitumfasst sein sollte.

50 Ausdrücklich benannt als weitere, mögliche Schutzanordnung wird in der Gesetzesbegründung das Gebot, bei einem **zufälligen Zusammentreffen** unverzüglich einen näher zu bestimmenden Abstand vom Opfer einzunehmen.[37]

51 Das Gericht kann sämtliche zum Schutz vor weiteren Verletzungen erforderlichen Anordnungen treffen; es kann mehrere Maßnahmen treffen, soweit es diese zum effektiven Schutz der verletzten Person für erforderlich hält.

52 Die Maßnahmen sind in der Regel, insbesondere in Verfahren des vorläufigen Rechtsschutzes,[38] **abhängig von der Schwere und der Dauer der Rechtsgutverletzung,**[39] **zu befristen**, wobei eine Fristverlängerung ausdrücklich vom Gesetzgeber vorgesehen und dann möglich ist, wenn eine weitere Rechtsgutverletzung zu besorgen ist und auch eine unbefristete Anordnung im Einzelfall gerechtfertigt sein kann.[40] Eine unbefristete Anordnung kann jedoch dann wegen § 214 FamFG im Hauptsacheverfahren ergehen. Eine unbefristete Regelung im Vergleichswege ist möglich.

53 Die begleitende Anwaltskanzlei sollte ca. einen Monat vor Auslaufen der Schutzanordnung eine **Wiedervorlage** notieren, um mit dem Opfer Gründe, die für einen Verlängerungsantrag sprechen, zu erörtern und gegebenenfalls einen entsprechenden Antrag zu stellen. Regelmäßig wird die Frist von beiden Beteiligten äußerst wichtig genommen, so dass einer erneuten Rechtsgutverletzung beispielsweise auch durch ein erneutes Aussprechen eines Haus- und Kontaktaufnahmeverbotes gegenüber dem Verletzer entgegengewirkt werden kann.

IV. Wohnungsüberlassung

1. Situation

54 § 2 GewSchG gibt dem Opfer einer vollendeten Rechtsgutverletzung im Sinne des § 1 Abs. 1 GewSchG oder einer Bedrohung im Sinne des § 1 Abs. 2 GewSchG, sofern es zuvor mit dem Täter einen auf Dauer angelegten gemeinsamen Haushalt geführt hat, eine Anspruchsgrundlage zur **Wegweisung aus der gemeinsamen Wohnung.** Bei einer reinen Bedrohungssituation, ohne dass schon eine Rechtsgutverletzung eingetreten ist, muss die für die anderen Fälle ausdrücklich nicht geforderte unbillige Härte vorliegen, die einträte, wenn das Tatopfer weiter mit dem Täter in einer Wohnung leben müsste. Da das Gesetz auch dem (mittelbaren) Kindesschutz dient, sind dabei immer auch das Kindeswohl und dessen etwaige Gefährdung zu berücksichtigen.

55 Damit wird für nichteheliche Lebensgemeinschaften, aber auch für andere Zusammenlebensformen, eine dem **§ 1361 b BGB bzw § 14 Lebenspartnerschaftsgesetz (LPartG) ähnliche Regelung** geschaffen, um, häufig im Anschluss an eine vorherige polizeiliche Wegweisung, einen befristeten Zeitraum zu schaffen, während dem das Opfer seine Le-

37 BR-Drucks. 14/5429, 29.

38 OLG Saarbrücken v. 19.5.2010, 6 UF 38/10, FamFR 2010, 377.

39 OLG Saarbrücken v. 20.10.2010, 6 UF 102/10, FPR 2011, 232, 234.

40 OLG Saarbrücken v. 19.5.2010, 6 UF 38/10, FamRZ 2010, 1810; OLG Thüringen v. 6.9.2011, 1 UF 233/11; aA OLG Celle v. 6.2.2009, 15 UF 154/08, NJW-RR 2009, 1307.

bensverhältnisse ordnen und eventuell eine längerfristige Lösung suchen und finden kann.

2. Tatbestandsvoraussetzungen

Die Antragsparteien müssen einen **auf Dauer angelegten gemeinsamen Haushalt** miteinander geführt haben. Der Begriff wurde aus dem Mietrecht übernommen und bezieht sich auf Zusammenlebensformen, die auf einer eigenen inneren Bindung beruhen.[41] Dies ist der Fall nicht nur bei nichtehelichen Lebensgemeinschaften, sondern auch beim Zusammenleben mehrerer Generationen, beispielsweise der volljährigen Kinder mit ihren Eltern. Umstritten ist, ob von der Vorschrift auch Wohngemeinschaften umfasst sind, insbesondere auch therapeutische Wohngemeinschaften oder Wohnheime, etwa für Behinderte.[42] Da mit dem Gesetz ein möglichst großer Schutz im sozialen Nahbereich erreicht werden sollte und eine gegenseitige, freilich manchmal unterschiedlich ausgeprägte Verantwortlichkeit auch innerhalb einer sich selbst findenden Haushaltsgemeinschaft im Sinne einer (ggf studentischen) WG besteht, sind diese Wohnformen vom Schutzzweck der Norm umfasst. Für diese Auslegung spricht auch, dass die Gesetzesbegründung des Gewaltschutzgesetzes aus der Bundesratsdrucksache zur Mietrechtsreform zitiert, dass auch das dauerhafte Zusammenleben alter Menschen als Alternative zum Alters- oder Pflegeheim, die ihr gegenseitiges Füreinandereinstehen zB durch gegenseitige Vollmachten dokumentieren, die Kriterien erfüllen solle.[43] 56

Anders wird dies bei **Wohngemeinschaften** zu beurteilen sein, bei denen das Zusammenleben nicht aufgrund einer freien Willensentscheidung der einzelnen Mitbewohner zustande kommt, sondern aufgrund einer externen Belegungsentscheidung, etwa bei Wohngruppen Behinderter. In diesen Fällen wird man die Rechte der Bewohner, sowohl gegenüber anderen Bewohnern, als auch gegen das dort tätige Personal mit anderen rechtlichen Mitteln, etwa denen des Hausrechts der Einrichtung, und verbindlichen Interventionsplänen bei Gewalt in der Einrichtung begegnen müssen. 57

Gegeben sein muss eine vollendete **Rechtsgutverletzung** der im Sinne des § 1 Abs. 1 GewSchG geschützten Rechtsgüter Körper, Gesundheit oder Freiheit oder eine **Bedrohung** im Sinne des § 1 Abs. 2 S. 1 Nr. 1 GewSchG. Andere Rechtsgüter wie das Eigentum der verletzten Person sind, ebenso wie in § 1 GewSchG, nicht geschützt.[44] 58

In letzterem Fall verlangt § 2 Abs. 6 GewSchG jedoch zusätzlich, dass die Maßnahme zur Vermeidung einer unbilligen Härte erforderlich ist. Eine **unbillige Härte** muss nicht unbedingt bei der verletzten Person selbst vorliegen, sondern kann auch durch eine Gefährdung des Kindeswohls von im Haushalt lebenden Kindern gegeben sein. Zum Vorliegen einer unbilligen Härte kann auf Rechtsprechung und Literatur zu § 1361 b BGB, wo eine unbillige Härte ebenfalls in bestimmten Fällen für eine Wohnungsverweisung gefordert wird, zurückgegriffen werden. 59

Unerheblich ist durch den gesetzlichen Verweis auf § 1 Abs. 3 GewSchG, wenn die Tat durch einen vorübergehend durch den Genuss von Alkohol oder anderen berauschenden Mitteln im Zustand der **Unzurechnungsfähigkeit** befindlichen Täter begangen wurde. Ebenso wie bei der Schutzanordnung soll die Wohnungszuweisung auch ergehen können, wenn der Täter alkoholisiert oder berauscht war, um einen größtmöglichen Schutz zu gewährleisten und die Forschungsergebnisse, nach denen häusliche Gewalt in 60

41 BT-Drucks. 14/5429, 20; Palandt/Brudermüller, § 2 GewSchG Rn 2; aA Schumacher, FamRZ 2002, 645, 650.
42 Kritik am Gewaltschutzgesetz anlässlich einer Tagung behinderter und nicht-behinderter Frauen in Kassel am 9.4.2004, Veranstalter: Frauenhaus Kassel und Koordinationsbüro für behinderte Frauen Hessen.
43 BT-Drucks. 14/5429, 30.
44 OLG Rostock v. 16.10.2006, 11 UF 39/06, NJW-RR 2007, 661.

einer überwiegenden Zahl der Fälle mit Alkohol- oder Drogenkonsum einhergeht, berücksichtigen.

61 Die **Rechtsverhältnisse an der Wohnung** sind für die Verweisungsentscheidung zunächst unerheblich; eine Wohnungswegweisung ist somit auch rechtlich möglich, wenn die Wohnung im Alleineigentum des Antragsgegners steht oder der Antragsgegner aus anderen rechtlichen Gründen alleine oder mit Dritten, nicht jedoch mit der Antragstellerin an der Wohnung alleine berechtigt ist.

3. Ausschlussgründe

62 Ausgeschlossen ist eine Wohnungsverweisung nach § 2 GewSchG in den abschließend in § 2 Abs. 3 aufgezählten Fällen, deren Vorliegen vom Täter unter Beweis zu stellen ist.

63 Beweist der Täter, woran hohe Anforderungen zu stellen sind, dass eine **Wiederholungsgefahr** ausgeschlossen ist, so ist eine Zuweisung der Wohnung zur Alleinnutzung an das Opfer ausgeschlossen. Zu beachten ist jedoch die Regelung, nach der dieser Anspruchsausschluss nicht greift, wenn dem Opfer aufgrund der Schwere der Tat ein weiteres Zusammenleben mit dem Täter nicht zuzumuten ist.

64 Ein weiterer Ausschlussgrund ist der Ablauf von **drei Monaten nach der Tat**, innerhalb derer das Opfer die alleinige Nutzung der Wohnung schriftlich vom Täter verlangt haben muss. Damit soll gewährleistet werden, dass nach einem Vorfall innerhalb einer angemessenen, aber auch klar festgelegten Frist die Nutzungsbefugnisse an einer Wohnung geklärt werden. Bei Frauen, die in ein Frauenhaus fliehen, ist diese Frist durch die anwaltliche Vertretung zu berücksichtigen und als Ausschlussfrist zu notieren.

65 Diese Ausschlussfrist nach dem Gewaltschutzgesetz ist **kürzer** bemessen **als die nach § 1361 b BGB oder § 14 LPartG**, die sechs Monate beträgt. Einer verheirateten oder verpartnerten Person wird somit eine längere Überlegensfrist eingeräumt als einer Person, die mit dem Täter „nur" in einer nichtehelichen Lebensgemeinschaft oder in einer anderen Art der Partnerschaft gelebt hat, was wegen der größeren Verbindlichkeit der Beziehungsform angemessen erscheint.

66 Ebenfalls unterschiedlich ist die **Form** der Geltendmachung: § 2 Abs. 3 Nr. 2 GewSchG verlangt die schriftliche Geltendmachung des Nutzungswillens, § 1361 b Abs. 4 BGB und § 14 Abs. 4 BGB sehen jedoch nur eine Bekundung des ernstlichen Rückkehrwillens gegenüber dem (Ehe)Partner vor.

67 Ein weiterer Ausschlussgrund kann in der Person des Täters liegen, § 3 Nr. 3. Hier ist zu überprüfen, ob diese Gründe derart schwerwiegend sind, dass sie den Wohnungsüberlassungsanspruch der verletzten Person zu verdrängen vermögen. Beispielhaft nennt der Gesetzgeber **behinderte Täter**, die auf eine bestimmte Ausstattung der Wohnung angewiesen sind. Bei Vorliegen eines solchen Ausschlussgrundes ist, sofern die beiden Antragsparteien die Wohnung zunächst gemeinsam nutzen, im Rahmen einer Durchführungsweisung nach § 209 FamFG die Nutzung, etwa durch die Zuweisung einzelner Wohnungsteile, genau zu regeln, um weitere Eskalationen zu verhindern.

68 Keinen Ausschlussgrund stellt die Tathandlung im Zustand vorübergehender Unzurechnungsfähigkeit dar, § 2 Abs. 1 GewSchG unter Verweis auf § 1 Abs. 3 GewSchG.

4. Rechtsfolge

69 Besteht ein Anspruch nach § 2 Abs. 1 und steht diesem kein Ausschlussgrund entgegen, dann wird der antragstellenden Person die Wohnung zur alleinigen Nutzung zugewiesen. Dies geschieht häufig, jedoch nicht zwingend, nach einer vorherigen Wegweisung des Täters durch eine polizeiliche Wohnungswegweisung nach den landesgesetzlichen Bestimmungen.

Der Verweisungsbeschluss ist nach § 209 FamFG mit allen erforderlichen Anordnungen, die dem Zweck der Maßnahme dienen, zu versehen; in der Regel wird daher ein Betretensverbot für die Wohnung und eine Herausgabeverpflichtung hinsichtlich der Wohnungsschlüssel mit verfügt. 70

Eine **Zustimmung des Vermieters**[45] oder anderer, an der Wohnung (mit)berechtigter Personen, ist nicht erforderlich, da nicht dauerhaft in die Rechtsverhältnisse an der Wohnung eingegriffen wird. In andere Rechtsverhältnisse an der Wohnung, etwa weiterer in der Wohnung lebender erwachsener Familienmitglieder, die selbst nicht Aggressor waren, wird durch die Anordnung nicht eingegriffen, so dass der Beschluss dann so zu fassen ist, dass nicht die Alleinnutzung, sondern der Ausschluss des Täters von der Nutzung geregelt wird. Sofern der Täter noch in der Wohnung befindlich ist, ist ihm eine angemessene Räumungsfrist zuzubilligen.[46] 71

Dem Anordnungsgegner ist gesetzlich untersagt, die Ausübung des Nutzungsrechts der verletzten Person zu erschweren oder zu vereiteln. Ausgeschlossen werden soll damit **kollusives Handeln** wie die Kündigung des Mietverhältnisses beim Alleinmietvertrag des Täters. Da § 2 Abs. 4 GewSchG kein Verbotsgesetz im Sinne des §§ 135 f BGB, sondern ein Wohlverhaltensgebot darstellt, sollte das Gericht, um auch im Außenverhältnis wirksam eine Vereitelung des Nutzungsrechts zu verhindern, dem Täter ausdrücklich als flankierende Maßnahme nach § 209 FamFG untersagen, die Wohnung zu kündigen und damit eine Unwirksamkeit der Kündigung herbeiführen. 72

Der das Opfer vertretende Anwalt sollte die die Wohnungszuweisung flankierenden Maßnahmen mit beantragen, da nicht alle Gerichte automatisch auf vorliegende Musterbeschlüsse, die auch durchaus unterschiedlicher Güte und Regelungsdichte sind, zurückgreifen. 73

5. Überlassungsdauer

Das Gericht hat bei der Entscheidung über die **Befristung der Wohnungsverweisung** die Rechtsverhältnisse an der Wohnung zu berücksichtigen. Steht der verletzten Person das Nutzungsrecht an der Wohnung, etwa durch Alleineigentum, alleine oder mit einem Dritten zu, bedarf es keiner Befristung der Entscheidung. Die Wohnungszuweisung erfolgt dann endgültig und mehr deklaratorisch zur Vermeidung von Selbsthilfemaßnahmen des Opfers. 74

Bei einem **gemeinsamen Nutzungsrecht** an der Wohnung durch gemeinsame Anmietung oder gemeinsames Eigentum, Erbbau- oder Nießbrauchsrecht, auch entsprechend bei gemeinsamem dinglichen Wohnrecht, Dauerwohnrecht oder Wohnungseigentum, ist die Dauer der Überlassung zur alleinigen Nutzung zu befristen, wobei eine Höchstdauer gesetzlich nicht vorgesehen ist. Das Gericht kann daher in Fällen einer Mitberechtigung der verletzten Person an der Wohnung eine dem örtlichen Wohnungsmarkt und den besonderen Verhältnissen des konkreten Einzelfalls angemessene Frist wählen, innerhalb derer endgültig die Rechtsverhältnisse an der Wohnung geklärt werden können. 75

Bei einer **Alleinberechtigung des Täters** an der Wohnung oder im Fall, dass der Täter mit einem Dritten, nicht jedoch mit dem Opfer gemeinsam an der Wohnung berechtigt ist, ist die Alleinnutzung durch das Opfer auf höchstens sechs Monate zu befristen. Bei der Bemessung der Befristung wird das Gericht die Verhältnisse am örtlichen Wohnungsmarkt, die wirtschaftlichen Verhältnisse des Tatopfers, die Rechtsverhältnisse zwischen den Antragsparteien und weitere Aspekte abwägen müssen. 76

45 OLG Brandenburg v. 20.4.2005, 9 UF 27/05, NJW-RR 2006, 220.
46 OLG Brandenburg v. 27.7.2010, 10 WF 99/10; aA OLG Brandenburg v. 20.4.2005, 9 UF 27/05, NJW-RR 2006, 220.

77 Eine Verlängerungsoption der Zuweisung ist für die Fälle der Alleinberechtigung des Täters gesetzlich möglich, sofern das Opfer nachweist, dass es innerhalb der ursprünglich gesetzten Frist keinen angemessenen Wohnraum zu zumutbaren Bedingungen beschaffen konnte. Wenn diese **Verlängerungsmöglichkeit** für die Fälle der Alleinberechtigung des Täters besteht, so wird diese Regelung auch auf die Fälle, in denen eine Mitberechtigung des Opfers vorliegt, anzuwenden sein, da kein Grund besteht, bei einer geringeren Berechtigung des Täters diesen zu bevorzugen und eine Verlängerung nach § 2 Abs. 2 S. 3 GewSchG zu verwehren.

78 Um dem Gericht die Abwägung der Interessen der Parteien zu ermöglichen, sind in der **Antragsschrift** Angaben zu machen nicht nur zu den Anordnungsgründen, also der Gewalttat oder -androhung, sondern auch zu den in der Wohnung lebenden Personen und ihren Verwandtschaftsverhältnissen, zu den Rechtsverhältnissen an der Wohnung und der ungefähren Dauer der Wohnungssuche (unter Berücksichtigung etwaiger Genehmigungserfordernisse, zB nach § 22 SGB II).

6. Nutzungsvergütung

79 Auf Verlangen des Täters[47] kann die verletzte Person, der die Nutzung an der Wohnung zugesprochen wurde, nach Billigkeitsgrundsätzen zu einer Nutzungsvergütung verpflichtet werden. § 2 Abs. 5 GewSchG ist insoweit **lex specialis gegenüber § 745 Abs. 2 BGB.**

80 Dabei wird bei der **Billigkeitsentscheidung** zu berücksichtigen sein, ob und inwieweit die verletzte Person mitberechtigt an der Wohnung ist, wer in der Zeit der Nutzung die Belastungen getragen hat und ob der Täter in der Zeit der Wegweisung eigene, erhebliche Wohnkosten hatte. Insbesondere wird die anwaltliche Vertretung auch den Bezug öffentlicher Mittel für die Wohnung und die etwaige Berücksichtigung in der Unterhaltsberechnung vorzutragen haben. Eine Antragstellung bleibt auch nach Beendigung des Hauptsacheverfahrens möglich.

81 Die zu zahlende Nutzungsvergütung für die Wohnung stellt für die in der Wohnung verbliebenen Mitglieder der Bedarfsgemeinschaft **Kosten der Unterkunft** dar, die gegebenenfalls vom Grundsicherungsträger nach SGB II oder SGB XII zu übernehmen sind.[48]

7. Verhältnis zu anderen Vorschriften

82 Für eine gerichtlich verfügte Wohnungsüberlassung nach § 1361 b BGB oder § 14 LPartG bedarf es eines Trennungswillens des Ehegatten oder Lebenspartners. Sofern dieser **Trennungswille** noch nicht (sicher) besteht, etwa weil eine Paartherapie in Betracht gezogen wird, ist daher, wenn eine räumliche Trennung erforderlich ist, nach § 2 GewSchG oder nach § 1666 BGB gemäß dem Wohle der Kinder vorzugehen.

83 Das landesgesetzliche Polizeirecht sieht in einigen Ländern eine automatische Verlängerung der **polizeirechtlichen Wohnungswegweisung** vor, wenn ein Antrag auf Erlass einer einstweiligen Anordnung zur Wohnungsüberlassung beim zuständigen Familiengericht gestellt wurde. Zu beachten ist, dass etwa in Baden-Württemberg die antragsabhängige Verlängerungsoption nur bei einem Antrag nach dem Gewaltschutzgesetz greift,[49] nicht jedoch bei anderen Wohnungszuweisungsnormen.

---

47 NK-BGB/Heinke, § 2 GewSchG Rn 21, aA OLG Brandenburg v. 31.3.2003, 9 WF 17/03, NJW-RR 2004, 4.
48 SG Potsdam v. 8.9.2009, S 19 AS 2765/09 ER.
49 § 27 a PolG BaWü.

Der Antrag beim Gericht, eine Gewaltschutzverfügung zu erlassen, gilt als Zustellungsauftrag, § 214 Abs. 2 FamFG; eine erlassene Anordnung wird der örtlichen Polizei zugestellt, § 216 FamFG. 84

Insofern ist bei der Entscheidung, ob nach dem Gewaltschutzgesetz oder nach den § 1361 b BGB bzw § 14 LPartG vorgegangen wird, das jeweilige Polizeirecht des Landes sowie das besondere Verfahrensrecht zu Gewaltschutzsachen ebenso zu berücksichtigen wie eine etwaige Trennungsentscheidung der verletzten Person. 85

V. Verfahrensfragen

1. Allgemeines

Das Gesetz über das Verfahren in Familiensachen und in den Angelegenheiten der freiwilligen Gerichtsbarkeit (FamFG), das am 1.9.2009 in Kraft getreten ist, hat zahlreiche Verfahrensregelungen, die schon anlässlich der Einführung des Gewaltschutzgesetzes im FGG vorgesehen worden waren, übernommen. Teilweise hat es diese aufgrund der Erfahrungen der letzten zehn Jahre weiter entwickelt. Im FamFG sind alle Vorschriften, die speziell das **Gewaltschutzverfahren** für Anträge nach § 1 und § 2 GewSchG betreffen, in einem **eigenen Abschnitt**, §§ 210–216 a FamFG, zusammengefasst. 86

Nunmehr ist die Durchführung eines Hauptsacheverfahrens oder wenigstens die Stellung eines Verfahrenskostenhilfeantrages für ein **Hauptsacheverfahren nicht mehr erforderlich**, um eine Anordnung im einstweiligen Rechtsschutzverfahren zu erwirken, § 49 Abs. 2 FamFG. Die meisten Gewaltschutzsachen enden daher in der Praxis jetzt nach Erlass und eventueller Verhandlung zur einstweiligen Anordnung. 87

Rechtsmittel gegen eine ohne mündliche Verhandlung erlassene Schutzanordnung oder Wohnungszuweisung ist der Antrag auf Durchführung der mündlichen Verhandlung, § 54 Abs. 2 FamFG, oder der Antrag auf Einleitung eines Hauptsacheverfahrens, § 52 Abs. 2 FamFG. Ist die einstweilige Anordnung nach mündlicher Verhandlung erlassen worden, ist Rechtsmittel die Beschwerde, § 58 FamFG, wobei darauf zu achten ist, dass die Frist für eilige Sachen wie vorläufige Regelungen nach § 214 FamFG in Gewaltschutzsachen gemäß § 63 Abs. 2 Nr. 2 FamFG nur zwei Wochen beträgt. Zuständig für die Beschwerdeentscheidung ist dann das Oberlandesgericht, § 119 Abs. 1 Nr. 1 GVG. Das Rechtsmittel der Beschwerde ist auch möglich gegen die Ablehnung des Erlasses einer einstweiligen Anordnung, da auch die Ablehnung eine Entscheidung über einen Antrag im Sinne des § 57 FamFG darstellt.[50] 88

Die **Zuständigkeit** des Familiengerichts für alle Fragen des GewSchG ist durch das FamFG auch in den Fällen, in denen keinerlei Nähebeziehung zwischen den Beteiligten besteht, vorgesehen, § 111 Nr. 6 iVm § 210 FamFG. 89

Ausdrücklich sieht das FamFG vor, dass in Gewaltschutzverfahren kein Versuch unternommen werden soll, einen **Vergleich** zu schließen, § 36 Abs. 1 S. 2 FamFG. Dies resultiert aus Untersuchungsergebnissen, die besagen, dass bei Gewalttätern und Stalkern Vergleiche umgedeutet werden in einen Teilsieg, so dass der Erfolg, dass zwischen den Parteien Ruhe einkehrt, durch einen Vergleich nicht so effektiv erzielt werden kann wie durch eine eindeutige gerichtliche Entscheidung. Auch weil ein gerichtlicher Vergleich nicht nach § 4 GewSchG strafbewehrt ist, sollte auf Vergleiche bei Gewaltschutzverfahren verzichtet werden.[51] Vergleiche, die dennoch bei Gericht getroffen wurden, sind nicht abänderungsfähig, da es dafür keine Rechtsgrundlage gibt.[52] 90

50 HK-FamFG/Stockmann, § 58 FamFG Rn 6.
51 BT-Drucks. 16/6308, 193.
52 OLG Rostock v. 6.11.2008, 10 UF 122/08, NJW-RR 2009, 877.

91 Am erforderlichen **Rechtschutzbedürfnis** fehlt es, wenn eine neuerliche, gleiche Anordnung verlangt wird; ebenso, wenn ausschließlich die negative Feststellung eines laufenden Hauptsacheverfahrens mit umgekehrtem Rubrum begehrt wird.[53]

2. Ladungsfähige Anschrift

92 Nach §§ 130, 253 ZPO iVm § 113 FamFG ist in einer Antragsschrift die ladungsfähige Anschrift aller Beteiligten anzugeben. Die Wohnanschrift bzw der Aufenthaltsort der Mandantin und der Kinder soll aber häufig gegenüber dem Antragsgegner geheim gehalten werden. Im Antrag an das Gericht ist daher auf die Gefährdung hinzuweisen und als ladungsfähige Anschrift entweder die Kanzleianschrift der Verfahrensbevollmächtigten anzugeben oder eine andere Anschrift, etwa eine ladungsfähige Anschrift des Frauenhauses, sofern dieses eine solche zur Verfügung stellt. Bei Verwendung der Kanzleianschrift ist eine Erklärung der Verletzten zur Akte zu nehmen, nach der sie jeden Umzug unverzüglich mitteilt.

3. Aktenführung bei Gericht und in Ämtern

93 In allen bei Gericht vorgelegten Beweismitteln muss überprüft werden, ob dort nicht die geheim zu haltende neue Anschrift der Mandantin aufgeführt ist. Dies kann häufig in Arztberichten der Fall sein, aber auch in Stellungnahmen von Jugendämtern, Schulbescheinigungen etc. Beweismittel, die im Gerichtsverfahren bekannt gemacht werden müssen, ohne dass der Gegner oder sein Verfahrensbevollmächtigter sie zu sehen bekommt, sind daher dem Gericht mit der Auflage zur Verfügung zu stellen, dieses Beweismittel nicht im Rahmen einer Akteneinsicht nach § 13 Abs. 1 FamFG den anderen Verfahrensbeteiligten zu überlassen. Ein solches Verfahren ist ausdrücklich im Gesetzgebungsverfahren bei einer Notwendigkeit der Geheimhaltung der Wohnanschrift oder des Aufenthaltsortes eines Verfahrensbeteiligten vorgesehen worden.[54]

94 Auch ist auf dem Verfahrenskostenhilfeantrag der Mandantin mit dem auszufüllenden Fragebogen ZP1 samt Anlagen ein entsprechender Geheimhaltungsvermerk anzubringen, da seit dem 1.9.2010 nach § 117 Abs. 2 S. 2 ZPO Akteneinsicht auch in die Verfahrenskostenhilfe- bzw Prozesskostenhilfeunterlagen verlangt werden kann, sofern ein gesetzliches Auskunftsrecht, begründet etwa aus dem Unterhaltsrecht, bestehen könnte.[55]

4. Persönliches Erscheinen

95 § 33 Abs. 1 S. 2 FamFG regelt, dass die **Anhörung** in Familiensachen vom Gericht dann **in Abwesenheit der anderen Beteiligten** erfolgt, wenn dies zum Schutz der anzuhörenden Personen oder aus anderen Gründen erforderlich ist. In diesem Fall ist durch das Gericht, wie bei der Anhörung von Kindern, der wesentliche Inhalt der Anhörung in einem Vermerk zu protokollieren, § 28 Abs. 4 FamFG, und im Verfahren einzuführen.

96 Um (Re-)Traumatisierungen zu vermeiden und eine Aussage von Frau und Kindern zu ermöglichen, ist eine getrennte Anhörung, wie sie auch ausdrücklich in § 128 Abs. 1 S. 2 FamFG für Ehesachen und in Fällen von Kindeswohlgefährdung in § 157 Abs. 2 S. 2 FamFG vorgesehen ist, zu beantragen. Dem Antrag ist möglichst ein Attest des behandelnden Hausarztes oder des behandelnden Psychiaters/Psychologen beizufügen.

97 Sofern eine gemeinsame Anhörung stattfindet, ist durch den/die Verfahrensbevollmächtigten vor dem Termin eine **Gefährdungsanalyse** durchzuführen und ggf eine Anregung

53 OLG Köln v. 4.7.2011, 4 WF 126/11.

54 BT-Drucks. 16/6308, 181.

55 OLG Koblenz v. 4.11.2010, 4 WF 872/10 (nicht rechtskräftig), FamFR 2010, 568 (strittig).

an das Gericht zu geben, wenn zusätzlicher Schutz erforderlich ist. Mit der Mandantschaft sind deren Hin- und Rückweg und eine eventuelle Gerichtsbegleitung durch Opferschutzorganisationen etc. abzusprechen.

In besonderen Fällen sieht das FamFG sogar eine Terminsdurchführung mit **Videokonferenz** vor, § 32 Abs. 3 FamFG. Allerdings weist das BFMSFJ darauf hin, dass diese Maßnahme nicht geeignet sei, die befürchteten Retraumatisierungen oder Drohungen durch bestimmte geheime Gesten oder Sprachregelungen zu verhindern. 98

5. Örtliche Zuständigkeit

§ 211 FamFG regelt die ausschließliche Zuständigkeit für Gewaltschutzsachen am 99

- Wohnort des Antragsgegners
- am Tatort
- im Bezirk, wo sich die gemeinsame Wohnung der Parteien befindet.

Dabei hat der Antragsteller die Wahl des Gerichtsortes, wobei zum einen der Schutz des Antragstellers, zum anderen aber auch Gesichtspunkte der Praktikabilität in Erwägung gezogen werden können. 100

6. Beteiligung des Jugendamtes

Bei einem Antrag auf Überlassung der Wohnung nach § 2 GewSchG kann das **Jugendamt auf seinen Antrag hin beteiligt** werden, § 212 FamFG; es wird nach § 213 FamFG angehört, wenn nicht Gefahr im Verzug gebietet, auf eine vorherige Anhörung zu verzichten. In allen Fällen, in denen ein Antrag auf Wohnungsüberlassung im Anschluss an eine polizeirechtliche Wohnungswegweisung gestellt ist, ist daher damit zu rechnen, dass das Jugendamt angehört werden wird. Es empfiehlt sich daher, parallel zur Antragstellung das Jugendamt über den Antrag zu informieren und ihm einen Weg zur Kontaktaufnahme mit der Mandantin, insbesondere wenn diese sich und ihre Kinder versteckt hält, zu benennen. 101

Als praktikabel hat es sich erwiesen, mit der Mandantin vor der ersten Besprechung mit dem Jugendamt zu erörtern, ob ein Umgang gewährt werden kann und ob es beispielsweise Angehörige gibt, die den Umgangskontakt begleiten können. 102

7. Vollstreckung

Die Vollstreckung nach dem FamFG erfolgt gemäß § 95 Abs. FamFG **nach den Vorschriften der ZPO**. Demzufolge werden Verbotsanordnungen nach § 95 Abs. 1 FamFG iVm § 890 ZPO durch Zwangsgeld und -haft vollstreckt, unvertretbare Handlungen nach § 95 Abs. 1 FamFG iVm § 888 Abs. 1 ZPO; die Einweisung in den Mitbesitz erfolgt über § 95 Abs. 1 FamFG iVm § 885 ZPO. 103

Die **Mehrfachvollstreckung**, etwa aufgrund neuerlicher Wiederkehr in die Wohnung oder erneuter Belästigung ist möglich, § 96 Abs. 2 FamFG, ein Titelverbrauch erfolgt nicht, § 885 ZPO. 104

Der ergangene Titel ist nach einer Versöhnung nicht mehr vollstreckbar und an den Gegner herauszugeben.[56] 105

Eine Ordnungsgeldfestsetzung kann nicht stattfinden aufgrund einer vor Inkrafttreten des FamFG ergangenen Zwangsgeldandrohung, da Zwangsgeld zukunftsbezogen zur Durchsetzung gerichtlicher Anordnungen angedroht und erlassen wurde,[57] Ordnungs- 106

56 KG v. 2.5.2005, 16 UF 63/05, FamRZ 2006, 49.
57 OLG Brandenburg v. 16.10.2008, 10 WF 165/08, FamRZ 2009, 1084.

geld jedoch auch Sanktionscharakter hat und daher nach § 890 ZPO angedroht werden muss.

VI. Hinweis für die Praxis

107 Oft fällt es den Mandantinnen schwer, dem anwaltlichen Berater in allen Einzelheiten von den Gewaltvorkommnissen zu berichten. Es ist daher sinnvoll, die „Highlights" im Erstgespräch zu erfragen und auf diese die ersten Schutzanträge (Aufenthaltsbestimmungsrecht, Wohnungszuweisung, Kontakt- und Näherungsverbot) zu stützen, in den Begründungen aber ggf schon ausdrücklich darauf hinzuweisen, dass es sich um eine jahrelange Gewaltbeziehung handelt, weswegen **weiterer Sachvortrag** nach einer Phase der Ruhe vorbehalten bleiben muss. Diese Vorgehensweise kollidiert möglicherweise mit dem mittlerweile geltenden Beschleunigungsgebot des FamFG, sollte aber gewählt werden, um dem Argument, die Frau würde später „fabulieren", vorzubeugen.

108 Das Gespräch mit der Frau über die einzelnen Gewalttaten muss nicht unbedingt durch den anwaltlichen Beistand selbst geführt werden – vielmehr kann auch Mitarbeiterinnen von Frauenhäusern und Beratungsstellen das Rüstzeug an die Hand gegeben werden, damit diese die wesentlichen Gespräche mit dem Opfer führen und die Eidesstattliche Versicherung, die dann zur Grundlage der Anträge gemacht werden kann, aufnehmen.

§ 8 Trennung und Scheidung nach häuslicher Gewalt – Fragen aus dem SGB II

Literatur: *Eicher/Spellbrink*, SGB II – Grundsicherung für Arbeitsuchende, 2. Aufl. 2008; *Hauck/Noftz*, Sozialgesetzbuch (SGB) II: Grundsicherung für Arbeitsuchende, Loseblattsammlung, Stand 2012; *Hölzer*, Der einstweilige gerichtliche Rechtsschutz bei Streitigkeiten nach dem SGB II – Bilanz und Perspektiven der sozialgerichtlichen Rechtsprechung, info also 2010, 99; *Münder*, Die Kosten des Umgangsrechts im SGB II und SGB XII, NZS 2008, 617; *Münder*, Sozialgesetzbuch II – Grundsicherung für Arbeitsuchende, 4. Aufl. 2011; *Zimmermann, Ludwig*, Das Hartz-IV-Mandat, 2. Aufl. 2011.

I. Einleitung

1 Geht eine Beziehung in die Brüche oder wird sie gar durch häusliche Gewalt geprägt, ist häufig der Auszug eines Partners aus dem bisher gemeinsamen Haushalt die Folge oder auch die einzig sinnvolle Konsequenz. In sozial schwachen Verhältnissen, aber auch in Ehen und Partnerschaften mit einem großen wirtschaftlichen Ungleichgewicht der Partner, führt dies regelmäßig zu finanziellen und oft auch existenzbedrohenden Notsituationen. Genau hier ist es Aufgabe des in Deutschland durch die Verfassung (Art. 20 Abs. 1 GG) garantierten sozialen Bundesstaats, den nun von finanzieller und sächlicher Not Betroffenen Hilfe zu garantieren und auch (zeitnah) zu leisten. In diesem Kapitel sollen die bestehenden Ansprüche und deren Durchsetzung aufgezeigt werden. Dabei wird so vorgegangen, dass zunächst die allgemeinen Leistungsansprüche nach den Sozialgesetzbüchern II (Grundsicherung für Arbeitsuchende) und XII (Sozialhilfe) vorgestellt und sodann an der jeweiligen Stelle die Besonderheiten bei Trennung und Scheidung nach häuslicher Gewalt beleuchtet werden.

2 Gerade diese sozialrechtlichen Ansprüche, die in großer individueller Not entstehen, gehören zu den klassischen Opferrechten. Insofern ist es auch Aufgabe des Opferanwalts, die Hilfesuchenden auf dem Weg durch das sicherlich manchmal für Bürgerinnen und Bürger verwirrende Dickicht der sozialrechtlichen Möglichkeiten zu führen. Es versteht sich von selbst, dass auf dem hier zur Verfügung stehenden Platz eine erschöpfende Betrachtung sämtlicher Problemstellungen nicht möglich ist. Dieser Beitrag soll daher ein Einstieg und ein Lotse sein und es dem Opferanwalt ermöglichen, in die Beratung einzusteigen und mit seiner Mandantschaft gemeinsam die zustehenden Ansprüche zu finden und durchzusetzen.

II. Allgemeiner Überblick über die Leistungen der sozialen Sicherung

1. Abgrenzung SGB II (Grundsicherung für Arbeitsuchende) und SGB XII (Sozialhilfe) und Unterhaltsfragen (Eltern – Kinder und umgekehrt)

3 Die soziale Grundsicherung für in Not geratene und bedürftige Bürger ist im Wesentlichen in den Sozialgesetzbüchern II – Grundsicherung für Arbeitsuchende – und XII – Sozialhilfe – geregelt. Wenngleich der jeweilige Leistungsanspruch in großen Teilen deckungsgleich ist, ist es dennoch wichtig zu unterscheiden, auf welcher Gesetzesgrundlage Leitungen erfolgen könnten. Dies ist zum einen für die Frage, wo Leistungen zu beantragen sind („Welcher Leistungsträger ist zuständig?“), aber auch für Fragen der Rückgriffe auf Verwandte („Müssen die Eltern oder Kinder vorrangig auf Unterhalt in Anspruch genommen werden?“) oder Mitwirkungspflichten („Bestehen Erwerbsobliegenheiten?“) von entscheidender Bedeutung. Maßgebliche Kriterien für die Frage, ob Leistungen nach dem SGB II oder SGB XII zu prüfen sind, sind neben der finanziellen Hilfsbedürftigkeit das Alter und die Erwerbsfähigkeit des Betroffenen.

a) SGB II – Grundsicherung für Arbeitsuchende

4 Einen **Anspruch** auf Leistungen zur Sicherung des Lebensunterhalts nach dem SGB II (**Arbeitslosengeld II – ALG II**)[1] haben nach § 7 Abs. 1 Nr. 1 SGB II nur **Personen im Alter zwischen 15 und 67 Jahren.**[2] Ferner müssen die Personen erwerbsfähig sein. **Erwerbsfähigkeit** im Sinne des § 7 Abs. 1 Nr. 2, 8 SGB II ist, wer nicht wegen Krankheit oder Behinderung auf absehbare Zeit außerstande ist, unter den üblichen Bedingungen

1 Umgangssprachlich und in der politischen Diskussion auch unglücklich „Hartz IV“ genannt.

2 Leistungsberechtigte, die vor dem 1.1.1947 geboren sind, haben einen Anspruch bis zur Vollendung des 65. Lebensjahres. Für Leistungsberechtigte, die zwischen dem 1.1.1947 und 31.12.1963 geboren sind, gelten die in § 7 a SGB II bezeichneten Zeiträume.

des allgemeinen Arbeitsmarktes mindestens drei Stunden täglich erwerbstätig zu sein.[3] Auch ist zu beachten, dass **Ausländer**, auch wenn die gesundheitlichen Voraussetzungen gegeben sind, nur dann als erwerbsfähig gelten, wenn ihnen die Aufnahme einer Beschäftigung erlaubt ist oder erlaubt werden könnte (betrifft vor allem EU-Ausländer). Weitere Ausschlüsse für andere Ausländer ergeben sich aus § 8 Abs. 1 S. 2 SGB II.[4]

Träger des Arbeitslosengeldes II und somit zuständig sind die Agenturen für Arbeit und kreisfreien Städte oder die Kreise (Kommunen). Grundsätzlich werden zur Umsetzung dieses Auftrags **Jobcenter** errichtet.[5] Diese sind dezentral vor Ort aufgestellt und sollen die Hilfsbedürftigen umfassend betreuen.[6] 5

Leistungen werden ausschließlich auf Antrag erbracht (§ 37 Abs. 1 SGB II). Da **keine besondere Form** vorgeschrieben ist, gilt als Tag der **Antragstellung** der Tag, an dem der Hilfsbedürftige erstmals mündlich, fernmündlich oder schriftlich die Behörde kontaktiert und zu erkennen gibt, dass er Leistungen beanspruchen will.[7] Eine Antragstellung ist auch durch bevollmächtigte Personen (Rechtsanwälte, Sozialarbeiter, Familienmitglieder oder Mitarbeiter in Frauenschutzeinrichtungen) möglich.

Nach dem bürgerlichen Recht bestehende Unterhaltspflichten gegenüber Verwandten des Betroffenen (Eltern und Kinder) können seitens der Jobcenter nur in eingeschränktem Umfang übergeleitet und geltend gemacht werden. So darf das Jobcenter weder Unterhalt von Eltern fordern, deren ALG II bedürfende Kinder über 25 Jahre alt sind, deren Tochter schwanger ist oder ein leibliches Kind betreut oder deren Kinder zwar unter 25 Jahre alt sind, aber entweder bereits ihre Berufsausbildung abgeschlossen haben, endgültig aufgegeben haben oder nicht absolvieren werden (§ 33 SGB II), noch von Kindern, deren Eltern selbst Arbeitslosengeld II beziehen, wenn sie nicht in einer Haushaltsgemeinschaft zusammenleben.

Hinweis: Das Jobcenter kann in den vorgenannten Fällen doch Unterhalt geltend machen, wenn bislang „freiwillig" geltend gemacht und gezahlt wurde (§ 33 Abs. 2 Nr. 2 SGB II).

b) SGB XII – Grundsicherung im Alter und bei Erwerbsminderung

Ist der Betroffene nicht erwerbsfähig oder ist er aufgrund seines Alters vom Bezug von Arbeitslosengeld II ausgeschlossen, ist ein Anspruch auf **Grundsicherung** im Alter und bei Erwerbsminderung **nach dem vierten Kapitel des SGB XII** zu prüfen. Die Leistungen entsprechen größtenteils denen des Arbeitslosengeldes II. 6

Leistungsträger und zuständig sind hier aber alleine die **Städte und Kreise** (§ 3 Abs. 2 SGB XII). Auch hier werden Leistungen nur auf **Antrag** gewährt. Die entsprechenden Antragsformulare sind bei den Bürgerämtern und auf den Internetseiten der Sozialämter der Städte und Kreise erhältlich.

Hinsichtlich der Geltendmachung von bestehenden Unterhaltspflichten zwischen Verwandten (Eltern – Kinder und umgekehrt) durch den Sozialhilfeträger bestehen grundsätzlich strengere Regelungen, so ist zB ein genereller Ausschluss in gewissen Situatio-

---

3 Bezüglich der Einzelheiten in diesem Zusammenhang wird auf die einschlägige Kommentierung zu § 8 SGB II verwiesen.

4 Hier sind dann oft Ansprüche nach dem Asylbewerberleistungsgesetz zu bedenken.

5 Zunächst wurden in 69 Fällen die Kommune bzw der Landkreis als alleiniger Träger des SGB II zugelassen (sog. Optionskommunen oder Optionskreise). Zum 1. Januar 2012 wurden 41 neue Optionskommunen zugelassen, sodass nunmehr 110 kreisfreie Städte und Landkreise die Betreuung nach dem SGB II alleine übernommen haben.

6 Die genauen Anschriften finden sich auf www.arbeitsagentur.de, Menüpunkt „Partner vor Ort".

7 Es empfiehlt sich, trotzdem der besseren Nachweisbarkeit wegen schriftliche Anträge zu stellen und sich links oben auf dem Hauptantrag in dem dafür vorgesehenen Feld „Tag der Antragstellung" vom Jobcenter das Ausgabedatum bestätigen zu lassen. Alle Formulare finden sich auch auf www.arbeitsagentur.de, Menüpunkt „Formulare".

nen, wie im SGB II (s. Rn 5), nicht vorgesehen. Allerdings werden nur Unterhaltspflichtige mit einem Gesamteinkommen von mehr als 100.000 EUR im Jahr[8] herangezogen, wobei grundsätzlich ein niedrigeres Einkommen vermutet wird (§ 43 Abs. 2 SGB XII).

Dies bedeutet, dass zwar dem Grunde nach fast immer eine übergegangene Unterhaltspflicht besteht, diese der Höhe nach aber nur überprüft und geltend gemacht wird, wenn die Behörde hinreichende Anhaltspunkte erhält, die zu der Annahme führen, dass die vorstehende Einkommensgrenze überschritten wird. In diesem Fall kann die Behörde dann auch Auskunft und Belegerteilung verlangen.

2. Zusammenfassung

7 Wenngleich die Unterscheidung, ob Leistungen nach der Grundsicherung für Erwerbsfähige oder Grundsicherung im Alter oder bei Erwerbsminderung zu beantragen sind, im konkreten Einzelfall für die Behörden von erheblicher Bedeutung ist, ist es für die betroffene Person nur von sekundärem Interesse. Wichtig sind die konkreten Hilfen, die geleistet werden.[9]

Unter der Prämisse, dass sicherlich der größte Teil der von Trennung, Scheidung und häuslicher Gewalt betroffenen Personen weiblich, erwerbsfähig und unter 65 Jahre alt ist, wird im weiterem Verlauf schwerpunktmäßig auf die Belange weiblicher Betroffener eingegangen sowie auf Ansprüche aus dem SGB II verwiesen.

III. Voraussetzungen für Ansprüche auf Leistungen nach dem SGB II

8 Nachfolgend werden nun die Voraussetzungen für Ansprüche und die Leistungen nach dem SGB (Arbeitslosengeld II) aufgezeigt. Wenngleich der Schwerpunkt dabei auf die Fragen bei Trennung und Scheidung nach häuslicher Gewalt gelegt werden soll, geht dies nicht ohne zuvor die allgemeinen Anspruchsgrundlagen und Leistungen zu beschreiben. Denn besondere Leistungen für den hier zu bearbeitenden Problemkreis sind nicht kodifiziert, sondern ergeben sich allenfalls aus der Natur der Sache. An den jeweiligen Stellen wird dann auf die besonderen Fragen von Trennung und Scheidung bei häuslicher Gewalt eingegangen.

1. Leistungs- und Antragsberechtigung

a) Hilfsbedürftigkeit

9 **Grundvoraussetzung** für jegliche Ansprüche nach dem SGB II als besondere Form der Sozialhilfe ist, dass neben den oben bereits genannten Kriterien (unter 65 Jahre alt, Deutsche oder Ausländerin mit Arbeitserlaubnis und erwerbsfähig) auch **Hilfsbedürftigkeit** vorliegt. Hilfsbedürftigkeit ist dann gegeben, wenn das Einkommen der Betroffenen nicht ausreicht, den Lebensunterhalt im Sinne des SGB II zu decken. Um prüfen zu können, ob Bedürftigkeit vorliegt, ist daher zunächst der Bedarf anhand der Leistungsansprüche (s. Rn 15 ff) zu ermitteln und dann Einkommen und Vermögen ggf anzurechnen (s. Rn 49 ff).

---

8 Gesamteinkommen bezieht sich auf das „Gesamteinkommen" im Sinne des Steuerrechts, also auf die Summe aller dort genannten Gesamteinkünfte, die eine Einzelperson erzielt.

9 Durch entsprechende Regelungen zur Vorleistungspflicht der Jobcenter beim Zuständigkeitsstreit (§ 44 a Abs. 1 S. 7 SGB II), wechselseitige Erstattungsansprüche und die Möglichkeit, bei fehlerhafter Anspruchstellung bei falscher Behörde rückwirkend Leistungen zu beantragen (§ 40 Abs. 1 SGB II iVm § 28 S. 1 SGB X) entstehen hier regelmäßig weder der Behörde noch dem Betroffenen Nachteile.

b) Antragstellung und Auflösung der Bedarfsgemeinschaft

Zur **Antragstellung** befugt ist jeder, der handlungsfähig im Sinne des Sozialgesetzbuches 10
ist, also jede Person, die das 15. Lebensjahr vollendet hat (§ 36 Abs. 1 SGB I). Probleme können aber bereits dann auftreten, wenn **mehrere Personen in einem Haushalt** leben oder gelebt haben. Leben mehrere Personen in einem Haushalt zusammen, ist zu prüfen, ob jeder individuell und alleine einen Anspruch auf Arbeitslosengeld II hat oder ob eine sog. **Bedarfsgemeinschaft** vorliegt. Die Frage, wann eine solche Bedarfsgemeinschaft vorliegt, die im Prinzip nichts anderes als eine Einstandsgemeinschaft ist, war anfangs sehr umstritten. Mittlerweile sind die grundlegenden Fragen durch die Rechtsprechung des Bundesverfassungsgerichts und des Bundessozialgerichts weitgehend geklärt[10] und im Gesetzestext (**§ 7 Abs. 3, 3 a SGB II**) umgesetzt worden.

Zur Bedarfsgemeinschaft gehören gem. § 7 Abs. 3, 3 a SGB II,

(3)

1. die erwerbsfähigen Leistungsberechtigten,
2. die im Haushalt lebenden Eltern oder der im Haushalt lebende Elternteil eines unverheirateten erwerbsfähigen Kindes, welches das 25. Lebensjahr noch nicht vollendet hat, und die im Haushalt lebende Partnerin oder der im Haushalt lebende Partner dieses Elternteils,
3. als Partnerin oder Partner der erwerbsfähigen Leistungsberechtigten
   a) die nicht dauernd getrennt lebende Ehegattin oder der nicht dauernd getrennt lebende Ehegatte,
   b) die nicht dauernd getrennt lebende Lebenspartnerin oder der nicht dauernd getrennt lebende Lebenspartner,
   c) eine Person, die mit der erwerbsfähigen leistungsberechtigten Person in einem gemeinsamen Haushalt so zusammenlebt, dass nach verständiger Würdigung der wechselseitige Wille anzunehmen ist, Verantwortung füreinander zu tragen und füreinander einzustehen.
4. die dem Haushalt angehörenden unverheirateten Kinder der in den Nummern 1 bis 3 genannten Personen, wenn sie das 25. Lebensjahr noch nicht vollendet haben, soweit sie die Leistungen zur Sicherung ihres Lebensunterhalts nicht aus eigenem Einkommen oder Vermögen beschaffen können.

(3 a) Ein wechselseitiger Wille, Verantwortung füreinander zu tragen und füreinander einzustehen wird vermutet, wenn Partner

1. länger als ein Jahr zusammenleben,
2. mit einem gemeinsamen Kind zusammenleben,
3. Kinder oder Angehörige im Haushalt versorgen oder
4. befugt sind, über Einkommen oder Vermögen des anderen zu verfügen.

Daneben sind noch die Wohngemeinschaft und Haushaltsgemeinschaften voneinander abzugrenzen. Die Einzelheiten sind bisweilen diffizil und graduell. Für die hier in Rede stehenden Fragen kann man festhalten, dass überall da, wo **Ehepartner** oder **Partner nach dem Lebenspartnerschaftsgesetz mit oder ohne gemeinsamen Kindern, nicht verheiratete Eltern mit Kindern** oder auch nur **nichteheliche Lebenspartner**, die **„aus einem Topf wirtschaften“**[11] und für einander einstehen (müssen), eine Bedarfsgemeinschaft vorliegt. Für die Mitglieder einer solchen Bedarfsgemeinschaft besteht gem. § 9 Abs. 2 S. 2 SGB II die unwiderlegliche Vermutung der gegenseitigen Unterstützung und des wechselseitigen Einstehens.

Im Rahmen einer solchen Bedarfsgemeinschaft erhalten auch eigentlich vom Arbeitslosengeld II nicht erfasste Personen, namentlich **nicht erwerbsfähige Partner** oder **Kinder**

10 Vgl nur BVerfG v. 17.11.1992, 1 BvL 8/87, NJW 1993, 643, 644; BSG v. 13.11.2008, B 14 AS 2/08 R, NVwZ-RR 2009, 1000, 1002; BSG v. 19.2.2009, B 4 AS 68/07 R, NZS 2010, 109 (LS).

11 BSG v. 27.1.2009, B 14 AS 6/08 R Rn 17, NZS 2009, 681.

unter 15 Jahren, Leistungen von dem jeweiligen Jobcenter, das sogenannte **Sozialgeld** (§§ 20 ff SGB II).

11 Das in der Praxis schwierigste Kriterium bei **häuslicher Gewalt** war zunächst die Frage, ab wann die vormaligen Partner getrennt leben und somit jeweils eine eigene Bedarfsgemeinschaft bilden und eigene Anträge stellen und Ansprüche durchsetzen können. Die Frage des exakten Trennungszeitpunkts ist wichtig, weil Leistungen nach dem SGB II regelmäßig für sechs Monate bewilligt und monatlich im Voraus (§ 41 SGB II) in der Regel auf ein Konto eines der Mitglieder der Bedarfsgemeinschaft gezahlt werden. Probleme treten dann häufig auf, wenn die bisherige Bedarfsgemeinschaft durch Flucht ins **Frauenhaus** oder **Wegweisung** des aggressiven Partners aufgelöst wird. Es stellt sich dann die Frage, wer die bislang ausgezahlten Leistungen behalten darf oder ob Leistungen ggf doppelt bewilligt werden können oder müssen.

12 **Fallbeispiel:** Ehefrau (E) wohnt mit Ehemann (M) und ihren beiden gemeinsamen Kindern (K1 14 Jahre und K2 6 Jahre) in einer Mietwohnung. Mit einem dritten Kind (Vater unbekannt) ist sie in der 25. Woche schwanger. Der Familie wurden Leistungen nach dem SGB II für den Zeitraum 1.1.2012–30.6.2012 bewilligt. Die Leistungen werden auf das gemeinsame Konto überwiesen. M „verwaltet" das Konto nach Gutdünken. Es kommt wiederholt zu massiven, körperlichen Übergriffen des M auf E und auch auf die Kinder. Am 20.4.2012 nimmt E allen Mut zusammen und flieht mit den Kindern ins Frauenhaus. Sie konnte weder Geld mitnehmen, noch hat sie Zugriff auf das Konto. Sie und die Kinder sind mittellos.

Ab wann können Leistungen erfolgreich beantragt werden?

13 Die Anspruchsvoraussetzungen Hilfsbedürftigkeit, Erwerbsfähigkeit bzw Sozialgeldanspruch bei den Kindern liegen unstreitig vor. Fraglich ist, ob eine dauerhafte Trennung eingetreten ist. Unter Berücksichtigung der unwiderlegbaren Vermutung der gegenseitigen Unterstützung in der Bedarfsgemeinschaft und der Folge, dass nicht geprüft wird, ob die Mitglieder der Bedarfsgemeinschaft tatsächlich über den für sie bestimmten Anteil der Leistungen verfügen können, kommt **als frühestmöglicher Leistungsbeginn der Tag des Auszugs** (20.4.2011) in Betracht.

Dabei wird eine bloße „Flucht" für mehrere Tage zu einer Freundin oder den Eltern regelmäßig zu Beweisproblemen auf Seiten der Antragstellerin führen. Sie muss beweisen, dass eine dauerhafte Trennung eingetreten ist. Dies richtet sich danach, ob auch nach der Trennung noch gemeinsam gewirtschaftet wird.[12] Jedenfalls der **Umzug in ein Frauenhaus** ist als Manifestation eines Trennungswillens zu werten, so dass hier regelmäßig von einer dauernden Trennung auszugehen ist. E gehört demnach nicht mehr zur Bedarfsgemeinschaft ihres Ehemannes, sondern bildet eine eigene Bedarfsgemeinschaft.[13] Sie kann daher ab dem 20.4.2011 Leistungen für sich und ihre Kinder beantragen, und zwar bei dem am **Ort des Frauenhauses** zuständigen Jobcenter, da vom ersten Tag des Aufenthalts in einem Frauenhaus dort bis auf weiteres der **gewöhnliche Aufenthalt** (§ 36 SGB II) besteht.[14]

14 Analog gilt dies im Übrigen auch, wenn der Ehemann durch eine polizeiliche **Wegweisung** der Wohnung verwiesen wird und ggf sogar durch ein Gericht ein **Rückkehrverbot** ausgesprochen und der Ehefrau die Ehewohnung zugewiesen wird. Dann kann der verwiesene Partner selbst Leistungen beantragen und der verbliebene Partner erhält nur noch Leistungen auf Grundlage des Bedarfes der verbliebenen Mitglieder der Bedarfsge-

12 Münder, SGB II, § 7 Rn 65.
13 Vgl auch Durchführungshinweise der Bundesagentur für Arbeit zu § 7, Rn 7.14, Download bei www.harald-thome.de/sgb-ii---hinweise.html; Eicher/Spellbrink, SGB II, § 7 Rn 41.
14 Vgl auch Durchführungshinweise der Bundesagentur für Arbeit zu § 36, Rn 36.7, Download bei www.harald-thome.de/sgb-ii---hinweise.html; Eicher/Spellbrink, SGB II, § 7 Rn 41; aA ohne überzeugende Begründung Münder, SGB II, § 36 Rn 13.

meinschaft, wobei die Miete jedenfalls **bis zu sechs Monate** (§ 2 Abs. 1 S. 3 SGB II) **fortgezahlt** wird.[15]

Hinweise: Um keine Ansprüche zu verlieren und möglichst schnell über Leistungen zu verfügen, sollte die Betroffene unbedingt mit dem gestellten Leistungsantrag auch einen Antrag auf **vorläufige Leistungen** stellen und auf sofortige Auszahlung bestehen.

Problematisch sind regelmäßig auch die Fälle, in denen die betroffene Frau nach kurzer Zeit wieder zum Ehemann zurückzieht und den ALG II-Antrag nicht weiterverfolgt. Solche **„steckengebliebenen" Antragsverfahren** können dann dazu führen, dass nach § 42 SGB die Leistungen, die an das Frauenhaus gezahlt wurden, wieder von der Frau zurückgefordert werden. Um hier Nachteile zu vermeiden, muss der Antrag notfalls taggenau weiterverfolgt und berechnet werden.

Im obigen Beispielsfall müsste also der Ehemann (M) mit einer Rückforderung zumindest der Regelsätze für Frau und Kinder für den Zeitraum 20.–30.4.2012 rechnen, sofern er das Geld nicht anteilig an seine Frau weitergeleitet hat.

2. Leistungsansprüche und Mehrbedarfe nach dem SGB II

Aus der Hilfsbedürftigkeit folgt regelmäßig ein Anspruch auf Leistungen ausgehend 15
vom persönlichen Bedarf des Betroffenen in der konkreten Lebenssituation. Um ein menschenwürdiges Dasein und eine Teilhabe am gesellschaftlichen Leben zu ermöglichen, muss dieser Bedarf als Grundlage für eine Leistungsgewährung ausreichend bemessen sein. Die im **SGB II festgeschriebenen Bedarfe** zur Sicherung des Lebensunterhaltes spalten sich im Wesentlichen in folgende Leistungen auf:

- **Regelbedarf** (Ernährung, Kleidung, Körperpflege, Hausrat, Haushaltsenergie etc.)
- **Mehrbedarf in besonderen Lebenslagen** (Schwangerschaft, Alleinerziehende, Behinderung, Krankheit etc.)
- **Kosten der Unterkunft und Heizung**
- **unabweisbarer einmaliger und wiederholter Bedarf** (Erstausstattung, Bildung u.a.)

Nachfolgend werden die einzelnen Bedarfe als Grundlage für die korrespondierenden Ansprüche dargestellt.

a) Regelbedarf, § 20 Abs. 1 SGB II

Wie bereits oben ausgeführt und nunmehr im Sozialrecht üblich werden die Leistungen 16
auch im SGB II ausgehend von gesetzgeberisch festgelegten Bedarfen berechnet, die ein menschenwürdiges Leben in der Gesellschaft ermöglichen sollen.

Im sogenannten **Regelbedarf**, den man auch mit **„Unterhalt zum Leben"** bezeichnen könnte, sollen Nahrungsmittel, alkoholfreie Getränke, Bekleidung und Schuhe, Wohnen, Energie und Instandhaltung, Innenausstattung, Haushaltsgeräte u. -gegenstände, Gesundheitspflege, Verkehr, Nachrichtenübermittlung, Freizeit, Unterhaltung, Kultur, Bildung, Beherbergungs- und Gaststättendienstleistungen sowie andere Waren und Dienstleistungen; insb. für die Hygiene, als regelbedarfsrelevante Bedarfspositionen erfasst sein.[16]

Dabei wurde mit der Zusammenlegung von Arbeitslosen- und Sozialhilfe zum 1.1.2005 das Prinzip von pauschalen Leistungen als Ausgangspunkt für alle Leistungen nach dem SGB II eingeführt. Dies bedeutet, dass neben den pauschalen Leistungen regelmäßig kei-

15 Bzgl. der weiteren Details wird auf die Darstellungen zur Übernahme der Kosten für Unterkunft und Heizung verwiesen.

16 Vgl BT-Dr. 17/3704 (genaue Aufschlüsselung). Die Ermittlung der Bedarfssätze ist politisch nach wie vor hoch umstritten.

ne weiteren Leistungen für konkrete Situationen (zB defekte Waschmaschine) mehr zusätzlich gewährt werden können; vielmehr wären für einen solchen Fall Rücklagen aus den pauschalen Leistungen zu bilden.

17 Im Einzelnen werden derzeit folgende Regelbedarfe für Arbeitslosengeld 2 und Sozialgeld berücksichtigt:

Regelbedarfsätze ab dem 1.1.2012 (ab 1.1.2013 in Klammern):

Regelbedarf	Berechtigte	Normierung
374 (382) EUR	100 % **ALG II für Volljährige** für **Alleinstehende** oder **Alleinerziehende** oder Personen, deren Partner minderjährig ist	20 Abs. 2 S. 1 SGB II
337 (345) EUR	90 % **ALG II für Volljährige** für **volljährige Partner** innerhalb Bedarfsgemeinschaft	§ 20 Abs. 4 SGB II
299 (299) EUR	80 % **ALG II für Volljährige** für **18- bis 24-jährige BG-Mitglieder** im Haushalt der Eltern oder ohne Zustimmung des SGB II-Trägers Ausgezogene	§ 20 Abs. 2 S. 2 Nr. 2 SGB II
287 (289) EUR	**ALG II für Jugendliche** für **Jugendliche von 14 bis 17** Jahren	§ 23 Abs. 3 SGB II
251 (255) EUR	**Sozialgeld für Kinder** für **Kinder von 7 bis 13 Jahren**	§ 23 S. 1 Nr. 1 Hs 2 SGB II
219 (224) EUR	**Sozialgeld für Kinder** für **Kinder unter 6 Jahren**	§ 23 S. 1 Nr. 1 Hs 1 SGB II

Zum 1.1.2013 werden alle Regelbedarfsstufen anhand eines „Mischindexes" (70 % Preisentwicklung u. 30 % Nettolohnentwicklung) fortgeschrieben (siehe Beträge in Klammern).

18 Zusätzlich zu den finanziellen Leistungen werden die Betroffenen grundsätzlich in der **gesetzlichen Kranken- und Pflegeversicherung** pflichtversichert (§§ 5 Abs. 1 Nr. 2 a SGB V, 20 Abs. 1 Nr. 2 a SGB XI). Solange eine Familienversicherung (§ 5 Abs. 2 a SGB V) vorliegt, treten hier regelmäßig keine Probleme auf. Sobald diese infolge der Scheidung erlischt, wird eine Pflichtversicherung durch das Jobcenter die Regel sein. Problematisch sind die Fälle, in denen eine Pflichtversicherung in der gesetzlichen Versicherung infolge Alters nicht möglich ist oder wenn eine private Kranken- und Pflegeversicherung besteht. Hier besteht dann ggf die Verpflichtung, in einen sog. Basistarif zu wechseln, in dem dann während des Bezugs von Arbeitslosengeld II nur der halbierte Beitragssatz zu zahlen ist (§ 12 Abs. 1 c S. 4 VAG). Die Einzelheiten hierzu sind allerdings kompliziert und teilweise auch hoch umstritten, ihre Darstellung würde hier den Rahmen sprengen.[17] Eine Versicherung in der gesetzlichen Rentenversicherung ist seit dem 1.1.2011 nicht mehr vorgesehen, es werden lediglich sog. Anrechnungszeiten bei der Rentenversicherung erfasst (§ 58 Abs. 1 S. 1 Nr. 6 SGB VI).

b) Mehrbedarfe, § 21 SGB II

19 In besonderen Lebenssituationen, bei bestimmten Wohnverhältnissen und Bedarfslagen können und müssen über die pauschalen Bedarfe nach § 20 hinaus **zusätzliche Bedarfe nach § 21 SGB II anerkannt** werden. Dabei kann es sich um Bedarfe handeln, die

17 Es muss daher auf die aufschlussreichen Ausführungen zB bei Zimmermann, Das Hartz IV-Mandat, § 3 Rn 5 ff sowie die einschlägigen Kommentierungen verwiesen werden.

grundsätzlich von der Regelleistung umfasst werden (zB Ernährung) oder solche, die durch Ausnahmesituationen (zB Schwangerschaft) bedingt sind.[18]

aa) Überblick

Auf die Einzelheiten zu allen möglichen Mehrbedarfen kann hier nicht eingegangen werden. Lediglich die für Trennungs- und Scheidungssituationen sehr relevanten Mehrbedarfe für Schwangere, Alleinerziehende und besondere Härtefälle werden genauer erläutert. Für die **restlichen Mehrbedarfe** sei auf die **nachfolgende Übersicht** und die einschlägigen Kommentierungen verwiesen. 20

Sonstige Mehrbedarfe nach § 21 SGB II ab 1.1.2012 (ab 1.1.2013 in Klammern): 21

pro Monat[19]	Mehrbedarf für		
130,90 (133,70) EUR	**erwerbsfähige Behinderte,** die Leistungen zur Teilhabe am Arbeitsleben gem. § 33 SGB IX erhalten und bei Eingliederungshilfe nach § 54 Abs. 1 SGB XII	35 %	§ 21 Abs. 4 SGB II, § 23 Abs. 1 Nr. 3 SGB II
48,79 (49,13) EUR bis 63,58 (64,94) EUR	**Nicht Erwerbsfähige,** die voll erwerbsgemindert sind und einen **Schwerbehindertenausweis** mit Merkzeichen G haben	17 %	§ 23 Abs. 1 Nr. 4 SGB II
37,40 (38,20) EUR bis 74,80 (76,40) EUR	Mehrbedarf für **kostenaufwändige Ernährung**	10–20 %	§ 21 Abs. 5 SGB II
in tatsächlicher Höhe	bei unabweisbarem, laufendem und nicht einmaligem Bedarf („**Härtefallregelung**") für ALG II- und Sozialgeldbezieher		§ 21 Abs. 6 SGB II
1,75 (1,79) EUR bis 8,60 (,79) EUR	Mehrbedarf für **Warmwasserzubereitung** bei dezentraler Warmwassererzeugung		§ 21 Abs. 7 SGB II

bb) Mehrbedarf für Alleinerziehende

Gemäß § 21 Abs. 3 SGB II erhalten **Hilfsbedürftige, die allein mit einem oder mehr Kindern zusammenleben, einen Mehrbedarf** für die mit der alleinigen Kinderziehung erhöhten Kosten und Aufwände. 22

Die konkrete Höhe hängt von der Anzahl und dem Alter der versorgten Kinder ab und bemisst sich ab 1.1.2012 (ab 1.1.2013 in Klammern): 23

pro Monat[20]	Mehrbedarf für		
134,64 (137,52) EUR	**Alleinerziehende** mit einem Kind unter 7 Jahren bzw 2 und 3 Kindern unter 16 Jahren	36 %	§ 21 Abs. 3 Nr. 1 SGB II
44,88 (45,84) EUR	**Alleinerziehende** mit minderjährigen Kindern/pro Kind 12 %, max. 60 %	12 %	§ 21 Abs. 3 Nr. 2 SGB II

18 Eicher/Spellbrink, SGB II, § 21 Rn 4.
19 Interessant war auch § 77 Abs. 5 SGB II: Bis zum 31.12.2011 mussten alle Mehrbedarfe nach § 21 SGB II auf volle EUR-Beträge gerundet werden. Erst seit dem 1.1.2012 wird genau auf die zweite Dezimalstelle auf- bzw abgerundet.
20 Bis zum 31.12.2011 mussten alle Mehrbedarfe nach § 21 SGB II auf volle EUR-Beträge gerundet werden. Erst seit dem 1.1.2012 wird genau auf die zweite Dezimalstelle auf- bzw abgerundet.

Alleinerziehend im Sinne des § 21 Abs. 3 SGB II ist jeder, der minderjährige Kinder in seinem Haushalt versorgt. Dabei muss noch nicht einmal ein Verwandtschaftsverhältnis oder eine Bedarfsgemeinschaft vorliegen.[21]

Als alleinerziehend gilt im Übrigen auch, wer zwar mit einem erwachsenen Partner in einer Bedarfsgemeinschaft lebt, der aber weder mit dem Kind verwandt ist noch für es sorgt oder irgendwelche Leistungen für das Kind erbringt.[22] **Teilen sich getrennt lebende Eltern die Erziehung und Sorge** für das Kind tatsächlich, dann ist der Mehrbedarf für Alleinerziehende bei beiden zur **Hälfte in Ansatz zu bringen.**[23]

Flüchtet eine Frau mit ihren Kindern in ein **Frauenhaus** oder wohnt sie nach Trennung mit den Kindern in einer eigenen Wohnung, dann ist auch der **Mehrbedarf für Alleinerziehende** zu berücksichtigen, weil es eben nur darauf ankommt, dass sich die Mutter alleine um die Kinder kümmert.[24]

cc) Mehrbedarf für Schwangere

24 Einen weiteren Mehrbedarf erhalten werdende Mütter ab der 13. Schwangerschaftswoche. Dieser Mehrbedarf ist prozentual an den jeweils für die betroffene Mutter maßgeblichen Regelsatz angeknüpft. Demnach errechnet sich der Mehrbedarf gem. § 21 Abs. 1 SGB II wie folgt:

63,58 (64,94) EUR bei 100% RB 57,29 (58,65) EUR bei 90% RB 50,83 (52,02) EUR bei 80% RB[25]	Mehrbedarf für **Schwangere** ab Beginn der 13. Woche	17 %	§ 21 Abs. 2 SGB II

dd) Mehrbedarf für „Härtefälle"

25 Mit seinem Anordnungsbeschluss zur **Härtefallregelung** hat das Bundesverfassungsgericht[26] den Gesetzgeber verpflichtet, für die Fälle, in denen ein laufender, nicht nur einmaliger besonderer Bedarf besteht, der erheblich von einem durchschnittlichen Bedarf abweicht, eine Härtefallregelung einzuführen. In § 21 Abs. 6 SGB II wurde eine solche Regelung nun in das Gesetz aufgenommen.

Folgende Fälle sind insbesondere im Zusammenhang mit Trennung und Scheidung denkbar (nicht abschließend):

- Putz-/Haushaltshilfe für stark beeinträchtigte Hilfebedürftige[27]
- Fahrtkosten zu einer Substitutionstherapie bei Drogenabhängigen, wobei der Bedarf unabweisbar ist, wenn keine tatsächliche Alternative in fußläufiger Nähe besteht[28]
- Kosten zur Wahrnehmung des Umgangsrechtes bei getrennt lebenden Eltern[29]
- (Während des Aufenthaltes des Kindes beim Umgangsberechtigten ist dieses Mitglied der Bedarfsgemeinschaft beim Umgangsberechtigten und hat anteilig Anspruch

21 BSG v. 27.1.2009, B 14/7 b AS 8/07, NZS 2010, 57 (LS); Münder, SGB II, § 21 Rn 9.
22 Münder, SGB II, § 21 Rn 8.
23 BSG v. 3.3.2009, B 4 AS 50/07 R, NJW 2010, 1309, 1310.
24 VG Köln v. 28.1.1988, 5 K 5420/86, info also 1988, 126 (noch zum BSHG).
25 Bis zum 31.12.2011 mussten alle Mehrbedarfe nach § 21 SGB II auf volle EUR-Beträge gerundet werden. Erst seit dem 1.1.2012 wird genau auf die zweite Dezimalstelle auf- bzw abgerundet.
26 BVerfG v. 9.2.2010, 1 BvL 1/09 u.a., NJW 2010, 505, 517.
27 SG Stuttgart v. 7.7.2010, S 24 AS 3645/10.
28 SG Wiesbaden v. 11.10.2010, S 23 AS 766/10 ER; SG Gießen v. 19.8.2010, S 29 AS 981/10 ER.
29 BSG FEVS 58, 289 ff; Münder, SGB II, § 21 Rn 43; Münder, Die Kosten des Umgangsrechts im SGB II und SGB XII, NZS 2008, 617; wobei Fahrtkosten für Fahrten mit dem Pkw mit 0,10 € pro gefahrenem Kilometer (§ 3 Abs. 7 Satz 5 Alg II-V) zu erstatten sind.

auf Regelleistungen, wobei die gleichzeitige Kürzung der Regelleistung in der BG des anderen Elternteils unzulässig ist[30])

- Auch ist es möglich, die Umgangs- und Besuchskosten für im Ausland lebenden Kinder zumindest einmal im Jahr geltend zu machen[31]
- Die Kosten des Besuches Inhaftierter sind ebenfalls ein besonderer unabweisbarer Mehrbedarf[32]
- Monatliche Betreuungskosten für den Aufenthalt in einer Kindertageseinrichtung von 15 € begründen einen Anspruch des hilfebedürftigen Kindes, solange eine Befreiung von den Betreuungskosten nach § 90 Abs 3 SGB 8 oder entsprechenden landesrechtlichen Vorschriften nicht erfolgt ist[33]
- Fahrtkosten bei außergewöhnlichen Umständen (Therapie, Erkrankung Angehöriger, Fahrtkosten bei Therapie von Opfern von Gewalt oder bei Krankenhausaufenthalt von Partner, Angehörigen oder Kindern)
- Traumatherapie, die sonst nicht anderweitig übernommen wird.

Hinweis: Der genaue Regelungsumfang ist noch unklar und wird durch die Rechtsprechung noch weiter mit Leben gefüllt werden müssen. Insofern kann nur empfohlen werden, hier in allen möglich erscheinenden Fällen Anträge zu stellen und widrigenfalls auch im Klagewege vorzugehen. Selbst die Hinweise der Bundesagentur sind offen gefasst und geben somit auch dem Sachbearbeiter vor Ort Spielraum für Ermessen und Fingerspitzengefühl.

c) Ergänzende Hinweise

Gemäß § 37 Abs. 1 S. 1 SGB II sind auch Mehrbedarfe vom Ursprungsantrag umfasst. Konkret bedeutet dies, dass die Behörde ab Vorliegen der Anspruchsvoraussetzungen den Mehrbedarf gewähren muss. Dies kann auch rückwirkend erfolgen. Durch die Einschränkung des § 44 Abs. 4 S. 1 SGB X infolge der Einführung des § 40 Abs. 1 SGB II wird eine Überprüfung bei anfänglich unrichtigem Bescheid regelmäßig aber nur noch ein Jahr (also bis zum 1.1. des Vorjahres, in dem der Antrag gestellt wird) zurück **Abhilfe bringen.**[34] 26

Zum Abschluss der Betrachtung der Mehrbedarfe wird der obige Ausgangsfall (Rn 12) noch einmal herangezogen. 27

Beispiel: Im obigen Fallbeispiel errechnen sich folgende Regel- und Mehrbedarfe:

Ehefrau	Regelleistung	Arbeitslosengeld II	374 EUR
	Mehrbedarf	Alleinerziehende	134,64 EUR
	Mehrbedarf	Schwangerschaft	63,58 EUR
Kind 1: 14 Jahre	Regelleistung	Arbeitslosengeld II	287 EUR
Kind 2: 6 Jahre	Regelleistung	Sozialgeld	219 EUR
Gesamtbedarf der Bedarfsgemeinschaft (Ehefrau, Kinder 1 und 2)			**1.78,22 EUR**

30 SG Dresden v. 26.3.2012, S 20 AS 5508/10.
31 LSG Rheinland-Pfalz v. 20.6.2012, L 3 AS 210/12 B ER.
32 Hauck/Noftz, SGB II, § 23 Rn 130.
33 SG Berlin v. 11.5.2011, S 55 AS 13521/10.
34 Daher müssen im konkreten Einzelfall ggf Ansprüche aus sozialrechtlichem Wiederherstellungsanspruch und Amtshaftung bedacht werden.

Somit hat die ins Frauenhaus geflüchtete Mutter mit Ihren zwei Kindern und dem ungeborenen Kind einen Gesamtbedarf von 1.061 EUR pro Monat, den sie ab Einzug ins Frauenhaus geltend machen sollte.

d) Kosten der Unterkunft und Heizung

28 Neben dem alltäglichen Bedarf (Regelleistung) werden beim Arbeitslosengeld II auch die „angemessenen" Kosten der Unterkunft und Heizung der Bedarfsgemeinschaft, also regelmäßig die Kosten für Miete und Heizung, übernommen.

Die in diesem Zusammenhang auftretenden Fragen und Probleme und insbesondere die Frage der **Angemessenheit** der Kosten für Unterkunft und Heizung sind die meist umkämpften und bisweilen auch emotionalsten Entscheidungen im SGB II. Dies ist vor dem Hintergrund, dass es für die Kommunen als Kostenträger um viel Geld und für die Betroffenen vielfach um die Frage des Auszugs aus einer jahrzehntelang gewohnten Umgebung geht, auch von beiden Seiten aus verständlich.[35] Welche Kosten im Einzelfall „angemessen" sind, müssen die Städte und Kreise als Kostenträger vor Ort individuell ermitteln. Die Entscheidungen sind grundsätzlich vollumfänglich gerichtlich überprüfbar, aber in der Praxis wird auch bei vielen Sozialgerichten mittlerweile sehr pauschal geurteilt. Eine sehr gute Übersicht über nahezu sämtliche örtlichen Richtlinien der Städte und Kreise vor Ort ist im Internet zu finden.[36] Wegen aller weiteren Detailprobleme wird auf die einschlägigen Kommentierungen und Entscheidungen der Sozialgerichtsbarkeit verwiesen.

29 Hier können die regelmäßigen Probleme bei Trennung, Scheidung und auch im Zusammenhang mit häuslicher Gewalt nur angerissen werden. Dies sind typischerweise:

- Nach Auszug des Partners – ob freiwillig oder unfreiwillig (polizeiliche/gerichtliche Verweisung der Wohnung) – ist die Wohnung für die verbliebenen Personen zu groß bzw zu teuer.
- Die Ehefrau zieht mit den Kindern nach Trennung aus der gemeinsamen Wohnung aus oder flüchtet ins Frauenhaus.
- Beide Partner wollen/müssen nach Trennung neue kleinere Wohnungen beziehen

30 Hinzu kommen noch Probleme im Zusammenhang mit der neuen Wohnung:

- Wohnungsbeschaffungskosten, Kaution, ggf Doppelmiete
- Fragen zur Erstausstattung der Wohnung.

aa) Grundsatz: Übernahme der „angemessenen" Kosten der Unterkunft und Heizung

31 Die ersten beiden Probleme muten nur auf den ersten Blick unterschiedlich an. Bei genauer Betrachtung und unter Berücksichtigung von § 22 SGB II wird schnell klar, dass es wiederum einzig und allein um die Frage der **Angemessenheit** der Kosten für Unterkunft und Heizung geht.

Klar ist, dass die Kosten für die neue Wohnung des oder der aus der bisherigen Wohnung ausgezogenen Mitglieder der Bedarfsgemeinschaft angemessen sein müssen. Sonst kommt eine Kostenübernahme von vornherein nicht in Betracht. Auch ist es sinnvoll, dass der Antragsteller vor Unterzeichnung des neuen Mietvertrages diesen beim Jobcenter vorlegt und um Bestätigung der Angemessenheit nachsucht. Nur so kann sichergestellt werden, dass auch tatsächlich alle Kosten übernommen werden.

32 Unproblematisch ist es, wenn die Kosten der Wohnung, die im Übrigen nach Köpfen verteilt werden, trotz Auszuges eines Partners noch im Rahmen dessen sind, was das

35 Vgl nur zu einem besonders tragischen Sachverhalt BSG v. 17.10.2009, B 4 AS 27/09 R, NZS 2010, 515.
36 http://www.harald-thome.de/oertliche-richtlinien.html.

Jobcenter für angemessen erachtet; ebenso, wenn einer der Partner eine abbezahlte und nicht zu große Eigentumswohnung oder ein Einfamilienhaus besitzt. In diesem Fall kann die Wohnsituation weiter bei voller Kostenübernahme aufrecht erhalten bleiben.

Wenn die bisherige Wohnsituation durch den Auszug aber für die verbliebenen Personen „unangemessen" teuer geworden ist, so bedeutet dies nicht den sofortigen Auszug. 33
Das Jobcenter ist gem. § 22 Abs. 1 S. 3 SGB II verpflichtet, zumindest die **Kosten für sechs weitere Monate** zu übernehmen. Wenngleich neben dem Anspruch auf Übernahme der angemessenen Kosten für Unterkunft und Heizung für den Hilfebedürftigen eine Obliegenheit besteht, die Kosten auf den „angemessenen" Umfang zu senken, so besteht diese Verpflichtung nur dann, soweit ihm dies möglich und zumutbar ist. Auf der subjektiven Seite ist dies für den Betroffenen aber nur dann möglich, wenn er auch positive Kenntnis von dieser Obliegenheit hat. Dies wird man regelmäßig nur annehmen können, wenn er durch die Behörde zur Kostensenkung aufgefordert wurde.[37] Aber selbst dann kann es immer noch Gründe geben, warum ein Umzug konkret unzumutbar ist. Mögliche Gründe für einen nicht zumutbaren Umzug können Erkrankung und Gebrechen, psychische Probleme und ähnliche Hemmnisse sein.[38] Auch fehlende Alternativwohnungen können einen Umzug unzumutbar machen. Die Rechtsprechung ist hier aber sehr streng und setzt hohe Hürden.

Hinweis: Eine **Aufforderung zur Kostensenkung** muss auch tatsächlich stattgefunden haben. Wenngleich es sich dabei nicht um einen Verwaltungsakt, sondern um eine bloße Information handelt, ist die Behörde dennoch vollumfänglich beweispflichtig dafür, dass der Betroffene über die zu hohen Unterkunftskosten und die daraus resultierenden Folgen informiert ist.[39] Auch der in diesem Zusammenhang von den Behörden gern zitierte § 37 Abs. 2 SGB X hilft mit der Zugangsfiktion nicht weiter, weil damit nur der Zeitpunkt des Zugangs, nicht aber der Zugang an sich fingiert wird. Insofern sollten die Behörden hier beweisbar zustellen, da ansonsten durch einfaches Bestreiten eine neue Sechsmonatsfrist ausgelöst werden kann, wenn der Brief auch tatsächlich nicht zugegangen ist.

Wenn tatsächlich eine **Kostensenkung durch Umzug** erfolgen muss, ist dem Betroffenen 34
nur zu raten, sämtliche Bemühungen vorzunehmen, um die Wohnungssuche gerichtsverwertbar zu dokumentieren. Eine Gegenwehr gegen eine Kostensenkungsaufforderung hat nur dann überhaupt Erfolgsaussichten, wenn die Betroffenen dem Gericht aufzeigen können, dass man wirklich alles getan hat, um zumindest im gesamten Stadtgebiet eine „angemessene" Wohnung zu finden. Dabei sollte möglichst breit gefächert gesucht und sollten sämtliche Möglichkeiten (Zeitung, schwarze Bretter, Internet, Wohnungsverwaltungen und soziale Wohnungsbauorganisationen) ausgewertet werden.

bb) Übernahme Wohnungsbeschaffungskosten, Kaution, Renovierung und doppelte Mieten

Wenn dann tatsächlich eine neue Wohnung gefunden wird und angemietet werden soll, 35
muss dies unbedingt zuvor mit dem Jobcenter abgesprochen werden. Zwar ist die fehlende **vorherige Zusicherung** kein Ausschlusskriterium, aber es besteht dann ein hohes Risiko, dass die Wohnung nicht als „angemessen" oder der Umzug nicht als „erforderlich" angesehen wird. Dies hätte dann ggf die Folge, dass nur die bisherigen Kosten bzw die „angemessenen" Kosten übernommen werden und der Betroffene auf dem Rest „sitzen bleibt". Noch dramatischer ist die Konsequenz aber für Wohnungsbeschaffungs-

37 BSG v. 17.12.2009, B 4 AS 19/09 R, NZM 2010, 793, 794; v. 22.9.2009, B 4 AS 8/09 R, NZS 2010, 572, 574; Zimmermann, Das Hartz-IV-Mandat, § 3 Rn 133.

38 Münder, SGB II, § 22 Rn 79.

39 Münder, SGB II, § 22 Rn 87.

kosten, Umzugskosten, Renovierungskosten und eventuelle doppelte Mieten, denn diese Positionen sind streng an die **Angemessenheit** gekoppelt. Ansonsten muss die Behörde ja mit einem baldigen erneuten Umzug rechnen, weil der Betroffene aus seiner Regelleistung die Kosten für die Differenz zur teuren Wohnung nicht tragen kann.

36 Liegt die Zusicherung einmal vor, ist der Rest zumeist nicht mehr rechtlich problematisch. Diesbezüglich wird auf die Richtlinien der örtlichen Jobcenter verwiesen.[40] Tatsächlich sind die Leistungen für Renovierung, Umzug,[41] etc. viel zu knapp bemessen. Hier kann auch nur geraten werden, Widerspruch zu erheben und ggf weitere Kosten gerichtlich geltend zu machen. Auch **Maklerkosten** und **doppelte Mieten** sind ggf zu übernehmen, wenn diese unvermeidbar sind. Auf die einschlägige Kommentierung wird verwiesen.

cc) Zusammenfassung

37 Festzuhalten bleibt, dass in diesem Bereich allgemein viel Streitpotential, aber auch durchaus Einfallstore für parteiische, sozialrechtliche Beratung liegen. Hierzu wird auf die weiterführende Literatur verwiesen: Wirklich hervorragende, ausführliche und praxistaugliche Hinweise finden sich sowohl bei *Zimmermann*,[42] als auch im Kommentar von *Münder*.[43]

e) Sonderbedarf für die Erstausstattung der Wohnung, für Bekleidung und bei Schwangerschaft und Geburt, sowie sonstiger unabweisbarer Bedarf

38 Neben den Leistungen für den Lebensunterhalt (Regelleistung), den Kosten der Unterkunft und Heizung (KdU) sowie etwaiger Mehrbedarfe, die monatlich gezahlt werden, gibt es immer dann, wenn die **pauschalierten Bedarfsätze nicht ausreichen** um **unregelmäßige oder plötzliche Situationen** zu meistern und es auch nicht möglich ist, diese **Notlage** durch Umschichtung der finanziellen Leistungen oder Ansparen selbst zu beheben, einen besonderen, unabweisbaren Leistungsanspruch, der gesondert zu erbringen ist.

aa) Erstausstattung der Wohnung, § 24 Abs. 3 Nr. 1 SGB II

39 Gemäß § 24 Abs. 3 Nr. 1 SGB II ist die **Erstausstattung der Wohnung** (inklusive Elektrogeräten) ausdrücklich nicht vom Regelbedarf nach § 20 SGB II erfasst. Leistungen hierfür werden bei Bedarf[44] gesondert, aber nur auf **Antrag** nach § 37 Abs. 1 SBG II erbracht. Es zählen dazu alle Einrichtungsgegenstände, die für eine geordnete Haushaltsführung notwendig sind und die dem Leistungsberechtigten ein an den herrschenden Lebensgewohnheiten orientiertes Wohnen ermöglichen.[45] Grundsätzlich hat jeder Betroffene nach dem Gesetzeswortlaut („*Erst*ausstattung") nur einmal einen Anspruch auf diese besondere Leistung, die als nicht zurückzahlbarer Zuschuss erbracht wird. Weitere Zuschüsse für Ersatzbeschaffungen aufgrund normalen Verschleißes oder aufgrund von selbst verschuldeten Verlusten sind grundsätzlich nicht vorgesehen. Kosten für Reparaturen müssen aus der Regelleistung angespart werden, in besonderen Notsituationen kann das Jobcenter ein Darlehen bewilligen (**unabweisbarer Bedarf**, § 24 Abs. 1 S. 2 SGB II).

---

40 http://www.harald-thome.de/oertliche-richtlinien.html.

41 Auch hier sollten im Vorfeld Kostenvoranschläge von mehreren Firmen eingeholt und mit dem Jobcenter abgestimmt werden.

42 Zimmermann, Das Hartz-IV-Mandat, § 3 Rn 100 ff.

43 Münder, SGB II, § 22.

44 Ob ein solcher Bedarf tatsächlich besteht, wird die Behörde regelmäßig durch den sogenannten Außendienst (§ 6 Abs. 1 S. 2 Hs 2 SGB II) überprüfen lassen. Vgl Münder, SGB II, § 6 Rn 13.

45 BSG v. 19.9.2008, B 14 AS 64/ 07 R, BSGE 101, 268 ff.

Von der bloßen Ersatzbeschaffung wegen Reparaturbedarf oder Verschleiß sind die Fälle zu unterscheiden, in denen Hausrat aufgrund außergewöhnlicher Umstände nicht mehr vorhanden ist. Dies hatte auch der Gesetzgeber im Sinn, da er zB die Neueinrichtung nach Wohnungsbrand explizit als Fall der Erstausstattung betrachtete.[46] Durch die Rechtsprechung sind zwischenzeitlich eine Mehrzahl an **Fallgruppen**[47] hinzugekommen, die auch zu einem Bedarf auf eine erneute oder auch nur ergänzende Erstausstattung führen. Zu diesen Fallgruppen zählen insbesondere auch die **Neugründung eines Haushalts nach Trennung** und Auszug aus der bisher gemeinsamen Wohnung[48] oder nach Auszug aus einem Frauenhaus.[49] Aber auch ergänzende Ausstattungen, wenn zB der ausziehende Partner nur teilweise Hausrat mitnimmt, oder bei erstmaligem Arbeitslosengeld-II-Bezug Haushaltsgegenstände fehlen, können als Erstausstattung bewilligt werden.[50] Gleiches gilt, wenn der Umzug durch die Behörde durch eine Kostensenkungsaufforderung veranlasst wurde, weil durch den Um- oder Auszug die bisherige Wohnung zu teuer geworden ist. Hier werden dann regelmäßig Kosten für zB Küchenarbeitsplatten und Gardinen etc., aber auch ggf nicht kompatible Elektrogeräte[51] zu übernehmen sein. 40

Diese zusätzlichen Leistungen werden, wie bereits ausgeführt, nur auf Antrag erbracht. Die Behörde wird dann regelmäßig den tatsächlichen Bedarf durch den sog. Außendienst prüfen lassen und muss per Verwaltungsakt über die gestellten Anträge entscheiden. Dabei kann die Behörde nach § 24 Abs. 3 S. 5 u. 6 SGB II die Geld- oder Sachleistungen erbringen und Pauschalen zur Anwendung bringen. Da die Höhe der Pauschalen in das Ermessen der Behörde gestellt ist und die lokalen Gegebenheiten vor Ort berücksichtigen soll, können hier keine konkreten Zahlen genannt werden. Die Bewilligungspraxis ist regional völlig unterschiedlich. 41

42

Auswahl bundesweiter Pauschalen (Höchstsätze) Erstausstattung für eine Person[52]			
Landkreis Bautzen	600 EUR	Bremen	1.003 EUR
Annaberg-Buchholz	709 EUR	Wuppertal	1.170 EUR
Landkreis Wittenberg	760 EUR	Stadt Dessau-Roßlau	1.320 EUR
Landkreis Mittelsachsen	800 EUR	Landkreis Zwickau	1.471 EUR
Hamburg	809 EUR	Essen	1.700 EUR
Landkreis Leipzig	880 EUR	Erfurt	1.800 EUR

46 BT-Drucks. 15/1514, auch bei Erstanmietung nach Haft.

47 Beispiele nach Münder, SGB II, § 24 Rn 26 ff: Auszugs eines Kindes aus dem Haushalt der Eltern, im Falle eines neugegründeten Haushalts wegen Heirat (SG Oldenburg v. 18.1.2006, S 47 AS 1027/05 ER; SG Gelsenkirchen v. 11.11.2005, S 11 AS 25/05 ER) nach Zuzug aus dem Ausland oder bei Erstanmietung einer Wohnung durch einen Wohnungslosen (BSG v. 19.8.2010, B 14 AS 36/09 R, info also 2011, 40 f).

48 Vgl LSG Nordrhein-Westfalen v. 25.3.2008, L 19 B 13/08 AS ER, FEVS 59, 520; v. 29.10.2007, L 20 AS 12/07; SG Magdeburg v. 15.6.2005, S 27 AS 196/05 ER, ASR 2005, 65.

49 LSG Berlin-Brandenburg v. 26.10.2006, L 19 B 516/06 AS ER.

50 Münder, SGB II, § 24 Rn 26 ff.

51 SG Braunschweig v. 7.3.2005, S 18 AS 65/05 ER.

52 Angaben nach Thome, www.harald-thome.de/media/files/Folien-SGB-II ---07.10.2012-korr.pdf, S. 92.

43 Beispielhaft sei auch auf folgende, vom Jobcenter in Essen erstellte Auflistung der Pauschalen hingewiesen:

Erstausstattungspauschalen nach Ansicht des Jobcenters Essen in EUR					
Pauschalen für den Einpersonenhaushalt					
Küche	Elektroherd	200	**Schlafzimmer**	Bett komplett	100
	Kühlschrank	170		Schränke	75
	Waschmaschine	250		Oberbett	20
	Tisch	30		Kissen	10
	2 Stühle	30		2 x Bettwäsche einschl. Bettlaken	30
	Schrank	70		Deckenleuchte	10
	Spüle	60	**Flur**	Garderobe	5
	Diverses (zB Besteck, Töpfe, Geschirr, Pfannen, Besen, Wecker, Föhn, Bügeleisen, Werkzeug)	140		Spiegel	10
	Deckenleuchte	10		Schuhaufbewahrunq	10
Wohnzimmer	Sitzgarnitur (3/2/1)	100		Deckenleuchte	10
	Tisch	20	**Bad**	Spiegel mit Aufbewahrung	20
	Schrank/Reqal	100	**Sonstiges**	Fensterdeko (komplett) einschl. Rollo im Schlafzimmer	100
	Deckenleuchte	10		gesamt	**1.665**
	Femseher	75		***Höchstbetrag***	***1.700***

In praktischer Hinsicht ergeben sich bei der konkreten Beantragung und Bewilligung von Leistungen häufig erhebliche Probleme. Hintergrund ist auch hier, dass die Städte und Kreise als Kostenträger die Kosten so gering wie möglich halten wollen.

bb) Erstausstattung für Bekleidung, § 24 Abs. 3 Nr. 2 SGB II

44 Nicht von der Regelleistung umfasst sind auch die finanziellen Aufwendungen für die Erstausstattung mit Bekleidung. Insofern kann der Hilfsbedürftige analog zu der Erstausstattung der Wohnung beantragen, dass ihm zusätzliche Leistungen für die Anschaffung von Bekleidung als Zuschuss gewährt werden. Die Erstausstattung an Kleidung muss so bemessen sein, dass sie dem Betroffenen grundsätzlich ein **mehrfaches Wechseln der Kleidung** innerhalb einer Woche ermöglicht. [53] Auch hier ist grundsätzlich vom konkreten Bedarf auszugehen, sodass nur die Bekleidungsstücke ersetzt werden, die fehlen. Dabei darf und wird der Leistungsträger regelmäßig auf Pauschalen zurückgreifen.

Hinweis: Die Höhe der Pauschalen ist uneinheitlich, da jeder örtliche Träger eigene Weisungen vorhält. Es empfiehlt sich insofern grundsätzlich, umfassend Leistungen zu beantragen und dann „vor Ort“ in Erfahrung zu bringen, wie hoch die Leistungen bemessen werden. Widrigenfalls muss Widerspruch eingelegt und der Rechtsweg beschritten werden. Bei sachgerechter Argumentation lassen sich vor den Sozialgerichten im Einzelfall höhere Leistungen erstreiten.

53 Münder, SGB II, § 24 Rn 33 f (s. dort auch eine Auflistung der möglichen Bekleidungsstücke unter Verweis auf die Empfehlungen des Deutschen Vereins, 1990, 12).

Der Begriff der Erstausstattung ist auch hier irreführend. Vielmehr gilt auch hier, dass in besonderen Fällen die Leistungen für Bekleidung erneut als Zuschuss zu erbringen sind, wenn ein Bedarf aufgrund von **Gesamtverlust**[54] (zB durch Wohnungsbrand)[55] oder aufgrund „außergewöhnlicher Umstände“[56] eingetreten ist. Ein solcher Umstand ist sicherlich auch der durch **Flucht ins Frauenhaus** oder **Trennung** bedingte **Verlust der Bekleidung.** Aber auch in Fällen von erheblicher Gewichtsveränderung (Zu- oder Abnahme) ist von einem zusätzlichen Bedarf auszugehen.[57] 45

cc) Erstausstattung bei Schwangerschaft und Geburt sowie sonstiger unabweisbarer Bedarf, § 24 Abs. 3 Nr. 2 SGB II

Weitere Leistungen sind gem. § 24 Abs. 3 Nr. 2 SGB II im Falle der **Schwangerschaft und Geburt** vorgesehen. Auch diese werden pauschal und nur auf Antrag als Zuschuss bewilligt. Sie umfassen für die Mutter spezifische Schwangerschaftsbekleidung sowie für das Neugeborene die Erstausstattung mit Bekleidung und den notwendigen Hausrat.[58] Die Gewährung der erforderlichen Mittel soll regelmäßig ab dem 6. Schwangerschaftsmonat erfolgen, um dem anerkennenswerten Bedürfnis der werdenden Mutter zu entsprechen, sich auf die Lebenssituation mit einem Neugeborenen durch Bereithalten der notwendigen Kleidungsstücke und Ausrüstungsgegenstande vorzubereiten.[59] 46

Der Vollständigkeit halber sei noch darauf hingewiesen, dass **in besonderen Fällen** auch ein Anspruch auf **Gewährung eines Darlehens** besteht. Dies immer dann, wenn im Einzelfall ein von der Regelleistung umfasster Bedarf (§ 20 Abs. 1 SGB II), der nach den Umständen unabweisbar ist, weder durch Vermögenseinsatz (§ 42 a Abs. 1 SGB II) noch auf andere Weise gedeckt werden kann.[60] Das Darlehen ist in Höhe von 10 % der maßgeblichen Regelbedarfe aller Darlehensnehmer aufzurechnen (§ 42 a Abs. 2 SGB II).[61] Unabweisbar ist ein Bedarf dann, wenn die Bedarfsdeckung unaufschiebbar ist und der Bedarf nicht auf andere Weise gedeckt werden kann und wenn er auch nicht durch Mittelumschichtungen innerhalb der Regelleistung beseitigt bzw. aufgefangen werden kann. Wann eine Bedarfsunterdeckung vorliegt, ist noch nicht abschließend geklärt.[62] 47

f) Anspruch auf Teilhabe und Bildung, § 28 SGB II

Durch die oben bereits erwähnte Grundsatzentscheidung des Bundeverfassungsgerichts zum Arbeitslosengeld II vom Februar 2010 musste der Gesetzgeber zur Sicherung des Existenzminimums und insbesondere zur Deckung des notwendigen Bedarfes für **schulpflichtige Kinder** weitere Leistungen für Teilhabe an Bildung und gesellschaftlichem Leben beschließen. Die Neuregelungen finden sich in den §§ 28 ff SGB II und sind seit dem 1.1.2011 in Kraft Selbstverständlich ist, dass diese Ansprüche auch und gerade für von Scheidung und Trennung betroffene Kinder gelten und auch geltend gemacht werden sollen und müssen. 48

54 LSG Bayern v. 24.4.2009, L 11 AS 125/08.

55 Münder, SGB II, § 24 Rn 32 f.

56 BT-Drucks. 15/1514, 60.

57 SG Lüneburg v. 15.2.2010, S 32 SO 3/10 ER.

58 Münder, SGB II, § 24 Rn 34 (s. dort auch eine Auflistung der möglichen Hausratsgegenstände unter Verweis auf weitere Urteile).

59 So zur Rechtslage nach dem BSHG das VG Hannover FamRZ 1989, 1361.

60 So zB bei defekten Haushaltsgeräten, für dessen Reparatur oder Ersatz hätte gespart werden müssen, oder auch bei Stromnachzahlungen.

61 Dabei ist genau zu berücksichtigen, wem das Darlehen gegeben wurde. Denn nur bei diesem ist dann auch aufzurechnen.

62 So soll von weniger als 20 % der Regelleistung (so LSG Nordrhein-Westfalen v. 14.7.2006, L 1 B 23/06 AS ER, Hessisches LSG v. 11.4.2006, L9 AS 43/06 ER) oder auch weniger als 10 % (so LSG Niedersachsen-Bremen v. 30.1.2006, L 9 AS 7/06 ER) auszugehen sein.

aa) Anspruchsberechtigte

49 Anspruch auf Leistungen aus dem Bildungs- und Teilhabepaket haben Kinder, die im SGB II- (§ 28 SGB II) oder Sozialhilfebezug (§ 34, § 34 a SGB XII) stehen, Anspruch auf Wohngeld- und Kinderzuschlag (§ 6 b BKGG) haben oder Leistungen als Asylbewerber (analoger Anspruch nach § 2 AsylbLG) erhalten. Keinen explizit normierten Anspruch haben Kinder, die aus der Bedarfsgemeinschaft ausgeschlossen sind (weil sie ggf. durch eigenes Einkommen oder Unterhalt ihren Bedarf decken können) und kein Kinderwohngeld erhalten. Hier muss dann geprüft werden, ob die Leistungen aus dem Bildungs- und Teilhabepaket bedarfserhöhend berücksichtigt werden können (§§ 11 Abs. 1 S. 4, § 19 Abs. 3 S. 3 SGB II iVm § 5 a ALG II-V).

bb) Antragsprinzip

50 Zu beachten ist aber, dass hier gem. § 37 Abs. 1 S. 2 SGB II – mit Ausnahme des Schulbasispakets – das **Antragsprinzip** gilt. Im Internet finden sich aber bei allen Kommunen und Jobcentern teilweise wirklich gelungene Hinweise, Formulare und Hilfestellungen, um die Antragstellung zu erleichtern und die Betroffenen zu informieren.[63]

cc) Leistungen des Bildungs- und Teilhabepakets

51 Folgende Leistungen werden **ohne gesonderten Antrag** und für alle Kinder, Jugendliche und junge Erwachsene bis Vollendung des 25. Lebensjahres erbracht.

Leistung	Normierung
Persönlicher Schulbedarf (Schulbasispaket) gezahlt in zwei Raten zum 1. August in Höhe von 70 € und zum 1. Februar in Höhe von 30 €.	§ 28 Abs. 3 SGB II

Folgende Leistungen werden **nur mit gesondertem Antrag** und für alle Kinder und Jugendliche bis Vollendung des 18. Lebensjahres erbracht.

Leistung	Normierung
Leistungen zur gesellschaftlichen Teilhabe in Höhe von 10 EUR monatlich für Mitgliedsbeiträge in den Bereichen Sport, Spiel, Kultur und Geselligkeit (Nr. 1), Unterricht in künstlerischen Fächern (zB Musikunterricht) oder vergleichbare angeleitete Aktivitäten der kulturellen Bildung (Nr. 2) und Teilnahme an Freizeiten (Nr. 3)	§ 28 Abs. 7 SGB II

Folgende Leistungen werden **nur mit gesondertem Antrag** und für alle Kinder, Jugendliche und junge Erwachsene bis Vollendung des 25. Lebensjahres erbracht.

Leistung	Normierung
Aufwendungen für Schul- und Kitaausflüge (ein- und mehrtätige) und mehrtägige **Klassenfahrten** im Rahmen der schulrechtlichen Bestimmungen	§ 28 Abs. 2 SGB II
Aufwendungen für **Schülerbeförderungskosten** zur nächstgelegenen Schule des gewählten Bildungszugangs, insofern erforderlich und nicht durch Dritte erbracht und unter Abzug der dafür im Regelbedarf vorgesehenen Beträge	§ 28 Abs. 4 SGB II
Aufwendungen für **Nachhilfeunterricht**, soweit die in den schulrechtlichen Bestimmungen festgelegten wesentlichen Lernziele drohen nicht erfüllt zu werden, dieser ergänzend zu den schulischen Angeboten erforderlich und geeignet ist.	§ 28 Abs. 5 SGB II

63 Vgl zB www.essen-jobcenter.de, Menüpunkt Service/Downloadcenter.

Leistung	Normierung
Aufwendungen für gemeinschaftliche **Mittagsverpflegung** ist zu übernehmen, insofern sie von der Schule, Tageseinrichtung oder Tagespflege angebotenen wird, unter Abzug eines Eigenanteils von einem Euro pro Tag (§ 9 Abs. 1 S. 1 RBEG)	§ 28 Abs. 6 SGB II

3. Fragen der Einkommens- und Vermögensanrechnung und Unterhaltsansprüche

Grundvoraussetzung für die Bewilligung von Leistungen ist, dass Hilfsbedürftigkeit besteht. Diese ist dann nicht gegeben, wenn der Betroffene durch eigenes Einkommen oder Vermögen seine Lebenssituation bedarfsgerecht meistern kann. Sowohl die Einkommens- als auch die Vermögensanrechnung gehören zu den schwierigsten Problemkreisen der sozialen Grundsicherung. Die Grundlagen sollen hier dargestellt werden. 52

a) Vermögensanrechnung

Grundsätzlich ist das gesamte vor Antragstellung vorhandene Vermögen anzurechnen, 53 auch dann, wenn es erst im Leistungsbezug zur Auszahlung kommt, § 12 Abs. 1 SGB II. Dies bedeutet, dass erst, wenn sämtliches Vermögen mit Ausnahme des „Schonvermögens" aufgebraucht ist, die Leistungspflicht des Staates eintritt.[64]

Geschützt sind lediglich folgende Vermögensgegenstände:

Grundfreibetrag für Erwachsene in Höhe von mind. 3.100 EUR bzw Lebensalter x 150 €	jeweils für erwerbsfähigen Leistungsberechtigten und dessen Partner (§ 12 Abs. 2 Nr. 1 SGB II)
Grundfreibetrag für Kinder in Höhe von 3.100 €	für jedes minderjährige Kind (§ 12 Abs. 2 Nr. 1 a SGB II)
Altersvorsorge entsprechend der Förderhöchstbeträge nach § 10 a EStG	für jeden Leistungsberechtigten und dessen Partner (§ 12 Abs. 2 Nr. 2 SGB II)
Altersvorsorgevermögen mit Verwertungsausschluss in Höhe von Lebensalter x 750 €	für jeden Leistungsberechtigten und dessen Partner (§ 12 Abs. 2 Nr. 3 SGB II)
Ansparfreibetrag (=Notgroschen) in Höhe von 750 €	für jede Person der Bedarfsgemeinschaft (§ 12 Abs. 2 Nr. 4 SGB II)
Sonderregelung Grundfreibetrag für vor dem 1.1.1948 geborene Leistungsempfänger in Höhe von Lebensalter x 520 €	für jede erwerbsfähige Person in der Bedarfsgemeinschaft (§ 65 Abs. 5 SGB II)

Nicht als Vermögen zu berücksichtigen sind:

- angemessener Hausrat (§ 12 Abs. 3 Nr. 1 SGB II);
- ein angemessenes Kraftfahrzeug für jeden Erwerbsfähigen in der Bedarfsgemeinschaft (§ 12 Abs. 3 Nr. 2 SGB II) im Wert von bis zu 7.500 €;[65]

64 Zu den Einzelheiten muss auf die einschlägige Kommentierung, insbesondere auf Münder, SGB II, § 12 verwiesen werden.

65 BSG v. 6.9.2007, B 14/7 b AS 66/06 ER, NJW 2008, 2281.

- vom Inhaber als für die Altersvorsorge bestimmtes, bezeichnetes, angemessenes Vermögen bei Befreiung von der Rentenversicherungspflicht (§ 12 Abs. 3 Nr. 3 SGB II);[66]
- selbstgenutztes angemessenes (Wohn-)Eigentum gilt grundsätzlich ohne weitere Prüfung bis 80/90 qm (Wohnung/Haus) für ein und zwei Personen als angemessen;[67]
- Vermögen zur baldigen Beschaffung oder Erhalt von Wohnbedürfnissen behinderter oder pflegebedürftiger Personen (§ 12 Abs. 3 Nr. 5 SGB II). Diese müssen nicht in der Bedarfsgemeinschaft leben; ein Verwandtheitsgrad gem. § 16 Abs. 5 SGB X ist nicht erforderlich.
- Sachen und Rechte, deren Verwertung offensichtlich unwirtschaftlich ist (§ 12 Abs. 3 Nr. 6 SGB II);[68]
- Vermögensgegenstände, deren Verwertung eine besondere Härte darstellen würde (§ 12 Abs. 3 Nr. 6 SGB II), zB bei besonderen Familien- und Erbstücken, Vermögensrückstellungen für eine würdige Beerdigung und Grabpflege, dem Vermögenseinsatz kurz vor der Pensionierung.[69]
- Vermögensgegenstände, die zur Aufnahme oder Fortsetzung der Berufsausbildung oder Erwerbstätigkeit unentbehrlich sind (§ 4 Abs. 1 der ALG II-VO).

b) Einkommensanrechnung

54 Ein Leistungsanspruch besteht naturgemäß nur, wenn das monatliche Einkommen nicht ausreicht, um den Bedarf zu decken. Dabei ist **Einkommen** grundsätzlich alles, was dem Antragsteller ab dem Monat der Antragstellung als Wert zufließt (=Zuflussprinzip, §§ 11 Abs. 1, 37 Abs. 2 S. 2 SGB II). Dabei sind laufendes und einmaliges Einkommen unterschiedlich zu behandeln. Laufendes Einkommen ist ausschließlich im Zuflussmonat anzurechnen (§ 11 Abs. 2 S. 1 SGB II). Einmaliges Einkommen hingegen ist, wenn es niedriger als der monatliche Bedarf ist, im Monat des Zuflusses in einer Summe anzurechnen (§ 11 Abs. 3 S. 2 SGB II), anderenfalls auf sechs Monate in gleichen Teilen zu verteilen (§ 11 Abs. 3 S. 3 SGB II). Kein Einkommen stellen Leistungen nach dem SGB II,[70] die Grundrente nach dem BVG, Renten bzw Beihilfen nach dem BEG sowie Schmerzensgeld dar, § 11 a SGB II. **Kindergeld** ist hingegen bei dem jeweiligen Kind anzurechnen, soweit es zur Sicherung des Lebensunterhalts benötigt wird. **Unterhaltszahlungen** für Kinder oder Ehepartner sind grundsätzlich Einkommen, sofern sie tatsächlich gezahlt werden.

55 Vom Einkommen sind verschiedene **Freibeträge** abzusetzen. Als am häufigsten vorkommende, aber auch oft übersehene Absetzposition sei hier die **Versicherungspauschale** nach § 6 Abs. 1 Nr. 1 ALG II-VO erwähnt, die bei volljährigen Hilfsbedürftigen immer in Abzug zu bringen ist, wenn Einkommen welcher Art auch immer (Unterhalt, Rente, Arbeitslosengeld I, Kindergeld beim Volljährigen, etc.) erzielt wird; und zwar unabhän-

---

66 Eicher/Spellbrink, § 12 Rn 68, geht von bis zu 240.000 EUR aus; die Dienstanweisungen der Bundesagentur gehen von keiner Obergrenze aus.

67 BSG v. 29.3.2007, B 7 b AS 12/06 R, Rn 23, NZS 2008, 100, 104. Bei Auszug der Kinder aus dem elterlichem Eigenheim gelten statt 80/90 qm nunmehr 120/130 qm als angemessen. Ist das Objekt größer, im Verhältnis zu vergleichbaren 80/90 qm-Objekten im Umfeld/Landkreis aber nicht mehr wert, kann es auch als angemessen gelten (BSG v. 7.11.2006, B 7 b AS 2/05 R, NZS 2007, 428, 431).

68 Laut Dienstanweisungen der Bundesagentur (zu § 12 Rn 37) soll dies bei 10 % Wertverlust gelten. Download bei www.harald-thome.de/sgb-ii---hinweise.html.

69 Siehe dazu Dienstanweisungen der Bundesagentur (zu § 12 Rn 38). Download bei www.harald-thome.de/sgb-ii---hinweise.html.

70 Dies ist in den Fällen wichtig, in denen durch Widerspruch und Klageverfahren (womöglich) erhebliche Geldbeträge nachgezahlt werden müssen.

gig davon, ob tatsächlich eine gesetzlich nicht vorgesehene, private Versicherung unterhalten wird.

Bei Erwerbstätigen sind folgende Abzüge vorzunehmen:

Freibetrag der jeweiligen Stufe	Freibetrag in Prozent	Höchstbetrag
Pauschaler Grundfreibetrag § 11 b Abs. 2 S. 1 SGB II[71]	100 EUR anrechnungsfrei	100 EUR
Freibetrag 1. Stufe (max. 900 EUR) Erwerbseinkommen von 100 EUR - 1000 EUR	20 %	180 EUR
Freibetrag 2. Stufe (max. 200 EUR) Erwerbseinkommen von 1000 EUR - 1200 EUR	10 %	20 EUR
Kind in der Bedarfsgemeinschaft **Freibetrag 3. Stufe** (max. 300 EUR) Erwerbseinkommen von 1200 EUR - 1500 EUR	10 %	30 EUR
	Maximaler Freibetrag	**330 EUR**

Hinweis: Dabei ist zu berücksichtigen, dass die Freibeträge immer vom Bruttolohn zu berechnen, aber vom Nettolohn abzuziehen sind. Dies ist immer noch ein häufiger Fehler in Bewilligungsbescheiden.

c) Praxisproblem: Beantragung vorrangiger Leistungen, Unterhaltsansprüche und Zuflussprinzip

Zum Schluss soll noch auf ein regelmäßiges Praxisproblem verwiesen werden. Bei erst- 56
maliger Antragstellung nach Trennung oder Scheidung wird die Sozialbehörde regelmäßig darauf verweisen, dass der Hilfsbedürftige aufgrund der Subsidiarität der Leistungen der Grundsicherung verpflichtet ist, **vorrangige Leistungen** (Kindergeld, Wohngeld, Kinderzuschlag, Unterhaltsvorschuss) zu beantragen, § 12 a SGB II, sowie Unterhaltsansprüche geltend zu machen. Grundsätzlich ist der Hilfsbedürftige dazu verpflichtet. Kommt er dieser Aufforderung nicht nach, hat das Jobcenter die Möglichkeit, statt des Betroffenen nach vorheriger Aufforderung und Fristsetzung die Leistung selbst zu beantragen (§ 5 Abs. 3 SGB II).[72] Auch kann es aus übergeleitetem Recht Unterhaltsansprüche bei unterhaltsverpflichteten Dritten (Ehepartner, Elternteil für Kinder) prüfen und geltend machen.

Regelmäßig kommt es dann zu dem Problem, dass die Sozialbehörde **„fiktives Einkom-** 57
men" anrechnet. Gemeint ist damit, dass sie zB Kindergeld, Unterhalt oder auch Unterhaltsvorschuss etc. als Einkommen in die Berechnung mit einstellt und somit den Zahlbetrag vermindert oder gar den Anspruch gänzlich verneint und den Antrag ablehnt. Diese Vorgehensweise ist **krass rechtswidrig**, denn naturgemäß und nach dem **Zuflussprinzip** kann nur tatsächlich erzieltes Einkommen angerechnet werden. Die Leistungen der sozialen Grundsicherung sollen ja gerade das Existenzminimum absichern. Wenn der Betroffene dann auf bei einer anderen Behörde beantragte Leistungen verwiesen

71 Achtung: Sind zB die Werbungskosten höher als 100 EUR, so können konkrete Kosten berechnet werden, wenn mehr als 400 EUR an monatlichem Einkommen erzielt wird, § 11 b Abs. 2 S. 2 SGB II.

72 Für die Hilfsbedürftigen ist dies regelmäßig nicht einsichtig. Denn schließlich zahlt der Staat durch die eine Kasse (zB Kindergeld) und verrechnet dies dann wieder beim Jobcenter. Sinnvoll ist dies gleichwohl vor dem Hintergrund der unterschiedlichen Leistungsträger und deren Finanzierung durch Bund, Länder und Kommunen.

wird, die aber womöglich erst in einigen Monaten ausgezahlt werden, dann läuft dies der eigentlichen Aufgabe zuwider.

58 **Beispiel:** Mutter (M) zieht nach Trennung in eine eigene Wohnung (550 EUR Miete und Nebenkosten) und beantragt für sich und ihre zwei Kinder (7 und 10 Jahre) Leistungen nach dem ALG II. Einkommen erzielt sie nicht. Kindergeld wurde bislang nicht beantragt, der Vater zahlt trotz Titel über 100 EUR pro Kind keinen Unterhalt. Die Behörde fordert M auf, Kindergeld und Unterhaltsvorschuss zu beantragen. Sie rechnet mit Blick auf die von der Kindergeld- und Unterhaltsvorschusskasse zu erwartenden Leistungen 368 EUR Kindergeld (2 x 184 EUR) und 360 EUR Unterhaltsvorschuss sowie 200 EUR (2 x 100 EUR) Unterhalt als „fiktives Einkommen" an.

Bedarf von M und ihren zwei Kindern nach dem SGB II (= 374 EUR ALG II Mutter, 2 x 251 EUR, 550 EUR Kosten der Unterkunft)	1.426 EUR
abzüglich fiktives Einkommen	928 EUR
Ausgezahlte Leistungen	**498 EUR**

Resultat: Die Familie kann mit dem Zahlbetrag noch nicht einmal die Miete bezahlen.

Das Beispiel mag drastisch erscheinen, doch dies passiert immer wieder. Von fiktivem Einkommen kann niemand leben. Insofern muss dieser Fehler im Widerspruchswege und aufgrund der Dringlichkeit per Antrag auf einstweilige Anordnung durch das zuständige Sozialgericht behoben werden. Das Jobcenter hingegen ist auf Erstattungsansprüche gegenüber den anderen Behörden zu verweisen.

IV. Abschließende Hinweise

59 Wenngleich man sicherlich mit guten Gründen über die Höhe der einzelnen Leistungen nach dem SGB II streiten kann, bietet das Gesetz grundsätzlich mit seinen Instrumentarien gute Möglichkeiten der Hilfestellung gerade in Zeiten der Trennung und nach Scheidung. Problematisch ist allerdings, dass immer noch nicht die notwendige und zielgerichtete Umsetzung durch die zuständigen Sozialbehörden erfolgt. Hier ist es dann notwendig, dass die Ansprüche der Betroffenen durch frühe anwaltliche und parteiische Rechtsberatung und Vertretung in Widerspruchs- und Klageverfahren sowie notwendigenfalls durch Anträge auf einstweilige Anordnungen durchgesetzt und weiterverfolgt werden.[73]

73 Zu sämtlichen Verfahrensfragen wird auf die ausführliche und lesenswerte Darstellung bei Zimmermann, Das Hartz IV-Mandat, § 7 verwiesen.

§ 9 Das Opfer in den Medien

Literatur: *Branahl*, Medienrecht, Eine Einführung (Fachwissen für Journalisten), 6. Aufl. 2009; *Fechner*, Medienrecht, 12. Aufl. 2011; *Wandtke*, Medienrecht, Praxishandbuch, 2008; *Raue/Hegemann* (Hrsg.), Münchener Anwalts-Handbuch Urheber- und Medienrecht, 2011; *Götting/Scherz/Seitz*, Handbuch des Persönlichkeitsrechts, 2008; *Prinz/Peters*, Medienrecht, 1999.

Zeitschriften: Zeitschrift für Medien- und Kommunikationsrecht (AfP); Zeitschrift für Urheber- und Medienrecht (ZUM).

I. Überblick

Der Anwalt von Opfern muss seine Mandanten vor dem meist **unfreiwilligen Schritt in die Öffentlichkeit** schützen. Das Opfer ist durch das Strafverfahren extrem belastet, da es mit dem Tatgeschehen durch die Vernehmung und die Aussage bei Gericht erneut konfrontiert wird. Es sollte deshalb darauf geachtet werden, dass der Verletzte nicht ein zweites Mal durch die Medien zum Opfer gemacht wird. Hat der Straftäter durch sein eigenes Verhalten Anlass zur Berichterstattung gegeben, so gilt gerade das für das Opfer nicht. Deshalb ist Rücksicht auf die Geschädigten einer Straftat zu nehmen.[1] Eine zusätzliche Medienpräsenz sollte daher in der Regel vermieden werden. 1

Anders sieht es jedoch aus, wenn das Opfer sich an die Öffentlichkeit wenden *will*, um so besondere Einblicke in das Geschehen zu ermöglichen, und Aufmerksamkeit durch die Öffentlichkeit zu erreichen versucht. 2

Im Folgenden soll ein **Überblick für Opferanwälte** gegeben werden, zum einen über die Rechte von „Medienopfern“, zum anderen darüber, wie man sich gegen Veröffentlichung wehren kann und über den Umgang mit der Presse. 3

1 LG Berlin v. 13.1.2004, 27 O 671/03, AfP 2004, 152, 153.

II. Mediengrundrechte und Persönlichkeitsrecht

1. Grundrechtsschutz der Medien

4 Die **Mediengrundrechte,** hierzu gehören die Meinungsfreiheit, die Informationsfreiheit und die Presse-, Rundfunk- und Filmfreiheit, nehmen in einer Demokratie eine zentrale Rolle ein. **Presse-**, **Meinungs-** und **Informationsfreiheit** werden gewährleistet durch Art. 5 Abs. 1 GG, §§ 1, 3, 4 der jeweiligen Landespressegesetze und Art. 10 EMRK. Die Medienfreiheit wird begrenzt durch die Freiheit anderer, insbesondere durch das **allgemeine Persönlichkeitsrecht.**

5 Zwischen der Meinungsfreiheit sowie der Berichterstattung der Presse und dem allgemeinen Persönlichkeitsrecht des Einzelnen kommt es deshalb immer wieder zu **Spannungen.** Das liegt daran, dass das Persönlichkeitsrecht des Einzelnen immer gegen die Mediengrundrechte, die Pressefreiheit und dem Informationsinteresse der Allgemeinheit abzuwägen ist. Hierbei muss es immer zu einer Einzelfallabwägung kommen, da weder der einen noch der anderen Seite grundsätzlich Vorrang eingeräumt werden kann.[2]

2. Das allgemeine Persönlichkeitsrecht

6 Das allgemeine Persönlichkeitsrecht ist ein im Laufe der Jahre von der Rechtsprechung weiterentwickeltes Rechtsinstitut, das dem Schutz des Individuums und seiner Persönlichkeit vor Angriffen Dritter auf die speziellen Ausprägungen der Persönlichkeit und deren Darstellung in der Öffentlichkeit dient. Insbesondere soll die **Außenwahrnehmung** der Person vor unrechtmäßigen Darstellungen bewahrt werden.

7 Das allgemeine Persönlichkeitsrecht ist einer stetigen **Entwicklung** unterworfen, da es dem gesellschaftlichen Wandel entsprechen sollte. Es wird durch aktuelle Rechtsprechung geprägt. Zu den Rechten des Persönlichkeitsschutzes zählen vor allem immaterielle Eigenschaften des Menschen wie die Ehre, sein Bild in der Öffentlichkeit, das Recht auf Intimsphäre oder auch das Recht auf Zurückgezogenheit von der Öffentlichkeit, sowie das Bestimmungsrecht über seine eigenen Daten.[3]

8 Opfer von Straftaten genießen den Schutz des allgemeinen Persönlichkeitsrechts. Sie haben noch stärker als ein Täter einen Anspruch auf die Beachtung des Persönlichkeitsrechts.

9 Zum allgemeinen Persönlichkeitsrecht gehört auch das **Recht auf Anonymität**, das heißt, dass der Einzelne frei entscheiden kann, wann und wie er in der Öffentlichkeit stattfindet. Der Anonymitätsschutz ist nicht absolut, sondern besteht im Einzelfall nur nach einer Interessenabwägung mit kollidierenden Rechtsgütern.

10 Das Persönlichkeitsrecht des Einzelnen ist **stets abzuwägen** mit dem Informationsrecht und dem Interesse der Öffentlichkeit.

3. Die gesetzliche Grundlage

11 Das allgemeine Persönlichkeitsrecht leitet sich aus den Grundrechten der freien Entfaltung der Persönlichkeit in Verbindung mit der Menschenwürde des Art. 2 Abs. 1 GG iVm Art. 1 Abs. 1 GG ab. Das allgemeine Persönlichkeitsrecht ist als „sonstiges Recht" im Sinne des § 823 Abs. 1 BGB zu qualifizieren.[4] Anspruchsgrundlage für Verletzungen des allgemeinen Persönlichkeitsrechts ist demnach § 823 Abs. 1 BGB iVm Art. 2 Abs. 1, Art. 1 Abs. 1 GG.

2 Fechner, Kap. 4 Rn 3.
3 Fechner, Kap. 4 Rn 8.
4 BGHZ 13, 334, 337 f.

III. Gerichtsberichterstattung/Grundsätze der Berichterstattung

Gem. § 169 Gerichtsverfassungsgesetz (GVG) gilt ein Verbot für Verbot von Fernseh- und Filmaufnahmen in Gerichtsverhandlungen. **Aufnahmeverbote** von Fotos in der Verhandlung und im Gerichtsgebäude beruhen auf dem Hausrecht des jeweiligen vorsitzenden Richters bzw. des Gerichtspräsidenten. 12

Die Grundsätze der Informationsfreiheit des Art. 5 GG gelten auch für die Gerichtsberichterstattung. Das Recht auf freie Gerichtsberichterstattung wird durch das Grundgesetz selbst beschränkt, zB durch das allgemeine Persönlichkeitsrecht aus Art. 2 GG. Im Streitfall jedoch muss die Berichterstattung hinter den berechtigten Interessen der betroffenen Persönlichkeit zurücktreten.[5]

Auch eine **Nennung des Namens** eines Opfers dürfte in den seltensten Fällen von dem Informationsbedürfnis der Öffentlichkeit gerechtfertigt sein. Laut Richtlinien für das Strafverfahren und das Bußgeldverfahren (RiStBV) sind insbesondere die Persönlichkeitsrechte des Verletzten zu berücksichtigen. Dem allgemeinen Informationsbedürfnis der Bürger kann in der Regel auch ohne Namensnennung entsprochen werden.[6] Die ohnehin für das Opfer schweren Folgen der Tat dürfen nicht zusätzlich durch eine Berichterstattung erschwert werden. Demnach ist es auch nicht gerechtfertigt, das Sensationsbedürfnis der Öffentlichkeit durch entsprechende Berichterstattung oder sogar Fotografien zu befriedigen. 13

Grundsätzlich besteht auch bei der Wiedergabe von Einzelheiten aus dem Intim- und Privatleben des Opfers einer Straftat eine **Pflicht zur Anonymisierung.**[7] 14

Besonderes Augenmerk muss dabei **jugendlichen Opfern** zukommen, denn im Gegensatz zu jugendlichen Tätern, gegen die nach § 48 JGG nicht öffentlich verhandelt werden darf, gibt es bei jugendlichen Opfern bislang noch keinen vergleichbaren Schutz. 15

IV. Berichterstattung über Opfer

An den Opfern von Straftaten besteht zweifellos ein öffentliches Informationsinteresse. Der **Gedanke des Opferschutzes** hilft jedoch, die Opfer vor einer Verbreitung von persönlichen Informationen oder ihrer Bilder in den Medien zu schützen,[8] da die Verbreitung eines Bildes zu einer verstärkten Persönlichkeitsbeeinträchtigung führen kann.[9] Zu den schon erlittenen Verletzungen kämen durch eine Veröffentlichung des Namens oder eines Bildes noch erhebliche psychische Belastungen der Opfer hinzu. Zusätzlich entsteht schnell eine Stigmatisierung des Opfers in der Öffentlichkeit. Auch diese sollte vermieden werden. 16

Der Umstand, dass jemand einer Straftat zum Opfer gefallen ist, rechtfertigt weder den Eingriff in sein Recht auf informationelle Selbstbestimmung noch in seine Privat- oder Intimsphäre. Das Wissen um die Identität der Opfer ist für das Verständnis des Verbrechens unerheblich. Daran besteht kein Interesse.[10] Demnach muss eine **identifizierende Berichterstattung** in der Regel unterbleiben.

5 BGH NJW 1979, 1041.
6 Vgl Nr. 23, Nr. 129 RiStBV.
7 BGH NJW 1988, 1984.
8 Prinz/Peters, Rn 845; OLG Hamburg NJW 1975, 649.
9 Amelung, in: Münchener Anwaltshandbuch Urheber- und Medienrecht, § 14 Rn 60.
10 Vgl Pressemitteilung des Presserats vom 25.3.2011, www.presserat.info.

1. Wortberichterstattung

17 Auch bei der **Wortberichterstattung** besteht ein Persönlichkeitsschutz. Dieser ist in vier Schutzgruppen aufgeteilt: Schutz vor Indiskretion, vor Unwahrheit, vor Schmähkritik und Schutz des Selbstbestimmungsrechts.

18 Niemand muss dulden, dass **unwahre Tatsachenbehauptungen** über ihn verbreitet werden. Tatsachenbehauptungen sind zu unterscheiden von Meinungsäußerungen, sind überprüfbar mit den Mitteln der Beweiserhebung; Meinungsäußerungen sind gekennzeichnet durch Elemente des Meinens oder Dafürhaltens.[11]

2. Bildberichterstattung

19 Das Fotografieren von Personen in der Öffentlichkeit ist grundsätzlich auch von der **Informationsfreiheit** des Art. 5 Abs. 1, 2 GG gedeckt.

Artikel 5 GG

(1) Jeder hat das Recht, seine Meinung in Wort, Schrift und Bild frei zu äußern und zu verbreiten und sich aus allgemein zugänglichen Quellen ungehindert zu unterrichten.

Die Pressefreiheit und die Freiheit der Berichterstattung durch Rundfunk und Film werden gewährleistet. Eine Zensur findet nicht statt.

(2) Diese Rechte finden ihre Schranken in den Vorschriften der allgemeinen Gesetze, den gesetzlichen Bestimmungen zum Schutze der Jugend und in dem Recht der persönlichen Ehre.

20 Die Veröffentlichung solcher Bilder ist jedoch durch das **Recht am eigenen Bild** beschränkt.

3. Recht am eigenen Bild (§§ 22 ff Kunsturhebergesetz – KUG)

§ 22 KUG

Bildnisse dürfen nur mit Einwilligung des Abgebildeten verbreitet oder öffentlich zur Schau gestellt werden. Die Einwilligung gilt im Zweifel als erteilt, wenn der Abgebildete dafür, dass er sich abbilden ließ, eine Entlohnung erhielt. Nach dem Tode des Abgebildeten bedarf es bis zum Ablaufe von 10 Jahren der Einwilligung der Angehörigen des Abgebildeten. Angehörige im Sinne dieses Gesetzes sind der überlebende Ehegatte oder Lebenspartner und die Kinder des Abgebildeten und, wenn weder ein Ehegatte oder Lebenspartner noch Kinder vorhanden sind, die Eltern des Abgebildeten.

§ 23 KUG

(1) Ohne die nach § 22 erforderliche Einwilligung dürfen verbreitet und zur Schau gestellt werden

1. Bildnisse aus dem Bereiche der Zeitgeschichte;
2. Bilder, auf denen die Personen nur als Beiwerk neben einer Landschaft oder sonstigen Örtlichkeit erscheinen;
3. Bilder von Versammlungen, Aufzügen und ähnlichen Vorgängen, an denen die dargestellten Personen teilgenommen haben;
4. Bildnisse, die nicht auf Bestellung angefertigt sind, sofern die Verbreitung oder Schaustellung einem höheren Interesse der Kunst dient.

(2) Die Befugnis erstreckt sich jedoch nicht auf eine Verbreitung und Schaustellung, durch die ein berechtigtes Interesse des Abgebildeten oder, falls dieser verstorben ist, seiner Angehörigen verletzt wird.

21 Ein **Bildnis** im Sinne des § 22 KUG liegt vor, wenn ein Mensch in seiner äußeren Erscheinung bildlich dargestellt wird und wenn die abgelichtete Person aufgrund der im Bild oder im Kontext seiner Veröffentlichung mitgeteilten Informationen erkennbar ist.[12] Für die **Erkennbarkeit** der abgebildeten Person reicht es aus, dass der Abgebildete

11 BGH NJW 1963, 1155; 1997, 1148; 2002, 1192.
12 BGHZ 26, 349; BGH NJW 1974, 1948.

begründeten Anlass hat anzunehmen, dass er erkannt werden könnte. Dabei reicht schon die Erkennbarkeit für Eingeweihte oder einen kleinen Personenkreis (zB Berufskollegen) aus. Die Erkennbarkeit wir nicht dadurch ausgeschlossen, dass die Augenpartie durch einen schwarzen Balken verdeckt wird.[13] Es kann auch sein, dass sich die Bildnis-Qualität erst aus den Gesamtumständen der Veröffentlichung ergibt, zB durch den Text zum Bild.

Bei der Veröffentlichung von Bildern des Opfers ist besonders zu berücksichtigen, dass durch das Aufdecken der Identität eine erhöhte Belastung für das Opfer entstehen kann. Die Veröffentlichung eines Bildes eines Opfers verletzt das Persönlichkeitsrecht des Opfers. Eine Abbildungsfreiheit gem. § 23 Abs. 2 Nr. 1 KUG ist daher wegen einer Verletzung berechtigter Interessen in der Regel abzulehnen. 22

4. Einwilligung

Die Verbreitung eines Bildnisses ist grundsätzlich nur dann zulässig, wenn der Abgebildete **eingewilligt** hat, § 22 S. 1 KUG. Einwilligung bedeutet vorherige Zustimmung, § 183 BGB. 23

Der Betroffene muss in die **Verbreitung** eingewilligt haben. Unter Verbreitung ist jede Form von Weitergabe mit dem Ziel der Veröffentlichung zu verstehen. Daher ist immer zu prüfen, ob der Abgebildete eine Einwilligung zur Verbreitung oder Veröffentlichung der Bilder gegeben hat. 24

Minderjährige können nur mit der Zustimmung des gesetzlichen Vertreters einwilligen, §§ 107 ff BGB. Neben der Einwilligung des gesetzlichen Vertreters sollte jedoch ab Vollendung des 14. Lebensjahres zusätzlich die Zustimmung des Minderjährigen eingeholt werden, um seiner Grundrechtsmündigkeit und seinem Reifezustand Rechnung zu tragen. 25

Die Erklärung der Einwilligung ist an keine bestimmte **Form** gebunden, diese kann mündlich, schriftlich oder durch konkludentes Verhalten erfolgen. Die Einwilligung gilt im Zweifel als erteilt, wenn der Abgebildete dafür, dass er sich abbilden ließ, eine Entlohnung erhielt, Auslegungsregel des § 22 S. 2 KUG. 26

Ein bloßes **Geschehenlassen** einer Fotografie stellt jedoch noch keine Einwilligung in die Verbreitung dar. Wer allerdings erkennt, dass er von einem Kamerateam des Fernsehens gefilmt wird und dabei, ohne Unwillen zu zeigen, an ihn gerichtete Fragen beantwortet, willigt damit grundsätzlich in eine spätere Ausstrahlung der ihn zeigenden Fernsehaufzeichnungen ein.[14]

Dem Abgebildeten muss **Zweck, Art und Ausmaß** der geplanten Veröffentlichung bekannt sein. Es kann nicht grundsätzlich von einer umfassenden Einwilligung ausgegangen werden. Der **Umfang der Einwilligung** ist grundsätzlich eng auszulegen. Zur Bestimmung der Reichweite der Einwilligung in den Eingriff in das allgemeine Persönlichkeitsrecht sind die Grundsätze der für das Urheberrecht entwickelten **Zweckübertragungslehre** entsprechend anzuwenden. Die Einwilligung reicht nur so weit wie der mit ihrer Erteilung verfolgte Zweck.[15] 27

Die Einwilligung für den erteilten Zweck ist grundsätzlich bindend.[16] Sie kann jedoch für die Zukunft widerrufen werden. Der **Widerruf** ist allerdings nicht grundlos möglich, 28

13 OLG München AfP 1983, 277; LG Stuttgart AfP 1983, 294.
14 OLG Karlsruhe v. 26.5.2006, 14 U 27/05, NJW-RR 2006, 30. LG Köln AfP 1989, 766.
15 OLG Hamburg ZUM 1995, 637.
16 Dreier/Schulze, Urheberrecht, § 22 KUG Rn 35.

es müssen besondere Widerrufsgründe vorliegen. Erforderlich ist eine einzelfallbezogene Güter- und Interessenabwägung.[17]

29 Eine **identifizierbare Berichterstattung** über Opfer bedarf der **ausdrücklichen Einwilligung** des Opfers. Auch wenn das Opfer angibt, sich nicht verstecken zu wollen und Gelegenheit gibt, ein Foto zu fertigen, muss eine zusätzliche Einwilligung in eine ungepixelte Veröffentlichung des Bildes erteilt worden sein.[18] Demnach muss die Einwilligung in die Veröffentlichung zudem auch die Einwilligung in die **Aufdeckung der Anonymität** der Betroffenen umfassen.[19]

5. Ausnahmen gem. § 23 Abs. 1 KUG

30 **§ 23 Abs. 1 Nr. 1 KUG Bildnisse aus dem Bereich der Zeitgeschichte**
Die bildliche Information der Öffentlichkeit über das Zeitgeschehen soll sichergestellt werden.

31 Eine Ausnahme gilt für **relative Personen der Zeitgeschichte** gem. § 23 Abs. 1 Nr. 1 KUG. Dann kann eine Bildberichterstattung auch ohne Einwilligung der betroffenen Person nach § 23 Abs. 1 Nr. 1 Abs. 2 KUG bei überwiegendem öffentlichen Interesse zulässig sein. Wäre jedoch eine Wortberichterstattung ausreichend gewesen, um das berechtigte Interesse der Öffentlichkeit zu befriedigen, kann dies wiederum zur Rechtswidrigkeit der Veröffentlichung der Abbildung führen.[20] Es muss eine Interessenabwägung stattfinden, zwischen dem Informationsinteresse der Öffentlichkeit und dem Interesse des Abgebildeten an dem Schutz seiner Privatsphäre.

Die **Opfer spektakulärer Verbrechen** sind nach herrschender Meinung nicht als relative Personen der Zeitgeschichte anzusehen.[21] Sie genießen den besonderen Schutz der Rechtsordnung. Ein besonderes Informationsinteresse an der Abbildung eines Opfers ist daher nur in ganz besonderen Ausnahmefällen anzuerkennen.[22]

Weitere Ausnahmen sind in § 24 KUG geregelt.

6. Postmortales Persönlichkeitsrecht

32 Da der Persönlichkeitsschutz über den **Tod eines Opfers** hinaus gilt, müssen auch Angehörige von Opfern keine Verbreitungen von Bildnissen in Kauf nehmen. Nach dem Tod des Abgebildeten, bis zum Ablauf von zehn Jahren, bedarf die Verbreitung und Veröffentlichung eines Bildnisses der **Einwilligung der Angehörigen**, § 22 S. 2 KUG.[23] Bei einer postmortalen Verletzung der ideellen Bestandteile des Persönlichkeitsrechts bestehen lediglich Abwehransprüche, nicht aber Schadensersatzansprüche.[24]

7. Veröffentlichung im Internet

33 Grundsätzlich ist auch im Internet das **Recht am eigenen Bild** geschützt. Für die Rechtmäßigkeit der Veröffentlichung von **Bildnissen im Internet** sind die §§ 22, 23 KUG, sofern deutsches Recht anwendbar ist, heranzuziehen.

34 Wenn Bilder des Opfers im Internet, zB bei **sozialen Netzwerken**, offen auffindbar sind, erhöht sich die Wahrscheinlichkeit, dass die Presse diese Bilder in einer Berichterstat-

17 OLG München NJW-RR 1990, 999.
18 LG Berlin v. 3.11.2009, 27 O 313/09.
19 LG München v. 25.4.2011, 9 O 23236/00.
20 Wegner, Handbuch des Persönlichkeitsrechts, 5.Teil, 12. Kap. Rn 138.
21 v. Strobl-Albeg, in: Wenzel, Das Recht der Wort- und Bildberichterstattung, Kap. 8 Rn 23; Prinz/Peters, Rn 854.
22 Scherz, in: Götting/Schertz/Seitz, 3. Teil, Kapitel 6 Rn 44.
23 Vgl Fall „Silke Bischoff“, OLG Hamburg AfP 200, 76 f.
24 BGH GRUR 2000, 709.

tung über das Opfer verwendet. Da der Persönlichkeitsrechtsschutz dynamisch ist, kann der Schutz durch das eigene Verhalten aufgelöst werden. Das Persönlichkeitsrecht einer Person wird kleiner, wenn sie sich freiwillig in die Öffentlichkeit begibt oder selbst Bilder von sich ins Internet stellt. Durch das Hochladen eines Fotos durch die abgebildete Person liegt unter Umständen die Einwilligung in die Weiterverwendung vor.[25]

Wer sich konsequent von der Öffentlichkeit fernhält, hat in stärkerem Maße ein Recht 35
auf Anonymität.[26]

V. Rechtsfolgen bei Rechtsverletzungen

Im Folgenden wird dargestellt, was zu tun ist, wenn es bereits zu einer Veröffentlichung 36
gekommen ist bzw wie das Opfer vor einer Berichterstattung in den Medien geschützt werden kann.

1. Presserechtliche Ansprüche

Wenn durch die Berichterstattung die rechtlichen Grenzen, die durch das allgemeine 37
Persönlichkeitsrecht gesetzt sind, verletzt wurden, kann der Anspruchsberechtigte eine Reihe von Ansprüchen geltend machen. Insbesondere kann er unter bestimmten Voraussetzungen Unterlassung, Schadensersatz und eine Gegendarstellung verlangen.

Anspruchsberechtigt ist, wer selbst, persönlich in seinen Rechten unmittelbar verletzt 38
ist.

a) Folgende Ansprüche kommen in Betracht:

aa) Gegendarstellungsanspruch

bb) Anspruch auf Unterlassung

cc) Widerrufsanspruch; Anspruch auf Berichtigung

dd) Anspruch auf Zahlung von Schadensersatz

ee) Anspruch auf immaterielle Geldentschädigung

Je nach Anspruch müssen bestimmte Voraussetzungen erfüllt sein (welche bei den jeweiligen Ansprüchen ausführlich dargestellt sind).

Die einzelnen presserechtlichen Ansprüche können auch kombiniert werden. Der Be- 39
troffene kann zum Beispiel Unterlassung der Berichterstattung und zugleich eine Geldentschädigung wegen der begangenen Persönlichkeitsrechtsverletzungen verlangen.

b) Durchsetzung der presserechtlichen Ansprüche

Bei der Durchsetzung der presserechtlichen Ansprüche ist danach zu unterscheiden, ob 40
die Ansprüche **gerichtlich oder außergerichtlich** verfolgt werden. Auch bei der gerichtlichen Durchsetzung kommen verschiedene Verfahrensarten in Betracht.

Die außergerichtliche Durchsetzung erfolgt durch eine Abmahnung, die gerichtliche 41
Durchsetzung durch eine einstweilige Verfügung oder ein Hauptsacheverfahren. Im Anschluss können die Ansprüche im Wege der Zwangsvollstreckung durchgesetzt werden.

Zu den Ansprüchen im Einzelnen: 42

aa) Gegendarstellungsanspruch

Der Gegendarstellungsanspruch ist ein Anspruch nach dem **Landespressegesetz**, kein zi- 43
vilrechtlicher Anspruch. Die Rechtsgrundlage richtet sich nach dem Medium, in dem

25 Seitz, in: Götting/Schertz/Seitz, 9. Teil, Kap. 21 Rn 76.
26 Wanckel, in: Götting/Schertz/Seitz, 8. Teil, Kap. 3 Rn 40.

die Berichterstattung erschienen ist. Die Rechtsgrundlage für die Printmedien findet sich in § 11 der Landespressegesetze, für Hörfunk und Fernsehen in den Landesmediengesetzen und Rundfunkstaatsverträgen. Für Mediendienste im Internet gilt § 14 MDStV.

44 Der Gegendarstellungsanspruch setzt keine Rechtsverletzung voraus, eine **Betroffenheit** ist bereits ausreichend. Beim Gegendarstellungsanspruch findet deshalb keine Überprüfung des Wahrheitsgehaltes statt. Der Gegendarstellungsanspruch entfällt jedoch, wenn die beantragte Gegendarstellung offensichtlich unwahr ist. Grundsätzlich gilt, dass jede Partei anzuhören ist. Der Anspruch richtet sich nur gegen Tatsachenbehauptungen und muss vom Betroffenen selber angemeldet werden. Voraussetzung zur Durchsetzung des Anspruchs ist, dass der Betroffene nicht zu Wort gekommen ist.

45 Die Gegendarstellung muss dem Abdruckverpflichteten gem. § 11 Abs. 2 S. 5 LPG unverzüglich zugeleitet werden,[27] spätestens drei Monate nach der Erstveröffentlichung. Die gleiche **Frist** gilt für die Gegendarstellung im Internet gem. § 56 Abs. 2 Nr. 4 RStV.

46 Erfolgt das Abdruckverlangen durch einen anwaltlichen Vertreter, muss die **Vollmacht** mit vorgelegt werden.

47 Es besteht **Schriftformerfordernis.** Die Gegendarstellung muss im Original vom Anspruchsberechtigten unterschrieben sein, § 11 Abs. 2 S. 4 LPG. Die Unterschrift muss handschriftlich erfolgen. Die Unterschrift des Anwalts genügt nicht. Die Übermittlung per Telex oder Telefax ist nach hM unzulässig.[28]

48 Die Gegendarstellung muss in gleicher Schrift wie der beanstandete Text abgedruckt werden, Maßstab ist das Prinzip der Waffengleichheit. Ein abgedruckter Text auf der Titelseite erfordert auch eine Gegendarstellung in gleicher Größe auf der Titelseite.

49 Der Gegendarstellungsanspruch wird im Wege der einstweiligen Verfügung geltend gemacht, es gibt **kein Hauptsacheverfahren.**

50 Sachlich zuständig ist grundsätzlich das **Landgericht**, da der Streitwert in der Regel die Höhe von 5.000 EUR übersteigen wird.[29] Die funktionale Zuständigkeit liegt bei der **Pressekammer.**

51 **Aufbau der Gegendarstellung:**

- Überschrift: Gegendarstellung
- Hinweis auf die Erstveröffentlichung
- In der Zeitung vom (Datum) befand sich der Artikel (Artikel bezeichnen)
- Wiedergabe der Erstmitteilung
- Erwiderung
- Ort, Datum, Unterschrift

bb) Unterlassungsanspruch

52 Rechtsgrundlage ist § 1004 Abs. 1 S. 2 analog iVm §§ 823 Abs. 1 und 2 ff BGB, allgemeines Persönlichkeitsrecht.

53 Der Unterlassungsanspruch beinhaltet die Verpflichtung, bestimmte näher bezeichnete Äußerungen nicht oder nicht mehr zu veröffentlichen. Er richtet sich gegen **unwahre Tatsachenbehauptungen.** Der Anspruch ist verschuldensunabhängig ausgestaltet. Der Unterlassungsanspruch kann auch gegen den Störer geltend gemacht werden, wenn dieser Prüfpflichten verletzt hat.

---

27 LG Frankfurt/Oder AfP 2004, 457.
28 BGH NJW 1997, 3169; OLG Hamburg NJW 1990, 1613.
29 BGH NJW 1963, 151.

Anspruchsberechtigter ist, wer in seinen Rechten individuell und unmittelbar betroffen ist.[30] Der Unterlassungsanspruch ist wegen der Verletzung des Persönlichkeitsrechts ein höchstpersönlicher Anspruch und deshalb nicht übertragbar.[31] Unterlassungsansprüche wegen Verletzung des postmortalen Persönlichkeitsschutzes können von engen Verwandten im Wege der gewillkürten Prozessstandschaft geltend gemacht werden. 54

Der Unterlassungsanspruch stellt einen der wichtigsten presserechtlichen Ansprüche dar, da er in verschiedenen Stadien der Veröffentlichung durchgesetzt werden kann. 55

Mögliche **Zeitpunkte** zur Durchsetzung des Anspruchs: 56

- Bei gegenwärtigen Beeinträchtigungen und Wiederholungsgefahr im Wege eines einfachen Unterlassungsanspruches.
- Bei einer drohenden Rechtsverletzung oder wenn ein Eingriff unmittelbar bevorsteht. Schon vor einer Berichterstattung kann diese verhindert werden, im Wege eines faktisch vorbeugenden Unterlassungsanspruchs.
- Wenn ein Bericht oder ein Bild noch im Internet auffindbar ist, können diese durch den Unterlassungsanspruch aus dem Netz entfernt werden.[32]

Voraussetzung ist eine **drohende Rechtsverletzung**, die Bedrohung kann sich auch aus bereits begangener (Wiederholungsgefahr) oder aufgrund konkreter Tatsachen ernsthaft zu befürchtender rechtswidriger Handlungen (Erstbegehungsgefahr) ergeben. 57

Erfüllung erfolgt in der Regel durch eine ernsthafte schriftliche **Unterlassungserklärung** mit Strafbewehrung. Verlangt der Betroffene keine strafbewehrte Unterlassungserklärung, so besteht die Gefahr der sofortigen Anerkenntnis nach § 93 ZPO und er muss die Kosten des Rechtstreits tragen. Die Unterlassungserklärung stellt ein abstraktes Schuldanerkenntnis dar und bedarf deshalb der Schriftform. Diese wird in der Regel vom Betroffenen formuliert und erhält die genaue Bezeichnung der zu unterlassenden Handlung. Ferner sollte eine Konventionalstrafe für den Fall der Zuwiderhandlung bestimmt werden (idR 5.000–10.000 EUR). 58

Eine entsprechende Unterlassungserklärung könnte lauten: 59

Unterlassungserklärung

Hiermit verpflichtet sich ... (Name und Anschrift des Anspruchsgegners) gegenüber ... (Name und Anspruch des Anspruchstellers),

es künftig bei Meidung einer Vertragsstrafe, deren Höhe im Einzelfall von ... (Name des Anspruchstellers) nach billigem Ermessen festzusetzen und deren Angemessenheit gegebenenfalls vom zuständigen Gericht zu überprüfen ist,

zu unterlassen,

Fotos von ... (Name des Anspruchstellers) ohne dessen Zustimmung öffentlich zugänglich zu machen und/oder machen zu lassen, zu verbreiten oder verbreiten zu lassen.

Bzw

in Bezug auf ... (Name des Anspruchstellers) wörtlich oder sinngemäß zu behaupten oder zu verbreiten oder behaupten oder verbreiten zu lassen: ... (konkrete Verletzungsform benennen)

... (Ort, Datum)

... (Unterschrift des Anspruchsgegners)

Die **gerichtliche Durchsetzung** kann auch im vorläufigen Rechtschutzverfahren erfolgen, wenn dies erforderlich ist, um eine bevorstehende Veröffentlichung zu stoppen, oder im Wege des Hauptsacheverfahrens durchgesetzt werden. Zuvor ist eine Abmah- 60

30 OLG Karlsruhe NJW-RR 2007, 1342.
31 BGH NJW 1981, 1089, 1094.
32 BGH v. 20.4.2010, VI ZR 245/08, NJW 2010, 2728.

nung erforderlich; die **Abmahnung** ist die Aufforderung an den Anspruchsgegners zur Abgabe einer strafbewehrten Unterlassungserklärung.

61 Der Kläger trägt regelmäßig die **Darlegungs- und Beweislast** für das Aufstellen und Verbreiten der angegriffenen Äußerung durch den Beklagten.[33] Zudem hat der Anspruchssteller auch die Unrichtigkeit der ihn betreffenden ehrverletzenden Äußerungen zu beweisen.[34]

62 **Sachlich zuständig** ist grundsätzlich das Landgericht, da der Streitwert in der Regel die Höhe von 5.000 EUR übersteigen wird.

63 Die Vollstreckung von Unterlassungsverfügungen richtet sich nach § 890 ZPO.

cc) Berichtigungs- und Widerrufsanspruch

64 Rechtsgrundlage ist § 1004 Abs. 1 S. 2 analog iVm §§ 823 ff BGB.

65 Während Unterlassungsansprüche gegen jede rechtswidrige Äußerung geltend gemacht werden können, besteht der Anspruch auf Berichtigung und Widerruf nach allgemeiner Auffassung ausschließlich **gegen unwahre Tatsachenbehauptungen,**[35] nicht gegen Werturteile. Die Medien müssen den Falschbericht korrigieren und dies so veröffentlichen.

66 Die Unwahrheit muss für den Berichtigungsanspruch zum Zeitpunkt der Tatsachenbehauptung noch nicht festgestanden haben. Für den Widerrufsanspruch muss die Unwahrheit im Zeitpunkt der Tatsachenbehauptung bereits festgestanden haben.

Da der Berichtigungsanspruch den schärfsten Eingriff in die Pressefreiheit darstellt, kann dieser **nur im Hauptsacheverfahren** geltend gemacht werden.

67 Der Anspruch **setzt kein Verschulden** voraus. Die Beweislast für die unwahre Tatsache trägt der Kläger.

68 Berichtigungsansprüche sind nach § 888 ZPO vollstreckbar.

dd) Anspruch auf Schadensersatz

69 Rechtsgrundlage ist §§ 823 ff BGB, ggf iVm §§ 185 ff StGB; §§ 824, 826 BGB.

70 Die Beeinträchtigung muss durch eine Handlung entstanden sein. Es kann sich hierbei um eine Tatsachenbehauptung oder ein Werturteil handeln oder um die Veröffentlichung von Abbildungen, §§ 22, 23 KUG. Ist durch eine rechtswidrige und schuldhafte Rechtsverletzung, Vorsatz oder Fahrlässigkeit, ein **Schaden** verursacht worden, so hat der Schädiger dem Geschädigten diesen voll zu ersetzen gem. § 249 BGB. Maßgeblich für den Schadensersatz sind die Umstände des Einzelfalls. Die Berechnung des Schadens erfolgt gemäß §§ 97 ff UrhG analog. Kausale materielle Schäden sind nur in Ausnahmefällen nachweisbar. Das allgemeine Persönlichkeitsrecht schützt auch vermögenswerte Interessen der Person.[36]

71 Weitere Voraussetzung ist, dass der Ausgleich der Rechtsverletzung in anderer Weise (zB durch Gegendarstellung oder Unterlassung) nicht möglich ist.

ee) Immaterielle Geldentschädigung (Schmerzensgeld)

72 Der Anspruch folgt direkt aus Art. 1, 2 GG. Der **Schmerzensgeldanspruch** dient dazu, die erlittene Beeinträchtigung auszugleichen, wenn es keine andere Möglichkeit gibt. Einen Anspruch auf Geldentschädigung gibt es nicht, wenn der Kläger in anderer Weise einen befriedigenden Ausgleich hätte bekommen können, zum Beispiel durch Berichtigung oder Gegendarstellung.

---

33 OLG München AfP 1981, 279, 299.
34 BVerfG NJW 1980, 2070, 2071.
35 OLG Düsseldorf NJW 1988, 1391 f.
36 BGHZ 143, 214; BGH NJW 2000, 2295.

Der Geldentschädigungsanspruch nach einer Medienveröffentlichung ist gewohnheitsrechtlich anerkannt und durch die staatliche Pflicht, das allgemeine Persönlichkeitsrecht zu schützen, verfassungsrechtlich in Art. 2 Abs. 1 iVm Art. 1 Abs. 1 GG verankert.[37] 73

Geldentschädigung kommt ausschließlich für natürliche Personen in Betracht. Für bereits verstorbene Personen gibt es keine Entschädigung in Geld.[38] Für die **Höhe der Geldentschädigung** sind Art und Schwere der Beeinträchtigung sowie der Gesichtspunkt der Genugtuung, der Präventionsgedanke und der Grad des Verschuldens von Bedeutung.[39] Es wurden zB 5.000 EUR Schmerzensgeld für die Veröffentlichung eines Fotos der Mutter eines Verbrechensopfers im Gerichtsaal zugesprochen.[40] Für die identifizierende Berichterstattung eines Opfers jahrelangen sexuellen Missbrauchs und von Vergewaltigungen wurde die Beklagte zu einer Geldentschädigung in Höhe von 20.000 EUR verurteilt.[41] 74

ff) Sonstige Ansprüche

Des Weiteren können noch Ansprüche auf Auskunft, § 242 BGB, Vernichtung, § 37 Abs. 1 S. 2 KUG, oder Einziehung von Druckwerken oder auf Herausgabe, § 38 KUG, bestehen. Zudem entsteht ein Anspruch auf Erstattung von Anwaltskosten. 75

2. Zum strafrechtlichen Schutz

a) § 201 a StGB

§ 201 a StGB schützt den Betroffenen vor Verletzungen des höchstpersönlichen Lebensbereichs durch unbefugte Bildaufnahmen sowie deren Gebrauch und Weitergabe an Dritte. 76

§ 201 a StGB Verletzung des höchstpersönlichen Lebensbereichs durch Bildaufnahmen

(1) Wer von einer anderen Person, die sich in einer Wohnung oder einem gegen Einblick besonders geschützten Raum befindet, unbefugt Bildaufnahmen herstellt oder überträgt und dadurch deren höchstpersönlichen Lebensbereich verletzt, wird mit Freiheitsstrafe bis zu einem Jahr oder mit Geldstrafe bestraft.

(2) Ebenso wird bestraft, wer eine durch eine Tat nach Absatz 1 hergestellte Bildaufnahme gebraucht oder einem Dritten zugänglich macht.

(3) Wer eine befugt hergestellte Bildaufnahme von einer anderen Person, die sich in einer Wohnung oder einem gegen Einblick besonders geschützten Raum befindet, wissentlich unbefugt einem Dritten zugänglich macht und dadurch deren höchstpersönlichen Lebensbereich verletzt, wird mit Freiheitsstrafe bis zu einem Jahr oder mit Geldstrafe bestraft.

(4) Die Bildträger sowie Bildaufnahmegeräte oder andere technische Mittel, die der Täter oder Teilnehmer verwendet hat, können eingezogen werden. § 74 a ist anzuwenden.

b) § 33 KUG

Das Antragsdelikt § 33 KUG spielt in der Praxis eher keine Rolle, kann aber ein Mittel dazu sein, den Druck für Verhandlungen zu erhöhen. 77

§ 33 KUG

(1) Mit Freiheitsstrafe bis zu einem Jahr oder mit Geldstrafe wird bestraft, wer entgegen den §§ 22, 23 ein Bildnis verbreitet oder öffentlich zur Schau stellt.

(2) Die Tat wird nur auf Antrag verfolgt.

---

37 BVerfG NJW 2006, 959.
38 BGH v. 6.12.2005, VI ZR 265/04, NJW 2006, 605.
39 BGH v. 5.10.2004, VI ZR 255/03, GRUR 2005, 179.
40 LG Münster NJW RR 2005, 1065.
41 LG Berlin v. 3.11.2009, 27 O 313/09.

VI. Der Umgang mit der Presse

1. Anfragen der Presse an den Anwalt

78 Bevor Sie als Anwalt ein **Interview** geben, sprechen Sie dies mit dem Mandanten ab. Lassen Sie sich schriftlich versichern, dass Sie mit der Presse über den Fall reden dürfen und dass Sie mit dem Mandanten im Vorfeld über die Risiken im Umgang mit der Presse gesprochen haben.

2. Möglichkeiten des Anwalts, die Presse zu nutzen

79 Es gibt verschiedene Möglichkeiten, wie der Anwalt mit der Presse in Kontakt treten kann, um diese im Sinne des Mandanten zu nutzen. Vorher sollten dem Opfer jedoch die Risiken im Umgang mit der Presse dargelegt werden. Der Kontakt zur Presse darf nur im Interesse des Opfers und **nach Absprache** geschehen. Das Ziel der Berichterstattung sollte immer mit dem Mandanten im Vorfeld abgesprochen werden.

80 Der Anwalt kann die Presse informieren, er kann eine **Presseerklärung** abgeben oder gemeinsam mit dem Opfer ein **Interview** geben. Zur Absicherung des Informanten empfiehlt es sich, einen sogenannten Informationsvertrag abzuschließen.

81 Durch den Kontakt zur Presse können positive Effekte der Berichterstattung herbeigeführt werden. Ein positiver Effekt besteht sicherlich darin, durch die Veröffentlichung bestimmte Themen bzw Aspekte in den Fokus der Öffentlichkeit rücken zu können.

3. Daran muss der Anwalt im Umgang mit der Presse denken

82 Bei Interview-Anfragen sollte sich der Anwalt die Fragen vorher geben lassen und diese mit dem Mandanten im Vorfeld besprechen.

83 Unter Opfergesichtspunkten ist immer auf eine **Anonymisierung des Opfers** zu achten. Die Presse hat grundsätzlich die Pflicht, die Informanten nicht zu nennen. Auch werden Namen von Opfern in der Presse normalerweise nicht genannt. Es besteht jedoch das Risiko, dass das Opfer durch die Berichterstattung identifiziert werden kann. Deshalb sollte der Anwalt des Opfers besonders darauf achten, dass keine Einzelheiten der Tat durch die Presse bekannt werden, damit es nicht zu einer zusätzlichen Belastung des Opfers kommt.

84 Auf jeden Fall sollte ein Interview vor der Veröffentlichung **gegengelesen** werden; dies kann durch eine Autorisierungsabrede geschehen. Zudem sollten O-Töne vom Anwalt gegengezeichnet werden können. Vor einem Interview empfiehlt es sich daher, an den Interviewer oder Verlag, zB per E-Mail, heranzutreten und darauf hinzuweisen, dass Zitate vor Veröffentlichung autorisiert werden müssen. Derjenige, der die Autorisierungsabrede für sich in Anspruch nimmt, muss diese später im Zweifel beweisen.

85 In jedem Fall sollte man sich des Risikos der unkontrollierten Weiterberichterstattung durch die Presse bewusst sein.

Stichwortverzeichnis

Die fetten Zahlen verweisen auf Paragraphen, die mageren auf Randnummern.

FSC
www.fsc.org
MIX
Papier | Fördert gute Waldnutzung
FSC® C083411

Kolibri 360 GmbH
Ferdinand-Jühlke-Straße 7
99095 Erfurt, Deutschland
produktsicherheit@kolibri360.de